长沙县年鉴

2008~2011

长沙县史志档案局　　编

方志出版社

图书在版编目（CIP）数据

长沙县年鉴. 2008~2011 / 长沙县史志档案局编.
--北京：方志出版社，2013.7
ISBN 978-7-5144-0926-0

Ⅰ. ①长… Ⅱ. ①长… Ⅲ. ①长沙县—2008~2011—
年鉴 Ⅳ. ①Z526. 41

中国版本图书馆CIP数据核字（2013）第160400号

长沙县年鉴（2008~2011）

编　　者： 长沙县史志档案局
责任编辑： 何明忠　齐笑
出 版 者： 方志出版社
（北京市东城区夕照寺14号院富瑞苑公寓6层）
邮编　100061
网址　http://www.fzph.org
发　　行： 方志出版社发行部
（010）67120966-6008
经　　销： 新华书店总店北京发行所
法律顾问： 北京市大禹律师事务所
印　　刷： 长沙鸿发印务实业有限公司
开　　本： 889×1194　1/16
印　　张： 31
字　　数： 805千
版　　次： 2013年7月第1版　2013年7月第1次印刷
印　　数： 0001~2000册
ISBN 978-7-5144-0926-0/K・743　**定价：** 180. 00元

中共长沙县委书记、长沙经开区党工委书记 杨懿文

中共长沙县委副书记、县人民政府县长 张庆红

幸 福 与 经 济 共 同 增 长

乡 村 与 城 市 共 同 繁 荣

生态宜居与发展建设共同推进

星城星沙一瞥

2009 ~ 2011 年连续三年荣膺**“中国最具幸福感城市”**

2008 ~ 2011 年连续四年获

“中国十佳两型中小城市”及“最具区域带动力百强县(市)”

2008 ~ 2011 年连续四年保持**“人口计生工作全国优质服务先进县”**称号

2008 ~ 2011 年连续四年保持**“全国文明县城”**称号

2008 ~ 2011 年连续四年保持**“国家园林县城”**称号

2008 ~ 2011 年**县域经济连续四年居中部第一县**

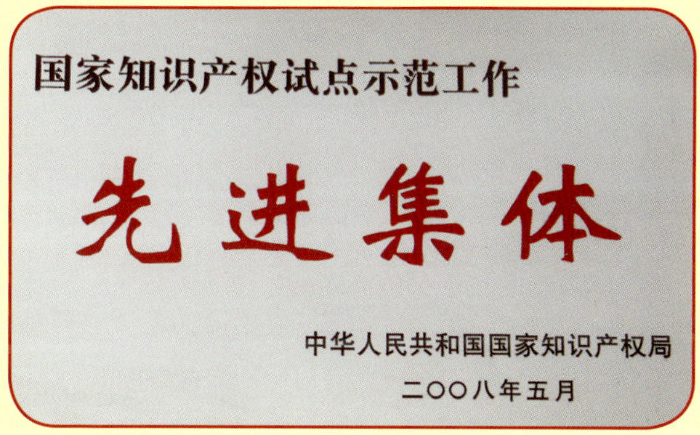

2008 年被确立为**“全国改革开放十八个典型地区”**之一

2008 年被授予**“全国文化信息资源共享工程示范县”**

2008 年 5 月长沙经济技术开发区获**“国家知识产权试点示范工作先进集体”**

2009 年 1 月年长沙经济技术开发区获**“全国物业管理示范大厦”**

2009 年 4 月获**“中国人居环境范例奖”**

2009 年 12 月获**“全国科技进步先进县（市）”**

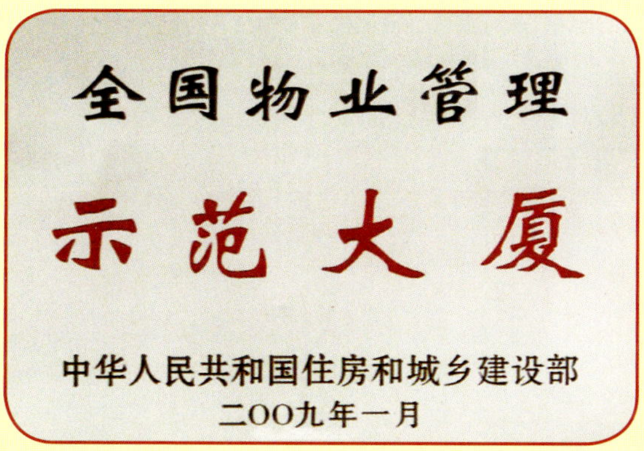

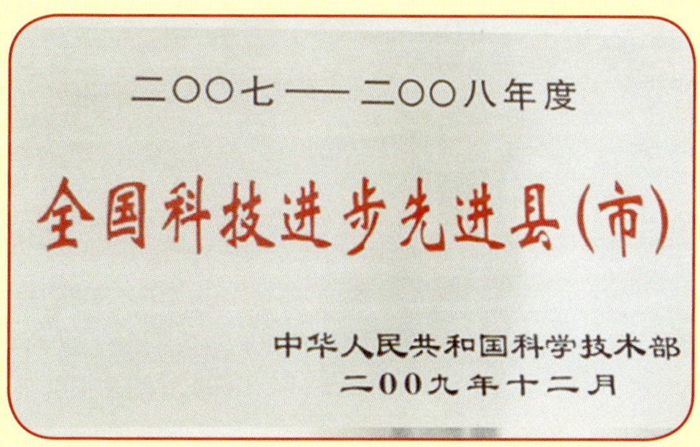

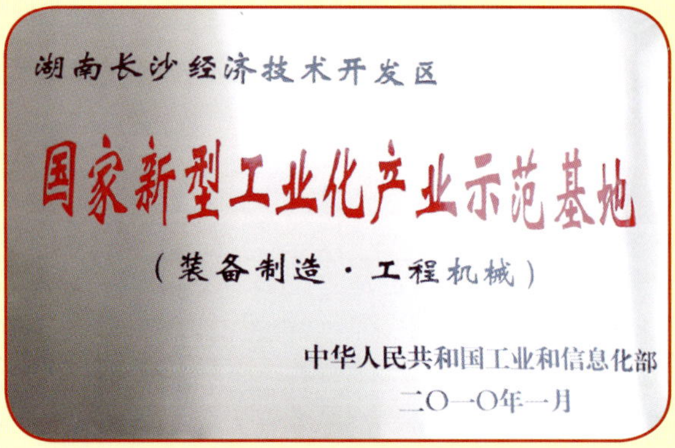

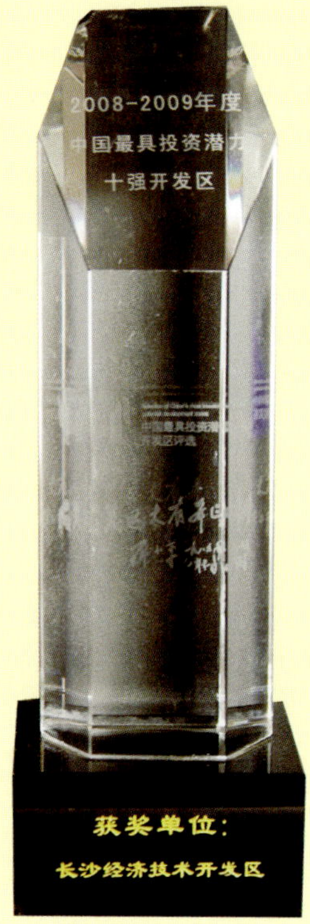

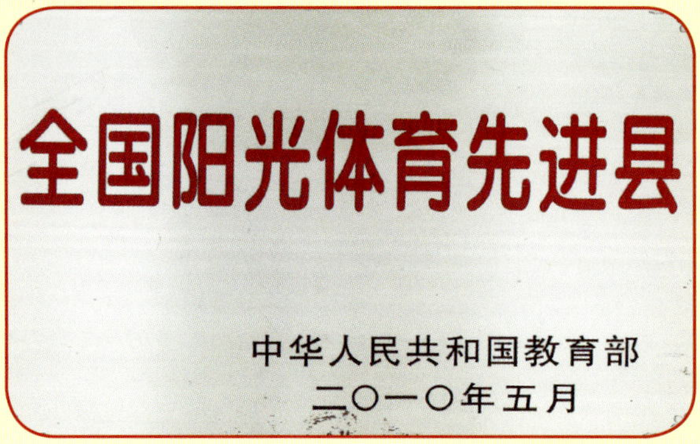

2010 年 1 月长沙经济技术开发区获
“国家新型工业化产业示范基地（装备制造 · 工程机械 ）”
2010 年 2 月长沙经济技术开发区获
“2008～2009 年度中国最具投资潜力十强开发区”
2010 年 5 月评为**“全国阳光体育先进县”**
2010 年 7 月长沙经济技术开发区获
“全国城市和园区知识产权试点示范工作先进集体”
2010 年 7 月长沙经济技术开发区获
“陕汽杯 2010 全国超级卡车大赛湖南长沙星沙站特殊贡献奖”
2010 年 8 月获**“国家级现代农业示范区”**
2011 年获全国**“残疾人工作先进县”**
2011 年获**“全国科普示范县（2011～2015）”**

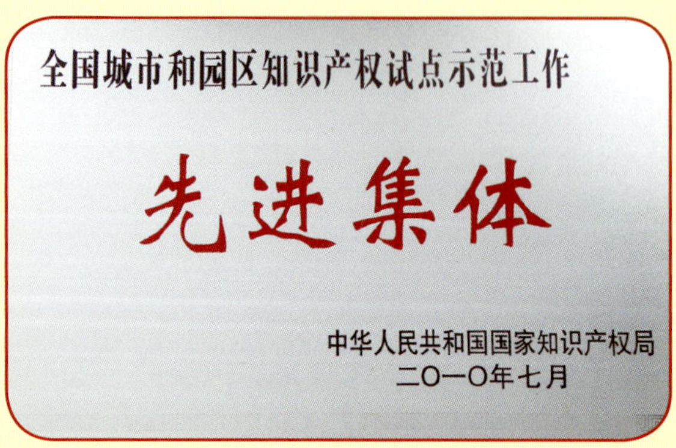

第十一届全国县域经济基本竞争力与县域科学发展评价结果

发布函

湖南长沙县：

中郡县域经济研究所·县域经济基本竞争力与县域科学发展评价中心在有关单位和专家学者的支持下，以公开资料为基础，经资料对比、甄别、核实，完成了第十一届全国县域经济基本竞争力与县域科学发展评价工作，评价报告已于 8 月 20 日在江苏省江阴市举办的“2011 全国县域经济科学发展交流年会”上发布，并由全国各大媒体进行了报道。

在第十一届全国县域经济基本竞争力与县域科学发展评价中，你县的评价结果如下：

中郡指数：R 18 T2001
竞争力等级：☑A+□A/□B/□C/□D/□E/□F/□G/□H/□I/□J 级
竞争力动态：□相对稳定/☑上升/□注意
县域相对富裕程度：等级：☑A+/□A/□A-/□B 级
类型：☑Ⅰ/□Ⅱ/□Ⅲ/□Ⅳ类
县域相对绿色指数：等级：☑A+/□A/□A-/□B 级
类型：□Ⅰ/□Ⅱ/☑Ⅲ/□Ⅳ类
县域居民满意度：□A+/□A/☑A-/□B 级
第十一届全国县域经济基本竞争力百强县（市），列第 18 位。
第十一届中国中部百强县（市），列第 1 位。

全国县域经济基本竞争力与县域科学发展评价工作积极引导了全社会对县域经济的关注，为全国各省市区及县市旗提供了一个动态的、相对的参照坐标，为探索县域经济发展规律提供了有益的帮助，为县域经济科学发展提供了强大的推动力。

中郡县域经济研究所
县域经济基本竞争力与县域科学发展评价中心
2011 年 8 月 20 日

2011 年 12 月长沙经济技术开发区网站在“第十届（2011）中国政府网站绩效评估”中位列国家级经济技术开发区网站**第四名**

2011 年 12 月长沙经济技术开发区获**“跨国公司最佳投资的开发区”**

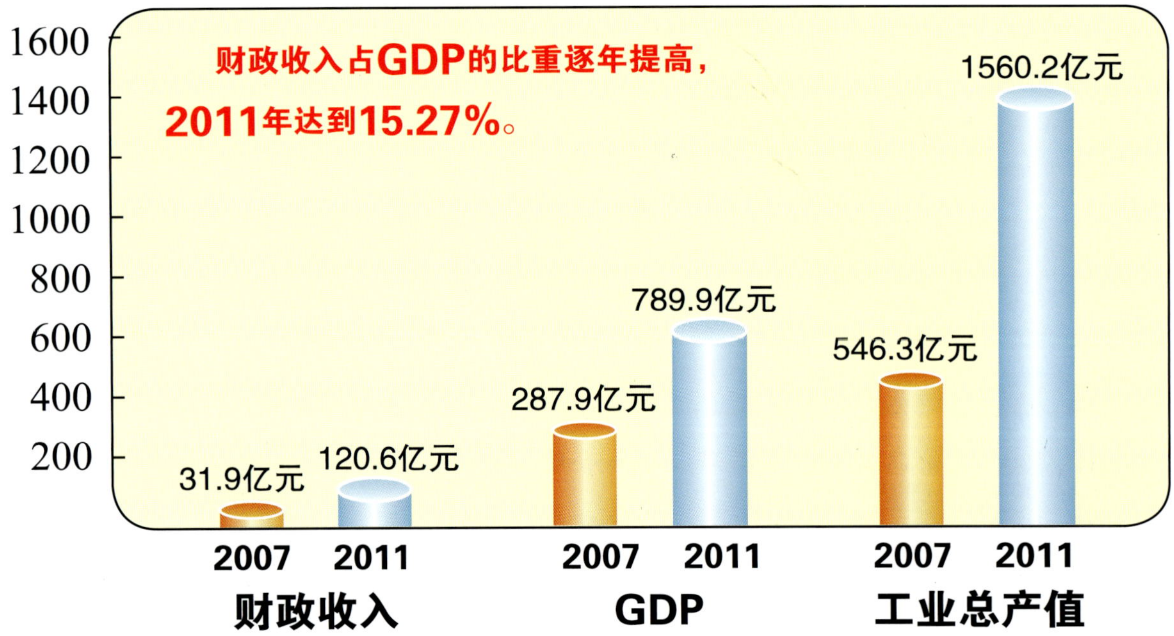

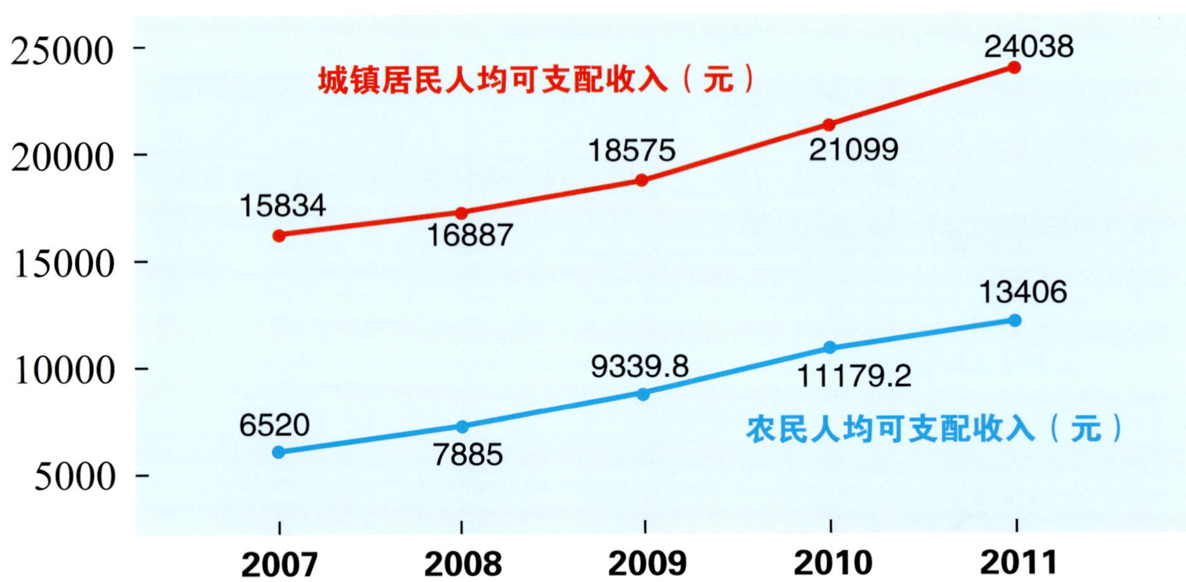

中国县域经济基本竞争力

2007年第45位 → 2011年第18位

中国中小城市综合实力排名

2007年第58位 → 2011年第17位

《长沙县年鉴（2008～2011）》编纂委员会

《长沙县年鉴（2008～2011）》编辑部

《长沙县年鉴（2008～2011）》组稿人员

（按汉语拼音字母顺序排列）

曹　薇	陈　赣	陈　佳	陈　立	陈妹兰
陈司笛	陈晓芬	陈　兴	陈　杨	陈　圆
单　婵	邓金玲	邓媛媛	范建军	傅亿安
顾守文	韩　玮	何　浪	何　立	何庭洁
贺平英	胡　欢	胡志雄	胡忠于	黄　坤
黄新辉	黄旭峰	黄艳娟	黄伊利	黄　珍
黄　桢	姜　红	孔艳辉	黎　锐	李胜检
李　瑜	刘　娟	刘婷婷	刘卫花	刘希贤
刘晓剑	刘　彦	刘义彬	刘玉婷	龙立成
龙赛斌	卢文杰	陆　林	罗宏斌	罗静良
罗　婷	罗晓晴	马凤仙	马干云	毛武林
欧阳文武	彭建军	彭庆芝	秦　勤	全伟兵
申　璋	沈建波	舒　洁	孙欣栋	孙艳芳
汤　皓	唐志兴	田春雷	万兴兰	汪　讲
王　丹	王　芳	王　浩	王　新	王　颖
温　华	吴光明	吴汉顶	吴兰林	吴　琼
吴晓芬	夏　咏	肖　睿	徐　剑	徐　泽
许建华	薛静莉	阳迎军	杨　畅	杨洁莹
杨　科	杨　宁	杨树兴	杨　娴	杨　宇
叶　凯	易　骞	易　檬	易　帅	易　统
尹　阳	游　宇	余佳友	喻跃华	喻泽兰
袁　芳	袁　霞	张海伦	张乐非	张力强
张　伟	张永发	张岳峰	赵　斌	赵群芳
周柏清	周传海	周　理	周秒全	周　术
周　伟	朱立辉	邹　霞	邹　迅	

编辑说明

一、《长沙县年鉴》是在中共长沙县委领导下，由长沙县人民政府主办，长沙县史志档案局承编的系统记述长沙县自然、政治、经济、文化、社会、生态等方面情况的资料性文献。原定每五年编辑出版一卷，至2007年已编辑出版三卷。

二、经县人民政府研究决定，《长沙县年鉴》自2012年起每年编辑出版一卷，故本卷上限始于2008年，下限止于2011年。设特载、大事记、党和国家领导人视察长沙县、长沙县概况、中共长沙县委、县人大常委会、县人民政府、政协长沙县委、县纪委、人民团体、政法、军事、经济管理、国家级开发区建设、"两型社会"建设重要项目、农业、工业和信息化、城乡建设·环境保护、财政·税务、金融·保险、交通·邮电、商贸·旅游、科技·教育·卫生、文化·体育·广播电视、社会生活、乡镇·街道、人物、文件选编、资料统计、附录等30个类目，实事求是地记载了2008年至2011年长沙县及全县各单位、各乡镇（街道）的基本情况、主要工作、重要事件，收录了若干重要文献和统计资料，反映了全县四年来改革开放和社会主义现代化建设的新进程、新成果、新经验，以及出现的某些新问题。所载资料全面、系统、翔实、准确，是社会各界人士了解长沙县的权威性工具书。

三、本卷所载特载采用有关单位提供的原件。所编大事记和长沙县概况系从各单位提供的资料中选辑。其他文稿均由各单位专人撰写，领导审核，年鉴编辑部编辑人员加工整理后再反馈原单位核对，最后由编委会定稿。统计资料由县统计局提供，未列入统计范围的，以各单位录入的数据为准，请读者在查阅和引用时注意。

四、本卷收录县级以上领导和各乡镇（街道）、县直各单位负责人名单为2008年1月1日至2011年12月31日担任实职的在职人员，任职时间以上级机关任免文件为准。

五、本卷仍采用分类编辑法，设类目、分目、子目3个层次，以字体、字号等版式设计区分不同层次。条目标题用黑体字加"【 】"号表示。书中彩版原则上按类目顺序编排，分帧穿插其中。

六、本卷的编辑出版，得到上级主管部门和全县各单位的悉心指导和大力支持，在此深表谢意。衷心希望广大读者和各界人士对年鉴工作提出宝贵意见，使《长沙县年鉴》越办越好。

目 录

特 载

大事记

党和国家领导人视察长沙县

长沙县概况

长沙县人民代表大会常务委员会

中国人民政治协商会议长沙县委员会

中共长沙县纪律检查委员会（监察局）

人民团体

政　法

审判

司法行政

军 事

地方武装

武装警察

武警消防

人民防空工作

经济管理

宏观经济管理

国土资源管理

国家级开发区建设

“两型社会”建设重要项目

农　业

工业和信息化

城乡建设·环境保护

财政·税务

金融·保险

交通·邮电

商贸·旅游

科技·教育·卫生

文化·体育·广播电视

社会·民生

乡镇·街道

人　物

文件选编

统计资料

附　录

《长沙县年鉴（2008～2011）》彩版排序

第一帧

长沙县人民代表大会常务委员会
政协长沙县委员会
中共长沙县纪律检查委员会
中共长沙县委宣传部
中共长沙县委统战部
中共长沙县委老干部局
长沙县史志档案局
杨开慧纪念馆
长沙县机关事务管理局
长沙县招标采购局
长沙县总工会
共青团长沙县委员会
长沙县科学技术协会
长沙县公安局
长沙县人民检察院
长沙县人民法院

第二帧

长沙县司法局
武警长沙县中队
长沙县国土资源局
长沙县审计局
长沙县工商行政管理局
长沙县食品药品监督管理局
长沙县空港城管理委员会
长沙县松雅湖管理局
星沙产业基地管理委员会
长沙县农村工作领导小组办公室
长沙县林业局
长沙县水务局
长沙县城乡规划局
长沙县城市管理和行政执法局
长沙县重点工程管理局
长沙县工务局

第三帧

长沙县住房保障局
长沙县环境保护局
长沙县财政局
长沙县国家税务局
长沙县地方税务局
中国银行星沙支行
农业发展银行长沙县支行
长沙银行星城支行
长沙县交通运输局
长沙县商务局
长沙县旅游局
长沙县科学技术（知识产权）局
长沙县教育局
长沙县卫生局
长沙县文化体育广播电视局
长沙县民政局

第四帧

长沙县人口和计划生育局
长沙县民族宗教事务局
长沙县春云镇
长沙县跳马镇
长沙县干杉镇
长沙县江背镇
长沙县黄花镇
长沙县果园镇
长沙县路口镇
长沙县白沙镇
长沙县福临镇
长沙县北山镇
长沙县星沙街道办事处
长沙县湘龙街道办事处
湖南湘丰茶业有限公司
长沙县金井镇惠农村

坚持"三个共同" 加快"两型"发展 为建设具有国际化水平的幸福长沙县而努力奋斗（摘要）

——在中国共产党长沙县第十二届代表大会第一次会议上的报告

中共长沙县委书记、长沙经开区党工委书记 杨懿文

（2011年6月26日）

回顾不平凡的五年 全县发展已站在一个新的历史起点上

县第十一次党代会以来的五年，是长沙县"破难题、拓空间、增后劲"的五年，也是全县综合实力提升最快、城乡面貌变化最大、人民群众得实惠最多的五年，承前启后，影响深远。五年来，县委认真贯彻落实中央和省委、市委的各项决策部署，团结带领全县广大党员和干部群众，积极探索科学发展新路子，成功应对国际金融危机和各类自然灾害的挑战，圆满完成了县第十一次党代会确定的目标任务。五年来，全县最显著的变化是经济结构不断优化，综合实力跃上了一个新台阶。2010年，全县共完成地区生产总值630亿元、财政总收入75.1亿元、工业总产值1168.8亿元、社会消费品零售总额140亿元、社会固定资产投资316.5亿元，分别是2005年的3.3倍、3.7倍、3.4倍、3倍和3.9倍。全国县域经济基本竞争力排名由2005年的第53位跃升到第25位。成为全国十八个改革开放典型地区之一。五年来，全县最难得的变化是布局和建设了一批重大项目，集聚了巨大的发展能量。松雅湖、空港城两大战略项目建设强势启动，广汽菲亚特、住友轮胎、中烟物流园、陕汽环通、黄兴现代市场群等重大产业项目建设顺利实施，黄花机场扩建、黄兴大道南延北拓、人民路东延等重大基础项目建设加快推进。县域经济新一轮大发展的框架全面拉开，各类优势资源加快聚集。五年来，全县最突出的变化是发展环境不断改善，形成了全面开放、深化改革的崭新格局。开放型经济发展取得新的突破，引进的世界500强企业达到24家，一批县域企业加速海外扩张，城市国际化水平不断提升。园区管理、城市管理、投融资、行政审批等各项体制改革深入推进，产城融合深入实施。城乡一体化加快推进，板仓小镇等示范项目建设取得良好成效。现代农庄蓬勃发展，获批国家现代农业示范区。五年来，全县最欣慰的变化是各项事业协调发展，社会大局保持稳定。文化、科技、教育、卫生、人口等事业全面进步，社会保障体系建设成效明显。城乡居民生活水平显著提高。生态建设和环境保护力度进一步加大。民主法制建设继续推进，人民代表大会制度、共产党领导的多党合作和政治协商制度进一步完善。爱国统一战线发展壮大。党管武装工作开创新的局面。"平安长沙县"建设取得实效，社会政治大局稳定有序。五年来，全县最可喜的变化是党的建设全面加强，执政能力不断提高。深入学习实践科学发展观活动和创先争优活动卓有成效，党群干群关系进一步改善。党的思想、组织、作风建设全

面推进，党内民主不断扩大，党风廉政建设和反腐败工作深入开展，各级党组织的凝聚力、战斗力进一步增强。

回顾过去不平凡的五年，我们之所以能够经受复杂局面的考验，取得来之不易的成绩，是邓小平理论、“三个代表”重要思想和科学发展观正确指引的结果，归功于中央和省委、市委的正确领导，归功于全县党员和干部群众的同心同德、顽强拼搏，归功于历届县委和老领导奠定的坚实基础，同时也离不开各民主党派、工商联、无党派人士、社会各界人士的积极参与，离不开驻县部队、武警官兵的关心协助。在此，我代表中共长沙县第十一届委员会，向所有为长沙县发展作出贡献的同志们、朋友们，表示衷心的感谢和崇高的敬意！

五年的奋斗历程，是一部勇于创新、与时俱进的改革史，是一部攻坚克难、团结拼搏的创业史。五年的生动实践，让我们深深体会到，做好全县的工作，必须认真贯彻落实中央和省委、市委的决策部署，紧密结合我县实际，创造性地开展工作，牢牢把握发展主动权；必须不断增强发展的紧迫感和预见性，坚持超前谋划，强化顶层设计，做到在激烈的区域竞争中快人一拍，先行一步；必须始终坚持以人为本，把解决民生问题放在突出位置，千方百计提高人民群众的生活水平和幸福指数，在制定和实施决策时，广泛征求群众意见，充分依靠群众力量；必须正确处理改革发展稳定的关系，创新社会管理，化解社会矛盾，促进公平正义，努力营造和谐稳定的社会环境；必须以改革的精神推进新形势下党的建设，提高党的领导水平和执政能力，在全县改革发展中，充分发挥党组织的战斗堡垒作用和党员的先锋模范作用。

坚持以“三个共同”总揽全局　开创科学发展社会和谐新局面

幸福与经济共同增长、乡村与城市共同繁荣、生态宜居与发展建设共同推进（即“三个共同”），是县第十一届党代会二次会议作出的重大抉择，是我们在深入贯彻落实科学发展观的基础上，立足长沙县的实际，适应新形势、新要求形成的发展理念，体现了全县人民的共同愿望，正转化为全县上下的统一行动。

进入新时期，我县发展呈现一系列新的阶段性特征，主要表现在：工业化、城镇化、市场化、国际化深入发展，但生产力发展水平总体还不高，经济结构还不优，开放程度和工作标准仍有待提升；城乡一体化加快推进，但农村投入不足、农业基础薄弱、农民收入偏低的局面没有得到根本改变，城乡二元结构依然存在；经济实力显著增强，但社会建设相对滞后，社会矛盾比较突出，社会服务和管理创新亟待加强；生态文明建设取得成效，但经济发展方式粗放的问题仍比较突出，资源和环境压力不断加大。对此，我们必须始终保持清醒头脑，深刻领会科学发展观的实质内涵，正确分析长沙县面临的新课题、新挑战，不断增强发展的协调性、包容性和可持续性。

未来五年，是我县产业高端化、城乡一体化、社会和谐化、生态文明化的加速推进期，是可以大有作为的重要战略机遇期，我们要以邓小平理论和“三个代表”重要思想为指导，以科学发展为主题，以在统筹城乡中加快转变经济发展方式为主线，坚决落实省委“四化两型”（四化是指新型工业化、新型城镇化、农业现代化、信息化，两型是指资源节约型、环境友好型）战略和市委“五化一率先”（即推进产业高端化、发展两型化、城乡一体化、城市国际化和管理法制化，率先基本建成两型城市和实现全面小康）战略部署，围绕“争当排头兵，领跑中西部，进军前十强”的目标，着力推动经济、政治、文化、社会、生态文明建设和党的建设全面协调发展，努力建设具有国际化水平的幸福长沙县。

未来五年，我们要积极顺应人民群众过上更好生活的期待，按照“三个共同”的要求，更加注重民生的持续改善，更加注重农村的繁荣发展，更加注重社会的公平正义，更加注重环境的生态友好。在工作中，要切实把握“品质”、“速度”、“绿色”、“协同”、“创新”的总体原则：追求“品质”，就是要以科学发展作为工作的首要指针，进一步转变增长方式，调优经济结构，不断提高发展的质量和效益；进一步强调以人为本，促进人的全面发展，满足人的多样需求，使人民生活更加幸福、安康。强调“速度”，就是要继续保持大干快上的工作作风和理念，继续保持争先进位的责任感、紧迫感，加快推进大项目、大园区、大产业建设，使县域经济保持较快的发展速度，为实现全面小康、构建和谐社会提供坚实基础。坚持“绿色”，就是要严格落实两型社会建设要求，大力发展绿色低碳经济，加强环境保护和生态建设，让人民群众喝上干净的水、呼吸清新的空气、吃上放心的食物，把长沙县建设成为最适宜创业、工作、生活的生态宜居城市。注重“协同”，就是要坚持城乡统筹、“四化”同步，推动工业化、信息化与农业现代化的协同发展，推动新型城镇化与新农村建设的协同发展，完善以工促农、以城带乡长效机制，加快提升农业农村发展水平。突出“创新”，就是要高扬“全国改革开放典型地区”这面旗帜，积极传承本土红色文化，大力弘扬放眼世界、敢为人先的长沙县精神，不断激发人民群众的创新创业热情，使全社会的创造活力充分释放、创新成果不断涌现、创业活动蓬勃开展。

未来五年，我们将全面完成“十二五”规划，顺利展开“十三五”建设。要力争到2016年，迈上“五个台阶”、实现“五个领先”，即全县地区生产总值迈上1500亿元台阶，工业总产值迈上3000亿元台阶，财政总收入迈上300亿元台阶，城乡居民人均可支配收入分别迈上45000元和30000元台阶。保持各项工作在中西部地区的排头兵地位，县域经济基本竞争力跻身全国十强。实现经济发展的速度和效益在全国领先，城乡统筹水平在全国领先，两型建设成效在全国领先，人民幸福指数在全国领先，社会文明程度在全国领先。

围绕“三个共同”新要求和新目标，今后五年要着力抓好六个方面的工作：

（一）大力推进产业结构优化升级。发挥县域产业比较优势，坚持信息化和工业化两化融合，先进制造业和现代服务业双轮驱动，加快打造国际化的现代产业之都。一是要大力发展先进制造业。进一步支持经开区发展，加快园区托管步伐，提升开放型经济发展水平，建成具有国际竞争力的先进制造业基地。围绕打造“工程机械之都”和“汽车产业集群新版块”，加快推进重点项目建设，着力发展一批拥有国际知名品牌和核心竞争力的千亿产业、千亿企业。以重大技术突破和重大发展需求为基础，积极谋划和推进战略性新兴产业发展。运用高新技术改造提升传统优势制造业，促进传统产业两型化、高端化、集群化。二是要大力发展服务经济。坚持把新一轮基础设施建设与发展现代服务业结合起来，加强规划引导，推进服务业发展提速、比重提高、结构提升。按照国际先进理念，积极推进松雅湖、空港城、黄兴现代市场群、星沙中央商务区等重大功能区建设。加快发展临空经济、现代物流、服务外包、文化创意、电子商务等现代服务业。不断提升休闲旅游、家庭服务等生活性服务业发展水平。大力引进国内外企业集团总部和区域总部、研发中心、营运中心，加快发展楼宇经济和总部经济。促进房地产业平稳健康发展。三是要大力推进信息化建设。坚持把信息化作为转型发展的重大举措，加快推进信息技术与城乡发展全面融合，建设以无线网络和泛在网络为主要特征的“智慧城市”。有序推进三网融合，加快三网融合产业化基地建设，培育新的经济增长点。积极利用信息技术改造传统产业，强化信息技术在工业、农业和服务业中的运用。加快电子政务建设，提升城市管理、应急联动、公共服务等方面的信息化水平。

（二）大力推进城乡一体化发展。坚持城乡统筹、均衡发展，优化城乡资源配置，破除城乡二元结构，率先形成城乡规划建设、产业布局、公共服务、社会管理一体化的新格局。一是要优化县域空间布局。突出区域主导功能，加强分类指导，形成发展导向明确、要素配置均衡、空间集约集聚的发展格局。县城及南部城郊乡镇要按照工业和城市服务型定位，着力发展先进制造业和现代服务业，加快实现与长沙市区的无缝对接，不断增强综合服务功能。北部乡镇要按照农业生态型定位，加快发展现代农业，加强生态环境保护，成为长沙县可持续发展的战略空间和现代农业示范区。完善分类发展的保障和评价机制，实施差异化的财政、土地、环境等政策。二是要深入推进产城融合。坚持以城育产，以产兴城，提升品质，努力将星沙新城建设成为“三湘门户之城、山水宜居之城、活力创新之城”。推动工业园区新一轮城市功能和形态开发，完善城市功能，加快“园区经济”向“城市经济”转变。新建园区要力争一次性建成产城融合体。实施社区综合开发，建设空间紧凑、功能配套的生活社区，打造人性化的步行空间。坚持以组团式发展优化城镇布局，提高规划水平，加强生态控制，建设山环水绕、各具特色的新型组团城市。三是要加快推进新农村建设。积极推动城市资本向农村聚集、城市公共服务向农村覆盖、城市基础设施向农村延伸、城市现代文明向农村辐射。合理配置城乡公共服务资源，提升城乡水利、交通、能源、广电等基础设施统筹建设水平。充分发挥国家现代农业示范区品牌优势，加快板仓小镇和100个现代农庄等项目建设，大力发展数字农业、生态农业、生物农业，加强乡村治理，推行农村精细化管理，积极探索城镇化和新农村建设新模式。加强农村专业合作组织规范化建设，引导一批合作组织向现代企业转变。

（三）大力增强区域创新活力。坚持把创新作为转变经济发展方式的根本举措，在全社会大力营造创新氛围，提高创新意识，推动经济发展由投资驱动向创新驱动、财富驱动转变。一是要强化自主创新。把握创新重点，重视基础研究创新，强化应用研究创新，加快集成创新和引进、消化、吸收再创新。突出企业在技术创新中的主体地位，力争在产业核心技术、关键技术方面取得一批重大成果。瞄准国际先进水平，大力引进和建设一批国家级科研机构和科技服务平台。完善自主创新政策体系，加大知识产权保护力度，使长沙县继续保持创新创业环境的领先优势。二是要深化改革开放。坚持观念创新与政策创新相结合，全面推进各领域改革，加快形成与国际接轨、符合长沙县实际的开放型制度体系。把握国际新技术、新产业、新商业模式的发展趋势，着力引进代表国际先进水平的重大项目。大力实施“走出去”战略，加快培育本土跨国公司和国际知名品牌。主动对接中央和部属大企业、大集团，争取国家重点战略产业和重大投资项目在我县布局。三是要加强人才建设。完善人才政策体系，着力为各类高层次人才提供包括学术环境、发展环境、生活环境、文化环境在内的一流创业环境。大力推进人才下乡，加强农村人力资源开发，为新农村建设提供人才支撑。以实施人才引进“3235工程”（即3年内，面向全国引进专业人才200名，引进和储备党政干部后备人才300名，公开选聘到村和社区任职高校毕业生500名）为重点，统筹抓好党政人才、企业管理人才、专业技术人才、社会工作人才等各类人才队伍建设。围绕县域重点产业和战略性新兴产业，积极引进和培养一批高层次创新科研团队和领军人才。

（四）大力推进社会服务和管理创新。坚持在服务中实施管理，在管理中体现服务，不断创新工作理念和方法，全面提高社会服务和社会管理水平。一是要加强和谐文化建设。坚持以社会主义核心价值体系为根本，加强理想信念教育，增强社会价值认同，构建全县人民共同的精神家园。充分发挥“五老”（即老干部、老模范、老教师、老战士、老专家）优势，大力弘扬优秀传统文化和红色文化，培育奋发进取、理性平和、开放包容的社会心态。大力开展群众性精神文明创建活动，积极弘扬科学精神，不断提高社会文明程度。加强城乡公共文化设施建设，广泛开展文艺创作和群众性文化活动，率先建成广覆盖、普惠型的公共文化体系。二是要加强社会民生建设。坚持民生优先，推进基本公共服务均等化，努力使发展成果惠及全县人民。实施居民收入倍增计划，多途径促进居民收入较快增长。鼓励和支持自主创业，促进社会充分就业，积极发展和谐劳动关系。加大教育投入，合理配置公共教育资源，促进教育公平。巩固提高基础教育，加快发展职业教育，推进义务教育向学前教育和高中阶段教育两端延伸。扩大教育开放，提高教育国际化水平。深化医药卫生体制改革，加快建立覆盖城乡居民的基本医疗卫生制度，努力为群众提供安全、有效、方便、价廉的公共卫生服务。扩大“农民免费门诊”覆盖范围，逐步向全县推广。进一步加强人口和计划生育工作，稳定低生育水平，提高出生人口素质。大力发展养老事业，开展多种形式的老龄服务。加强社会保险、社会救助、社会福利的衔接和协调，进一步提高社会保障统筹层次，提高保障标准，加大保障性住房建设力度。三是要加强和创新社会管理。坚持以经济发展保障社会管理，以社会建设完善社会管理，以公共服务提升社会管理，以协同互动促进社会管理，以改革开放创新社会管理。完善公共治理结构，加快构建党委领导、政府负责、社会协同、公众参与的社会管理新格局。加强城乡社区建设，健全新型社区管理和服务体制，把社区建设成为管理有序、服务完善、文明祥和的社会生活共同体。支持社会组织参与公共服务和社会管理，加大政府购买公共服务的力度。积极倡导志愿者和义工服务。注重人文关怀，畅通和规范群众诉求表达、利益协调、权益保障渠道。加强社会治安综合治理，依法防范、严厉打击各类违法犯罪活动。扎实抓好安全生产，以铁的决心和手腕确保食品安全。

（五）大力加强两型社会建设。良好的生态环境是长沙县最大的优势、最大的财富、最大的品牌。要坚持把两型社会建设作为当前重要的战略机遇和重大的战略任务，加快形成符合两型要求的生产方式和消费模式，切实保护好长沙县的青山绿水。一是要大力发展绿色经济。加快淘汰劣势企业、劣势产品和落后工艺，利用绿色技术改造提升传统产业。加大循环经济发展力度，强化土地节约集约利用，大力推广绿色交通、节能建筑和文明、节约、低碳的生活方式。二是要加大环境综合治理。着力解决危害群众健康的突出环境问题，抓紧整治工业污染、城市生活污染和农村面源污染。加强浏阳河、捞刀河流域环境综合治理。积极推行垃圾分类收集、无害化处理和资源化利用，加快城乡污水处理设施建设。严格执行环境影响评估制度，健全重大环境事件责任追究制度。三是要加强城乡生态建设。广泛开展生态文明宣传教育，大力弘扬生态文化，增强全社会生态意识。坚持尊重规律、善待自然，加大对林地、湿地及生态脆弱地区的保护和修复力度。落实最严格的水资源管理和保护制度。抓好植树造林，统筹推进城乡绿化。积极探索生态补偿和生态环境共建共享机制，有序实施生态移民。

（六）大力加强民主法制建设。坚持党的领导、人民当家做主和依法治县有机统一，全面提高经济、政治、文化和社会各个领域的法治化水平，营造稳定、公开、公正、可预期的法治环境。一是要加强民主政治建设。支持和保障县人大及其常委会依法履行职能，积极探索和创新对“一府两院”工作监督的有效途径。坚持和完善中国共产党领导的多党合作和政治协商制度，支持人民政协履行好政治协商、民主监督和参政议政职能。进一步加强工商联、民族、宗教、侨务和港澳台工作，巩固和壮大最广泛的爱国统一战线。支持共青团、工会、妇联、残联、科协等群团组织按章程积极主动开展工作。加强国防动员和后备力量建设，深入开展“双拥共建”活动，巩固和发展军政军民团结。二是要全面推进依法治县。以依法执政为核心，依法行政和公正司法为重点，加快推进法治长沙县建设。完善重大事项决策机制，严格执行公众参与、专家咨询、风险评估、合法性审查和集体讨论决定的决策程序，实行依法决策、科学决策、民主决策。创新政府管理方式，加快推进开放型政府建设。加强法治文化建设，塑造现代法治公民，使依法办事成为社会的基本准则。三是要强化权力制约和监督。推进党务公开、政务公开、村(居)务公开，让权力在阳光下运行。健全监督体系，把党内监督和民主监督、司法监督、审计监督、舆论监督有机结合起来，不断提高监督实效。进一步健全组织法制和程序规则，保证国家机关按照法定权限和程序行使权力、履行职责。加强对重点部门和资金、资产、资源等关键领域的监管，着力提高公开透明度。

加强和改进党的领导 为推进“三个共同”提供坚强保障

在新的起点上，要把全县人民的智慧和力量凝聚起来，为实现未来发展蓝图而共同奋斗，关键在党，关键在干部。只要我们坚定不移地把党的自身建设抓好，把各级班子建设好，真正打造一支特别有理想、特别能战斗、特别守纪律的党员干部队伍，就一定能够克服前进道路上的各种困难，不断开创“三个共同”的崭新局面。

（一）加强思想建设，切实提高党员干部的素质和能力。思想状态是决定我们事业成败的重要因素。面对日新月异的新形势和千变万化的新情况，全县各级党员干部要按照科学理论武装、具有世界眼光、善于把握规律、富有创新精神的要求，切实加强思想建设。要始终坚持用马克思主义中国化的最新成果武装头脑、指导实践，确保在思想上、政治上、行动上与中央和省市保持高度一致；要始终高举解放思想的旗帜，自觉向国际先进城市看齐，学习借鉴发达地区经验，不断提高工作标准；要始终弘扬改革创新的精神，树立“允许改革失败，不允许不改革”的理念，以宽松的政策支持干事创业者，以宽容的精神善待干事创业者，全面推进各个领域的改革创新；要始终保持求真务实的作风，坚决反对官僚主义、特权思想，坚决反对高高在上、漠视群众，坚决反对骄傲自满、盲目自大，坚决反对不思进取、无所作为，敢于讲真话、讲实话，敢于开展批评和自我批评，敢于弘扬正气、维护大局，敢于承担责任、真抓实干。要把加强学习作为紧迫任务，发挥县委党校、远程教育站点等主阵地作用，实施大规模干部培训，以学习型党组织建设带动学习型社会建设，努力营造“全民阅读、终身学习”的良好氛围。

（二）加强领导班子建设，着力建设一支能够担当发展重任的干部队伍。以提高素质、优化结构、增强功能、增进团结为重点，进一步选优配强各级领导班子。牢固树立正确的用人导向，坚持重用勇于开拓创新、破解难题有本事的人，重用坚持科学发展、好中有快有贡献的人，重用长期扎根基层、服务群众有功劳的人，重用立足本职岗位、踏实肯干有潜力的人，促进优秀人才脱颖而出。坚持

“五湖四海”，拓宽视野选拔干部，广辟途径培养干部，把各方面优秀人才集聚到长沙县的事业中来。着力构建开放式选人用人机制，加大重要岗位竞争性选拔和公选力度，提高选人用人公信度。完善干部交流制度，加大部门之间、地区之间干部交流力度，疏通党政机关和企事业单位干部交流渠道。健全干部退出机制，切实解决干部能上不能下、能进不能出的问题。认真做好优秀年轻干部、妇女干部、党外干部培养选拔工作。从政治上、生活上切实关心老干部，更好地发挥老干部在促进社会和谐、关心下一代工作中的重要作用。

（三）加强基层组织建设，构建城乡统筹的基层党建新格局。坚持以“四评”（即群众参评、党员互评、支部讲评、领导点评）工作法和“三联三为”（即联系困难群众、联系身边群众、联系普通群众，为群众代言、为群众排忧、为群众服务）为抓手，深入开展创先争优活动，不断提高基层党建科学化水平。以乡镇（街道）和村（社区）两级为重点，积极创新基层组织的设置形式和活动方式，努力把基层组织优势转化为推动发展、促进和谐的优势。按照城乡互动、资源共享、优势互补、协调发展的要求，统筹推进城乡基层党建工作。整合城乡党建资源，实施“三带”工程（即以城带乡、以上带下、以强带弱），提升基层党建工作整体合力。建立健全管理严格、服务到位的城乡一体党员动态管理机制。加强非公经济组织和新社会组织党的建设，不断扩大党的工作覆盖面和影响力。把发展党员工作和加强党员管理教育结合起来，努力改善党员结构，增强党员党性观念。健全基层党建资源支撑体系，完善基层激励机制，最大限度地保护和调动基层干部的积极性和主动性。按照守信念、讲奉献、有本领、重品行的要求，着力建设高素质的基层党组织带头人队伍。加强大学生村官队伍建设和管理，鼓励更多有知识、有活力、有抱负的青年一代扎根基层、服务基层、奉献基层。

（四）加强党风廉政建设，密切党同人民群众的血肉联系。坚持党要管党、从严治党，坚持不懈地加强党风廉政建设，坚定不移地开展反腐败斗争，为推进“三个共同”提供坚强的纪律保障。积极开展党风廉政教育，加强廉洁文化建设。进一步健全监督制约机制，切实加强对领导干部行使权力的全方位、全过程监督。始终保持查办案件的高压态势，严肃查处领导干部滥用职权、谋取私利、贪污贿赂、失职渎职等方面的案件。加强农村党风廉政建设，严格村级规范化管理，坚决清除基层干部队伍中的害群之马。全面落实党风廉政建设责任制，形成预防和惩治腐败的强大合力，以反腐倡廉的实际成果取信于民。

政府工作报告
（摘要）

——在长沙县第十五届人民代表大会第五次会议上

长沙县人民政府县长 张庆红

（2011年1月6日）

一、“十一五”发展回顾及2010年工作估价

“十一五”时期，是我县经历各种风险挑战，经济社会科学发展、城乡面貌显著变化、民生改善全面落实的五年。五年来，我们在县委的正确领导下，深入贯彻落实科学发展观，扎实推进各项工作，完成或超额完成了“十一五”规划确定的各项目标任务，经济社会呈现出率先发展、创新发展、科学发展的良好局面。综合实力大幅增强。GDP年均增长（同比，下同）17.3%，达到620亿元（预计，下同），为2005年的3.1倍。县域经济基本竞争力从第53位跃升到第25位，在2010年度中国中小城市科学发展百强排名中位列第31位，均居中部第一，被列为“全国18个改革开放典型地区之一”。城乡面貌变化显著。城镇化步伐加快，一批重大基础设施项目相继竣工或开工建设，星沙新城由规模扩张向扩容提质转变。新农村建设扎实推进，统筹城乡发展取得较大进展。体制机制活力倍增。建立了分类发展模式，实施了工业管理、城市管理、政府机构、行政审批、财税和投融资等体制机制改革，极大增强了经济发展内生活力。大力实施“引进来、走出去”战略，一批世界知名企业和战略投资者落户我县，全面提升了对外开放水平。社会民生持续改善。坚持新增财力的70%用于民生领域，城乡居民收入大幅提高，社会保障体系日臻完善，社会事业协调发展，连续两次荣获“中国最具幸福感城市（县级）”称号。“两型”建设成效初显。大力发展低碳经济，节能减排、产业转型、环境治理、生态建设稳步推进，两次摘取“中国人居环境范例奖”，被评为“国家园林县城”、“全国文明县城”。

2010年，全县完成财政总收入75亿元，增长42.3%；完成工业总产值1200亿元，增长36.6%；城乡居民人均可支配收入分别达到20800元、12078元，分别增长12%、20.8%。一年来，我们主要做了以下几个方面的工作：

（一）围绕打造创新创业之都，积极促进发展方式转变，努力构建县域经济科学发展的模式

我们始终以区域发展的战略性思维谋划县域经济发展，坚持“南工北农”的发展布局，坚持“兴工强县”的发展理念，坚持“产城融合”的发展方向，以新型工业化带动新型城镇化和农业现代化，县域南北功能分区基本形成。围绕星沙新城，以黄兴大道南延启动黄兴市场群建设，以万家丽北路北延启动安沙物流园建设，以人民东路东延启动黄花空港城建设，以松雅湖建设促进星沙大商圈的发展，以27个市县对接口建设加快融城步伐，星沙区域经济大板块初具雏形。

以提升自主创新能力和经济发展竞争力为重点，加快推进产业转型升级，全力打造“中国工程机械之都”和“湖南汽车产业基地”。工程机械、汽车及零部件两大产业完成产值774亿元，增长38.4%；76家亿元企业完成产值913.3亿元，增长33%。广汽菲亚特、陕汽环通二期、众泰江南二期、山河智能叉车生产线等一批重大产业项目建设进展顺利。全县规模企业共投入研发经费17.3亿元，梅花新世纪新能源汽车、众兴新材料、顶立粉末冶金等一批产业升级项目开工建设。

突出服务新型工业化和新型城镇化，着力提升现代服务业。安沙物流园、黄兴市场群、黄花空港城、松雅湖、长永高速CBD以及长株潭烟草物流园等一批重大服务业载体和项目相继启动建设，长沙生态动物园建成开园，青苹果数据中心服务外包进军国际市场，宏梦卡通动漫电影参展国际动漫节，完成农村信用联社改制，成功举办工业旅游节，汽车、房地产持续热销，全年实现社会消费品零售总额138亿元，增长31%。

以提高农业综合生产能力为重点，加快发展现代农业。全年完成农林牧渔业总产值67亿元，增长3.5%。“国家现代农业示范区”正式获批，省农科院隆平高科试验基地落户高桥，建成18个农业标准化生产示范基地，双季稻巩固率居全省各县（市、区）之首，荣获“全省社会主义新农村建设先进县”、“湖南省粮食生产先进标兵县”称号，37个现代农庄立项建设，全县农产品加工规模企业达到55家，实现产值67亿元。

以引进战略投资者、延伸产业链条、调优产业结构为重点，全力推进招商引资向招商选资转变。全年实际到位外资2.86亿美元、市外境内资金形成固定资产投资57.5亿元，住友轮胎、美国空气化工、康宝莱等一批项目入驻星沙，快乐淘宝、恒广欢乐世界、黄兴农产品物流园等大型现代服务业项目签约立项，麻林温泉、浔龙河生态小镇等农业休闲旅游项目启动建设。加强与央企对接，成功实现重大基础设施项目融资开发建设。

以创新推动创业，以创业带动就业。全年投入科技创新项目资金6430万元，创建“全国科技进步示范县”、“创新型县区”工作取得实效，全县高新技术企业达85家，国家级工程技术研究中心发展到3家，新增中国驰名商标3个。大力实施创业富民工程，启动长沙县中小企业孵化基地建设，全县新增初创企业560家，新增城镇就业6155人。

（二）围绕建设生态宜居家园，坚持统筹城乡一体发展，努力提升经济社会加快发展的支撑能力

全面开展以“两河”流域为重点的农村环境综合治理工程，率先在全省划定畜禽养殖禁养区和限养区，推行科学生态养殖，逐步实行畜禽养殖转产减量，拆除养殖设施56万平方米，扶助退出生猪养殖5621户，成功关闭大型临河养殖场10家，全县生猪常年存栏量逐步下降。实施主要河流清污保洁，依法关停排污企业和作坊130余家，“两河”流域水质明显改善。率先在全省建立生态补偿机制，探索农村生活垃圾“户分类减量、村集中处理、镇监管支持、县以奖代投”的新模式，12个乡镇成立农村环保合作社，北山、金井污水处理厂全面建成，16个乡镇污水处理厂正在抓紧筹建，农村环境面貌得到较大改观。

完成全社会固定资产投资315.6亿元，增长34.7%。县城东八线以西的路网骨架全面拉通，开元路、漓湘路、星沙大道提质改造完成，松雅湖即将全面蓄水，国际公寓一期工程竣工，城南、城北污水处理厂投入使用。株树桥饮水工程通水，黄花机场新航站楼封顶，长株高速、开元东路东延线、筑梦路、湘绣路建成通车，黄兴大道北延一期建设竣工在即，万家丽北路北延、人民东路东延、黄兴大道南北延线建设筹备工作有序推进。管道天然气、数字电视、无线网络覆盖城区，并向周边集镇延伸。基本完成金井、红旗等水库灌区改造，启动乌川湖灌区改造，清淤山塘666.67公顷，16个乡镇（街道）集镇接通自来水。完成土地综合整治1333.33公顷。完成农村公路建设399公里。

着力打造“绿色星沙、低碳之城”，在2010年度中国十佳“两型”中小城市评比中位居全国第四、中西部第一。完善星沙城市配套设施，完成城区10条道路红绿灯建设，完成西霞路、东二线、南山路及松雅、城东、城西、泉塘安置区的加绿补绿工程，完成4个安置区及7条城市道路的路灯照明工程，新建16个治安岗亭、100个交通站牌，新增、优化7条公交线路。进一步理顺城市管理体制，城市管理水平有效提升。开展“打非治超”专项行动，路产资源得到有效保护。统筹城乡绿化建设，造林1600公顷，义务植树150万株，增强了水土涵养能力。深入开展文明创建工作，扎实推进“人民满意县城、人民满意集镇、人民满意村（社区）”三级联创活动。加大政策创新和支持力度，金井、开慧、椝梨城乡一体化试点工作有效推进，引导农民相对集中居住，启动建设项目30个。在乡镇设立集规划、建设、城管、国土、环保等职能于一体的城乡一体化办公室，城乡规划、建设审批、违章建筑执法基本实现“全覆盖”。

（三）围绕构建小康和谐社会，坚持公平正义普惠民生，努力提高人民群众生活幸福指数

财政用于民生领域的支出达35.3亿元，占一般预算支出的75%。教育、文化、卫生领域共融资1.67亿元。松雅湖中学、中南小学、长沙国际学校、暮云西湖小学建成开学。完成校舍改造18.5万平方米，启动18所省合格学校建设，30个学校“改厨改厕”项目全面完成，农村义务教育办学条件得到改善。星沙文化中心、8个乡镇综合文化站开工建设，10个村（社区）文体活动室、58个农家书屋投入使用，城乡公共文化服务体系正在形成。新建市八医院第二住院楼、县一医院住院楼及县二医院后勤楼，完成4个乡镇卫生院建设。投入3000万元，

专项用于提高农村医疗卫生装备水平。计划生育优质服务、信息化建设、人口文化等工作连续六年保持全国先进。圆满完成第六次全国人口普查任务。

社会保障能力逐步增强。“新农保”参保人数45.9万人，发放养老金7476万元，11.2万农村老人受益。“新农合”参合率达100%，县级配套补助标准提高到每人每年28元，在开慧乡开展“免费门诊”试点，城乡居民医疗保险实现互通对接。规范民营医院准入，加强定点医院监管。城乡低保标准人均每月分别提高50元、10元，发放城镇低保金3340万元、农村低保金2961万元，其中对城乡低保户发放一次性物价补贴378万元。改建农村特困家庭危旧房460户，新建开慧、黄花敬老院，黄兴敬老院荣获“全国模范敬老院”称号。“幸福家园”廉租房、湘绣苑保障性住房及工矿棚户区改造项目加快建设，龙塘、泉塘三期安置区建设顺利推进。农村道路改造、安全饮水等40项为民办实事工程全面完成，被评为全省“为民办实事先进县”。

畅通群众诉求渠道，积极化解矛盾纠纷，切实加强拆迁安置工作。建立健全领导下访、“一健三联”、“四级三调”等维稳长效机制，加强社会治安综合治理，深入开展“五清查一打击”专项行动，扎实推进“食品安全县”创建活动，狠抓重点行业、重点领域安全生产监管，健全应急管理体系，成功抗击洪涝灾害，确保了社会大局和谐稳定。

（四）围绕建设阳光活力政府，突出规范权力运行，努力探索社会事务法制管理的长效机制

认真执行县人民代表大会及其常委会的决议，积极支持政协履行职能，自觉接受各界监督，办理人民代表大会议案1件，人大常委会审议意见书8件，人大代表建议批评意见64件，政协委员提案66件、社情民意11件，办理和落实“县长信箱”来信3359件。推进开放型政府建设，政府信息公开平台延伸至农村，实现政府重大决策信息、《政府工作报告》任务分解及完成情况、政府投资项目计划安排及执行情况的公示公开。逐步实行重大决策和涉及民生利益决策事项的公众参与，清理政府规范性文件82件。规范村级工程管理，推进招投标、政府采购管理改革。200万元以上的政府投资项目和所有使用财政资金的单位实现审计“全覆盖”。严格控制“四项费用”，全面推行公务卡改革。

坚持依法行政，努力提升服务科学发展的效能和水平。启动新一轮政府机构改革，推进“扩权强镇”工作试点。不断创新行政审批方式，政府信息公开和行政许可事项在线办理实现100%，行政许可事项由261项降至133项，行政审批时限整体压缩30%以上。加大人才建设力度，改进人才管理方式，创新人才工作机制。强化分类指导，优化考核体系，加大行政执行跟踪、绩效评估和责任追究力度。全面规范行政自由裁量权，扎实开展行风评议，强力推进廉政建设，全年共查处各类违纪案件37件，查处副科级以上干部11人。

积极开展军地共建，国防教育和国防后备力量建设得到加强，连续五年成功创建省级“双拥模范县”。机关工委、老干局、行政学院、610办、台办、史志档案局、民族宗教局、农机局、供销社、机关事务局、移民局、金融证券办、人防办、外事办等部门工作取得新成绩。总工会、团县委、妇联、工商联、残联、科协、侨联、文联等群团、协会组织创造性地开展工作。省市垂管部门、驻县部队、驻县金融机构为县域经济社会发展作出了积极贡献。

二、“十二五”发展愿景及2011年工作思路

“十二五”时期，是我县经济社会发展向更高层次迈进的关键时期。做好“十二五”的工作，需要我们准确把握长沙县发展的阶段性特征和定位，主动顺应发展趋势，科学研判发展形势，切实增强工作的前瞻性、创造性和科学性。既要充分看到，后金融危机时期，世界经济进入创新密集和产业振兴时代，国内经济产业转型升级步伐加快，产业和资本向中部地区、改革实验区、经济强县转移步伐加快；省委“四化两型”战略方针的确立和市委率先建设“两型”城市、实现全面小康目标的提出，为我们指明了发展方向；特别是通过“十一五”时期的又好又快发展，我们奠定了厚实的基础，蓄积了强大的势能，率先发展的优势更加凸显。更要清醒认识到，世界经济全面复苏曲折漫长，国内经济回升基础还不牢固，同类区域直接竞争日益激烈，我们面临着艰巨的结构调整任务，日益突出的要素制约和环境压力，以及繁重的社会管理事务。面对机遇和挑战，我们必须冷静分析，积极应对，以战略的思维谋划科学跨越发展，以改革的勇气寻求整体性突破，以创新的举措推进各项工作迈上新台阶。未来五年，必将是我县幸福与经济共同增长、乡村与城市共同繁荣、生态宜居与发展建设共同推

进的五年；必将是我县产业加快转型升级进一步成熟、城镇化水平显著提高、人民生活更加富裕的五年；必将是改革开放不断深入、政府权力运行更加规范、民主法治建设取得更大进步的五年。

“十二五”全县经济社会发展的指导思想：高举中国特色社会主义伟大旗帜，以邓小平理论和“三个代表”重要思想为指导，深入贯彻落实科学发展观，以科学发展为主题，以加快转变经济发展方式为主线，以深化改革和扩大开放为动力，以保障和改善民生为根本，强力推进城乡统筹与产城融合，着力促进科技创新与文化繁荣，努力实现全面小康与社会和谐，奋力打造中部引领、全国示范的现代化长沙县。主要预期目标：至“十二五”期末，GDP年均增长15%，达到1300亿元；工业总产值年均增长20%，达到3000亿元；财政总收入年均增长22%，达到200亿元；城镇化率提高到65%；城乡居民人均可支配收入年均分别增长14%、16%；人口自然增长率控制在7.5‰以内；单位GDP能耗累计下降15%；单位工业总产值综合能耗累计下降15%。

根据“十二五”的目标要求，2011年经济社会发展的主要计划目标是：GDP增长16%；财政总收入完成88亿元，增长17.3%；实现工业总产值1500亿元，增长25%；全社会固定资产投资380亿元，增长21%；社会消费品零售总额167亿元，增长21%；城镇居民人均可支配收入23720元，增长14%；农民人均可支配收入14000元，增长16%；实际到位外资3.18亿美元，增长11%；市外境内资金形成固定资产投资68亿元，增长18%；新增城镇就业7000人，增长14%；万元GDP能耗下降4%；主要污染物排放总量下降3%。力争全面超额完成全年目标任务。

在具体工作中，努力做到“三个坚持”：

——坚持科学发展。加快转变发展方式，突出“两型”和创新引领，推动经济增长从要素驱动向创新驱动转变，从注重经济发展向推动经济、政治、文化、社会、生态协调发展转变，从注重物质进步向更加关注人的全面发展转变，争当科学发展的排头兵。

——坚持普惠民生。把保障和改善民生作为政府一切工作的出发点和落脚点，积极扩大“创业型”的社会就业，发展“普惠型”的社会事业，建立“共享型”的社会保障，加强“法治型”的政府管理，不断提升人民群众的幸福感和满意度。

——坚持促进和谐。以制度创新为切入口，加强社会建设和管理，维护社会公平正义，完善社会预警体系，最广泛、最充分地调动一切积极因素，不断增强全社会的创造活力，不断提高构建和谐社会的能力。

三、2011年主要工作任务

（一）突出经济结构战略性调整，在转变方式中提升经济竞争力

坚持把经济结构战略性调整作为加快转变发展方式的主攻方向，推动产业转型升级和融合互动，努力提高经济发展的质效和水平。

——以经开区为龙头，强化新型工业化带动效应。现代工业发展日益凸显出“企业集中、产业集聚、发展集约”的特征。要充分发挥经开区的龙头带动作用，进一步完善园区托管机制，加快星沙、榔梨、黄花和陕汽长沙产业基地建设，促进优势资源向聚集区集中，努力壮大和提升星沙现代工业经济板块。要充分发挥工程机械、汽车及零部件两大产业的优势驱动作用，围绕重大项目建设，引进一批核心零部件企业，支持一批中小企业靠大做强，以规模化、集群化、专业化推动产业高端化。大力发展新能源、新材料等战略性新兴产业，深化与清华大学汽车工程系的战略合作，着力提升企业自主创新能力，形成以核心技术、核心标准和自主知识产权为要素的产业核心竞争力。要充分发挥低碳经济的示范引领作用，创新工业发展方式，大力推进工业地产、工业街区建设，鼓励多层标准厂房建设，提高单位土地的投资强度；以资源节约、综合利用、清洁生产为重点，强化节能减排，建设一批“两型”示范企业，坚决淘汰一批高能耗、高污染、低产出项目，推动产业结构向高端演进，经济结构向低碳发展。

——以“产城融合”为导向，努力推动“园区经济”向“城市经济”转变。产业是城市建设的支撑，城市是产业发展的平台。统筹产业发展、基础设施建设和生态环境保护，优化功能布局、完善公共配套、预植文化基因、预留发展空间，逐步将星沙产业基地、黄花空港城打造成为“产城融合体”。以长永高速CBD建设为契机，以就近满足居民日常所需为要求，逐步改变泉塘街道的产业与城市、生产与生活分割的状况。努力增强城市经济的带动效应，加快安沙物流园、黄兴市场群等重大产

业平台建设，推动暮云“退二进三”，加快集镇商业网点、大型配送中心建设和集贸市场提质改造步伐，推进农村商贸综合体建设。大力发展金融服务、信息服务、科技研发、创意设计、服务外包、商务会展等生产性服务业，积极发展第三方、第四方物流。着力提升购物休闲、餐饮酒吧、房产装修、汽车服务等生活性服务业。支持以湘商世纪城为代表的楼宇经济发展，形成同业聚集效应。提高楼盘开发品质，加强小区物业管理。整合优势旅游资源，大力发展乡村旅游，加快红色经典景区创建步伐。鼓励发展居家养老、生活保健、社区服务、家政服务等家庭服务业。根据区域定位和规划定性，提高项目准入门槛，在科学招商选资中增强发展后劲，在抢占国内外市场中提升对外开放水平。

——以城郊型农业为重点，提升现代农业产业化水平。城郊型农业是成长于城市周边、以满足城市鲜活农产品为功能定位的一种农业生产类型。要以占领长沙市场、辐射长株潭地区为目标，加快国家现代农业示范区建设，提升粮食、蔬菜、花木、茶叶等优势产业，发展食用菌、瓜果等特色产业，逐步打造沿S207、黄兴大道北延线、107国道的农业产业示范带。结合农业综合开发和农村土地综合整治项目，新建蔬菜基地400公顷，引导南部近郊蔬菜产业向北部远郊布局。建设花卉苗木大市场，推进茶园品改。以农业龙头企业为重点，积极引导农民专业合作组织健康有序发展，大力发展农产品精深加工，提高农产品附加值，促进农业生产经营专业化、标准化、规模化、集约化。以绿色、生态、有机农业为导向，突出农产品质量安全，推行农业标准化生产和管理，引导和鼓励农民减少农药、化肥用量，禁止使用生长调节剂、饲料添加剂。以服务农业现代化为要求，大力实施中小河流治理，水库、河堤除险加固，灌区渠系改造和山塘清淤扩容，完善节水灌溉设施，深入推进农村安全饮水工程和城乡电网改造，加强道路的养护和管理，提高农村道路交通的通达深度和通行能力。严格规范农村土地流转，有效治理耕地抛荒。

（二）坚持统筹城乡一体发展，在富民强县中推进新型城镇化

坚持把新型城镇化作为统筹城乡发展的突破口，提升城镇承载功能、辐射能力和管理水平，加快城乡一体化进程。

——提升城镇承载辐射功能。努力构建“组团式、网络化、生态型”城镇格局，优化城镇的生产、生活和生态空间，增强城镇的要素吸附力、资源转化力和内生增长力。进一步创新投融资平台建设和融资方式，加强与央企对接，破解融资瓶颈。加快人民东路东延、万家丽北路北延、黄兴大道南延北拓等骨干道路建设。完善松雅湖周边路网，建设环湖园林景观。改变城市建设“摊大饼”的格局，重点完善东八线以西基础配套设施，完成板仓路、特立路提质改造工程，推进星沙生态公园二期新建、星沙文化公园改建工程，启动老城区改造，全面完成城区电网、红绿灯、停车场、标线标牌、公交候车亭、公共厕所、垃圾站、治安岗亭、公益广告牌等配套设施建设，努力增强与星沙城市发展、与居民生产生活需求相适应的载体功能、服务功能和综合保障功能。着力推动供水、供气、污水处理、数字电视、公共交通“五网下乡”，基本实现乡镇集镇供水管网、污水处理设施“全覆盖”。以“功能配套、特色彰显、商贸繁荣、生态宜居”为目标，大力开展“人民满意集镇”建设，进一步完善乡镇集镇防洪保安设施、市政基础设施、便民服务设施和文化体育设施。

——提高城镇建设管理水平。巩固星沙“全国文明县城”成果，加强城镇管理，提高市民素质，引导公众参与，打造干净整洁、清新靓丽、秩序井然、文明和谐的城镇环境。强化规划刚性约束和批后管理，严格控制、依法拆除违章建筑。加强建设程序管理，认真落实建设质量管理各方责任。按照“物业化模式、网格化运营、精细化管理、人性化操作”的要求，科学界定县级、街道和社区的城市管理职能，坚持“人随事走，费随事转”，逐步建立起“职能部门指导，街道属地管理，工作监督纳入网格化管理”的新型城市管理体制。加大城市管理投入，启动数字化城管建设，健全城市管理绩效考核、服务监督、综合协调和责任追究机制。切实抓好城区交通组织，加大对非法营运、超载、乱停车辆的治理力度，加强对进城货车的限行管理。切实抓好入城口环境综合整治，重点治理开元东路、107国道（星沙段）两厢环境，彻底改变“脏、乱、差”面貌。切实优化公共交通线路，不断完善与市区的公交对接，构建城市人流集中区域、68平方公里星沙城区、300平方公里星沙新城的循环公交网，在全省率先启动城乡公交一体化工作，逐步形成便捷、经济、安全的公共交通体系。要将城市

管理模式延伸到乡镇集镇，围绕“净化、绿化、美化、亮化”，逐步实现集镇管理常态化。

——构建城乡协调发展机制。强化整体发展、全域一体理念,统筹城乡各类规划,加强规划衔接和各项建设的关联性,形成统一协调的综合性规划空间体系。以破解城乡二元结构为突破口，优化城乡公共资源配置，逐步实现基本公共服务的均等化。以土地管理、人口户籍、社会保障和农村金融等四大制度创新为重点，进一步深化各项配套改革，创新各项政策制度，不断增强城乡一体化发展的内在动力和体制活力。规范推进开慧“板仓小镇”、?梨“绿色水乡古镇”、金井“茶乡小镇”建设，形成具有典型示范意义的城乡一体化试点经验。完善乡镇城乡一体化管理机构设置和人员配置，扩大城乡一体的规划审批、建设执法制度覆盖面。规范农村资产、资金、资源管理，严格控制住村级负债。

（三）围绕构建和谐社会改善民生，在共建共享中增强百姓幸福感

坚持把保障和改善民生作为实现包容性增长的战略举措，努力实现经济增长与社会事业、人民生活、生态环境同步协调发展，提高人民群众的幸福指数。

——大力发展社会事业。加快建设与经济实力相匹配的社会事业。投资3.5亿元用于教育项目建设。继续完善松雅湖中学、中南小学配套建设，新建华润、中铁、龙华小学，扩建东业晨曦、盼盼、金鹰、泉塘小学，着力解决县城教育资源不足、“大班额”现象严重的问题。加大对农村义务教育投入力度，全面完成中小学校舍加固改造工程，加快寄宿制学校、公办幼儿园建设，免除义务教育阶段学生寄宿费，促进义务教育均衡发展。启动县职教中心星沙实训基地建设，培训与产业转型升级相适应的技术工人。加强师资队伍建设和师德师风教育，实施“名师名校”工程，努力提高教育教学质量。加快星沙文化中心建设，启动星沙商务写字楼及市民服务中心建设，新建9个乡镇（街道）综合文化站、25个村级文体活动室。隆重庆祝中国共产党建党90周年。筹备湖南辛亥革命纪念馆建设，开展辛亥革命100周年纪念活动。改造升级县电视台，实施有线电视股份改造、股权重组、网络整合及NGB(中国下一代广电网)工程。继续推进医疗卫生体制改革，制定实施区域卫生发展规划、医疗机构设置规划，积极实施国家基本药物制度，探索县级医院集团化经营模式，严格民营医院准入，加强定点医院监管。争取引进星沙湘雅国际医院，完成县一医院住院综合楼、公共救治中心及暮云医院精神病综合楼扩建工程，完善街道社区卫生服务中心建设，加快金井、春华等乡镇卫生院及村卫生室规范化建设。稳定低生育水平，提高出生人口素质，促进人的全面发展。建立食品安全检测体系，健全食品安全监管机制，集中整治食品生产经营秩序，确保人民群众吃上放心食品。

——有效提升保障水平。以“保基本、广覆盖、可持续”为原则，进一步加大财政投入，完善社会保障体系。推进城乡医疗保险一体化规范运行，实行缴费标准、医疗待遇、信息平台、基金调剂“四统一”。加大社会救助力度，城乡特困医疗年度救助限额从3000元提高到5000元。继续实施农村安居工程，资助450户特困危房、无房户新建住房。加大住房保障力度，加快“幸福家园”、湘绣苑廉租房建设及工矿棚户区改造。面向拆迁居民等特定群体，建设一批限价房。新建果园、白沙、福临等乡镇敬老院，扩建北山、黄花、双江等乡镇敬老院。加强殡葬改革配套建设，新建12个公益性墓地。妥善解决拆迁遗留问题，继续做好优抚安置、助残、老龄等工作。

——切实加强生态建设。严格落实生态补偿机制，制定补偿实施细则，完善配套制度，建设“谁开发、谁保护，谁破坏、谁修复，谁受益、谁补偿，谁污染、谁治理”的运行体系。结合农村环境“连片整治”，深入推进“两河”流域“清淤、截污、固堤、增绿”工程，根除向“两河”直排的污染源头。控制农业面源污染，全面完成禁养区退出养殖和一级限养区散户养殖规模控制到20头以下、二级限养区粪污排放全面治理达标的目标任务，逐步将畜禽养殖减量到环境可承载的水平。继续开展乡村卫生整洁行动，进一步完善农村生活垃圾处理长效管理机制。全面封山育林，严禁开山采矿、挖田造塘、挖塅填塘。要采取最严厉的手段，有效遏制乱砍滥伐等破坏生态植被行为。按照“财政补助、乡镇实施、部门指导、全民参与”的原则，以集镇、水系、道路、庭院为重点，大力植树造林，增加森林碳汇。实施生态扶贫移民工程，启动白沙乡桃源村移民试点工作。科学划定不开发区，建立生态恢复和水土涵养区，启动影珠山森林公园、瞿家塅湿地公园及北部自然保护区建设。

——全面构建和谐环境。继续开展平安县创建活动，全面推行综治网格化管理，保持社会治安防控的高压态势。建设城区电子防控系统二期工程，提高治安防控信息化水平。完善应急管理体系，提高突发事件的应对能力。严格落实安全生产责任制，完善安全生产监督体系，杜绝重特大事故。加强国防动员、国防教育和人民防空工作，创建“全国双拥模范县”。

（四）完善开放型政府制度体系，在探索创新中提高群众满意度

时刻保持解放思想、更新观念的创新意识，攻坚克难、勇攀新高的实干精神，求真务实、艰苦奋斗的勤廉作风，努力建设人民满意政府。

——勇于开拓创新，切实服务科学发展。探索参与式治理模式，建立健全、严格落实开放型政府系列制度，实施财政预算公开，试点教育、卫生、民政、劳动保障等工作财政决算公开，推行政府投资项目和城市管理情况全公开，推进政府“权力清单”、行政处罚自由裁量权基准公开。完善征地拆迁公开公示制度，依法保护被征地农民权益。严格行政决策程序管理，重大事项必经公众参与、专家论证、风险评估、合法性审查、集体决策等程序，实现依法决策、民主决策、科学决策。深入推进“扩权强镇”工作，科学调整县乡财政管理体制，加大财政对北部乡镇转移支付力度，加强村级政权建设，完成第八届村（居）民委员会换届选举工作，进一步激活农村内生动力。完善绩效考核机制，科学设置考评内容，创新考核方式方法，形成导向明确、指标科学、评价客观的绩效考核体系。深化人才强县战略，优化人才队伍结构，引进和培养一批领军人物和创新人才。大力营造“崇尚创新、宽容失败”的氛围，充分调动干部群众干事创业的积极性，让人民群众成为经济社会发展的参与者、管理者、维护者。

——强化法治意识，切实做到文明执法。自觉接受人大的法律、工作监督及政协的民主监督，主动接受社会监督和舆论监督，严格按照法定权限和程序履行政府职能。加强政府法制建设，全面推进依法行政、文明执法、公正办事，切实把政府各项工作纳入法制化轨道。进一步规范行政处罚自由裁量权，严格落实行政执法责任制、评议考核制和过错责任追究制，强化行政执法监督，坚决制止和查处有法不依、执法不严和滥用职权的行为，有效提高行政执法效率和水平。

——加大督查力度，切实落实工作责任。进一步明确抓落实的工作责任制，建立健全抓落实的督促检查和奖惩机制。县政府将对《政府工作报告》各项目标任务进行细化分解，并向社会公布，落实到具体的责任单位和责任人，明确完成标准，限定完成时间，确保各级各部门在年初就进入一种紧张快干的工作状态。加强政务督查，做到令行禁止，确保政令畅通。加强行政监察，完善投诉机制，严格行政问责。进一步理清行政审批事项，规范审批流程，推行并联审批和全程代办。深入推进政府机构改革，切实转变职能，建立健全精细化管理体系，努力提高工作水准和质量。

——坚持从严治政，切实履行廉政准则。进一步规范财政专项资金使用制度和政府财政投资项目的管理，把更多的资金用在经济发展、改善民生上。严格执行工程招投标、政府采购、产权交易、工程代建等制度，深入开展工程建设领域突出问题专项治理，严格执行国土出让“招、拍、挂”工作的监管制度。纠正部门和行业不正之风，强化政风行风评议结果在干部任免、单位考核等方面的运用。大力推进廉政建设，坚持以制度“管权、管钱、管人”，强化行政监督、审计监督和社会监督，加强对权力运行的约束，努力从源头上铲除腐败滋生和蔓延的土壤。

长沙县2008～2011年大事记

2008年

1月4日　财政部部长谢旭人到县调研中央财政支农资金百里茶廊产业化建设项目。

1月8日　全国人大常务委员会原副委员长邹家华到经开区视察三一重工集团。

1月8～11日　中央政策研究室、中央财经领导小组办公室联合组成调研组到县就改革开放以来所取得的成就进行专题调研。

1月11日　县委十一届三次全体（扩大）会议在开源鑫城举行，市委常委、县委书记、经开区党工委书记杨光荣作县委工作报告，并邀中央政研室副主任郑新立授课。

1月12日　全县乡镇党委书记、乡镇长座谈会举行，研究统筹区域发展，注重分类指导，以创新思维协调乡镇发展问题。

1月21日　从科技部获悉，长沙县获2005～2006年全国科技进步先进县称号。

1月24日　长沙经济技术开发区与国家开发银行湖南省分行签署8亿元基础设施建设贷款协议，这是经开区建区以来获得的最大一笔银行授信贷款，也是长株潭地区被批准为“两型社会综合改革试验区”后获得的最大一笔单项授信贷款。

1月27日　省委常委、常务副省长于来山，副省长郭开朗沿京珠高速长沙县段现场部署抗灾救灾工作。

1月30日　省委副书记、省长周强，副省长郭开朗一行从星沙上107国道察看道路除冰及车辆通行情况，在青山铺临时救助站看望慰问安置旅客。

△　省委常委、市委书记陈润儿，市委副书记、市长张剑飞，副市长文树勋带领有关部门负责人沿京珠高速长沙段视察，全面落实国务院总理温家宝视察湖南时提出的指示，沿途查看长沙县分管路段的抗击冰雪灾害情况。

△　长沙县抗击冰雪灾害工作紧急会议召开，学习传达全市抗冰救灾工作会议精神，认真分析当前抗冰救灾形势，部署后段抗冰救灾工作。

1月31日　省财政厅厅长李友志到黄兴镇光达村蔬菜基地视察灾情。

是月　长沙县首次被命名为“全国双拥模范县”。

2月5日　市委副书记、市长张剑飞到安沙镇双湾村和安沙镇敬老院看望慰问困难群众，送上新春祝福。

2月12日　农业部部长孙政才、副部长危朝安到黄兴镇蔬菜基地考察蔬菜生产灾后自救情况。

2月15日　市委副书记、市长张剑飞到经开区现场了解企业生产补损工作。

2月19日　长沙市非中共党员领导干部座谈会在县召开。

2月20日　世界500强德国博世公司投资430万欧元的现代化物流中心在经开区博世长沙工厂破土动工。

2月22日　美国佩罗系统公司董事局主席罗斯•佩罗一行到经开区考察长丰集团。

2月28日　市政协主席董学生到县察看茶叶受灾和补救情况。

3月2日　市委副书记、市长张剑飞到县调研生产补损工作。

3月10～12日　长沙县政协第七届委员会第二次会议召开。

3月11～13日　长沙县第十五届人民代表大会第二次会议举行。

3月11日　副省长刘力伟到县了解消防工作，督查“十一五”消防规划贯彻情况，并实地考察黄花镇黄龙新村，易初莲花超市和泰格林纸。

△　经开区管委会主任、县长杨懿文出席在美国拉斯维加斯举行的中国（长沙）投资合作工程机械推介会，推介长沙经开区优良的工程机械产业投资环境和相关政策优势。

3月12日 长沙县举行田汉诞辰110周年纪念活动。

3月19日 市政协主席董学生到县检查干部下基层情况，指导生产补损重建工作。

3月20日 市人大常委会主任会议成员在市人大常委会主任余合泉带领下到县调研新时期人大工作。

3月23日 农业部在县举行“优质兽药出厂，放心兽药入户”行动启动仪式，拉开当年兽药市场专项整治活动序幕。

3月26日 副省长甘霖到经开区视察中大创远数控装备有限公司和长沙镁镁科技有限公司，听取经开区发展情况汇报。

3月28～30日 迎奥运湘鄂赣县（市）乒乓球赛开幕式在县体育馆举行。共有三省21个县（市）的35个代表队，200多名运动员参赛。

3月30日，省委副书记梅克保到县调研“两型社会”建设和新型工业化情况。

4月7～9日 中国湖南·长沙工程机械与汽车产业合作洽谈会在县举行。7日，陕西汽车集团长沙环通汽车制造有限公司在干杉乡机械工业小区奠基。此次洽谈会当场签约25个项目，合同总金额164.41亿元；场外签约项目41个，合同总金额56.27亿元。

4月13日 中央调研组到县调研三十年改革发展的主要成就和基本经验，探讨制约国家农村改革发展的深层次矛盾和突出问题。

4月16日 长沙县百里茶廊“金井”牌注册商标获中国驰名商标，这是湖南茶界第一个中国驰名商标。

4月21日 副市长虢正贵到县调研农村春耕生产及农业生产资料供应情况。

4月28日 市政协主席董学生率市政协到经开区视察全市工业园区建设用地情况。

4月29日 长沙市区县（市）科技局长（书记）园区产业局长会议在县召开。

5月7日 省政协民生问题调研组在省政协副主席龚建明率领下到县调研。

5月9日 中共中央政治局委员、全国人大常委会副委员长、中华全国总工会主席王兆国到三一重工股份有限公司考察。

5月13日 中共中央政治局委员、全国政协副主席王刚到经开区视察远大空调公司。

5月16日 繁荣长沙县文艺创作座谈会召开，县区领导与中国作家协会副主席谭谈、省作协主席唐浩明等围绕繁荣长沙县文艺创作和提高全县文艺创作水平进行探讨。

5月21～25日 长沙县经开区组团代表湖南省参加北京第十一届国际科技产业博览会，会上以“合作创新、共赢发展”和“科技——长沙县”为题，推出县区10个高新技术企业。

5月23日 长沙县召开财税金融工作暨“乡财县管乡用”改革动员会议，会上提出“严格程序、规范运作、平衡过渡、确保成功”的“乡财县管乡用”改革16字总体要求。

5月28日 市委副书记、市长张剑飞到果园镇新明村指导产业扶持工作。

5月29日 由民主党总书记、政府农业和渔业部长萨比诺率领的东帝汶执政联盟代表团到黄兴镇艺松园花卉苗木基地、紫薇山庄、雅园等“农家乐”参观并交流经验，考察新农村建设情况。

6月6日 副省长郭开朗到县视察高考准备情况。

6月11日 在全国工商联十届一次常委会长沙投资环境及重大项目推介会上，长沙县暮云镇与深圳康博达科技有限公司签订3.1亿元的项目，建设占地7公顷的康博达手机生产基地。

6月12日 市委副书记、市长张剑飞，副市长文树勋考察芙蓉大道长沙暮云至湘潭板塘铺长沙段建设情况。

6月16日 由环保部副部长周建率领的国务院第一次全国污染源普查组对长沙县污染源普查的质量情况进行核查。

△ 县城星沙镇顺利通过省级节水型城市验收，成为湖南省首个节水型县城。

6月16～21日 杨光荣、杨懿文等率团参加湖南（上海）投资洽谈活动周，县（区）场内场外签约项目21个，金额150多亿元。

6月19日 中美合作同心国际有限公司成功上市。

6月25日 市委常委、政法委书记张湘涛调研全县政法工作情况。

6月26日 副省长陈肇雄到县调研工业产业，并先后察看远大空调、三一集团、力元新材料、山河智能等工业企业。

△ 长沙县政府投资管理体制改革工作会议举行。

7月3日　全省乡村清洁工程建设工作会议在县举行，全体与会人员在省农业厅副厅长李志纯带领下参观黄龙新村，高度赞誉该村清洁工程建设所取得的成就。

7月6日　第八届全国县域经济基本竞争力与科学发展评价报告在广州增城市揭晓。长沙县排名第37位,较上年上升8位，跃居中部第一。

7月16日　湖北省科技产业考察团在副省长郭生练率领下到经开区视察山河智能和三一重工集团。

7月31日　市委副书记谢树林，市委常委、宣传部部长陈泽珲率市直有关部门负责人督查黄花机场及周边文明创建工作进展情况。

8月6日　万家丽北路正式通车，标志着长沙县与长沙城区全面对接又跨进了一大步。

8月7日　县区领导杨光荣、杨懿文和省委常委、市委书记陈润儿，市委副书记、市长张剑飞一起会见在长沙考察的美国迈卓投资控股有限公司董事长亨利一行，就进一步扩大双方合作进行亲切友好的交谈。

8月13日　农业厅副厅长李志纯、副市长虢正贵对长沙县推荐为全省粮食生产先进县进行实地考评。

8月19日　市委常委、政法委书记张湘涛到星沙派出所调研农村公安基层基础工作。

8月20日　省高级人民法院党组书记、院长康为民率省高院相关部门负责人到县人民法院视察。

8月25日　副省长刘力伟在市委常委、副市长徐湘平陪同下到县考察农村环保工作。

9月3日　全国人大常委会原副委员长李铁映到县视察高桥镇维汉村、维汉故居以及维汉中学，并在维汉村部与省、市、县、镇、村以及部分群众座谈。

9月9日　省委副书记梅克保率省直、县区有关部门负责人到三一重工现场调研。

△　省人大常委会副主任刘莲玉率执法检查组到县对《中华人民共和国中小企业促进法》和《湖南省实施〈中华人民共和国中小企业促进法〉办法》实施情况进行检查。

9月11日　长沙县科协第五次代表大会召开，听取长沙县科协第四届委员会工作报告，选举产生新一届领导机构。

9月12日　星沙国际俱乐部在威尼斯酒店成立。

9月13日　省政协主席胡彪到江背镇印山村，就广大农村如何进一步解放思想，抢抓机遇实现大发展，与基层干部群众开展面对面的交流。

9月18日　长株潭城际间新的快车道——芙蓉大道（长潭段）、红易大道正式动工大会在暮云镇举行。省委书记、省人大常委会主任张春贤，省委副书记、省长周强等省、市领导出席。

9月25日　长株潭城乡互助游启动式暨长沙市第三届乡村休闲旅游节开幕式在星沙通程广场举行。

9月27日　中国·长沙现代农业投资合作洽谈会在长沙县举行，现场签约金额107.48亿元，其中最大签约项目圣毅园现代农庄总投资15亿元。省委常委、长沙市委书记陈润儿等省、市领导出席开幕式。

9月27日　国家发展和改革委员会副主任张茅率国务院调研组到县调研，了解当前宏观经济运行形势，听取相关部门、企业对国家经济政策的意见建议。

9月30日　环保部副部长祝光耀考察经开区环保科技产业基地。

10月1日　省委常委、市委书记陈润儿视察青山铺镇曙光农业科技有限公司，听取县镇两级情况汇报，考察葡萄产业示范基地建设，调研现代农业产业化发展情况。

10月7日　在中央政策研究室和中央财经领导小组办公室联合组成的中国特色发展之路课题调研组发布的全国18个典型地区的调研综合报告中，长沙县被列为全国18个改革开放典型地区之一，是湖南唯一、也是中部地区仅有的3个改革开放典型地区之一。

10月13日　国家杂交水稻工程技术研究中心主任、中国工程院院士、省政协副主席、“世界杂交水稻之父”袁隆平到果园镇视察优质有机稻基地和湖南水稻研究所示范基地。

10月21～22日　国家人口计生委督查组对长沙县“十一五”人口发展和事业发展规划进行中期评估督查。

10月21日　湖南省首家外企俱乐部——明城国际大酒店被国家旅游局授予五星级旅游饭店，标志着长沙县有了首家五星级旅游饭店。

10月28日　国家审计署党组书记、审计长刘家义到县调研审计工作。

11月3日　广西壮族自治区党委书记、自治区人大常委会主任郭声琨率领党政代表团到经开区考察工程机械产业发展情况。

11月4日　省会高校科研成果就地转化洽谈会在长沙县召开，县内74家会员企业参加洽谈会。省委常委、统战部部长李微微出席。

11月5日　中共长沙县委、长沙经开区、长沙县人民政府机关报《今日星沙》创刊。

△　杨懿文率团参加第二届“2008中国（长沙）科技成果转化交易会”，会上长沙县共签约项目33个，签约金额26.5亿元。

11月8日　中国中小城市科学发展评价体系研究成果发布，长沙县获“全国中小城市综合实力百强”、“全国最具区域带动力中小城市百强”称号，并被评为“2008年度全国十佳节约型中小城市”，成为中西部地区唯一获此荣誉的县区。

△　杨懿文出席第五届中国中小城市可持续发展高峰论坛。

11月19日　杨懿文接受中央电视台特别节目《中国之路》专访。该节目由中央政策研究室、中央财经领导小组办公室和中央电视台联合摄制，报道全国改革开放30周年的18个典型地区的发展经验。

11月22日　长沙县召开现代农业创新示范区总体规划及超级杂交水稻丰产高效示范工程建设项目可行性研究报告评审会，中国工程院院士、国家杂交水稻工程技术研究中心主任、专家组组长袁隆平等7位专家一致评审通过《长沙现代农业创新示范区建设总体规划》。

11月23日　长沙县纪念许光达大将诞辰100周年系列活动启动。

12月4日　副省长徐明华到县视察农村安全饮水工程建设情况，对长沙县农村安全饮水工程建设工作给予肯定。

12月5日　国家防办副主任田以堂到县视察防汛抗旱工作。

12月7日　中日汽车（湖南·星沙）高峰论坛开幕。副省长陈肇雄，市委副书记、市长张剑飞，副市长文树勋等出席开幕式。

12月8日　在海南三亚召开的第六届中国果菜产业发展论坛上，长沙县被评为“中国果菜无公害科技示范县”。

12月16日　农业部副部长张桃林到县考察新农村建设情况。

△　市人大常委会主任余合泉到县调研农村土地承包经营流转、农产品基地、加工企业和市场体系建设情况。

12月21日　毛岸青和邵华骨灰回归故里安葬仪式在开慧乡杨开慧烈士陵园举行。省、市领导张春贤、周强、杨忠民、陈润儿等出席仪式并敬献花篮。

12月25日　长沙县新农村电气化创建工作顺利通过湖南省新农村电气化县考评验收组验收，成为全市首个新农村电气化县。

12月26日　市政协主席董学生调研长沙县新农村建设情况。

2009年

1月4日　县、区2008年经济形势新闻发布会举行。会议透露，全县2008年GDP为358亿元，连续五年保持17%以上的增幅。完成财政总收入40.7亿元，同比增长27.6%，财政总收入、地方一般预算收入总量连续八年稳居全省各县之首。

1月9日～11日　中央政策研究室课题调研组到县调研，先后考察众泰汽车、金井镇新农村建设及松雅湖项目。省委常委、市委书记陈润儿代表市委、市政府就长沙市及长沙县的发展，与中央调研组一行进行沟通交流。

1月14日　长沙县顺利通过省知识产权示范县的验收。

1月19日　副省长甘霖视察长沙县节日市场及家电下乡情况。

△　市委副书记、市长张剑飞，副市长文树勋一行到黄兴镇走访慰问困难群众和老党员。

1月27日　云南省委副书记、省长秦光荣到县调研。

2月4日　省委书记、省人大常委会主任张春贤到路口镇和榔梨镇调研农村消费和农产品深加工问题。

2月5日　省人大常委会党组副书记、省政府顾问谢康生率省委办公厅、省农业厅负责人到长沙县国家（长沙）粮食储备库、金霞米业、黄花粮站调研粮食生产情况。

2月10日　接长发干〔2009〕7号文件，杨光荣不再担任中共长沙县委书记职务，并免去其中共长沙县委常委、委员职务。接长发干〔2009〕8号文件，根据中共湖南省委组织部2009年1月20日湘组干〔2009〕5号文件精神，省委同意杨懿文任中共长沙县委书记。

2月11日　金井镇新沙村突发森林火灾，镇综治办副主任、司法所司法助理员、专武干部汤杨在组织群众撤离时不幸殉职，年仅27岁。省人民政府追认他为革命烈士，司法部追授其为一级英模。中共中央纪委、人力资源和社会保障部、监察部联合下发决定，追授其为“全国纪检监察系统先进工作者”。

2月17日　怀化市中方县党政代表团到县就县城建设和管理情况进行考察交流。

2月19日　中共中央书记处书记、中央纪委副书记、中央扩大内需促进经济增长落实检查工作领导小组组长何勇到县考察。

2月25日　在省委、省政府召开的全省精神文明创建工作表彰大会上，长沙县获全省“文明县城”称号。

2月28日　省委常委、省军区政委杨忠民代表广州军区、湖南省军分区看望慰问在“2·11”森林火灾中牺牲的汤杨烈士亲属。

△ 全省工商系统2009“红盾护农”行动在黄花镇启动，副省长刘力伟出席启动仪式。

3月3日　副省长徐明华到北山镇圣毅园现代农庄调研。

3月11～12日　政协长沙县七届三次会议召开。

3月12～13日　长沙县第十五届人民代表大会第三次会议召开。

3月13日　省委副书记梅克保率省直有关部门和市政府有关负责人到县就如何进一步扶持和壮大湖南省工程机械制造产业进行现场办公。

3月16日　国土资源部部长徐绍史到长沙县北山镇圣毅园视察土地综合整理项目。

3月29日　中共中央政治局常委、国务院副总理李克强到经开区博世汽车部件（长沙）有限公司、山河智能机械股份有限公司视察调研。

3月30日　市委副书记、市长张剑飞到县调研和检查防汛准备工作。

4月8日　海协会会长陈云林到长沙县台资企业长沙镁镁科技有限公司进行专题调研。

△ 市人大常委会主任余合泉及主任会议成员一行到县集体调研，实地考察位于春华镇的宇田蔬菜专业合作社、长沙好韵味事业发展有限公司，并召开座谈会。

4月9日　副市长姚永春率市商务局、国土局等20多个相关部门的负责人深入黄兴镇调研“两帮两促”工作，重点考察市“两帮两促”重点项目长沙实泰物流有限公司家电物流中心项目建设。

4月12～14日　全国2008年水利统计会议在县召开，与会者充分肯定长沙县在吸纳社会资本完善水利基础设施方面取得的成绩，认为其经验值得推广。

4月14～15日　由市政协主席董学生带队的农村水资源保护利用和水利基础设施建设评议组到县对农村水资源和水利建设情况进行评议和调研。

4月16日　省人大常委会副主任陈叔红到县调研经济社会发展规划情况，先后考察松雅湖建设项目、长永高速（星沙段）城市改造工程和星沙城北污水处理厂工程。

4月17日　省委副书记梅克保到春华镇调研。

4月20日　市政协主席董学生，副主席周秋光、王力力、龚振湘一行到县境内的浏阳河榔梨河段调研。

4月21日　副省长甘霖调研长沙县物流业，先后赴湖南现代物流职业技术学院、邮政物流集散中心实地了解情况。

△ 省人大常委会党组副书记、省政府顾问谢康生率省、市农业、供销合作社等部门负责人到县调研春耕备耕及现代农业发展情况。

4月22日　位于黄花镇境内的长沙黄花国际机场新航站楼工程正式开工建设，省委常委、副省长徐宪平出席开工仪式。

4月29日　环境保护部副部长李干杰到县调研农村环保工作。

4月30日　京港澳国家高速公路长沙绕城东北、东南段和长沙连接线开工动员大会在长沙县举行。省委常委、常务副省长于来山宣布工程正式破土动工。

5月6日　市委常委、市委政法委书记张湘涛到县督查安全生产工作。

5月18～21日　县区代表团赴港参加港澳洽谈周招商活动，共签下包括松雅湖综合开发项目在内的6个项目，签约金额57.76亿元。

5月21日　中共中央政治局委员、广东省委书记汪洋率广东省党政代表团考察经开区企业远大空调公司。

5月26日　第九届“中国民间文艺山花奖·民间工艺美术作品奖”终评暨湖南省旅游商品博览会在湖南湘绣城开幕。

5月31日　省委副书记梅克保率省委办公厅、省教育厅、省妇联、团省委等部门负责人到位于黄花镇的长沙县特殊学校，与残疾学生们共度六一国际儿童节。

6月3日　全国第一个以农村生活垃圾分类处理为主要工作的合作社——农村环保合作社，在长沙县果园镇挂牌成立。

6月10日　省人大常委会党组副书记、省政府顾问谢康生考察路口镇、春华镇邮政支局和长沙邮区中心局，查看农资经销和货源组织，了解民需民意，调研物流配送和管理情况。

6月13日　中共中央政治局常委、国务院总理温家宝莅临经开区企业博世汽车部件（长沙）有限公司视察，对园区企业在应对金融危机中保持的良好精神和有序生产经营秩序予以肯定。

△　中央政策研究室课题调研组到县调研，先后参观三一重工、远大空调和圣毅园现代农庄，并举行座谈会。

6月19日　水利部副部长鄂竟平到县调研农村小型水利建设工作。

6月23日　县委十一届五次全体（扩大）会议召开，部署实施基层党建"三带"工程和人才引进"3235"工程。

△　省人大常委会副主任陈叔红率部分在湘全国、省人大代表视察长沙县检察院工作。

6月24日　由湖北省委组织部副部长陈绪群率领的湖北省百名县（市、区）委书记到县考察县域经济发展情况。

7月4日　省委常委、市委书记陈润儿到县调研汽车产业，并在陕汽环通重卡项目现场办公。

7月9日　中共中央政治局常委、全国政协主席贾庆林视察经开区企业远大空调有限公司和博世汽车部件（长沙）有限公司。

7月10日　省人大常委会副主任肖雅瑜率省直相关部门和力嘉国际集团董事长马伟武等知名企业家考察长沙县黄花印刷产业基地，到鸿发印务有限公司和长沙晚报印务公司等企业调研，并召开座谈会听取该县有关工作汇报。

△　县政府就农村环境保护议题召开第43次政府常务会议。会议不仅在长沙市、县政府门户网站全程直播，还通过长沙县电视台实况录播，并开通热线电话与民众零距离对话。这是该县继开放公民代表旁听以来，在建设开放式政府推出的又一新举措。

7月21日　松雅湖项目建设暨团结垸退田还湖工程奠基暨开工典礼活动举行。该项目是长沙县历史上单项投资最大的一项集城市保安、防洪调蓄、安全饮水于一体，并具有改善城市环境、提升城市品位等功能的城市综合性工程。

7月23日　市委副书记、市长张剑飞率市"一府两院"到县，向市十三届人大代表长沙县联组代表通报半年度工作。

7月26日　2009全国县域经济科学发展交流年会在长沙县召开。会上发布了第九届全国县域经济基本竞争力与科学发展评价报告，揭晓了第九届全国县域经济百强县（市）名单，长沙县从上届的第37位上升到第34位，位居中部第一。

8月12日　湖南省汽车家电以旧换新启动仪式在中南汽车世界举行，副省长甘霖出席。

8月20日　黄兴大道北延线开工典礼举行。该项目是长沙县首批代建项目的试点工程，也是全国农村公路建设中首个代建制项目。

8月29日　陕汽环通整车下线及二期工程开工典礼在干杉乡举行。陕汽集团长沙环通汽车制造有限公司第一辆重型专用车成功下线，填补了湖南重型汽车制造空白。

9月3日　省委常委、市委书记陈润儿到县调研新农村建设情况，对新农村建设规划、产业发展、民居工程、体制改革、环境治理等工作进行指导。

9月7日　省人大常委会党组副书记、省政府顾问谢康生，副省长陈肇雄率全省各市州分管邮政工作的负责人到路口镇和春华镇实地参观邮政"三农"服务站，对该县推动农村邮政物流所做的各项工作给予高度评价。

9月13日　全国人大常委会原副委员长李铁映到高桥镇维汉村考察，为家乡发展出谋划策。

9月17日　市委副书记、市长张剑飞率市直部门负责人到果园镇就农村环境保护和农业综合开发进行调研。

9月21～24日　第四届国际瓜类作物学术大会在长沙县举行，副省长徐明华出席会议。

9月30日　长沙县庆祝中华人民共和国暨人民政协成立60周年大联欢在星沙通程广场举行。

10月10日　全市农村"一打三整"工作座谈会在县召开，省委常委、市委书记陈润儿要求各县（市）区按照市委、市政府的整体部署，继续深入开展"一打三整"，努力建设平安和谐长沙。

10月14日　刘少奇之子、解放军军事科学院政委、第十七届中央委员刘源，刘少奇之女刘涛、刘亭及家属到青山铺镇天华村参观该村新建的刘少奇天华农村调查陈列室，并召开纪念刘少奇天华蹲点调查48周年座谈会。

10月20日　第二届中华廉洁文化论坛在县开幕。

10月28日　举行《中国共产党长沙县历史》首发式。

10月30日　全国妇联党组书记、副主席、书记处书记黄晴宜，全国妇联党组副书记、副主席、书记处书记陈秀榕率参加全国妇联村“两委”女干部座谈会的30个省、市、自治区妇联组织（联络）部负责人等考察金井镇金龙村“全国巾帼示范基地”。

11月3日　市委常委、政法委书记张湘涛到县调研矛盾纠纷排查化解工作，充分肯定该县矛盾纠纷排查化解工作措施得力、工作务实、成效显著。

11月8日　出席第五届湘台经贸交流合作会的台湾中华工商业联合会代表团到县参观考察。

11月11日　市政协主席董学生、全体副主席及市政协“双百创业”活动观摩组到高桥镇国进食用菌专业合作社，了解当地致富带头人、县政协委员张国进的创业故事。

11月18日　中共中央统战部副部长、全国工商联党组书记、第一副主席全哲洙到经开区考察园区企业学习实践活动的开展情况。

11月24日　市政协主席董学生调研县政协工作，谋划未来工作思路。

11月25日　省委常委、市委书记陈润儿到县调研汽车产业发展情况。

11月26日　广汽菲亚特乘用车项目在星沙奠基。省委书记、省人大常委会主任张春贤宣布，核准总投资额约人民币50亿元、一期将形成年产14万辆整车和22万台发动机生产能力的广汽菲亚特乘用车项目，在星沙正式奠基。中共中央政治局委员、广东省委书记汪洋致贺电。

11月28日　中共中央政治局常委、中央文明办主任李长春，中共中央政治局委员、中宣部部长刘云山，中共中央政治局委员、国务委员刘延东视察经开区企业山河智能。

12月1日　副市长姚永春率市直有关部门负责人调研长沙县重点商业项目，召开座谈会，协调红星市场、马王堆农产品物流园市内市场外迁、长株潭烟草物流园等招商项目。

12月3日　市委常委、统战部部长虢正贵到县，对县、区统战工作开展调研。

△　“中国·长沙松雅湖项目路演”在北京举行。

12月6日　杨懿文、徐敏芝率各乡镇党委书记及相关部门负责人赴浙江、上海等长三角地区学习考察。

12月17日　中共中央政治局委员、国务院副总理王岐山视察长沙县家电下乡、以旧换新以及信用社支持“三农”发展等方面的情况。

12月23日　全国政协副主席、致公党中央主席、科技部部长万钢到经开区企业山河智能视察，充分肯定其在金融危机下以自主创新引领企业发展的做法。

12月25日　省委常委、市委书记陈润儿率全市项目建设观摩会与会人员到县现场观摩，了解县、区项目建设所取得的成就，并鼓励县、区进一步推进项目建设，为经济腾飞夯实基础，积蓄后劲。

12月26日　星沙、湘龙、泉塘三个街道办事处挂牌成立。

△　在“2009年度中国最具幸福感城市”颁奖典礼上，长沙县进入“幸福榜”前四强。

2010年

1月7日　省委书记、省人大常委会主任张春贤深入山河智能、三一重工两家企业，就如何进一步壮大全省工程机械行业开展调研，现场为企业发展把脉。

1月8日　省人大常委会副主任蔡力峰率“三湘农产品质量安全行”活动组委会到县专题考察，检查农产品质量安全情况。

1月14日　县委召开十一届六次全体（扩大）会议暨经济工作会议，学习贯彻中央、省、市经济工作会议精神，认真总结上年全县经济工作，分析研究当前经济形势，安排部署当年全县经济社会发展任务。

1月15日　“中国·长沙汽车零部件合作洽谈会”在县举行，来自世界各地和国内160多家整车及零部件企业客商齐聚星沙，致力于撬动长沙县汽车产业千亿元板块，实现长沙地区整车生产80%的本地配套。

1月19日 水利部党组成员、办公厅主任陈小江考察长沙县水利建设工作。

1月20～22日 政协长沙县七届四次会议召开。

1月21～23日 长沙县第十五届人民代表大会第四次会议召开。

1月26日 市委副书记、市长张剑飞到黄兴镇，看望慰问困难企业、老劳模、特困群众和重点优抚对象。

2月6日 市委常委、常务副市长谢建辉到县就安全生产工作进行督查。

2月10日 省委副书记梅克保到县看望慰问贫困教师。

3月11日 省人大常委会副主任肖雅瑜深入经开区和县辖区内部分高校，调研工业、环保及高职教育。

3月12日 省委常委、市委书记陈润儿带领市、县四大家，经开区全体在家领导到武广高铁长沙段沿线，参加全民义务植树活动。

3月16日 市人大常委会主任余合泉率市人大常委会领导班子成员到县集中调研。

3月18日 长沙县文联第二次代表大会召开。

3月19日 市委常委、市委秘书长程水泉到长沙县中南汽车世界调研。

3月21日～22日 第七届中国中小城市科学发展高峰论坛筹委会成员到县调研经济社会发展情况及承办第七届中国中小城市科学发展高峰论坛和创建中小城市科学发展调研基地工作情况。

3月24日 台湾海基会董事长江丙坤率海基会大陆华中台商访问团到经开区参观访问。

3月25日 芙蓉大道长潭段、红易大道通车典礼在长沙县暮云镇举行，省委书记、省人大常委会主任张春贤宣布通车，标志着长株潭城市圈正式进入城市道路互通时代，三市融入半小时经济圈。

3月28日 中央财办副主任、中央农办副主任唐仁健到县就“水利发展与改革”进行调研。

3月28日～4月4日 杨懿文率县直有关部门和相关企业负责人一行赴韩国、日本进行空港经济暨现代服务业招商考察活动。

3月31日 由农业部副部长陈晓华带队的国家食品安全整顿办到长沙娃哈哈集团公司、湖南湘丰茶叶有限公司督导检查。

△ 省委常委、统战部部长李微微率队就“企村对接谋发展，共建美好新农村”活动开展情况进行调研。

4月2日 市委副书记、市长张剑飞到长沙县人民东路空港城段现场办公。

4月9日 长沙县召开农村环境综合治理新闻发布会，推出一系列保护“两河”（浏阳河、捞刀河）流域的硬措施。

4月13日 市人大常委会主任余合泉率市人大常委会主任会议成员、党组成员，围绕“转变经济发展方式、加快发展新型工业”主题到经开区调研。

4月15日 省委常委、省纪委书记许云昭围绕“调结构、转方式”主题到县、区开展专题调研。

4月19日 总投资32亿元的福田汽车长沙汽车厂技术改造项目签约，省委常委、长沙市委书记陈润儿，省人大常委会副主任陈叔红，副省长陈肇雄等见证签约。

4月20日 长沙县召开扩权强镇工作座谈会，探讨扩权强镇、推进乡镇行政和财政管理体制改革的方向与办法。

4月28日 全省最大的汽车配件市场——中南汽车世界汽配批发市场在长沙县开业。

5月4日 农业部常务副部长危朝安视察长沙县粮食生产情况。

5月5日 杨懿文率县有关部门负责人赴平江县考察，相互交流经验，共谋发展大计，以推动区域协调发展。

5月7日 全县首批集镇污水处理工程——北山镇污水处理厂开工，标志着长沙县18个中心集镇污水处理设施全覆盖建设工程全面启动。

5月9日 中央文明办志愿服务基金成立以来首个捐助的廉租房项目——长沙县“幸福村”关爱农民工廉租房捐建项目奠基。

5月11日 省政协主席胡彪到县督查贯彻落实中央和省委加强人民政协工作有关文件和会议精神工作，并对县区汽车产业发展进行调研。

5月20日 长沙县召开城乡一体化工作会议，加快推进全县各乡镇特别是㮾梨、金井和开慧3个市级试点示范乡镇城乡一体化工作。

6月3日 省委常委、市委书记陈润儿到县调研。

6月8日 全国人大常委会副委员长周铁农到经开区企业远大空调、博世汽车就《中华人民共和国清洁生产促进法》落实情况进行考察。

6月10日 全省最大的县级文化中心——长沙星

沙文化中心开工。

6月18日　省委书记周强到县专题调研创先争优工作。

6月23日　中国湖南国际友好城市经贸交流推介会暨友城共建“友谊林”活动在长沙县举行。

△　市委副书记、市长张剑飞专程到县督查防汛工作。

6月26日　省委常委、市委书记陈润儿，市委常委、市委秘书长程水泉等连夜奔赴长沙县督查抗洪抢险。

6月30日　共青团长沙县第十六次代表大会召开。

7月2日　中共中央政治局常委、国务院总理温家宝考察经开区企业山河智能机械公司生产车间，并慰问生产一线职工。

7月8日　省人大常委会党组成员、省政府顾问、省民办教育协会会长唐之享到县调研民办教育发展情况。

7月23日　国台办常务副主任郑立中到县调研台资企业发展情况。

7月25日　“陕汽杯”2010全国超级卡车大赛湖南长沙星沙站开幕式举行，省领导陈叔红、郭开朗等出席。

7月29日　副省长陈肇雄率省直有关部门到县考察台商投资企业的发展情况。

△　省文史研究馆首家创作基地在县挂牌成立。

8月5日　长沙县人民政府与清华大学汽车工程系在北京签订《关于联合发起成立星沙汽车产业研究基地加强产学研合作的框架协议》，全面加强产学研合作。

8月8日　第九届“汉语桥”世界大学生中文比赛总决赛在星沙落幕。第九届、第十届全国人大常委会副委员长许嘉璐，省委副书记、代省长徐守盛等出席总决赛。

8月13日　农业部部长韩长赋到县调研粮食生产情况。

8月14日　日本住友橡胶“邓禄普”轮胎项目落户星沙产业基地签约仪式举行，省、市领导周强、杨泰波、陈润儿、张剑飞等见证签约。

8月15日　在全国县域经济科学发展理论研讨会上公布的第十届全国县域经济基本竞争力与科学发展评价报告，长沙县跃升至第25位，这是该县自2008年跃居中部第一县以来连续三年稳居中部第一。

8月18日　暮云镇长株潭烟草物流园建设项目开工动员大会举行。省委书记周强，省委副书记、代省长徐守盛，国家烟草专卖局局长姜成康共同按启开工触摸球，周强宣布项目正式开工。

8月22日　由中央有关部门专家组成的“在城乡统筹发展中转变经济发展方式”课题调研组到县调研。

8月24日　中共中央政治局常委、中央政法委书记周永康到经开区视察德国博世汽车部件（长沙）有限公司和远大空调有限公司。

8月29日　省委书记周强，省领导杨泰波、陈润儿、谢康生、谭仲池等与日本国际协力机构中国事务所副所长广泽正行共同开启水闸，至此，历时近5年的长沙引水工程终告一段落，来自浏阳市境内株树桥水库的第二水源开始正式向长沙市和长沙县供水。

8月31日　长株高速公路建成通车仪式举行，省、市、县（区）领导于来山、陈润儿、蔡力峰等出席。

9月2日　全省首家有机超级杂交水稻研发基地落户黄花镇，中国工程院院士、省政协副主席袁隆平，省农业厅厅长田家贵为基地落户揭牌。

9月3日　全省农业现代化建设工作会议在长沙县召开，副省长徐明华在会上充分肯定长沙县走茶叶自动化生产和提质增效发展之路。

9月8日　日本青年领导访华团行政组一行到黄花镇黄龙新村参观考察。

9月18日　国务院纠风办督导组到县就强农惠农资金监督管理及专项清查情况进行检查指导。

9月25日　总投资达2.7亿元的汉硕国际文化教育产业园在开慧乡破土动工，标志着着力打造“中部名镇”的板仓小镇有了“准大学”。

9月28日　位于暮云镇的长沙生态动物园开园。

10月8日　省委常委、市委书记陈润儿率队督查中铁轨道系统集团有限公司项目建设。

10月9日　省优质稻产业技术创新项目现场会在春华镇召开。省人大常委会党组副书记、省政府顾问谢康生和中国工程院院士袁隆平出席。

10月12日　全球知名保健品企业康宝莱首个全球原料生产基地在县奠基。

10月14日　市人大常委会主任余合泉到黄兴派出所，对长沙“司法公正长沙行”活动开展情况进行调研。

10月19日　首届中国湘绣文化艺术节暨第三届湖南省工艺美术品博览会在湖南湘绣城开幕。全国人大常委会原副委员长、中国工艺美术协会名誉理事长李铁映宣布节会开幕。

10月23～24日　中国中小城市科学发展评价体系研究成果发布暨第七届中国中小城市科学发展高峰论坛在长沙县举行。在2010年中国中小城市科学发展百强县市（全国综合实力百强县市）名单中，长沙县名列31位，较上届跃升了17位，居中部地区第一，成为全省唯一上榜的县（市）。长沙县还被评为中国十佳“两型”中小城市，居第4位，比上年上升5位；同时被评为2010年度中国最具区域带动力的百强县市。

11月1日　湖南云箭集团有限公司长沙新区在星沙产业基地奠基。

11月8日　市政协主席谢树林一行到县调研政协工作情况，谋划未来工作思路。

11月10日　中央创先争优活动领导小组办公室指导组副组长韩旭率中组部调研组到县、区部分非公有制企业，调研非公有制组织党建工作和创先争优活动开展情况。

11月16日　纪念杨开慧烈士英勇就义80周年、毛岸英烈士为国捐躯60周年座谈会在杨开慧纪念馆召开。

11月19日　省委副书记、省长徐守盛到县调研蔬菜产业发展情况。

△　县委常委扩大会议审议通过《长沙县国民经济和社会发展第十二个五年规划思路建议（讨论稿）》，为长沙县在新的“黄金五年”中描绘发展新蓝图。

12月7日　中央创先争优活动领导小组办公室副主任傅思和率20个省（区、市）委创先争优办负责人到县视察创先争优活动开展情况。

12月9日　杨懿文做客人民网，围绕长沙县结构创新、转变方式、城乡一体、普惠民生等方面接受访谈。

△　湖南省县域经济研究会发布《第七届（2009年）湖南省县域经济综合实力评价报告》，长沙县GDP总量、人均GDP、地方财政收入、农民人均纯收入和社会消费品零售总额五项指标均位列第一。

12月15日　长沙县本土企业湖南天舟科教文化股份有限公司作为“中国民营书业第一股”于深交所创业板挂牌上市。

△　市人大常委会主任余合泉到县调研蔬菜产业。

12月20日　中国共产党长沙县第十一届代表大会第二次会议召开。

12月22日　开元大道东延线全线竣工通车。

12月23日　全县开放型政府系列制度建设初步成果新闻发布会暨农村服务平台启动仪式在果园镇双河村举行，标志着农村集聚民智的县政府信息公开和公众参与平台正式运行。

12月26日　“创造幸福·相约长沙——2010年中国最具幸福感城市”颁奖典礼举行，长沙县自上年以第4位跻身评选排行榜后，当年再度名列“中国最具幸福感城市”（县级）榜单，位居第3位。

12月31日　长沙县召开2010年度全县经济社会发展情况新闻通气会，发布2010年度经济社会发展情况：全年完成GDP为620亿元（预计），同比增长17%；完成财政总收入75亿元，增长43%；完成工业总产值1200亿元，增长36.6%。

2011年

1月5日～9日　中国人民政治协商会议长沙县第七届委员会第五次会议召开。

1月6日～8日　县十五届人民代表大会第五次会议召开。

1月10日　长沙县与中国中铁股份有限公司签订县重点交通道路项目投资建设合同，将5条重要干线一次性打包给该公司承建。

1月14日　全省首所国际学校——长沙（玮希）国际学校在星沙落成。省委书记、省人大常委会主任周强出席授牌仪式。

1月15日　清华大学汽车工程系星沙汽车研究院在星沙产业基地挂牌成立。

1月24日　日本住友（中国）公司新任董事长高见昌文到星沙产业基地考察。

1月25日　市委副书记、市长张剑飞慰问开慧乡困难群众。

1月27日　长沙县城乡公交一体化正式启动三条公交试点线路，分别是城乡公交1号线（星沙—椝梨）、2号线（星沙—黄花）、3号线（星沙—安沙）。

1月28日　省委常委、省委组织部长、省残疾人福利基金会名誉会长黄建国率队到榔梨镇走访慰问困难残疾人家庭和长沙市第二福利院，为残疾人朋友送去寒冬中的温暖和新春的问候。

2月11日　全市乡镇党委和村“两委”换届工作座谈会暨全市组织部长会议在县召开。

2月17日　市政协主席谢树林率队到县调研指导工作。

2月19日　住友橡胶（湖南）有限公司项目在长沙县奠基，省委常委、市委书记陈润儿，省委常委、副省长陈肇雄等出席奠基仪式。

2月22日　省农业发展银行行长吴晓轮一行到县考察水利建设及水利投融资工作。

3月3日　省政协副主席、省委组织部常务副部长武吉海，市委常委、市委组织部部长范小新一行到县就如何做好当前乡镇党委换届工作进行调研。

3月9日　市委常委、副市长张迎龙到县调研乡镇村级组织换届选举工作。

△ 长沙县第十三次妇女代表大会召开。

3月10日　“绿色星沙，低碳生活”植树造林活动启动仪式在星沙文化广场举行。

3月17日　市人大常委会主任余合泉率市人大常委会组成人员到县调研星沙产业基地建设、水利建设和城乡一体化建设、松雅湖综合开发等工作。

3月22日　省人大常委会副主任蒋作斌、副市长李军一行到暮云镇调研“两型”社会建设和昭山绿心保护工作。

3月28日　省委副书记梅克保率省相关部门负责人到星沙调研长沙师范学校。

3月29日　长沙县与国内IT产业领军企业中泽嘉盟签署三网融合产业化基地合作备忘录，携手在空港城共建三网融合产业化基地。

4月4日　长沙县红旗水库(中型)出现排污管破裂险情，县委、县政府迅速反应，省、市、县三级水利、水务部门快速组织力量抢险。7日，省委常委、市委书记陈润儿冒雨赶赴现场指导并组织抢险会商。省水利厅厅长戴军勇，市、县领导张迎龙、杨懿文、张庆红、常利民先后到现场处理险情。13日下午，渗漏点成功封堵，险情解除。

4月6日　星沙新闻网（红网长沙县站，域名为http: //www.csxnews.com/）正式开通运行。

4月8日　长沙县与省农业发展银行营业部签订总金额20亿元的水利建设融资合作协议。

4月9日　中共中央政治局委员、中组部部长李源潮到黄花镇黄龙新村调研农村党建工作，对该村党总支开展“三联三为”创先争优活动的做法表示肯定。

4月11日　省委常委、省军区政委杨忠民到长沙县考察经济社会发展及国防后备力量建设情况。

4月21日　省委常委、市委书记陈润儿到县督查“一点两线”（黄花机场及黄花机场至市区）环境综合整治工作。

5月2日　省委常委、市委书记陈润儿率队到开慧、金井、路口、春华、榔梨等地调研城乡一体化建设。

5月9日　中共中央政治局委员、国务院副总理回良玉率参加全国现代农作物种子会议全体人员视察长沙县成建制粮食高产创建春华山示范片。

△ 中共中央政治局常委、中央纪律检查委员会书记贺国强到开慧乡瞻仰杨开慧故居，并向杨开慧烈士墓敬献花篮。

5月26日　长沙县首届现代服务业大会召开。会上正式发布《长沙县现代服务业发展与空间布局规划（2010–2020）》、《长沙县关于加快现代服务业发展的若干优惠政策》，签约总金额达400亿元的湖南恒广大型城市综合体项目、中国湖南商贸城等19个重点服务业项目落户星沙。

5月31日　中共长沙县委第十一届十二次全体会议召开。

6月13日　省人大常委会副主任蒋作斌一行到县视察城镇生活污水和垃圾无害化处理情况以及农村环境综合整治工作。

6月21日　省人大常委会副主任陈叔红率队到果园镇、远大集团、万容科技，就长沙县“两型”社会“一条例一决定”的贯彻实施情况进行执法检查。

△ 省政协副主席武吉海率省政协加快湖南县域经济转型发展重点课题调研组到县调研。

6月23日　长沙县启动“传承红色记忆，共建美好家园”革命先烈后代幸福计划，对全县范围内在新中国建立前牺牲的革命先烈贫困后代开展助学、助居、助医、助创业主题活动。

6月25～28日　中共长沙县第十二届代表大会第一次会议召开。

7月19日　长沙黄花国际机场新航站楼启用，第二跑道建设启动。省委书记、省人大常委会主任周强，省委副书记、省长徐守盛，省政协主席胡彪等出席启动仪式。

7月24日 监察部副部长姚增科到县调研纪检监察工作。

7月28日 山河工业城奠基典礼暨山河智能装备集团成立大会在星沙产业基地举行，省人大常委会副主任陈叔红宣布奠基。

8月5日 长沙县工会第十五次代表大会召开。

8月8日 长沙县召开加强和改进新形势下群众工作会议，决定在全县深入开展万名党员干部进村入户“与群众恳谈对话、为群众排忧解难”活动。

8月9日 省委常委、常务副省长于来山率省直部门负责人到县调研。

8月16日 县政协成立全省首家县级港澳台侨经济文化交流促进会。

8月20日 在江苏江阴举行的2011全国县域经济科学发展交流年会上，长沙县位列第十一届全国县域经济基本竞争力排行榜第18位，首次挺进前20强。

8月23日 市委常委、副市长张迎龙到开慧镇调研城乡一体化建设情况。

8月27日 “佛慈祖德茶道祈福——和谐之路同心同行”系列活动在长沙县启动。省委常委、统战部部长李微微致辞。

9月6日 首家总部设在星沙的商业银行——湖南星沙农村商业银行挂牌开业。

9月8日 中国共产党长沙县代表会议召开，选举产生出席中国共产党长沙市第十二次代表大会代表。

9月17日 在四川省双流县举行的中国中小城市科学发展评价体系研究成果发布暨第八届中国中小城市科学发展高峰论坛上，长沙县居2011年中国中小城市科学发展百强县市第17位，较上届跃升14位，稳居中部地区第一，成为全省唯一上榜的县（市）；并获2011年度中国十佳“两型”中小城市称号，居第4位。该县还被评为2011年度中国中小城市最具区域带动力的百强县（市）。杨懿文代表县委、县政府在会上作题为《以三个共同促进县域科学发展》的典型发言。

9月24日 省委常委、市委书记陈润儿，市委副书记、市长张剑飞带领市第十二次党代会代表视察黄花国际机场。

9月26日 湖南辛亥革命人物纪念馆奠基仪式暨黄绍强油画展开幕式在黄兴故居举行。全国人大常委会副委员长、民革中央主席周铁农宣布奠基，省领导李微微、肖雅瑜等出席。

10月9日 省委常委、市委书记陈润儿到经开区调研电子信息产业工作。

10月10日 长沙县召开乡镇工作座谈会议，要求采取一系列措施规范镇村干部管理，进一步加大乡镇工作力度，更好地发挥乡镇在推动县域经济社会科学发展的基础性作用。

10月12日 杨懿文率队出席2011年中国（深圳）国际物流与交通运输博览会。

10月21日 市委常委、政法委书记虢正贵到县调研政法工作。

10月24日 全省优化园区发展环境工作座谈会在经开区召开。省委副书记梅克保出席并讲话，省委常委、纪委书记许云昭主持会议。

10月25日 “走进黄兴故里，激荡辛亥风云——纪念辛亥革命100周年”文史研讨会暨书画创作笔会活动在县开幕。

10月27日 长沙县工商联(商会)第十二次会员代表大会召开。

11月1日 副省长徐明华率队到县开展2011年度蔬菜质量安全专项视察。

11月9～11日 第二十二届全国城市菜篮子工程联席会议暨蔬菜产业发展战略研讨会在县召开。

11月10日 第一届全国地勘钻探职业技能大赛决赛在湖南工程职业技术学院开幕。国土资源部部长、党组书记、国家土地总督察、大赛组委会主任徐绍史，省委副书记、省长徐守盛，省委常委、常务副省长于来山等出席开幕式。

11月13日 联合国消除对妇女歧视委员会前主席内尔拉·贾布尔女士率代表团考察长沙县农村妇女参政情况。

12月2日 省委书记、省人大常委会主任周强，省委副书记、省长徐守盛和省、市、县（区）领导胡彪、梅克保、于来山、陈润儿、李微微、郭开朗、孙建国、杨泰波等到路口镇路口村农田水利建设工地参加水利劳动。

12月6日 市委常委、组织部部长程水泉到县调研基层党组织建设。

12月11日 走进长沙最美乡村闭幕式暨世外长沙·绿茶天堂之旅在长沙县举行。

12月12日 长沙县召开重点项目调度及财税增收工作调研会议。

12月14日　群众工作站设立工作会议召开，在全县近300个村（社区）挂牌成立群众工作站，并选派1000余名基层工作经验丰富的优秀干部联点到村（社区）群众工作站工作。

12月20日　杨懿文主持召开中共长沙县第十二届委员会第三次全体（扩大）会议。会议讨论通过了党的十八大代表候选人初步人选建议名单以及中共长沙县第十二届代表大会第二次会议议程。杨懿文就其本人履行基层党建工作责任制情况向全委会述职，并接受民主测评。

12月21日　福田汽车举行新工厂奠基仪式。省委书记、省人大常委会主任周强宣布新工厂奠基。

12月26日　“中国最具幸福感城市五周年庆典暨2011中国最具幸福感城市”评选在江苏南京揭晓并颁奖，长沙县第三次摘得“中国最具幸福感城市”荣誉，获评“中国最具幸福感城市金奖”。

12月29日　中国共产党长沙县第十二届代表大会第二次会议召开。

党和国家领导人视察长沙县

【黄孟复到远大空调考察】 2008年4月18日，全国政协副主席、全国工商联主席黄孟复在省、市、县、区领导的陪同下到县考察经开区企业远大空调公司。

【王兆国考察长沙县企业】 2008年5月9日，中共中央政治局委员、全国人大常委会副委员长、中华全国总工会主席王兆国在省委书记、省人大常委会主任张春贤，省委副书记、省长周强陪同下，深入三一重工股份有限公司考察。他强调，各级工会要全面贯彻党的十七大精神，高举旗帜、科学发展，组织动员广大职工为推动改革、促进发展、维护稳定作出积极贡献。省委副书记梅克保，省委常委、省委秘书长杨泰波，省委常委、市委书记陈润儿等陪同考察。

【王刚视察远大空调】 2008年5月13日，中共中央政治局委员、全国政协副主席王刚到经开区视察远大空调公司。省委书记、省人大常委会主任张春贤，省委副书记、省长周强，省委常委、省委秘书长杨泰波，省委常委、市委书记陈润儿，市委常委、县委书记、经开区党工委书记杨光荣，县长、经开区管委会主任杨懿文等领导陪同视察。

【何勇到长沙县考察】 2009年2月19日，中共中央书记处书记、中央纪委副书记、中央扩大内需促进经济增长落实检查工作领导小组组长何勇到县考察，走访经开区城北污水处理厂，详细询问了城北污水处理厂工程进展情况、遇到的困难以及北山镇圣毅园现代农庄土地流转情况。

【李克强视察长沙经开区】 2009年3月29日，中共中央政治局常委、国务院副总理李克强到长沙经开区博世汽车部件（长沙）有限公司、山河智能机械股份有限公司视察调研。他强调："要认真贯彻落实中央的决策部署，坚定信心，迎难而上，保增长，调结构，大力推进技术进步和体制机制创新，增强经济发展动力与活力，在改革创新中促进产业升级，在应对挑战中实现新的发展。"

【汪洋考察远大空调】 2009年5月21日，中共中央政治局委员、广东省委书记汪洋率广东省党政代表团到县考察经开区企业远大空调公司，省委书记、省人大常委会主任张春贤，省委副书记梅克保，省委常委、省委秘书长杨泰波，省委常委、市委书记陈润儿，副省长陈肇雄，市委常委、常务副市长谢建辉，县委书记、经开区党工委书记杨懿文等陪同考察。

【温家宝两次考察长沙经开区企业】 2009年6月13日和2010年7月2日，中共中央政治局常委、国务院总理温家宝在省、市、县领导张春贤、周强、徐守盛、梅克保、陈润儿、张剑飞、杨懿文、李科明等陪同下，考察经开区企业德国博世、山河智能，详细了解企业生产经营情况，亲切慰问一线工作的职工。

【贾庆林视察远大空调】 2009年7月9日，中共中央政治局常委、全国政协主席贾庆林在省、市、县领导的陪同下，到远大空调详细了解节能减排和环境保护的情况。随后，贾庆林视察了德国博世长沙公司，询问公司的生产及产品情况，看望生产一线员工，对经过良好培训的德国博世员工的专业素质等给予高度评价。

【张德江考察长沙经开区】 2009年10月16日，中共中央政治局委员、国务院副总理张德江，在省、市、县领导张春贤、周强、陈润儿、张剑飞、杨懿文等陪同下，到长沙经济技术开发区考察。

【李长春、刘云山、刘延东视察山河智能】 2009年11月28日，中共中央政治局常委、中央文明办主任李长春在省委书记、省人大常委会主任张春贤，省长周强，省委常委、市委书记陈润儿，市长张剑飞等陪同下视察经开区企业山河智能，县委书记、经开区党工委书记杨懿文，经开区管委会主任李科明，党工委副书记汤定一，常务副主任吴京生也陪同考察。

在视察调研中，李长春强调要认真贯彻落实中央关于应对国际金融危机冲击，保持经济平衡较快发展的一系列决策部署，着力转变发展方式，调整经济结构，推动经济社会又好又快发展。

中共中央政治局委员、中央宣传部部长刘云山，中共中央政治局委员、国务委员刘延东一同参加视察调研。

【王岐山到长沙县考察家电下乡】 2009年12月17日，中共中央政治局委员、国务院副总理王岐山到县园区企业万容科技有限公司和通程电器星沙店考察家电下乡、以旧换新以及信用社支持"三农"发展等方面的情况。省委书记、省人大常委会主任张春贤，省长周强，省委常委、省委秘书长杨泰波，省委常委、市委书记陈润儿，副省长甘霖，市长张剑飞，市委常委程水泉，县委书记、经开区党工委书记杨懿文，经开区管委会主任李科明，副主任吴京生等陪同考察。

【万钢视察山河智能】 2009年12月24日，全国政协副主席、致公党中央主席、科技部部长万钢，在省、市、县、区领导韩永文、阳宝华、张剑飞、董学生、程水泉、杨懿文、李科明等陪同下到经开区企业山河智能视察，对山河智能在金融危机环境下以自主创新引领企业发展的做法给予充分肯定。

【许嘉璐出席第九届"汉语桥"世界大学生比赛总决赛】 2010年8月8日晚，以"魅力汉语，精彩世博"为主题的第九届"汉语桥"世界大学生中文比赛总决赛在星沙举行。第九届、第十届全国人大常委会副委员长许嘉璐，省委副书记、代省长徐守盛，国务院参事、孔子学院总院总干事、国家汉办主任许琳，省委常委、宣传部长路建平，省人大常委会副主任肖雅瑜，副省长郭开朗，国家汉办副主任王永利等出席总决赛。

【周永康调研长沙经开区企业】 2010年8月24日，中共中央政治局常委、中央政法委书记周永康在省、市、县主要领导的陪同下，到经开区调研德国博世、远大空调等企业。

【李源潮到黄龙新村调研】 2011年4月9日，中共中央政治局委员、中央组织部部长李源潮在省、市、县领导徐守盛、梅克保、黄建国、杨泰波、陈润儿、范小新、程水泉、杨懿文、张庆红、陈旭、周志远等陪同下，到黄花镇黄龙新村就农村党建工作进行调研。黄龙新村党总支书记王再德就该村党总支开展"三联三为"创先争优活动作了汇报。李源潮对该村党总支开展的这一活动给予充分肯定，他说："县黄龙新村党总支'三联三为'创先争优做得好。创先争优就是要把正在做的事做得更好，让群众得到实惠。"

次日，在省委召开的汇报会上，县委书记杨懿文还向中央领导汇报了长沙县的党建工作和经济社会发展情况。

【回良玉视察长沙县农业】 在长沙召开全国现代农作物种子会议期间，中共中央政治局委员、国务院副总理回良玉，率与会人员320多人，于2011年5月9日上午，视察长沙县成建制粮食高产创建春华山示范片，对该县毫不放松粮食生产、扎实抓好粮食高产创建工作给予充分肯定。

【贺国强瞻仰杨开慧故居】 中共中央政治局常委、中央纪律检查委员会书记贺国强率中纪委副书记黄树贤，中纪委副书记、秘书长吴玉良在湖南考察调研期间，于2011年5月9日下午到县瞻仰杨开慧故居，向杨开慧烈士墓敬献了花篮。省、市、县领导梅克保、许云昭、陈润儿、张剑飞、袁观清、程水泉、杨懿文、张庆红、陈旭等陪同参加上述活动。

【周铁农到长沙县调研】 2011年9月26日，湖南辛亥革命人物纪念馆奠基仪式暨黄绍强油画展开幕式在黄兴故居纪念馆举行。全国人大常委会副委员长、民革中央主席周铁农宣布奠基，省市县领导李微微、肖雅瑜、刘晓、刘新程、张庆红、彭勇、周辉斌出席。

长沙县概况

地　理

【位置·面积】 长沙县位于湖南省东部偏北，湘江下游东岸。东邻浏阳市，南接株洲市、湘潭市，西南滨湘江，西毗天心、雨花、芙蓉、开福、望城等市辖区，北靠平江县、汨罗市。地处东经112° 56′ 15″ ~113° 30′ 00″，北纬27° 54′ 55″。东西宽约55.9公里，南北长约81.85公里。面积1996.66平方公里。

【地质地貌】 长沙县属长衡丘陵盆地的北部，地处幕阜山、连云山与大龙山余脉的南端，株洲隆起带的北缘，北、东、南三面高，中、西部低平。境内以北山镇的明月山为最高峰，海拔659米。境域内有变质岩、沙砾岩、砂页岩、灰岩、红岩、红土、花岗岩等7种岩层及岗地、平原、山地、丘陵、水面5类地貌。以岗地、平原为主，其中岗地占51.34%，平原占23.42%，丘陵占12.17%，山地占8.35%，水面占4.27%。红壤、紫色土、潮土、水稻土俱备，沃土居多，为长沙县经济发展提供了有利条件。

【自然资源】 长沙县自然资源分为三大类：一、土地资源。根据2011年度土地利用变更调查数据统计：行政区域总面积为199665.89公顷，其中耕地58047.08公顷，园地2711.12 公顷，林地88161.52公顷，草地516.84 公顷，城镇村及工矿用地25822.65公顷，交通运输用地6162.17公顷，水域及水利设施用地14611.56公顷，其他土地3632.95 公顷 。二、矿产资源。长沙县矿产资源丰富，经探查县境内已发现钨、锡、铍、铌、钽、钴、钼、金、硅、煤、高岭土、石灰石等32个矿种，已探明储量的19种。已发现矿产地239处，其中大型5处、中型10处、小型151处、矿（化）点73处。开采利用的主要与建筑材料有关的几个非金属矿种，如砖瓦黏土、硅石、石英砂、建筑石料，占全部矿产地的74%，其余大多数矿种因产地规模小尚未开发利用。三、野生动植物资源。野生动物有兽类10种，鸟类48种，蛇类10多种，其中穿山甲、果子狸、猴面鹰、白鹇、虎皮蛙为国家二级保护动物；野生植物有药用植物120余种，木本植物80多种。其中银杏、杜仲、福建柏等为国家二级保护植物，水杉为省一级保护植物。森林覆盖率42.5%，林木绿化率48.04%，活立木总蓄积371万立方米。

【水文·气候】 长沙县境内河道属湘江、汨罗江两大流域，其中湘江流域面积1913.6平方公里，占95.8%，汨罗江流域面积83.6平方公里，占4.2%。主要河道有一级河浏阳河、捞刀河、东窑港、暮云港等4条，总长116.64公里；二级河三叉河、沿江山、仙人市、狭山江、榨山港、花园港、榘梨港、双溪港、千秋坝、胭脂港、泥丸子、金井河、石灰嘴、望仙桥、水渡河、白沙河、观音塘等17条，总长335.69公里；三级河20条，总长253.97公里；河流总长度722.9公里，河网密度0.36公里/平方公里，年排涝量0.84亿立方米。境内最大的河流为浏阳河，从浏阳市至长沙县境内，长50.68公里，流域面积611.04平方公里，年均流量72.58立方米/秒，主要支流有花园港、梨江港、双溪港、榨山港等。

长沙县地处东亚季风区中，属中亚热带季风湿润气候。气候温和，热量丰富，降水充沛，日照较足，四季分明，生长季长。具有春暖多变，春末夏初多雨，伏秋多旱，秋寒明显，冬少严冬的特点。冬季多偏北风，夏季多偏南风。全年无霜期300天左右，不存在永久冻土。

【主要自然灾害】 2008年1月13日起，连续低温、冻雨、冰雪天气造成的冰雪灾害给长沙县带来巨大的经济损失，群众的生产、生活受到严重影响。一、受灾面广。全县累计受灾人口达45万人，房屋倒塌168户，倒房616间，损毁房屋4750间，因灾受伤401人，农作物受灾面积39000公顷，蔬菜受灾面积5733.33公顷，水果3666.67公顷，茶叶3000公顷，油菜4133.33公顷，食用菌80万平方米，农业经济损失3.5亿元，林业受灾面积77020公顷，林业经济损失4.8亿元，因灾死亡牲畜46713头，全县直接经济损失13.52亿元。二、电力基础设施受损严重。长沙县正常电力负荷在30万千瓦以上，冰灾最严重时仅剩3万千瓦，为正常水平的十分之一，主网断线7处，10千伏线路倒杆158基，断线287处，10千伏配电变压器损坏76台，低压线路倒杆3887基，断线5861处，全县有219个行政村，1672个台区，161770户用户停电，造成经济损失1.2亿元。三、道路交通运输严重受阻。全县159条县乡道路全部覆雪冰冻，公路运输一度停运。主要县乡道路几乎陷入瘫痪状态，人民群众出行严重受阻。客货运输能力急剧下降，全县57条客运线路，329台客运车，有31条线路全部停运，灾情期间直接经济损失480万元。货运站延误货运车辆3400余台次，直接经济损失1200多万元。

人口·民族

【人口】 2008年至2011年，长沙县总人口分别为758515人、781972人、788566人、803861人，四年新增人口38956人。总人口中：农业人口69.1万人、69.36万人、69.16万人、69.7万人，非农业人口84500人、88413人、96937人，107363人；男性人口39.38万人、39.5万人、39.83万人、40.5万人，女性人口38.2万人、38.63万人、38.9万人、39.8万人；男女比例为103.09:100、102.45:100、102.21:100、101.7:100。人口出生率分别为9.9‰、11.7‰、13.8‰、14.2‰；城镇化率分别为46.6%、48.2%、58.3%（第六次人口普查统计数）、51.9%。2008年至2011年，全县新增城镇就业人员33315人，新增农村劳动力转移就业157810人，帮助失业人员再就业6850人，就业困难对象再就业人员2835人，城镇零就业家庭动态援助率保持100%。城镇登记失业率3.5%。

【民族】 据2011年人口统计，长沙县共有37 个少数民族12867人，占总人口的0.19%；超过千人的有土家族、苗族、侗族等3个少数民族，其中土家族5043人，占少数民族人口的39%；苗族族3275人，占25%；侗族1124人，占8%。流动少数民族人口近千人（不含经开区企业内部少数民族流动人员），主要是来自新疆、四川、青海等地。

行政区划

【建置沿革】 长沙县历史悠久，其开拓时间可追溯至远古石器时代，据考古工作者从县域内发掘的暮云镇“大塘古文化遗址”和黄兴镇“月亮山古文化遗址”考证，前者距今约7000年，即有先民定居，繁衍生息；后者距今约4000年，已进入原始农业时期。商周时，长沙县为荆州之城，古三苗国地。春秋晚期，属楚国黔中，秦属长沙郡，其附廓之县名湘，亦称湘县，汉改湘县为临湘县。隋开皇九年（589年），废临湘置长沙县，为长沙县名之始。后汉间，划长沙县地置龙喜县（又各新县），宋乾德中，罢龙喜置常丰县，开宝六年（973年），并常丰县入长沙县。元符元年（1098年）划长沙县5个乡、湘潭县2个乡置善化县，与长沙县同城而治。民国元年（1912年），善化县并入长沙县。民国22年（1933年）设立长沙市，市、县分治。1950年设置长沙市郊区办事处，领导长沙市外四区。1951年5月划出县境内湘江以西及东部部分地区置望城县。长沙县先后隶属长沙和湘潭专区。1959年3月，望城县和长沙市郊区并入长沙县，划出县内的龙头铺公社入株洲县，长沙县改隶长沙市。1962年元月，恢复长沙市郊区。1977年12月复置望城县，同时将长沙县所辖的大托，洞井、黎托、望岳4个公社划入长沙市郊区管辖，全县辖9区41个公社1个镇。1984年5月，撤销农村人民公社，建立乡镇，全县辖9区1个区级镇40个乡。1995年5月，撤区并乡建镇，全县撤9个区，将41个乡镇合并为14个镇7个乡。1996年7月，将长沙县捞刀河镇划入长沙市开福区后，长沙县辖13个镇7个乡。1997年撤销广福乡、北山乡，建立青山铺镇、北山镇，2002年撤销双江乡，建立双江镇，2004年9月，全县村级行政区划调整将原有的494个行政村合并成238个行政村，38个居委会调整为36个社区居委会。行政村减少256个，撤并幅度51.8%。行政村的面积由原来的3.5平方公里扩大到7.3平方公里，村平均人口由原来的1295人增加到2687人。2011年撤销跳马与开慧两乡建立跳马镇和开慧镇，撤销星沙镇设立星沙、湘龙、泉塘3个街道。至2011年底，全县辖2个乡17个镇3个街道。

1949年7月25日，县人民政府在金井易家祠堂成立。8月，迁榔梨市梨江学校（园通寺），1950年3月，迁长沙市北区（开福区）潘家坪，1996年1月30日迁星沙镇。

【现行行政区划】 2011年，长沙县辖17个镇（暮云、跳马、黄兴、榔梨、江背、黄花、春华、果园、路口、金井、高桥、双江、开慧、福临、青山铺、安沙、北山）2个乡（干杉、白沙）3个街道（星沙、湘龙、泉塘）218个行政村75个社区居委会。

国民经济和社会发展

【综合经济】 2008年以来，长沙县以科学发展观为统领，全力实施“领跑进军”战略，全县经济快速发展，至2011年，全县实现地区生产总值789.9亿元，是2007年287.9亿元的2.7倍；其中第一产业实现增加值51.1亿元，是2007年3.3亿元的1.5倍，第二产业实现增加值578.1亿元，是2007年185.9亿元的3.16倍，第三产业实现增加值160.7亿元，是2007年68.9亿元的2.3倍。人均国内生产总值2011年为80356元，是2007年36516元的2.2倍。财政收入2011年实现120.6亿元，是2007年31.9亿元的3.79倍。城乡居民储蓄余额2011年196.5亿元，是2007年80.7亿元的2.4倍。

随着全县经济的快速发展，经济总量大幅增加，县域经济总体实力由“三湘第一县”跃居“中部第一县”。在全国百强县（市）评比中，长沙县自2007年跻身全国“三百强”，成为湖南唯一获此殊荣的县后，位置不断前移，2011年在全国县域经济基本竞争力百强县（市）和全国中小城市综合实力百强县（市）排名中，分别跃升至第18位和17位。并获“中国最具幸福感城市金奖”。

【农业】 一、农林牧渔业稳步增长。2011年全县农林牧渔业总产值为84.9亿元，2007年为55.3亿元，增长54%，其中农业产值2011年为46.9亿元，2007年为26.8亿元，增长75%；畜牧业产值2011年33亿元，2007年为23.8亿元，增长38.6%；渔业产值2011年为1.8亿元，2007年为1.1亿元，增长63.6%；林业产值2011年2.1亿元，2007年为1.2亿元，增长75%。

二、主要农牧产品产量有增有减。2011年全县粮食总产为56.7万吨，2007年为59.5万吨，减少2.8万吨；蔬菜总产量2011年为100.4万吨，2007年为83.2万吨，增加17.2万吨；油料总产值2011年为1.14万吨，2007年为0.8万吨，增加0.34万吨；出栏肉猪2011年为200.87万头，2007年为249.6万头，减少48.73万头；出笼家禽2011年为265.67万只，2007年为302.8万只，增加37.13万只；水产品总量2011年为1.62万吨，2007年为1.6万吨，减少0.02万吨；茶叶总产量2011年为1.86万吨，2007年为1.5万吨，增加0.36万吨。

三、现代农业发展步伐加快。2008年全县有

表1　2008～2011年长沙县地区生产总值统计

单位：亿元

指标	2008年		2009年		2010年		2011年	
	绝对量	比上年增长	绝对量	比上年增长	绝对量	比上年增长	绝对量	比上年增长
地区生产总值	369.6	7%	514.9	17.1%	630	17.9%	789.9	16.9%
第一产业增加值	37.8	7%	39.8	7%	42.2	3.3%	51.1	4.2%
第二产业增加值	250.8	20.1%	352.9	17.4%	446.9	21.4%	578.6	20.7%
第三产业增加值	81	13.5%	122.2	16.5%	140.9	11.7%	160.7	8.6%

表2　2008～2011年长沙县农业分行业产值统计

单位：亿元

指标	2008年	2009年	2010年	2011年
农业产值	29.6	32.8	39.1	46.9
林业产值	1.2	1.2	1.5	2.1
牧业产值	25.7	26.9	24.9	33
渔业产值	1.4	1.4	1.4	1.8
农林牧渔总产值	58.9	63.3	67.9	84.9

表3　2008～2011年长沙县主要农副产品产量统计

指标	单位	2008年	2009年	2010年	2011年
粮食	万吨	55.9	57.6	55.6	56.7
蔬菜	万吨	81.4	87.4	88.4	100.4
茶叶	万吨	1.7	1.6	1.6	1.86
油料	万吨	0.76	1.1	1.2	1.14
水产品	万吨	1.6	1.4	1.5	1.62
出栏肉猪	万头	242	248	223.2	200.87
出笼家禽	万只	177.9	237.8	255.5	265.67

省级龙头企业7家，市级龙头企业21家，农业专业合作组织94家，联结农户5.4万户，土地流转面积8200公顷，完成农产品加工产值79.1亿元，农机总动力为99.81万千瓦；2009年，全县新增省级龙头企业4家，市级龙头企业5家，有各类专业合作组织221家，联结农户5.6万户，启动48个现代农庄项目建设，土地流转面积14200公顷，完成农产品加工产值73.8亿元，农机总动力达109.91万千瓦；2010年新增省级龙头企业1家，市级龙头企业8家，农民专业合作组织321家，联结农户6.4万户，全县土地流转面积16333.33公顷，农机总动力118.7万千瓦；2011年，有国家级龙头企业1家，省级龙头企业13家，市级龙头企业44家，农民专业合作组织达550个，联结农户8万户，农机总动力128.2万千瓦，农业机械化水平由2007年的60%提高到75.1%。

【工业和建筑业】 工业:一、总量不断攀升。工业总产值2008年714.1亿元，2010年突破千亿元大关，达到1168.8亿元，2011年增加到1560.2亿元，比上年增长32.2%，与2008年比翻了一倍。二、效益不断提高。2011年规模工业企业累计实现主营业务1459.4亿元，同比增长40%，为2008年638.9亿元的2.3倍；2011年规模工业企业实现利润总额153.2亿元，增长25.2%，为2008年的33.2亿元的4.6倍。三、贡献不断增大。2011年工业对经济增长的贡献率超过81%，工业企业实交税金54.1亿元，增长42.2%，为2008年28.7亿元的1.9倍。四、结构不断优化。2011年高新技术产业实现增加值348.1亿元，占规模工业的比重提高15.5个百分点。

建筑业：2008年全县39家三级以上建筑企业完成产值99.2亿元，比上年增长1.5%，实现增加值26.2亿元，增长8.8%；其中33家三级以上总承包和专业承包建筑企业完成产值98.7亿元，实现利润总额6.2亿元。2009年全县38家三级以上建筑企业完成产值112.3亿元，比上年增长13.2%，实现增加值

表4　2008～2011年长沙县工业情况统计

指标	工业总产值（亿元）	增长%	规模企业个数（个）	规模工业总产值（亿元）	增长%	一区七园规模工业总产值（亿元）	增长%	经开区规模工业总产值（亿元）	增长%
2008年	714.4	37.2	336.0	637.8	39.8	606.1	42.0	509.0	45.5
2009年	969.5	35.7	386.0	881.5	38.2	841.6	38.9	712.4	39.9
2010年	1168.8	31.6	389.0	1061.6	32.6	1019.0	33.9	846.9	32.8
2011年	1560.2	32.2	281.0	1420.3	33.5	1377.2	39.6	1212.6	43.2

47.2亿元，增长10.6%，占全县经济总量的9.2%；其中33家三级以上总承包和专业承包建筑企业共完成产值111.7亿元，实现利润总额8.5亿元。2010年全县38家三级以上总承包和专业建筑企业完成产值129.1亿元，增长15.3%，实现增加值60.2亿元，增长11%，实现利润总额3.7亿元，增长15.6%。2011年，全县具有资质等级的总承包和专业承包建筑企业完成建筑总产值148.8亿元，增长15.2%，实现利润总额4.3亿元，增长16.2%。

【固定资产投资和房地产】 固定资产投资不断扩大。2008年完成社会固定资产投资173.3亿元，增长31.6%，其中城镇及以上投资159.7亿元，增长32.6%，农村投资13.6亿元，增长20%；2009年完成社会固定资产投资234.3亿元，增长35.2%，其中城镇以上固定资产投资223.9亿元，增长40.1%，农村投资10.4亿元，下降23.4%；2010年完成社会固定资产投资316.5亿元，增长35.1%，其中城镇以上固定资产投资292.7亿元，增长30.9%，农村投资23.8亿元，增长122.2%；2011年完成社会固定资产投资369.4亿元，增长25.6%，其中城镇固定资产投资368亿元，增长26.7%，农村投资1.4亿元，下降62.8%。

房地产业快速发展。2008年60家房地产开发企业67个楼盘完成投资49.7亿元，增长56.9%，商品房销售面积124万平方米，下降25%，商品房销售额34.5亿元，下降35%；2009年82个楼盘完成投资66.1亿元，增长32.7%，商品房销售面积258.7万平方米，增长125.2%，商品房销售额83.2亿元，增长145.4%；2010年86个楼盘完成投资88.1亿元，增长33.3%，商品房销售面积347.2万平方米，增长34.2%，商品房销售额137.2亿元，增长64.9%；2011年，完成房地产开发投资109亿元，增长23.6%，商品房销售面积242.5万平方米，下降30.2%，商品房销售额124亿元，下降9.6%。

【贸易和经济合作】 一、消费市场活跃。2008年实现社会消费品零售总额79亿元，比上年增长22.2%，其中城镇完成零售额49.9亿元，增长23.3%，农村完成零售额29.1亿元，增长20.1%；2009年完成社会消费品零售总额105.7亿元，增长33.8%，其中城镇完成71.4亿元，增长43%，农村完成34.3亿元，增长18.1%；2010年实现社会消费品零售总额140.3亿元，增长28.2%，在全市九区县（市）中排名第一，尤以汽车销售最旺，全年实现销售额129.3亿元，增长49.3%；2011年实现社会消费品零售总额184.1亿元，增长22%，其中城镇完成零售额173.4亿元，增长22%，农村完成零售额10.7亿元，增长21.4%。

二、招商引资全面推进。2008年共引进外资项目11个，到位外资2.29亿美元，同比增长18.3%，引进内资项目175个，到位内资61.4亿元，同比增长26.7%；2009年引进外资项目18个，实现到位外资26032万美元，增长13.5%，引进内资项目207个，到位内资22.5亿元，增长28.6%；2010年引进外资项目19个，实现到位外资29155万美元，增长12%，引进内资项目225个，实现到位内资91.6亿元；2011年共引进外资项目23个，实现到位外资33818万美元，引进内资项目250个，实现到位内资74.8亿元，增长23.5%。

三、对外贸易成果显著。2008年完成外贸进出口总值18.35亿美元，同比增长27.2%，其中进口8.5亿美元，增长3.9%，出口9.84亿美元，增长57.7%；2009年完成外贸进出口总额13.1亿美元，下降28.6%，其中出口总额5.7亿美元，下降42.1%，进口总额7.4亿美元，下降14%；2010年完成外贸进出口总额18.5亿美元，增长38.6%，其中出口总额为7.6亿美元，增长32.9%，进口总额为10.9亿美元，增长42.9%；2011年完成外贸进出口总额22.1亿美元，增长19.5%，其中出口总额8.4亿美元，增长10.5%，进口总额13.7亿美元，增长25.7%。

【交通、邮电、电力和旅游】 交通运输业加快发展。2008年投资1.7亿元，对20个县乡村公路进行提质改造，建设总里程达442.1公里；全年客、货运量分别达到925万人次、1545万吨，客、货运周转量分别达到53811万人公里、78688万吨公里，年末民用汽车拥有量31115台，增长17.1%。2009年投资15187万元，实施公路建设项目255个，建设总里程为496.2公里，全县通车里程达4000公里，县道硬化率98%，乡道硬化率为61.5%；全年客、货运量分别达到956万人次、1901.6万吨，客、货运周转量分别达到55598万人公里、96824万吨公里。2010年投资1亿元，实施项目6个，建设总里程为449公里，全县通车里程达到4229.6公里，县道硬化率100%，乡道硬化率85%；全年客、货运量分别达到956万人次、1610.4万吨，客、货运周转量分别达到55598万人公里、81996万吨公里。2011年全县公路总里程达到4886.7公里，比上年增加587公里。全年公路完成客运量846万人次，客运周转量49179万人公里；完成货运量1908.1万吨，货运周转量为97152万吨公里。

邮电通信业平稳增长。2008年完成邮电业务收入6.85亿元，增长2.2%。其中电信业收入1.5亿元，邮政业收入0.52亿元，移动计费收入4.02亿元，联通计费收入0.81亿元。2009年完成邮电业务收入8亿元，增长16.8%。其中，电信业务收入1.6亿元，邮政业务收入0.6亿元，移动计费收入4.9亿元，联通计费收入0.9亿元。2010年完成邮电业务收入8.6亿元，增长7.5%。其中，电信业务收入1.8亿元，邮政业务收入0.6亿元，移动计费收入5.2亿元，联通计费收入1亿元。2011年完成邮电业务收入10亿元，增长16.3%。其中，邮政业务收入0.7亿元，电信业务收入1.9亿元，移动计费收入6.1亿元，联通计费收入1.3亿元。

电力建设成效显著。一、主网建设。2008年新建投运110千伏水渡河、明月（干杉）、路口变电站和35千伏大桥（双江）变电站，改造35千伏春华、果园变电站；负荷容量同比2007年增加18.95万千伏安。星沙城区新增配电变压器192台，容量12.98万千伏安，环网柜48台，电缆线路55.705千米，杆塔101基，线路4.972千米，联络线路6条。2009年对110千伏安沙变和35千伏开慧变进行增容改造，并完成开慧变10千伏配套出线的建设。2010年投运110千伏跳马变电站，新增主变容量5万千伏安，新建110千伏明航线、丛航线，确保黄花机场航空港的供电可靠性。2011年新投运110千伏鹤鸣、惠农变电站，新增主变容量13.15万千伏安；新投运110千伏线路6条。星沙城区新投运10千伏城网线路13回，新增配变172台，容量12.54万千伏安，新增（更换）环网柜、分接箱92台。二、农网建设。2008年完成总投资1.97亿元，其中电气化县建设资金8300多万元，共建设电气化乡（镇）8个，电气化村75个；改造81个行政村，11条10千伏线路；新建10千伏线路118.97千米，改造10千伏线路99.67千米，新建、改造低压线路1226.45千米；新增配电变压器160台，容量13585千伏安，改造配电变压器117台，容量13940千伏安，新增综合配电箱272台，一户一表改造31332户。通过改造，全县户通电率达到100%；人均年用电量达到2516千瓦时，人均年生活用电量达到290千瓦时。2009年农配网完善工程完成新建、改造10千伏线路22条，改造28个行政村272个未网改组。新建、改造10千伏线路199.70千米，新增、改造配电变压器118台，容量16105千伏安，新建、改造低压线路348.5千米，一户一表6828户，规模投资2899.3万元。2010年农配网改造工程共分8个批次，其中农配网改造工程4个批次，农网改造升级工程4个批次。农配网改造工程4个批次改造20个行政村，3条10千伏线路和所有跨越京珠高速的10千伏及以下线路改造，共计新建10千伏线路20.721千米，改造10千伏线路2.01千米，新增配电变压器33台，容量6200千伏安，改造配电变压器26台，容量5960千伏安，新建、改造低压线路111.428千米，一户一表改造378户，规模投资1550.62万元。农网改造升级工程4个批次改造86个行政村，4条10千伏线路，共计新建10千伏线路22.71千米，改造10千伏线路23.55千米，新增配电变压器64台，容量7375千伏安，改造配电变压器46台，容量7225千伏安，新增综合配电箱107台，新建、改造低压线路832.97千米，一户一表改造2065户，规模投资3393.73万元。2011年农配网改造升级工程共分12个批次，改造105个行政村，36条10千伏线路，共计新建、改造10千伏线路280.806千米，配电变压器213台，容量35320千伏安，低压线路413.978千米，一户一表改造5653户，规模投资6280.68万元。

至2011年底，长沙县电力局共管理12座110千伏变电站，10座35千伏变电站，主变容量89.215万千伏安，同比2007年的64.93万千伏安，增长37.4%；35千伏及以上输电线路33条、436公里，配电线路252条、3008公里。

2011年完成供电量25.2亿千瓦·时，同比2007年的19.9亿千瓦·时，增长26.63%，售电量24.8亿千瓦·时，同比2007年的18.9亿千瓦·时，增长31.22%；均价581.95元/千千瓦·时，同比2007的478.07元/千千瓦·时，增加103.88元/千千瓦·时；综合线损1.72%，同比2007的4.87%，下降3.15%；最高负荷48.38万千瓦；县城供电可靠率99.963%，农村供电可靠率99.912%，综合电压合格率99.94%。

旅游业不断升温。2008年共接待旅游人数946.2万人次，比上年增长21%，实现旅游收入10.9亿元，增长22%；2009年接待旅游人数1160.04万人次，增长22.6%，实现旅游综合收入13.60亿元，增长24.8%；2010年接待旅游人数为317.3万人次，2010年统计口径改变，同比增长21%，实现旅游综合收入32.6亿元，增长24%。2011年接待旅游人数为388.9万人次，增长27.7%，实现旅游收入42.8亿元，增长29.3%。

【财政与金融】 财政收入快速增长。2008年至2011年，全县财政总收入分别为40.7亿元、52.7亿元、75.1亿元、120.6亿元，分别增长27.5%、26.7%、38.7%、60.7%；其中一般预算收入分别为17.2亿元、21.8亿元、28.8亿元、39.8亿元，分别增长30.4%、26.7%、32.3%、38.2%；上划税收分别为20.6亿元、25.7亿元、39.3亿元、57.1亿元，分别增长33.6%、24.5%、52.9%、70.7%。

金融市场持续活跃。全县有工商银行、农业银行、光大银行等各类银行18家，营业网点154个。2008年至2011年，全县金融业年末存款余额分别为197.5亿元、255亿元、366亿元、436亿元，分别增长22.2%、29.1%、43.5%、69.9%;各项贷款余额分别为136.5亿元、205.5亿元、247.1亿元、327.8亿元，分别增长24.8%、50.5%、20.2%、50.8%；居民储蓄分别为102.5亿元、129亿元、159.2亿元和196.5亿元，分别增长27%、25.9%、23.4%和37.2%。

【科技与教育】 科学技术成果显著。2008年全县安排本级科技支出2620万元，科学技术普及支出160万元，人平2.06元；全县申请专利592件，比上年增长11%；全年实施专利248件，实现销售收入26.06亿元；有11项成果获省、市科技进步奖，41个商标被评为全省著名商标，获评全国科技进步先进县和省知识产权示范创建县。2009年全县安排本级科技支出5712万元，为2008年的2.1倍，科学普及支出162万元，人平2.06元；全县申请专利768件，重新认定高新技术企业69家，实现高新技术产业产值579.8亿元，增长30.4%；全县工程研究（技术）中心有国家级3家、省级15家、市级26家；全县拥有中国驰名商标6件，湖南省著名商标51件，继续保持全国科技先进县称号。2010年，安排本级科技经费（含经开区）1.15亿元，为2009年的2倍；科普支出162万元，人均2.1元；全年转化运用科技成果84项，成果转化率较上年提高2.7%，全县拥有高新技术企业85家，实现高新技术产业产值801.9亿元，增长34.4%；全县有各类工程研究（技术）中心51家，促进专利申请1241件，其中专利授权量和发明专利授权量分别为980件、74件，分别增长61.6%、133.3%和64.4%，全县拥有中国驰名商标10件，湖南省著名商标65件。2011年，全县共安排本级科技支出1.34亿万元，比上年增长17%，占同级财政支出的4.5%；全县科技普级支出125万元，人均达1.6元；全年专利申请量为1909项，比上年增长32.5%，其中专利授权量和发明专利授权量分别为105.7件和148件，分别增长7.9%和45.1%；全县共有高新技术企业95家，实现高新技术产业产值和增加值1142亿元、347.8亿元分别增长35.7%和37.7%；全县拥有16件中国驰名商标和81件湖南省著名商标。

教育事业健康发展。全县有各级各类公办学校214所，其中普通高中7所、职业中专1所，乡镇职业学校4所、初级中学28所、小学173所、特殊教育学校1所。有国家、省、市示范性学校19所，县级示范性、规范化学校71所，省、市级现代教育技术实验学校49所。全县在校中、小学生94971人，其中高中12277人，初中25190人，小学55309人。职业中专2127人，特校68人，在园幼儿28161人。有公办幼儿园214所，其中省级示范园1所，市级示范园1所，县级示范园18所，标准园194所。有全日制民办学校6所，在校学生3937人。全县共审批设立民办教育机构258个，在职教职员工近3000人，学生41000余人。驻县普通高等学校13所。2008年全县学龄儿童入学率、女童入学率、农村学龄儿童入学率均为100%；初中巩固率、初中升学率、高中升学率分别为99.99%、95%、70%；高考录取4000人，录取率为61.5%；本科上线率居九区县（市）第一；全县筹集教育基金1056.5万元用于发展教育事业。2009年至2011年全县学龄儿童入学率、女童入学率、农村学龄儿童入学率、小学生入学率和巩固率、初中升学率均为100%，综合素质评估合格率为99.99%，高考上线率高于全省平均水平近10个百分点。每年为义务教育阶段学校学生免除课本费、学杂费分别为4243.77万元、4569.2万元和6100多万元。2011年为各类贫困学生资助金额达1150.53万元。

【文化、体育和卫生】 文化事业百花齐放。2008年在星沙广场组织文体活动50场次，送文化下乡80场次，观众累计达20余万人次；组织10支放映队深入乡镇、村、组放映电影2300余场，观众达30多万人次；组建13支文艺团队举办节日文化活动和村、镇文化活动420余场次；成功举办田汉诞辰110周年和许光达诞辰100周年纪念活动。2009年全面启动星沙文化中心建设和5个乡镇综合文化站建设，建成26家农家书屋，藏书9万册；免费送戏下乡50场次，送电影下乡2328场，完成3处文物国保、6处省保的申报和15处文物保护单位的保护规划、编制工作。2011年建成13个乡镇综合文化站和90家农家书屋，藏书达52.2万册；62个百家文艺团队免费送戏下乡50场次，放映电影3228场，举办乡镇（街道）社区广场展演64场次；完成全国第三次文物普查，全县共发现不可移动文物282处，编制《长沙县非物质文化遗产普查资源分布图集》等资料汇编。2011年有农家书屋204家，图书总量达62.3万册；68个百家文艺团队开展广场展演60余场次，送戏下乡82场次，送电影下乡3276场，送电影进工地10次，观众达65.5万人次。

体育事业蓬勃发展，2008年至2011年，平均每年投入体育基础设施经费15万元，日常活动经费60万元。四年共建设健身队伍80余支，全民健身工程覆盖15个乡镇（街道）和11个村（社区）。四年中，长沙县运动员参加各类比赛，获国家级比赛金牌9枚，银牌3枚，铜版3枚，获省级比赛金牌16枚，银牌21枚，铜牌17枚，获市级比赛金牌42枚，银牌26枚，铜牌30枚。至2011年，体育经营户增加至49户，涵盖桌球、健身俱乐部、游泳、滑冰、镭战等项目。

医疗卫生服务能力不断提高。全县有疾病预防控制中心、卫生监督所、妇幼保健院各1所，有各级各类医疗卫生机构517个，其中市级医院1所、县级医院3所，街道社区卫生服务中心2所、乡镇中心卫生院5所、一般卫生院14所、村卫生室246所、社区卫生服务站9所、专科医院3所、个体诊所48所，共有床位1356张（未包括市八医院900张床位），全县有卫生专业技术人员2169人，其中全额拨款人员105人，差额拨款人员402人，自收自支专业技术人员540人；副高以上职称72人，中级职称358人。执业医师374人，本科以上学历759人，研究生以上学历6人。

2008年至2011年，全县医疗卫生事业收入从30483万元增加到50748万元，增加20265万元，增长66.5%，年均增长16.6%；各级财政补助收入从2008年的12016万元增加到2011年的22522万元，增加10506万元，增长87%，年均增长21.75%，参加农村合作医疗的人数分别为681423人、651133人、664125人、666504人，分别为上年的103.3%、95.6%、102%和100.4%。产妇住院分娩比例分别达到99.97%、99.99%、100%、100%；5岁以下儿童死亡率分别为8.33‰、7.3‰、7.2‰和6.6‰。新的医疗补偿政策实施后，全县县乡医院住院补偿达70%。

【环境保护与安全生产】 环境保护得到加强。2008年，全县用于环境治理的资金达7200万元，比上年增长13%；“三废”综合利用产品产值13790.5万元，工业废水排放总量1385.3万吨，万元工业增加值废水排放量为6.11吨／万元，同比减少13.8%；工业废气排放总量为1655473.7万标立方米，万元工业增加值废气排放量7302.49立方米／万元，同比减少5.56%；工业固体废物排放量11.36万吨，万元工业增加值固体废物排放量0.05吨／万元，同比减少16.7%，工业固体废物综合利用量11.1万吨。2009年，全县用于环境污染治理的经费达105455万元；二氧化硫排放量10552.9吨，下降7.1%；工业废气排放总量354.09万吨，工业废水排放达标率为97.4%，上升0.8个百分点；工业废气排放总量930221万标立方米；工业烟尘排放达标率70%，上升11.5个百分点，工业固体废物产生量9.73万吨；工业固体废物综合利用量9.67万吨，三废综合利用产品产值24466.5万元，增长77.4%；县城空气质量优良率为91.07%，同比提高1.28个百分点。2010年，全县环境污染治理资金200520万元；工业二氧化硫排放量10130吨，下降4%；工业废水排放总量为1300万吨，工业废水排放达标率97.6%，上升0.2个百分点，工业废气排放总量35040.2万标立方米；工业烟尘排放量达标率72.6%，上升2.6个百分点；工业固体废物产生量3.3万吨；工业固体废物综合利用量2.8万吨，“三废”综合利用产品产值26546.2万元，增长8.5%。县城空气质量优良率为92.8%，同比提高0.7个百分点。2011年，全县环境污染治理投资34653万元，增长72.8%；工业二氧化硫排放量3707吨，下降63.4%；工业废水排放总量1261万吨，工业废水排放达标率99.7%，提高2.1个百分点；工业废气排放总量33813.8万标立方米，工业烟尘排放量达标率75.8%，提高3.2个百分点；工业固体废物产生量3.1万吨，工业固体废物综合利用量2.48万吨，“三废”综合利用产品产值27608.1万元，增长4%。城镇污水处理率100%。全县生活垃圾无害化处理率100%，县城空气质量优良率93%，提高0.9个百分点。

安全生产形势持续保持稳定。2008年全县安全生产各项任务指标基本完成，未发生较大及以上安全生产事故，县城重点基础设施工程质量和安全未发生一起大的事故，质量合格率均为100%，优良率在80%以上；全年共发生各类一般生产安全事故237起，死亡54人，伤185人，其中道路交通事故152起，伤185人，死亡50人。亿元GDP生产安全事故死亡率为0.16，比2007年下降27.4%；2009年安全生产形势继续保持稳定，全年未发生较大及以上生产安全事故，各类一般生产安全事故死亡51人，其中道路交通事故死亡46人；亿元GDP生产安全事故死亡率为0.119，比上年下降26.1%。2010年未发生较大及以上生产安全事故，各类一般生产安全事故死亡40人，其中交通事故死亡35人，工矿企业事故死亡5人；亿元GDP生产安全事故死亡率为0.1，比上年下降45.4%。2011年共发生各类一般生产安全事故271起，死亡39人，与上年相比，事故减少7起，死亡人数减少1人；亿元GDP生产安全事故死亡率为0.0494，比上年下降24%。

【人民生活与社会保障】人民生活不断改善，2008年全县城镇居民可支配收入16887元，比上年增加1053元，增长6.7%；农村居民人均纯收入为8442元，比上年增加1442元，增长20.6%。城镇居民人均消费性支出12214元，比上年增长8.2%，平均每百户家庭拥有家用汽车18辆，家庭电脑62台，人均居住面积37.9平方米；农村居民人均消费支出5879元，增长6.85%，平均每百户家庭拥有彩电107台，空调42台，电冰箱53台，人均住房面积56.52平方米。2009年，全县城镇居民可支配收入为18575元，增长10%，农村居民人均纯收入9998元，增长18.4%；城镇居民人均消费支出14607元，增长19.6%，平均每百户家庭拥有家用汽车26辆，家用电脑62台，人均居住面积38.4平方米；农村居民人均消费支出6403元，增长8.9%，平均每百户家庭拥有彩电114台，空调57台，电冰箱68台，人均住房面积56.52平方米。2010年，全县城镇居民人均可支配收入为21099元，增长14.9%；城镇居民人均消费支出14545元，下降0.4%，平均每百户家庭拥有家用汽车30辆，家用电脑62台，人均住房面积37.7平方米；农村居民人均纯收入11946.5元，增长19.5%，人均生活消费支出6590元，增长2.9%，平均每百户家庭拥有彩电122台，空调65台，电冰箱84台，人均住房面积57.7平方米。2011年全县城镇居民人均可支配收入达24118元，比上年增长14.3%，每百户家庭拥有家用汽车36辆，家用电脑74台，接入互联网计算机55台，人均住房面积39.1平方米；农村居民人均纯收入14237元，比上年增长19.2%，平均每百户家庭拥有汽车11辆，家用电脑27台，移动电话机213台，分别增加3辆，4台和15台，农村居民人均住房面积57.7平方米。

社会保障逐步完善。2008年至2011年，全县社保参保人数分别为58371人、60680人、93808人、125047人，分别为上年的105.1%、104%、154.6%、133.3%；医疗生育保险参保人数分别为75997人、87220人、82765人、135789人，分别为上年的136.3%、114.8%、94.9%、159.5%；失业保险人数分别为7121人、9826人、32416人、38125人，分别为上年的104.5%、110%、108.7%、117.6%；工伤保险人数分别为37395人、45052人、49785人、73796人，分别为上年的175.7%、124.5%、110.5%、148.2%。参加农村合作医疗的人数分别为681423人、651133人、664125人、666504人，分别为上年的103.3%、95.6%、102%、100.04%。四年新增城镇就业人员33315人，新增农村劳动力转移就业人员157810人，帮助困难对象再就业2835人，帮助失业人员再就业6850人，城镇零就业家庭动态援助率保持100%。2011年，参加城乡居民养老保险人数为383636人，参加城乡医疗保险的人数达到722550人。全年共计发放城镇居民生活保障16.1万人次，累计发放保障金3485万元；发放农村居民最低生活保障38.5万人次，累计发放保障金3262万元。

【“两型社会”建设】 2007年12月，国家批准长株潭城市群为全国“两型社会”综合配套改革示范区，县委、县政府非常重视“两型社会”建设。2008年1月18日，长沙县正式成立长沙经开区、长沙县长株潭城市群综合配套改革领导小组办公室，2009年11月30日，长沙县“两型社会”建设综合配套改革办公室正式成立。

自长株潭试验区获批以来，全县“两型社会”改革建设工作成绩显著：一是超额完成节能减排目标。十一五期间，全县单位地区生产总值能耗下降21.41%，化学需氧量排放成功削减27.75%，二氧化硫排放成功削减66.74%，超额完成上级下达的目标任务。二是治理城乡环境。实现城乡垃圾分类处理和集镇污水处理全覆盖，实施生猪养殖减量和农业面源污染治理，推进“两河”流域综合治理，城乡环境质量明显改善。三是推进“两型”项目建设。率先建成长株潭融城第一路芙蓉大道长沙段，建设省内首条生态环保路黄兴大道北延线，启动高山生态移民工程，推动松雅湖项目建设。四是淘汰落后产能企业。2009年以来淘汰落后的水泥生产线14条、造纸生产线11条、制革生产线1条、冶炼企业1家，每年可节约标煤14.45万吨，减少二氧化硫排放1万吨、减少化学需氧量排放2.55万吨。五是推进体制机制改革。在省内率先探索实施生态补偿机制改革、扩权强镇改革和综合行政执法体制改革，积极推进城乡一体化改革，实现城乡环保一体化、城乡居民医保一体化、城乡文化设施一体化和城乡公交一体化。六是创建示范单位。大力开展“两型”村庄、社区、学校、企业、机关、乡镇等6项“两型”示范单位创建活动，累计创建县级“两型”单位58个，成功申报省级“两型”示范项目和示范单位9个，获评数量居全省第一。七是突破重点区域建设。在省内率先启动绿心保护标识埋设工作，严格落实绿心保护的各项法规政策，绿心保护工作得到省人大肯定。安沙、北山、青山铺三个乡镇作为安青片区被列入省“两型社会”建设的重点示范片区，将获得省政府给予的资金、财税、土地等一系列优惠政策。八是突出“两型”宣传教育。通过开展大型宣传活动、开辟“两型”宣传专栏、印发“两型”宣传手册、制作公交车“两型”公益广告等形式，有效提升全社会“两型”意识。2009年至2011年，长沙县连续三年获得市对县“两型社会”建设绩效考核优秀，连续三年被评为中国十佳“两型”中小城市。

【产城融合】 2008年，在改革开放30周年之际，长沙县被中央确立为全国18个改革开放典型地区之一。为积极探寻符合科学发展要求的改革道路,长沙县邀请中央政研室、综合开发研究院等高端研究机构进行实地调研分析，在此基础上作出实施产城融合战略的抉择，确立“活力、低碳、幸福星沙”的城市理想，提出“三湘门户之城、山水宜居之城、活力创新之城、善待乡村之城”的发展目标，并从以产兴城、以城育产、社会建设三个方面入手，明确产城融合的推进方向。

推进松雅湖建设，开创城市环境品质新标高。2008年年底，结合应对全球性金融危机，启动总投资40亿元的松雅湖项目。项目规划面积17平方公里，水面面积420公顷，已实现全面蓄水，2011年3月成功获批国家湿地公园（试点）单位。

坚持“3个1/3”理念，建设产城融合体。以新开发的星沙产业基地为实验田，提出“3个1/3”的均衡开发理念，即1/3的地方发展工业，1/3的地方发展生产性服务业，1/3的地方建设基础设施和商贸住宅，争取用现代理念和国际化视野，一次性建成产城融合体。2009年星沙产业基地成立，规划总面积15平方公里。按照“3个1/3”的思路，在园区规划中树立“反规划”和“不规划”的理念，尊重自然山水，合理制定生态控制区，最大限度地保护原有地貌和风土人情。在招商引资上，除了大力引进优质工业项目，还积极引进学校、医院、银行、商场等配套设施，努力形成多样的城市肌理和活力节点。截至2011年底，产业基地已入驻企业24家，其中上市公司4家，世界500强1家，并建设面向农民工群体的“幸福家园”廉租房。

依托空港资源，积极打造产城融合加速器。黄花国际机场是长沙县的特色资源,扩建后其航站楼规模居全国第5位，年旅客吞吐量突破1500万人次。依托机场的综合优势，坚持“空港的城市、城市的空港”的理念，规划建设面积达31平方公里的空港城。2011年4月28日，长沙人民路东延线(空港城段)开工建设，标志着湖南长沙空港城项目正式启动。人民路东延线是空港新城连接长沙主城核心区、国家级长沙经济技术开发区和黄花国际机场等功能区的东西向主干道，西起东二环，东至机场联络线，全长21.18公里，其中空港城段长7.2公里，路幅宽58米，双向10车道，工程总造价7.1亿元。

启动黄兴现代市场群建设。2011年5月,黄兴镇被纳入长沙市新一轮城市规划修编黄（兴）樂（梨）组团范围,成为长沙县融城对接的桥头堡。2009年经县人民政府定位后，黄兴镇委托湖南省城乡规划设计院于2010年底完成黄兴现代市场群控制性详细规划的编制，将市场群选址于该镇打卦岭村地段，市道泉沿线以东，长沙市绕城高速东南段以北，长株高速以西，黄江公路两侧。一期规划用地393.33公顷，其中市场交易区326.67公顷，市场配套区66.67公顷。全面启动市场群相关配套建设，连接星沙的黄兴大道南延线已启动建设，连接长沙城区的香樟路东延线启动规划设计，对接长沙市三环和长株高速的连接线正在修建之中。先后引进长沙农产品物流园中心、实泰物流家电中心、黄兴商贸城、四海国际商贸物流中心、展通快速消费品配送中心项目、果之友和天天绿果蔬菜加工配送项目。

体制改革

【政府机构改革】 2010年12月，政府机构改革工作全面启动，至2011年12月底，顺利完成47个单位三定（定职责、定机构、定编制）工作，政府机构改革工作基本完成。本次政府机构改革中，共减少正科级机构3个（人事与劳动合并、文体和广电合并、驻长办并入机关事务局），新明确（升格、独立）正科级机构4个（文化市场综合执法大队、县广播电视台、县接待办、工务局），新明确副科级机构7个（能源管理局、工业节能管理办公室、燃气管理局、人力资源服务中心、农业综合技术推广服务中心、电子政务办公室、经济调查队）。

【政府投资管理体制改革】 2008年5月17日，县委、县政府出台《长沙县政府投资管理办法》，发改局负责组织实施，形成“投资先规划，规划定项目，项目定资金”的规范化投资管理模式。2010年，在原《长沙县政府投资管理办法》基础上制定《长沙县政府投资管理办法（修订稿）》，进一步理顺管理机制并重置管理流程，召开政府投资管理暨业务培训大会，出台《长沙县政府投资项目管理联席会议制度》；确立项目库管理制度，开发项目库软件系统；启动政府投资项目评审、评估机制。制定出台《长沙县村级工程建设管理办法》，规范村级工程管理、控制村级负债。2011年，开创性地在政府投资项目管理领域实行立项可行性评审，在省道207线南延线评审等重大项目上发挥积极作用。

精神文明建设

【创建人民满意县】 2009年，启动建设人民满意县工程。6月25日，县委县政府召开建设人民满意县工作千人动员大会，号召用三年时间建设人民满意县。实行人民满意县城、满意集镇、满意村（社区）三级联创，2009年全县共有15个集镇、49个村、14个社区申报参与创建。全面实施“五个五”工程（即五大核心价值体系建设活动、五大专项整治行动、五大服务民生工程、五大文明创建主题活动、五项长效机制）。通过组织召开创建工作调度会、工作讲评会、编印创建简报等推进创建工作，加强督查，年底检查验收，严格考评，并将验收结果作绩效考核内容，确保创建活动高质量开展。创建活动经费列入县乡政府和各部门财政预算，县财政每年安排1000万元采取以奖代补的方式奖励镇中心集镇、村（社区）建设，一定三年不变，专款专用。把全县立项、审批和政务服务、县财政预算各切块资金向建设人民满意县项目倾斜和集聚。满意集镇、满意村创建工作扎实推进，成效显著。三年来，城乡基础服务设施不断完善，城乡面貌特别是集镇面貌大为改善，县城背街小巷绿化、亮化、美化不断完善，垃圾站、公厕全面改造，公共交通配套进一步健全，长沙县“幸福家园”关爱农民工廉租房开园，在每年的全市县城文明指数测评中都获 “金牌县城”荣誉称号。

【文明创建】 2008年成立长沙县创建全国文明县城工作领导小组办公室和黄花机场周边环境综合整治指挥部。成立创建全国文明城市青年志愿者服务队、文明行为劝导队、义务巡防队等群众性组织。集中开展店外招牌和户外广告，交通秩序，城乡环境、经营性公共场所及公交出租车等“五大专项整治行动”。继续开展“十星级”文明农户创建活动，在黄花镇黄龙新村开展“文明创建进农家”活动试点，确定县财政局等10个单位为活动共建单位。加强未成年人思想道德建设，抓好学校、家庭、社区“三结合”教育网络建设，开展全国家庭教育示范县创建活动。抓好现代农业实践基地建设和未成年人活动室建设，2008年建成两个市级现代农业教育实践基地和10个市级未成年人活动室。积极推进乡村少年宫建设，全县已建8所乡村少年宫，其中市级示范点1所、县级示范点1所，乡镇级示范点6所。广泛开展志愿者活动，2010年成立长沙县志愿者协会，各乡镇（街道）成立志愿者服务总站，各村（社区）设立志愿者服务站，全县有近1万人成为注册志愿者。北山镇常林庄荣登中国好人榜，并获第三届全国道德模范提名奖、全国孝老爱亲模范候选人，其尽心尽力无怨无悔照顾瘫痪夫兄37年的感人事迹被各大媒体报道，社会反响热烈。

四年来，长沙县文明创建成效显著，不仅为长沙市成功创建全国文明城市打下了良好基础，而且顺利通过全国文明县城复查测评验收，成功保持两届全国文明县城荣誉称号，2009年至2011年连续三届获“中国最具幸福感城市（县级）”称号，并将终身保持该荣誉。2011年全县创建全国文明单位1个（县电力局）、全国文明村2个（黄龙新村［复查］ 、印山村）、省文明窗口示范单位1个（县地税一分局）、市各类别文明称号23个、县各类别文明称号39个。

·附　录·

长沙县2008年度文明建设先进单位和文明标兵

1. 文明单位（13个）

榘梨镇医院　　干杉派出所
江背镇动物防疫站　　黄花国土所
黄花派出所　　春华派出所
县一医院　　高桥中学
高桥镇医院　　双江镇卫生院
安监局　　县移民局
县农机安全监理站

2. 文明村（4个）

路口镇荆华村　　双江镇赤马村
青山铺黄鹤村　　北山镇青田村

3. 文明社区（3个）

江背镇梅花社区　　春华镇春华社区
路口镇麻林社区

4. “十星级”文明农户标兵（20人）

聂战鳌（暮云镇）　　朱新尧（跳马乡）
何湘登（黄兴镇）　　黄树海（干杉乡）
罗燕华（江背镇）　　文正良（黄花镇）
王世平（春华镇）　　李　其（果园镇）
彭　超（路口镇）　　杨伟忠（高桥镇）
饶鹏飞（金井镇）　　李闯武（双江镇）
林　阳（白沙乡）　　彭开均（开慧乡）
黄　宇（福临镇）　　杨　平（白沙乡）
蔡瑞武（安沙镇）　　吴国良（北山镇）
王润波（星沙镇）　　周龙其（榘梨镇）

5. “三好”文明市民标兵（10人）

黄　清（城管局）　　李海军（交通局）
饶逢春（春华镇）　　周　颖（工商联）
彭克让（教育局）　　郑　茁（公安局）

唐健丽（槊梨镇）　林君义（文化馆）
李世杰（星沙镇）　邓树根（黄花镇）

长沙县2009年度文明建设先进单位和文明标兵

1. 文明单位（8个）

发改局　长沙县第一中学
长沙县实验中学　干杉信用社
广福建筑股份有限公司　桐仁桥水库管理所
安沙动物防疫站　白鹭湖供水公司

2. “十星级”文明农户标兵（20个）

宋明星（暮云镇）　黄文武（跳马乡）
杜国辉（黄兴镇）　彭智勇（干杉乡）
廖　雄（江背镇）　柳义红（黄花镇）
阳菊良（春华镇）　杨文艺（果园镇）
陈秋桂（路口镇）　金晓安（高桥镇）
杨玉德（金井镇）　张小明（双江镇）
朱辉耀（白沙乡）　彭　文（开慧乡）
陈学祥（福临镇）　杨新远（安沙镇）
黎国强（北山镇）　邓建华（槊梨镇）
柳培芝（星沙镇）　杨立伟（青山铺镇）

3. “三好”文明市民标兵（10人）

黎恩瑞（机关工委）　王　颖（城管局）
郑　飞（工商联）　王罗生（教育局）
熊爱国（公安局）　熊　红（星沙镇）
祖运香（春华镇）　范田茂（白沙乡）
王仲雄（凉塘路社区）　黄苍霖（金茂路社区）

长沙县2009年度建设人民满意县工作先进单位

1. 人民满意村（22个）

黄花镇黄龙新村　金井镇金龙村
干杉乡万龙村　开慧乡清泰桥村
白沙乡锡福村　路口镇路口村
江背镇乌川村　北山镇青田村
干杉乡长安村　青山铺镇黄鹤村
跳马乡新田村　果园镇田汉村
安沙镇和平村　高桥镇维汉村
双江镇农裕村　春华镇官塘村
福临镇金坑桥村　暮云镇北塘村
江背镇印山村　跳马乡双溪村
跳马乡石燕湖村　泉塘街道办事处丁家村

2. 人民满意社区（5个）

星沙街道办事处金茂路社区
星沙街道办事处凉塘路社区
黄花镇黄花路社区
果园镇大河社区
北山镇荣合桥社区

长沙县2010年度文明建设先进单位和文明标兵

1. 文明单位（11个）

县农办　县图书馆
县民族宗教局　乌川水库管理所
黄花电力排灌站　春华中学
路口政务中心　星沙街道
湘龙街道　湘龙派出所
华中电力建设集团

2. “十星级”文明农户标兵（19人）

宋敬平（暮云镇）　吴甫松（春华镇）
金亚林（开慧乡）　张　利（跳马乡）
杨文艺（果园镇）　余　华（福临镇）
周晓利（黄兴镇）　曹　宇（路口镇）
袁新凯（青山铺镇）　邓　健（槊梨镇）
肖先聪（高桥镇）　周　维（安沙镇）
曹检罗（干杉乡）　罗亮波（金井镇）
熊德红（黄花镇）　唐　林（江背镇）
饶树林（双江镇）　陈明武（黄花镇）
王建中（白沙乡）

3. “三好”文明市民标兵（10人）

周再双（星沙街道）　陈学兰（工商局）
陈文焕（湘龙街道）　何会龙（城管执法局）
曹罗纯（泉塘街道）　秦自然（教育局）
马浩波（公安局）　曹俭纯（槊梨镇）
石壮志（北山镇）　陈启亮（文化体育广播局）

长沙县2010年度建设人民满意县工作先进单位

1. 人民满意集镇（2个）

金井集镇　果园集镇

2. 人民满意村（17个）

双江镇双江村　双江镇青山村
开慧乡开慧村　果园镇花果村
北山镇官桥村　白沙乡白沙村
金井镇脱甲村　路口镇明月村
开慧乡飘峰山村　跳马乡田心桥村
福临镇双起桥村　江背镇五福村
白沙乡双冲村　春华镇花园新村
青山铺镇青山村　干杉乡车马村
江背镇特立村

3．人民满意社区（6个）

星沙街道碧桂园社区　星沙街道开元路社区
湘龙街道中南社区　暮云镇南托岭社区
黄花镇黄谷路社区　北山镇新桥社区

长沙县2011年度文明建设先进单位和文明标兵

1．文明单位（10个）

县招标采购局　县工务局
县广播电视台　泉塘街道机关
路口镇机关　福临镇中心小学
廖家祠堂水厂　泉塘派出所
金井国土所　椤梨镇大元中心小学

2．“十星级”文明农户标兵（19人）

严　文（暮云镇）　单桂新（高桥镇）
李汉明（跳马镇）　杨正远（金井镇）
刘　兵（黄兴镇）　刘　奇（双江镇）
刘海罗（椤梨镇）　向文革（白沙乡）
盛伟兵（干杉乡）　曾涌波（开慧镇）
谭建军（江背镇）　聂伟清（福临镇）
王　伟（黄花镇）　彭敏双（青山铺镇）
陈奇志（春华镇）　童国华（安沙镇）
田　磊（果园镇）　李振勇（北山镇）
杨兴旺（路口镇）

3．“三好”文明市民标兵（10人）

陈寿玲（椤梨镇）　周　辉（黄花镇）
袁　杰（暮云镇）　李体坚（星沙街道）
刘子霞（湘龙街道）　柳建新（泉塘街道）
唐志兴（规划局）　胡　欣（交通局）
熊　矩（公安局）　曹　密（城管执法局）

长沙县2011年度建设人民满意县工作先进单位

1．人民满意集镇（4个）

开慧集镇　双江集镇
白沙集镇　椤梨集镇

2．人民满意村（18个）

金井镇西山村　北山镇金星村
黄兴镇蓝田新村　金井镇九溪源村
福临镇孙家桥村　福临镇影珠山村
双江镇赤马村　黄花镇银龙村
安沙镇黄桥村　黄花镇东塘村
黄兴镇金凤村　果园镇新明村
暮云镇暮云新村　干杉乡斗塘新村
江背镇肖排村　金井镇惠农村
高桥镇凤山村　高桥镇范林村

3．人民满意社区（13个）

双江镇罗代社区
黄花镇机场口社区
春华镇春华社区
泉塘街道泉星社区
青山铺镇青山铺社区
椤梨镇土岭社区
路口镇路口社区
白沙乡李家山社区
北山镇嵩塘社区
星沙街道星城社区
星沙街道灰埠社区
湘龙街道湘郡社区
泉塘街道小塘路社区

中国共产党长沙县委员会

中共长沙县委机构领导人员

书　记 杨光荣（2008.01～2009.02）
杨懿文（2009.02～　　　）
副书记 杨懿文（2008.01～2009.02）
张庆红（2008.01～　　　）
曾超群（2008.10～2011.06）
孙晓勇（2011.05～　　　）（挂职）
李洪波（2011.06～　　　）
常　委 黎春秋（2008.01～2008.05）
李建章（2008.01～2011.06）
郭润葵（2011.06～　　　）
李洪波（2008.01～2011.06）
范遵新（2008.01～2011.06）
刘素月（2008.01～2011.06）
尹小英（2008.01～2009.04）
陈　旭（2008.01～2011.06）
周志远（2008.01～　　　）
杨忠文（2008.01～　　　）
许文广（2008.01～2008.11）
任福军（2008.01～2008.03）
张之轲（2008.03～　　　）
胡春山（2009.09～　　　）
杨　莉（2009.04～　　　）
李　平（2008.01～2010.08）
邓西京（2010.08～2011.05）
周志文（2011.05～　　　）
彭　勇（2011.06～　　　）
常利民（2011.06～　　　）

县委工作机构及部门管理单位

县委办公室

主　任 李洪波（2008.01～2008.08）
陈　旭（2008.08～2011.06）
杨忠文（2011.06～　　　）
副主任 周卫军（2008.01～2010.11）
饶晓刚（2008.01～2010.11）
周习彬（2008.01～2008.08）
谭爱兵（2008.01～2011.06）
陈佑谷（2008.01～2010.04）
胡　革（2008.01～　　　）
罗　旭（2010.06～　　　）
胡孟东（2010.11～　　　）（兼）
彭春华（2011.01～　　　）（兼）
陶自立（2011.06～　　　）
吴　昊（2011.10～2011.12）
赖坤明（2009.10～2010.04）
王义林（2008.08～2009.07）

县委组织部

部　长 周志远（2008.01～　　　）
常务副部长
黄泽红（2009.10～　　　）
副部长 罗静良（2008.01～2009.10）
孙进凡（2008.01～2009.10）
陈小虎（2008.01～2010.06）
李建军（2009.10～　　　）
吴再文（2008.01～2010.10）（兼）
朱剑斌（2010.10～　　　）（兼）
副部长、绩效办主任
陈佑谷（2010.05～　　　）

县委宣传部

部　长 陈　旭（2008.01～2009.07）
王益枝（2009.07～2011.06）
彭　勇（2011.06～　　　）
副部长 张再明（2011.01～　　　）
陈卫球（2006.03～　　　）
马　搏（2008.01～　　　）
副部长、（兼）文明办主任
缪畅群（2008.01～　　　）
副部长、文联主席
饶　晗（2011.10～　　　）

县委统一战线工作部

部　长 尹小英（2008.01～2009.04）
杨　莉（2009.04～2011.06）
周志远（2011.06～　　　）
常务副部长
黄毅力（2008.01～　　　）
副部长、工商联党组书记
袁　灿（2010.11～　　　）
彭建军（2008.01～2009.12）
副部长、侨联主席
黄柏强（2008.01～　　　）
副部长、台办主任
曹腊兵（2008.01～2010.11）
李红军（2010.11～　　　）

县委政法委员会

书　记 范遵新（2008.01～2011.06）
常利民（2011.06～　　　）
副书记 黄卫新（1998.01～　　　）
王伟山（2008.01～2010.11）
何　武（2008.03～2010.04）
许海玲（2008.01～　　　）
樊启东（2008.01～2010.11）
（2010.11～　　　）（兼）
胡文波（2010.11～　　　）
陈建新（2010.04～　　　）
王志国（2010.11～　　　）
县综治办主任
黄卫新（2008.01～　　　）
副主任 杨　宇（2008.01～2010.11）
李根氐（2011.01～　　　）
县维稳办主任
王伟山（2009.07～2010.11）
王志国（2010.11～　　　）
副主任 陈　彬（2008.02～2011.01）
刘立新（2011.01～　　　）
潘　晋（2011.01～　　　）

县委防范和处理邪教问题领导小组办公室

主　任 陈义明（2008.01～2010.12）（兼）
樊启东（2010.12～　　　）
副主任 罗集体（2008.01～　　　）

袁友金（2008.01～　　）
彭长林（2011.01～　　）

县机构编制委员会办公室

党组副书记、主任
唐铁钧（2008.01～　　）
党组书记
罗范军（2008.01～　　）
党组成员、副主任
罗范军（2008.01～2010.04）
王军仕（2008.01～　　）
黄淑慈（2010.04～　　）

县直属机关工作委员会

工委书记
曹　旷（2008.01～　　）
工委副书记
李　旭（2008.01～2010.11）
范乐赛（2010.11～　　）
蔡国华（2010.11～　　）
工委副书记、联合工会主席
唐艳灵（2008.01～2010.07）
范乐赛（2010.11～　　）
纪工委书记
李　旭（2008.01～2009.07）
蔡国华（2010.11～　　）

县委农村工作领导小组办公室

主　任 周锦程（2008.01～2009.05）
杜红旗（2010.04～2011.07）
党组书记
张根冶（2008.01～2010.11）
副主任 彭　涛（2008.01～2009.07）
周佳良（2008.01～2011.07）
易双劲（2008.01～2011.07）
裴治宇（2010.11～2011.07）

县委老干部局

局　长 吴再文（2008.01～2010.09）
朱剑斌（2010.09～　　）
副局长 彭爱珍（2008.01～　　）
汤金玲（2008.01～2010.11）
于水兰（2010.11～　　）

县台湾工作领导小组办公室

主　任 曹腊兵（2008.01～2010.11）
李红军（2010.11～　　）
副主任 李红军（2008.01～2010.11）
曾令红（2011.01～　　）

县委党校（县行政学院）

校　长 张　杰（2008.01～2009.04）
罗静良（2009.04～　　）
党组书记
周志宏（2008.01～2009.04）
副校长 饶卫星（2008.01～2009.10）
彭凤鸣（2008.01～　　）
黎文革（2008.01～2009.10）
谢社江（2009.10～　　）
吴辉球（2011.04～　　）

杨开慧纪念馆

党组书记
魏利华（2009.04～　　）
馆　长 刘义红（2009.04～2010.11）
党组副书记、馆长
彭春华（2010.11～　　）
副馆长 胡群义（2010.02～2010.08）
办公室主任
刘向上（2009.11～　　）
对外联络部主任
向　春（2010.02～　　）
群众工作部部长
杨　程（2010.11～　　）

县史志档案局

局　长 张献忠（2008.01～2011.11）
副局长 黄淑慈（2008.01～2010.04）
喻奇英（2010.04～　　）
罗朝晖（2008.01～　　）

群团组织

县总工会

主　席 肖小玉（2008.01～2009.11）
张美香（2009.11～　　）
党组书记
宋伟奇（2009.11～　　）
副主席 章月明（2008.01～　　）
杨桂平（2008.01～　　）

共青团长沙县委

书　记 李命命（2008.01～2009.10）
石　争（2009.10～　　）
副书记 海　燕（2008.01～2010.04）
罗　晶（2010.04～　　）
范维新（2010.04～　　）

县妇女联合会

党组书记、主 席
孔胜国（2008.01～2010.11）
阳　智（2010.11～　　）
党组成员、副主席
张红霞（2008.01～2010.11）
孙金国（2008.01～　　）
张新红（2010.11～　　）
杨春艳（2008.01～　　）

县工商业联合会（商会）

主　席 李楚屏（2008.01～　　）
党组书记
袁　灿（2010.11～　　）
党组书记、副主席
彭建军（2008.01～　　）
副主席 杨树兴（2008.01～　　）
吴　微（2008.01～2009.10）
陈　彬（2010.11～　　）
唐建辉（2010.11～　　）

县科学技术协会

党组书记、主席
何龙彪（2008.01～　　）
党组成员、副主席
张红霞（2010.11～　　）
万兴兰（2010.11～　　）
副主席 常红源（2008.01～2010.11）

县归侨侨眷联合会

主　席 黄柏强（2008.01～　　）
副主席 傅亿安（2008.01～　　）
陈合宴（2010.08～　　）
曾应明（2008.01～　　）（兼）
陈先明（2008.01～　　）（兼）

县残疾人联合会执行理事会

理事长 胡文波（2008.01～2010.11）
曹腊兵（2010.11～　　）
副理事长
黄　桢（2008.01～　　）
熊正明（2008.01～2010.11）
别　若（2011.10～　　）

党务纪要

【中共长沙县第十一届委员会三次、五次、六次全体会议简介】 中国共产党长沙县委第十一届三次全体（扩大）会议于2008年1月11日在开源鑫城举行。会议共分成四个阶段：市委常委、县委书记、经开区党工委书记杨光荣作县委工作报告，中央政研室副主任郑新立授课，分组自由讨论大会报告和经开区管委会主任、县长杨懿文总结讲话。全体在职副县级以上领导、全体县委委员、各乡镇党政主要负责人，县直各部门主要负责人出席会议。中央政研室副秘书长兼农村局局长潘盛洲，中央财经领导小组办公室秘书组副组长王韩民，中央政研室经济局副巡视员白津夫，中央政研室副巡视员焦庆杰，省委副秘书长、省委政研室主任段林毅应邀出席会议。会议明确2008年的工作目标：GDP达到335亿元，增长16%；完成工业总产值675亿元，增长25%，其中，规模工业完成产值600亿元，增长26%；全社会固定资产投资155亿元，增长17%；财政收入完成40亿元，增长25%；城镇居民可支配收入16800元，增长11%；农民可支配收入7200元，增长11%。

中国共产党长沙县委第十一届五次全体（扩大）会议于2009年6月23日在开源鑫城贵宾楼三楼多功能厅召开。会议表决通过《关于基层党建“三带”工程实施意见》和《关于人才引进“3235”工程实施意见》，动员部署实施基层党建“三带”工程和人才引进“3235”工程。县委书记、经开区管委会主任、县长杨懿文主持会议。市委组织部副部长袁黎明，全体县委委员、县委候补委员出席会议。非县委委员、候补委员的人大、政府、政协领导班子成员、乡镇党委书记、县直单位党政主要责任人，县纪委常委，各乡镇乡镇长、分管党群工作的副书记，县人大、县政协各委室主任列席会议。

中国共产党长沙县委第十一届六次全体（扩大）会议暨经济工作会议于2010年1月14日召开。会议的主要内容是学习贯彻中央、省、市经济工作会议精神，认真总结上年全县经济工作，分析研究当前经济形势，安排部署当年全县经济社会发展任务。县委书记、经开区党工委书记杨懿文，县委副书记、代县长张庆红讲话。杨懿文在讲话中强调，要围绕“又好又快、科学跨越”主题和“进位全国二十强”目标，以“转变方式、调优结构、城乡一体、普惠民生”为重点，全面开创新一轮科学跨越发展新局面。会议由县委副书记曾超群主持。全体县委委员、候补委员、县纪委委员；县人武部部长、县人大常委会副主任、县政府副县长、县政协副主席，县法院院长、县检察院检察长；县委正副调研员、县政府副调研员；乡镇及县直机关负责人，街道办事处筹委会主任以及部分党代表参加会议。

【中共长沙县第十一届代表大会第二次会议简介】 中国共产党长沙县第十一届代表大会第二次会议于2010年12月20日在明城国际大酒店召开。杨懿文、袁黎明、张庆红、曾超群、徐敏芝、李世安、高杰、李建章、李洪波、范遵新、刘素月、陈旭、周志远、杨忠文、王益枝、杨莉、胡春山、邓西京等领导出席会议。县委副书记曾超群主持会议。有关人员列席会议。县委书记、经开区党工委书记杨懿文作《加快转变发展方式大力推进城乡统筹为开创长沙县科学发展社会和谐的新局面而努力奋斗》工作报告。县委常委、纪委书记李建章作《学习贯彻党的十七届五中全会精神深入推进党风廉政建设和反腐败工作》工作报告。县委副书记、县长张庆红作《关于制定长沙县国民经济和社会发展第十二个五年规划建议的说明》。

【中共长沙县第十二届代表大会一次、二次会议简介】 中国共产党长沙县第十二届代表大会第一次会议于2011年6月25日至28日在明城国际大酒店召开。这次会议的主题是：回顾总结中国共产党长沙县第十一届代表大会以来的工作；选举产生新一届县委和县纪委领导班子；确定此后五年全县工作总的指导思想：以邓小平理论和“三个代表”重要思想为指导，认真贯彻党的十七届四中、五中全会精神，贯彻落实科学发展观，按照幸福与经济共同增长、乡村与城市共同繁荣、生态宜居与发展建设共同推进的“三个共同”理念，为加快社会主义新农村建设和实现“争当排头兵，领跑中西部，进军前十强”的宏伟目标而努力奋斗。参加会议的代表395名。会上，杨懿文代表长沙县第十一届委员会作题为《坚持“三个共同”，加快两型发展，为建设具有国际化水平的幸福长沙县而努力奋斗》的报告，总结过去五年县委领导全县人民在党的建设、县域经济、城乡建设、改革开放、社会事业、民主法制等方面所取得的辉煌成绩和基本经验，提出此后五年长沙县工作的主要任务和目标。郭润葵代表县纪委作《深入反腐倡廉，服务科学发展，为推进“三个共同”提供坚强纪律保证》的工作报告。6月27日选举产生中国共产党长沙县为第十二届委员会和中国共产党长沙县纪律检查委员会，会议审议批准杨懿文代表中国共产党第十一届委员会所作的工作报告和郭润葵代表县纪委所作的工作报告，并形成决议。张庆红致闭幕词。

中国共产党长沙县第十二届代表大会第二次会议于2011年12月29日在明城国际大酒店召开。这次大会坚持以邓小平理论、“三个代表”重要思想和科学发展观为指导，全面总结回顾2011年全县经济社会发展情况，深刻分析新形势下面临的机遇和挑战，明确提出2012年全县经济社会发展和党的建设的奋斗目标、主要任务和战略举措。会议讨论和审查了《中共长沙县委工作报告》和《中共长沙县纪律检查委员会工作报告》，并形成县委工作报告决议和县纪委工作报告决议。

【中共长沙县第十二届委员会第一次、第二次、第三次全体会议简介】 中国共产党长沙县第十二届委员会第一次全体会议于2011年6月28日在明城国际大酒店三楼宴会厅举行。全体县委委员、候补委员，纪委委员出席会议。杨懿文主持会议并讲话。会议选举：杨懿文、张庆红、李洪波、郭润葵、周志远、杨忠文、胡春山、杨莉、周志文、彭勇、常利民为县委常委；选举杨懿文为书记；选举张庆红、李洪波为副书记。选举产生中国共产党长沙县纪律检查委员会常务委员和书记、副书记，郭润葵为书记，陈诚、刘义红、杨晓明为副书记。

中国共产党长沙县第十二届委员会第二次全体会议于2011年9月1日召开。全体县委委员、候补委员出席会议。会议由县委书记、经开区党工委书记杨懿文主持，会议有3项议程：1.周志远作关于长沙县出席长沙市第十二次党代表大会代表候选人预备人选建议名单的说明；2.对长沙县出席长沙市第十二次党代表大会代表候选人预备人选建议名单进行审议；3.确定长沙县出席长沙市第十二次党代表大会代表候选人预备人选名单。

中国共产党长沙县第十二届委员会第三次全体会议于2011年12月20日召开。全体县委委员、候补委员和部分十二届党代表出席会议。会议由县委书记、经开区党工委书记杨懿文主持。会议有3项议程：1.讨论通过党的十八大代表候选人初步人选建议名单；2.讨论通过中国共产党长沙县第十二届代表大会第二次会议议程；3.履行基层党建工作责任制述职并民主测评。

【县委常委会议研究重大事项摘要】 2008年至2011年，县委共召开县委常委会议74次，主要研究和决定下列方面的工作：

1. 研究灾后恢复生产工作。2008年2月19日，市委常委、县委书记杨光荣主持召开县委常委会议。会议充分肯定全县在抗御50年一遇的冰冻灾害中所取得的成绩。会议强调，全县上下要发扬不怕疲劳、连续作战的作风，全面、迅速地将工作重点集中到恢复重建和生产上来，要认真组织开展好“千名机关干部下基层，抓紧生产补损促发展”的活动，突出重点、注重实效，以抗冰救灾的精神抓好当前各项工作，努力把灾后造成的损失减小到最低程度，确保完成和超额完成全年各项目标任务。

2. 研究社会建设五年规划工作。2008年3月27日，市委常委、县委书记杨光荣主持召开县委常委会议。会议分别听取社会建设规划、乡镇绩效考核经济指标体系、工程机械与汽车产业合作洽谈会筹备工作、支村两委换届选举等情况汇报，并进行认真研究。会议认为，2008~2012年是该县全面实现“领跑中西部，进军五十强”战略目标，在全省率先实现全面小康的预定完成时期，以改善民生为重点的社会建设与人民幸福安康息息相关，编制社会建设五年规划很有必要，要将它作为推进全县未来五年社会全面进步、经济社会协调发展、人民幸福安康的行动纲领，为全县基本实现现代化奠定基础。会议明确，规划名称为《长沙县社会建设工作纲要（2008~2012）》（以下简称《工作纲要》），会议原则同意《工作纲要》。《工作纲要》确定的目标和重点项目应是未来五年能够做的、会做的、应该做的工作，同时要与县第十五届人民代表大会第一次会议上所作的《政府工作报告》内容衔接一致。

3. 研究团结垸退田还湖工作。2008年12月17日，县人民政府县长杨懿文主持召开县委常委会议。会议分别听取团结垸退田还湖、创业富民两项工作汇报，并进行认真研究。会议一致认为，团结垸退田还湖工程是全县饮水安全的民生工程，“两型”社会建设要求的生态环保工程，提升县城、经开区品位，增强新一轮竞争力的实事工程，也是当前扩内需、保增长的项目工程。全县上下务必统一思想，抓住机遇，乘势而上，迅速启动。会议强调，退田还湖工程是一项复杂的社会系统工程，牵涉政策性较强，拆迁面广，投资规模较大。县委、政府要高度重视此项工作。一是要加强项目融资，落实工程投资，争取上级资金支持；二是要确保政策支持落实到位；三是要做好拆迁安置，维护搬迁群众权益，确保实施过程中的社会稳定。会议要求，要举全县之力，克服困难，以团结垸退田还湖为龙头项目，全面推动县域经济新一轮的腾飞。

4．研究深入学习实践科学发展观活动工作。2009年3月25日，县委书记、县长杨懿文主持召开县委常委会议，专题研究长沙县深入学习实践科学发展观活动工作。会议明确深入开展学习实践科学发展观活动的目的，即：党员干部受教育，科学发展上水平，人民群众得实惠，富民强县新跨越。会议要求，要把五个坚持贯穿于深入开展学习实践科学发展观活动始终，即：一是坚持深化学习，提高认识；二是坚持解放思想，改革创新；三是坚持解决问题，完善制度；四是坚持依靠群众，发扬民主；五是坚持领导带头，典型示范。会议强调，在深入开展学习实践科学发展观活动中要着重解决以下四个方面问题：一是加速新型工业化发展，突出解决体制、机制方面问题；二是加速新型城镇化建设，突出解决星沙县城机制问题；三是加速新农村建设，突出解决传统思维发展农业产业，推进新农村建设问题；四是加强干部作风建设，突出解决效率不高、服务不优的问题。

5．研究教育强县工作。2009年8月21日，县委书记、县长杨懿文在县委七楼主持召开县委常委会议，研究全县率先建设教育强县工作。会议要求，要进一步解放思想，转变教育发展观念，扎实贯彻全省教育强县会议精神，全面推进全县教育强县工作，提高全县教育水平。会议指出，当前全县教育面临五个不足：一是教育发展、内部结构、师资力量不均衡；二是老师队伍结构不合理，中学老师严重超编，优秀小学老师严重短缺；三是教育资源总量不能适应当前教育要求；四是教育体制、机制不完善；五是县城教育特色不明显。会议强调，要坚持科学发展观，贯彻落实全县教育强县工作方针。即：优先发展、育人为本、提高质量、促进公平、改单创新、服务社会。核心是优先发展、促进公平、服务社会。会议提出，实施教育强县工程要突出五个重点：一是科学制定教育发展规划；二是促进各类教育协调发展；三是深入推进教育改革创新；四是切实加强教师队伍建设；五是着力解决教育发展中出现的突出问题。在全社会营造良好的大抓教育，抓大教育的氛围，努力实现教育是中西部最好的环境，教育综合实力进入全国先进行列的目标。

6．研究创先争优工作。2010年5月19日，县委书记杨懿文主持召开县委常委会议，研究在全县党的基层组织和党员中深入开展创先争优活动工作。会议指出，开展创先争优活动，是党的十七大作出的一项重大战略部署，是党中央着眼于新时期经济社会发展全局和党的建设实际，为加强基层党组织和党员队伍建设而部署的一项经常性工作，全县各级党组织要从全局的、战略的高度，深刻认识开展好创先争优活动的重要性，切实增强参与活动的责任感和使命感。会议明确全县开展创先争优活动的总体要求，即认真贯彻党的十七大和十七届三中、四中全会精神，以邓小平理论和“三个代表”重要思想为指导，以深入学习实践科学发展观为主题，以“党员当先锋、支部作堡垒、进军二十强”为主线，以推进“三带三化三先锋”为重点，从本单位本部门实际出发，改革创新，务求实效，统筹推进，充分发挥基层党组织的战斗堡垒作用和共产党员的先锋模范作用，在推动科学发展、促进社会和谐、服务人民群众、加强基层组织的实践中建功立业。

7．研究政府机构改革工作。2010年8月27日，县委书记杨懿文主持召开县委常委会议，研究有关人事工作和县政府机构改革工作。会议指出，政府机构改革是一项系统工程，要坚持把政府机构改革与优化组织结构、合理划分职能、提高服务效率结合起来，按照建设“两型”社会、调优经济结构和统筹城乡发展的要求，切实转变政府职能，理顺部门关系，激发创造活力，确保全县经济持续快速健康发展。

8．研究党史工作。2010年12月17日，县委书记杨懿文在县委七楼会议室主持召开县委常委会议，会议传达学习中央和省、市党史工作会议的主要精神，听取县史志档案局关于全县党史工作的情况汇报。会议充分肯定党史工作所取得的成绩。会议指出，党史工作是党的一项具有全面意义和深远影响的工作，要高度重视党史工作，加大投入，创新方法，积极发掘、抢救、保存历史资料，充分发挥党史以史鉴今、资政育人的作用。

9．研究“五老”工作。2011年5月12日，县委书记杨懿文主持召开县委常委会议，研究开展“发挥五老优势、进行四项教育”主题活动工作。会议认为，在中国共产党成立90周年之际，在全县开展“发挥五老优势、进行四项教育”主题活动意义重大，一定要精心组织实施好这一活动。会议议定，在全县精选一批“五老”宣讲员，其中每类别选聘3～5名。全县每个村（社区）选聘1名“五老”宣讲员，“七一”之前在本村就“四项”教育至少作一场报告会。

10. 研究中国共产党长沙县第十二届代表大会第一次会议有关工作。2011年5月31日，县委书记杨懿文主持召开县委常委会议，研究县第十二届党代会有关工作。会议认为，中国共产党长沙县第十二届代表大会第一次会议的主要任务是作好一个工作报告、选好县委一班人，科学谋划未来五年发展蓝图，团结带领全县人民在新起点上把长沙县的宏伟事业继续推向前进。会议要求，全县各级各部门要严格按照组织程序，认真做好会议前期的宣传造势、组织协调等各项工作：一是要立足本职抓好当前各项工作，确保“时间过半、任务过半”，以优异的成绩向建党90周年献礼；二是要高度重视信访维稳、安全生产和综治等工作，一旦发生突发事件，相关责任领导必须在第一时间亲赴现场参加处理，确保为县党代会召开营造和谐稳定的社会环境；三是宣传部门要围绕县党代会的召开，在中央、省市各大新闻媒体大张旗鼓地进行宣传造势，并在全县组织开展向县党代会献计献策活动。

11．研究区划调整工作。2011年10月14日，县委书记杨懿文主持召开县委常委会议，研究全县区划调整工作。会议指出，撤镇设街道办事处、撤乡设镇是统筹城乡协调发展，加快提升城市化发展水平和城市精细化管理水平的一项重要战略举措，全县上下要高度重视，进一步加大力度，加快步伐，统筹考虑，精心组织，积极推进，确保区划调整工作平稳有序完成。会议议定，榔梨镇撤镇设街道办事处。干杉乡和白沙乡撤乡设镇。星沙产业基地先行成立社区居委会，负责社区社会管理和服务工作，行政管理隶属黄花镇，同时成立街道办事处筹备工作委员会，负责组建城管中队、公安派出所等机构，托管产业基地社区居委会。

12．研究创新社会管理、加强群众工作和扩权强镇工作。2011年11月24日，县委书记杨懿文主持召开县委常委会议，研究创新社会管理、加强群众工作和扩权强镇工作。会议指出，当前全县部分党员干部的群众工作水平亟待提高，必须通过必要的途径让党员干部下到群众中去，进一步密切党员干部与群众的关系。要进一步畅通群众利益诉求渠道，完善社会公共服务体系，建立健全信访解决机制，帮助群众解决实实在在的问题。要充分发挥绩效考核指挥棒的作用，增强乡镇自主管理的职权，提高乡镇干部做好群众工作的积极性，切实做好抓基层、打基础的工作。会议要求，要进一步认识创新社会管理、加强群众工作和扩权强镇工作的重大意义，将其作为全县落实省第十次党代会精神、加强基层基础工作、维护社会和谐稳定的重大举措，为推动全县科学发展、进位赶超，进一步营造充满活力、和谐稳定的社会环境做出贡献。要正确认识社会管理与群众工作的关系，把群众观点、群众路线始终贯彻在一切社会管理工作中，切实维护好、实现好、发展好最广大人民的根本利益。要加快提高社会管理和群众工作水平，进一步加强和完善党委领导、政府负责、社会协调、公众参与的社会管理格局，不断加强和改进群众工作。要加强组织领导，强化工作责任，推进党员干部工作重心下移，要加强督查考核，确保工作取得实效。　　（黄　赞）

·附录·

2008～2011年中共长沙县委文件目录

2008年

▲长县发〔2008〕1号　县委、县政府关于大力发展现代农业进一步促进农业发展农民增收的通知（2008年4月14日）

▲长县发〔2008〕2号　县委关于彭克让同志任职的通知（2008年1月23日）

▲长县发〔2008〕3号　县委、经开区、县政府关于加强县城开发区区域内拆迁劳动力就业工作的通知（2008年3月7日）

▲长县发〔2008〕4号　县委、县政府关于表彰2007年度经济建设和社会发展先进单位及先进个人的决定（2008年2月18日）

▲长县发〔2008〕5号　县委、县政府关于进一步加强全县社会矛盾纠纷调处工作的意见（2008年3月7日）

▲长县发〔2008〕6号　县委、经开区、县政府关于支持工业园区发展的若干意见（2008年3月20日）

▲长县发〔2008〕7号　县委、经开区、县政府关于加快工程机械汽车及零部件产业发展的若干意见（2008年3月20日）

▲长县发〔2008〕8号　县委、县政府关于进一步加快小城镇建设的实施意见（2008年3月26日）

▲长县发〔2008〕9号　县委关于请求同意《纪念许光达诞辰100周年活动方案》的请示（2008年3月27日）

▲长县发〔2008〕10号　县委、县政府关于邀请市领导出席中国长沙工程机械与汽车产业合作洽谈会系列活动的请示（2008年4月2日）

▲长县发〔2008〕11号　县委关于请求推迟汇报许光达诞辰100周年活动方案筹备情况的请示（2008年4月3日）

▲长县发〔2008〕12号　县委、县政府关于印发《长沙县2008年度县直机关单位党政领导班子绩效考核办法》的通知（2008年4月10日）

▲长县发〔2008〕13号　县委、县政府关于印发《长沙县2008年度乡镇领导班子绩效考核办法》的通知（2008年4月10日）

▲长县发〔2008〕14号　县委关于市管干部年度考核结果审定的请示（2008年6月16日）

▲长县发〔2008〕15号　县委关于表彰先进基层党组织、优秀共产党员、优秀党务工作者、优秀领导班子、“十佳”村（社区）党组织书记、农村共产党员致富示范户和命名授牌县级共产党员示范岗的决定（2008年6月30日）

▲长县发〔2008〕16号　县委、县政府关于印发《长沙县争创全国文明县城工作实施方案》的通知（2008年7月22日）

▲长县发〔2008〕17号　县委、县政府关于印发《长沙县2008-2012年社会建设工作纲要》的通知（2008年8月17日）

▲长县发〔2008〕18号　县委关于常势良同志任职的请示（2008年8月26日）

▲长县发〔2008〕19号　县委关于张美香等同志任职的请示（2008年8月26日）

▲长县发〔2008〕20号　县委关于彭军其等同志任职的请示（2008年8月26日）

▲长县发〔2008〕21号　县委、县政府关于进一步加强新时期科协工作的意见（2008年8月27日）

▲长县发〔2008〕22号　县委、县政府关于表彰优秀教育工作者、优秀教师的决定（2008年9月3日）

▲长县发〔2008〕23号　关于印发《长沙县鼓励现代农业发展投资暂行办法》的通知（2008年9月26日）

▲长县发〔2008〕24号　县委关于许光达诞辰100周年纪念活动的请示（2008年10月13日）

▲长县发〔2008〕25号　县委、县政府关于进一步加强财政资金支出管理的通知（2008年10月20日）

▲长县发〔2008〕26号　县委、县政府关于对纪检监察派驻（出）机构实行统一管理的实施办法（试行）（2008年11月3日）

▲长县发〔2008〕27号　县委、经开区、县政府关于推行投资项目市场审批代办制度的实施意见（2008年11月7日）

▲长县发〔2008〕28号　县委、县政府关于印发《长沙县市场诚信体系建设工作方案》的通知（2008年11月20日）

▲长县发〔2008〕29号　县委关于给予李立夫开除党籍、开除公职处分的请示（2008年12月24日）

▲长县发〔2008〕30号　县委关于全面启动团结垸退田还湖工程的决定（2008年12月25日）

2009年

▲长县发〔2009〕1号　县委县政府关于进一步促进农村改革农业发展农民增收的意见（2009年2月3日）

▲长县发〔2009〕2号　县委县政府关于建设食品安全县的意见（2009年1月7日）

▲长县发〔2009〕3号　县委关于追授予汤杨同志"优秀共产党员"称号的决定（2009年2月16日）

▲长县发〔2009〕4号　县委关于开展向汤杨同志学习的决定（2009年2月16日）

▲长县发〔2009〕5号　县委关于建议追授予汤杨同志"长沙市优秀共产党员"称号的请求（2009年2月17日）

▲长县发〔2009〕6号　县委关于印发《加强对科级党政正职监督的暂行规定》的通知（2009年3月6日）

▲长县发〔2009〕7号　县委关于规范干部管理权限修订干部职务名称表的通知（2009年3月9日）

▲长县发〔2009〕8号　县委关于印发《长沙县党政领导干部选拔任用工作规程（试行）》等四个制度的通知（2009年3月9日）

▲长县发〔2009〕9号　县委关于建议上报中央授予汤杨同志"优秀共产党员"称号的请示（2009年3月23日）

▲长县发〔2009〕10号　县委、经开区、县政府关于长沙县第三次劳动模范评选表彰的通知（2009年3月23日）

▲长县发〔2009〕11号　县委关于开展深入学习实践科学发展观活动的实施意见（2009年3月25日）

▲长县发〔2009〕12号　县委、县政府关于印发《长沙县2009年度县直机关单位党政领导班子绩效考核办法》的通知（2009年4月24日）

▲长县发〔2009〕13号　县委、县政府关于印发《长沙县2009年度乡镇党政领导班子绩效考核办法》的通知（2009年4月24日）

▲长县发〔2009〕14号　县委、县政府关于深化集体林权制度改革的实施意见（2009年6月8日）

▲长县发〔2009〕15号　县委、县政府关于加强税收征管实行综合治税的意见（2009年6月11日）

▲长县发〔2009〕16号　县委、县政府关于印发《长沙县乡镇财政超收收入分配及奖惩试行办法》的通知（2009年6月11日）

▲长县发〔2009〕17号　关于中华人民共和国成立60周年庆祝活动的安排意见（2009年6月23日）

▲长县发〔2009〕18号　关于印发《长沙县建设人民满意县2009—2010年工作方案》的通知（2009年6月23日）

▲长县发〔2009〕19号　县委关于基层党建"三带"工程实施意见（2009年6月29日）

▲长县发〔2009〕20号　县委关于同意成立长沙远大空调有限公司党委的批复（2009年6月29日）

▲长县发〔2009〕21号　县委、县政府关于恳请市领导出席长沙县松雅湖项目暨团结垸退田还湖工程奠基暨开工仪式的请示（2009年7月10日）

▲长县发〔2009〕22号　县委关于人才引进"3235"工程实施意见（2009年7月13日）

▲长县发〔2009〕23号　县委、县政府关于鼓励板仓小镇建设的基本意见（2009年7月19日）

▲长县发〔2009〕24号　县委、县政府关于恳请省市领导出席2009全国县域经济科学发展交流年会开幕式的请示（2009年7月20日）

▲长县发〔2009〕25号　县委、县政府关于给予长沙县人民检察记集体三等功的决定（2009年7月27日）

▲长县发〔2009〕26号　县委给予李立夫开除党籍和开除公职处分的决定（2009年8月6日）

▲长县发〔2009〕27号　县委、经开区、政府关于印发《关于星沙、梨梨及黄花产业基地委托经开区管理的方案》的通知（2009年8月12日）

▲长县发〔2009〕28号　县委、县政府关于进一步鼓励和扶持全民创业的若干政策（2009年8月12日）

▲长县发〔2009〕29号　县委关于张庆红等同志任职的请示（2009年8月24日）

▲长县发〔2009〕30号　县委关于提名李文杰同志任职的通知（2009年8月28日）

▲长县发〔2009〕31号　县委、县政府关于表彰优秀教育工作者、优秀教师的决定（2009年8月31日）

▲长县发〔2009〕32号　县委、县政府关于率先建设教育强县的决定（2009年9月7日）

▲长县发〔2009〕33号　县委、县政府关于建设平安和谐模范县的意见（2009年9月8日）

▲长县发〔2009〕34号　县委、县政府关于成立撤星沙镇设立街道办事处工作领导小组的通知（2009年10月16日）

▲长县发〔2009〕35号　县委关于认真开展《中国共产党长沙县历史》学习宣传活动的通知（2009年10月27日）

▲长县发〔2009〕36号　县委关于表彰爱国卫生工作先进单位的通报（2009年10月29日）

▲长县发〔2009〕37号　县委关于认真做好全县党管武装工作述职的通知（2009年10月29日）

▲长县发〔2009〕38号　县委关于请求增加长沙县公安政法专项编制的请示（2009年10月29日）

▲长县发〔2009〕39号　县委、县政府关于启用中共长沙县星沙街道工作委员会、中共长沙县湘龙街道工作委员会、中共长沙县泉塘街道工作委员会、长沙县星沙街道办事处、长沙县湘龙街道办事处、长沙县泉塘街道办事处印鉴的通知（2009年12月24日）

▲长县发〔2009〕40号　县委关于我县赴韩国、日本举办临空经济暨现代服务业招商活动的请示（2009年12月29日）

2010年

▲长县发〔2010〕1号　县委、县政府关于扎实推进城乡一体化发展和社会主义新农村建设的意见（2010年5月4日）

▲长县发〔2010〕2号　县委、县政府关于进一步加强财政资金支出管理的补充规定（2010年1月11日）

▲长县发〔2010〕3号　县委关于举办杨开慧烈士英勇就义八十周年暨毛岸英烈士为国捐躯六十周年纪念活动的请示（2010年2月1日）

▲长县发〔2010〕4号　县委、县政府关于表彰2009年度经济建设和社会发展先进单位和先进个人的决定（2010年2月1日）

▲长县发〔2010〕5号　县委、县政府关于改进和完善人事编制工作机制的意见（2010年2月12日）

▲长县发〔2010〕6号　县委关于转发《长沙县人大常委会2010年工作要点》的通知（2010年2月25日）

▲长县发〔2010〕7号　县委、县政府关于创建全国科普示范县的请示（2010年3月26日）

▲长县发〔2010〕8号　县委关于转发《政协长沙县委员会2010年工作要点》的通知（2010年4月9日）

▲长县发〔2010〕9号　县委、县政府关于印发《长沙县党政领导班子和领导干部绩效考核办法（试行）》、《长沙县乡镇（街道）领导班子及成员绩效考核实施细则（试行）》、《长沙县县直单位领导班子及成员绩效考核实施细则（试行）》的通知（2010年5月15日）

▲长县发〔2010〕10号　县委、县政府关于印发《长沙县2010年度乡镇（街道）、县直单位领导班子绩效考核目标分解表》的通知（2010年5月15日）

▲长县发〔2010〕11号　县委、县政府关于恳请由市委市政府主办全国中小城市科学发展评价体系研究成果暨第七届全国中小城市科学发展高峰论坛的请示（2010年6月12日）

▲长县发〔2010〕12号　县委、经开区、县政府关于加快工程机械、汽车制造等主导产业发展的若干意见（2010年7月22日）

▲长县发〔2010〕13号　县委、县政府关于加快花木产业发展的意见（2010年8月5日）

▲长县发〔2010〕14号　县委关于进行县乡两级党代会常任制试行工作的请示（2010年8月24日）

▲长县发〔2010〕15号　县委、县政府关于请求批准《长沙县人民政府机构改革方案及实施意见》的请示（2010年9月21日）

▲长县发〔2010〕16号　县委、县政府关于恳请市领导出席全国中小城市科学发展评价体系研究成果发布暨第七届全国中小城市科学发展高峰论坛的请示（2010年9月21日）

▲长县发〔2010〕17号　县委关于举办杨开慧烈士英勇就义八十周年暨毛岸英烈士为国捐躯六十周年纪念活动相关问题的请示（2010年11月1日）

▲长县发〔2010〕18号　县委关于印发《长沙县县乡两级党代表大会常任制试行办法》的通知（2010年11月22日）

▲长县发〔2010〕19号　县委关于印发《长沙县县乡两级党代表大会常任制工作制度（试行）》的通知（2010年11月22日）

▲长县发〔2010〕20号　县委关于加强村级党组织书记队伍建设的意见（2010年11月22日）

▲长县发〔2010〕21号　县委、县政府关于印

发《长沙县建立生态补偿机制办法（试行）》的通知（2010年11月22日）

▲长县发〔2010〕22号　县委、县政府关于印发《长沙县人民政府机构改革方案的实施意见》的通知（2010年11月3日）

▲长县发〔2010〕23号　县委关于召开中共长沙县第十一届代表大会第二次会议的请示（2010年12月1日）

▲长县发〔2010〕24号　县委印发《关于实施〈长沙县人民代表大会常务委员会讨论决定重大事项的规定（试行）（草案）〉的若干意见》的通知（2010年1月17日）

2011年

▲长县发〔2011〕1号　县委、县政府关于加快水务改革发展率先实现水务现代化的意见（2011年6月7日）

▲长县发〔2011〕2号　县委、县政府关于对县公安局2010年侦破多起重特大案件进行表彰奖励的决定（2011年1月14日）

▲长县发〔2011〕3号　县委、县政府关于印发《深化城市管理体制改革的总体方案》的通知（2011年1月17日）

▲长县发〔2011〕4号　县委关于转发《长沙县人大常委会2011年工作要点》的通知（2011年1月25日）

▲长县发〔2011〕5号　县委关于《长沙县人民代表大会常务委员会讨论决定重大事项的规定(试行)》、《中共长沙县委关于实施〈长沙县人民代表大会常务委员会讨论决定重大事项的规定（试行）〉的若干意见》的备案报告（2011年2月11日）

▲长县发〔2011〕6号　县委、县政府关于表彰2010年度经济建设和社会发展先进单位和先进个人的决定（2011年2月1日）

▲长县发〔2011〕7号　县委关于做好乡镇党委换届选举工作的实施意见（2011年2月18日）

▲长县发〔2011〕8号　县委关于印发《长沙县白沙乡第十四届党委领导班子直接选举试点方案》的通知（2011年2月18日）

▲长县发〔2011〕9号　县委关于召开乡镇党员代表大会的通知（2011年2月18日）

▲长县发〔2011〕10号　县委、县政府关于加快蔬菜产业发展的意见（2011年2月25日）

▲长县发〔2011〕11号　县委、县政府关于邀请省市领导出席长沙空港城启动暨人民路东延线（空港城段）道路工程开工仪式的请示（2011年3月21日）

▲长县发〔2011〕12号　县委关于转发《政协长沙县委员会2011年工作要点》的通知（2011年4月1日）

▲长县发〔2011〕13号　县委关于中国共产党长沙县第十二届代表大会代表选举工作的请示（2011年4月14日）

▲长县发〔2011〕14号　县委关于做好中国共产党长沙县第十二届代表大会代表选举工作的通知（2011年4月14日）

▲长县发〔2011〕15号　县委关于批准《长沙县白沙乡第十四届党委领导班子直接选举试点方案》的请示（2011年4月14日）

▲长县发〔2011〕16号　县委、县政府关于邀请省市领导出席长沙空港城启动暨人民路东延线（空港城段）道路工程开工仪式的请示（2011年4月15日）

▲长县发〔2011〕17号　县委关于组织开展中国共产党成立90周年纪念活动的通知（2011年4月7日）

▲长县发〔2011〕18号　县委关于明确长沙县空港城管委会正县级的请示（2011年5月10日）

▲长县发〔2011〕19号　县委、县政府关于印发《关于进一步加强和规范政府投资项目招投标活动的若干规定》的通知（2011年5月11日）

▲长县发〔2011〕20号　县委、县政府关于表彰2010年度服务业工作先进单位和先进企业的决定（2011年5月11日）

▲长县发〔2011〕21号　县委关于在全县广泛开展“发挥五老优势进行四项教育”主题活动的通知（2011年5月23日）

▲长县发〔2011〕22号　县委关于召开中国共产党长沙县第十二届代表大会第一次会议的请示（2011年5月31日）

▲长县发〔2011〕23号　县委、县政府关于印发《长沙市创建全国文明城市和长沙县创建全国文明县城工作方案》的通知（2011年5月27日）

▲长县发〔2011〕24号　县委关于中共长沙县委、县纪委换届人事安排问题的请示（2011年6月15日）

▲长县发〔2011〕25号　县委关于中共长沙县纪委换届人事安排问题的请示（2011年6月15日）

▲长县发〔2011〕26号　县委、县政府关于印发《长沙县2011年度乡镇（街道）、县直单位领导班子绩效考核目标分解表》的通知（2011年6月17日）

▲长县发〔2011〕27号　县委关于中共长沙县委、县纪委换届人事安排问题的请示（2011年6月20日）

▲长县发〔2011〕28号　县委关于中共长沙县纪委换届人事安排问题的请示（2011年6月20日）

▲长县发〔2011〕29号　县委关于恳请省市领导出席中国共产党长沙县第十二届代表大会第一次会议的请示（2011年6月22日）

▲长县发〔2011〕30号　县委关于开展对建国前的革命先烈后代困难家庭救助帮扶活动的通知（2011年6月25日）

▲长县发〔2011〕31号　县委关于中共长沙县第十二届代表大会和第十二届委员会第一次全委会纪律检查委员会第一次全委会选举结果的报告（2011年6月28日）

▲长县发〔2011〕32号　县委关于中共长沙县第十二届代表大会和长沙县纪律检查委员会第一次全委会选举结果的报告（2011年6月28日）

▲长县发〔2011〕33号　县委关于表彰优秀领导班子、“十佳”村（社区）党组织书记、先进基层党组织、优秀共产党员、优秀党务工作者、农村共产党员致富示范户和命名共产党员示范岗的决定（2011年6月29日）

▲长县发〔2011〕34号　县委关于学习贯彻《胡锦涛同志在庆祝中国共产党成立90周年大会上的讲话》的通知（2011年7月13日）

▲长县发〔2011〕35号　县委、经开区、县政府关于将长沙县“星沙、榔梨、黄花”三个产业基地纳入经开区托管的请示（2011年8月12日）

▲长县发〔2011〕36号　县委、县政府关于分片组织民兵预备役人员开展活动努力提高民兵预备役组织凝聚力战斗力的决定（2011年8月16日）

▲长县发〔2011〕37号　县委关于确定长沙县出席中国共产党长沙市第十二次代表大会代表候选人预备人选的情况报告（2011年9月1日）

▲长县发〔2011〕38号　县委关于选举产生长沙县出席中国共产党长沙市第十二次代表大会代表的情况报告（2011年9月9日）

▲长县发〔2011〕39号　县委关于确定长沙县出席中国共产党湖南省第十次代表大会代表候选人推荐人选的情况报告（2011年9月9日）

▲长县发〔2011〕40号　县委关于长沙县工商业联合会领导班子换届候选人的批复（2011年10月21日）

▲长县发〔2011〕41号　县委关于长沙县归侨侨眷联合会领导班子换届候选人的批复（2011年10月21日）

▲长县发〔2011〕42号　县委、县政府关于进一步加强和改进新形势下工商联工作的实施意见（2011年10月20日）

▲长县发〔2011〕43号　县委、县政府关于启用中国共产党长沙县开慧镇委员会、中国共产党长沙县跳马镇委员会、长沙县开慧镇人民政府、长沙县跳马镇人民政府印鉴的通知（2011年10月29日）

▲长县发〔2011〕44号　县委关于印发《长沙县大学生村官待遇保障和激励政策》的通知（2011年11月13日）

▲长县发〔2011〕45号　县委、县政府关于印发《长沙县乡（镇）村干部管理五个必须》的通知（2011年11月28日）

▲长县发〔2011〕46号　县委关于学习宣传贯彻落实省第十次党代会精神的通知（2011年12月12日）

▲长县发〔2011〕47号　县委关于建立“一推行四公开”制度进一步密切联系群众的意见（2011年12月20日）

▲长县发〔2011〕48号　县委关于印发《长沙县设立村（社区）群众工作站实施方案》的通知（2011年12月20日）

▲长县发〔2011〕49号　县委、县政府关于印发《长沙县加强征兵工作若干规定》的通知（2011年12月21日）

▲长县发〔2011〕50号　县委、县政府关于积极推进扩权强镇工作的若干意见（2011年12月23日）

▲长县发〔2011〕51号　县委关于进一步加强和改善人大工作的意见（2011年12月27日）

▲长县发〔2011〕52号　县委、县政府关于印发《长沙县未来十年人才发展规划纲要》的通知（2011年12月22日）　（黄　赞）

组织工作

【概况】 2008年至2011年，长沙县着力进一步加强和改进领导班子建设、干部队伍建设、人才队伍建设、党的基层组织和党员队伍建设。

加强领导班子思想政治建设。将领导班子建设的重心转移到以思想政治建设为主的思想、能力、作风、制度和廉政建设上，围绕落实“讲党性、重品行、作表率”的要求，全面掌握换届后科级领导班子的工作运转情况和班子成员的思想动态，明确进一步加强领导班子建设的工作重点和需要解决的难点。继续抓好班子内部民主集中制的贯彻执行，采取有力措施，引导党政领导干部树立正确政绩观，着力建设团结高效的领导班子，不断提高班子的凝聚力和战斗力。

完善干部选拔任用制度。树立重视基层用人导向。正确把握选人用人理念，坚持“四个重用”、“五个优先”的用人导向，结合集中换届、政府机构改革和班子调整配备，建立来自基层一线的干部培养选拔链。创新干部培养选拔机制。大力推行竞争性选拔干部制度，着力破除部门、身份限制和体制障碍，创新条件设置、选拔方式和测评手段，进一步开阔选人视野，加大正职领导干部和重要岗位人选的竞争性选拔力度，建立各类优秀人才脱颖而出的良好机制。规范干部选拔任用程序。将选人用人民主贯穿于干部提名、干部考察、酝酿讨论、上会决定和会后公示的五大环节，试行干部选拔任用全程纪实制度，探索分类提名、差额提名等操作办法，合理使用各年龄段干部，优化班子结构，强化能力素质，增强班子整体功能和合力。大力推进干部交流。建立和完善干部能进能出、能上能下、跨部门跨行业的流动机制，通过干部任期性、结构性、回避性、培养性、专业性等交流模式，实现干部“上下交流、南北交流和冷热交流”，着力激发干部队伍活力。深化绩效考核。建立简便易行、务实管用的干部考察考核机制，探索更科学的民主推荐、民主测评办法。坚持绩效考核与推进科学发展相结合，完善考核指标体系。

强化干部教育与监督工作。发挥党校教育培训主渠道作用，依托杨开慧、黄兴、许光达等仁人志士故居建立红色教育基地，依托北大、清华、复旦等国内高校建立理论教育基地，依托长三角、珠三角等沿海发达地区建立实践锻炼基地，依托新加坡、欧美等发达国家建立国外学习基地，形成大教育、大培训的格局。分级分类办好科级领导干部复旦、北大高校研修班、优秀中青年干部培训班、组工干部培训班、村（社区）党组织负责人培训班、大学生村官培训班、非公有制经济组织和新社会组织党组织负责人培训班，重点办好新加坡城市管理高级研修班和村党组织书记新农村建设国外考察班等主体培训班，提高干部教育培训的针对性和实效性。突出抓好各科级单位“一把手”和关键岗位的监督，加大对干部选拔任用工作政策法规执行情况的监督检查力度。拓展领导干部任期经济责任审计，不断完善经济责任审计制度，制定出台《长沙县党政领导干部经济责任审计结果量化评价办法》。配套制定出台《领导干部离任经济责任事项交接办法（试行）》，对交接对象、交接事项、交接程序等进行细化，强化对离任领导干部的监督管理。严格执行“5个严禁、17个不准、5个一律”换届纪律，拓宽监督渠道，加大监督力度，强化领导干部报告个人有关事项和经济责任审计结果的运用。

加快实施人才强县工程。科学制定人才发展规划。研究制定《长沙县中长期人才发展规划纲要（2010～2020年）》，明确今后十年人才队伍建设重点，形成人才优先发展的战略布局。牵头分解落实任务，制定实施意见，完善人才工作配套政策。深入推进人才引进“3235”工程。全县共引进各类人才1150名，其中科学发展顾问48名、专业技术人才186名、优秀青年人才305名和大学生村官611名，并统筹抓好高技能人才、农村实用人才、社会工作人才队伍建设，初步形成以科学发展顾问为塔尖，专业领导人才、中高级专业技术人才为塔身，优秀青年人才和大学生村官为塔基的金字塔型人才队伍结构。优化人才发展环境。探索建立引进人才评估考核、目标管理、创业指导等工作制度，搭建培训学习、实践锻炼、才华展示等育才平台，创新选拔任用、流动配置、激励保障等工作机制。设立人才发展专项基金，首拨2000万元。创新落实人才政策。坚持优秀人才引进与本土人才开发并重，出台人才强县的决定，修改完善长沙县引进高层次人才的若干规定，研究制定加强高技能人才队伍建设的工作意见，探索建立鼓励考聘职称、资质的意见办法。

夯实基层党建基础。坚持把基层组织建设作为推动经济社会发展的重要保障来抓。以乡镇（街道）和村（社区）两级为重点，积极创新基层组织的设置形式和活动方式，努力把基层组织优势转化成推动发展、促进和谐的优势。按照城乡互动、资源共享、优势互补、协调发展的要求，统筹推进城乡基层党建工作，有力提升基层党建工作整体合力。投入450万元建设覆盖全县的党员教育阵地——党员网，全力打造党员教育网络阵地，建立健全管理严格、服务到位的城乡一体党员动态管理机制。着力建设一支高素质的基层党组织带头人队伍，并重点实施“三个管住”，即通过管住村干部来管住农村社会稳定、通过管住污染源来管住农村生态环境、通过管住绩效考核来管住农村科学发展，对村支部书记由任后备案管理调整为任前联审备案管理。该做法得到中组部部长李源潮的亲笔批示。坚持把大学生村官作为支撑未来农村经济发展的核心竞争力来培育，先后选聘661名大学生村官到村任职，确保每村1～2名大学生村官的常数，将43名优秀大学生村官提拔到支村两委班子，将7名特别优秀大学生村官提拔到科级领导岗位。创新实施基层党建“三带”工程（以上带下、以城带乡、以强带弱）、“四评”工作法（群众参评、党员互评、支部讲评、领导点评）、“五步循环”群众工作法（入户走访察民情、互动沟通听民声、跟踪办理解民忧、限期反馈安民心、上门回访满民意）等一系列党建工作品牌，进一步提升基层党组织的凝聚力和战斗力。

打造过硬组织工作部门。坚持能力强部，以“八个组工”学习实践活动（即举办组工课堂、开设组工讲坛、创办《组工参阅》、坚持组工联点、强化组工调研、倡导组工献策、开展组工比武、实行组工点评）为平台，大力加强组工干部实践锻炼。着力打造“阳光组工”文化品牌。建立和完善全员考核机制。大力开展组工干部下基层活动。

（李　瑜）

宣传工作

【概况】 2008～2011年，长沙县围绕全县宣传思想工作总体目标，切实加强理论武装，积极开展新闻宣传，稳步推进文明创建，大力促进文化繁荣，不断巩固队伍建设，为“十二五”开新局迈大步提供了强大的思想保证、精神动力、舆论支持和文化条件。

理论武装切实加强。将县委中心组学习与推动长沙县经济社会发展相结合，先后围绕转变发展方式、创新社会管理模式、提升干部完美人格等主题，邀请著名专家学者授课，并就城乡统筹、低碳经济、产城融合、社会稳定、舆论引导等热门课题组织学习研讨。开设“干部课堂”、“红色讲堂”、“星沙城市大讲坛”、田间课堂等特色课堂。结合宏观经济与长沙县形势、城市经营与营销、城市建筑与表达、城市发展战略、社会民生等设置专题，邀请中国综合开发研究院、清华大学等院校知名教授进行专题讲座，深受各级党政领导干部称赞，成为全县领导干部学习活动的品牌。建设学习型党组织，开展“创建学习型党组织”征文竞赛活动；在登上全国县域经济基本竞争力第18位之际，组织举办“新起点上的思考”网络征文活动，激发广大干群为全县经济建设建言献策的热情。开展“理论宣讲进基层”活动，累计送课到村（社区）278场，邀请省委宣讲团、市委宣讲团讲课80余场。开辟网上理论学习专栏。

舆论宣传持续给力。推出“工程机械与汽车产业合作洽谈会”、“沪浛周及旅游节与现代农业节”、“田汉诞辰110周年与许光达诞辰100周年纪念活动”、“板仓小镇招商推介会”、“松雅湖开工典礼”、“全国县域经济年会”、“长沙县成为全国改革开放18个典型地区之一”等重要活动专题宣传。策划“春暖星沙情注民生”、“学习实践科学发展观，实现星沙新跨越”、“回顾历史再创新辉煌”、“和谐活力、创新发展、生态宜居、阳光幸福”等一系列主题宣传活动。做好“率先发展看长沙”、“双百”人物、两帮两促、创先争优、创业富民等新闻报道，扎实推进“愿景·回顾十一五 展望十二五”、“奋进·争当排头兵”、“传承·红色记忆”、“活力·开放宜居幸福星沙”等特色宣传。四年共接待省内外各级媒体5000多人次，在中央、省、市主流媒体推出重点报道7705篇，央视重要时段上稿25条（其中新闻联播11条），互联网搜索“长沙县”年度新闻链接10万余篇。长沙县形象宣传片《星沙的力量》累计观看人数近100万，《今日星沙》发行量达4.8万份，星沙新闻网总访问量逾200万次。

文明创建成效显著。深化社区教育，活跃社区文化，优化社区服务，开展“五老四教”（聘请一批老干部、老模范、老教师、老战士、老专家进机关、进学校、进社区、进企业，开展形势政策、党的历史、思想道德和公民意识教育）、“时间银行”、“阳光驿站”、“自愿者服务工作站”等特色活动，增强社区文明创建工作的吸引力和凝聚力，激发市民的创建热情。组织文明社区、文明家庭、文明市民标兵评选，开展“百城万店无假货”、“守合同重信用”、“诚信建设示范单位”等评选活动。以“文明创建五进农家”为载体，将农村文明创建与社会主义新农村建设有机结合，广泛开展“孝老爱亲、移风易俗、勤俭持家、文明娱乐”等文明创建活动。加强和改进未成年人思想道德建设，通过各种社会实践和道德实践活动，构建学校、家庭、社会三位一体的复合型教育模式。全面落实《社会主义核心价值体系建设实施纲要》，以“雷锋家乡学雷锋”活动为总揽，推出第三届全国道德模范提名奖获得者、“中国好人榜”榜上有名的常林庄等一批践行社会主义核心价值体系的先进榜样。

文化强县战略深入推进。制定《长沙县创建国家公共文化服务体系示范区工作规划》，推进公共文化服务体系建设。投资4.9亿元，融图书阅览、档案馆藏、文化娱乐、体育健身等功能于一体的长沙星沙文化中心动工开建，全县18个乡镇，4个街道办建成综合文化站10个并投入使用，12个正在建设中，其中4家为市级示范性综合文化站。建立村（社区）文体活动中心25个，农家书屋204家，出台《长沙县农家书屋评星定级管理办法》，并评出星级书屋20家。夯实“文化集市”这一新型群众文化活动平台，加强农村电影放映、广播电视“村村通”“户户通”等重点基础文化设施建设。成立长沙县文化艺术团，形成“文艺百团”汇演长效机制，开展政府买单，免费送戏、送书、送体育器材下乡入社区活动，满足群众精神文化需求。召开长沙县第二届文学艺术界联合会代表大会，湖南省文史研究馆首家研究创作基地在该县挂牌成立。挖掘本土文化资源，创作《神奇的松雅湖》、《情系白沙》、《领秀北山》、《古今湘绣》、《福临隐珠山》等文艺作品。第三次全国文物普查完成，在全省率先完成文物普查陈列展览。爱国主义教育基地全部免费开放。制定文化强县规划和文化产业扶持政策，引进快乐购总部运营中心、中国联通数字阅读基地、长丰汽车运动文化产业服务基地等项目。“天舟文化”于2011年成功上市，成为全国民营出版传媒第一股。同年，星沙湘绣城举办首届中国湘绣文化艺术节暨第三届湖南工艺美术品博览会，被授予“全国工艺美术十强企业”。

宣传队伍素质稳步提升。坚持德才兼备、以德为先的用人标准，选拔配备宣传部门领导干部，配好配齐乡镇（街道）党委宣传委员、宣传干事，搭建覆盖广泛的基层宣传思想文化人才网络，形成县委统一领导、县委宣传部牵头协调、各单位积极参与的大宣传工作格局。组建理论宣讲队伍、舆情信息员队伍、网评员队伍、志愿者队伍、文明创建工作队伍、文艺创作精英队伍，加强对宣传思想文化人才队伍的统一领导、管理和服务。四年共组织乡镇（街道）宣传委员培训32次、理论学习骨干培训8次、舆情信息员培训6次、网评员培训4次、志愿者培训12000人次，组织企事业单位政工人员参加专业考试及职称评定，提高理论水平和实践能力。配合湖南省宣传文化系统“五个一批”人才评选工作，邬宏、肖焰、饶晗等被评为长沙市“五个一批”人才。

【蝉联“中国最具幸福感城市”】 在新华社等权威机构组织的“2009中国最具幸福感城市”评选活动中，长沙县因经济社会发展成果，特别是农村医疗、教育、环保等方面都走在全省前列，极大地提升了老百姓的认同感和自豪感，成功入围全国50个县级候选城市。经过广泛宣传发动，全县广大干部群众积极参与，评选中报纸、网络、短信三项投票一直名列前茅。评审委员会根据城市幸福感评价体系综合评定该县为“2009中国十大最具幸福感城市”。在2010年中国最具幸福感城市评选中，该县再获殊荣。到2011年已连续三届获得“中国最具幸福感城市（县级）”荣誉称号，并将永久保持该荣誉。

【长沙县第二届文代会召开】 2010年3月18日，长沙县文学艺术界联合会第二次代表大会在星沙开源鑫城大酒店召开。省政协副主席、省文联主席谭仲池，市文联党组书记曹伟，市文联主席何立伟，区县领导杨懿文、张庆红等出席并讲话。大会由县委常委、宣传部部长王益枝主持。来自全县的文艺界代表88人，特邀代表5人，以及各乡镇的党群书记、宣传委员、县直机关单位主要负责人等共220人参加。大会审议通过了饶晗代表县文联第一届委员会所作的工作报告和《长沙县文学艺术界联合会章程（草案）》，选举产生了县文联新一届领导机构，饶晗当选长沙县文联第二届委员会主席。

【《今日星沙》创刊】 2008年11月5日，《今日星沙》正式创刊,每周一期，周二出版。2009年7月起增加为每周两期，周二、周四出版。2011年1月起又增加到每周三期，周一、周三、周五出版。2011年发行量为4.8万份。《今日星沙》自创刊以来，在办报上严格落实“三审制”、责任倒查制等考核机制，并在采编环节上增设把关环节，培养自己的专业校对，力求将报纸办得少出错、多出彩。作为县委、经开区、县政府的机关报，《今日星沙》严格按照县委的要求服务全县经济社会发展大局，让全县人民在第一时间知悉县区的工作重点，营造全县干群团结干事的氛围，确保导向正确，引导有力。同时坚持“本土就是主流，贴近就是力量”的办报理念，开辟副刊、民生服务、言论等贴近性、服务性强的栏目或版面，与读者积极互动。

【星沙新闻网开通】 星沙新闻网（红网长沙县分站）于2011年4月6日开通，网站以“权威性、大众化、公信力”为宗旨，以打造长沙县对外宣传一流平台为目标，以构建长沙县人的网上家园为总揽。网站共设置11个一级栏目和200多个二级栏目。数据库添加文章总量12490篇，平均日更新信息近60篇。网站总访问量已逾150万次，平均日访问量近8000次，网友遍布全国各地以及美国、日本等40多个国家和地区。据统计，长沙县分站访问量居红网县区分站访问量之首。星沙新闻网已成为宣传长沙县的重要窗口，实施县委、县政府中心工作和重大战略部署的重要推手。

【中国作家协会采风团到县采风创作】 2011年4月7日至4月9日，应长沙县邀请，由中国作家协会组织的“走进黄兴故里，激荡辛亥风云——纪念辛亥革命100周年”采风团到该县进行采风创作。采风团由中国作家协会副主席、《诗刊》主编高洪波担任团长，成员有舒婷、刘亮程等12位中国当代知名作家。4月7日，采风团成员集中参观黄兴故居纪念馆、榔梨镇陶公庙、安沙镇棠坡、杨开慧纪念馆，并在黄兴纪念馆举行书画笔会。当晚，长沙县文联组织举办中国作家采风团“星沙之夜”联谊会，采风团全体作家与来自全县文化、教育、广电系统及县文联各协会会员代表共50多人参加晚会。4月8日，采风团成员分赴金井、双江、榔梨等11个乡镇进行采风创作。这次采风创作活动为县域文化打造了一个有利的交流平台，为该县文化艺术发展繁荣创造一个良好的机遇。

【承办“纪念辛亥革命100周年”文史研究会和书画创作笔会】 2011年10月25日上午，“纪念辛亥革命100周年”文史研讨会和书画创作笔会在长沙县举行，国务院参事室、中央文史馆党组成员、副主任王卫民，省政协副主席武吉海，省参事室党组副书记、主任姚正先，副市长何寄华以及县区四大家主要领导出席开幕式。此次活动由湖南省参事室省文史研究馆、长沙市人民政府主办，长沙县人民政府具体承办。参加活动的有来自国务院参事室、中央文史馆和17个省市文史馆馆员和领导等120余人。与会全体嘉宾和艺术家参观了辛亥革命元勋黄兴故居、杨开慧烈士纪念馆和清代民居纪念地棠坡。26日上午分别在威尼斯城碧桂园凤凰酒店举行文史研讨会，在一楼国际会议厅举办书画笔会。

【汤杨烈士典型事迹全省巡讲】 2009年2月11日下午，金井镇新沙村发生森林火灾，该镇综治办副主任、镇司法所司法助理员、专武干部汤杨为保护没有及时撤离的救火群众，奋不顾身冲进火场组织群众撤离，却被突如其来的大火吞噬，当场殉职。事发后，县委宣传部先后组织10次集中采访，报道汤杨烈士先进事迹，《人民日报》、中央电视台、新华社等7家中央媒体采访团到县采访并以“时代先锋”予以报道。据统计，中央、省、市各级主流媒体发表报道达330多篇。汤杨舍己救人的事迹被社会广为知晓，得到各界人士的高度评价，被省政府追认为革命烈士，被司法部追授为一级英模。中共中央纪委、人力资源和社会保障部、监察部联合下发决定，追授其为“全国纪检监察系统先进工作者”。

5月11日至5月25日，由县委宣传部牵头组织，以省委宣传部副调研员丁正阳、省军区政治部新闻中心主任赵伍芳、长沙县金井镇党政办副主任文越、长沙县城管局队员廖勇、省军粮长沙供应站职工汤晓平、长沙县司法局副局长何静宜、《长沙晚报》时政新闻中心记者谭琳静为成员的“汤杨同志先进事迹报告团”在市内各区县和株洲、湘潭、常德、益阳、岳阳等市州作巡回报告，并作为典型推向全国。

（沈建波）

统战工作

【概况】长沙县统战工作以“同心同行”主题教育和主题实践活动为统领，扎实推进“增进政治共识、助推科学发展、强基固本”三大行动，围绕县委“三个共同”（幸福与经济共同增长、乡村与城市共同繁荣、生态宜居与发展建设共同推进）的理念，发挥独特优势，服务科学发展，彰显法宝作用。健全横向到边、纵向到底的县、乡（镇）、村（社区）三级统战网络，使上级重要精神在一定范围内做到资源共享、信息互通、成果同有。通过《长沙县统一战线》刊物、网站和各级报纸、电视等媒体，深入宣传了全县统一战线工作。

经济统战　县工商联充分发挥“桥梁纽带”和“参谋助手”作用，促进非公有制经济发展和非公有制经济人士健康成长。县工商联多次被省市工商联评为先进集体；2009年在全县绩效考核中定为一等班子；2010年被中国产业集群研究院和中国发展战略学研究会经济战略专业委员会联合评为“中国最具影响力民间商会50强”，2011年8月被省委、省政府授予“非公有制经济服务先进单位”，成为全省县级工商联组织中唯一获此称号的单位。

联络联谊　在2008年调查摸底，进一步掌握台胞、台属和归侨、侨眷以及台资、侨资企业的基本情况。促成台湾新竹县政府代表团到长沙县观光考察，并就结成友好县的工作深入探讨和研究。县台办对台宣传工作连续三年受到国台办表彰。协调引进多家外资企业，实现招商引资1.2亿美元。召开长沙县第二届归侨侨眷代表大会，精心组织侨联换届。认真考察、推荐47名台侨代表人士，加入长沙县港澳台侨经济文化促进会。承办长株潭城市侨联经济协作会议。促成全国首个“新侨回国创业创新示范基地”在三一集团挂牌成立。

民族宗教　对县域内100多处宗教活动场所进行全面调查摸底，争取县财政每年安排150万元用于场所危房修缮和宗教教职人员生活困难补助。协助省、市办好“佛慈祖德茶道祈福——和谐之路·同心同行”大型活动开幕式，编撰全市首部县级宗教志。2008年完成基督教协会换届选举工作。2010年指导成立县道教协会，团结和带领信教群众爱国爱教、遵纪守法。

全县在职在编机关干部中少数民族干部有18人（其中副县级2名，正科级2名，副科级领导干部6人），少数民族同胞在全县经济社会发展中做出了积极贡献；推荐1名少数民族人士担任人大代表，3名宗教界人士、1名少数民族人士担任政协委员，引导民族宗教人士在民主政治建设中发挥作用。协调做好大众传媒职业技术学院新疆班、长沙师范西藏班学生和省交通职院少数民族学生的培养教育、结对帮扶工作，并帮助学校做好安全防范、民族风俗等相关工作。

【统战信息和调研工作】 2008年、2010年、2011年度，长沙县统战信息工作分别获96分、176分、186分，三年均名列全市第一，2010年、2011年连续两年被评为全市统战信息工作“特别贡献单位”。2009年编撰《长沙县统战史话》一书，向县委和上级统战部门报送信息100余篇；2010年县委统战部副部长黄柏强撰写的《切实重视新农合基金平衡和安全问题》一文在中央统战部《零讯》上登载，引起中央领导重视；《首任统战部长李维汉同志故居修缮工程年底竣工》被中央统战部采用；编办《长沙县统一战线》；2011年《加强乡镇统战软实力建设夯实党在农村的执政基础》获市统战理论研究二等奖，并获省统战调研成果优秀奖。

【配备47名党外干部】 按照《长沙县2008～2012年培养选拔党外领导干部工作规划》（长县

组发〔2009〕7号）文件要求，四年来不断加大党外领导干部选拔任用力度，配备党外领导干部47名,其中副县级党外领导干部6名，即县人大常委会副主任1名，县政府副县长1名，县政协副主席3名（2名是兼职，政协副主席中党外干部达到60%），副县级镇长1名。镇、街领导班子中，党外干部18人，分布在14个镇和1个街道，其中党外镇长有3名(含1名副县级镇长)。县法检两院领导班子中各配备1名党外干部。县政府工作部门、政府直属事业单位、政府部门管理机构领导班子中配备了22名党外干部（含空港城和暮云工业园），其中正职5名（含人大、政协内设委室各1名）。四年里纳入全县党外后备干部人才库的共128人。为更精准地掌握人才库的动态信息，该县将人才信息库分成三个梯次进行管理：一梯次是组织部公开考备的党外科级后备干部共计29人，由组织部考核管理；二梯次是统战部到镇、街基层重点考察备用的共计21人，由统战部考核管理；三梯次是各单位推荐备用的共计78人，由本单位考核管理。

【“六支队伍”建设继续加强】 对“六支队伍”（民主党派、无党派、少数民族、宗教人士、非公有制经济人士、港澳台和海外代表人士）开展摸底调查、建立人才库，为2012年人大、政府、政协换届工作提供信息支持。组织机关干部、无党派代表人士对全县无党派人士开展调研，撰写调研文章《加强引导，主动作为，为无党派人士健康成长发挥作用打造新平台》，得到市委统战部和县委领导的充分肯定。2010年编办内刊《新的社会阶层交流》，鼓励新的社会阶层人士投身创业大舞台，举办培训班，组织新的社会阶层人士开展公益活动，引导他们更多地回报社会。

【非公组织党建着力创先争优】 积极引导非公有制经济组织和社会组织开展创先争优活动，不断扩大党建工作覆盖面，至2011年底非公有制企业党组织共有272家，村企对接数量58家，落实帮扶资金260万元，帮助安置剩余劳动力2000余人。新党员发展向非公经济组织倾斜，不受指标限制，成熟一个，发展一个。启动非公党组织集中组建活动，力争做到应建尽建，全面覆盖。同心实业党委、开源集团党委等5家企业和青松老年公寓党组织分别被省、市评为“先进基层党组织”，8人被评为先进个人。中组部到长沙县调研非公经济创先争优活动开展情况，对该县的工作给予高度肯定。

【创业富民工作创新特色】 根据长县办发〔2008〕56号文件精神，2008年10月20日，长沙县推进创业富民工作领导小组成立。四年来，研究出台一系列创业扶持政策，县财政预算安排创业富民相关项目支出近2亿元；共落实市、县创业富民无偿资助项目872个、补助贴息项目42个，以奖代投方式扶持创业基地6个，落实扶持资金共计4402.15万元。2010年，在全省乃至全国率先启动“创业富民在乡镇”、“创业富民进校园”——助推大学生创业活动。在“创业富民进校园”活动启动仪式上，10位大学生现场获得无偿创业扶持资金72万元，10位创业大学生与10位企业家进行“创业手牵手，帮扶一加一”结对签约。2011年，在全市率先成立创业者协会；率先设立院校创业办，并成立长沙县创业者协会创新创业服务方式，搭建创业服务平台。（吴　琼）

其他工作

·政策研究工作·

【概况】 2008～2011年，中共长沙县委政研室立足本位，强化服务，加强学习，不断创新，较好地发挥县委参谋和助手的职能作用。一是围绕中心搞好参谋服务。认真贯彻落实上级各项重要会议精神，围绕县委中心工作，创新提出了“幸福与经济共同增长、乡村与城市共同繁荣、生态宜居与发展建设共同推进”的“三个共同”理念与“争当排头兵，领导中西部，进军前十强”的奋斗目标。加强对全县重大战略性发展规划的研究，加强对县域经济发展的前瞻性研究，提出每年度全县经济工作思路；深入搞好调查研究，围绕全县重点、难点工作以及各种倾向性问题，组织开展各类调研100余次，撰写相关调研文章160篇。同时组织乡镇、街道、县直机关撰写调研文章400余篇，为县委科学决策提供重要参考依据。二是不断提高文稿质量。贴紧县委中心工作，领会领导意图，把握领导决策思路，高质量、高效率地做好文字工作，组织起草县第十二届党代会一次会议等大型会议材料700余个，较好地贯彻县委的决策意图，得到县委主要领导的肯定。三是按照打造一流党刊的要求，不断提高《长沙县工作通讯》（2009年11月改版为《星沙论坛》）的思想高度和理论深度，四年出刊48期，刊发各类文章1000余篇，为县委工作的强力推进和各项决策的贯彻落实起到重要的舆论导向和政策指导作用。四是做好对外交流工作，四年来，共在中央、省、市各级报刊杂志上发表各类文章2200余篇，对全县在新型工业化、新型城市化、新农村建设、民生建设、农村环境综合整治、产城融合等工作中的先进做法和经验予以深入挖掘，广泛推介。

（黄　赞）

·督查工作·

【概况】 2008～2011年，中共长沙县委督查室按照“围绕中心，突出重点，抓住关键，狠抓落实”的工作思路，认真履行工作职责，扎实开展各项督促检查，共印发《督查公函》310份，报送《督查专报》123期，编发《督查通报》121期，较好地完成了县委领导和县委办公室交办的各项工作任务。一是围绕党委重大决策和重要部署，抓督查促落实。紧贴县委、县政府的重大决策，把决策督查摆在督查工作的重中之重。准确把握县委、县政府工作思路，找准督查的切入点和关键点，突出督查重点，力促各项决策在基层能尽快贯彻落实到位。四年中坚持对县委常委会议议定事项，“争当排头兵，领跑中西部、进军前十强”的奋斗目标实施，民生民本目标落实情况，县区重点工程建设情况等重大决策问题，开展督查320次。二是紧贴本级领导批示和交办事项，抓督查促落实。根据县委、县政府领导的批示和交办，牵头组织开展集中处理信访问题及群体性事件、农村环境综合治理、乡镇（街道）和村支两委两级换届选举等专项督查。督查中做到准确把握领导意图，精心制定督查方案，合理安排，进村入户，明察暗访，了解情况，查找问题，实事求是反馈情况，为领导决策提供第一手资料。三是突出上级党委专项查办事项，抓督查促落实。对市委督查室下发的每一份督查通知都认真研究，提出拟办意见，请示县委、政府主要领导，引起领导重视，并组织督查活动予以落实。承办市委主要领导批示件160件次，按照坚持程序、确保质量的要求，及时办结，按时上报，办结率100%，做到件件有回音，事事有落实。2008～2009年，承担迎接市委、市政府对长沙县绩效考核、负责对全县乡镇和县直机关的绩效考核工作，两项工作认真细致、质量水平较高，得到领导的高度肯定。四年中，县委督查室都被评为长沙市党委督查系统先进单位，2011年在全市党委督查系统综合考评中位列全市第一，并被省委督查室确定为全省党委系统督查工作联系点。四是发挥参谋助手作用，积极建言献策。四年来，由县委督查室撰写的《实行分类考核，促进科学发展》、《发挥督查职能，开展网吧整治》等10余篇督查调研材料在《湖南督查》、《长沙督查》上发表，得到省、市党委督查系统好评，并向全省推介。在撰写的《关于半年度经济指标完成情况和项目建设情况的汇报》中，所提建议得到县委主要领导的肯定性批示并采纳。

（黄　赞）

·综合信息与办文办会·

【概况】 2008～2011年，综合信息工作紧紧围绕县委中心工作，不断创新工作思路，主动掌握新情况，积极研究新问题，大力推广新经验。四年共向省、市委办公厅系统报送信息1838条，其中被省委办公厅单条采用163条，综合采用418条，市委办公厅单条采用425条，综合采用1071条，信息上报数量和质量稳居省、市前列，连续四年获省、市党委信息工作先进单位荣誉称号。编辑内部刊物《要情专报》92期、《工作快讯》180期、《长沙县信息》120期，刊发信息1700余条。其中，《要情专报》突出“小、精、快”，集中报道治安维稳、问题建议等县域工作中出现的新、急、重情况，提高信息的针对性。《工作快讯》及时刊发领导指示、总结典型经验、集中报道县域各部门、各乡镇的特色亮点工作以及全县干部群众的社情民意，为县委领导掌控县情，指导全局起到很好的参谋作用。共上报省市综合调研文章、综合材料40余篇，被省市各级刊物刊发20余篇，其中《长沙县率先实行村级领导班子绩效考核》的信息被报送到中央办公厅。不断完善综合信息工作网络，进一步优化综合信息报送全县通报制度、紧急信息报送制度、长沙县信息工作考核办法，以通报促报送。并在全县乡镇、县直机关配备兼职信息员，加强与公安、维稳、信访等重点部门的联系，形成遍布全县、条块结合、重点突出的信息网络。

四年来，县委办狠抓服务质量，公文处理、公文写作和办会工作质量不断提高。一是按照“科学化、制度化、规范化”的要求，建立、健全收文处理规程，提高收文办理效率。2008～2011年，县委办共处理公文2702件，平均每年676件。其中收文1565件，包括中共中央文件194件，省委文件622件，市委文件749件；县委办为县委和办公室共起草、制发各类公文1137件，其中县委发文340件，平均每年85件，县委办发文688件，平均每年172件。二是按照“周密、周到、周全”要求，办好每次会议、活动。四年共筹办、协调、配合部门办会300余次。三是按照“细心、细密、细致”要求，做好县领导活动安排。积极协调、衔接县委、经开区、人大、政府、政协各类活动，牵头组织和直接承办各类大型活动。四是按照“认真、热情”原则，做好来信来访工作。四年里共接待来信来访831批次，运转批示件791件，做到“事事抓落实，件件有回音”。（黄　赞）

·机要保密工作·

【概况】 保密工作按照“安全、畅通、准确、及时”的要求，强化工作管理，提高工作水平，保密工作取得较好成绩。

一是准确、及时、优质、高效做好译传办工作。采取“明密分开，跟踪服务，专人办理”的办法，严格按照明密电报的办理程序认真办理，确保无一差错，四年来无一例重大事故。加强宣传力度，多次开展“集中清理取缔涉密文件交易专项行动”，以优良的作风、优质的服务确保上级保密指示精神和方针政策全面贯彻落实，确保各项保密法律法规执行到位。对涉密网络和涉密计算机，切实落实“涉密不上网、上网不涉密”的工作方针，确保涉密安全。

二是完善计算机通信网络建设管理。四年来，始终把全县党政计算机通信网络建设作为保密工作的一个重点来抓，切实为各联网单位做好服务工作。在建立好计算机通信网络后，进一步加强对全县各联网单位的业务指导和维护，促进操作管理规范化。并针对在实际操作中存在的问题，完善《党政计算机通信网络使用管理暂行规定》，从加密模块管理要求、专用邮箱管理要求、操作管理人员职责要求、紧急邮件处理要求、收发邮件注意事项等六个方面进行规范。积极推进电子公文终端系统建设，添置电脑、打印机等电子公文终端系统专用设备，确保电子公文传输系统能够专网、专机、专人和双向加密的方式进行运作，与软件销售公司签订合同，全力推进全县电子公文终端系统建设。

（黄　赞）

·县直机关党的工作·

【概况】 中共长沙县直属机关工作委员会（简称机关工委），定编4人，其中行政编制3人，事业编制1人。现有干部职工10人，设书记1人，副书记2人。到2011年底，机关工委辖党总支20个，党支部145个，党员2840名。机关工委担负着县直机关党员教育、管理、监督、发展任务和机关干部职工的思想政治工作、机关的精神文明建设以及群团等多项工作。

四年来，县直机关党组织在组织、思想、作风建设上进一步加强，文明创建工作卓有成效，先后有69个单位分别被省、市、县授予文明单位称号。机关工会联合会、关工委等群团工作和机关文体活动开展得有声有色，工委自身建设得到加强。圆满完成中国共产党长沙县第十二届代表大会代表选举工作。

【完善机关党组织设置】 2011年县城管局、县水务局成立党委，增设县烟草局、县人社局、县环保局党总支。至2011年底，机关工委所辖党总支20个，一、二级机构党支部由2007年的142个增加到145 个。四年来坚持按期换届，坚持选举程序，不断调整完善总支、支部领导班子。总支书记基本上由党组书记兼任。支部书记绝大多数由单位党员正、副职兼任。党建工作继续纳入县直机关年度目标管理考核和绩效考核。机关工委制定考核细则，促进党支部建设，促进了各单位工作。

【加强党员管理教育】 为加强对党员的教育、管理，机关工委2009年、2011年分别对支部书记、组织委员进行培训。2011年6月举办优秀共产党员事迹报告会，优秀共产党员姚杰登台讲述其先进事迹。2011年3月举办党史知识抢答赛，县直机关48个单位组织代表队参加，县司法局获一等奖。开展廉政文化进机关活动。按照制订实施方案、学习培训、自我评价、民主评议、支部鉴定、总结表彰5个步骤继续坚持民主评议党员制度。先后表彰先进党支部27个次，优秀共产党员23人次，优秀党务工作者45人次；坚持抓好纪律检查、反腐倡廉工作，协助县纪委查处17名违纪党员；按“坚持标准，保证质量，改善结构，慎重发展”的十六字方针做好新党员发展工作。每年年初由党支部提出发展新党员规划、名单，工委在听取各方面意见后，确定各支部发展对象，支部将发展对象名单予以公示，在没有收到不同意见后召开党内外人士座谈会，讨论发展对象的入党问题，然后整理材料上报。工委反复核对材料无误后，逐个找发展对象谈话，指出其不足和今后应努力的方向。四年来共培训入党积极分子351名。发展新党员295名，99.7%能按时转正。

【开展创先争优活动】 按长县办发〔2010〕37号文件的要求，机关工委负责县直机关79个单位的创先争优工作，成立工委系统创先争优活动领导小组。2010年7月广泛开展以“三联三为”为主要内容的党团员志愿者“红色服务月”活动，主要形式有“结对子，惠民生”、“优服务，展形象”、“送关爱，暖人心”等。组织400名志愿者参加在通程广场举办的“红色服务月”启动式。在县直机关开展“我为党旗添光彩”征文活动，共收到征文115篇，其中组织部周湘波撰写的《风雨七年远教路》获一等奖。开展“我身边的优秀共产党员”演讲赛，来自23个单位的24位选手参赛，县总工会张芬获一等奖。对79个县直单位的创先争优工作进行3次督查。2011年，以强化机关作风建设、提高服务意识和服务效率为主题，着力开展大评议工作。在“七一”前夕，县直机关党员干部下基层“一对一”或“多对一”帮扶困难职工和农民1686名，帮扶资金77.025万元。同时，还对烈士、大病重病人帮扶数十万元。

【强化机关作风建设】 2009年县委成立作风建设领导小组及办公室。作风建设领导小组由县委专职副书记担任，县委常委、县纪委书记任常务副组长，办公室设在县直机关工委，由县直机关工委书记兼任办公室主任，承担作风建设的日常工作。机关工委配合县委联合督查组进行集中督查，同时与媒体协作，通过巡查和暗访制作题为《自省》的内部参考片，曝光20多个部门单位。配合纪委举办全县作风建设暨优化经济环境讲评会，会上播放了作风建设内部参考片《自省》，要求内参片中被曝光的20多个部门单位负责人上台公开承诺整改措施，以点到问题、点到单位、点到人的方式，对党员干部作风建设中存在的突出问题进行讲评，并通报数起领导干部违纪案件查处情况。共出作风建设简报5期，形成作风建设档案8本，迎接市对县作风建设的检查3次。2010年配合纪委组织成员单位收看全省作风建设电视电话会，召开作风建设的专题会议2次，5月对机关效能建设进行督查。同时，县作风办、县优化办、县纠风办、县电视台联合制作“政风行风”专题栏目，对全县党风廉政建设、政风行风建设、机关作风建设等方面的工作作深入报道。2011年，以做人民满意的事、当人民满意的公仆，创人民满意的机关“三个满意”为主线，由县作风办牵头，逐步展开“办事难”专项治理，并认真开展党风廉政建设“八项制度”执行情况检查。

【机关干部职工无偿献血】 从2000年开始，机关工委连续11年接受县政府交给的任务，组织县直机关干部无偿献血。到2011年无偿献血人数为2321人次，其中2008年到2011年无偿献血就有1022人次。特别是2010年共有260人参加义务献血，其中星沙产业基地完成任务的600%；消防大队、农发行、政务中心完成任务的300%以上；畜牧局完成任务的250%；旅游局、审计局、供销社、民政局完成任务的200%。畜牧局多年来将无偿献血工作纳入重要议事日程，多次被评为无偿献血工作先进单位。县电力局的朱镕、畜牧局严克宇、彭桂湘、侯志国、张湘安等人多年义务献血。

【机关工会联合会工作】 2011年3月，县直机关基层工会主席会议选举产生新的长沙县直属机关工会联合委员会、经审委员会和女职工委员会，范乐赛当选工会联合会主席。到2011年，工会联合会辖基层工会50余个，有会员1300余名。几年来工会联合会加强会员的思想教育，组织会员积极参加社会主义劳动竞赛，加强工会的自身建设，积极开展健身娱乐活动。2008年，机关工会联合会动员各基层工会为每位女职工买1份防癌保险，共购买保险800多份，组织女会员参加各类培训，提高女职工综合素质。倡议所属各基层工会捐助金井镇患再生障碍性贫血的陈康，共计捐款30万元。同年3月组织先进工会工作者赴北京、广州等地学习考察。动员所属55个基层工会1600多名会员再次为四川灾区捐款102046.50元。组织县直属机关代表队参加县“全民健身迎奥运”职工羽毛球赛和拔河比赛。推荐24户五好文明家庭户参与全市五好文明家庭评选。年底从县直单位中组织8名退休干部参加县老年体协举办的老年人乒乓球赛。2009年1月走访慰问部分特困户，送去慰问金4000多元。组织庆“三八”才艺大比拼活动、庆国庆乒乓球选拔赛和全县老年人乒乓球赛。另外积极配合总工会做好劳模推荐评审工作、2009年度县直机关24户五好文明家庭的推荐评比工作、参加市语委组织的中华诵2009年经典诵读活动及中华赞2009诗词歌赋创作大赛作品推荐报送工作。2010年，相继指导成立县招标采购中心、现代农业创新示范区、城市基础设施投资中心、开慧纪念馆工会。选派城管局、政法委、开慧纪念馆等单位工会主席参加市总工会主办的岗位培训。组织“勇立改革潮头，争当时代先锋”征文比赛、庆“三八”女职工拔河比赛、县直羽毛球选拔赛。11月份组织县直机关男、女各一队参加县总工会的职工乒乓球运动会，并取得女子第二名、男子第六名的成绩。组织60名职工患者接受“光明康复行动小组”的检查。2011年组织开展机关系统省、市、县三级劳模和困难职工的慰问工作。举办县直机关女职工庆“三八”趣味运动会、“读劳模故事、学劳模精神”征文比赛。组织成立县直机关联合工会篮球队，参加县总工会组织的全县篮球赛，并获季军。制作长沙县直属机关工会联合会 “给力工会，服务发展”展板，并获全县联合工会展板竞赛三等奖。配合县总工会做好县总工会第十五次代表大会县直机关代表名额的分配及代表选举工作。

【县直关工委工作】 县直关工委是在机关工委领导下履行培养教育青少年职责的社团组织，至2011年底，县直关工委辖78个单位关协。以退休老同志为主体、热心青少年工作的在职干部为骨干的机关关工委，把爱心献给下一代，把着力点放在提高青少年素质，培养“四有”新人上，受到市、县关工委的充分肯定。2008年至2011年，县直关工委利用节假日和重大纪念日，紧扣国情时事举行各种活动。2008年，开展“与奥运齐飞，振兴中华”系列活动，举行“学习党的十七大精神，喜迎奥运”知识竞赛和县直机关庆六一“童心同乐迎奥运”运动会。8月组织“珍惜生命，远离火灾”消防知识讲座，暑期在大、中、小学生中开展应急知识竞赛。2009年寒假举行《改革开放三十年巨变》征文赛，并组织300多名青少年参观《越来越好——改革开放30年湖南民生发展展览》。5月开展向四川灾区儿童赠送小包裹活动，共向灾区捐赠15个学校型包裹、2488个学生型包裹，合计262000元。暑假期间组织汤杨烈士先进事迹报告会、篮球友谊赛和迎国庆“我和我的祖国”文艺晚会。2010年寒假期间组织社会主义核心价值体系知识答卷竞赛。举办县直机关庆六一“我运动、我健康、我成长”运动会、青少年“环保杯”演讲赛和青少年书法绘画作品展。2011年举行县直机关青少年男女乒乓球单打赛和庆六一“童心永向党”才艺展示活动。暑假期间组织县级以上三好学生开展红色一日游。举办“学习英烈精神，做薪火传人”报告会和建党90周年知识竞赛。深入创建“青少年活动阵地”，共有青少年活动示范阵地22个，受到市关工委的表彰。家长学校就孩子生存智慧、消防知识、预防青少年犯罪讲座等方面问题共上课6次。因县直关工委工作突出，3年评为全市先进集体，1年被评为全县先进集体，机关工委顾问姚杰的先进事迹在《三湘五老风采》刊登，主任张淑珍4年被评为市关心下一代工作先进个人。

（陈司笛）

·机构编制工作·

【概况】 长沙县机构编制委员会办公室是长沙县机构编制委员会常设办事机构，又是县委、县政府的工作机构。2011年底，县编办领导班子设4名，其中主任1名，党组书记1名，副主任2名，共定编制11名，其中行政编制10名，后勤事业编制1名，实有在编人员11人。

严格机构编制管理。认真宣传贯彻中华人民共和国国务院第486号令《地方各级人民政府机构设置和编制管理条例》。县编办在实行“三个一”制度（一家承办、一家发文、一支笔审批）和“凡进必考”等制度的基础上，严格执行中央省市“五不准”规定（不准超编进人，不准擅自设立内设机构和提高内设机构级别，不准违反领导职数配备的有关规定，不准越权审批机构编制事项，不准上级业务部门干预下级的机构编制），制度健全，办事规范。

落实编制实名制管理要求，严格执行编制实名制刚性管理“三个严格”的要求，即：严格做到编制公开，实行编制公示制度；严格遵守政务公开制度，把政策文件和工作动态全面公告给群众；严格按照规范程序处置编制工作的有关诉求，及时答复和处理咨询、投诉，确保答复率100%。建立长沙县机构编制网站，提供政策宣传、工作监督的平台。

严格落实自然减员。从严控制党政群机关增加人员。2011年前，县直部门均不考虑新增人员，包括由乡镇选调工作人员。公开选拔领导干部、公开考录公务员、接收安置军转干部和安排选调生均要求在编制空缺的前提下按程序进行，严禁超编进人。

严格办事程序，从严控制财政供养人数。严格实行机构编制程序化管理，凡涉及党政群机关、事业单位职能调整、机构设置、人员编制配备等事项，由各部门报县编办，经审核后，提交县编委会审定，按程序报县委或县政府；严格执行机构编制事宜由“三个一”的规定进一步完善编制与组织、财政、人事相互约束机制，加强协调、沟通和配合。

完善机构编制数据库。利用软件系统办理人员异动手续，开具用编通知单，做到取编、销编规范化管理；对机构升格、编制调整、人员异动、人员信息等变动及时补充、更新，做到文件下达同时数据更新。对各单位填报的数据进行严格审核；加强对数据的复核，特别是对机构编制数量、结构，人员身份、职务等重要信息，严格把关，确保数据准确可靠。

加强事业单位登记管理。2008年至2011年，长沙县事业单位登记管理局严格执行《事业单位登记管理暂行条例》的规定，2011年长沙县有3家事业单位被评为长沙市第四届“优秀事业单位法人”。2011年对全县600多家事业单位的法定代表人及政工干部进行分批培训，率先使用国家事业单位登记管理研发的事业单位专用光盘，自此各单位办理年检和登记事项均可通过网络申报，做到足不出户就能办理好各项业务。

【推进政府机构改革工作】 2010年12月，长沙县启动政府机构改革工作。县编办机关全体工作人员组成3个工作小组，集中时间精力，加班加点全力以赴做好“三定”工作。一是提前准备，早作研究。组织对各部门原有职责进行认真梳理分析，理清部门内设机构设置和摸查人员编制现状，了解和掌握运行情况，把握各部门转变职能的方向和要求，并对“三定”中可能出现的问题内部先作研究，提出相关意见。县编办对部门职能职责要加强、要划转、要减弱的情况都进行摸底列表，切实做到“心中有数”。二是指导各部门拟制“三定”规定草案。三是深入单位调查研究。县编办对机构设立情况、职能职责、编制情况不明晰的和职责可能出现交叉的单位，分组上门进行实地调研，了解实际情况。四是加强沟通协调。认真研究各部门上报的“三定”规定草案，将其主要职责分送相关部门征求意见，共两次发放征求意见函。对相关部门反馈的意见逐条进行分析研究，并及时与部门协商沟通，争取取得一致意见。五是严格审核把关。建立由各“三定”工作小组和办领导层层审核把关的工作机制。根据改革实施意见，各部门（单位）均做好挂牌、人员重组、资产合并等工作，新组建的27个部门（单位）都已挂牌，并启用新印章。县编办与县政府督查室一起对新组建部门挂牌工作进行督查。已顺利完成42个单位“三定”工作，政府机构改革工作已基本完成。此次政府机构改革中，共减少正科级机构3个（人事与劳动合并、文体和广电合并、驻长办并入机关事务局），新明确（升格、独立）正科级机构4个（文化市场综合执法大队、县广播电视台、县接待办、工务局），新明确副科级机构7个（能源管理局、工业节能管理办公室、燃气管理局、人力资源服务中心、农业综合技术推广服务中心、电子政务办公室、经济调查队）。六是开展改革工作调研，编办主任唐铁钧撰写《坚持“五个到位”，积极稳妥推进政府机构改革》一文在县《星沙论坛》刊发。

【做好乡镇机构改革前期工作】2011年7月27日，全省乡镇机构改革暨机构编制工作会议召开后，县编办高度重视，迅速传达会议精神，并认真贯彻落实，主要做好以下几个方面工作：一是迅速传达省委书记周强和省长徐守盛的讲话及以及湘办〔2011〕38号文件精神。同时，通过长沙县机构编制网这个平台，对会议精神进行宣传。二是认真领会。三是积极准备。两次组织部分乡镇党委书记、村支部书记参加市里召开的乡镇机构改革座谈会，同时根据省市会议精神，结合长沙县工作实际，县编办对全县乡镇的机构编制情况进行摸底调查，并按要求对乡镇重新进行分类，上报市编办。根据省市精神，结合长沙县工作实际，县编办拟定《长沙县乡镇机构改革实施方案（草案）》。2011年11月9日，省政府督查组专项督查长沙县贯彻落实全省机构编制工作会议和湘办〔2011〕38号文件精神情况，长沙县就严格执行机构设立调整报批程序、严格编制管理、加强领导职数管理、建立健全机构编制考核评估和实名制管理制度、严格机构编制的集中统一管理等情况进行专题汇报。2011年县编办被评为湖南省机构编制工作先进单位。

【《长沙县机构编制历史沿革》出版发行】为总结行政管理体制和机构改革的历史经验，了解机构编制的发展和变化，便于各单位对历史遗留问题的处理，县编办聘请2位退休老同志，全办人员共同参与，出资10万元，花近两年时间收集大量历史资料，八易其稿，30余万字的《长沙县机构编制历史沿革》一书于2010年10月份正式出版发行，为各单位政府机构改革拟定“三定”工作提供了便利，有利于各单位领导及时了解本单位的机构编制演变情况。该书的出版发行受到省市领导的高度评价，作为先进经验在全省推广，兄弟单位多次到长沙县学习。（秦　勤）

·党校（行政学院）工作·

【概况】中共长沙县委党校（长沙县行政学院）位于榔梨镇龙华村，占地面积4.69公顷，建筑面积1.48万多平方米。长沙市机构编制委员会2008年9月7日以长编委发〔2008〕28号文件明确该单位为副县级事业机构，长沙县机构编制委员会2009年4月以长县编字〔2009〕9号文件明确单位人员编制为26人。2008年面向全省公开招聘4名年轻教员，2010年从怀化调入骨干教师1名，2011年引进博士（副教授）1名担任副校长。

2008年至2011年，该校举办各类培训班276期，培训党员干部、公务员3.9万多人次。其中主体班31期，培训党员干部5577人次；部门班227期，培训32735人次；异地培训班18期，培训1127人次。在做好干部教育培训的同时，县委党校（行政学院）坚持办好学历教育，2008年以来，本专科毕业学员213人，其中本科毕业115人、大专毕业98人，2010年毕业于省委党校函授学院的研究生57人。该校从2008年起连续4年被评为长沙市文明单位；2009年和2011年两次被评为湖南省党校系统先进单位；2010年被市委宣传部确定为“中心组学习示范点”；2011年被评为长沙市巾帼文明示范岗、长沙市优秀事业单位法人；2010年和2011年连续两年在全县绩效考核为一类单位（党群部门排名第一），获评长沙县优秀领导班子、长沙县先进基层党组织、长沙县组织工作先进单位，长沙县纪检监察先进单位、长沙县学习型党组织示范单位、长沙县关协示范窗口单位、长沙县“两型”机关示范单位等多项荣誉。

【中央党校领导到校考察】2010年10月24日，中央党校原常务副校长李君如到县委党校视察指导工作，对该校“学员管理”方法和开放办学的理念表示赞赏，并对该校未来所承担的重任提出殷切期望。2011年4月17日，中央党校副校长孙庆聚视察该校，赞誉长沙县委党校的建设和工作走在全国县级党校建设前列，成为一面旗帜，其经验值得在全国大力推广。

【加强党校师资建设】县委党校（行政学院）多措并举提升教师素质。一是选送教师外出参加培训，2008年至2011年先后有30余人次参加省市党校、国家行政学院、北京大学、清华大学等知名高校专题研讨班，赴新加坡学习班学习。二是推荐教师到各级部门跟班学习，先后选派骨干教师到省政府办公厅、县委办、组织部、工业经济局、法制办、榔梨镇等单位跟班学习，全面提高教师教学水平。三是内部搭建锻炼平台培养教师，每月在校（院）内开展“党校讲堂”和“中心组学习”活动、举办教学比武活动，使教员在课件制作、语言表达能力以及知识面的拓展等方面有较大的提高。在每两年举行的全市党校系统教学竞赛中，校（院）教师2009年获得二等奖1个；2011年取得一等奖、三等奖各1个的好成绩。

【科研工作获得新成绩】 校（院）以“深入实际、加强调研、为县委决策当好参谋”为可持续发展战略，确保科研出精品、出力作。一是制定和完善《教学科研管理办法》，规定教师深入基层调研每年不少于15天，先后组织教师100多人次赴县直机关、乡镇、村（社区）开展调查研究工作，撰写多篇调查报告。二是制定奖励措施，保障经费，2008年至2011年用于科研奖励资金30多万元。三是组建科研团队，围绕重大课题联合攻关，加强与党委政府工作部门、政策研究部门、高校、科研院所的合作。

四年间，校（院）教师参与《探索与跨越》（县科教办编写）一书的撰写，参与《聚焦——社会热点理论普及读本》的编写，收录该校（院）教师文章13篇；完成《人才引进后管理与使用机制研究》、《建立健全乡镇绩效考核机制问题的研究——基于长沙县乡镇绩效考核工作的研究》、《城乡一体化视域下的扩权强镇研究》、《低碳时代发展长沙县生态农业的调研报告》等12项省级课题；在市级以上刊物发表科研论文30篇，其中省级19篇。在省级或市级理论研讨会上获奖论文22篇，其中罗静良撰写的《促进我国社会阶层关系和谐发展的对策研究》获2011年全省党校系统理论研讨会一等奖，彭凤鸣撰写的《把握农村市场的特点，开拓农村市场的若干思考》、《当前化解乡村债务的对策与思考》、《适应性农村金融制度评价指标体系研究》连续三年获全省理论研讨会二等奖；有8项调研成果在《星沙论坛》和《信息参阅》等相关刊物上发表。同时，将近四年来的理论研究成果汇编成论文集《实践与探索》（2册），将读书成果汇编成《读书伴人生 书香满校园》一书。

【异地培训】 县委党校（行政学院）精心制作党校工作宣传片和宣传画册，扩大影响力，吸引了省内外兄弟党校到长沙县参观考察和异地办班。自2008年以来，先后接待新疆吐鲁番、福建漳州、江西遂川、怀化靖州等20余批次兄弟党校来该校（院）异地办班。先后接待甘肃省委党校系统地州市县区校长考察团、福建省漳州市委党校、益阳市委党校和长沙市其他县（区、市）委党校的领导和教职员工等来校院交流座谈，树立了学校对外良好的形象，推介了长沙县大好发展形势。

【深入基层授课培训】 县委党校（行政学院）创新方式服务基层。一是建立党校分校，2011年在白沙乡、开慧镇、双江镇试行成立党校分校，由党校承担所有授课费用，分季突出重点开展教学培训活动，组织教师到分校授课15场次，听课人数1595人次，受到基层干部群众的欢迎和好评。二是成立宣讲小分队，先后成立“十七大及十七届五中全会精神”、“胡总书记七一讲话精神”宣讲小分队和党的创新理论“巡讲之旅”小分队，两届校长张杰、罗静良挂帅到机关单位和乡镇（街道）及各类培训班宣讲。2008年以来，校（院）组织教师到基层授课220场次，听众25000余人次，发放授课测评表6000余份，授课测评优良率100%。（黎金凤）

·对台工作·

【概况】 长沙县是湖南省对台工作大县之一。1949年前后随国民党去台人员2100余人（不含第二、第三代），其中有原国民党中常委袁守谦，原国民党中将、后担任台湾“国防部长”的黄杰等；涉及台属2000多户，6000余人，已取得联系的共452户，1300余人；暂住台胞268人（其中国民党原少将级军衔的有2人），入驻长沙县的台资企业38家，台属企业6家，涉台婚姻52对。

长沙县对台工作坚持“走出去”，广交朋友，扩大交往，推动经贸交流。2008年1月5日至15日，以原常务副县长刘志强为团长9人赴台湾进行为期10天的经贸考察。2009年10月26日至11月2日，以副县长常利民为团长的12人赴台湾进行为期8天的农业考察，在台先后举办2场座谈会。2010年5月13日至20日，县政协主席李世安，县委常委、组织部部长周志远，县委常委、统战部部长杨莉率团赴台经贸考察，拜会台湾政治、经济界人士。同年9月24日至30日，县委副书记、县长张庆红，县委常委、副县长刘素月率团赴台经贸考察。2011年9月底，县台办主任李红军随省台办赴台进行为期一周的新闻宣传交流考察。

加强联络联谊，深入20余家重点台资企业进行走访调研。邀请数十名重点台胞、台商参加2010年和2011年全县统一战线迎春茶话会。2011年8月16日，县台办与台协联合举办“湖南长沙2011年海峡两岸羽毛球交流友谊赛”，以体育项目为载体，搭建交流平台。在台胞台商生辰之日，通过信息平台向台胞台商台属及岛内有联系的多方人士发送贴心短信。

围绕中心抓招商，在积极邀请台胞观光考察的同时，利用各种机会进行县情介绍，特别是经济发展状况和招商引资推介。2008年先后接待台湾考察团2个共16人次。如台湾宜兰县农业考察团，考察了路口、春华、黄兴、干杉等乡镇相关农业项目，以农业项目为主的金车集团意向在该县开发种植项目。2009年，邀请台商到县观光考察10批150余人次，入驻台资项目5个，其中有台湾品牌企业罗莎蛋糕和元祖食品。2010年和2011年邀请和接待台商到县观光考察共110余人次，考察效果凸显，与多家台资公司达成合作协议。

加强对台宣传和涉台教育、信息调研工作。邀请台湾东森电视台特约记者采访湖南湘绣城等多家台资企业，向台湾民众传达大陆的有效信息。2008年完成4个主题调研报告，报送信息稿件12件，被省台办采用3篇。2009年上报信息稿件20篇，其中《要切实重视赴台旅游人员的行前教育工作》被中央统战部采用。2010年上报信息稿件共18篇，其中《长沙县对台招商引资工作的探索与思考》、《入驻长沙县台商及眷属与社会各界人士举行迎春茶话会》被省台办采用。2011年上报信息稿件27篇，其中《在长台商热议第七届两岸经贸文化论坛》等17篇被中国台湾网采用、《羽毛球赛成为长沙县台办与台胞、台商交流交往新平台》被中国日报网、三湘统战网刊登。在中央台办“两刊”对台宣传工作中成绩突出，被评为先进单位。

积极为台胞、台属服务维权，坚持“县城内20分钟，县域内2小时赶到”的原则，四年共受理台胞、台属各类来信来访共80余人次，均得到有效解决，确保一方平安。充分运用《中华人民共和国台湾同胞投资保护法》及其《台湾同胞投资保护法实施细则》维护台资企业的合法权益，不断优化投资环境。

【台胞抗灾自救和扶危帮困】 2008年湖南遭受冰灾，5月汶川发生特大地震，灾情十分严峻。长沙县广大台胞、台属、台资企业积极参与救灾活动，前后共募集救灾资金50余万元，棉被2000床，矿泉水200箱等,并组织及时送到受灾群众手中。2009年8月上旬，强台风“莫拉克”造成台湾同胞生命和财产重大损失，县委统战部、县台办和县慈善会联合发起“情系台湾”募捐活动，并向县直机关各部门、各企事业单位、人民团体及全社会发出募捐倡议，共捐献善款55万人民币。

【张庆红率团赴台进行经贸考察】 2010年9月24日至30日，县委副书记、县长张庆红，县委常委、副县长刘素月率相关单位负责人及有关企业家12人，赴台湾进行为期8天的经贸考察，先后访问了桃园、嘉义、台南等多个县市，考察了桃园空港城、赫芝矿泉水工厂、金车集团等企业，并拜访了普罗集团董事长郑聪俊、好帝一集团负责人刘贞秀、台盐集团负责人洪玺曜，成功举办长台经贸交流合作座谈会，邀请在台实力企业家60余位出席，向他们全面介绍长沙县的基本情况、四个重点项目建设情况以及投资优势，并拜访了县长吴志扬等。两县负责人在交流中认为，两县有着相似的农业、工业基础和历史渊源，双方可以相互借鉴，以此为契机，推动两岸经贸深度合作。

【长沙县台资企业分会换届工作完成】 2008年8月14日，长沙市台湾同胞投资企业协会星沙联谊会在明城大酒店召开换届选举大会，选举产生新一届星沙联谊会的领导班子，长沙统力兴业公司董事长陈俊任当选为第二届联谊会会长。大会充分肯定第一届会长何国庆先生及第一届联谊会的工作，并对本届联谊会工作进行了规划和展望。长沙县台协分会换届工作的顺利完成，使协会地位得以提升，更好地发挥沟通台资企业和政府之间的桥梁作用。

【被誉为“发展县级对台交流第一县”】 各级领导高度重视长沙县对台工作，多次到该县调研指导。2011年8月，省台办副主任刘珍瑜一行到县调研台资企业；12月省台办副主任丁学新一行到县调研对台工作情况。同时，县委、县政府专门成立以县委书记为组长的对台工作领导小组，并积极走访基层，在充分调研县域经济南北乡镇发展不平衡的基础上，着力思考把台湾的精致农业引进该县，提高农产品附加值，提高农民收入，通过三次常委会研究，决定深度推进与台湾强县建立友好县的工作，已接洽台湾南投、桃园、宜兰、新竹4县，并与桃园、新竹两县积极联络、有效对接。该县因此被国台办誉为全国第一个深刻领悟中央对台工作，并助推县域经济、发展县级交流的第一县。

【开辟与台湾中青年主要人士联系的渠道】 2011年9月底，县台办主任李红军随省台办赴台进行新闻宣传交流考察，向岛内媒体和企业人士分发宣传资料，全面推介长沙县。考察团专程拜访桃园县、新竹县重要人士，与新竹县县长邱镜淳进行友好商谈，并分别到新竹关西、台南垦丁、台北士林和新北市等地走访长沙籍台胞，传递亲情；开展高雄湖南同乡会和台北长沙同乡会见面会，与在台乡亲、大陆新娘联络联欢，与台北长沙同乡会新一代年轻的领导班子畅叙浓浓的祖国情结、长沙情结，他们一再表示要在台为祖国统一、宣传长沙、发展长沙尽最大的努力。由此该县顺利开启了与台湾中青年联系的有效途径。（易　帅）

·老干部工作·

【概况】 2008年初全县离休干部104人，县处级退休干部116人。离休干部中享受地师级待遇的2人，享受县处级待遇的29人，享受正科级的73人。至2011年底有离休干部84人，四年间，去世离休干部17人。县处级退休干部从2008年初的116人增加到2011年底128人。

【落实老干部政治待遇】 四年来，县委老干部局始终把老干部的思想政治工作放在首位，坚持组织老干部集中阅文。全县共设立9个阅文点，把城区老干部分别集中在伍家岭、潘家坪阅文，乡镇集中在福临、北山、路口、黄花、椝梨、星沙街道阅文，四年共组织老干部阅文152次，参加阅文人数累计3140人次；坚持组织老干部集中学习。组织机关和居住在市内老干部看重要录像、电影15场计2800人次；组织老干部参加市委老干部局举办的形势报告会28场计380人次；特别是组织老干部收看中央电视台播出的杨善洲先进事迹报告会和《杨善洲》的电影，向232位直接服务对象发放杨善洲先进事迹材料。市、县召开的各种重要会议和重大政治活动邀请老干部代表参加；县委、县政府坚持每年向老干部通报工作制度和组织老干部参观工农业生产和城市重点工程建设，让老干部及时了解县委的决策和全县社会发展情况；逐步建立健全离退休干部党组织。已在镇（街道）和县直单位成立离退休党组织20个，四年在离退休党员干部中评选出优秀党员和优秀党务工作者108人次。2011年，全市开展"五好"离退休党支部和"四好"离退休干部党员评选活动，长沙县福临镇离退休干部党支部被评为全市"五好"离退休干部党支部，谢炳勋、周亮斌、杨祥君被评为全市"四好"离退休干部党员；坚持每年免费为老干部订阅《长沙晚报》、《党建文汇》、《老年人》等报刊和杂志，四年为离退休人员征订《老年人》9870份。

【落实老干部生活待遇】 离退休干部待遇做到按时、定额发放，并在福利上向老干部倾斜。落实湘组〔2008〕157号文件对于1949年10月1日至1950年6月30日期间参加革命工作，脱产享受供给制待遇，且未间断革命工作时间的退休干部的生活补贴发放工作，做到按文件及时落实。落实湘老干〔2009〕4号文件对离休干部及其遗孀、配偶的生活待遇进行调整。按第一、二次国内革命战争时期、抗日战争时期和解放战争时期参加革命工作的离休干部无固定收入的遗孀生活补助费每月分别提高到700元、600元、580元；配偶生活补助费每月提高到400元、370元、350元。共发放补助费30多万元。离休干部的医药费100%实报实销，对医药费低于5000元的离休干部按节约金额的50%另给予奖励，做到逐户送款上门。2009年春节，县委、县政府对228名服务对象每人发放800元慰问费，在建国60周年之际对全县100名离休干部每人赠送中国红大花瓶。2010年县委常委会议确定，对离休干部"三个节日"即春节、端午、中秋按在职干部的节日待遇标准执行，全年每人发放1400元，离休干部护理费从2010年元月1日起，每人每月增补200元，由200元/月增加到400

元/月，全年每人增加2400元。2011年4月县委常委会议研究制定解决特困离休干部（遗孀）帮扶机制。根据市委组织部、市老干局、市财政局、市人力资源和社会保障局〔2011〕31号文件精神，对离休干部在7月1日以前增发一个月基本离休费。县委、县政府为让离退休干部分享到改革发展成果，建立起离休干部、副处级以上退休干部春节慰问费和全县离退休干部分享改革成果费按地方一般预算收入比例递增机制。2010年全县离退休干部分享改革成果人均1200元，2011年增加到人均1600元；离休干部、副处级以上退休干部春节慰问费由1500元增加到2000元。县老干局为进一步做好老干部的服务工作，利用社区资源，设立离退休干部"四就近"服务站，2011年县财政拨款10万元，选择星沙街道金茂路社区、凉塘路社区和封刀岭社区，泉塘街道小塘路社区，湘龙街道湘郡社区作为试点社区，已授牌服务。社区主要负责人兼任站长，并配一名老干部联络员和专职工作人员，建立相关制度，做好服务工作。根据政策精神，县委、县政府每两年组织离休干部和县处级退休干部进行一次健康检查，对享受副市级以上待遇的离休干部每年进行一次检查，县老干局配备一名专职保健医生，定期上门进行咨询、检查服务。

【发挥离退休老干部作用】 全县老干部充分发挥自己的优势，积极参加各项社会活动，为长沙县经济发展，构建和谐社会发挥着积极作用。他们在关心下一代工作委员会、老年书画协会、老年大学、老年体协、老年科协等组织中，在编史修志、帮教失足青少年、扶贫帮困、维护社会治安、保护生态环境、办义务书画班等工作中默默奉献，发挥余热，在全县"两个文明"创建中发挥独特的作用。以日常归口县委老干局管理的关工委和老年书画协会为例，四年间，县关工委组织建设进一步完善，各项教育活动不断深化，青少年示范活动阵地创建工作取得新成绩。一批批档次高、功能全的活动阵地受到青少年青睐。至2011年底全县有各类活动阵地500个，2010年有69个被县关工委授予长沙县青少年示范活动阵地匾牌。省关工委副主席罗海藩视察书屋，赞扬书屋办得好，很有特色。县关工委连续几年被评为省、市关工委先进集体。2011年县委成立"发挥五老优势，进行四项教育"领导小组和领导小组办公室，县委组织部副部长、县委老干局局长朱剑斌任活动领导小组成员兼办公室主任，县委书记杨懿文出席动员大会并讲话。"五老四教"主题活动做到了进机关、进学校、进社区和进企业，每个村、每个社区有一名宣讲员，全县成立24个宣讲报告团，参加报告团的"五老"有1020名，深入学校、机关、社区、企业作宣讲报告950场次，听众达12万人次。县老年书画协会始终遵照"服务党政中心、促进经济发展、构建和谐社会"的宗旨，以繁荣发展祖国书画艺术，培养书画人才，满足人民群众文化需求，推进文化强县建设为目的，由于县委政府重视支持，书画会员从成立时的35名发展到2011年近400名，活动经费得到保证。2011年省市发文要求创建"书画之乡"活动，长沙县纳入创建验收之列。果园镇的双河村、黄花镇的黄花新村、星沙的凉塘路社区、江背镇的文化站、县环保局等12个书画分会，30个书画小组已定期开展书画活动。85岁离休干部章桂佛创作的百米长联，创世界吉尼斯纪录。84岁的老人伏家芬创作的长诗《米菩萨》获全国一等奖；张勋可的指书被湖南电视台娱乐频道制成节目播出。县老年书画协会2007年和2010年征集会员作品出版了"星沙墨韵"书画册一、二集，印刷1000册，发到全县各乡镇、县直机关以及全体离休干部和县处级退休干部手中。协会还为书画爱好者征订《书画精粹》140份。

【组织老干部开展娱乐活动】 以老干部活动阵地为中心载体，城区以潘家坪、伍家岭和星沙为阵地，农村以乡镇为单位分别组织门球、乒乓球、钓鱼、象棋、扑克、麻将等比赛；同时开展太极拳，文艺、唱歌、腰鼓、交谊舞、秧歌、广场舞等健身活动。2008年上半年老干局在开元鑫阁设立老年大学。2011年新建600平方米的教学设备，添置20余万元教学设备。县老年大学自2008年下半年创建，从开办时的5个专业、6个班，学员300人次增加到2011年的12个专业，18个班、学员近800人。 （马千云）

·史志档案工作·

【概况】 长沙县史志档案局系县委直属事业单位，领导班子成员一正两副。2011年底，在职干部、职工16人（在职在编14人，政府雇员1名，劳务派遣人员1名），退休干部9人，其中中共党员16人。2008~2011年，县史志档案局连续四年获评湖南省档案宣传工作先进单位、湖南省党史宣传工作先进单位，其中2009~2010年评为省党史系统先进单位。2008~2011年连续四年评为全市党史目标管理考核先进单位、全市档案工作目标管理考核先进单位。2011年获评方志创新工作先进单位、地方志工作先进单位。2008年、2009年获评长沙县党政领导班子绩效考核先进单位。

党史工作　充分发挥“存史、资政、育人”服务现实的功能。开展党史宣传教育，以“八进”（进机关、进学校、进村镇、进社区、进企业、进干部培训课堂、进青少年活动阵地、进爱国主义教育基地）为主要内容的活动蓬勃开展。在县委主办的《工作通讯》（《星沙论坛》）上开辟《光辉历程》等专栏，连载《中共长沙县历史》。为便于广大群众学史、用史，将《中国共产党长沙县历史》浓缩成精华本，并免费发放。充分挖掘党史资源，积极开展党史征集编研工作。编纂出版《中国共产党长沙县历史》、《长沙县百年风云人物》等书籍，向党的90华诞献礼；申报苏区县和革命遗址普查工作卓有成效；全力助推“革命烈士后代幸福计划”；参与“长沙县改革开放三十周年”、“长沙县庆祝建党90周年党史知识竞赛”等重大活动。

方志工作　认真贯彻国务院《地方志工作条例》精神，积极为省、市年鉴撰写反映全县改革开放成果的条目100余条，彩版16个。采取悬挂横幅标语、组织知识竞赛、发放宣传手册等形式广泛宣传《地方志工作条例》。全力推进依法修志，编纂出版《长沙县年鉴（2003~2007）》，协助编写《湖南古县——长沙县》。

档案工作　坚持依法治档，团结务实，争创一流。一、档案业务建设。22个乡镇（街道）和县直78个单位均建有综合档案室，配备专用档案库房和专（兼）职档案员。培训档案员370余人，上门业务指导180余次。二、档案法制建设。每年在全县范围内开展档案执法检查，发现问题，及时督促整改。三、档案工作规范化建设。县国土局和县检察院档案工作规范化管理晋升省特级，实现长沙县档案工作规范化管理省特级零的突破。四、基层档案建设。全县各行政村（社区）都建有档案室，41个社区百分之百达到建档要求，实现“五有”（档案室、档案员、档案柜、档案管理制度、档案），15个村（社区）被授予长沙县行政村（社区）档案规范化管理示范单位。编辑《农业农村农民档案工作手册》，发放至全县涉农单位和档案员手中。积极开展家庭建档试点工作。五、档案信息化建设。截至2011年底，录入案卷目录6万条，卷内目录50万条，各单位归档文件目录15万条。完善长沙县史志档案网。六、档案资源建设。征集接收各类档案7000余卷（件），接待社会各界利用者1万余人次，调阅档案资料2万余卷。七、新档案馆建设。2010年，县委、县政府将县档案馆建设纳入县文化中心规划建设。

【纪念县国家综合档案馆成立50周年】　2008年12月25日，是长沙县国家综合档案馆成立50周年纪念日，该县举行纪念座谈会，会议由县政府党组成员、县政府办主任唐俊兴主持。市档案局党组副书记、副局长陈艳芳，县委常委、县委办主任陈旭，县人大副主任曹艳萍，副县长周辉斌，政协副主席喻国华等出席。会议回顾总结了县国家综合档案馆50年来所取得的成就。

活动期间制作宣传版10块，设立拱门4个，悬挂气球16个、横幅45条，发放《档案法》等宣传资料1000余份，并在星沙通程广场举行档案工作专题文艺晚会、现场抢答赛、放映电影等活动，参与群众2000余人。开展征文活动并进行评奖，收到征文60余篇，选择其中32篇编辑成《兰台文集——纪念长沙县档案馆成立五十周年》。

【加强档案资料征集】　着力档案资源建设，优化馆藏结构，切实加强档案资料征集工作。印发《关于征集接收档案资料的通知》，并将征集工作纳入各乡镇、县直机关年检内容；聘请各乡镇信息联络员，广泛收集富有价值的档案信息；利用网络和广播电视向社会有偿征集珍贵档案资料。县档案馆共征集接收文书档案2000余卷，实物档案150余件、书画作品40余幅、照片档案1600余张、资料300余册，光碟30张。清光绪年间的《善化县志》、湖南省首届道文化节·陶公庙庆典活动资料、朱镕基亲笔署名的《朱镕基答记者问》、1965~1970年间印有“人民心向党”彩印罐子、“不爱红装爱武装”饭碗等特色档案被征集进馆。

【《中国共产党长沙县历史》出版发行】《中国共产党长沙县历史》编纂工作自2005年4月启动以来，历时五载，数易其稿，于2009年10月正式出版发行。全书共三卷，87万多字，全面记述了1921～2006年中共长沙县地方组织领导全县人民革命和建设的艰辛历程。2009年6月召开评审会，与会领导、专家认为该书政治观点正确，框架结构合理，历史主线突出，地方特色鲜明，史料翔实可靠，文笔生动流畅，是一部“用党的伟大成就激励人，用党的成功经验教育人，用党的历史教训警示人，用党的优良传统塑造人”的优秀地方党史作品。

【助推“革命先烈后代幸福计划”】2010年5月，长沙县史志档案局和县委党史联络组在开展党史资料征集和革命遗址普查工作中，发现县域内部分革命先烈后代因多方原因，家庭生活仍然困难。为此，进行深入走访调研，并于2010年12月向县委专题汇报，得到县委高度重视。县委常委会研究决定全面实施“革命先烈后代幸福计划”，并组成专门班子抓好落实。2011年6月28日，在县第十二届党代会闭幕式上县委倡议成立“红色关爱基金”，385名党员代表现场捐款近25万元，注入“红色关爱基金”。随即，全县党员向烈士后代奉献爱心160余万元，县财政安排拨款500万元，对革命先烈后代困难家庭实施“助学”、“助居”、“助医”、“助创业”等四项扶助计划。

【系列党史专题活动庆祝建党90周年】2011年是中国共产党成立90周年，县史志档案局和县委党史联络通过编撰出版读物、开展党史知识竞赛、强化党史宣传等系列活动，向党的生日奉献厚礼。一是编撰《长沙县百年风云人物》、《红潮——长沙县尊阳人民的革命斗争》、《大写的乡亲》、《春风——党和国家领导人视察长沙县汇编》等四本红书，于2011年6月29日出版并免费发放到全县各单位。二是承办由县委宣传部主办的“党史知识竞赛”活动。作为承办单位之一，承担印制党史知识问答参考资料等工作任务，并担任评审。全县共有70支代表队伍参赛，经激烈角逐，黄花镇代表队摘得桂冠，县司法局代表队、县检察院代表队并列第二。三是开展《中国共产党长沙县历史》的学史、用史活动，在《星沙论坛》、《今日星沙》等报刊上刊登纪念文章10多篇。

【革命遗址普查工作顺利开展】2010年5月革命遗址普查工作全面启动以来，经过全面普查，共登记革命遗址和其他遗址83处，其中革命遗址56处,其他遗址27处,上报26处。为编撰《革命遗址普查成果汇编》提供翔实资料和图片。

【家庭建档试点成功】2010年启动家庭建档试点工作，将档案业务延伸到普通百姓家庭，用家庭档案诠释文明、宣传文明、弘扬文明。通过制订方案、宣传发动、培训指导和检查验收，试点村江背镇乌川湖村的河田和杉坡两个村民组108户建立家庭档案，建档率100%。2011年11月11日，全县家庭档案建设现场观摩暨工作推进会议在江背镇乌川湖村召开，为家庭档案建设全面铺开奠定基础。至2011年底，342户家庭建立了家庭档案，计1862盒。（朱立辉）

·杨开慧纪念馆工作·

【概况】杨开慧纪念馆成立于1966年，占地约8.4公顷，建筑面积1万平方米，座落于长沙县开慧镇开慧村，距长沙市区55公里，距离京港澳高速（G4）开慧互通2.5公里，由杨开慧故居、杨公庙、杨开慧烈士陵园、杨开慧生平业绩陈列馆四部分组成，是全国百家红色旅游经典景区、国家AAAA级旅游景区、湖南省首批爱国主义教育基地、湖南省妇女儿童爱国主义教育基地、湖南省统一战线教学基地、湖南省廉政文化教育基地、湖南省重点烈士纪念建筑物保护单位。内有故居、陵园、杨公庙三处省级重点文物保护单位，2009年全面实施免费开放，先后接待了邓颖超、谭震林、华国锋、彭珮云、曾庆红、贺国强等中央领导，免费开放以来年接待游客量约80万人次。

2007年5月11日，经中共长沙市委第十一届第26次常委会议研究批准，长沙县杨开慧纪念馆升格为副县级事业单位。2009年7月20日，经长沙县编委会议研究，明确该馆由县文体局下属的二级机构升为中共长沙县委管理的一级机构，归口长沙县委办公室管理。按照市编办的要求，落实人员编制18个，设置三个中层管理机构（办公室、外联部、群工部），安排得力的管理干部，明确各部门的工作职责，健全卫生、安全、游客接待、财务等方面的规章制度，各项管理工作有序推进。

【毛岸青邵华骨灰迁葬杨开慧烈士陵园】 遵照毛岸青、邵华夫妇遗愿，经中共中央办公厅批准，毛岸青、邵华骨灰于2008年12月21日由北京八宝山迁葬至杨开慧烈士陵园。各级领导、嘉宾、亲属、友人共120余人，在杨开慧烈士陵园西侧出席毛岸青、邵华这对革命伴侣的骨灰安葬仪式。省委书记、省人大常委会主任张春贤，省委副书记、省长周强等领导敬献花篮。

【毛岸英烈士塑像揭幕】 2010年11月15日，毛岸英烈士塑像在杨开慧烈士陵园揭幕。刘思齐子女、中共克山县委负责人、毛岸英纪念馆负责人、毛岸英小学负责人以及长沙县有关负责人出席揭幕式并向烈士塑像献花。

为纪念抗美援朝胜利60周年，深切缅怀毛岸英烈士的革命精神，长沙县政协第七届委员会全体政协委员捐资为毛岸英建雕像。毛岸英烈士塑像高2.8米，由将军红花岗岩雕刻而成。

【“三湘女杰风采展”亮相杨公庙】 为纪念三八国际妇女节100周年及杨开慧烈士牺牲80周年，大力开展女性爱国主义教育，2010年，杨开慧纪念馆推出三湘女杰风采展，第一期的主题是“妇女运动先驱”，地点设在杨公庙。着重介绍唐群英、秋瑾、蔡畅、向警予、缪伯英等五位三湘女杰，旨在继承和发扬女杰精神，学习她们的崇高精神。2010年12月，全国妇联书记处书记赵东花一行冒着暴雪莅临杨开慧纪念馆指导工作，对“三湘女杰风采展”的推出大为赞赏。

（刘　彦）

【举行“走进最美乡村”长沙生态旅游节活动暨杨开慧纪念馆晋升国家AAAA级旅游景区授牌仪式】 2011年10月12日，“美丽乡村·幸福长沙”走进长沙最美乡村暨第五届长沙生态文化旅游节第四季活动暨杨开慧纪念馆晋升国家AAAA级旅游景区授牌仪式在杨开慧纪念馆举行。开幕式由长沙晚报报业集团党委书记、社长、《长沙晚报》总编辑龙钢跃主持。长沙市委农村工作部副部长陈志雄介绍了此次活动的相关情况，长沙县副县长、开慧镇党委书记王国良致欢迎词，湖南卫视主持人张丹丹和李兵宣读了乡村宣言，长沙市旅游局局长谭勇宣读杨开慧纪念馆获批为国家AAAA级旅游景区的公告，湖南省旅游局副局长刘绵松向杨开慧纪念馆馆长彭春华授AAAA景区牌，长沙市副市长陈献春讲话并宣布活动开幕。在随后启动的开慧镇生态体验之旅中，数十名《长沙晚报》读者及游客参观了开慧镇金湘园现代农庄、斯洛特小镇、开慧省级示范敬老院、开慧有机茶园、飘峰景区和杨开慧纪念馆等景点景区。此次活动由市委、市政府主办，市农办、市旅游局和《长沙晚报》联合承办。主要内容有“走进长沙最美乡村”系列主题活动日、“骑乐·发现乡村之美”摄影大赛等，重点推荐和宣传11个乡镇，分别在长沙县等四个区县举办四次现场主题活动。（陈　书）

【纪念杨开慧烈士诞辰110周年活动】 2011年11月6日，板仓人民齐聚杨开慧烈士墓前，由杨开慧纪念馆、开慧镇政府联合主办纪念杨开慧同志诞辰110周年活动，参加该活动的单位有开慧镇、杨开慧纪念馆、湖南省社会科学院、开慧镇中心学校、开慧村、开明村、清泰桥村、枫林市村、飘峰山村、葛家山村、板仓社区、湖南金山粮油食品有限公司、长沙李氏家具有限公司等13家单位。在国歌声中，活动拉开帷幕，各单位负责人向杨开慧烈士敬献花篮。杨开慧纪念馆馆长彭春华和长沙县人民政府副县长、开慧镇党委书记王国良分别致辞。学生代表朗诵纪念杨开慧烈士诗词《女神之歌》，表达对杨开慧烈士的赞美与思念。

【纪念杨开慧烈士英勇就义80周年暨毛岸英烈士为国捐躯60周年】 2010年11月16日，纪念杨开慧烈士英勇就义80周年暨毛岸英烈士为国捐躯60周年活动在杨开慧纪念馆举行，当天，杨开慧纪念馆新陈列馆正式开馆。省领导路建平、王四连、郭开朗、刘新和杨开慧、毛岸英的亲属、全国政协委员毛新宇少将等出席纪念活动。路建平、毛新宇一行为杨开慧烈士、毛岸英烈士雕像敬献了花篮，并共同为杨开慧纪念馆新陈列馆开馆剪彩。随后，在杨开慧纪念馆新陈列馆三楼举行座谈会，各级领导纷纷发表讲话，对杨开慧、毛岸英烈士表示深切怀念和崇高敬意。（刘　彦）

长沙县人民代表大会常务委员会

县人大常委会调研检察院“司法公正长沙行”活动开展情况

2011年8月25日,县人大常委会主任徐敏芝（左四）、县政府副县长王国良（右一）在回龙湖蔬菜基地检查食品安全工作

县人大常委会主任徐敏芝（左四）等视察农村环境整治工作

市人大代表活动阵地建设现场经验交流会在长沙县召开

长沙县第十五届人民代表大会第四次会议会场全景

2011年8月18日，县人大常委会副主任周郁文（左一）在泉塘菜市场视察食品安全工作

政协长沙县委员会

① 2009年3月11日至12日，政协长沙县第七届委员会第三次会议在明城国际大酒店举行

② 县委书记杨懿文在政协全会上讲话

③ 县政协主席李世安在政协全会上作工作报告

④ 县政协民主评议质监局工作会议

⑤ 县政协在高桥镇举行第三批“贫居工程”入住仪式

⑥ 县政协开通首趟社情民意直通车，委员们面对面地向县委、县政府领导反映老百姓诉求

中共长沙县纪律检查委员会

2008~2011年，长沙县纪检监察机关在县委、县政府的正确领导下，认真贯彻中央和省、市纪委会议精神，坚持创新纪检监察机制，扎实开展“听廉课、思廉责、过廉节”和“廉政党课送下乡”等党风廉政教育活动，严格执行廉政谈话、廉政测评、述职述廉和责任制报告等廉洁自律制度，切实纠正教育、医药购销和医疗服务部门的行业不正之风，加强政风行风建设，着力优化经济发展环境。搭建公共资源交易平台，推行公共资源的“阳光交易”，建立健全对固定资产投资、重点工程和国有资产等领域的监督管理机制。进一步加强纪检监察系统干部队伍建设，以开展“创先争优”活动为契机，扎实开展“做党的忠诚卫士，当群众的贴心人”主题实践活动。认真受理群众来信、来访、来电举报，严厉查处违纪违法案件，为全县“争当排头兵、领跑中西部、进军二十强”的发展目标提供了坚强的纪律保证。

① 长沙县委常委、纪委书记郭润葵（右一）调研基层纪检组织建设情况

② 县纪委监管项目黄兴大道北延线一期工程举行开工典礼

③ 县纪委派驻机构负责人述职述廉会议召开

④ 时任纪委常委、纪委书记李建章参加新任副科职领导干部“勤廉履职 提升能力”培训班

⑤ 长沙县纪委监察局信访宣传巡防接待现场

中共长沙县委宣传部

中共长沙县委宣传部内设办公室、宣传科、理教科。挂靠部门有文明办、外宣办（加挂县新闻中心牌子）及二级机构网宣办。现有行政编制17个，后勤事业编制4个。其主要职能是制定全县宣传思想工作的规划和措施，并组织实施；负责全县宣传舆论导向把关、对外宣传的组织协调、策划等工作；指导全县理论教育和社会科学研究工作；负责规划、部署全县的思想政治工作和全县群众性社会主义精神文明建设活动，指导公民道德建设、全县文明创建工作等。

2008～2011年，长沙县宣传思想工作先后以迎接党的十七大召开、贯彻党的十七大精神和坚持以邓小平理论和“三个代表”重要思想为指导，深入贯彻落实科学发展观，紧扣县委“领跑进军”的战略目标，突出“幸福与经济共同增长，乡村与城市共同繁荣，生态宜居与发展建设共同推进”的发展理念，围绕全县宣传思想工作总体目标，切实加强理论武装、积极开展新闻宣传、稳步推进文明创建、大力促进文化繁荣、不断巩固队伍建设，为“十二五”开新局迈大步提供了强大的思想保证、精神动力、舆论支持和文化条件。

美国爱世界志愿者组织在长沙县文联进行书画艺术交流活动

出席省文史馆长沙县创作研究基地挂牌仪式与会人员合影

2011年12月26日，县委常委、宣传部部长彭勇（左二）代表长沙县捧回了“最具幸福感城市金奖”奖牌

首届“魅力星沙”摄影大赛首拍式现场

中国作家采风团成员在杨开慧陵园合影留念

中共长沙县委统战部

长沙县委统战部是中共长沙县委主管统一战线工作的职能部门，属行政单位。定编9名（含侨联2名编制），其中行政编8名，事业编1名，内设综合办公室。近年来，统战部以"同心同行"主题教育和实践活动为统领，扎实推进"增进政治共识、助推科学发展、强基固本"三大行动，围绕县委"三个共同"的理念，发挥独特优势，服务科学发展，彰显了统战工作的独特作用。

2008年获评全市统战工作先进单位；全市统战信息工作先进单位一等奖；长沙县经济建设和社会发展先进单位。

2009年获评全市统战工作先进单位；统战信息工作先进单位优秀奖。

2010年度获评全市统战信息工作特别贡献奖。

2011年度获评全市统战信息工作特别贡献奖。

①
②
③
④
⑤

① 2010年3月31日，省委统战部长李微微（右四）到长沙县调研

② 2010年11月9日，十位创业大学生接受创业扶持资金

③ 2011年1月21日，在长沙县统一战线新春茶话会上，新的社会阶层人士联谊会成员激情高歌

④ 2011年4月14日，原国民党军队起义投诚人员座谈会召开

⑤ 2011年9月26日，湖南辛亥革命人物纪念馆奠基仪式暨黄绍强油画展举行

中共长沙县委老干部局

中共长沙县委老干部局是负责办理老干部的离、退休手续，为离退休干部提供管理服务的工作部门，配备工作人员13人，局长1人，副局长2人。在落实老干部政治、生活待遇，发挥老干部在两个文明建设中的积极作用，开展有益老干部身心健康的各项活动等方面做了一系列工作，深受全县老干部的称赞和信赖。被评为2008-2011年度全市老干部宣传工作先进集体和全市老干部工作先进集体。

①
② ③
④ ⑤ ⑥

① 长沙县“再唱山歌给党听”文艺汇演在星沙举行
② 县委书记杨懿文（前排右二）参观长沙县老年书画协会会员的书画作品展览
③ 县委召开长沙县离退休老干部迎春团拜会
④ 长沙县组织离退休老干部参观江背镇印山村水泥厂
⑤ 县委常委、组织部部长周志远陪同离退休老干部参观长沙县同心实业汽车装配车间
⑥ 县委召开离退休老干部代表座谈会

廖静文女士为长沙县档案馆题名，原件现存于馆内

长沙县史志档案局

①	④
②	⑤
③	

① 对县国土局档案工作规范化管理晋升省特级进行评估

② 长沙县方志工作座谈会召开

③ 深入双江镇农户家庭走访慰问,收集申苏工作材料

④ 县委召开《中国共产党长沙县历史》首发式暨编纂工作总结表彰会议

⑤ 业务科工作人员在星沙街道档案员培训班上授课

杨开慧纪念馆

杨开慧纪念馆位于长沙县开慧镇开慧村，距长沙市区55公里，距离京港澳高速（G4）开慧互通2.5公里。

杨开慧纪念馆成立于1966年，占地约8.4公顷，建筑面积9600平方米。由杨开慧故居、杨开慧烈士陵园、杨开慧生平业绩陈列馆、杨公庙四部分组成，是全国百家红色旅游经典景区、国家AAAA级旅游景区、湖南省爱国主义教育基地、湖南省首批妇女儿童爱国主义教育基地、湖南省统一战线教学基地、湖南省重点烈士纪念建筑物保护单位、湖南省廉政文化教育基

国家AAAA级旅游景区证书

地、湖南省园林式单位、长沙市党员教育基地，是隶属中共长沙县委、县人民政府管理的副县级事业单位。内有故居、陵园、杨公庙三处省级重点文物保护单位。对外开放以来，共计接待英、日、美、韩、朝等30多个国家和省内外游客2000余万人次。

2009年4月起，杨开慧纪念馆对外免费开放，近年来，年均接待游客约100余万人次，有100多所大中专院校、中小学校和机关企事业单位在此设立德育教育基地。馆区内各景点连成一片、参观内容丰富，是进行爱国主义教育、革命传统教育、廉政教育和红色旅游的理想场所。

① ② ③
④

① 2008年12月21日，毛新宇（右一）等人在毛岸青邵华骨灰迁葬仪式上

② 2010年11月15日，毛岸英烈士塑像在杨开慧烈士陵园揭幕

③ 2010年11月16日，毛新宇、路建平、郭开朗等领导、嘉宾出席杨开慧纪念馆开馆仪式

④ 2011年10月12日杨开慧纪念馆举行AAAA授牌仪式（左一为杨开慧纪念馆馆长彭春华、左二为湖南省旅游局副局长刘绵松）

长沙县机关事务管理局

长沙县机关事务管理局内设办公室、安全保卫科、资产和物业管理科（加挂“公共机构节能监督管理科”牌子）。下辖园林绿化班、机关卫生所、机关水电维修配电班、机关交通安全联组。2010年11月，根据长县发〔2010〕22号文件，将县人民政府驻长办事处并入县机关事务管理局，现有在编人员52名，其中干部34名；本科学历9人，大专学历19人，中专学历17人。

2008年至2011年，连续被县委、县政府、县计生局授予“人口和计划生育目标管理工作先进单位”称号，被长沙县公安局评为“治安重点保卫工作先进单位”。

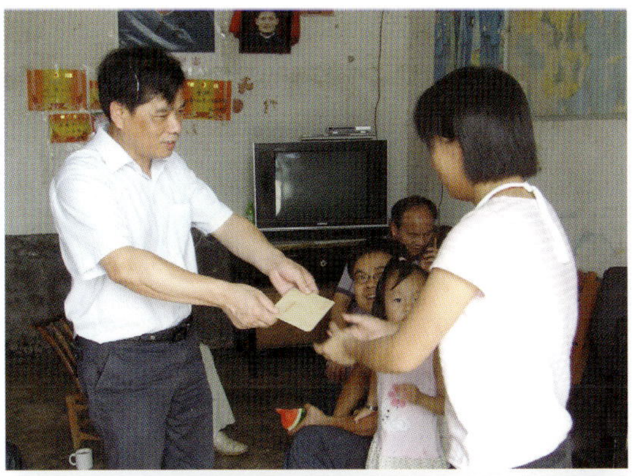

① ② ③

④ ⑤ ⑥

① 荣获长沙县公安局授予2010年度治安重点保卫工作先进单位
② 荣获长沙县公安局授予2011年度治安重点保卫工作先进单位
③ 2011年荣获星沙街道授予人口与计划生育红旗单位
④ 2010年7月局党支部一行人到暮云镇沿江村慰问特困大学生
⑤ 2011年6月局党支部到暮云镇沿江村慰问困难户
⑥ 2011年1月组织全局干部职工机关大院铲雪

2009年8月27日，长沙县招标采购局为纪念《中华人民共和国招投标法》颁布十周年进行法制宣传活动

长沙县招标采购局

长沙县招标采购局是县政府直属事业单位，成立于2010年11月，由原招标采购中心更名而成，设办公室、招标科、采购科、交易管理科四个科室，下设长沙县建设工程交易中心，现有工作人员29名。主要职能是负责全县各类工程建设项目招投标活动的组织协调、指导监管和按照政府采购管理部门审核批准的采购方式组织具体采购活动，并为工程和政府采购招投标提供信息发布和活动场所等交易服务，同时负责建立和管理招标代理机构预选库。2010年荣获长沙县政务服务工作先进窗口。

2011年9月28日，县招标采购局在建设工程交易中心顺利召开长沙县工程招标代理机构优选库招标代理机构工作会议

2011年12月31日，长沙县招标采购局举行创先争优大评议座谈会

长沙县总工会

经开区党工委书记、县委书记杨懿文出席长沙县工会第十五次代表大会并发表讲话

2008年至2011年，县总工会紧紧围绕“贴近中心促发展，贴近基层搞服务，贴近职工办实事”的工作理念，以服务“四化两型”、加快富民强县为主题，以发展和谐劳动关系为主线，着力维护职工合法权益，努力提升职工队伍素质，不断提高工会组织的凝聚力和影响力，充分发挥工会组织的桥梁和纽带作用，为推进全县经济社会的发展、和谐社会的建设作出了积极贡献。

① 长沙县总工会主席张美香（左二）为困难职工发放生活物资
② 2011年“十大”劳动竞赛之建筑工人砌砖比赛
③ 长沙县工会第十五次代表大会现场
④ 长沙县四人荣膺省“劳动模范”和“先进工作者”称号

共青团长沙县委员会

① 共青团长沙县第十六次代表大会隆重召开
② 长沙县青年联合会成立
③ 赴日本参加第六届亚洲青少年艺术节
④ 活力星沙，青春飞扬，长沙县青年弘扬“五四”精神，欢度“五四”青年节

共青团长沙县委是在县委领导下的青年群众组织，共有工作人员7人，设书记1人，副书记2人，内设办公室。2011年底，全县35岁以下青年15.6万人，其中共青团员7.2万人，下辖69个一级团组织，非公企业和新社会团组织149家，联系青年社团组织3家。共青团长沙县委在县委、县政府和上级团委的正确领导下，紧紧围绕县委提出的“领跑中西部，进军二十强”的战略目标，按照“强基础，建机制，活基层，树形象”的工作思路和要求，开拓创新，扎实工作，努力打造人才共青团、文明共青团、务实共青团和品牌共青团，有力地推动长沙县共青团事业的持续、协调、快速、健康发展，为长沙县经济社会实现持续跨越式发展作出了积极贡献。

长沙县科学技术协会

长沙县科学技术协会为正科级人民团体，有行政编制3名，事业编制1名；领导职数3名，其中主席1名，副主席2名；非领导职务主任科员1名，副主任科员1名，不设内设机构。

县科协所属二级机构——中国农函大长沙县分校，有全额事业编制3名。县科协拥有自然科学类协会、学会17个，科技人员和会员共5678名，科普志愿者3280名、农村科普信息员1868名。通过不断加强科普队伍的建设，长沙县已逐步形成以科技专家为龙头，广大科技工作者为主体，科普志愿者、科普信息员、农村科技示范户和社区科普文明家庭为基础的结构合理、层次分明、覆盖广泛的科普工作队伍。

县科协2008年、2009年连续两年被市科协评为先进单位。通过两年的创建，2011年年底，长沙县又顺利通过专家组复核，被中国科协授予“全国科普示范县（2011-2015）”。

①
②
③

① 2010年12月20日，省科协党组副书记、副主席荣诚（左四）带队参观长沙县黄兴蔬菜协会

② 2011年1月23日，市科协领导到金井茶厂视察指导科普惠农工作

③ 2009年5月26日，长沙县举办“科普进校园”活动——科普大篷车活动现场

长沙县公安局

2008年至2011年，长沙县公安机关坚持打击与防范并重、管理与服务并重，全面实现社会治安持续稳定、执法工作更加规范、警民关系更加和谐、服务质量显著提高的目标。2009年创造社会治安综合整治全市第一、打黑除恶全市第一、命案侦破全省第一的显著成效，取得县级公安机关综合考核全省第26名，全市第1名的好成绩。2010年取得命案侦破、打黑除恶、打击多发性侵财犯罪工作均排名全市第一的好成绩。期间有1050个（次）集体和个人受到表彰奖励，其中部级荣誉 13个，省级荣誉79个。

2011年长沙县公安局奖获“2010.12.31”特大抢劫案集体二等功

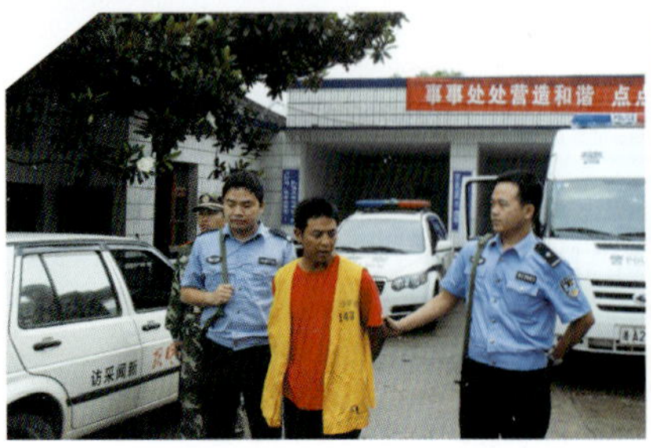

①
②③④

① 2008年7月30日，省政法委书记、公安厅厅长李江（左二）到长沙县视察奥运安保工作

② 2009年6月8日，县公安局抓获2008年“6·19故意伤害案”逃犯邹飞跃。案发后，为抓捕邹飞跃，长沙县出动武警、公安民警近3000人次，围捕搜山长达80余天

③ 2011年9月6日，公安部督察局局长张京（左五）一行到长沙县督察清网行动情况

④ 为促进警民和谐，县公安局近年多次举办警营开放活动。图为2011年4月21日举办警营开放日活动，由政委周立强、副政委刘娟慧主持

长沙县人民检察院

2008年以来，县检察院牢固树立“立检为公、执法为民”的执法观，坚持“强化法律监督，维护公平正义”检察工作主题，紧扣“理性、平和、文明、规范”执法新理念，创新工作思路，落实业务工作、强化队伍建设、加强基础设施建设的工作举措。先后荣获“全国文明接待室”、“全国先进基层检察院”、“全国检察机关集体一等功”等全国性荣誉8次，荣获“全省文明单位”、“全省先进基层检察院”、“湖南省档案工作规范化管理省特级单位”等省级荣誉9次，荣获市级荣誉54次，实现了一年上一个台阶的创先争优目标，各项检察事业得到进一步发展。

①

② ③

④ ⑤

① 长沙县检察院综合技术大楼外景

② 2008年6月25日，市委政法委书记张湘涛（左二）在长沙县检察院视察并与干警交流

③ 2009年6月23日，部分在湘全国人大代表与省市检察院、长沙县委等领导合影

④ 2010年4月2日，长沙县检察院检察官在杨开慧烈士陵园集体宣誓

⑤ 2011年8月15日，省人大常委会副主任谢勇（右一）到长沙县视察检察工作

长沙县人民法院

长沙县人民法院共设有庭、室、局（队）、人民法庭20个部门，其中派出人民法庭6个（含经济技术开发区法庭）。全院共有法官和其他工作人员133 人。2008年~2011年共受理各类案件14149件，加上年旧存366件，合计14515件，审执结了其中的14398件，结案率达99.19%。四年中，长沙县法院围绕“司法公正”、“司法为民”、“司法和谐”三大主题，全力争创 “管理高效率，审判高质量，队伍高素质，环境高品位”的优秀基层人民法院。先后评为全省优秀基层人民法院、全市司法公开示范法院；审判绩效排在全市前列，公众测评在全省处于上游，2011年排名全省法院第一；司法理念、司法措施、内政管理都具有特色；法院队伍保持了建院以来无违法违纪的光荣传统，涌现出了沈金勇、蒋树德等国家级、省级先进法官。

① 县法院院长耿明生（左二）亲自为春节返乡民工发放拖欠的工资
② 湖南省高院院长康为民（右二）到长沙县视察工作
③ 加大对犯罪活动的打击力度，维护社会秩序的和谐稳定，图为审判现场
④ 加强队伍建设，重视队伍廉洁自律和工作作风，图为廉洁自律集体宣誓
⑤ 切实落实司法公正长沙行活动，多次开展上街咨询活动，耐心为群众解答法律疑难问题

长沙县人民代表大会常务委员会

长沙县人民代表大会常务委员会机构领导人员

主　任 徐敏芝（2008.01～　　　）

党组第一副书记

李建章（2011.06～　　　）

党组副书记

唐智斌（2008.05～　　　）

副主任 唐智斌（2008.01～　　　）

周郁文（2008.01～　　　）

张政文（2008.01～　　　）

柳铁强（2008.01～　　　）

曹艳萍（2008.01～　　　）

党组成员

彭金城（2008.01～2010.08）

李　伟（2008.01～2010.12）

唐艳灵（2010.08～　　　）

彭　涛（2010.11～　　　）

常委会工作部门

办公室主任

李　伟（2008.01～2010.12）

彭　涛（2010.12～　　　）

副主任

王继强（2008.01～　　　）

彭　涛（2009.07～2009.12）

王文凯（2009.12～　　　）

内司工委主任

余建业（2008.01～　　　）

教科文卫工委主任

周爱兰（2008.01～2009.07）

何都益（2009.07～2010.12）

彭　辉（2010.12～　　　）

副主任 何都益（2008.01～2009.07）

财经工委主任

陈　波（2008.01～　　　）

选联工委主任

彭金城（2008.01～2010.10）

唐艳灵（2010.10～　　　）

副主任 杨全党（2011.02～　　　）

农工委主任

袁耀华（2008.01～2009.12）

彭　涛（2009.12～2010.12）

何都益（2010.12～　　　）

城环工委主任

杨　琳（2009.12～　　　）

概　述

长沙县第十五届人大常委会设主任1人，副主任5人，委员17人。2008年至2011年，县人大常委会机关设办公室和财政经济、科教文卫、选举联络、内务司法、农业、城乡建设环境与资源保护6个工作委员会，其中城乡建设环境与资源保护工作委员会为2009年增设。办公室配主任1人、副主任2人，选举联络工作委员会配正、副主任各1人，其余五个工作委员会只配主任1人，主要为县人大及其常委会履行职权做好服务工作。

四年来，县人大常委会召开常委会会议36次，听取和审议各类工作报告70项，作出决议、决定48项，发出审议意见书和交办函34份，组织开展执法检查1次，开展集中视察13次，依法任免国家机关工作人员178人次。

在政治上，始终坚持党的领导、人民当家做主和依法治国的有机统一，全面贯彻落实科学发展观，营造生动活泼、民主团结、和而不同、殊途同归的良好氛围，确保县委的主张经过法定程序成为地方的国家意志，确保县委推荐人选通过法定程序成为县级国家机关工作人员，确保县委重大战略部署和工作举措通过人大及其人大常委会审议监督落到实处。

在工作监督方面，创新监督形式，科学选定议题，突出对计划和财政预算以及政府投融资工作的监督，突出对环境治理、农村卫生事业发展等热点难点问题的监督，突出对关系民生的城乡义务教育、乡村公路建设等专项工作的监督，既促经济发展，又保碧水蓝天，既关注民利民生，又力促社会和谐；在法律监督方面，深入开展“三湘环保世纪行”、“三湘农产品质量安全行”、“三湘农民健康行”、“民族团结进步行”和“司法公正长沙行”等活动，全面推进规范性文件备案审查工作，保障法律法规一体遵行,营造良好的法治环境，有力推进依法治县进程。

在联系群众方面，牢记以人为本、执政为民，深入开展“双联”活动，鼓励代表创业富民，引导代表热心公益，组织代表建言献策，充分发挥代表联系人民群众的桥梁和纽带作用，跟踪督办代表议案和建议、批评、意见，认真督办代表和群众的来信来访，切实维护人民群众的根本利益。

在开创特色工作方面，审议中体现一个“严”字，严格筛选议题，严格审议程序，严格执行制度，严格督办问效；监督中体现一个“真”字，切实做到善于监督、勇于监督、全面监督；代表工作中体现一个“活”字，以开展代表小组活动为抓手，以发挥代表活动室作用为平台。全县各级代表小组活动呈现出百花齐放、富有成效的生动局面。

重要会议

【长沙县第十五届人大二次到五次会议简介】 长沙县第十五届人民代表大会第二次会议于2008年3月11日至13日在开源剧院举行。本次大会应到代表268名，实到代表266名。会议听取和审议了县人民政府工作报告、县人大常委会工作报告、县人民法院工作报告和县人民检察院工作报告，审查和通过了关于长沙县2007年国民经济和社会发展计划执行情况与2008年计划（草案）的报告、关于长沙县2007年财政预算执行情况与2008年财政预算（草案）的报告，审查和批准了长沙县2007年国民经济和社会发展计划执行情况的报告与2008年国民经济和社会发展计划、长沙县2007年财政预算执行情况的报告及2008年财政预算。

长沙县第十五届人民代表大会第三次会议于2009年3月11日至13日在明城国际大酒店举行。本次大会应到代表268名，实到代表268名。会议听取和审议县人民政府工作报告、县人大常委会工作报告、县人民法院工作报告和县人民检察院工作报告，听取和审查长沙县2008年国民经济和社会发展计划执行情况与2009年国民经济和社会发展计划（草案）的报告、长沙县2008年财政预算执行情况和2009年财政预算（草案）的报告，审查和批准了长沙县2008年国民经济和社会发展计划执行情况的报告与2009年国民经济和社会发展计划、长沙县2008年预算执行情况的报告和2009年财政预算（草案），书面审查了关于办理县十五届人大二次会议所立议案和代表所提建议、批评和意见的报告。

长沙县第十五届人民代表大会第四次会议于2010年1月20日至23日在明城国际大酒店举行。本次大会应到代表268名，实到代表268名。会议听取和审议县人民政府工作报告、县人大常委会工作报告、县人民法院工作报告和县人民检察院工作报告，听取和审查长沙县2009年国民经济和社会发展计划执行情况与2010年国民经济和社会发展计划（草案）的报告、长沙县2009年财政预算执行情况和2010年财政预算（草案）的报告，书面审查了关于县十五届人大三次会议以来所立议案和代表所提建议批评意见办理情况报告；会议选举张庆红为县人民政府县长，选举杨琳、黄泽红、彭涛为县十五届人大常委会委员，增选张庆红为出席市第十三届人民代表大会代表。

长沙县第十五届人民代表大会第五次会议于2011年1月5日至8日在明城国际大酒店举行。本次大会应到代表271名，实到代表271名。会议听取和审议县人民政府工作及长沙县国民经济和社会发展第十二个五年规划纲要(草案)的报告、县人大常委会工作报告、县人民法院工作报告和县人民检察院工作报告，审查和通过关于长沙县2010年国民经济和社会发展执行情况与2011年计划（草案）的报告、关于长沙县2010年财政预算执行情况及2011年财政预算（草案）的报告、关于县十五届人大三次会议所立议案和四次会议以来代表所提建议批评意见办理情况报告；会议还补选刘义红、唐艳灵、彭辉、阳智为县十五届人大常委会委员。

【长沙县第十五届人大常委会第一次到第三十六次会议综述】 长沙县第十五届人大常委会从2007年12月到2011年12月共召开常委会会议36次，其中有关人事任免的会议共16次，会议决定任命县人民法院、县人民检察院和县人民政府职能机构、县人大常委会委室负责人共221人，免去职务51人。其中，第1次常委会会议决定任命许文广为县人民政府副县长。第4次常委会会议接受黎春秋辞去县人民政府副县长职务的请求。第6次常委会会议决定任命李洪波为县人民政府副县长。第18次常委会会议同意杨懿文辞去县人民政府县长职务，同时决定副县长张庆红为县人民政府代理县长。第32次常委会会议决定任命胡春山、杨莉、王国良为县人民政府副县长，决定免去李洪波、刘素月、常利民的县人民政府副县长职务，决定接受刘革强辞去县人民检察院检察长职务的请求，决定任命石华为县人民检察院副检察长、代理检察长。

第5次常委会会议决定接受腾晓萍辞去县第十五届人大代表职务的请求。第8次常委会会议决定接受李立夫辞去县十五届人大代表职务的请求。第11次常委会会议决定接受王国良、刘义红辞去县十五届人大代表职务的请求。第13次常委会会议作出接受傅灿霞辞去市十三届人大代表职务的决定。第17次常委会会议决定接受李创辞去县十五届人大代表职务的请求。第18次常委会会议作出接受饶副明辞去市十三届人大代表职务的决定。第19次常委会会议决定接受张之伟辞去县十五届人大代表职务的请求。第20次常委会会议作出接受杨光荣辞去市十三届人大代表职务的决定。第25次常委会会议决定接受孙辉辞去县十五届人大代表职务的请求。第27次常委会会议决定接受杨喜平等9人辞去县十五届人大代表职务的请求。第28次常委会会议决定接受李伟等3人辞去县十五届人大代表职务的请求。第34次常委会会议决定接受杨忠文等4人辞去县十五届人大代表职务的请求。第36次常委会会议决定补选文树勋为市第十三届人民代表大会代表。

县人大常委会坚持服务全县工作大局，坚持依法按程序办事和集体行使职权，对县人民政府、县人法院和县人民检察院（以下简称“一府两院”）的工作依法开展监督，有11次常委会会议听取审议全县财政预算执行情况及预算调整情况，9次常委会会议听取审议了全县国民经济和社会发展计划执行情况，5次常委会会议听取了县审计局关于财政预算执行和其他财务收支的审计报告；常委会十分关注全县经济运行质量，届内有9次常委会会议专题听取投融资工作情况的汇报，了解和掌握投融资公司的年度项目安排、资金筹措计划及执行情况，并及时向政府出具建设融资专函批复，有效防范金融风险；为推进依法治县进程，营造良好的法治环境，常委会有4次会议分别听取和审议县人民法院、县人民检察院、县公安局、县司法局的有关工作情况汇报，第30次常委会会议听取长沙县“五五”普法工作情况和“六五”普法工作设想汇报，第34次常委会会议审议通过《县人大常委会关于加强法制宣传教育的决议》；另有8次常委会会议分别听取和审议交通、民政、科技、工业、粮食、规划、广电等政府职能部门的工作情况汇报。

为加强对全县经济、社会发展的宏观指导，县人大常委会在第29次会议上，听取和审议县发展和改革局局长曹伟兴关于“十二五”规划编制情况的汇报，并在长沙县第十五届人民代表大会第五次会议上表决通过。为切实加强对城乡建设和环境资源保护等方面的工作监督，促进城乡建设，第12次常委会会议审议通过设立县人大常委会城乡建设环境与资源保护工作委员会的议案。为进一步增强县城的综合实力，发挥县城的辐射带动作用，第15次常委会会议作出关于撤销星沙镇建制设立街道办事处的决定。

主要工作

【办理代表议案和建议、批评、意见】 县十五届人大一次会议以来，立议案1件，收到代表建议、批评和意见317件，都通过县人大常委会会议和主任会议及时向“一府两院”及有关部门进行交办，所有建议都按期办理答复，代表满意率100%。议案为：第三次会议所立的“关于迅速启动红旗、桐仁桥、乌川、金井四座中型水库灌区改造的议案”。该议案工程投资1亿多元，涉及全县10个乡镇、10560公顷农田、25万人口，在县人大常委会的持续跟踪督办下，于届内提前圆满完成。县人民政府及各承办部门始终注重议案，建议、批评和意见的办理效率和质量。在办理过程中，各承办单位深入调查研究，精心制定方案，将办理工作与全县整体工作相结合，采取积极有效的措施，使一些问题及时得到解决。对于那些难以解决或因条件不具备不能解决的问题，承办单位通过耐心与代表沟通，说明情况，讲清政策，积极争取代表的理解和支持。

为加强县人民政府、县人民法院和县人民检察院与人大代表之间的沟通和联系，每年年中，都召开“一府两院”向人大代表通报半年度工作会议，县人民政府县长、县人民法院院长和县人民检察院检察长在会上向全体代表通报工作，“一府两院”全体班子成员分组到各代表团参加讨论，听取人大代表对“一府两院”工作的意见和建议，收集整理后交各相关单位办理。各承办单位高度重视，严格按照办理人民代表大会建议的要求，认真落实每一项建议。四年共收集整理建议144条，全部办理答复，满意率100%。

【组织人大代表视察、调研】2008年5月9日，县人大常委会组成人员和部分县人大代表视察全县城管工作，并听取县城镇管理局局长刘晓龙的工作汇报。

2008年9月19日，县人大常委会全体组成人员与教科文卫工委兼职委员视察县史志档案局的档案工作。视察组一行观看了档案局的成就展，实地考察了档案馆的库房,并听取了局长张献忠的工作汇报。

2008年12月5日，县人大常委会全体组成人员到东六线、望新撇洪渠、松雅湖取水口及苑景路视察县城重点工程建设进度，并听取重点工程建设工作情况汇报。

2009年5月31日，县人大常委会全体组成人员和部分县人大代表对县农村环境综合整治工作进行视察。视察组一行查看了黄花镇黄龙新村、春华镇九木养殖场、金江坝坝口、果园镇弘顺养殖场和农村环保合作社的环境整治工作情况。

2009年8月4日，县人大常委会主任会议成员到桐仁桥水库调研，并听取县水利局关于办理人大议案工作的情况汇报。

2009年12月1日，县人大常委会组织驻县的省、市人大代表和人大常委会组成人员开展会前视察活动，视察组采取分组的方式，分别视察了农村养殖污染治理工作情况和星沙城区义务教育情况。

2010年1月20日，县第十五届人民代表大会全体代表对全县重点工程建设情况进行了集中视察。代表们先后到松雅湖建设工地、陕汽环通重型卡车生产基地、星沙配套产业园、黄花国际机场扩建工程、三一培训学校、北汽福田、山河智能等重点工程建设基地了解情况。

2010年3月10日，县人大常委会全体组成人员和部分县人大代表视察了县人民代表大会议案工程办理情况。视察组一行先后察看了红旗水库灌区金塘段、大鱼塘段，桐仁桥水库灌区洪山塘段、大塘勘段的渠道建设和改造情况，并听取县人民政府和县水利局的情况汇报。

2010年4月16日，县人大常委会组织长沙市第十三届人大代表长沙县联组代表一行到大河西先导区进行视察，在代表活动室召开座谈会，就代表如何加强交流、充分履职发表了意见。随后，代表联组到大河西先导区梅溪湖片区，实地察看梅溪湖片区开发建设情况，并听取了大河西先导区相关负责人关于先导区发展情况的介绍。

2010年12月15日，长沙市第十三届人大代表长沙县代表联组、长沙县人大常委会全体组成人员对全县交通工作进行视察，视察组先后察看了黄兴大道北延线和开元大道东延线建设情况，并听取了县交通局的有关工作情况汇报。

2011年3月23日，县人大常委会全体组成人员及部分县人大代表，对县十五届人大三次会议水利议案工程办理情况进行了视察。视察组深入春华、江背等乡镇，对红旗灌区和乌川灌区的改造情况进行实地了解和检查，并听取县人民政府关于办理议案工程的有关工作情况汇报。

2011年6月2日，县人大常委会全体组成人员及部分县人大代表，对全县农村义务教育办学条件进行视察。视察组深入开慧镇、福临镇和青山铺镇的6所中小学，对师生的办公、学习和生活设施进行实地检查和了解，并召开视察农村义务教育办学条件汇报会。

2011年7月7日，县人大常委会主任会议成员到长沙住房公积金中心长沙县管理部开展调研，并听取其负责人的有关工作情况介绍。

2011年11月28日，湖南省人大代表长沙县代表小组、长沙市人大代表长沙县代表联组及长沙县人大常委会全体组成人员赴攸县学习考察“城乡环境同治、创新社会管理”先进作法与经验。

【开展执法检查】 2011年，为认真检查《中华人民共和国农产品质量安全法》在全县的贯彻实施情况，力促政府及相关部门切实增强监管能力，保障农产品质量安全和广大人民群众消费安全，实现全县农产品生产健康持续发展，县人大常委会组织对《中华人民共和国农产品质量安全法》开展执法检查。5月18日召开培训动员大会，要求县乡人民政府及相关职能部门认真开展自查自纠，做好迎检准备。8月初开始，执法检查工作分为5个小组，由县人大常委会正副主任带队，组织全体常委会组成人员及部分县人大代表，在县人民政府主管领导及相关职能部门负责人陪同下，采取听汇报、看基地、查市场、问民意的形式，从涉及农产品质量安全的生产、加工、流通、消费四个环节开展执法检查，历时一个多月，实地察看全县51个农产品生产基地和经营企业、单位，范围覆盖蔬菜、粮食、茶业、果品、畜禽、食用菌等主要农产品，包括生产基地、批发、零售、初级加工、检测等环节，并延伸检查了饲料、兽药、小作坊、餐饮、学校及民工、医院食堂等40余家企业及相关单位，查阅有关资料和台账，分别召开座谈会17次，认真听取县农业局、县畜牧局等10多个部门及22个乡镇街道的自查情况汇报，听取乡镇人大主席团、农产品及农业投入品生产经营者和消费者及基层人大代表的意见和建议。10月27日，十五届人大常委会对执法检查工作进行审议，提出进一步加大法律宣传力度，夯实农产品质量安全基础，加快完善检测检验体系，全程监控农产品质量安全，创建政府专业化独立监管体制机制，建立健全完善的社会监督机制，完善对农产品消费者的权益保护机制等建议。

【“司法公正长沙行”活动】 “司法公正长沙行”活动于2009年正式启动。按照市人大常委会的统一安排部署，县人大常委会紧紧围绕“严格依法履职，维护公平正义”的活动主题，坚持“高标准、严要求、强举措、重实效”的工作思路，认真组织，周密部署，积极推进“司法公正长沙行”活动开展。

县人大常委会成立活动领导小组，由主任担任组长，分管副主任任副组长，领导小组下设办公室，由内司工委主任任办公室主任。县公安局、县检察院、县法院、县司法局四家成员单位均成立由一把手任组长，班子成员为副组长，中层干部为成员的活动领导小组，确定一名班子成员副职负责活动的具体落实，明确四家成员单位一把手负总责，其他活动小组成员负具体工作职责的责任制度。每年年初县人大常委会制定年度实施方案，组织县公安局、县检察院、县法院、县司法局四家成员单位主要负责人及中层干部召开“司法公正长沙行”活动的启动、推进会议，进行动员部署，明确责任，督促实施。在实施过程中，县人大常委会分管副主任带领内司工委负责人，采取发放调查问卷，召开座谈会等形式，对四家成员单位落实活动的情况进行调研，听取意见，并不定期到四家成员单位进行跟踪指导、督促。每年年底，组织召开总结会议，在总结成绩的同时，协调解决活动进行过程中遇到的各类问题，保证活动顺利推进。为扩大“司法公正长沙行”活动的社会影响力，在县人大常委会的指导下，各成员单位采取在公共场所布置展台、接受群众咨询、悬挂宣传标语、发放普法资料、组织文艺会演等形式，每年在全县范围内开展以“司法公正长沙行”为主题的形式多样、声势浩大的宣传活动。各活动承办单位还积极与县委机关报《今日星沙》合作开办专栏，对“司法公正长沙行”活动进行报道宣传。县人大常委会内刊《长沙县人大工作动态》也增设专栏对活动开展情况进行专题报道。

活动开展三年来，“司法公正长沙行”活动四家成员单位做了大量卓有成效的工作，为该县发展营造了良好的法治环境。县法院以司法公开为重点，将审判、执行活动最大限度置于诉讼当事人和社会监督下；县检察院以反渎职侵权为重点,活动开展以来,立案侦查渎职侵权犯罪案件20件33人；县公安局加强执法规范化建设,为人民群众安居乐业营造了较好的治安环境；县司法局加强法律援助,积极为残疾人、农民、下岗职工等弱势群体畅通法律援助绿色通道。2011年县人大常委会副主任柳铁强率领内务司法工作委员会对“司法公正长沙行”活动开展情况进行专题调研，走访法、检、公、司各级单位30余家，听取汇报，查阅资料，征集民意，根据所掌握的情况综合形成《长沙县开展“司法公正长沙行”活动调研报告》，提出了探索有效监督方式、营造良好宣传氛围、总结提升活动成绩等建议。

【人大“双联”活动】 根据长沙市人大常委会的统一部署，2008年6月30日，长沙县第十五届人大常委会第五次会议作出关于开展县人大常委会组成人员联系人大代表，人大代表联系人民群众的“双联”活动的决定，并制订活动实施方案。同年7月9日召开动员会，对全县的“双联”活动进行全面部署。四年来，县人大常委会始终把代表工作作为工作重点，把开展 “双联”活动贯彻工作始终：

一是健全代表工作的常态机制。1. 建立健全人大常委会组成人员分片联系乡镇人大工作制度、人大常委会联系不驻会委员制度、人大常委会联系“一府两院”有关部门工作制度、人大常委会组成人员走访代表制度等代表工作联系制度。2. 坚持和完善初任培训、履职培训、专题培训的培训制度。2008年7月组织开展以履职培训为重点的集中学习；2009年7月组织开展如何审议“一府两院”专项工作报告的专题学习；2010年建立人大常委会会议会前学法制度；2011年9月，组织乡镇（街道）人大主席（工委主任）、机关代表联组组长赴全国人大培训中心系统学习监督法、选举法、代表法和人大监督工作等法律业务知识。3、制订和完善《长沙县人大代表守则》和《长沙县人大代表履职评价办法》，建立代表履职台账；探索和启动代表向选民述职工作；规范闭会期间的代表活动，1个省代表小组、2个市代表小组、34个县代表小组都有各自的年度活动计划，每年的会前视察活动和半年度听取“一府两院”工作通报成为代表联组和代表小组的工作常态。

二是突出抓好代表活动室与农家书屋共建。2009年全面开展代表活动室与农家书屋共建活动，在全县推广建成34个活动室，其中包括省代表长沙县代表小组1个和市代表长沙县代表联组1个。每个代表活动室都有阵地、有牌子、有经费、有图书、有活动器材、有图书管理员兼民情联络员、有计划、有制度、有活动记载、有档案资料；名称统一为长沙县人大代表活动室或省十一届人大代表长沙县代表小组活动室或市第十三届人大代表长沙县代表小组活动室。为确保代表活动室建设资金投入，采取各级政府支持、代表带头捐助、社会各界参与的办法筹集资金，县财政每年按政策标准，列入财政预算，每个农家书屋每年安排1万元财政补助资金；乡镇政府按照2000元/个的标准每年安排资金用于活动室和农家书屋的运行维护以及管理人员适当补贴；通过社会募捐筹集资金200余万元、捐书5万多册。同时县人大常委会在每年的世界读书日，组织一次捐书活动。全县34个代表活动室建成后，代表小组活动的计划性、针对性、推动性、实效性均明显增强，真正达到党委满意、代表满意、人民群众满意的效果。

三是加强对乡镇人大工作的指导。每季度召开一次乡镇人大主席联席会议，听取各乡镇人大工作开展情况汇报，总结和交流乡镇人大工作经验。在县人大常委会的有效指导下，各乡镇人大主席团不断创新工作方式，组织各类调研、视察活动，为乡镇党委工作决策提供合理建议和意见；积极开展部门工作评议，对相关执法部门的执法情况进行检查，提出整改意见，促进部门改进工作作风、提高工作效率；部分乡镇在探索和实践的基础上开展代表向选民述职工作，让选民充分了解代表履职情况，引导代表密切联系选民、接受选民监督。

2011年12月23日县人大常委会作出《关于表彰人大工作先进单位和优秀个人的决定》，对青山铺镇等6个人大工作先进乡镇（街道）、熊虎威等10名优秀人大代表小组长、范田茂等40名优秀人大代表、罗海望等16名优秀人大工作者和县人民政府办公室等6个议案及建议办理工作先进单位予以表彰。

【加强制度建设】 2008年6月30日，县第十五届人大常委会第5次会议审议通过《长沙县人大常委会规范性文件备案审查工作规则》，旨在进一步加强对规范性文件的审查，维护社会主义法制的统一，规范备案审查工作程序。规则经公告后于当年8月1日起施行。

2008年8月28日，长沙县十五届人大常委会第7次会议审议通过《长沙县人大常委会审议意见办理办法》，进一步规范县人民政府、县人民法院、县人民检察院对审议意见的办理工作，有效提高县人大常委会会议审议意见的办理质量。

2010年1月14日长沙县十五届人大常委会第21次会议审议通过《长沙县人民代表大会常务委员会关于提高县人大常委会会议审议质量的办法》，该办法从确定审议议题、做好会前准备、改进审议方式、加大督办力度、严肃会议纪律等五个方面作出规范，促进了县人大常委会会议审议质量的进一步提高。

2010年12月30日长沙县第十五届人民代表大会常务委员会第29次会议审议通过《长沙县人民代表大会常务委员会讨论决定重大事项的规定》。从制度上规范人大常委会“决定什么”、“如何决定”和“决定后怎么办”等问题，切实保障人大常委会在行使重大事项决定权时有章可循。（卢文杰　彭　涛）

长沙县人民政府

长沙县人民政府机构领导人员

县　长 杨懿文（2008.01～2009.10）
张庆红（2010.01～　　　）
代县长 张庆红（2009.10～2010.01）
副县长 黎春秋（2008.01～2008.05）
李洪波（2008.08～2011.06）
刘素月（2008.01～2011.06）
许文广（2008.01～2008.11）
胡春山（2011.06～　　　）
杨　莉（2011.06～　　　）
王益枝（2008.01～2009.07）
周辉斌（2008.01～　　　）
常利民（2008.01～2011.06）
周安伟（2008.01～　　　）
万惠明（2009.10～　　　）
王国良（2011.06～　　　）

政府工作部门及直属事业单位

县人民政府办公室主任、党组书记、县政府党组成员
唐俊兴（2008.01～　　　）
党组副书记、副主任
唐云华（2008.01～2011.10）
党组成员、副主任
赖坤明（2008.01～2009.10）
刘秋良（2008.01～　　　）（兼）
蒋勇文（2008.01～　　　）（兼）
夏声朝（2008.01～　　　）
梁应文（2008.01～2009.08）（兼）
廖春红（2008.01～2011.10）
刘高祥（2008.01～　　　）（兼）
魏　检（2008.01～　　　）（兼）
张慧利（2008.01～2010.11）
彭细祥（2009.10～　　　）
周杰军（2009.10～　　　）（兼）
党组成员、纪检组长
彭细祥（2008.01～2009.10）
副主任、金证办主任
陈沃辉（2010.11～　　　）
副主任、人防办主任
吴再文（2010.11～　　　）
副主任、招标采购中心主任
饶晓刚（2010.11～　　　）（兼）

县信访局

局　长 刘秋良（2008.01～2010.12）
王伟山（2010.12～　　　）
副局长 于中伟（2008.01～　　　）
袁巧先（2010.11～　　　）
刘　宝（2009.10～　　　）
游　晓（2008.01～2010.12）
副局长、城建投副主任
王志平（2009.06～　　　）（兼）
副局长、驻京联络处主任
罗　旭（2008.01～　　　）（兼）

县发展和改革局（物价局）

局　长 曹伟兴（2008.01～　　　）
党组书记
李雄辉（2008.01～2009.10）
朱建民（2010.11～　　　）
党组成员、副局长
罗跃进（2008.01～2010.11）
朱建民（2008.01～2010.11）
谭振华（2010.11～　　　）
唐　智（2010.11～　　　）
党组成员、纪检组长
谭振华（2008.01～2010.11）
李志勇（2011.10～　　　）
党组成员、总经济师
邓剑侠（2010.08～　　　）

县工业和信息化局

党组副书记、局长
曹　雄（2008.01～　　　）
党组书记
孔国清（2008.01～　　　）
党组成员、副局长
王广秋（2008.01～　　　）
李良成（2008.01～　　　）
杨　琳（2008.01～2010.02）
彭菊泉（2010.04～　　　）
柳伟文（2010.04～　　　）
党组成员、纪检组长
张　颖（2008.01～2009.05）
薛　原（2009.04～　　　）
副局长 游　晓（2010.12～　　　）
刘　刚（2011.06～　　　）

县教育局

党委副书记、局长
彭克让（2008.01～2010.11）
彭志坚（2010.11～　　　）
党委书记
彭志坚（2008.01～2011.11）
党委成员、县人民政府教育督导室主任、副局长
姚利强（2008.01～2011.12）
党委副书记、纪委书记
邓余粮（2008.01～2011.10）
党委成员、纪委书记
王　容（2011.10～　　　）
党委成员、副局长
毛照平（2008.01～　　　）
郇立平（2008.01～　　　）
冯武斌（2008.01～2011.10）
胡永俊（2008.02～　　　）
杨次平（2010.11～　　　）
廖名跃（2011.10～　　　）

县科学技术局（知识产权局）

党组副书记、局长
陈跃进（2008.01～2009.07）
杨喜平（2010.04～　　　）

党组书记

陈智慧（2008.01～　　　）

党组成员、副局长

陈艳平（2008.01～　　　）

罗卫滋（2008.01～2010.02）

周　伟（2009.04～　　　）

党组成员、纪检组长

章红娜（2008.01～2011.01）

县公安局

党委书记、局长

胡志国（2008.01～2009.10）

曾卫国（2009.10～　　　）

党委副书记、政委

肖仲国（2008.01～2009.10）

周立强（2009.10～　　　）

党委委员、副局长

周立强（2008.01～2009.10）

钟迪刚（2008.01～　　　）

曾国光（2008.02～2010.12）

林松柏（2008.01～2011.12）

常天健（2008.01～　　　）

宋晓峰（2008.01～　　　）

韩　伟（2008.01～　　　）

周刚强（2010.11～　　　）

吴　鑫（2011.11～　　　）

党委委员、纪委书记、副政委

罗俊强（2008.01～　　　）

党委委员、政工室主任

刘娟慧（2008.01～2010.11）

党委委员、副政委、政工室主任

刘娟慧（2010.11～　　　）

党委委员、星沙派出所所长

王志国（2008.02～2010.11）

党委委员、新安派出所所长

吴　鑫（2010.11～2011.11）

正县级侦察员

肖仲国（2009.10～　　　）

县司法局

局　长 黄　梁（2008.01～　　　）

党组书记

袁正良（2008.01～2009.04）

范文略（2010.04～　　　）

党组成员、副局长

何静宜（2008.03～　　　）

彭智全（2008.01～　　　）

石德山（2010.11～　　　）

胡朝钦（2011.06～　　　）

熊利清（2008.01～　　　）

党组成员、纪委书记

范伟霞（2008.01～　　　）

县住房与城乡建设局

党组副书记、局长

万惠明（2008.01～2010.12）

刘晓龙（2010.12～　　　）

党组书记

刘建伟（2008.01～　　　）

党组成员、纪检组长

兰伟强（2008.01～2009.04）

陈自力（2009.04～2010.11）

陈　渊（2010.11～　　　）

党组成员、副局长

王岳能（2008.01～　　　）

童菊成（2008.01～　　　）

江　涌（2008.01～2010.12）

毛旭平（2008.01～2009.12）

彭晓明（2008.01～2011.12）

陈自力（2010.11～　　　）

杨　晓（2010.11～　　　）

党组成员、总工程师

朱长安（2011.01～　　　）

安监站站长

章许林（2008.01～2011.05）

刘小虎（2011.05～　　　）

质监站站长

章许林（2011.05～　　　）

县民政局

局　长 肖树森（2008.01～　　　）

党组书记

谭启桂（2008.01～　　　）

党组成员、副局长

龙恒照（2008.01～　　　）

黎　江（2008.01～　　　）

何铁建（2008.01～　　　）

高　军（2008.01～　　　）

党组成员、纪检组长

薛　原（2008.01～2009.04）

张新明（2009.04～　　　）

县财政局

局　长 刘建龙（2008.01～　　　）

党组书记

张天明（2008.01～　　　）

党组副书记

刘建龙（2008.01～　　　）

党组成员、纪检组长

沈建民（2008.01～2008.02）

陈灿云（2008.03～　　　）

党组成员、副局长

陈灿云（2008.01～　　　）

陈文伟（20080.1～　　　）

周　勇（2008.02～　　　）

魏　检（2008.01～2008.02）

党组副书记、副局长

黄恩晓（2008.01～　　　）

党组成员、总会计师

唐宪伟（2008.01～　　　）

县人力资源和社会保障局

局　长 喻志刚（2008.01～　　　）

袁　灿（2008.01～2011.01，原劳动局）

党组书记

王建洪（2008.01～　　　）

周明亮（2008.01～2009.04，原人事局）

党组成员、副局长

彭庄利（2008.01～　　　）

刘　铸（2008.01～　　　）

陈志强（2008.01～　　　）

张　舸（2009.12～　　　）

杨　曲（2009.12～　　　）

周　艳（2010.12～　　　）

刘海平（2008.01～2010.02，原人事局）

童定元（2008.01～2009.10，原人事局）

袁巧先（2008.01～2011.01，原劳动局）

党组成员、纪检组长

王凤辉（2008.01～2009.07，原人事局）

唐雅静（2009.04～　　　，原劳动局）

县国土资源局

党组副书记、局长

常格亮（2008.01～2011.06）

范新国（2011.06～　　　）

党组书记

常亿明（2008.01～2009.02）

范新国（2009.02-2011.09）

龙征兵（2011.09～　　　）

党组副书记

常格亮（2008.01～2011.06）

龙征兵（2008.01～2011.09）

范新国（2011.09～　　　）

党组成员、纪检组长

石朝佩（2008.01～2008.12）

陈　娟（2008.12～　　　）

党组成员、副局长

唐自力（2008.01～　　　）

吴国清（2008.01～2008.12）

吴宇红（2009.12～　　　）

党组成员、测绘总工程师

蒋卫民（2008.12～　　　）

副局长 龙征兵（2008.01～ ）
石朝佩（2008.10～ ）

县环境保护局

党组副书记、局长
张铁云（2008.01～2010.11）
张电波（2010.11～ ）
党组书记
郭建明（2008.01～2009.04）
陈跃进（2009.04～2011.04）
邓余粮（2011.10～ ）
党组成员、副局长
王建军（2008.01～ ）
熊四清（2008.01～2009.10）
徐峥勇（2011.03～ ）
党组成员、纪检组长
罗海权（2008.01～2010.11）
汤志国（2010.11～ ）
副局长 熊四清（2009.10～ ）（兼）

县交通运输局

党组副书记、局长
王元益（2008.01～ ）
党组书记
张再明（2008.01～2010.12）
党组副书记、副局长
梁立武（2008.01～ ）
党组成员、副局长
毛　建（2008.01～ ）
柳检军（2008.01～ ）
易新云（2008.01～2009.04）
刘桂刚（2009.04～ ）
党组成员、纪检组长
李政军（2008.01～2009.04）
张　颖（2009.04～ ）
副局长 徐柱杰（2011.05～ ）

县公路管理局

党总支书记、局长
程　淳（2008.01～2008.05）
周海燕（2008.05～2009.11）
党委书记、局长
周海燕（2009.12～ ）
党总支副书记、副局长、工会主席
沈海连（2008.01～2008.05）
党委副书记、副局长、工会主席
沈海连（2008.06～2010.03）
党委副书记、纪委书记、工会主席
沈海连（2010.04～ ）
党总支委员、副局长
田乃权（2008.01～2008.05）
张朝阳（2008.01～2008.05）
蒋海山（2008.01～2008.05）
李文志（2008.01～2008.05）
党委委员、副局长
田乃权（2008.06～2010.03）
张朝阳（2008.06～ ）
蒋海山（2008.06～ ）
李文志（2008.06～ ）
张　翼（2010.04～ ）
罗　湘（2011.05～ ）

县水务局

党组副书记、局长
胡立忠（2008.01～ ）
党组书记
叶国强（2008.01～2010.04）
张根冶（2010.11～ ）
党组成员、副局长
韦树波（2008.01～ ）
陶肖泉（2008.01～ ）
张登武（2008.01～ ）
邹国良（2010.11～ ）
党组成员、总工程师
吴奇勇（2010.08～ ）
党组成员、纪检组长
邹国良（2008.01～2010.11）
马志强（2010.11～ ）
副局长 陈宇波（2011.04～ ）

县农业局

党组副书记、局长
宋伟奇（2008.01～2009.10）
周卫军（2010.11～ ）
党组书记
涂日明（2008.01～2009.04）
周锦程（2009.04～2011.04）
唐云华（2011.10～ ）
党组成员、副局长
张华山（2008.01～ ）
张卫东（2008.01～ ）
黄　虹（2010.11～ ）
张新红（2008.01～2010.12）
黄其茂（2008.01～ ）
邓　欣（2011.05～ ）
纪检组长
张新明（2008.01～2009.04）
黄龙辉（2009.05～ ）

县林业局

党组副书记、局长
周海林（2008.01～2010.11）
李　伟（2010.12～ ）
党组书记
彭长林（2008.01～2010.04）
石巨龙（2010.04～ ）
副局长 叶春德（2008.01～ ）
粟国庆（2008.01～ ）
黄建国（2008.01～2011.10）
纪检组长
吴　英（2008.01～2009.04）
高爱娥（2009.04～ ）

县畜牧兽医水产局

党组副书记、局长
尹海林（2008.01～2010.11）
余孟洋（2010.11～ ）
党组书记
郑新放（2008.01～ ）
党组成员、副局长
何楚雄（2008.01～ ）
黄再富（2008.01～ ）
刘拥军（2008.01～ ）
党组成员、纪检组长
陈阳仁（2008.01～ ）

县商务局

党组副书记、局长
王义林（2008.01～2008.09）
王国良（2008.08～2010.11）
胡超钢（2010.11～ ）
党组成员、党组书记
罗　伟（2008.01～ ）
党组成员、副局长
曹江辉（2008.01～ ）
李雪恺（2008.01～ ）
柳　娟（2008.01～ ）
范文广（2010.04～ ）
陈　洁（2011.06～ ）
党组成员、纪检组长
蔡国华（2008.01～2009.04）
吴　英（2009.04～2011.10）

县广播电视局

党组副书记、局长
刘德华（2008.01～2010.11）
党组书记
范燎亮（2008.02～2010.01）
党组成员、副局长
王蓓高（2008.01～2010.11）
刘　瑞（2008.01～2010.11）
党组成员、电视台台长
沈　俊（2008.01～2010.11）
党组成员、纪检组长
戴志奇（2008.01～2009.04）
马　频（2009.05～2010.11）

县文化体育广播电视局（原文化体育局）

党组副书记、局长
丁　琛（2008.01～2011.10）
冯武斌（2011.10～ ）

党组书记
盛仲斌（2008.01～2010.11）
刘德华（2010.11～　　　）
党组成员、副局长
阳　智（2008.01～2010.11）
谭志国（2008.01～2010.11）
陈云辉（2008.01～　　　）
沈　俊（2010.11～　　　）
王海燕（2010.04～　　　）
党组成员、纪检组长
张　翠（2008.01～2009.04）
王　波（2009.04～　　　）

县广播电视台

党组副书记、台长
陈卫球（2010.12～　　　）
党组书记
王蓓高（2011.10～　　　）
党组成员、副台长
王蓓高（2010.11～2011.09）
党组成员、副台长
刘　瑞（2010.11～　　　）
党组成员、纪检组长
马　频（2009.05～　　　）

县卫生局

局　长 周建国（2008.01～2009.04）
周月明（2011.01～　　　）
党委书记
常势良（2008.01～2008.08）
吴迎波（2009.04～　　　）
纪委书记
王　波（2008.01～2009.04）
李政军（2009.04～　　　）
党委委员、副局长
吴志平（2008.01～2009.04）
刘伟泉（2008.01～2010.04）
李坤山（2008.01～2010.12）
唐　锋（2009.04～2010.04）
龚发军（2009.10～　　　）
周月明（2010.04～2010.12）
李凤英（2010.04～　　　）
副局长 杨曼琼（2011.02～　　　）

县人口和计划生育局

党组副书记、局长
张小亮（2008.01～　　　）
党组书记
童学安（2008.01～　　　）
政府督办员
凌海军（2008.01～　　　）
党组成员、副局长
杨　军（2008.01～　　　）
周月明（2008.01～2010.01）
刘伟泉（2010.04～2010.11）
李坤山（2010.11～　　　）
郭小林（2008.01～2010.08）
唐益群（2011.04～　　　）
陈　瑛（2011.10～　　　）
党组成员、纪检组长
邓利姣（2008.01～　　　）

县审计局

党组副书记、局长
曾利满（2008.01～　　　）
党组书记
林阳生（2008.01～2009.04）
罗金汉（2010.11～　　　）
党组成员、副局长
吴宇红（2008.02～2010.04）
罗金汉（2008.01～2010.11）
陈万磊（2010.04～　　　）
刘兴益（2010.11～　　　）
党组成员、总审计师
刘兴益（2008.01～2010.12）
党组成员、纪检组长
胡皓珅（2010.08～　　　）
副局长 晏　均（2011.04～　　　）

县城乡规划局

党组副书记、局长
李靓熹（2008.01～　　　）
党组书记、副局长
汤立平（2008.01～2010.11）
党组书记
缪畅群（2010.11～　　　）
党组成员、副局长
杨　晓（2008.01～2010.11）
郭检罗（2008.01～　　　）
袁　红（2008.01～　　　）
龙　江（2011.06～　　　）
党组成员、纪检组长
袁　红（2008.01～2009.07）
吴　昊（2009.10～2011.01）
黄　轲（2011.01～　　　）
党组成员、总规划师
黄治国（2011.10～　　　）

县安全生产监督管理局

党组副书记、局长
刘千武（2008.01～2010.12）
张铁云（2010.11～　　　）
党组书记
金西林（2008.01～　　　）
副局长 周柏清（2008.01～　　　）
覃　芳（2008.01～　　　）
彭会文（2008.01～　　　）
杨运宏（2008.02～　　　）
纪检组长
黄跃新（2008.01～2009.12）
杨　宇（2010.11～　　　）

县食品药品监督管理局

局长、党组书记
杨建成（2008.01～2010.10）
局长、党组副书记
杨建成（2010.11～　　　）
党组书记
尹海林（2010.11～　　　）
党组成员、副局长、纪检组长
鲁建武（2008.01～　　　）
党组成员、副局长
李翊超（2008.01～　　　）
肖俊斌（2008.07～　　　）
徐　猛（2008.11～　　　）

县城市管理和行政执法局

党组副书记、局长
刘晓龙（2008.01～2010.12）
梁应文（2010.11～2011.08）
党委副书记、局长
梁应文（2011.08～　　　）
党组书记
王立军（2008.01～2009.10）
刘千武（2010.11～2011.08）
党委书记
刘千武（2011.08～　　　）
党组成员、副局长
石德山（2008.01～2010.11）
柳铁进（2008.01～2011.08）
梁第杰（2008.01～2011.08）
熊利清（2010.11～2011.08）
周再明（2008.01～2011.08）
王乐君（2010.11～2011.08）
党委委员、副局长
柳铁进（2011.08～　　　）
梁第杰（2011.08～　　　）
熊利清（2011.08～　　　）
周再明（2011.08～　　　）
王乐君（2011.08～　　　）
副局长 张　任（2011.06～　　　）
党组成员、纪检组长
高爱娥（2008.01～2009.04）
兰伟强（2009.04～2011.01）

县城市管理行政执法大队

大队长 刘晓龙（2008.01～2010.11）
王乐君（2010.11～　　　）
教导员 王立军（2008.01～2009.10）
谭露明（2011.01～　　　）
副大队长
王乐君（2008.01～2010.11）
林友祥（2008.01～2010.09）

黄文思（2011.02～　　）
李　军（2011.06～　　）
刘志高（2011.06～　　）
向林霖（2011.10～　　）
副教导员
谭露明（2008.01～2011.01）

县法制办公室
党组书记、主任
蒋勇文（2008.01～　　）
党组成员、副主任
胡　达（2008.01～　　）
徐　杨（2009.10～　　）
党组成员
康广平（2008.01～　　）
副主任 周子贤（2011.05～　　）

县统计局
党组副书记、局长
余孟洋（2008.01～2010.11）
汤立平（2010.11～　　）
党组书记
沈建民（2010.11～　　）
党组成员、副局长
谢金良（2008.01～2009.04）
姜正阳（2008.01～　　）
胡　娟（2010.11～　　）
陈立云（2011.05～　　）
党组成员、纪检组长
马　频（2008.01～2009.04）
戴志奇（2009.04～　　）

县粮食局
党组副书记、局长
李根氐（2008.01～2010.11）
周海林（2010.11～　　）
党组书记
吴斌珂（2008.01～　　）
党组成员、副局长
吴斌珂（2008.01～　　）
周志国（2008.01～　　）
张福清（2008.01～　　）
贺雪芳（2008.01～2011.06）
党组成员、纪检组长
贺雪芳（2008.01～2009.07）
赵军林（2009.10～　　）
副局长 常红源（2010.12～　　）

县旅游局（县接待办）
党组书记、主任（局长）
张美香（2008.01～2009.12）
胡孟东（2009.12～2010.11）
主　任 胡孟东（2009.12～　　）
党组副书记、局长
孔胜国（2010.12～2011.12）
党组成员、副主任（副局长）
胡孟东（2008.01～2009.11）
杨幼奇（2008.01～2010.12）
党组书记
胡孟东（2008.01～2010.11）
范燎亮（2010.12～　　）
党组成员、纪检组长
唐雅静（2010.11～　　）
党组成员、副局长
熊正明（2010.12～　　）

县住房保障局
党组副书记、局长
王自然（2008.01～　　）
党组书记
朱忠良（2008.01～　　）
副局长、党组成员
凌云峰（2008.01～　　）
童烁青（2008.01～　　）
纪检组长、党组成员
陈自力（2008.01～2009.04）
张　翠（2009.04～　　）
交易所长、党组成员
裴见存（2011.04～　　）
副局长 王新华（2011.04～　　）
房改办主任
胡　敏（2008.01～　　）

县政务服务中心
主　任 刘高祥（2008.02～　　）
副主任 刘桂良（2008.01～　　）
舒易波（2008.01～　　）
刘京昌（2008.01～　　）
汤金玲（2010.12～　　）
党组书记
刘高祥（2008.01～　　）
党组成员
刘桂良（2008.01～　　）
舒易波（2008.01～　　）
刘京昌（2008.01～　　）

县供销合作社联合社
党组副书记、主任
陈沃辉（2008.01～2010.11）
刘秋良（2010.11～　　）
党组书记
李菊云（2008.01～　　）
党组成员
廖健夫（2008.01～2009.07）
副主任 罗鸣放（2008.01～2009.10）
罗海权（2010.11～　　）

县招标采购中心
主　任 彭春华（2009.09～2010.09）

县招标采购局
党组副书记、局长
饶晓刚（2010.11～　　）
党组书记
盛仲斌（2010.11～　　）
党组成员、副局长
袁　起（2010.11～　　）
周智宇（2010.11～　　）
党组成员、纪检组长
胡学军（2011.10～　　）

县重点工程管理局
党组副书记、局长
毛旭平（2010.11～　　）
党组书记
缪旺祥（2010.11～　　）
党组成员、副局长
陶　权（2010.11～　　）
孙革辉（2010.11～　　）
裴正华（2010.11～　　）
颜宇辉（2010.11～　　）
尹小龙（2010.11～　　）

县工务局
局　长 江　涌（2010.11～　　）
党组书记
陈义明（2010.11～　　）
党组成员、副局长
尹红兵（2010.11～　　）
唐德祥（2011.01～　　）
党组成员、纪检组长
黄凯明（2011.10～　　）
总工程师
周文军（2011.06～　　）

县现代农业创新示范区管理委员会
党工委书记
王国良（2011.10～　　）
党工委副书记、主任
张　杰（2009.07～　　）
党工委委员、副主任
廖健夫（2009.07～　　）
杨建刚（2011.10～　　）
曾建新（2010.11～　　）

县空港城管理委员会
主　任 刘素月（2011.01～2011.07）
杨　莉（2011.07～　　）
常务副主任
常格亮（2011.07～　　）

办公室主任

李壮宇（2011.02～　　）

规划建设部部长

兰伟强（2011.02～　　）

招商服务部部长

曹江辉（2011.02～　　）

财务融资部部长

李晓阳（2011.02～　　）

社会事务部部长

黄大伟（2011.10～　　）

办公室副主任

龙赛斌（2011.02～　　）

松雅湖管理局

党委书记

杨忠文（2009.12～　　）（兼）

党委副书记、局长

杨德胜（2010.02～　　）

党委副书记、纪委书记

杨　碧（2010.08～　　）

党委委员、副局长

罗卫滋（2009.12～　　）

周广积（2011.04～　　）

星沙产业基地管理委员会

党工委书记

王义林（2009.07～　　）

党工委副书记、管委会主任

刘庚林（2009.07～　　）

党工委副书记、纪工委书记

张慧利（2010.11～　　）

管委会副主任

吴　微（2009.10～　　）

何　展（2009.10～　　）

管委会主任助理

田立新（2010.12～　　）

县农村环境治理办公室、生态建设办公室

主　任（副县级）

常势良（2009.12～　　）

副主任（副县级）

谢志宏（2008.05～　　）

综合管理组组长

彭建军（2010.02～　　）

环境卫生组组长

郭建民（2010.02～　　）

水域保洁组组长

吕建明（2010.02～　　）

养殖监管组组长

谢金良（2010.02～　　）

财务管理组组长

张小利（2010.02～　　）

乡镇督查指导组

第一组组长

凌海军（2010.02～　　）

第二组组长

周明亮（2010.02～　　）

第三组组长

祖培新（2010.02～　　）

第四组组长

陆乐耕（2010.02～　　）

县民族宗教事务局

局　长 唐念群（2008.01～　　）

副局长 周　斌（2008.01～　　）

米湘峰（2011.02～　　）

县移民开发管理局

局　长 张电波（2008.01～2010.12）

副局长 裴治宇（2008.01～　　）

饶卫星（2009.10～2010.11）

县机关事务管理局

党组副书记、局长

陈世峰（2008.01～　　）

原驻长办党组副书记、主任

刘庚林（2008.01～2009.07）

党组书记

龚建武（2008.01～2009.10）

冯谷山（2010.05～　　）

原驻长办党组书记

杨大勇（2008.01～2009.10）

党组成员、副局长

范乐赛（2008.01～2010.11）

李益新（2008.01～2010.11）

裴香兰（2008.01～　　）

吴海军（2010.11～　　）

柳铁祥（2010.11～　　）

李秀丽（2010.11～　　）

党组成员、纪检组长

徐开明（2008.01～　　）

省、市垂直管理单位

县工商行政管理局

党组书记、局长

廖　岚（2008.01～2010.06）

党组书记、局长（市工商局副调研员）

廖　岚（2010.06～　　）

党组副书记、副局长

舒　曲（2008.01～2010.04）

刘金山（2010.05～　　）

党组成员、纪检组长

刘金山（2008.01～2010.05）

党组成员、副局长

王　彪（2008.01～　　）

朱尚明（2008.01～　　）

傅正坤（2008.01～　　）

曾尚亮（2010.05～　　）

党组成员民、纪检组长

陈　庆（2010.05～　　）

县国家税务局

党组书记、局长

李伯成（2008.01～　　）

党组副书记、副局长

余令军（2008.01～　　）

党组成员、副局长

喻兴无（2009.09～　　）

熊明干（2008.01～　　）

李文虎（2008.01～　　）

黄厚根（2008.01～2009.09）

党组成员、纪检组长

徐周灿（2008.01～　　）

县地方税务局

党组书记、局长

王丹成（2008.01～2008.10）

蒋亚平（2008.10～2011.03）

戴　涛（2011.03～　　）

党组成员、副局长

周跃双（2008.01～2011.07）（兼纪检组长）

张又能（2008.01～2011.07）

黄　辉（2008.01～2011.07）

王　群（2011.07～　　）

周朝晖（2008.01～　　）

崔向阳（2008.06～　　）

王小曼（2011.07～　　）（兼纪检组长）

县质量技术监督管理局

局　长 龚　军（2008.01～　　）

副局长 龙　镭（2011.06～　　）

张　义（2008.01～　　）

廖湘奇（2008.01～　　）

沈雪岭（2008.01～2011.09）

党组书记

钟正太（2008.01～2011.04）

龚　军（2011.04～　　）

纪检组长

陈　玲（2008.01～2011.09）

周建刚（2011.09～　　）

县电力局

局　长 彭京仁（2008.01～2010.12）

张　璐（2010.12～　　）

党总支书记

蒋　锐（2008.01～2010.03）

李　溪（2010.03～　　）

党总支副书记、纪检书记
张金武（2011.04～　　）
生产副局长
娄银初（2008.01～　　）
戴建斌（2011.05～　　）
营销副局长
高　明（2008.01～2008.03）
李　俊（2008.03～2010.12）
罗　霄（2010.12～　　）
农电副局长
云文兵（2011.05～　　）
工会主席
黄晴川（2008.01～2009.01）
张金武（2009.01～　　）

县邮政局

局　长 周建军（2009.01～　　）
孙霞福（2008.01～2009.01）
副局长 盛　斌（2008.09～　　）
何可文（2009.01～2011.09）
李　燕（2009.01～2010.08）
唐怀国（2011.09～　　）
胡舒展（2011.09～　　）
党委书记
孙霞福（2008.01～2010.02）
周建军（2010.02～　　）
党委委员
李勇姣（2008.01～2009.04）
吴立山（2008.01～2009.04）
彭伟文（2008.01～2009.04）
盛　斌（2009.04～　　）
李　燕（2009.04～　　）
胡舒展（2009.04～　　）

县烟草专卖局(分公司)

党组书记、局长
余利军（2008.01～　　）
副局长 龙济岚（2008.01～　　）
副经理 冯　仆（2010.01～　　）
纪检组长
李　敏（2008.01～　　）

中国电信长沙县分公司

总经理 谢　晟（2008.01～2008.12）
赵铁刚（2008.12～2009.12）
施宁堃（2009.12～2010.12）
蒋勤俭（2010.12～2011.12）
党委书记
赵铁刚（2008.01～2010.02）
施宁堃（2010.02～2011.04）
蒋勤俭（2011.04～　　）
副总经理
赵铁刚（2008.01～　　）
陈学问（2008.01～　　）
李鹏程（2008.01～　　）
彭　力（2008.01～　　）
方　奇（2008.01～　　）

中国移动长沙县分公司

经　理 王有才（2008.01～　　）
副经理 周长录（2008.01～　　）
经理助理
李　权（2009.01～　　）
柳跃聪（2009.01～　　）

中国联通长沙县分公司

总经理 张　波（2008.01～2010.11）
徐楚评（2010.12～2011.11）
何海舟（2011.12～　　）
副总经理
叶正龙（2008.01～　　）

中国人民财产保险股份有限公司长沙支公司

经　理 李伟声（2008.01～　　）
副经理 马　军（2008.01～　　）
谌国政（2008.01～　　）
经理助理
陈　炜（2011.01～　　）

中国人寿保险股份有限公司长沙支公司

经　理 黄　凌（2008.01～2008.06）
袁江林（2008.06～2011.06）
袁其均（2011.06～　　）

驻县金融机构

中国银行星沙支行

党委书记、行长
雷泽玉（2008.03～　　）

中国农业银行长沙县支行

党委书记、行长
杨　卉（2008.01～2008.06）
吴　刚（2008.06～2009.12）
姚凯波（2009.12～2011.04）
罗　超（2011.04～　　）
副行长 易　虎（2008.01～2009.05）
张险峰（2008.01～2010.01）
李雪丰（2008.04～2011.02）
蒋铁平（2009.05～2011.08）
戴红建（2009.05～　　）
熊　栋（2009.12～　　）
李　尖（2009.12～　　）
陈　武（2011.12～　　）
陈锴峰（2011.12～　　）
李一璋（2011.12～　　）
纪委书记
易　虎（2011.12～　　）

中国建设银行星沙支行

党委书记、行长
彭湘明（2010.06～　　）
党委委员、风险主管
罗海霞（2010.06～　　）
党委委员、纪委书记、副行长
刘传华（2010.06～　　）
党委委员、副行长
谢灵波（2011.01～2011.11）
廖志刚（2011.11～　　）
彭建四（2011.01～　　）

中国交通银行星沙支行

行　长 聂玉辉（2008.01～2010.11）
尹智韶（2010.12～　　）
副行长 李志军（2008.01～　　）

中国农业发展银行长沙县支行

行　长 李赞斌（2008.01～2011.06）
吴仕荞（2011.07～　　）
副行长 杨立新（2008.01～　　）
李能祥（2010.07～2011.08）

长沙银行星城支行

行　长 张　曼（2008.01～　　）
副行长 贺春艳（2008.01～2011.02）
邓　国（2011.03～　　）
彭　静（2011.03～　　）
行长助理
黎　琴（2008.01～2010.06）
邓　国（2010.07～2011.02）

湖南星沙农村商业银行

党委书记、董事长（理事长）
滕晓萍（2008.01～2008.06）
王　进（2008.07～　　）
党委副书记、行长（主任）
王　进（2008.01～2008.06）
陈先明（2009.01～　　）
纪委书记、监事长
胡跃端（2009.02～　　）
党委委员、副行长
罗　晁（2008.01～　　）
谭应红（2008.01～　　）

政务纪要

【政府全会工作纪要】 2008年3月7日至2011年12月31日，长沙县人民政府共召开6次政府全会。

2008年3月7日召开长沙县第十五届人民政府第一次全体（扩大）会议，会议由县委常委、副县长刘素月主持，会议分为三个议程，一是由县委常委、常务副县长黎春秋作关于《政府工作报告》（草案）编制情况说明；二是讨论通过《政府工作报告》（草案）；三是县人民政府县长杨懿文讲话。

2009年3月5日召开长沙县第十五届人民政府第二次全体（扩大）会议。会议由县委常委、常务副县长李洪波主持，会议分为三个议程，一是由县政府党组成员、政府办主任唐俊兴作关于《政府工作报告》（草案）编制情况说明；二是讨论通过《政府工作报告》（草案）；三是经开区管委会主任、县委书记、县长杨懿文讲话。

2010年1月14日召开长沙县第十五届人民政府第三次全体（扩大）会议。会议由县委常委、常务副县长李洪波主持，会议分为两个议程，一是由县政府党组成员、政府办主任唐俊兴作关于《政府工作报告（草案）》编制情况说明；二是讨论通过《政府工作报告（草案）》。

2010年12月29日召开长沙县第十五届人民政府第四次全体（扩大）会议，会议分为两个阶段，第一阶段由县委副书记、县长张庆红主持，一是听取县政府办关于政府制度建设和2010年政府工作报告和政府各项制度落实情况，人大代表、政协委员对政府工作和政府工作部门反映情况的通报；二是听取县监察局关于2010年全县政府序列党风廉政建设案件处理情况通报；三是县委常委、常务副县长李洪波讲话；四是县委常委、纪委书记李建章讲话。第二阶段讨论通过《政府工作报告（草案）》，由县委常委、常务副县长李洪波主持。一是县政府党组成员、政府办主任唐俊兴作关于《政府工作报告（草案）》起草情况说明；二是讨论通过《政府工作报告（草案）》；三是领导讲话。

2011年2月25日召开长沙县第十五届人民政府第五次全体（扩大）会议，会议由县委常委、常务副县长李洪波主持，会议主要内容是落实《政府工作报告》工作责任，县委副书记、县长张庆红作重要讲话。

2011年12月27日召开长沙县第十五届人民政府第六次全体（扩大）会议，会议分为两个阶段：第一阶段由县委副书记、县长张庆红主持，一是听取县监察局关于政府序列党风廉政建设和“一岗双责”履职情况通报；二是审议《长沙县开放型政府建设工作报告》；三是宣读《中共长沙县委长沙县人民政府关于积极推进扩权强镇工作的若干意见》；四是听取人大代表、政协委员对政府工作和政府工作部门的反映情况通报；五是县委常委、纪委书记郭润葵讲话。第二阶段讨论通过《政府工作报告（草案）》，由县委常委、常务副县长胡春山主持，一是县政府党组成员、政府办主任唐俊兴作关于《政府工作报告（草案）》起草情况说明；二是讨论通过《政府工作报告（草案）》；三是县委副书记、县长张庆红讲话。（陈　意）

【县政府常务会议研究事项】 2008年1月至2011年12月，县政府共召开常务会议83次，研究加快发展、深化改革、扩大开放、保持稳定和依法行政等一系列重要事项。

2008年1月7日至12月31日，共召开常务会议31次，先后讨论和审定下列事项：

1. 研究长沙县项目审批费用收取办法；
2. 关于2007年度政风行风满意度测评情况；
3. 县乡财政体制改革工作；
4. 建立政府雇员制度有关工作；
5. 《长沙县人民政府会议制度实施细则》和《长沙县人民政府邀请县人大代表、县政协委员及公民个人旁听政府常务会议制度》；
6. 《2008年政府工作报告》；
7. 《长沙县2007年度财政预算执行情况及2008年财政预算（草案）》；
8. 2008年防汛抗旱工作；
9. 星沙镇生产留地方案；
10. 全县规范公务员津补贴实施办法；
11. 长沙县征地补偿安置实施办法；
12. 全县村级经费补助方案及村级班子绩效考核办法；
13. 全县招聘教师的有关问题；
14. “乡财县管乡用”改革工作；
15. 政府性合同清理和加强政府法制建设工作；

16. 政府投资管理办法；

17. 城镇土地使用税征收范围和标准；

18. 长沙县水利工程管理体制改革实施方案；

19. 关于加强对无牌无证摩托车管理工作方案；

20. 《长沙县征地拆迁住房供应和管理办法》；

21. 对规模畜禽养殖场和专业户实行限期治理有关事项；

22. 2007年财政“同级审”工作报告；

23. 《长沙县鼓励现代农业发展投资暂行办法》；

24. 工业地产多层厂房报建有关优惠政策；

25. 《关于进一步控制非生产性支出的规定》；

26. 《长沙县行政机关公文处理实施细则》；

27. 县城农贸市场建设提质工作；

28. 进一步控制和化解乡镇债务的意见；

29. 政府采购“采管分离”改革方案；

30. 促进全县房地产业健康发展的若干意见；

31. 禁止新办矿山企业和全面禁止公益林商业性采伐的有关事项；

32. 全县冰灾物资和资金使用督查情况汇报；

33. 《长沙县征地拆迁补偿安置若干问题处理意见》；

34. 《长沙县促进现代服务业发展奖励办法（暂行）》；

35. 落实县人大常委会对新型农村合作医疗工作审议意见；

36. 县民族宗教事务局等单位有关机构编制事项和《长沙县编外聘用制人员管理办法（试行）》；

37. 《长沙县人民政府公报》办刊有关事项；

38. “两安”用地开发建设优惠政策；

39. 通报团结垸退田还湖开发建设有关情况；

40. 六十年代精简退职老职工生活救济有关问题；

41. 创建食品安全县有关工作；

42. 有关人事任免、人事处分意见。

2009年1月14日至12月18日，共召开常务会议19次，先后讨论和审定下列事项：

1. 进一步放宽城乡落户政策的有关事项；

2. 《关于进一步促进长沙县县域房地产业发展的意见》；

3. 《关于切实加强城乡规划和土地管理的通告》；

4. 长沙县成品油站行业发展规划修编方案；

5. 乡镇污水处理设施建设三年行动计划实施方案；

6. 县人大常委会关于对全县科技工作的审议意见的函；

7. 调整《长沙县关于开展城市管理相对集中行政处罚权的工作方案》；

8. 长沙县第六次劳动模范评选；

9. 《关于征地拆迁安置中社保资金和购房补贴资金筹措、管理及使用有关事项的通知》；

10. 《长沙县推行代建制改革方案》有关事项；

11. 《关于加强税收征管实行综合治税的意见》；

12. 《长沙县进一步鼓励和扶持全民创业的实施政策》；

13. 板仓小镇建设筹备情况汇报以及研究《长沙县鼓励板仓小镇建设若干意见》的事项；

14. 《长沙县突发事件总体应急预案》（草案）；

15. 《长沙县优抚对象医疗保障实施细则》（试行）；

16. 关于规范全县行政事业单位经营服务性收支管理的情况；

17. 长沙县义务教育学校实施绩效工资的问题；

18. 调整乡镇机关行政编制的情况；

19. 《关于进一步加强财政专块（切块）资金管理的通知》；

20. 长沙县集镇污水处理厂建设合作方案；

21. 设立“长沙县两型社会建设综合配套改革办公室”及两型社会建设引导资金的情况；

22. 有关人事任免；

23. 长沙县新型农村养老保险试点工作；

24. 清理化解农村“普九”债务情况；

25. 黄兴、安沙镇纳入货币安置区的情况；

26. 长沙县“十二五”规划编制工作方案；

27. 调整招商引资收费项目审批办法。

2010年1月4日至12月22日，共召开常务会议21次，先后讨论和审定下列事项：

1. 2010年长沙县政府投资项目计划；

2. 1997~2000年大中专毕业生要求“非转农”有关政策；

3. “全面建设开发型政府实践公民参与式治理”工作方案；

4. 有关人事处分；

5. 创业富民专项资金扶持情况；

6. 有关人事任免；

7. 《长沙县政府投资管理办法》；

8. 全国商务综合行政执法试点工作；

9. 对省市人大代表、县人大视察农村环境保护工作和星沙城区义务教育学校建设有关意见和复函；

10. 《长沙县畜禽养殖区域规划》；

11. 《关于加强环境保护的通告》；

12. 《长沙县两河流域环境综合整治及开发利用总体规划纲要》；

13. 《长沙县人民政府行政问责办法》；

14. 《长沙县人民政府重大行政决策程序规定》；

15. 《长沙县开放型政府建设工作方案》；

16. 《关于支持榔梨镇、金井镇、开慧乡城乡一体化试点建设的若干政策措施》；

17. 《长沙县畜禽养殖转产扶助鼓励暂行办法》；

18. 《长沙县村级工程建设管理办法》；

19. 《关于加快工程机械、汽车及零部件产业发展的若干意见》；

20. 长沙县闲置土地清理处置工作情况；

21. 长沙市区划调整（县改区）有关工作；

22. 《县城中小学校建设用地布局规划（2010—2020）》；

23. 开慧乡和跳马乡撤乡设镇；

24. 《关于建立生态补偿机制的意见》；

25. 《长沙县环境综合治理保护发展规划》；

26. “十二五”规划民生工程建设项目；

27. 《长沙县政府机构改革实施意见》；

28. 定点医疗机构和民营医院监管工作情况；

29. 长沙县星城发展投资集团组建方案；

30. 《关于进一步理顺城市管理体制的总体方案》；

31. 《长沙县政府信息公开工作制度》（草案）等四个文件；

32. 对《长沙县人民代表大会常务委员会讨论决定重大事项的规定（征求意见稿）》的意见。

2011年2月10日至2011年12月16日，共召开常务会议12次，先后讨论和审定下列事项：

1. 2011年国民经济和社会发展计划安排及分解、县区重点项目计划编制的情况；

2. 《关于政府投资项目评审工作的若干规定》；

3. 《现代服务业发展与空间布局规划》和《关于加快现代服务业发展的若干优惠政策》；

4. 《长沙县“十二五”区域卫生与医疗机构配置规划》；

5. 《长沙县县城建筑垃圾管理办法》等六个文件；

6. 《关于县人大常委会视察农村环境综合治理工作有关意见和建议的复函》（送审稿）等三个文件；

7. 《长沙县扩权强镇工作实施方案》；

8. 《长沙县科学技术奖励办法》和《长沙县知识产权战略实施意见》；

9. 《长沙县生态移民工作实施意见（试行）》；

10. 《关于调整和完善县乡财政管理体制的通知》；

11. 《长沙县综合行政执法改革方案》和相关部门“三定”方案；

12. 有关人事任免；

13. 《长沙县专利专项资金管理办法》；

14. 《关于对县广播电视工作审议意见的复函》等三个复函；

15. 2012年政府投资重大项目预计划及申报市重大项目安排情况；

16. 《关于区县引进重大战略合作项目纳入“一事一议”的实施方案》；

17. 2012年政府投资（融资）项目计划（草案）安排情况；

18. 《县城4、5、60号令拆迁征收居民发放生活补助实施方案》；

19. 兽医管理体制改革工作；

20. 2012年重点工程计划安排情况。

【县长办公会议研究事项】 2009年11月至2011年12月，县政府共召开县长办公会议60次，研究加快发展、深化改革、扩大开放、保持稳定和依法行政等一系列重要事项。

2009年11月16日至2009年12月31日，共召开县长办公会议4次，先后讨论和审定下列事项：

1. 关于政府常务会议决策程序；

2. 财政资金的申报和管理；

3. 抓紧推进“两河流域”环境保护工程建设；

4. 进一步规划农村管理；

5．镇村项目建设；

6．畜禽污染防治；

7．城建投与中国平安合作上市。

2010年1月18日至12月27日，共召开县长办公会议27次，先后讨论和审定下列事项：

1．畜禽养殖污染治理；

2．2010年《政府工作报告》落实工作；

3．切实推进“两帮两促”工作；

4．加强切块资金管理；

5．推进城乡一体化试点；

6．启动行政问责机制；

7．《关于加强环境保护的通告》；

8．《关于畜禽养殖区域划分的通知》；

9．政府投资管理及“十二五”规划编制；

10．《长沙县管道燃气特许经营方案》和《长沙县管道燃气特许经营协议》；

11．《关于财政性投资基本建设工程造价管理的补充通知》；

12．《果园镇浔龙河生态小镇开发建设实施方案》；

13．马王堆市场整体搬迁；

14．长沙县“十二五”规划编制和规范政府投资管理工作；

15．“普九”化债资金拨付和化解农村义务教育其他债务工作；

16．调整2011年度机关事业单位工作人员医保缴费基数和比例及新农合2011年度个人缴基金收缴标准；

17．调整全县物业维修基金交存标准；

18．《关于建立生态补偿机制的意见》；

19．新农合管理职能划转工作情况；

20．“十二五”规划编制和2011年政府投资重大项目情况；

21．贯彻落实《农村土地承包经营纠纷调解仲裁法》事项；

22．《关于进一步理顺城市管理体制的总体方案》；

23．《长沙县残疾人扶助暂行办法》；

24．对《稳定消费价格总水平保障群众基本生活的意见》的落实办法；

25．“老农保”移交工作方案；

26．将全额机关事业单位在职职工养老、失业保险个人缴费部分纳入财政预算。

2011年1月4日至12月22日，共召开县长办公会议29次，先后讨论和审定下列事项：

1．应对冰雪天气工作安排；

2．《关于加快现代服务业发展的若干优惠政策》；

3．《长沙县现代服务业发展与空间布局规划》；

4．城乡公交一体化工作；

5．《关于解决自收自支事业单位退休人员待遇偏低问题的暂行办法》；

6．《长沙县非义务教育事业单位实施绩效工资的暂行操作办法》；

7．《关于大力推进文化强县建设的若干意见》；

8．《长沙县“十二五”区域卫生与医疗机构配置规划》；

9．《关于合作建设湘雅医院星沙分院合作框架协议》；

10．《人民路东延线空港城段规划审批和控违工作方案》；

11．支持房地产业发展的若干意见；

12．推进全县综合治税有关工作；

13．长沙县节能路灯建设；

14．《长沙县深化非煤矿山整顿关闭专项行动工作方案》；

15．《关于整顿、治理无证办学（园）工作方案》；

16．理顺城市管理体制的情况；

17．《关于区县引进重大战略合作项目纳入“一事一议”的实施方案》；

18．《长沙县知识产权战略实施意见》和《长沙县科学技术奖励办法》；

19．社区戒毒（康复）工作；

20．《关于促进民办教育发展的若干意见》；

21．《长沙县深入开展2011年整治违法排污企业保障群众健康环保专项行动工作方案》；

22．市政基础设施维护管理体制问题；

23．湘江长沙综合枢纽工程建设征地移民安置情况；

24．《关于完善财政性投资基本建设工程造价管理的通知》；

25．2010年政府投资重大项目预计划及申报市重大项目安排；

26．《被征收农民社会保障资金统筹调剂、弹性使用方案》；

27．107国道“三点一线”综合整治；

28．农村工业污染专项执法行动工作；

29．开放型政府系列制度建设和建立长沙县行政事业单位、国有投资公司法律顾问工作体系；

30．精神病管理有关工作；

31．特殊建设项目报建环节报建费收取标准。（陈　意）

2008～2011年长沙县人民政府文件目录

2008年

▲长县政发〔2008〕1号 关于印发《长沙县行政审批电子监察暂行办法》的通知（2008年1月7日）

▲长县政发〔2008〕2号 关于在全县范围实施基准地价的公告（2008年1月14日）

▲长县政发〔2008〕3号 关于抗冰灾保供电保安全保群众基本生活的紧急通告（2008年1月25日）

▲长县政发〔2008〕4号 关于印发《长沙县招商引资项目审批收费方法》的通知（2008年1月31日）

▲长县政发〔2008〕5号 关于征用土地方案公告（2008年2月28日）

▲长县政发〔2008〕6号 关于征用土地方案公告（2008年3月1日）

▲长县政发〔2008〕7号 关于征用土地方案公告（2008年3月1日）

▲长县政发〔2008〕8号 关于落实乡镇财政收入上台阶和财源建设奖励"两个办法"有关奖项的通知（2008年2月28日）

▲长县政发〔2008〕9号 关于调整和完善县乡财政管理体制的通知（2008年3月18日）

▲长县政发〔2008〕10号 关于认真做好2008年度人民代表大会议案、代表建议 批评意见和政协提案办理工作的通知（2008年3月27日）

▲长县政发〔2008〕11号 关于做好2008年防洪保安资金征收工作的通知（2008年3月27日）

▲长县政发〔2008〕12号 关于加强税收征管工作的通知（2008年3月29日）

▲长县政发〔2008〕13号 关于印发《长沙县"乡财县管乡用"改革实施方案》的通知（2008年4月13日）

▲长县政发〔2008〕14号 关于调整科学技术进步奖奖励标准的通知（2008年4月23日）

▲长县政发〔2008〕15号 关于进一步加强生产经营单位安全生产监管工作的通知（2008年4月23日）

▲长县政发〔2008〕16号 关于执行长沙市征地补偿安置条例及实施办法有关事项的通知（2008年5月5日）

▲长县政发〔2008〕17号 关于进一步加强殡葬管理工作的意见（2008年5月4日）

▲长县政发〔2008〕18号 关于印发《长沙县政府投资管理办法》的通知（2008年5月17日）

▲长县政发〔2008〕19号 关于开展税收整治活动的通告（2008年5月22日）

▲长县政发〔2008〕20号 关于推行殡葬改革工作的通告（2008年5月23日）

▲长县政发〔2008〕21号 印发《关于加强政府合同管理的若干规定》的通知（2008年6月4日）

▲长县政发〔2008〕22号 关于财政性投资基本建设工程造价管理的补充通知（2008年6月12日）

▲长县政发〔2008〕23号 关于长沙天冰冷饮有限公司涉嫌偷税的情况通报（2008年6月16日）

▲长县政发〔2008〕24号 关于征收土地方案公告（2008年6月24日）

▲长县政发〔2008〕25号 关于责令长沙果福车业有限公司等6家单位限期治理环境污染的决定（2008年6月27日）

▲长县政发〔2008〕26号 关于责令长沙弘顺养殖有限公司等39家规模畜禽养殖场和专业户限期治理环境污染的决定（2008年6月27日）

▲长县政发〔2008〕27号 关于加强证照管理工作的通告（2008年7月3日）

▲长县政发〔2008〕28号 关于做好2008年电力迎峰度夏有序用电工作的通知（2008年7月4日）

▲长县政发〔2008〕29号 关于征收土地方案公告（2008年7月15日）

▲长县政发〔2008〕30号 关于征收土地方案公告（2008年7月15日）

▲长县政发〔2008〕31号 关于开展全民节约用电创造文明生活活动的通告（2008年7月17日）

▲长县政发〔2008〕32号 关于认真做好第二次全国经济普查工作的通知（2008年7月30日）

▲长县政发〔2008〕33号 关于征收土地方案公告（2008年8月8日）

▲长县政发〔2008〕34号 关于征收土地方案公告（2008年8月8日）

▲长县政发〔2008〕35号　关于征收土地方案公告（2008年8月8日）

▲长县政发〔2008〕36号　印发《关于进一步控制和化解乡镇债务的意见》的通知（2008年8月17日）

▲长县政发〔2008〕37号　关于征收土地方案公告（2008年8月21日）

▲长县政发〔2008〕38号　关于征收土地方案公告（2008年8月21日）

▲长县政发〔2008〕39号　关于征收土地方案公告（2008年8月22日）

▲长县政发〔2008〕40号　关于征收土地方案公告（2008年8月27日）

▲长县政发〔2008〕41号　关于征收土地方案公告（2008年8月29日）

▲长县政发〔2008〕42号　关于征收土地方案公告（2008年8月29日）

▲长县政发〔2008〕43号　关于征收土地方案公告（2008年8月29日）

▲长县政发〔2008〕44号　关于征收土地方案公告（2008年8月29日）

▲长县政发〔2008〕45号　关于征收土地方案公告（2008年8月29日）

▲长县政发〔2008〕46号　关于征收土地方案公告（2008年9月3日）

▲长县政发〔2008〕47号　关于征收土地方案公告（2008年9月3日）

▲长县政发〔2008〕48号　关于创建现代农业创新示范区的通知（2008年9月15日）

▲长县政发〔2008〕49号　关于全面加强审计工作的通知（2008年9月25日）

▲长县政发〔2008〕50号　关于下达委托审计项目的通知（2008年10月10日）

▲长县政发〔2008〕51号　关于责令长沙印山合力建材有限公司等8家单位限期治理环境污染的决定（2008年10月16日）

▲长县政发〔2008〕52号　关于公布规范性文件清理结果的决定（2008年10月16日）

▲长县政发〔2008〕53号　关于明确城镇土地使用税征收范围和适用税额标准的通知（2008年10月17日）

▲长县政发〔2008〕54号　关于鸣放防空警报的通告（2008年10月27日）

▲长县政发〔2008〕55号　关于进一步加强救灾款物管理的通知（2008年11月5日）

▲长县政发〔2008〕56号　关于进一步规范契税征收管理的通知（2008年11月5日）

▲长县政发〔2008〕57号　关于征收土地方案公告（2008年11月8日）

▲长县政发〔2008〕58号　关于征收土地方案公告（2008年11月8日）

▲长县政发〔2008〕59号　关于征收土地方案公告（2008年11月8日）

▲长县政发〔2008〕60号　关于征收土地方案公告（2008年11月11日）

▲长县政发〔2008〕61号　关于征收土地方案公告（2008年11月11日）

▲长县政发〔2008〕62号　关于征收土地方案公告（2008年11月11日）

▲长县政发〔2008〕63号　关于征收土地方案公告（2008年11月11日）

▲长县政发〔2008〕64号　关于征收土地方案公告（2008年12月1日）

▲长县政发〔2008〕65号　关于做好2008年冬季征兵工作的通知（2008年12月8日）

▲长县政发〔2008〕66号　关于增加县级储备粮规模的通知（2008年12月5日）

▲长县政发〔2008〕67号　关于建立国土资源执法监管长效机制的通知（2008年12月8日）

▲长县政发〔2008〕68号　关于促进现代服务业发展的若干规定（2008年12月30日）

2009年

▲长县政发〔2009〕1号　关于印发《长沙县支持“两安”用地开发建设优惠政策》的通知（2009年1月5日）

▲长县政发〔2009〕2号　关于调整建筑企业劳动保险基金征收标准的通知（2009年2月5日）

▲长县政发〔2009〕3号　关于征收土地方案公告（2009年2月16日）

▲长县政发〔2009〕4号　关于征收土地方案公告（2009年3月13日）

▲长县政发〔2009〕5号　关于征收土地方案公告（2009年3月13日）

▲长县政发〔2009〕6号　关于征收土地方案公

告（2009年3月13日）

▲长县政发〔2009〕7号　关于征收土地方案公告（2009年3月19日）

▲长县政发〔2009〕8号　关于征收土地方案公告（2009年3月19日）

▲长县政发〔2009〕9号　关于征收土地方案公告（2009年3月19日）

▲长县政发〔2009〕10号　关于做好防洪保安资金征收工作的通知（2009年3月26日）

▲长县政发〔2009〕11号　关于印发《长沙县2009年政府投资项目计划》的通知（2009年4月1日）

▲长县政发〔2009〕12号　关于保护森林资源严禁乱砍滥伐的通告（2009年4月21日）

▲长县政发〔2009〕13号　关于下达2009年委托审计项目的通知（2009年4月15日）

▲长县政发〔2009〕14号　关于征收土地方案公告（2009年4月24日）

▲长县政发〔2009〕15号　关于征收土地方案公告（2009年4月27日）

▲长县政发〔2009〕16号　关于征收土地方案公告（2009年4月27日）

▲长县政发〔2009〕17号　关于征收土地方案公告（2009年4月27日）

▲长县政发〔2009〕18号　关于开展农村宅基地使用权登记发证工作的通告（2009年4月27日）

▲长县政发〔2009〕19号　关于印发《长沙县农村土地承包经营权证换发工作实施方案》的通知（2009年5月4日）

▲长县政发〔2009〕20号　关于征收土地方案公告（2009年5月11日）

▲长县政发〔2009〕21号　关于征地拆迁安置中社保资金和购房补贴资金筹措、管理及使用有关事项的通知（2009年5月14日）

▲长县政发〔2009〕22号　关于征收土地方案公告（2009年5月25日）

▲长县政发〔2009〕23号　关于征收土地方案公告（2009年5月25日）

▲长县政发〔2009〕24号　关于征收土地方案公告（2009年6月9日）

▲长县政发〔2009〕25号　关于征收土地方案公告（2009年6月9日）

▲长县政发〔2009〕26号　关于征收土地方案公告（2009年6月9日）

▲长县政发〔2009〕27号　关于征收土地方案公告（2009年6月16日）

▲长县政发〔2009〕28号　关于征收土地方案公告（2009年6月16日）

▲长县政发〔2009〕29号　关于征收土地方案公告（2009年6月16日）

▲长县政发〔2009〕30号　关于征收土地方案公告（2009年7月6日）

▲长县政发〔2009〕31号　关于征收土地方案公告（2009年7月15日）

▲长县政发〔2009〕32号　关于征收土地方案公告（2009年7月21日）

▲长县政发〔2009〕33号　关于印发《长沙县资源节约型和环境友好型社会建设综合配套改革试验实施方案》的通知（2009年6月30日）

▲长县政发〔2009〕34号　关于印发《长沙县资源节约型和环境友好型社会建设综合配套改革试验五年行动计划》的通知（2009年6月30日）

▲长县政发〔2009〕35号　关于征收土地方案公告（2009年8月20日）

▲长县政发〔2009〕36号　关于征收土地方案公告（2009年8月20日）

▲长县政发〔2009〕37号　关于长沙县鑫业建设投资有限公司机构成立的通知（2009年9月1日）

▲长县政发〔2009〕38号　关于征收土地方案公告（2009年9月1日）

▲长县政发〔2009〕39号　关于印发《长沙县突发事件总体应急预案》的通知（2009年9月2日）

▲长县政发〔2009〕40号　关于进一步加强政府合同管理工作的通知（2009年9月2日）

▲长县政发〔2009〕41号　关于实施城市夜景亮化工程建设的通知（2009年9月3日）

▲长县政发〔2009〕42号　关于推进殡葬改革工作的通告（2009年9月20日）

▲长县政发〔2009〕43号　关于全县行政事业单位经营服务性收支纳入财政管理的通知（2009年9月23日）

▲长县政发〔2009〕44号　关于征收土地方案公告（2009年9月25日）

▲长县政发〔2009〕45号　关于征收土地方案公告（2009年9月25日）

▲长县政发〔2009〕46号　关于征收土地方案公告（2009年9月25日）

▲长县政发〔2009〕47号　关于征收土地方案公告（2009年9月25日）

▲长县政发〔2009〕48号　关于征收土地方案公告（2009年9月25日）

▲长县政发〔2009〕49号　关于强制拆除杨秀兰违规所建房的通知（2009年10月15日）

▲长县政发〔2009〕50号　关于征收土地方案公告（2009年10月20日）

▲长县政发〔2009〕51号　关于防空警报试鸣的通告（2009年10月28日）

▲长县政发〔2009〕52号　关于征收土地方案公告（2009年11月3日）

▲长县政发〔2009〕53号　关于征收土地方案公告（2009年11月9日）

▲长县政发〔2009〕54号　关于印发《长沙县引入社会中介机构实施审计监督的暂行管理办法》的通知（2009年11月11日）

▲长县政发〔2009〕55号　关于征收土地方案公告（2009年12月1日）

▲长县政发〔2009〕56号　关于印发《长沙县新型农村社会养老保险试点实施办法》的通知（2009年12月24日）

▲长县政发〔2009〕57号　关于征收土地方案公告（2009年12月9日）

▲长县政发〔2009〕58号　关于征收土地方案公告（2009年12月9日）

▲长县政发〔2009〕59号　关于征收土地方案公告（2009年12月9日）

▲长县政发〔2009〕60号　关于征收土地方案公告（2009年12月9日）

▲长县政发〔2009〕61号　关于征收土地方案公告（2009年12月9日）

▲长县政发〔2009〕62号　关于征收土地方案公告（2009年12月9日）

▲长县政发〔2009〕63号　关于调整县城行政区划的通知（2009年12月15日）

▲长县政发〔2009〕64号　关于印发《长沙县部门项目支出预算管理办法》的通知（2009年12月15日）

▲长县政发〔2009〕65号　关于进一步加强财政专项（切块）资金管理的通知（2009年12月15日）

▲长县政发〔2009〕66号　关于认真做好第六次全国人口普查工作的通知（2009年12月15日）

▲长县政发〔2009〕67号　关于征收土地方案公告（2009年12月22日）

▲长县政发〔2009〕68号　关于征收土地方案公告（2009年12月22日）

▲长县政发〔2009〕69号　关于征收土地方案公告（2009年12月22日）

▲长县政发〔2009〕70号　关于征收土地方案公告（2009年12月22日）

▲长县政发〔2009〕71号　关于征收土地方案公告（2009年12月22日）

▲长县政发〔2009〕72号　关于征收土地方案公告（2009年12月22日）

▲长县政发〔2009〕73号　关于征收土地方案公告（2009年12月22日）

▲长县政发〔2009〕74号　关于征收土地方案公告（2009年12月31日）

▲长县政发〔2009〕75号　关于征收土地方案公告（2009年10月31日）

▲长县政发〔2009〕76号　关于征收土地方案公告（2009年10月24日）

▲长县政发〔2009〕77号　关于征收土地方案公告（2009年10月24日）

2010年

▲长县政发〔2010〕1号　关于转发《长沙市科技发展专项经费及项目管理暂行办法》的通知（2010年1月15日）

▲长县政发〔2010〕2号　关于征收土地方案公告（2010年1月18日）

▲长县政发〔2010〕3号　关于征收土地方案公告（2010年1月18日）

▲长县政发〔2010〕4号　关于征收土地方案公告（2010年1月18日）

▲长县政发〔2010〕5号　关于征收土地方案公告（2010年1月18日）

▲长县政发〔2010〕6号　关于征收土地方案公告（2010年1月29日）

▲长县政发〔2010〕7号　关于征收土地方案公告（2010年1月29日）

▲长县政发〔2010〕8号　关于征收土地方案公告（2010年1月29日）

▲长县政发〔2010〕9号　关于征收土地方案公告（2010年1月29日）

▲长县政发〔2010〕10号　关于征收土地方案公告（2010年2月10日）

▲长县政发〔2010〕11号　关于印发《长沙县2010年政府投资项目计划》的通知（2010年1月30日）

▲长县政发〔2010〕12号　关于公布取消和保留的县级行政许可项目目录的决定（2010年4月7日）

▲长县政发〔2010〕13号　关于印发《长沙县与长沙经济技术开发区财政管理体制方案》的通知（2010年4月8日）

▲长县政发〔2010〕14号　关于加强环境保护的通告（2010年4月8日）

▲长县政发〔2010〕15号　关于严禁扰乱国家机关工作秩序和阻塞交通的通告（2010年4月12日）

▲长县政发〔2010〕16号　关于印发《长沙县政府投资管理办法（修订稿）》的通知（2010年4月13日）

▲长县政发〔2010〕17号　关于征收土地方案公告（2010年4月22日）

▲长县政发〔2010〕18号　关于征收土地方案公告（2010年4月22日）

▲长县政发〔2010〕19号　关于开展道路运输市场和车辆超限超载运输整治工作的通告（2010年4月27日）

▲长县政发〔2010〕20号　关于印发《长沙县人民政府行政问责办法》的通知（2010年4月27日）

▲长县政发〔2010〕21号　关于征收土地方案公告（2010年4月30日）

▲长县政发〔2010〕22号　关于调整部分收费项目的通知（2010年4月30日）

▲长县政发〔2010〕23号　关于印发《长沙县人民政府重大行政决策程序规定（试行）》的通知（2010年5月3日）

▲长县政发〔2010〕24号　关于征收土地方案公告（2010年5月10日）

▲长县政发〔2010〕25号　关于征收土地方案公告（2010年5月17日）

▲长县政发〔2010〕26号　关于征收土地方案公告（2010年5月19日）

▲长县政发〔2010〕27号　关于征收土地方案公告（2010年5月24日）

▲长县政发〔2010〕28号　关于征收土地方案公告（2010年5月24日）

▲长县政发〔2010〕29号　关于加强村级公路（桥梁）建设管理的若干意见（2010年5月25日）

▲长县政发〔2010〕30号　关于征收土地方案公告（2010年5月27日）

▲长县政发〔2010〕31号　关于征收土地方案公告（2010年5月28日）

▲长县政发〔2010〕32号　关于由长沙县国家税务局代征窗口开票地方各税的通告（2010年6月1日）

▲长县政发〔2010〕33号　关于征收土地方案公告（2010年6月7日）

▲长县政发〔2010〕34号　关于征收土地方案公告（2010年6月7日）

▲长县政发〔2010〕35号　关于征收土地方案公告（2010年6月7日）

▲长县政发〔2010〕36号　关于征收土地方案公告（2010年6月7日）

▲长县政发〔2010〕37号　关于征收土地方案公告（2010年6月29日）

▲长县政发〔2010〕38号　关于征收土地方案公告（2010年7月22日）

▲长县政发〔2010〕39号　关于征收土地方案公告（2010年7月28日）

▲长县政发〔2010〕40号　关于征收土地方案公告（2010年7月30日）

▲长县政发〔2010〕41号　关于征收土地方案公告（2010年7月30日）

▲长县政发〔2010〕42号　关于印发《关于进一步加强财政投资评审和工程变更管理的补充规定》的通知（2010年8月9日）

▲长县政发〔2010〕43号　关于征收土地方案公告（2010年8月18日）

▲长县政发〔2010〕44号　关于征收土地方案公告（2010年8月18日）

▲长县政发〔2010〕45号　关于征收土地方案公告（2010年8月18日）

▲长县政发〔2010〕46号　关于征收土地方案公告（2010年8月31日）

▲长县政发〔2010〕47号　关于征收土地方案公告（2010年9月2日）

▲长县政发〔2010〕48号　关于收回长沙天云科技开发有限公司位于暮云镇暮云新村国有土地使用权的决定（2010年9月5日）

▲长县政发〔2010〕49号　关于收回长沙市地大置业有限公司位于暮云镇暮云新村国有土地使用权的决定（2010年9月5日）

▲长县政发〔2010〕50号　关于征收土地方案公告（2010年9月15日）

▲长县政发〔2010〕51号　关于征收土地方案公告（2010年9月15日）

▲长县政发〔2010〕52号　关于征收土地方案公告（2010年9月15日）

▲长县政发〔2010〕53号　关于征收土地方案公告（2010年9月15日）

▲长县政发〔2010〕54号　关于印发《长沙县城乡困难居民临时救助办法》的通知（2010年9月18日）

▲长县政发〔2010〕55号　关于印发《长沙县村级工程建设管理办法（试行）》的通知（2010年9月16日）

▲长县政发〔2010〕56号　关于征收土地方案公告（2010年9月29日）

▲长县政发〔2010〕57号　关于强制拆除长沙县㮾梨镇龙华村黄花塘组违建厂房的通知（2010年10月2日）

▲长县政发〔2010〕58号　关于征收土地方案公告（2010年9月8日）

▲长县政发〔2010〕59号　关于收回长沙县福星春塑钢厂位于果园镇大河社区国有土地使用权的决定（2010年10月13日）

▲长县政发〔2010〕60号　关于防空警报试鸣的通告（2010年10月19日）

▲长县政发〔2010〕61号　关于征收土地方案公告（2010年10月29日）

▲长县政发〔2010〕62号　关于征收土地方案公告（2010年11月2日）

▲长县政发〔2010〕63号　关于征收土地方案公告（2010年10月29日）

▲长县政发〔2010〕64号　关于公布规范性文件清理结果的公告（2010年11月10日）

▲长县政发〔2010〕65号　关于征收土地方案公告（2010年11月9日）

▲长县政发〔2010〕66号　关于收回湖南长沙果福车业有限公司位于黄花镇长龙村国有土地使用权的决定（2010年11月13日）

▲长县政发〔2010〕67号　关于征收土地方案公告（2010年11月17日）

▲长县政发〔2010〕68号　关于征收土地方案公告（2010年11月17日）

▲长县政发〔2010〕69号　关于征收土地方案公告（2010年11月17日）

▲长县政发〔2010〕70号　关于征收土地方案公告（2010年11月17日）

▲长县政发〔2010〕71号　关于征收土地方案公告（2010年11月17日）

▲长县政发〔2010〕72号　关于征收土地方案公告（2010年11月17日）

▲长县政发〔2010〕73号　关于征收土地方案公告（2010年11月17日）

▲长县政发〔2010〕74号　关于征收土地方案公告（2010年11月18日）

▲长县政发〔2010〕75号　关于征收土地方案公告（2010年11月29日）

▲长县政发〔2010〕76号　关于征收土地方案公告（2010年11月29日）

▲长县政发〔2010〕77号　关于征收土地方案公告（2010年11月29日）

▲长县政发〔2010〕78号　关于免费检查治疗活动性肺结核病的通告（2010年12月1日）

▲长县政发〔2010〕79号　关于调整变更《长沙县2010年政府投资项目计划》的通知（2010年12月1日）

▲长县政发〔2010〕80号　关于征收土地方案公告（2010年12月14日）

▲长县政发〔2010〕81号　关于征收土地方案公告（2010年12月20日）

▲长县政发〔2010〕82号　关于征收土地方案公告（2010年12月20日）

▲长县政发〔2010〕83号　关于印发《长沙县政府信息公开工作制度（试行）》的通知（2010年12月22日）

▲长县政发〔2010〕84号　关于印发《长沙县政府行政决策公众参与程序规则（试行）》的通知（2010年12月22日）

▲长县政发〔2010〕85号 关于印发《长沙县一般性公众意见收集处理办法（试行）》的通知（2010年12月22日）

▲长县政发〔2010〕86号 关于印发《长沙县开放型政府农村服务平台管理制度（试行）的通知（2010年12月22日）

2011年

▲长县政发〔2011〕1号 关于收回长沙市精神病医院位于江背镇梅花社区国有土地使用权的决定（2011年1月21日）

▲长县政发〔2011〕2号 关于印发《长沙县2011年政府投资项目计划》的通知（2011年2月12日）

▲长县政发〔2011〕3号 关于征收土地方案公告（2011年2月22日）

▲长县政发〔2011〕4号 关于做好2011年粮食生产工作的意见（2011年3月2日）

▲长县政发〔2011〕5号 关于对2011年《政府工作报告》中各项目标任务实施责任分解管理的通知（2011年2月25日）

▲长县政发〔2011〕6号 关于印发《长沙县建设工程使用预拌混凝土管理决定》的通知（2011年3月8日）

▲长县政发〔2011〕7号 关于征收土地方案公告（2011年3月14日）

▲长县政发〔2011〕8号 关于征收土地方案公告（2011年3月18日）

▲长县政发〔2011〕9号 关于征收土地方案公告（2011年3月18日）

▲长县政发〔2011〕10号 关于征收土地方案公告（2011年3月18日）

▲长县政发〔2011〕11号 关于印发《长沙县医疗保险定点医疗机构管理规定》的通知（2011年3月17日）

▲长县政发〔2011〕12号 关于印发《长沙县医疗保障基金使用监督管理办法（试行）》的通知（2011年3月17日）

▲长县政发〔2011〕13号 关于征收土地方案公告（2011年3月29日）

▲长县政发〔2011〕14号 关于印发《长沙县政府投资项目评审工作若干规定》（试行）的通知（2011年4月6日）

▲长县政发〔2011〕15号 关于进一步加强森林资源保护的通告（2011年4月13日）

▲长县政发〔2011〕16号 关于征收土地方案公告（2011年4月14日）

▲长县政发〔2011〕17号 关于加强野生动植物资源保护的通知（2011年4月21日）

▲长县政发〔2011〕18号 关于征收土地方案公告（2011年4月22日）

▲长县政发〔2011〕19号 关于征收土地方案公告（2011年4月22日）

▲长县政发〔2011〕20号 关于征收土地方案公告（2011年4月22日）

▲长县政发〔2011〕21号 关于征收土地方案公告（2011年4月22日）

▲长县政发〔2011〕22号 关于征收土地方案公告（2011年4月22日）

▲长县政发〔2011〕23号 关于征收土地方案公告（2011年4月22日）

▲长县政发〔2011〕24号 关于征收土地方案公告（2011年4月22日）

▲长县政发〔2011〕25号 关于征收土地方案公告（2011年4月22日）

▲长县政发〔2011〕26号 关于征收土地方案公告（2011年4月22日）

▲长县政发〔2011〕27号 关于征收土地方案公告（2011年4月22日）

▲长县政发〔2011〕28号 关于征收土地方案公告（2011年4月22日）

▲长县政发〔2011〕29号 关于征收土地方案公告（2011年4月22日）

▲长县政发〔2011〕30号 关于征收土地方案公告（2011年4月22日）

▲长县政发〔2011〕31号 关于征收土地方案公告（2011年4月22日）

▲长县政发〔2011〕32号 关于征收土地方案公告（2011年4月22日）

▲长县政发〔2011〕33号 印发《关于加快现代服务业发展的若干优惠政策》的通知（2011年5月18日）

▲长县政发〔2011〕34号 关于调整和完善县乡财政管理体制的通知（2011年5月10日）

▲长县政发〔2011〕35号 关于征收土地方案公告（2011年5月23日）

▲长县政发〔2011〕36号　关于征收土地方案公告（2011年5月24日）

▲长县政发〔2011〕37号　关于征收土地方案公告（2011年5月24日）

▲长县政发〔2011〕38号　关于收回湖南光阳摩托车有限公司位于长沙经开区国有土地使用权的决定（2011年5月24日）

▲长县政发〔2011〕39号　关于收回湖南泰全电机有限公司位于长沙经开区国有土地使用权的决定（2011年5月24日）

▲长县政发〔2011〕40号　关于征收土地方案公告（2011年5月26日）

▲长县政发〔2011〕41号　关于征收土地方案公告（2011年5月26日）

▲长县政发〔2011〕42号　关于印发《长沙县生态扶贫移民工作实施意见(试行)》的通知（2011年5月30日）

▲长县政发〔2011〕43号　关于印发《长沙县知识产权战略实施意见》的通知（2011年5月31日）

▲长县政发〔2011〕44号　关于征收土地方案公告（2011年6月1日）

▲长县政发〔2011〕45号　关于印发《长沙县科学技术奖励办法》的通知（2011年6月2日）

▲长县政发〔2011〕46号　关于征收土地方案公告（2011年6月8日）

▲长县政发〔2011〕47号　关于征收土地方案公告（2011年6月8日）

▲长县政发〔2011〕48号　关于征收土地方案公告（2011年6月8日）

▲长县政发〔2011〕49号　关于征收土地方案公告（2011年7月19日）

▲长县政发〔2011〕50号　关于征收土地方案公告（2011年8月8日）

▲长县政发〔2011〕51号　关于印发《长沙县人民政府办公室主要职责内设机构和人员编制规定》的通知（2011年8月29日）

▲长县政发〔2011〕52号　关于征收土地方案公告（2011年8月26日）

▲长县政发〔2011〕53号　关于征收土地方案公告（2011年8月26日）

▲长县政发〔2011〕54号　关于征收土地方案公告（2011年9月8日）

▲长县政发〔2011〕55号　关于征收土地方案公告（2011年9月8日）

▲长县政发〔2011〕56号　关于征收土地方案公告（2011年9月9日）

▲长县政发〔2011〕57号　关于征收土地方案公告（2011年9月8日）

▲长县政发〔2011〕58号　关于印发《长沙县2011年行政执法指导案例(第1期)》的通知（2011年9月9日）

▲长县政发〔2011〕59号　2011年兵役登记通告（2011年9月13日）

▲长县政发〔2011〕60号　盼盼小学扩建项目房屋征收范围的公告（2011年9月30日）

▲长县政发〔2011〕61号　关于征收土地方案公告（2011年10月8日）

▲长县政发〔2011〕62号　关于征收土地方案公告（2011年10月8日）

▲长县政发〔2011〕63号　关于组织防空警报试鸣的通知（2011年10月14日）

▲长县政发〔2011〕64号　关于印发《长沙县专利专项资金管理办法》的通知2011年11月3日）

▲长县政发〔2011〕65号　关于征收土地方案公告（2011年11月14日）

▲长县政发〔2011〕66号　关于征收土地方案公告（2011年11月14日）

▲长县政发〔2011〕67号　关于白石洞水库工程建设有关问题的通告（2011年11月21日）

▲长县政发〔2011〕68号　关于征收土地方案公告（2011年11月28日）

▲长县政发〔2011〕69号　关于征收土地方案公告（2011年11月28日）

▲长县政发〔2011〕70号　关于征收土地方案公告（2011年11月28日）

▲长县政发〔2011〕71号　关于征收土地方案公告（2011年12月5日）

▲长县政发〔2011〕72号　关于严厉打击破坏电力设施行为的通告（2011年12月10日）

▲长县政发〔2011〕73号　关于征收土地方案公告（2011年12月14日）

▲长县政发〔2011〕74号　关于征收土地方案公告（2011年12月14日）

▲长县政发〔2011〕75号　关于征收土地方案公告（2011年12月14日）

▲长县政发〔2011〕76号 关于征收土地方案公告（2011年12月14日）

▲长县政发〔2011〕77号 关于征收土地方案公告（2011年12月14日）

▲长县政发〔2011〕78号 关于严禁非法捕杀、经营水陆野生动物的通告（2011年12月19日）

▲长县政发〔2011〕79号 关于征收土地方案公告（2011年12月26日）

▲长县政发〔2011〕80号 关于印发《长沙县人民政府重大决策专家咨询制度（试行）》的通知（2011年12月27日）

▲长县政发〔2011〕81号 关于印发《长沙县公共企事业单位信息公开规定（试行）》的通知（2011年12月27日）

▲长县政发〔2011〕82号 关于印发《长沙县人民政府重大决策后评价程序规则（试行）》的通知（2011年12月27日）

（陈 意）

经济研究工作

【概况】 长沙县经济研究工作按照“内强素质、外树形象”的基本要求，紧紧围绕“扣中心、当参谋、出精品”的目标定位，创造性地开展工作，取得一定的成绩。完成每个季度的经济形势综合分析、半年和年度工作总结，完成各年度的政府工作报告、县委全会、政府全会、县区建设工作会议、现代服务业大会等大型会议的主体报告。完成领导讲话稿、署名文章的撰写任务，在《人民日报》等国家、省、市报刊发表《长沙县“产城融合”探索》、《立足先行先试，谋求跨越发展》、《加快转变发展方式，力促产业转型升级》等领导署名文章10余篇，在各类报刊发表调研理论文章40余篇，有效宣传推介长沙县。配合中央政策研究室等国家、省、市研究机构完成10余个战略课题的组稿工作。配合中心工作，积极开展新型工业、重点工程、农村环保、村级自治、城市管理、食品安全等热点、焦点问题的调查研究，积极探索县域经济转型发展思路，为领导决策提供层次较高、针对性较强的理论参考和科学依据。指导协调综合调研科开展工作。积极配合省、市经济研究室开展工作。（刘晓剑）

综合信息工作

【概况】 县政府及政府办主要领导对综合信息工作高度重视，强化专业分工，将原来的综合调研科分设为经济研究室和综合信息科，综合信息科主要负责全县政务信息、刊物编辑、情况综合等三项工作。

政务信息 政务信息工作纳入县绩效考核管理，每年召开政务信息工作会议，下发目标任务通知，每季度通报政务信息采用情况，并要求各单位明确专人负责政务信息工作，建立健全全县政务信息网络。四年累计上报政务信息616条，其中省市采用188条，在全市政务信息考核排名中连续四年位居九区县（市）第一。

刊物编辑 由县长、常务副县长担任顾问，政府办主任担任主编的《长沙县信息参阅》这一领导决策信息内刊于2008年1月份创办。同年11月，经县政府常务会议研究决定，高规格创办《长沙县人民政府公报》，实现政府信息公开。累计编发《长沙县信息参阅》378期，其中38期得到县级领导批示；编发《长沙县人民政府公报》39期（其中增刊1期），曾被国务院政务公开办调阅。

情况综合 如期如质完成季度、半年度、年度政府工作总结，及时更新全县经济社会发展情况、县情介绍等资料，为全市政务信息网站中英文改版工作提供最新的县情概况。配合经济研究室的工作，认真收集部门总结，共同参与年度《政府工作报告》的调研起草工作。

（余青燕）

外事侨务工作

【概况】 长沙县外事侨务工作紧扣“强外事、兴侨务、托港澳”的方针，真抓实干，开拓创新，外事侨务服务和管理水平不断提高。2010年和2011年该县被评为“长沙市外事侨务先进单位”。

外事接待 四年共接待到县进行友好访问、旅游观光、经贸考察的国（境）外客人116批439人次，其中规格较高的的有：2008年联合国发展组织代表团一行11人参观黄花镇新江弘顺公司；2009年肯尼亚橙色民主运动代表团在副主席穆达瓦迪率领下参观黄龙新村；2010年省政协委员香港地区代表吴太和先生一行7人考察全县松雅湖招商项目；2011年美国蒙大拿州州长、日本德岛知事、议长代表团、意大利马尔凯大区主席代表团等在松雅湖国际友谊林植树等。

出国手续办理 四年来共办理116批439人次的出国手续。其中自组团 11 个，2010年2月县委书记杨懿文率24人组成的大型招商团赴日本韩国参加为期8天的现代服务业招商会，先后考察首尔、大阪、东京、札幌、京都、神户、鹿儿岛等城市知名商业街和临空都市，并重点开展中国湖南星沙空港经济暨现代服务业（韩国）招商酒会等6次公务活动，取得宣传、推介长沙县、广交朋友、引进客商及项目、合作共赢的成效。2011年11月7日至17日，县长张庆红带队友好访问美国和加拿大，并专门就该县和美国理查森市结对工作及经济文化方面进行交流和探讨。

创建友谊林 2010年6月，省外事侨务办公室为国际友谊林选址，确立在该县松雅湖南岸半岛，并作为“2010中国湖南国际友好城市合作论坛暨国际友城大会”的一项重要议程，国际友人在友谊林植第一批53棵树。

试点工作 2009年长沙县被确定为全省外事侨务港澳工作服务县域经济试点县，成立试点工作领导小组，制订试点工作方案，建立联席会议制度，定期召开会议研究相关工作。2011年，长沙县被评为“湖南省外事侨务港澳工作服务经济社会发展先进单位”。（涂香兰）

电子政务工作

【概况】 长沙县电子政务工作围绕打造服务型阳光政府的目标顺利推进，连续获评省、市信息系统和政府网站考核先进单位，长沙县政府网站连续两年被国家工信部及中国信息化研究与促进网评为“中国政府网站优秀奖”，县人民政府网站“网上办事大厅”栏目被评为2010年中国政府网站在线服务精品栏目。

一是电子政务网络建设初具规模。电子政务办依托网络中心公用信息平台，建立联络各科局及乡镇的信息网络，形成全县上下一盘棋，多种系统共同运行的模式。

二是政府门户网站建设突出特色。电子政务办于2008年、2010年、2011年先后三次大规模对政府网站进行改版升级，采用先进的网站内容管理系统，建成较成熟的网站集群。

三是应用系统运行良好。全县有40多套应用系统在政务网络平台上运行，如农村新型合作医疗管理系统，全县20个乡镇医管办和40个医院通过政务网与县合作医疗办数据库服务器连接，每天都进行实时报账和上报数据汇总，成为全国首家通过验收的县级新型合作医疗管理系统。

四是电子防控系统稳步实施。电子防控系统建设工作一期工程于2008年9月正式启动，2009年12月通过竣工验收，完成星沙城区160个电子防控点（含已有40个电子防控点的改造）、10个电子警察路口（含已有4个电子警察路口的改造）的前端设备及县公安局、县交警队两个监控中心的建设；光纤骨干网络（城区内千兆、百兆到乡镇）建设；乡镇38个监控点的前端设备建设，为该县刑事案件处理提供有力的取证依据。二期工程于2010年7月启动。

五是协同办公、行政审批电子监察系统建设工作稳步推进。2010年5月召开协同办公、行政审批电子监察系统技术方案的专家评审会，并在全县选择若干单位进行小范围的试用，2010年11月通过公开招标，系统已正常运行。（李小甜）

政务督查工作

【概况】 根据《长沙县人民政府政务督查工作办法（试行）》（长县政发〔2005〕39号）文件，县政府督查室主要负责：一是县政府年度中心工作、重点工作和目标任务的落实和考核工作，包括县政府全体会议、常务会议、县长办公会议及主要领导的调研等决定事项落实情况的督查、督办工作；二是上级领导和县政府领导的批示件和交办的重要事项的落实情况；三是督办县人大代表议案、建议和县政协委员提案等有关事项的落实情况；四是主要新闻媒体披露的事项；五是事关全县范围的其他事项的督查、督办。

县政府主要领导高度重视政务督查工作，县长、副县长每年都亲自带队就事关全县的环境治理、安全生产、企业排污等事项进行明察暗访，现场决策。四年来，县政府督查室就各类事项、事件共督查1000余次，其中政府全会、政府常务会、县长办公会、《政府工作报告》、人大代表议案、政协委员提案、领导批示件做到件件有督查，每次督查都有专报、通报或回复。特别是就北山镇固体危废物处理中心建设、全县安全生产工作、工业企业排污、防汛抗旱、植树造林、粮食生产、食品安全、群众工作、为民办实事工程、重点工程建设、农村环境综合整治、非煤矿山处理、原物资局改制遗留问题、原乡镇欠账等重大事项进行跟踪督办。四年来共下发《督查通报》67期、《督查专报》139期、《督办通知》29期，做到事事有着落、件件有回音，确保全县政令畅通。（卢铁肩）

金融证券工作

【概况】2007年5月30日，长沙县机构编制委员会《关于长沙县金融证券管理办公室有关机构编制事项的通知》（长县编字〔2007〕7号）同意将长沙县投融资管理办公室更名为长沙县金融证券管理办公室，四年中长沙县金融证券办切实履行职能职责，积极助推县域经济发展。2008年6月，该县被省治贿办确定为全省市场诚信体系建设联系点。2008年7月，同心实业在美国实现并购上市。2010年12月，天舟文化在创业板上市。2011年9月6日，星沙农商银行正式挂牌，注册资本5.5亿元，成为第一家总部机构设在该县的商业银行。（邹　霞）

法制工作

【概况】长沙县法制办于2006年3月机构单列，下设两个内设科室：综合科和合同管理科，配备7个行政编制和1个事业编制，共有行政编制工作人员6名，事业编制工作人员1名，政府雇员2名，项目临聘人员和劳务派遣工作人员各1名。

探索公民参与式治理，推进开放型政府建设。2009年，基于对建设“开放型政府”的政治意义、制度价值及制度内容的共识，在湖南省政府的支持与帮助下，县政府与北京大学公众参与研究与支持中心合作建设开放型政府。2009年7月10日，举行开放式政府常务会议，利用互联网、电话、电视、报纸等技术手段对会议过程实行全公开。2010年，组织国内法学名家团体对全县干部进行“公开与参与”、“行政程序理论与制度”、“依法行政”三个高规格培训；2008年至2011年，高校法学讲师团队对部分乡镇、相关单位培训授课30余次；2012年7月，全县100多名村官参加开放型政府建设骨干培训。2010年12月23日，在果园镇举行“长沙县开放型政府系列制度建设初步成果新闻发布暨农村服务平台启动仪式”。2010年12月5日，县政府在北京大学举行长沙县“开放型政府”系列制度建设专家论证会，会上专家对该县政府信息公开，保障行政决策程序依法、民主、科学，畅通民意表达渠道，加强公众参与提出了参考意见，根据专家意见，对系列制度中逐条进行修改完善，最终出台开放型政府八项制度。2011年，政府信息公开工作有序推进，在法律法规规定应当公开的信息基础上，重点公开四类信息：一是政府财政信息，特别是教育、卫生、民政、劳动社会保障四方面财政决算相关信息；二是政府工作报告责任分解；三是执法部门“权力清单”，即全县范围内的行政执法部门、法律法规授权组织和受委托行使执法权的组织，向社会公布自身的执法权力清单及其法律依据；四是政府财政投资项目决策信息。同时长沙县开放型政府建设工作评价体系将学习培训、政府（含公共企事业单位）信息公开、农村服务平台建设、规范行政决策程序、民意收集反馈等工作作为考核评价内容纳入县绩效考核。

加强政府合同监管，创新行政管理手段。2009年，印发《长沙县人民政府办公室关于进一步明确相关合同项目责任单位的通知》（长县政办函〔2009〕17号）和《长沙县人民政府关于进一步加强政府合同管理工作的通知》（长县政发〔2009〕40号），2011年，县委、县政府发布《关于加强政府合同管理工作的通知》，对政府合同的审查范围、送审条件以及合同签订、履行情况的报送、备案予以明确。2008年，县法制办历时2个月对184个政府合同及相关材料进行整理归档，建立电子档案，实现统一管理；2009年至2011年，审查各类合同320个，出具审查意见400余条，开展半年度督查4次、年度督查3次、专项督查2次。

加强管理，严格执行规范性文件“三统一”（统一登记、统一编号、统一公布）制度。2008年，历时2个月，共清理141个规范性文件，确定继续有效的34个，重新公布的17个，宣布失效的34个，废止的22个。四年审查各类规范性文件120余件，出具书面审查意见150余件，以上文件均严格执行“三统一”制度。

强化监督，切实促进全县依法行政。2008年，分批对全县各行政机关的1000余工作人员进行集中培训。2008年11月11日，县政府专门召开全县贯彻实施《湖南省行政程序规定》暨全县依法行政工作会议。同时，严格按照省市规定，督促、指导34个行政执法单位制定和完善行政处罚裁量权基准，对全县执法部门的案卷开展行政执法案卷评查，并在全县通报评查结果，要求整改落实。通过广播、电视、报纸、杂志等多种形式为《湖南省行政程序规定》的实施营造良好舆论氛围。

依法办理土地确权、行政复议及行政应诉案件。2008年至2011年，受理土地权属争议57件；受理行政复议36件，以上案件全部根据法律规定予以处理。

积极处理涉法事务，当好政府参谋助手。2008年至2011年，法制办为政府领导重大决策提供法律服务事项240余件，为领导决策提供法律意见440条，切实履行了作为参谋和法律助手的职责。（易　檬）

信访工作

【概况】 2008年到2011年，县信访局共接待群众来信来访4778批20441人次，其中处理集体上访632批14460人次，协调处理重大疑难信访问题302个，办理中央、省、市交办的信访件272件，处理县委、政府领导批示的信访件142件，召开各类协调会388次，维护了社会大局稳定，受到上级部门肯定和人民群众好评。2008年、2009年长沙市委、市政府授予长沙县为全市信访工作红旗单位，2008年长沙县被授予全市大接访活动先进单位，2011年长沙市处理信访突出问题及群体性事件联席会议授予长沙县为全市信访工作先进单位；2008年县信访局被县委、县政府授予社会治安综合治理先进单位，并继续保持文明建设先进单位。

【领导干部“大接访”】 自2008年6月中央和省、市部署开展领导干部接访活动以来，长沙县迅速成立大接访活动领导小组，制订工作方案。每周安排1名县委、政府领导在县信访接待大厅公开接访，县委书记、县长每月安排1天时间接待群众来访，县级领导每月到联点乡镇、街道开展群众工作。要求乡镇（街道）每个工作日有党政领导值班接访，党（工）委书记、乡（镇）长（主任）每周安排一天时间接待群众来访。县直各单位保证每天有党政领导值班接访。根据全县信访工作实际，县级领导干部接访采取随机接访、定点接访、重点约访、带案下访等方式进行。四年中，县委、政府领导班子成员接访上访群众860批5503人次，包案解决信访问题200余件。

【设立群众工作办公室】 2011年7月，长沙县成立群众工作领导小组，下设办公室（设县信访局），并健全工作制度，落实工作经费。在全县开展“与群众恳谈对话、为群众排忧解难、切实化解信访积案”活动，干部与群众面对面座谈，认真听取群众诉求，现场研究解决办法，现场解决群众合理诉求，一时难以解决的，承诺期限，限期解决。在恳谈对话中，共排查出65个突出信访问题，73名县级领导包案，有效化解58个，企业改制、涉法涉拆、军队退役军人等特殊群体及上访老户的问题大多得到处理，得到群众一致好评。自群众工作开展以来，长沙县群众工作办公室共召开2次全县群众工作经验交流会议、开展群众工作专项督查、安排人员到其他区县观摩学习做好群众工作的经验与做法，落实市委群工办交办的10个信访突出问题。依托群众工作站、矛盾调处中心、政府网站、两办督查、《群众工作简报》等工作载体，转变党员干部工作作风；依托报纸、电视台、文化站等多种形式的群众文化载体，不断提高群众素质，引导人们自觉维护社会和谐稳定。

【建设信访接待大厅】 根据《关于进一步规范市县两级信访大厅建设推进联合接访机制的意见》（湘信联发〔2010〕1号）建立信访大厅的文件精神，2010年9月，长沙县召开县委常委会议专题研究信访大厅建设问题，在信访局建立信访接待大厅。信访接待大厅功能完备、布局合理、新颖明亮、方便群众，突出长沙县以人为本、关爱民生，构建和谐社会的主题思想。县信访局依托信访大厅这一平台和载体，以解决信访问题为核心，构建“一站式接待、一条龙办理、一揽子解决”的工作模式。

【加强信访队伍建设】 2009年县委、县政府决定县驻京办副主任兼任信访局副局长，并通过公开考试选拔一名信访局副局长，配齐、配强县信访局领导班子及工作队伍，使局机关力量进一步增强。各乡镇（街道）、县直各单位都明确由一名党政班子成员分管信访工作，并配备信访工作专干，设立信访办公室，各村、社区及村（居）民小组普遍设立信访信息员、信访矛盾调解员，信访队伍网络延伸到村组和社区。县信访局加强对信访干部的政治学习和业务培训，用先进典型教育和激励全局干部职工，不断增强信访干部的政治业务素质。每年对全县信访专干进行1~2次业务培训，对基层在接待上访群众、办理信访案件以及信访工作机构建设中遇到的困难和问题，及时派员指导和帮助。每年都采取现场经验座谈会，异地参观考察学习等方式，开阔信访干部视野，提高信访干部协调处理信访问题的能力。

（王　新）

政务公开与政务服务工作

【概况】 2008年至2011年，长沙县继续保持全省和全国政务公开示范点荣誉，连续四年获市政务公开工作先进单位，连续两届获省政务公开先进单位。县政务服务中心连续四年获县委绩效考核先进。在深入开展创先争优活动中，中组部领导、中央创先争优办副主任傅思和到中心视察，对中心创先争优活动给予肯定。

长沙县以贯彻实施《中华人民共和国政府信息公开条例》为契机，扎实推进政务公开和政务服务工作，建立主动公开、依申请公开等9项政府信息公开工作制度,在中心一楼大厅设置政府信息公开查询台和受理点，安排专人负责，确保政府信息全面及时公开。建立重大投资项目行政审批“绿色通道”。采用“集中会审、分级协调、联合踏勘”的方式，解决审批过程中部门各自为政、往复循环的问题。报建审批时限由2008年的57天缩减到20天，两帮两促等重点招商引资项目办理时限压缩到10天。制定《长沙县行政许可在线办理工作实施方案》，按照“全县统一、纵横互通、一网式流转、一站式服务”的要求，全面推进许可事项的在线办理，2008年全县19个部门93项行政许可和服务事项第一批实现在线办理，2010年全县所有行政许可均实现在线办理，2011年在线办理向非行政许可事项和其他服务事项延伸。逐步推进全程代办。2008年制定《关于推行投资项目审批代办制的实施意见》，2011年出台《长沙县投资项目审批代办制实施方案》，深化全程代（带）办工作细则。对符合全县产业导向，投资额度在200万美元以上的外商投资项目和5000万元人民币以上的内资项目，由中心牵头，相关审批部门参加，通过“代办员全程代办、职能部门窗口承诺办理、限定时限联审联办、纪检效能跟踪督办”的运作模式，实现快办快结，提高服务质量。

深入开展政风行风评议，从2008年起，逐步探索“为谁服务，由谁评价”测评模式，根据县委“分类指导、统筹发展”的总要求，县优化办把政风行风评议作为优化经济环境、转变干部作风的重要手段狠抓落实。定期或不定期地对政风行风评议监督员进行集中走访或召开面对面座谈会，广泛听取评议监督员对参评单位的意见和建议。重点评议执法部门和经济建设管理部门，邀请国家统计局长沙调查队等社会中介机构对全县被测评单位采取走访入户和电话调查方式进行测评，邀请新闻媒体跟踪报道测评工作，增加测评的民主性和客观性。

【推进标准化管理提效能】 2008年制定出台《长沙县政务服务中心窗口及窗口工作人员绩效考核办法》，在每天上下班四次视频考核基础上，进一步量化绩效考核指标，窗口日常管理采取“日考勤、月考核、季讲评、年评比”的有效形式，对工作人员违规实行“一次提醒、二次通报、三次退回”的有力手段，从举止仪表到日常规范，从办事流程到工作质量，从岗位要求到工作纪律，都对窗口单位和窗口工作人员进行更为严格的管理，全面树立热情服务、微笑服务、文明服务、高效服务的窗口形象。

【实行审批和收费相分离】 2008年制定《长沙县招商引资审批收费办法》，对行政事业性收费方式进行改革，实行审批和收费相分离，按“归类打捆、部门审批、统一缴费、内部分解”的方式收费。对各类优惠政策文件重新甄别和审定，认真研究社会和经济发展需要，强力规范近30个部门和单位的50多项收费。统筹整合上级部门和本级政府、政府各部门之间的利益，对项目分产业类型进行调整、鼓励或者限制，收费实现全面刚性化。重大招商引资项目和国家重点建设项目确需减免的，须凭县政府常务会、县委常委会和经开区主任办公会相关会议纪要进行调整，其他任何单位和个人无权进行减免，有效规范了行政审批收费自由裁量权。

【工业项目报建“三减”和“两个二”】 2009年，在服务经济建设百日大行动中，长沙县对重大工业项目报建进行提速，通过减免报建费用、减省审批程序、减少审批时限，使重大工业项目的报建费用减少至每平方米20元，重大工业项目报建审批时间由28天再次压缩到20天，在对法定办理时限已两次提速的基础上，再次提速28.6%。

【中央创先办视察长沙县创先争优工作】 县政务服务中心在窗口深入开展创先争优活动，宣传发动、公开承诺、群众推优、“四评”等各阶段的活动开展得有声有色，特别是根据政务服务中心人员构成复杂、管理难度大的具体特点，开展以学政策理论、学业务知识、学先进典型，比工作效率、比工作作风、比敬业奉献，定期走访重点企业、走访行风监督员、回访办事群众为主要内容的“三学三比三访”活动，规定每个窗口每个月至少回访20名办事群众，并将回访情况通过电子显示屏和中心门户网站对外公布，接受群众监督。2010年12月7日，中组部领导、中央创先争优办副主任傅思和到该中心视察创先争优工作，对中心创先争优活动给予肯定。

【开展廉政文化进机关活动】 县政务服务中心在推进廉政文化阵地建设中，通过廉政石、廉政电梯、廉政屏保、廉政台卡、廉政书画的装点、廉政长廊的布置等，充分发挥廉政文化“润物细无声”的作用。开展廉政格言警句和廉政楹联书法有奖征集活动，共征集廉政用语183条，廉政联65幅。将其中的48条廉政用语和25幅廉政楹联书法悬挂在中心大厅展示，供大家学习交流，以自醒、自勉。2010年，在长沙市廉政文化“六进”活动单位评选活动中，长沙县政务服务中心被命名为优秀示范点单位，是全县唯一获此称号的单位。

【创建市级文明单位】 从2005年获市文明窗口示范单位以来，县政务服务中心以文明创建为抓手，每年制定文明创建工作方案，不断深化创建目标，与窗口单位签订了文明创建责任状，将文明创建工作责任落实到人、到岗，在中心形成人人讲礼貌、个个学文明的浓厚氛围。2008年3月，县政务服务中心获市文明单位，并成功保持两年。2010年4月，县政务服务中心获市文明标兵单位，2011年继续保持市文明标兵单位称号，实现创建目标逐年提升的工作目标。

【依托电子政务平台开展县级政府政务公开和政务服务工作试点】 长沙县按照党中央、国务院关于深化政务公开和加强政务服务的要求，进一步提高政务公开和政务服务水平，于2011年10月成为全国开展依托电子政务平台加强县级政府政务公开和政务服务工作试点县。该项工作由全国政务公开领导小组牵头组织，在全国选择100个县（市、区）开展试点工作，用一年左右时间，建立和完善统一的电子政务平台，充分利用平台全面、准确发布政府信息公开事项，为在全国全面推行奠定基础、积累经验。

【推进全程代办工作】 2011年出台《长沙县投资项目审批代办制实施方案》，完善投资项目审批代办制，破解重大项目审批时限较长的难题。一是健全代办网络体系。依托县、乡镇（街道）二级政务服务中心推行代办服务，在县政务中心设立投资项目审批代办中心，相关部门根据实际情况设立相应代办机构。二是完善审批办理程序。规范各部门项目审批的权责划分，减少项目审批过程中涉及的部门数量，避免工作重叠，缩短办理周期。建立投资项目审批办理联席会议制度，各部门及时协调解决项目办理中的具体问题。三是严格监督考核制度。将投资项目审批代办工作纳入相关部门和乡镇（街道）的目标考核，确定一批政治素质、业务能力、发展潜力较好的年轻中层干部担任代办员。代办员的工作情况作为日后干部选拔的重要依据。纪检部门对投资项目审批代办进行效能监察，建立相应的责任追究制。（欧阳文武）

机关后勤工作

【概况】 长沙县机关事务管理局内设办公室、安全保卫科、资产和物业管理科（加挂“公共机构节能监督管理科”牌子），下设园林绿化班、机关卫生所、机关水电维修配电班、机关交通安全联组。2010年11月根据长县发〔2010〕22号文件，县人民政府驻长办事处并入县机关事务管理局。在编人员52名，其中干部34名；本科学历9人，大专学历19人，中专学历17人。

2008年至2011年，先后获得省后勤系统先进集体、省级文明卫生单位、市后勤系统先进单位、市“绿色社区”、物业管理先进单位、县目标管理先进单位、计划生育管理先进单位、安全保卫工作先进单位、先进基层党组织、劳动竞赛先进单位、建整扶贫先进后盾单位。2009年5月黄兴茂第六次被评选为长沙县劳动模范。近四年来，局党支部按照上级党组织的部署，扎实推进“创先争优”活动，根据本单位服务工作的性质，开展“四比”活动，即：“比学习、比服务、比创新、比贡献”活动，以达到“热情、细致、高效、优质、科学，建设一流服务型机关”的目标，通过活动实践，取得了实实在在的成效。

【优化机关计划生育工作】 县机关事务管理局计生办主要负责归口事务局管理的县直82家单位（2010年11月机构改革后新增6家）的计划生育管理与服务工作。责任范围包括各单位所辖全体干部职工、无固定职业的家属、单位挂靠户以及单位雇请合同工、单位集资房内租住户、购房户（户口在本小区内）及辖区内的其他流动人口。计生办按照县委、县政府的要求设立计划生育办公室，配备分管领导、计生专（兼）干各1名。根据县委、县政府年初计生目标责任书要求,计生办与县计生局共同制定年度县直机关单位计生考核细则并负责年终考核计分。2008年至2011年县直机关计生办在年度县人口和计划生育目标管理综合考核评估中连续被星沙街道评为“星沙街道驻镇计划生育红旗单位”，被县委、县政府、县计生局授予“人口和计划生育目标管理工作先进单位”称号。

【推进资产和物业管理】 机关事务局资产和物业管理科是2010年11月原县政府驻长沙市办事处并入县机关事务管理局后，在原物业管理科的基础上成立的，该科室除行使原物业管理科的职能外，还继承原驻长办的各项职能，继续管理长沙县原驻址遗留的土地、房产和公共设施，为驻留此地的离退休老同志服务。及时抓好辖区土地、房产的管理工作，保证国有资产的保值和增值。做好原县直机关大院公共设施的水电维修和干部宿舍的义务水电维修工作，及水电费的代收代缴工作；积极配合市、区、派出所及社区居委会做好长沙“创建文明城市”和计划生育工作，做好防火防盗、灭蟑灭鼠“防四害”等工作。

该局对县政府机关大院及新老宿舍区，县政务中心、县人防办、潘家坪、湘龙家园等处的保洁、除“四害”等工作进行全面跟踪检查。根据实际，制定《湘龙家园物业管理办法》，对物业公司管理进行规范。积极为大院内用户购电打卡，做到随叫随到。做好县机关大院和原县政府大院消防设施的检测工作。负责督促和协调物业公司做好政府机关大院安全保卫、治安管理、车辆管理、来信来访等工作。协调处理上访事件，确保机关大院办公秩序正常。

【开展节能降耗活动】 县机关事务局积极响应中央“建设节约型社会”的号召，开展节能降耗活动，把建设节约型机关列入机关事务工作的重要日程。一是广泛宣传节能知识，加大技术改造力度，建立健全机关大楼水电设备技术档案，制定设备科学管理操作规程。二是定期对机关的水、用电设备设施进行全面维修和维护，及时淘汰耗能大的设备，对政府机关大院中央空调、用电等耗能设施、设备有计划分步骤地实施节能改造，中央空调采用新型的变频智能控制技术，机关大院日节电量600余度。同时，完成对机关大院、人防大楼、政务中心等所有照明灯具和水电设备的节能改造，节能效益大大提高。三是加强日常督查管理。局机关内部在用水、用电、日常办公、会议、接待、用车、差旅等方面制定一系列细则，同时派专人不定期对机关办公楼进行巡查，发现问题及时进行报告、整改，减少“灯长明、水长流”现象。

（黄艳娟）

招标采购工作

【概况】 长沙县招标采购局是县政府直属事业单位，成立于2010年11月，由原招标采购中心更名而成。2010年监督管理招投标项目214个，上限金额50.44亿元，通过招标节减建设资金4.78亿元，平均中标优惠率9.5%；办结政府采购项目1828项，预算金额1.38亿元，节减财政资金1437万元，平均节减率10.5%。2011年监督管理工程招投标项目282个，上限金额91亿元，通过招标节减建设资金6.15亿元，平均中标优惠率6.8%，监管项目个数、金额比上年分别增长31.8%、80.4%；办结政府采购项目2294项，预算金额5.8亿元，合同金额4.89亿元，节减财政资金9164万元，平均节减率15.8%。

【长沙县招标采购中心成立】 依据《关于成立长沙县招标采购中心的通知》（长县编字〔2009〕62号），2009年9月28日，长沙县招投标管理办公室、长沙县建设工程交易中心、长沙县政府采购管理办公室等三个机构合并，组建长沙县招标采购中心，为长沙县人民政府办公室管理的正科级事业单位，负责全县工程招标、政府采购工作，核定全额拨款事业编制22名，其中主任1名（乡科级正职）、副主任2名（乡科级副职）。

【机构改革新设招标采购局】 依据《中共长沙县委、长沙县人民政府关于印发<长沙县人民政府机构改革方案的实施意见>的通知》（长县发〔2010〕22号），2010年11月，长沙县招标采购中心由县政府办公室管理的正科级事业单位，调整为县政府直属事业单位，并更名为长沙县招标采购局。

【电子化招投标逐步推行】 建立信息发布系统、招标文件下载系统、会议系统、监控系统和招标采购网站，致力于打造县级一流招标采购服务平台。推进电子化招投标，实行“六公开”，即网上公开信息发布、公开招标程序、公开评标办法、公开诚信档案、公开资料查询、公开中标结果，网上下载招标文件。从招标信息发布、投标报名、资格审查、招标文件和图纸发放、答疑、投标书递交、专家评委抽取、场地协调服务、开标评标组织和监督、中标通知书发放，整个流程均由专人负责，维护交易活动的公正性、有序性和严肃性。

【政府采购实行采管分离】 2010年，招标采购局作为集中采购机构履行操作职责，接受采购单位的委托，负责组织预算10万元以上项目的采购，负责政府采购项目的备案、档案管理，负责“四定点”服务项目的日常管理。县财政局政府采购管理科为采购管理机构，履行管理职责。“采”、“管”分离明确区分政府采购中“运动员”与“裁判员”的职责，有效保障政府采购工作的公正。

【二审制度提升公开招标率】 2010年11月起，对原有招标采购联审制度进行改革，并以县委办、县政府办发文明确。一是将联审小组成员单位增加审计局和法制办等，由原来的8个变为11个。二是将原联审一审定局制度，修改为二审制度。先由联审小组负责对全县招投标、政府采购重要事项变更进行联合会审，无记名投票形成初审意见后，报县长办公会审议决定。通过二审制度的运行和宣传力度的加大，提高了项目建设单位提前安排招标、采购事项的计划性，提升了长沙县的公开招标率。

【集中打捆采购显效益】 2011年3月起，首次要求采用集中打捆采购方式，将全年批次较多、用量较大的商品上报主管局汇总，统一技术参数和材质进行集中打捆公开招标采购。在公开招标过程中，招标采购局采用“三项新举措”确保招标的顺利进行：一是聘请专家对采购文件进行论证，确保技术参数合理、资质条件合适、招标文件合规；二是对投标样品实行“暗标”，保障评审客观公正；三是实行无业主评委制，减少采购人自由裁量权。“三统一”加“三举措”的政府采购模式，确保货物采购质量和售后服务质量，保障了采购工作更加公开、公平、公正，节约了财政资金。

【率先启用招标代理机构优选库】 2011年，采用公开招标方式组建工程招标代理机构优选库，规定县属国有投资招标项目必须全部通过随机抽签方式确定招标代理机构。3月通过公开招标选定12家招标代理机构入库，制定并公布《长沙县政府投资项目工程招标代理机构优选库管理暂行办法》和《长沙县招标代理机构考核办法（试行）》，所有招标项目实行“一标一考”，对入库机构进行量化考核、动态管理，考核不合格或有违法违规行为的清除出库。优选库的建立，标志着全县建设工程招投标监管进入一个更全面广泛的阶段，规范了招标代理机构的从业行为，提升了招标代理机构服务质量，最大程度地减少了“中介不中”的现象，维护了招投标活动公平性、公正性。

【优化工程招投标监管办法】 2011年，1000万元以上施工项目采用新的“综合评估法”评标，即投标人采用不报名及资格后审的方式，开标当日在所有资格审查合格的投标人中随机抽取9家作为入围投标人，评标委员会对入围投标人实力信誉、投标报价等客观因素进行综合评审，通过计分排序推荐中标候选人。工程造价在1000万元以上的招标项目要求法定代表人出席开标会并亲笔签署投标承诺书。全面取消建造师申报环节，确保投标人信息保密，扩大中标公示内容，在同业中首次将投标人类似业绩、获奖情况进行公示，发挥社会监督作用，促使投标人加强诚信。

【创新项目法人招标方式】 为实现政府投资体制多元化，推动县委、县政府“以时间换空间、以项目促发展”战略意图的落实，招标采购局借鉴发展运用项目法人招标方式，2011年完成乡镇污水处理厂及管网、石燕湖大道、人民路东延线（空港城段）道路、星沙商务写字楼、市民服务中心、松雅湖环湖基础设施等6个项目的法人招标，引进一批具有实力强劲的央企、民企参与县城经济建设，形成“政府主导、市场运作、社会参与”的基础设施投资建设新机制。

（赵群芳）

人力资源和社会保障工作

【概况】 长沙县人力资源和社会保障局是2010年政府机构改革中由原县人事局、县劳动和社会保障局合并而成立的机构，属政府行政职能局，主要负责全县人事人才、就业培训、劳动关系协调、社会保险管理服务等工作。内设办公室、就业促进科、社会保险科、法制科、工资福利科、公务员管理科（加挂“事业单位人事管理科”牌子）、专业技术人员管理科、基金监督科、财务科、后勤保障科等10个科室，下设人力资源服务中心、就业服务中心、企业社会保险工作局、机关事业单位社会保险工作局、工伤保险服务中心、城乡居民医疗保险中心（加挂“城镇职工医疗保险管理服务中心”牌子）、新型农村社会养老保险服务中心、失业保险服务中心、被征地农民社会保障服务中心、劳动保障监察大队、劳动人事争议仲裁院等11个二级机构，共有工作人员190余人。先后获得“全国新型农村社会养老保险和城乡居民养老保险工作先进单位”“全国农村青年转移就业工作先进单位”“全省为民办实事先进集体”“全市为民办实事先进集体”“全市人力资源社会保障工作先进单位”“全市文明单位”“全县绩效考核先进单位”“全县优秀领导班子”“全县先进基层党组织”等荣誉称号。

人事人才工作不断创新。深化人才强县战略，统筹全县各类人才需求，创新选拔机制和管理方式，积极探索“人才＋项目”的引智新模式，推进“3235”人才工程，实现招才引智工作的常态化、规范化。坚持“凡进必考”的原则，有效针对全县编制空缺情况，面向社会公开招考选调选聘机关事业单位各类人才，引进党政干部后备人才，同时加大对重点领域高层次、急需紧缺及骨干人才的培养，充分发挥县内行业、企业和职业技工院校作用，为全县支柱产业、新兴产业和特色产业企业培养急需紧缺的中高技能人才。2008～2011年，全县引进中高级管理人才300余人，高级专业技术人才200多人，中高级技工500多人，各类人才引进规模居全省县级前列。全面实施全县事业单位绩效工资改革。加强全县公职人员教育培训，建立规范化、制度化的公务员培训机制。2009～2011年，组织举办公共管理（MPA）核心内容、应对突发事件能力、提高转变经济发展方式能力和水平，及调查研究能力等主题培训班。清理规范机关事业单位编外用工，节约公共财政经费。及时办理各项人事调动、工资异动、职称评定等手续。根据公务员和事业单位人员考核奖惩的相关制度，组织开展机关事业单位工作人员年度考核工作，奖优罚劣。认真落实自主择业军转干部的各项政策待遇，加大企业军转干部解困工作力度。

公务员管理更加优化。扎实开展公务员队伍建设和管理工作。公务员招录方面，按照省委组织部、省人社厅、省公务员局关于湖南省考试录用公务员公告的要求。加大从基层选拔公务员的力度，开展公开招录、定向招考等工作，不断健全机制，在省公务员局的统一安排下，组织开展面向社会公开招录公务员的工作。为县公安局、县国土局、县统计局、县审计局4个县直机关和18个乡镇机关考录81名公务员。在全县推行从大学生“村官”、“三支一扶”人员中定向招录乡镇机关公务员，其中2010年定向大学生村官考录5人，2011年定向劳模和突出贡献人员考录2人。

组织开展公安警察专项考录工作，在市公务员局、市公安局的统一领导下，会同县公安局开辟“绿色通道”，从刑警学院引进优秀人才录用6名公安干警，2009年采取定向委培方式，先面向社会公开考试，后统一在省警察学院培训2年后再进行录用，完成考录政法干警11人的工作。

公务员培训方面，重点开展新录用公务员的培训工作。科学设置培训内容，精心选配授课师资，强化培训管理，由市公务员培训中心每年对新录用公务员统一进行培训，培训合格后方可办理录用手续。对在职公务员不定期开展政治理论、勤政廉政、“六五”普法、计算机技能、科学讲座等各类培训。

社会保障体系逐步完善。启动养老保险。长沙县于2009年启动实施新型农村社会养老保险制度，城镇企业职工基本养老保险、机关事业单位养老保险、新型农村社会养老保险（城乡居民养老保险）已全面覆盖到全县所有农村和城镇居民、机关企事业单位职工及离退休人员。全县城镇和农村养老保险覆盖人员66.2万人，其中参保人员53.5万人，领取待遇人员12.36万人。城镇企业职工基本养老保险参保单位1043个、参保人数6.48万人；机关事业养老保险参保单位278个，参保人数1.16万人；新型农村社会养老保险（城乡居民养老保险）参保人数45.9万人；城镇机关企事业单位退休人员1.17万人，新型农村社会养老保险待遇领取人员11.19万人。启动医疗保险。长沙县于2008年、2010年分别启动实施城镇居民医疗保险和城乡居民医疗保险（城居和新农合整合），参保对象涵盖县域内所有用工单位从业人员、非从业人员和城乡居民，凡在长沙县生活、工作的居民均可据实参加医疗保险。全县医疗保险覆盖人数76.4万人，其中城镇职工基本医疗保险参保人数5.4万人，城镇居民医疗保险参保人数5.6万人，新型农村合作医疗参保人数65.4万人。2010年10月，根据市委、市政府统一部署，长沙市全面启动实施城乡居民基本医疗保险工作，2010年12月底实现新型农村合作医疗与城镇居民基本医疗保险管理经办职能整合，并整体划转至劳动和社会保障局，新农合与城居医保资源整合、城乡一体、统一缴费标准、统一医疗待遇、统一信息平台、统一基金调剂、统一经办服务。2011年元月起，全县城乡居民医保个人缴费统一为40元/人年（农村居民由财政补助10元/人年，个人每年自缴30元），各级财政补助120元/人年。开展失业、生育、工伤保险工作。一是失业保险与养老保险捆绑征缴，确保失业保险基金相对富余，有效保证失业人员失业金足额发放和再就业培训成效，从2011年元月起该县将失业保险缴费费率调减至2.5%，即单位缴费由2%调整为1.5%，个人缴费1%不变，为参保企业降低非生产经营成本；二是工伤保险与安全生产监管加强联动，针对全县工业产业结构及工程机械产业工伤事故率较高的因素，强化安全生产监管，有效降低工伤事故发生率，同时确保职工正当合法权益，提高工伤基金抗风险能力；三是生育保险与城镇职工基本医疗保险捆绑征缴，保障基金收入，确保在职育龄职工享受到生育保险各项待遇。致力就业服务。以新一轮促进就业再就业政策为工作重点，提升就业服务能力，优化就业服务质量，努力降低城镇登记失业率，认真落实社保补贴、小额贷款发放等各项再就业优惠政策。将就业扶持援助政策扩大到城镇退役军人、大中专毕业生、特困家庭和被征地农民，就业服务工作取得显著成效。2008～2011年全县城镇新增就业34870人，下岗失业人员实现再就业10211人，帮助就业困难对象实现再就业4204人，实现农村劳动力转移就业6.64万人（次），城镇登记失业率控制在3.8 %以内，零就业家庭动态援助率保持100%，就业局势保持稳定。

劳动监察、劳动仲裁依法规范。劳动仲裁部门针对劳动争议调解仲裁法实施后管辖范围扩大、受理门槛降低、处理时限缩短、劳动者依法维权意识不断增强、受理案件大幅增长等新情况，努力提高调解仲裁工作的权威性和公信度，共处理劳动争议案件3115起，认定工伤3005件，依法为劳动者挽回工伤待遇、经济补偿等费用2260余万元；劳动监察部门通过开展劳动监察年审、日常巡视、农民工工资支付排查等专项行动共检查用人单位6275家次，调处受理结案2640件，督促支付工资2.37亿元，县域范围用人单位与劳动者劳动合同签订率100%。认真执行长沙县劳动保障群体性事件应急处置预案，未发生涉及劳动关系的重特大群体性恶性事件。

【推行农民工工资卡制度】 2009年7月，为保障农民工合法权益，在全县启动推行农民工工资卡制度，所有在建工地农民工人手一本工资卡。项目工地每月初集中发放工资，工人凭工资卡领钱，如对工资有异议均可重新核算。制作浅蓝色工资卡，卡上设置项目有劳动合同期限、工资金额、领取时间、工人身份证复印件和本人、项目负责人、班组长签名等栏目，有效避免克扣工资现象发生，让农民工放心、安心工作。

【举办首届基层劳动保障协理员培训班】 2010年11月16日，为适应劳动保障事业和职能不断拓展的需求，提升乡镇（街道）、村（社区）就业服务、城乡居民养老保险、医疗保险等劳动保障经办业务水平，人力资源和社会保障局在县委党校组织举办全县首届乡镇（街道）、村（社区）基层劳动保障协理员培训班。本次基层劳动保障协理员培训班是全省首次由县级劳动保障部门组织承办的“国家级职业资格培训考试”，培训时间为期5天，开设协理员基础知识、就业失业登记管理、社区劳动保障基础管理、就业和社会保险协办事务等课程，分别由省市县劳动保障部门负责人及该领域专家授课。培训结束后，省人力资源和社会保障厅职业资格鉴定中心派考评员按照国家人力资源和社会保障部规定的时间、程序和科目进行统一闭卷考试，统一封闭阅卷，考试合格者获得由国家人保部颁发的劳动保障协理员职业资格证书。本次培训共有100名学员，均为全县22个乡镇（街道）劳动保障站站长、专干及村（社区）劳动保障工作人员。

【人社部领导考察长沙县新农保和被征地农民社会保障工作】 2010年11月19日，国家人力资源和社会保障部农村社会保险司司长游钧调研长沙县新型农村社会养老保险工作，并对这一工作给予充分肯定。游钧一行首先实地考察湘龙街道中南社区劳动保障服务中心，认真察看中南社区一站式服务大厅劳动保障机构硬件建设，详细询问工作人员的工作情况。他要求中南社区进一步加快基层劳动保障平台建设步伐，抓好人员、场所、设备和职责的落实；同时全面提升平台服务功能，充分利用好各项就业再就业优惠政策，扶持下岗失业人员创业就业。在随后召开的座谈会上，县长张庆红详细介绍了新型农村社会养老保险和被征地农民社会保险情况。长沙县新农保试点启动以来，认真组织开展方案设计、信息采集、资金筹集、养老金发放、基金征缴等一系列工作。

【创新管理模式】 为加强机构改革后的组织融合和工作衔接，人力资源和社会保障局采取有效措施，创新管理模式。一是实行融合交流制。加强原人事、劳动部门工作人员整合后的人员交流工作。开展乒乓球、羽毛球等集体活动，增强团队凝聚力；开展“共产党员示范岗”、“流动红旗窗口”、劳动竞赛活动，激发工作积极性；开展科室部门调研文章评比和下基层活动，提高理论和业务水平。二是实行分级负责制。主要领导负总责，分管领导具体抓，科室人员抓具体。各科室制定工作任务责任分解表，明确责任人和工作完成时间，每周对各项工作任务完成情况进行全局通报。三是实行定期汇报制。每周召开一次工作汇报会，各科室根据工作完成时限及时汇报。四是实行督查责任追究制。通过抽查、听汇报，根据科室工作完成情况实行责任追究制。对工作进展缓慢、效率低的进行通报批评；对因个人失职延误工作的进行诫勉谈话；对情节严重造成不良后果的给予纪律处分。

【全县城乡居民执行统一医保制度】 2011年1月1日，长沙县开始实行城乡一体的居民医保新政策，新型农村合作医疗与城镇居民医疗保险正式并轨运行，城乡居民实行统一的医疗保障制度，农民的医疗保障水平进一步提升。医保新政实行后，农村居民可以在以下三个方面享受到更多实惠：首先是更加方便快捷享受到医保待遇，农民朋友在定点医疗机构住院，只需在出院结算时支付属于个人自费部分的医疗费，其余能够由统筹基金报销的部分由医疗机构直接到医保中心结算；其次是在省市定点医疗机构的报销待遇进一步提高，纳入医保报销范围的医疗费用至少达到50%的报销比例；第三是报销的范围更加宽广，纳入报销范围的药品和医疗费用项目达数千种，更好地解决农民朋友看病贵问题。

【长沙县企业养老保险实现网上查询】 从2011年3月14日起，长沙市劳动保障政务服务网正式开通长沙县企业养老保险个人（单位）缴费查址（http://www.csldbz.gov.cn/），长沙县企业职工养老保险参保人员可登陆市劳动保障政务服务网个人（单位）社保查询界面，录入身份证号码，即可查询个人（单位）缴费信息。

【在全市率先出台实施《城乡居民基本医疗保险实施细则》】 《长沙县城乡居民基本医疗保险实施细则》(以下简称《细则》)于2011年7月1日起正式实施，该《细则》根据《长沙市城乡居民基本医疗保险办法》要求制定，率先在全市实施。根据《细则》，具有长沙县户籍而未参加职工医疗保险(含在外地参保)、已经参加城乡居民医保的家庭所新增的家庭成员，含因婚嫁迁入、退伍、刑满释放、新生儿等新入籍的人员都可以参保。未在户籍所在地参加城居医保或者新农合，在长沙县稳定居住一年以上的外来务工人员及其直系亲属、在长沙县购买房产并居住一年以上的外地户籍人员都可纳入城乡居民医保范围。《细则》首次将新生儿出生阶段纳入保障范围，在集中缴费期办理参保缴费手续的，从出生之日开始享受待遇。未在集中缴费期参保的新生儿，在出生一个月内办理参保缴费手续的，从缴费之日起开始享受待遇，填补了原来制度中新生儿出生到参保这段时间医疗保障的空白期。同时职工医疗保险参保人员停保后一个月以内参加城乡居民基本医疗保险的，不再设医疗等待期。一个结算年度内，未成年人累计最高支付限额为10万元，成年人为6万元。

（许建华　丁　昆）

·附录·

2008～2011年国家机关工作人员立功、嘉奖人员名单

2008年度国家机关工作人员立功、嘉奖人员名单

一、记三等功人员（29人）

戈承武　王　容　章　勇　姜正阳
张铁云　张献忠　张　良　余青燕
张天明　胡立明　叶春德　陈　泽
黄厚尹　周　政　唐利坤　饶逢春
李　娟　沈金勇　黄凯明　吴罗生
吴延辉　朱剑斌　易凤明　陈伟奇
刘立新　邬建国　陈卫文　吴洪恩
王登红

二、嘉奖人员367人（名单从略）

2009年度国家机关工作人员立功、嘉奖人员名单

一、记三等功人员（51人）

谢　燕　吴再文　杨溪阁　刘雁冰
杨　军　吴宇红　王建军　黄淑慈
何龙彪　童　洁　范伟霞　江　涌
王元益　张再明　曹　光　唐念群
王　霞　彭锡坤　王建明　李德兴
解佩华　刘新平　缪建良　彭中印
周　舟　王懿林　史慧英　孙卫国
饶怀宇　陈启钱　谢德求　文清良
杨建刚　熊　创　朱会雄　李　杰
余　伟　苏建武　彭　浩　章　辉
陈　晓　唐　锋　周　磊　张天奇
吴　鑫　敖　娟　张革明　张电波
胡群义　彭　鹏　孙革辉

二、嘉奖人员407人（名单从略）

2010年度国家机关工作人员立功、嘉奖人员名单

一、记三等功人员（123人）

凌　异　彭秀英　吴明旗　李坤明
章汉湘　蔡　逸　李金根　李知明

江军旗	饶立河	马国军	张本德
唐俊兴	刘树山	陈渊智	戴定安
黄治国	王　艳	吴　虹	周　勇
文　海	杨佳慧	佘光明	游　宇
谢　英	袁波涌	李晓兰	童树国
钟利华	王明干	姚　军	王飞跃
梁　山	余学军	何志刚	胡　力
谢　彦	章二红	裴利兰	周文军
尹灿明	曹　勇	贺曾弦	陈国栋
夏汉成	胡曾意	欧岁春	杨　乐
章启航	唐　炯	黄学文	盛力文
杨巨轮	周书玉	文卫民	罗长银
黄　宪	杨建成	王季坤	毛旭平
陶　权	唐海文	梁应文	江　涌
李靓熹	裴建新	石朝佩	凌云峰
刘杰明	唐伏奇	王国良	柳　娟
任永胜	胡立忠	彭正球	邹春林
郭艳红	龙征兵	王元益	邹　霞
唐利坤	张　杰	郭检罗	吴　微
唐自力	李如军	柳　强	王弟华
李开兴	彭军其	刘新平	彭　刚
易　斌	常势良	张铁云	谢志宏
李　舜	陈　虎	熊　创	彭建国
王志国	耿明生	王伟山	刘秋良
曾卫国	周立强	宋晓峰	王乐君
雷　彬	王朝阳	刘建龙	王自然
常格亮	曹　雄	李伯成	蒋亚平
黄　勇	何学军	魏　检	高新良
曹伟兴	王　剑	张建军	

二、嘉奖人员489人（名单从略）

2011年度国家机关工作人员立功、嘉奖人员名单

一、记三等功人员（98人）

周志宏	郑　彪	吴　琼	李海青
闵　兵	张　莽	胡立明	甘　泉
李　彦	何　慧	童　琳	马秋莲
李　波	唐志兴	周茂奇	唐　强
周湘宁	陈　娟	陈湘宜	左　登
杨　玲	肖红斌	梁　军	蒋树德
沈金勇	张泽明	刘大立	邓　昂
易爽姿	陈文靖	游建彬	郭利成
董伟东	龙向东	杜友良	秦　勤
李　辉	殷　泉	罗昕科	周立强
张新奇	杨鑫杰	彭　军	文端初
杨　春	向　春	陈　力	漆细满
刘　英	刘　芳	文　志	陈星炫
罗晓明	李良辉	孔艳辉	毛巧玲
栗　柱	叶照君	陈自力	范文广
邹国良	曾卫国	周立强	林松柏
谭　凯	李炎炬	刘　波	邹常浩
郭　浩	蒋　祁	罗　冰	肖追雁
喻志刚	张铁云	周习彬	吴明旗
高新良	张建辉	张敬伟	周锦程
万兴兰	曹　勇	常势良	方建武
谢德求	陈军跃	唐五一	陈沃辉
王志国	宋晓峰	雷　彬	唐自力
柳　强	乐　君	毛旭平	陶　权
刘新平	何学军		

二、嘉奖人员506人（名单从略）

中国人民政治协商会议长沙县委员会

政协长沙县委员会机构领导人员

政协长沙县委员会

主　席 李世安（2008.01～　　　　）
副主席 喻国华（2008.01～　　　　）
　　　 邓新明（2008.01～　　　　）
　　　 杜宏亮（2008.01～　　　　）
　　　 李楚屏（2008.01～　　　　）
　　　 黄　梁（2008.01～　　　　）
党组第一副书记
　　　 王益枝（2011.06～　　　　）
党组副书记
　　　 曾应明（2008.01～　　　　）
　　　 喻国华（2008.08～　　　　）
　　　 彭克让（2010.11～　　　　）

政协长沙县委员会工作部门

党组成员、办公室主任
　　　 毛武林（2008.01～　　　　）
办公室副主任
　　　 李雨蓉（2009.07～　　　　）
党组成员、群团联络委主任
　　　 罗学武（2008.01～2010.01）
　　　 黄长庚（2010.01～　　　　）
经科委主任
　　　 李立定（2008.01～2010.01）
　　　 曹　青（2010.01～　　　　）
提案法制委主任
　　　 童树国（2008.01～　　　　）
文教卫体委主任
　　　 徐建伟（2008.01～　　　　）
　　　 李文杰（2010.11～　　　　）
人口资源环境委主任
　　　 刘正超（2010.01～　　　　）

概　述

中国人民政治协商会议湖南省长沙县第七届委员会设主席1人，副主席5人（其中兼职2人），常委42人；县政协机关设办公室、群团联络委、经济科技委、法制提案委、教科文卫委、人口资源环境委6个委室。

2008年至2011年，县政协召开了第七届委员会二次至五次会议，第一次至第十七次常委会议。同时，利用各种形式、多种途径积极协商议政。在2008年到2011年的四次政协全体会议上，政协委员就事关全县经济社会发展的各类重大问题共进行讨论，例如《加强摩托车管理势在必行》等15个参政议政发言，推动解决了许多热点、难点问题。县政协就“文化兴县”、“农业龙头企业创品牌”和“农田土壤污染治理”等课题调研并撰写调研报告14篇，《生猪养殖“控量、治污”已刻不容缓》一文在全会上引起强烈反响。通过专题协商和重点协商助推发展，紧扣县委工作主线，重点围绕“幸福与经济共同增长——用经济发展成果夯实人民共享幸福的基础工程”主题进行专题协商。

加强民主监督。县政协各次全会经审查立案的提案共303件，办结率、见面率、反馈率和满意、基本满意率均达100%。特别是“部门联动打造北部乡镇油茶林基地”、“大力扶持高桥食用菌发展”和“建设松雅湖潇湘名人园”等一些提案得到全面落实。2008年、2009年，县政协分别对质量技术监督局、畜牧水产局进行集中民主评议。2010年创新评议形式和内容：改一委牵头为多委联合；改评议一个局的工作为集中评议某项全局性工作。2011年对全县农村公路管养工作分四个步骤进行评议。2008年5月30日，开通首趟反映社情民意“直通车”，所综述的社情民意获得省优秀社情民意一等奖，刊载于省政协《社情民意》专刊第37期，并被全国政协办公厅信息局转发。2010年，县政协办制发《关于进一步做好社情民意工作的意见》，编发《社情民意》6 期，向科局转办社情民意5篇，向市报送9 篇，采纳4 篇。其中委员黄巧玲反映“乡镇劳动保障服务机构职能亟待完善”的社情民意经市委常委、副市长张迎龙阅后作出专门批示。2011年，收集委员反映的社情民意12篇。加强行风监督，支持政协委员担任行风评议员、形象监督员并积极参与行风评议等工作。通过专题发文，向全县有关单位委派50名特约监督员。

精心编撰文史书籍。2010年编撰出版《神奇的松雅湖》，2011年编辑出版《古今湘绣》，2011年与县党史办合作，编辑出版记录革命老区事迹的《红潮》

一书。协助筹备松雅湖建塔工程，启动再度撰写塔志工作。

抓学习强素质，抓机关强服务，抓制度促工作。2008年，修订、下发《长沙县政协常务委员会会议制度》、《长沙县政协委员小组交流考察制度》、《长沙县政协委员履行职能制度》、《长沙县政协委员辞免制度》等四项制度，建立委员学习、履职、创业、招商、献爱心5项档案。2010年，加强和完善政协专委会与县直部门工作联系制度，制定乡镇（街道）联络处和机关委员小组工作职责、规程和考核细则。（徐晓芳）

【继续实施“贫居工程”】 2007年第一批“贫居工程”在白沙、开慧启动实施后，县政协连续三年实施第二、三、四批“贫居工程”计划，共计捐款150万元，为北山、福临、高桥、春华、金井、双江镇等43户“贫困而又有希望的家庭”建好新房。

【热心扶贫济困和公益事业】 在2008年的1月冰灾、5月汶川地震中，委员们齐伸援手，出资出力。委员蒋桂存率南托建筑公司几十名员工赴四川理县救灾，委员朱祝武自发组织电力维护队，顶风冒雪赶赴郴州，义务抢修十几个昼夜。委员为冰灾捐资104万元，为汶川地震捐款329万元。积极参加公益事业，四年间全县政协委员为修路、建桥、建校、修水利等捐资856万元，为救助困难户、五保户以及助医、助学、助残捐款487万元。2011年周利平、易德庚、张彪向县教育基金会冠名捐赠额分别达50、100、200万元。

【开展征文活动】 2008年，县政协组织委员开展“我为星沙科学腾飞献良策”征文活动，共收到征文193篇，不少文章独具心智，颇有见地，给全县科学发展提供了新的启示。

【举行“一会一书三竞赛”庆祝活动】 2009年，组织纪念新中国和人民政协成立60周年系列庆祝活动，包括“一会、一书、三竞赛”，“一会”即中共长沙县委政协工作座谈会，“一书”即《诤言良策》，“三竞赛”即一次政协知识团体竞赛，一次宣传板报比赛，一次歌曲合唱比赛（有25支代表队1800人参加）。

【组织“戮力环保·幸福星沙”两大主题赛事】 2010年，精心组织“戮力环保·幸福星沙”两大主题赛事。一是环保摄影比赛，11月9日，在通城广场展出25块设计新颖、制作精美的环保摄影展板，倡导全社会“关注环保、保护环境”；二是11月10号上午举行首次长沙县政协委员自行车比赛，旨在倡导低碳出行的环保理念。

【举行“和谐颂”舞蹈、朗诵比赛】 为纪念建党90周年和辛亥革命100周年，2011年县政协组织全体政协委员开展以“和谐颂”为主题的舞蹈、朗诵比赛。比赛将22个乡镇（街道）委员小组和5个机关委员小组分为5个片区，活动从4月上旬发动到8月下旬全部结束，历时5个月，有近120名委员登台表演，上演节目近60个。

【举办首届沙龙活动】 2011年11月18日，政协在明城国际三楼宴会厅成功举办首期沙龙活动，围绕如何正确品味幸福、满意生活，委员们各抒己见，畅所欲言，现场气氛热烈。特别是县委常委、常务副县长胡春山同志的从容应答和对幸福的精妙诠释，使沙龙步入高潮。中央媒体对此进行专题报道。

【开展“争当强责任感委员”活动】 2011年制定详细的活动实施方案和测评细则，召开专题会议进行动员落实。主席会议两次专题讨论，提出在全县政协委员中广泛开展“争当强责任感委员”活动，以“履职不放松、聚力基本功”为总目标，从发挥三大职能上加强履职，从“重道德、增素质、强责任”上强化基本功，以开展增强“三信”（信仰 信任 信心）系列活动来增强道德修养，以提升“三种能力”（辩证思维能力、驾驭工作能力、建言献策能力）来增强自身素质。活动分为“组织准备、动员实施、自评自述、测评验收和综合评比表彰”五个步骤。

【塑建毛岸英烈士雕像】 为纪念毛岸英烈士为国捐躯60周年，县政协常委会采纳委员建议，并于2011年3月31日政协七届第十一次常委会作出决定，号召委员捐资为毛岸英烈士塑一尊像，以弘扬烈士爱国主义精神，告慰烈士英灵。县政协成立工作组，请专家精心设计，像高2.8米，用上等“将军红”石材，总造价70万元。11月15日，县政协为塑像举行庄严隆重的揭幕典礼。烈士塑像落成后，参加杨开慧烈士牺牲80周年、毛岸英烈士为国捐躯60周年纪念活动的省市领导、嘉宾们以及毛岸英亲属，均给予充分肯定和高度评价。

【“长沙县港澳台侨经济文化交流促进会”成立】 为加强同港澳台同胞和海外侨胞的交流和沟通，县政协于2011年在全省率先成立“长沙县港澳台侨经济文化交流促进会”。“促进会”确定第一届理事会理事101名，理事主要由县域范围内港澳台侨、海外华人及本地有影响、贡献大的企业负责人和有关人士、文化艺术界代表组成。8月16日召开成立大会，“促进会”的成立，标志着县政协对外交流的平台越来越宽广，交往也将更加密切，是长沙县政协发展史上一个重要的里程碑。（李雨蓉）

重要会议

【政协长沙县第七届委员会历次会议简介】 2008年3月11日至12日政协长沙县委员会七届二次会议在开源剧院举行。县政协主席李世安作题为《勿忘时代重托，同建和谐家园》的工作报告。中共长沙市委常委、长沙县委书记、经开区工委书记杨光荣,县委副书记、县人民政府县长、经开区工委副书记、经开区管委会主任杨懿文,县委副书记张庆红等领导在会上作重要讲话。肖仲国、彭展、常格亮等委员作参政议政发言。法制提案委主任童树国作《政协长沙县第七届委员会第二次会议关于提案审查情况的报告》。“贫居工程”受助对象代表作了发言，委员们听取和讨论政协工作报告、政府工作报告及其他报告。会议通过政治决议和常委会工作报告决议。县政协副主席杜宏亮致闭幕词。

2009年3月11日至12日政协长沙县委员会七届三次会议在明城国际大酒店举行。县政协主席李世安作题为《踏着牛年新节拍，创造时代新辉煌》的工作报告。县委书记、县人民政府县长、经开区党工委副书记、经开区管委会主任杨懿文，县委副书记张庆红，县委常委、常务副县长李洪波等领导在会上作重要讲话。县政协副主席邓新明作《关于七届一次会议以来的提案工作报告》。县政协副主席杜宏亮宣读政协长沙县委员会表彰决定，表彰8个政协工作先进单位、2个优秀县直机关委员活动小组、30名优秀政协委员。向敏、李祖荫、唐杨松等委员作参政议政发言。法制提案委主任童树国作《县政协第七届委员会第三次会议关于提案审查情况的报告》。会议增选向敏、李朝晖、常格亮三位同志为县政协第七届委员会常委会委员，委员们听取和讨论政协工作报告、政府工作报告及其他报告。会议通过政治决议、常委会工作报告决议和提案工作报告决议。县政协副主席杜宏亮致闭幕词。

2010年1月20日至22日政协长沙县委员会七届四次会议在明城国际大酒店凯旋宫举行。县政协主席李世安作《高擎两面大旗，迈步崭新征程》的工作报告。县委书记、经开区党工委书记杨懿文，县委副书记、县人民政府代县长张庆红，县委副书记曾超群，县委常委、常务副县长李洪波等领导在会上作重要讲话。县政协副主席邓新明同志作《县政协七届委员会第三次会议以来提案工作报告》。县政协副主席杜宏亮同志宣读政协长沙县委员会表彰决定，表彰潘海云等34名优秀政协委员。喻艳新、黄喜、姚利强等委员作参政议政发言。法制提案委主任童树国作《县政协第七届委员会第四次会议关于提案审查情况的报告》。委员们听取和讨论政协工作报告、政府工作报告及其他报告。会议通过政治决议、常委会工作报告决议和提案工作报告决议。县政协副主席喻国华致闭幕词。

2011年元月5日至7日政协长沙县委员会七届五次会议在明城国际大酒店凯旋宫举行。县政协主席李世安作《借得虎威登高处，流金岁月谱新篇》的工作报告。县委书记、经开区党工委书记杨懿文，县委副书记、县人民政府县长张庆红，县委副书记曾超群，县委常委、县人民政府常务副县长李洪波等领导在会上作重要讲话。县政协副主席邓新明同志作《县政协七届委员会第四次会议以来提案工作报告》。县政协副主席杜宏亮同志宣读政协长沙县委员会表彰决定，表彰了6个政协工作先进单位、2个先进县直机关委员活动小组、37名政协委员。邹林贵、周志文、刘奇等委员作参政议政发言。县政协法制提案委主任童树国同志作《县政协第七届委员会第五次会议关于提案审查情况的报告》。会议增选了彭克让、黄长庚、何志勇三位同志为县政协第七届委员会常委会委员。委员们认真听取和审议政协工作报告、听取和协商政府工作报告和其他工作报告。会议通过政治决议、常委会工作报告决议和提案工作报告决议。县政协副主席喻国华致闭幕词。

【政协长沙县第七届委员会第一次至第十七次常委会会议简介】 2007年11月，县政协七次委员会举行第一次常委会会议。会议由县政协主席李世安主持。各位新当选的政协正副主席和常委分别作自我介绍，并就如何开展好新一届政协工作发表意见，提出建议。

2008年，县政协七届委员会先后举行第二次至第四次常委会会议。

1月21日，县政协七届委员会举行第二次常委会会议。会议的议题是听取县商务局局长王义林关于全县商务工作情况的汇报，县政协副主席喻国华总结2007年度政协常委会工作，县政协副主席杜宏亮通报七届二次全会筹备工作情况及会议举行有关事项，讨论通过县政协常委会2008年工作要点，讨论决定举行县政协七届二次全会的有关事项。

5月15日，县政协七届委员会举行第三次常委会议。主要议题是听取县国税局局长李伯成关于全县国税工作情况的汇报，政协常委们对国税工作发表建议和意见。县政协副主席喻国华安排和部署2008年全县政协工作。政协常委进行讨论发言。

11月11日，县政协七届委员会举行第四次常委会议。主要议题是听取地税工作报告，政协常委们对地税工作发表建议和意见。县委常委、常务副县长李洪波通报长沙县1~10月财税情况和全县经济社会发展中遇到的问题，县政协副主席喻国华通报前段工作情况以及2009年工作要点。

2009年，县政协七届委员会先后举行第五次至第九次常委会议。

1月12日县政协七届委员会举行第五次常委会议。主要议题是听取县委常委、常务副县长李洪波通报长沙县2008年度经济社会发展情况，县城管局局长刘晓龙汇报2008年度长沙县城市管理工作情况，县财政局局长刘建龙汇报长沙县2008年度财政收支基本情况及2009年度财政收支预算初步安排情况，政协常委们发表建议和意见，县委副书记张庆红到会并讲话。县政协副主席喻国华通报政协2008年度工作总结和2009年工作要点，县政协副主席邓新明通报2008年度优秀提案和提案承办先进单位名单。

3月11日，县政协七届委员会举行第六次常委会议。主要议题是研究增补政协委员和增选政协常委的问题。会议审议通过增补龙春宵等七位同志为政协长沙县第七届委员会委员。

5月27日，县政协七届委员会举行第七次常委会议。主要议题是听取县国土局局长常格亮同志汇报长沙县国土工作情况。县政协副主席喻国华对2009年前段工作和后段工作开展进行通报，县政协副主席邓新明通报七届三次会议提案工作有关情况，政协常委们围绕长沙县发展的优势、潜力、存在的问题与瓶颈进行讨论发言。

9月15日，县政协七届委员会举行第八次常委会议。主要议题是提请通过有关人事任命事项。县政协副主席喻国华通报长沙县政协关于纪念人民政协成立60周年系列活动筹备工作情况。县委书记、经开区党工委书记、县长杨懿文，县政协主席李世安作重要讲话。

12月11日，县政协七届委员会举行第九次常委会议。主要议题是集中民主评议县畜牧局工作，听取县畜牧局局长尹海林汇报近三年来长沙县畜牧水产工作情况，县政协法制提案委主任童树国和评议组其他人员作评议发言，尹海林局长随后作表态发言。县委常委、常务副县长李洪波，副县长常利民作重要讲话。

2010年，县政协七届委员会先后举行第十次至第十三次常委会议。

1月7日，县政协七届委员会举行第十次常委会议。主要议题是听取县委常委、常务副县长李洪波通报2009年度长沙县经济社会发展情况。县政协副主席喻国华通报2009年县政协常委会工作情况，县政协副主席邓新明通报县政协七届三次全会以来提案工作办理情况。通报增补的12位政协委员名单。

3月31日，县政协七届委员会举行第十一次常委会议。主要议题是县政协副主席喻国华提请审议《政协长沙县委员会2010年工作要点（草案）》，县政协副主席杜宏亮宣读捐建毛岸英烈士铜像的决议，县政协副主席邓新明提请讨论如何进一步发挥政协常委会作用，如何坚持贯彻落实《关于进一步加强人民政协工作的决定》（长县〔2009〕29号）的议程，常委们对各项议题发表意见和建议。

7月22日，县政协七届委员会举行第十二次常委会议。会议的主要议题是听取县委常委、常务副县长李洪波通报2010年上半年长沙县经济形势和下半年工作举措。县政协副主席杜宏亮提请讨论长沙县乡镇（街道）政协工作联络处工作职责、工作规程以及年度考核细则。县政协副主席喻国华通报政协常委会上半年工作情况及下半年工作规划。

12月17日，县政协七届委员会举行第十三次常委会议。会议的主要议题是听取县委常委、常务副县长李洪波通报2010年度长沙县经济情况及2011年度工作思路。讨论协商“十二五”规划纲要，常委们对此展开讨论发言。县政协副主席喻国华通报2010年度工作情况、县政协七届五次会议筹备工作情况，县政协副主席邓新明通报2010年度提案工作情况，县政协副主席黄梁通报农田土壤污染、大力植树造林打造“绿色长沙县”、推广发展我县“罗代黑猪”产业三个参政议政发言的基本观点。县政协副主席李楚屏通报优秀县政协委员名单、通报增补皮军功等15人为政协长沙县第七届委员会委员的情况。

2011年，县政协七届委员会先后举行第十四次至第十七次常委会议。

3月24日，县政协七届委员会举行第十四次常委会议。会议的主要议题是听取县委常委、常务副县长李洪波通报长沙县一季度社会经济发展情况。跳马乡党委书记陈再旭汇报跳马乡情况，县政协副主席喻国华提请审议政协常委会2011年工作要点，县政协副主席邓新明领学省委〔2010〕20号文件，县政协党组副书记彭克让通报筹备松雅湖建塔情况及筹备举办政协沙龙情况。

6月23日，县政协七届委员会举行第十五次常委会议。会议的主要议题是听取松雅湖管理局局长杨德胜汇报松雅湖发展情况，县交通局局长王元益汇报黄兴大道北延线建设工作情况，县政协副主席喻国华通报政协上半年工作情况及后段工作安排。

10月20日，县政协七届委员会举行第十六次常委会议。会议的主要议题是专题协商。县政协党组副书记彭克让作“幸福与经济共同增长——用经济发展成果夯实人民共享幸福的基础工程”主题协商发言，县政协常委们分别作专题协商发言。县人民政府县长张庆红、县政协主席李世安、县委常委、常务副县长胡春山、副县长周辉斌分别作重要讲话。

2011年12月20日，县政协七届委员会举行第十七次常委会议。会议的主要议题是听取星沙产业基地党工委书记王义林通报星沙产业基地情况，县政协副主席喻国华通报2011年度工作情况及七届六次会议筹备工作情况，县政协副主席邓新明通报2011年度提案工作情况及提案评优情况，县政协副主席李楚屏通报评优建议名单，县政协副主席黄梁通报参政议政发言课题情况。

（徐晓芳）

中共长沙县纪律检查委员会（监察局）

中共长沙县纪律检查委员会机构领导人员

书　记 李建章（2008.01～2011.06）
郭润葵（2011.06～　　　）
副书记 彭春华（2008.01～2011.03）
黄泽红（2008.01～2009.11）
吴迎波（2008.01～2009.07）
刘义红（2011.03～　　　）
杨晓明（2009.07～　　　）
陈　诚（2009.11～　　　）
纪委委员、常委
饶逢春（2011.06～　　　）

长沙县监察局

局　长 彭春华（2008.01～2010.12）
杨晓明（2010.11～　　　）
副局长 杨晓明（2008.01～2010.12）
苏宽良（2010.12～　　　）
袁书钦（2010.09～　　　）
常　委 罗来好（2009.10～　　　）
宁　铁（2009.12～2010.09）
杨晓明（2008.01～2009.06）
黄长庚（2008.01～2009.12）
陈　诚（2008.01～2009.11）
蒋重大（2008.01～　　　）
苏宽良（2010.11～　　　）
蒋炳桃（2009.07～　　　）
彭雪辉（2009.07～　　　）

概　述

2008～2011年，长沙县纪检监察机关在县委、县政府的领导下，认真贯彻中央和省、市纪委会议精神，坚持创新纪检监察机制，提升预防腐败效果，推进反腐倡廉建设，为长沙县实现“争当排头兵、领跑中西部、进军二十强”的发展目标提供纪律保证。

加强惩防体系建设，促进领导干部廉洁从政。以干部群众喜闻乐见的形式加强廉政宣传教育，将《党政领导干部廉政准则》改编成情景剧《如此公仆一、二》，在长沙新闻频道录播、在全县巡演。在省教育电视台录制“开心讲廉”长沙县专场，建立“长沙县廉政知识题库”，组织全县3100余名党员干部参加中纪委组织的《建立健全惩治和预防腐败体系2008～2012年工作规划》知识测试。强化对领导干部的监督。开展廉政谈话、廉政测评、述职述廉和部门单位负责人向县纪委全会报告落实党风廉政建设责任制情况的活动，对各乡镇（街道）和县直单位党政一把手开展廉政谈话352人（次），对新提拔的科级领导干部谈话475人（次）。出台《关于加强对科级党政正职监督的暂行规定》、《关于认真落实党员干部廉洁从政有关规定的通知》和《关于进一步加强财政资金管理的若干规定》，对全县所有单位的“四项费用”（接待费、会议费、差旅费和交通费）和专项资金使用情况进行督查，要求“四项费用”增幅排名靠前的单位主要负责人在县政府常务会议上作出说明。开展对乡镇（街道）、县直机关干部任免、公务用车、政府采购、工程招标、集中支付、津补贴发放、出国（境）考察、资金管理等八项制度执行情况的督查。认真落实领导干部廉洁从政规定，全县共有346人（次）主动上交红包礼金262.23万元。加强农村党风廉政建设，全面推行村（社区）干部勤廉双述工作，实行村级“三资”(资金管理、资源发包、资产处置)乡镇代管制度，加强对村级基础设施建设和农村拆迁安置补偿的监管。

加大案件查办力度，形成反腐败高压态势。2008～2011年，全县各级纪检监察机关共受理群众来信、来访、来电举报512人次，其中来信353件次，来访107批次，电话举报46件次，网络举报6件次。立案查处各类违纪案件367件，大要案件46件。其中经济类违纪案63件，失职类违纪案34件，妨害社会管理秩序类192件，收缴违纪金额1100余万元。共处分340人，党纪处分292人，其中开除党籍66人，留党察看20人，党内撤职4人，严重警告68人，党内警告134人，免予处分和不予处分27人。政纪处分48人，其中开除公职（或解除人事行政关系）9人，行政撤职17人，行政降级3

人，行政记大过5人，行政记过5人，行政警告9人。双重处分27人。移送司法机关依法追究刑事责任30人。

突出关注民本民生，抓好效能建设和纠风治乱工作。开展“机关效能年”活动，全面开通网上政务服务和电子监察系统，制定《长沙县行政审批电子监察暂行办法》。全面规范行政裁量权，加强行政效能监督，推进行政问责，共对21个部门单位28名国家工作人员进行行政问责。围绕机关作风、行政效能、行政执法等拍摄制作3部内参片，曝光10余个单位及其工作人员存在的突出问题，在全县干部作风建设和优化经济环境讲评会上公开播放。加强执法监督部门、经济管理与社会发展部门、公共服务行业部门的政风行风评议工作，乡镇政府、街道办事处同时纳入政风行风测评范围，并按照“谁主管、谁负责”的原则，将评议活动逐步延伸到二级机构和基层站所。在县电视台开办“政风行风”（从2011年10月起改为“政务连连看”）栏目，组织开展“政风行风热线”大型户外接访活动。加强对农民负担的监管，开展农资打假和送放心农资下乡活动。

加强制度建设完善，做好治本抓源头工作。搭建公共资源交易平台，推行公共资源的“阳光交易”。在全县范围内部署和开展“小金库”治理专项行动，打击查处私设“小金库”等违规违纪行为，全县事业性经营收入纳入财政综合管理，财政财务管理行为进一步规范。进一步完善招投标重大事项联审、财政投资评审、工程变更会审制度，防范“低中高结”、“暗箱操作”等腐败问题。实行新的政府投资管理办法，进一步规范建设管理程序。对划拨供地、土地使用权出让、调整容积率严格执行“三级会审”制度，经营性用地出让严格实行网上招拍挂。牵头对全县工程建设历史遗留问题进行分类处理，规范和提高全县工程建设管理水平。

加强干部自身建设，树立队伍良好形象。以开展创先争优活动为契机，在纪检监察系统大兴学习之风。开展“做党的忠诚卫士，当群众的贴心人”主题实践活动，建立《县纪委领导班子成员下访和工作联系点制度》，实施全县纪检监察干部到县纪委机关跟班学习制度。率先在全市启动纪检监察机构派驻制统一管理改革，建立纪委常委分片联系派驻机构制度和派驻机构月例会工作制度。在全市率先选配乡镇纪委副书记并明确副科级待遇，农村党支部设置兼职纪检委员。整合基层纪检队伍，完成乡、村两级纪检组织换届工作任务，建立起一支高水平、高素质的基层纪检队伍。

【廉政文化建设】 编写廉政读本《热土清风》、《清风》等以“清风”为主题的廉政读本，与县文广局等党风廉政宣传教育联席成员单位联合举办传统诗词、廉政小小说的创作比赛。每年元旦、春节期间召开党风廉政建设工作会议，深入开展“听廉课、思廉责、过廉节”主题教育活动。组织全县100多名副科实职以上、35岁以下青年领导干部参加“青春相约五月，激情共话廉政”座谈会，全国优秀纪检干部汤杨烈士先进事迹报告团在全县巡回演讲。开展“廉政党课送下乡”等活动，推进“廉政文化六进”工作，黄花镇黄龙新村、县政务中心被评为全市“廉政文化示范点”。

【落实党风廉政建设责任制】 每年由县纪委牵头制定县委、县政府领导班子成员党风廉政建设职责和各乡镇、县直单位和专项工作责任部门党风廉政建设责任目标，在全市率先出台《长沙县村（社区）干部廉洁履行职责若干规定（试行）》，构建“一级抓一级、层层抓落实”的责任制网络。将党风廉政建设责任目标考核纳入乡镇、县直机关绩效考核并严格奖惩兑现。开展县委主要领导以及县委、政府班子成员公开述廉活动。组织县城管局、县畜牧局、县交通局等单位党政主要负责人向县纪委全会报告落实党风廉政建设责任制工作，并邀请县纪委委员和特邀监察员进行现场点评、询问和质询。组织果园镇双河村干部勤廉双述活动现场观摩并推广到全县各乡镇。

【强化党政正职监督】 明确要求党政正职不得直接分管本单位“人、财、物”，开展对科级领导干部的经济责任审计，并扩大任中审计比例。严肃查处、有效防范单位私设“小金库”行为，将全县各单位依托政府权力收取的经营服务性收入全部纳入非税收入管理范围，按“收支两条线”的原则，采用“单位开票、银行代收、财政统管、政府统筹”模式，实行统一管理。

【优化经济发展环境】 扎实开展“机关效能年”活动，对县本级行政许可项目进行清理，取消项目13项、不予公布项目115项、保留项目133项，精简幅度达50%。加强电子政务建设，建成行政许可在线办理、电子监察和协同办公三大系统，全县行政许可事项全部实现网上办理。全面规范行政裁量权，强力推进行政问责。加强纠风治乱，全面清理评比达标表彰活动，严抓各项惠农补贴政策的落实情况，严厉惩治医药购销和医疗服务中的不正之风。加大治理商业贿赂行为力度，严肃查处县工商局易某利用职务便利非法收受财物案、县国土局张某某利用职务便利收受贿赂案等一批重点案件。

【公共资源交易监管】 强化国有土地出让监管，对划拨供地、土地使用权出让、调整容积率严格执行“三级会审”制度，经营性用地的出让严格实行网上招拍挂，全程参与国有土地使用权出让招、拍、挂的监督。成立长沙县招标采购局，加强对招标采购的监管，基本实现县域范围内政府投资项目招投标、政府采购的监督统一、信息发布统一、交易场所统一、专家资源统一、招标评审办法统一，形成了精简、高效、统一的公共资源交易和监管平台。开展全县工程建设领域重点问题专项治理行动，责成“德泽苑”等开发项目补缴土地款9000余万元。牵头对全县工程建设67个历史遗留问题进行分类处理，对全县电力免标项目进行清理，理顺了电力工程结算体制。

【实行纪检监察机构派驻（出）制】 长沙县派驻机构统一管理改革开始于2008年，设有派驻机构29个，单列派驻机构编制30名；派驻（出）纪检监察机构统一管理采取“有分有合”模式，派驻机构干部的编制、行政关系、工资、奖惩等由县纪委统一管理，但仍兼任驻在部门领导职务，平时分散在各驻在部门办公，履行监督职责。县纪委按照“职能相近，业务相关，兼顾平衡”的原则，设置联系经济管理、执法监督、社会服务线等三个联络组，每个联系组由一名县纪委常委兼任组长，2名派驻机构负责人兼任副组长。联络组主要通过召开座谈会、月工作例会、听取汇报、调查走访、督查指导、联合监督、参与查办案件等方式开展工作。派驻机构统一管理改革，确保派驻机构干部将主要精力用于纪检监察工作，监督作用发挥更明显，驻在部门抓党风廉政建设和接受监督的自觉性增强。（何　浪）

人民团体

长沙县总工会

【概况】 截至2011年底，长沙县总工会在职干部、职工共有11人，其中机关干部8人（党组书记1名，正、副主席3名），职工3人，退休人员5人，社会化职业工会工作者15人，县总工会下辖39个工会联合会（乡镇、街道22个，县局16个，企业1个），直属基层工会10个，全县有基层工会1682家，工会会员7.6万人。该县是湖南省“双联”和困难职工帮扶工作先进县，县总工会先后获湖南省“党建带工建，和谐促发展”先进单位、湖南省困难职工帮扶中心示范点、县委“优秀领导班子”等多项荣誉。

加强组织建设，夯实工作基础。为实现全总提出的三年内非公有制企业普遍建立工会的目标，四年来，全县新建工会840家，发展会员1.2万人，实现机关事业单位100%建立工会组织，企业10人以上单位85%以上建立工会组织，建会单位职工入会率70%以上，其中湘绣城联合工会是全县首个湘绣行业工会。

维护职工合法权益，履行工会基本职责。县总工会一直将职工维权作为工作重点来抓，开展工资集体协商，推进各级厂务公开，力推保险，关爱女职工。长沙县女职工特殊疾病保险工作连续三年在全市名列前茅，2011年参保人数8991人，投保金额265615元，获全市特等奖。赔偿款到位及时，共为15名患病女职工办理赔偿款18万元，为患病女职工解决了部分医疗费用。

开展“双联”帮扶，服务困难职工。县总工会建立以帮扶中心为龙头，22个乡镇（街道）帮扶工作站、24个重点企业帮扶工作点、3个社区帮扶工作点、5个爱心超市，1个爱心医院、36家爱心药店组成的帮扶网络。四年共有110个机关单位帮扶困难职工3000多户，落实帮扶资金200多万元。共援助300名贫困学生上大学，援助资金40多万元。

建设职工之家，创立工会园地。以建设模范“职工之家”和“职工小家”为着力点，四年来，经上级工会和县总工会验收，先后被定为“全国模范职工之家”4个，“省级模范职工之家”2个，“省级模范职工小家”2个，“市级模范职工之家”10个，“市级模范职工小家”8个，“县级模范职工之家”12个，“县级模范职工小家”7个。

劳动竞赛提素质，职工创新显活力。通过深入开展劳动竞赛活动，努力培养造就一批适应“四化两型”社会建设的“技能湘军”。四年来累计参加劳动竞赛活动45000人次，受到表彰奖励的有450人次，县总工会连续四年被评为全市“劳动竞赛组织奖单位”，受到市劳动竞赛委员会的表彰。

文体活动呈精彩，有益身心保健康。以开展各类文体活动为切入点，县总工会利用重大节日“五一”、“七一”、“十一”等契机，动员和组织全县各级工会开展红歌赛、篮球赛、羽毛球赛、乒乓球赛、工间操比赛、职工大众运动会、趣味运动会等200余场次。

【开展“光明康复行动”】 2010年8月11日，在县总工会精心组织下，爱尔眼科到长沙县开展“光明康复行动”，为白内障患者进行免费普查，免费治疗。凡有长沙县户口、参加城镇职工医保、城镇居民医保和新农合的职工（包括在岗职工、离岗职工、离退休人员、下岗失业人员和农民工）或职工家属均可报名参加此次普查活动。患者在接受初步检查确诊为成熟白内障后，便可享受白内障免费治疗。8月11日至13日，共有93位老人进行免费检查，26位检查确诊为成熟性白内障患者享受免费治疗。

【在全省率先建立工会经费回拨制度】 2010年，经县委常委会议原则同意，与县财政局协商，下发文件《关于依法做好工会经费独立核算工作的通知》（长县财〔2010〕11号），县总工会在全省率先建立乡镇（街道）和局工会联合会的工会经费回拨制度，各级工会克服重重困难，开设工会经费独立账户。

【长沙县工会第十五次代表大会召开】 2011年8月5日，长沙县工会第十五次代表大会在县城开源鑫城大酒店举行。经开区党工委书记、县委书记杨懿文出席大会并发表讲话。县领导孙晓勇等出席大会。会议选举产生长沙县工会第十五届委员会。召开长沙县工会第十五届委员会第一次全体会议，张美香当选为长沙县工会第十五届委员会主席。会上总结回顾过去9年的工会工作，对未来5年工作进行部署和全面谋划。大会审议并通过第十四届委员会工作报告、财务工作报告和经费审查工作报告；选举产生县总工会第十五届委员会、经费审查委员会、协商产生第四届女职工委员会；选举产生新一届县总工会领导班子。

【“企业社会责任建设示范单位”创建】 2011年在县委、县政府的支持下，长沙县率先开展“创建企业社会责任建设示范单位”活动。创建活动主要通过《长沙县“企业社会责任建设示范单位”评价体系》中的5项（道德、经营、环境、用工、公众）责任，20个一级指标，69个二级指标，在全县范围内推选出一批具有代表性的企业作为企业社会责任建设示范单位，鼓励企业自觉参与社会责任建设活动。县总工会制定创建活动方案和评价体系，推选湖南亚太实业有限公司等10个有代表性的企业进行试点。企业社会责任建设的开展，使这些单位职工工资增长率达10%，劳动合同、工资协议签订率和社会保险参保率达100%。

【实施困难职工帮扶十大项目工程】 2011年是长沙县实施困难职工十大项目帮扶启动之年，十大项目帮扶工作具体内容是：帮助被联企业转型升级发展工作项目;援助就业困难人员就业项目;困难职工和农民工低保救助项目;“金秋助学”项目;困难职工和困难农民工保障性住房项目;职工职业病普查防治项目;“两节”送温暖项目;机关干部与特困群体“一对一”帮扶项目;法律援助项目;加强信访接待和维稳工作项目。2011年县总工会被评为省级困难职工帮扶中心示范点和省“双联”帮扶先进单位。

【建立劳模收入保底化制度】 截至2011年底，全县有各级劳动模范217人，其中全国劳模4人，全国五一劳动奖章获得者4人，省部级劳模24人，省级先进工作者7人，市级劳模40人，县级劳模138人。2011年县总工会建立劳模收入保底化制度，经政府与工会联席会议多次讨论，决定从2011年1月开始给予低收入劳模每月300元的保底补助金，第一批共有18位劳模享受该待遇。

【开展“十、百、千、万”劳动竞赛活动】 2011年县总工会策划“当好主力军、建功十二五、职工提素质、工会有作为”的“十、百、千、万”活动，即“开展十大项目、树立百名标兵、培养千名能手、组织万名职工参与”的劳动竞赛。具体包括：“读劳模故事，学劳模精神”征文比赛、“给力工会、服务发展”展板制作竞赛、采茶技能大赛、焊工技能竞赛、建筑工砌砖比武、酒店摆台比赛、接待系统技能竞赛、农村用电知识竞赛、教师综合技能竞赛、医护人员操作技能竞赛，其中湖南同心实业有限责任公司数控中心班等一批单位获省市劳动竞赛先进班组。

【组织长沙县职工男子篮球赛】 2011年10月21日，由县总工会和县文广局联合举办的全县职工男子篮球赛在贺龙体校体育馆举行，来自全县各战线、各行业、各单位的36支代表队，400多名队员参加比赛，县委常委、宣传部长彭勇宣布比赛开幕，副县长周辉斌、县政协副主席杜宏亮出席开幕式。经过8天8晚、95场比赛，乡镇组有8支队伍、县局产业组有4支队伍取得较好成绩。

（陈　佳）

共青团长沙县委员会

【概况】 共青团长沙县委是在中共长沙县委领导下的青年群众组织，下辖一级机构团组织69个，其中团（工）委26个（含驻东莞团工委），团总支6个，支部37个，联系和管理县青年联合会、县青年志愿者协会、市青年企业家协会星沙分会等青年社团组织3家。截至2011年底，全县35岁以下青年14.7万人，其中团员6.9万人，兼职团干部246名，团员与青年比例约为1：2.2。各级共青团组织紧紧围绕全县工作大局，努力服务青年成长成才，切实加强自身建设，团结带领广大团员青年书写了长沙县共青团事业的崭新篇章。

思想政治建设扎实推进。深入开展社会主义荣辱观、科学发展观的学习教育活动。以建党、建国、建团等重大纪念日为契机，以“党建带团建，团员作贡献”为主题，开展“与祖国共奋进”、“青春相约五月、激情共话廉政”、“弘扬雷锋精神，情系寒门学子”、“诵读经典、快乐成长”、庆祝建党90周年、庆祝建团90周年、喜迎十八大等活动，大力加强未成年人思想道德建设，在青少年中进一步唱响爱国、爱党、爱社会主义的主旋律。以抗震救灾、抗旱救灾、乡村环境整洁行动为契机，引导青少年积极参加活动。以先进典型学习为载体，开展第二届长沙县“杰出青年”、“优秀少年”评选活动，举办“向汤杨烈士学习”报告会，编辑优秀青年事迹文集，做好洪战辉、汤杨等先进青年事迹的宣传教育，激励青少年勇于拼搏、乐于奉献。

积极投身经济建设主战场。组织青年积极投身乡村环境卫生整洁三年大行动，持续开展“相约新农村，清洁新家园”、“全国绿化模范县”创建工作、“保护母亲河”等主题宣传实践活动200余项，参与青年超过4万人次，影响群众超过10万人，全县共营造青年林12处，面积总计50余公顷。推进青春创业行动，围绕“创业富民”工程，促进全县青年就业创业，建立以青年创业见习基地为核心的青年就业创业培训体系，与湖南商学院联合建立了校地对接就业创业基地。通过“农村青年转移就业服务月”、经验交流会、外出务工青年典型表彰会、“学习新技术，我创阳光路”阳光工程培训等，促进青年劳动力转移，推动经济社会建设。

青少年精神文明建设快速发展。积极引导青年参与各类文明创建活动，推动形成社会文明新风尚。志愿者组织网络体系进一步健全，全县拥有志愿者3万余名，其中注册志愿者1万余名。志愿服务日趋专业化、项目化，先后为中国湖南国际友好城市合作论坛暨国际友城共建“友谊林”活动、全国文明城市创建、全国水利系统会议、陕汽杯卡车大赛、全国中小城市投资博览会和县内各项赛事赛会提供优质高效志愿服务。开展“交特殊团费”、“水润西南”、“抗震救灾”、“圆梦红土地一日捐”等专题活动，累计捐款物资120余万元，激励青年在急、难、险、重的任务中展现青春风采，在本职奉献中绽放青春光芒。成立长沙县青年联合会以及选调生、青年专业人才、大学生村官分会。深化青年文明号创建活动，全县共创建国家级青年文明号3家、省级青年文明号6家、市级青年文明号15家。

服务青少年健康成长成效显著。着眼于营造青少年健康成长环境，通过法制副校长选聘、“创建平安校园”、“创建未成年人零犯罪社区”等系列活动，青少年的法制和自护观念有效增强，涌现出市级优秀青少年维权岗2个，县级青少年维权岗5个。加大对特殊青少年群体的关爱力度，切实维护青少年合法权益，扩大困难青少年帮扶覆盖面，成立长沙县骄杨爱心基金，开展“芙蓉学子”、圆梦行动、希望工程“1＋1”助学活动和“杜鹃花开，情满星城”爱心义卖、爱心帮扶等活动，县内青联委员和青企协会会员对口扶助大学新生活动，募集资金200余万元，帮助4000余名贫困学生；向全县发出倡议，为黄楚豪、陈康、黄硕源、施艳等患病少年募集资金150余万元；深入开展“五下乡”为主要内容的大学生暑期社会实践活动；组织星之韵艺术团赴日本交流访问；长沙县团校、县青少年活动中心筹备工作完毕。

团的自身建设取得较大突破。着力激发基层团组织活力，全县各级团组织大力推进团建创新，提高团组织的凝聚力、战斗力和影响力，培育一批省、市级的“五四红旗团组织”。坚持“党建带团建”，从组织设置、干部配备、工作载体、服务指导和资源保障等各方面支持团的基层组织。新增非公经济和新社会团组织89家；出台《关于进一步发挥大学生“村官”在巩固和活跃团的基层组织建设和基层工作中的作用的通知》等文件，明确各村（社区）的大学生村官任团支部书记，激发包括大学生村官在内的各类青年参与团工作的积极性和创造性；下发《县委办转发县委组织部团县委<关于进一步加强党建带团建工作的意见>的通知》（长县办发〔2010〕46号），因地制宜、分类指导加强全县各级各类团组织建设，探索创新基层团组织设置模式。全面开展基层团组织格局创新，全县所有一级机构团组织全部完成换届选举，各级团委班子均配备了9~13名委员；尚不具备建团条件的单位，也都成立了青年工作委员会。

四年中，全县共青团系统先后获“全国团建先进县”、“全国五四红旗团委”、“全国青年文明号”、“湖南省五四红旗团委”、“湖南省共青团系统创先争优活动先进集体”、“长沙市五四红旗团委标兵”、“长沙市五四特别贡献奖”等荣誉，各项工作得到团中央、团省委、团市委、县委、县政府的充分肯定。

【承办长沙县青年人才联欢晚会】 2010年5月4日，由共青团长沙县委承办的长沙县青年人才联欢晚会在明城国际凯旋宫举行，晚会以“活力星沙、青春飞扬”为主题，以继承“五四”光荣传统、弘扬“五四”精神为主旋律，展示优秀青年积极向上、充满活力为科学发展服务的精神面貌，共青团湖南省委、长沙市委组织部、共青团长沙市委、湖南工程职业技术学院的有关领导以及县委、县人大、县政府、县政协领导参加此次晚会。

【长沙县青年联合会成立】 2010年11月19日上午，长沙县青年联合会成立大会暨一届一次全委会在开源鑫城召开，来自全县各行各业240名青联委员齐聚一堂，共商青年发展大计。县委常委、统战部长杨莉，县政协副主席杜宏亮，团市委副书记、市青联主席彭勇，团市委联络部部长、市青联秘书长李明出席。

自2010年3月份起，县青年联合会开始筹备成立，在提名推荐阶段，各界杰出人士踊跃报名，最后通过反复协商、筛选、审定，确定县青联第一届委员会委员240名，委员中有不同民族、不同党派、不同信仰、不同界别的青年代表，平均年龄为30.19岁，其中硕士研究生以上学历19人，占委员总人数的7.91%；本科以上学历190人，占委员总数的79.1%；女委员99人，占委员总数的41.3%；少数民族委员9人，占委员总数的3.8%；民主党派及无党派人士29人，占委员总数的12.1%。委员主要分为共青团及指定、公共管理、企业管理、农林牧渔、科教文新、医药卫生、政法军警、民族宗教等8个界别。

【共青团长沙县第十六次代表大会召开】 2010年6月29日至30日，共青团长沙县第十六次代表大会在开源鑫城贵宾楼四楼召开，此次大会以邓小平理论和“三个代表”重要思想为指导，旨在全面落实科学发展观，进一步加强党建带团建工作，充分发挥共青团的创造力、凝聚力和战斗力，发挥团员青年生力军和突击队作用，为实现富民强县、构建和谐社会作出贡献。

参加会议的有县委、人大、政府、政协领导，团市委领导，县直机关单位党委（组）书记，各乡镇（街道）分管党群工作的副书记，兄弟区县（市）团委负责人和驻县区高校团委负责人，乡镇（街道）、县直机关、企事业单位的团组织负责人以及在全县青年团员中选出的团代表。

大会听取了共青团长沙县十五届委员会工作报告，宣布了中共长沙县委组织部、共青团长沙县委《关于进一步加强党建带团建工作的意见》，分组讨论了共青团长沙县十五届委员会工作报告、共青团长沙县十六届委员会选举办法、十六届团县委委员候选人建议名单，选举了共青团长沙县第十六届委员会委员、常委、书记和副书记，通过了共青团长沙县十五届委员会工作报告、共青团长沙县十五届委员会关于工作报告的决议，对2009年度县优秀共青团员、优秀共青团干部、优秀青年、优秀共青团组织、优秀青年集体进行了表彰。

【参加第六届鹿儿岛亚洲青少年艺术节】 2011年10月12日至19日，由团县委组织的长沙县星之韵青少年艺术团赴日本参加第六届鹿儿岛亚洲青少年艺术节，进行为期一周的友好交流和访问。此次出访的星之韵青少年艺术团成员由长沙县实验中学和长沙县一中的14至16周岁的高一高二在校学生组成，分别具有舞蹈、声乐、器乐方面的特长。为做好此次访问活动，星之韵积极宣传本土文化，精心组织排练《茉莉花开》、《美丽中国》、《中国结》、《康定情歌》、《器乐合奏中国红》等富有民族特色的多组节目，并作为中国内地唯一一支代表团，与日本、印度、马来西亚、韩国、新加坡、印度尼西亚、泰国、中国香港8个团队参加鹿儿岛亚洲青少年艺术节，以极富湖湘韵味的节目，成为艺术节上表演时间最长、最受观众欢迎的团队之一，并凭借出色表现获得嘉奖。星之韵参加了艺术节开幕式、学校艺术交流活动、广场商业街等4场演出、2次联欢，每场演出都获得观众、其他国际团队以及鹿儿岛市民的高度好评，受到媒体高度关注。

（汤 皓 李 静）

长沙县妇女联合会

【概况】 长沙县妇女联合会紧紧围绕经济建设中心，把推动妇女儿童事业发展放到县委、政府工作大局中去谋划，把维护妇女儿童权益放到做好新形势下党的群众工作的总要求中去把握，把为妇女儿童办实事放到改善民生的总目标中去考量，把加强妇联自身建设放到推动社会管理和创新的措施中去落实，妇女儿童生存发展环境得到改善和优化，妇女儿童合法权益得到有效维护，妇女整体素质得以提升，妇女儿童事业呈蓬勃发展势头。县人民政府妇女儿童工作委员会获“2006~2010年长沙市实施妇女儿童发展纲要先进集体”“2006~2010年湖南省实施妇女儿童发展纲要先进集体”，县人政府妇女儿童工作委员会主任、副县长周辉斌获“2006~2010年全国实施妇女儿童发展纲要先进个人”。县妇联2008年获评长沙县目标管理先进单位，连续四年获评长沙市妇联系统先进单位、全省妇联系统宣传工作先进集体。

妇女发展环境进一步优化。县委、县政府将妇女儿童事业发展纳入重要议事日程，将妇女儿童发展规划纳入全县国民经济和社会发展“十一五”规划。县政府常务会议、县长办公会建立听取妇女儿童工作委员会工作汇报制度，成立县人民政府妇女儿童工作委员会，各乡镇（街道）都建立健全相应的妇女儿童工作机构。成立由各级党政领导牵头的“双学双比”、“巾帼建功”、“五好文明家庭”、维权工作、家庭教育等领导小组，定期召开会议研究解决有关问题。大力宣传《妇女权益保障法》、《妇女儿童发展规划》等法律法规，同时，突出宣传妇女参政的刚性指标，宣传妇女在社会经济发展中所作的贡献。

引领妇女参与经济和社会发展取得新成效。一是深化“双学双比”（学文化、学科技、比发展、比贡献）活动，大力实施基地带动、能人带动、大户带动战略。四年来，通过送科技下乡、组织专家进村入户传授技术、现场观摩、举办科技培训等形式，并广泛开展“巾帼示范村”创建活动，打造一批“妇”字号龙头基地，全县共创建金井镇金龙村、福临镇金坑桥村等2个国家级“巾帼示范村”，创建省级“巾帼示范村”1个，市级“巾帼示范村”3个。二是亮化“巾帼建功”活动，突出“典型引路、培训导路、实践筑路”的工作主线，激发妇女创业热情，一大批创业富民典型脱颖而出，科技、教育、文化、卫生、新闻等各条战线的女性刻苦钻研，勇挑大梁，充分发挥“半边天”作用。县妇联还利用资源优势，积极开展“岗村共建”“企村共建”，实施“巾帼扶贫”项目，促进城乡资源对接，统筹推进城乡协调发展。三是拓宽城乡妇女就业渠道。推进妇女小额担保贷款工作，大力实施“巾帼再就业工程”、“巾帼社区服务工程”。2011年组织22位妇女参加北京昌平农家女创业学校的培训，配合全国妇联、全国扶贫办开展“雨露计划、腾飞工程”，推选9名贫困家庭的女学生到环球职业学校免费培训学习。四年来配合劳动等部门举办创业培训班 22期，帮助4000人次下岗女工实现再就业。组织家政服务培训，打造“双江保姆”、“安沙保姆”、“暮云月嫂”等家政服务品牌。

妇女儿童合法权益得到有效维护。发挥公、检、法、司等机关和部门在妇女儿童维权中的主体作用，维权工作体系逐步完善。县法院成立维护妇女儿童合法权益合议庭，县公安局在110报警服务中心设立家庭暴力报警电话,成立家庭暴力伤情鉴定中心，全县各乡镇派出所均成立家庭暴力投诉站，县妇联开通12338维权热线电话, 成立长沙县妇女庇护所和儿童救助站, 建立反家庭暴力志愿者队伍, 同时，积极推动女性陪审员参与陪审工作，四年来全县女性陪审员陪审侵害妇女儿童权益案件600余宗。县乡两级妇联接待处理来信来访案件1000多件，办结率100%，切实维护了广大妇女儿童的合法权益。县妇联利用“三八”节、“6·26”国际禁毒日，开展送法下乡活动，开设女性维权知识讲座，加强妇女普法宣传教育。

妇联组织建设进一步加强。2011年召开全县第十三次妇女代表大会，乡镇（街道）、村（社区）均按规定进行换届。全县18个乡镇、4个街道、225个村、48个社区妇联建立妇女组织，全县各个村民小组均成立妇女小组。各级妇联积极开展“妇女之家”创建活动，全县225个村、48个社区均做到有高标准的活动阵地，有完善规范的工作制度，有经常性的妇女活动。江背镇乌川湖村、湘龙街道中南社区等7个社区（村）获全国妇联基层组织建设示范村（社区）称号。组织、教育和引导妇女正确行使民主权利，营造女性参选参政氛围，在第八届村委会换届选举中做到“三个确保”：确保村民代表女性比例达到三分之一，确保女村委比例达到30%，确保每个乡镇街道至少1个村有女性一把手。此次选举全县共有19个乡镇（街道），238个村、社区参加，选出村委会成员798人，其中村主任237人，有255位女性进入村委任职，当选率32%，有9名女性当选为村主任，当选率4%。未选举的社区（城市社区）有女干部116人，共计女干部371人。

【两纲实施工作率先示范】 长沙县是全国实施妇女儿童发展规划（2001～2010年）62个示范县之一。全县两纲实施工作取得显著成效：监测重点指标达标率97.33%，其中70%以上的主要指标均提前三至四年达到全国终期目标，贫困生免费入学等20余项工作在全省率先实施，其做法多次在市、省和全国作经验交流，彰显示范县在妇女儿童工作方面的先行先试。长沙县妇女儿童事业发展实现历史性跨越，为全县妇女儿童“十二五”发展奠定了较好的基础。2011年，县人民政府妇女儿童工作委员会获“2006~2010年长沙市实施妇女儿童发展纲要先进集体”、“2006~2010年湖南省实施妇女儿童发展纲要先进集体”，县人民政府妇女儿童工作委员会主任、副县长周辉斌获“2006~2010年全国实施妇女儿童发展纲要先进个人”。

【培养选拔女干部工作取得实效】 认真贯彻落实《长沙市2007~2010年培养选拔女干部、发展女党员工作规划》，建立起一套储备、选拔、培养和使用有机衔接的长效工作机制。至2010年底，全县通过招录国家公务员和事业单位干部、引进储备优秀青年人才、引进海外留学人才和专业技术人才等方式，招录和引进207名女性干部被充实到乡镇及县直机关单位工作，230名女大学生村官充实到村级一线工作。2011年以来，将16名表现优秀、群众认可的女大学生村官及时选入村（社区）班子，其中3名担任村（社区）主要负责人。全县有47名优秀年轻女干部纳入全县科级领导班子后备干部库，占全县科级后备干部总人数的37%以上，有3名优秀女干部被推选为县处级后备干部人选。全县共有副科职以上女干部169人，其中县级女干部12人，正科职43人，副科职114人。全县有2名女性乡镇党委书记，2名女性乡镇长，监察、民政、计生等11个重要县直单位的党政正职为女性。有35岁以下的科级女干部36人，30岁以下科级女领导干部11人。本届人大代表中女性66名，占代表总数的25%，县人大常委会组成人员中女性8人，占总数的34.7%；本届政协女政协委员40人，占政协委员总数263人的15.2%；有政协女常委8人，占常委总数42人的19%，6名正副主席中有2名女性。

【“五好文明家庭”创建】 在广大妇女中大力宣传“共建共享”和谐理念，不断创新“五好文明家庭”创建活动载体，大力开展“妇女素质提升行动”、“妇女参与文明创建行动”、“妇女参与城乡环境整洁行动”，开展学习型家庭、平安家庭、无毒家庭、廉洁家庭、绿色环保家庭、两型示范家庭等文明创建活动，全县每年推荐评选出100户“五好文明家庭”，由县委在“三个文明”表彰会上进行表彰。县妇联以节庆文化建设为切入点，挖掘和传承地方特色文化，策划“三八”、母亲节、“5·15”国际家庭日、“六一”、“6·26”国际禁毒日等各类大型庆典活动，相继举办“传递爱心、共建和谐”结对活动、“和谐之基”晚会、“书香伴我行·感恩颂祖国”、“我靓丽、我追求、我幸福”妇女腰鼓比赛、公务员“亲民礼仪”知识讲座、“学雷锋精神，做时代女性先进事迹报告会”等大型活动，组织“魅力女儿颂党恩，唱支红歌给党听”女领导干部唱红歌活动，与县委宣传部等单位承办“永远的骄杨”红色大讲堂。县妇联向全县妇女发出“建设人民满意县·我爱我家巾帼行”倡议，组建“巾帼志愿者”队伍，奔赴各地开展环境保洁、法律宣传、政策咨询、义务植树、打击传销、医疗服务等志愿活动。通过系列活动，激发广大妇女参与经济建设和文明创建的热情，涌现出常林庄等一大批五好文明典型。至2011年底，全县文明户54259户，占全县247266户的21.94%，比全国文明县城的20%指标超1.94%。

【宣传优秀妇女典型】 长沙县从2010年起，围绕“长沙县妇联建会60周年”推出“巾帼风采”系列报道，《五位老板娘开慧故里话创业》、《坚守28年，弱女子撑起一所学校》等报道重点宣传一大批优秀妇女典型。围绕“好书记、好党员、好村官”主题，在《长沙晚报》推出一系列女性村官、书记、党员的先进事迹报道。在《湖南日报》、《长沙晚报》等省、市主流媒体推出该县妇女典型、全国道德模范提名奖获得者常林庄的先进事迹报道，产生强烈反响，在全社会营造良好的舆论氛围。充分发挥“巾帼创业示范基地”、“女大学生创业就业实践基地”、“女大学生创业导师”作用，宣传推介优秀女性创业典型。利用县电视台、《今日星沙》对全县的创业女性典型进行深入广泛的宣传，通过开展创业女性座谈会、创业女性评选、巾帼创业大讲坛等大型活动，激发妇女创业热情，搭建妇女创业平台。

【创建家庭教育工作示范县】 2008年1月，县委、县政府出台《长沙县创建家庭教育工作示范县实施方案》，成立家庭教育工作示范县创建工作指导小组、县家庭教育指导中心办公室、县教育学会家庭教育专业研究委员会，出台《关于加强家庭教育指导中心工作的通知》、《关于成立家长学校讲师团的通知》等文件，并通过召开工作会、经验交流现场会等，不断推动和深化家庭教育工作，形成学校、家庭、社会共同关心少年儿童健康成长的良好格局。全县223所中小学家长学校办校率100%，其中县级示范家长学校41所，市级示范家长学校5所，省级示范家长学校1所，各中小学还开设学校家庭联系卡、联系箱，开通教师、家长QQ群，家庭教育咨询热线，家长开放日等；开设留守（流动）儿童家长学校、“四老”学校、孕妇学校等320余所，其中市级留守儿童示范家长学校和市级留守儿童家庭教育指导中心各1所；从2010年秋季开始，该县提出在全县各级各类幼儿园创办家长学校，家长受教育率95%以上。设立黄兴、开慧等5个青少年德育基地和32个青少年活动示范基地，每年受教育学生3万余人。2010年县妇联举行“十佳优秀家长”和“优秀家长”评选及事迹报告会，邀请团中央《知心姐姐》心理健康教育全国巡回报告团、中国陶行知研究会赏识教育研究所专家周弘、全国家庭教育知名专家陈忠联分别作“关注孩子的生存智慧”、“翘起你的大拇指——换种方式做父母”、“将成功传给下一代”主题巡回家教专题讲座100多场，受益家长11万人次，产生了广泛良好的社会影响。

（阳迎军）

长沙县工商业联合会（商会）

【概况】 长沙县工商联下辖乡镇（街道）商会22个、行业商会8个和女企业家商会1个，共有会员2570人。干部职工9人，其中干部8名、职工1名、临聘人员1名。机关领导班子由1名主席（同时兼任县政协副主席）、1名党组书记（由统战部副部长兼任）、3名副主席、1名党组成员组成。

到2011年底，全县共有私营企业4066户，个体工商户26058户，分别比2007年底增长133%、86%。全县非公经济完成投资占全县全社会投资比重62%以上，吸纳从业人员87358人，占全部从业人员的91%。非公有制经济发展速度明显加快、发展质量明显提高、对社会的贡献越来越大，已成为推动全县经济增长的主要动力，财政增收的主要源泉，社会投资的主要成分，吸纳就业的主要渠道，自主创业的重要主体，构建和谐的重要基石。

县工商联认真履职，开拓创新，充分发挥桥梁纽带和参谋助手作用，积极为非公有制企业和非公有制经济人士搭建8个平台：（1）搭建培训学习平台。一是向省市统战部、工商联送训；二是与湖南大学培训中心、汉硕管理学院合作，组织会员参加其举办的培训，先后举办《强势品牌的三大基础》、《劳动合同法》、《人才强企》等的专题培训讲座11场次；三是聘请专家授课；四是创办《工商联通讯》和网站传达政策政情，出刊56期6万多份，通过网站发布信息、商讯和文章500多条，在各类报刊发表文章26篇。（2）搭建经贸合作平台。一是在会员企业之间开展上下游产品对接活动，成功实现与14家公司7个项目合作。二是为县内外企业合作牵线搭桥，协办在星沙召开的2009全国商用车配件产销商务大会；在第六届城市友好商会经贸合作交流会暨“海内外百家商会长沙行”活动中对县域招商项目重点推荐，并成功签约2个项目；争取第四届泛珠三角区域合作与发展论坛暨经贸洽谈会在该县设立分会场——长沙县投资环境推介会，促成签约14个项目，洽谈引资44.25亿元。（3）搭建投诉维权平台。以民营企业投诉中心为主渠道，维护企业合法权益，收到会员来电来访134起，办结率95%。与有关职能部门多次磋商、协调，为企业节约各类经济开支1581万元。（4）搭建主题活动平台。持续开展“两帮两促”、“三十工程”、“扶贫助学”、“村企对接”等主题活动，如在“村企对接”活动中，有58家非公企业与63个村建立互助共建关系。（5）搭建人才信息平台。利用网络平台优势，四年中为有用工需求的119家企业在市县工商联网站上发布招聘信息，并组织需求量大的开源集团、湖南凌华印务等85家规模企业参加一年一度的省会非公企业“创业促就业”人才招聘大会，为这些企业觅得合适员工1256人。（6）搭建对外交流平台。通过“走出去，请进来”，组团考察交流16批次，拜访宁波大桥商会、台湾南投商业总会等7家商会，先后接待河南新郑市商会、泉州市商会等18家商会，缔结友好商会23家，为两地经贸交流奠定基础。（7）搭建融资解困平台。与县信用联社、工商银行、长沙银行、民生银行等金融机构建立友好合作关系，积极为会员提供方便快捷的项目投资、资金周转、银行垫资还款等服务，促成27家企业与金融机构融资8500万元。民生银行还打破传统的企业抵押贷款方式，首创信用互保贷款，为更多中小企业发展融资。（8）搭建招商引资平台。利用会员广阔的人脉，以商招商。引进湖南美拓礼品公司等15家企业来该县投资创业；为长沙金龙铸造集团引进德国退休专家组织（SES）进行无偿技术指导。

县工商联连续四年被评为市工商联系统先进单位，省工商联系统宣教工作先进单位；2009年在全县绩效考核中被定为一等班子；2010年被中国产业集群研究院和中国发展战略学研究会经济战略专业委员会联合评为“中国最具影响力民间商会50强”，2011年8月被省委、省政府授予“非公有制经济服务先进单位”，单位主要负责人在2008年被评为全国工商联系统先进个人。

【开展“企村对接”活动】 2007年全县启动“企村对接”活动，县工商联积极组织引导民营企业参与新农村建设，推动县域经济的发展。全县共有58家企业与63个村结对参与，“企村对接”企业共吸纳和安排当地剩余劳力1.1万名就业，每年发放农民工工资2.6亿元，投入1300多万元支持当地修路架桥、扶贫帮困、捐资助学，发展农村文化、教育、卫生等公益事业。逐步走出了一条优势互补，互利双赢，企业、村级、农民共同发展的新路子。2010年3月，省委常委、统战部部长李微微，副省长、省工商联主席何报翔先后到该县调研“企村对接”工作并给予了充分肯定。

【在全市首创基层商会秘书长培训机制】 2008年7月4日，在长沙县工商联会员俱乐部，县工商联召开20个乡镇商会秘书长工作会议，对秘书长如何开展工作进行培训。这是长沙县工商联首次举办专门的秘书长培训。县工商联在全市开辟蹊径，形成具有长沙县特色的秘书长培训制度，不定期组织基层商会秘书长培训。

【推动“三十工程”】 在金融危机冲击下，2009年全县私营企业形势依然严峻，长沙县工商联积极响应市工商联着力推进“三百工程”的号召，充分发挥自身“服务非公有制经济，服务非公有制企业”的职能优势，配合县委、县政府的“两帮两促”活动，在全县推进“三十工程”，即重点联系帮扶10户民营企业、重点推进15个创业项目、重点发挥10个商会帮扶作用。

【272个非公经济组织建立党组织】 2011年成立中国共产党长沙县非公有制经济组织工作委员会（简称县非公党工委），县工商联成为县非公党工委成员单位之一，至此，全县非公有制经济组织党组织集中组建工作全面铺开，通过大力推进集中组建，截至2011年底，共有272个非公经济组织党组织，其中2011年集中组建186家，党的工作覆盖面不断扩大。

【长沙县工商联（商会）第十二次会员代表大会召开】 2011年10月27日，长沙县工商联（商会）召开第十二次会员代表大会召开，经会员表决，选举产生长沙县工商联第十二届执行委员会，十二届执委会有执委166名，其中常委53名，兼职副主席4名，兼职副会长6名，李楚屏当选为县工商联主席。

【基层商会组织实现全覆盖】2009年，长沙县第二届乡镇商会任期届满，5月21日下午，县工商联召开乡镇商会换届工作动员会，全面铺开乡镇商会换届工作，11月，22个乡镇商会全部完成换届。2010年由于县域区域调整，原有的星沙镇改成星沙、湘龙、泉塘三个街道，2011年6月9日，在开元鑫城大酒店召开湘龙商会第一次会员代表大会，至此全县三个街道全部成立商会，商会组织机构实现全覆盖。

（杨树兴　胡　彦）

长沙县科学技术协会

【概况】截至2011年底，县科协拥有科技人员和会员5678名，科普志愿者3280名、农村科普信息员1868名。通过加强科普队伍建设，长沙县已逐步形成以科技专家为龙头，广大科技工作者为主体，科普志愿者、科普信息员、农村科技示范户和社区科普文明家庭为基础的结构合理、层次分明、覆盖广泛的科普工作队伍。

四年来，县科协紧紧围绕县委、县政府工作中心，动员和组织广大科技工作者积极投身科普事业，积极组织科普活动，大力举办科技培训，广泛开展科普宣传，认真推广科技成果，全县科普工作成绩显著。县科协2008年、2009年连续两年被市科协评为先进单位。该县通过两年创建，于2011年末顺利通过专家组复核，被中国科协授予“全国科普示范县（2011-2015）”荣誉称号。

以搭建科普平台为手段，不断提高自身的服务水平。一是充分发挥长沙县自然科学学会研究会作用，为科技工作者提供交流和活动的平台。每年开展全县性的自然科学优秀学术论文征文评选活动，积极为科技工作者提供学术交流的平台，并通过活动发现一批优秀学术人才，产生一批高质量的学术成果。四年共收到学术论文230篇，评出县级优秀学术论文一等奖38篇，二等奖78篇，三等奖56篇。同时，有100余篇论文被推荐参加省、市科协组织的各种论坛和征文评选活动，并有30多篇论文获奖。二是开辟科普电视专栏节目。利用中央电视台与中国科协声像中心联合主办的“科普大篷车”节目资源，在县电视台开辟科普电视专栏节目，在每周二晚上20点播出，充分利用电视媒体的传播优势，扩大科普宣传的广度。三是完善“长沙县科普信息网”。网站设立“走进科协”“会员天地”“科普活动”“科技法规”“实用技术”“致富信息”“今日农情”、“成果转化”“学术论坛”“老科协专页”等主要栏目，增加了城乡居民获取科技知识和致富信息的渠道。

以巩固“全国科普示范县”为抓手，努力强化科普服务公众的能力。一是开展创建“科普示范乡（镇）”、“科普示范村”和“科普文明社区”的活动，按照“典型示范、以点带面、合理布局、形成特色”的原则，把开展创建活动与推进社会主义新农村建设有机结合，在新农村建设中努力推动“科普示范乡（镇、村）”和“科普文明社区”建设。二是推进以“五个一”为主要内容的“科普惠农行动计划”，即县科协成立一个“科普惠农讲师团”，每个乡镇（含有条件的重点村）建立一个“科普惠农服务站”、一个“科普惠农宣传栏”和一支“科普惠农志愿者队伍”，每个村配备一名“科普惠农信息员”。三是加强科普阵地和科普设施建设。四年共建立3个高标准的科普画廊、100个“科普惠农（科普惠民）宣传栏”，总长度680米。各乡镇、村和社区广泛开展“四个一”的建设，即：建设一间科普活动室、一处科普宣传栏、一组科普书柜、一所科普学校。全县22个乡镇（街道）都建立了一个50平方米以上，具有图书阅览、科普声像、科普培训三项功能的科普活动中心。率先在全省开展“农民科技书屋”建设，已有20户农民自筹经费在自家宅院建起2家“农民科技书屋”，藏书3万多册，免费向周围农户开放。

以特色科普活动为亮点，切实增强科普为经济和社会发展服务的实效。一是举办好大型综合性、社会化科普活动。组织一年一度的“科技活动周”、“全国科普日”活动。四年间共举办10次大型的“送科技下乡”活动，17次小型“送科技下乡”活动，12次科普进社区活动，参与省、市、县和有关部门组织的“五下乡”活动7次。动员和组织大专院校和科研院所的专家学者370多人次，县内科技人员2720人次，向农民提供科技咨询1.8万人次，义诊4200多人次，送科普资料6万余份，实用技术资料1.8万份，科技书籍6000余册，农村实用技术光碟400套，展出科普挂图、科普展板530多块，同时还发放了一批蔬菜、油料作物良种。二是积极开展农村实用技术培训。先后在干杉、福临、青山铺、白沙、开慧、北山、高桥、黄兴、黄花、跳马等乡镇举办以蔬菜种植、特种养殖、花木栽培、农副产品加工、产品营销等为主要内容的培训班108期，培训群众350余人，发放资料1万余份。三是大力加强青少年科普教育。以创建科普特色学校为载体，广泛开展青少年科技创新大赛、“飞向北京”航模赛、车模赛、奇思妙想闯七关、科普网页制作和中小学生信息学奥赛等丰富多彩的科普活动，着力培养广大青少年的创新精神和实践能力。四年中，青少年科技创新大赛获得86个国家级优秀奖、6个省一等奖、3个省二等奖、18个市一等奖、62个市二等奖、87个市三等奖。

【培养农村科技示范户】 县科协一直重视对科技示范户的培育和扶持，农村科技示范户是农村开发应用和推广普及先进科学技术，把科技成果转化为现实生产力的带头人，是农业产业化与科技融合的直接实践者。他们活跃在农业和农村经济发展第一线，在农村带头学科学、用科学，利用科学技术增收致富，产生了良好的示范作用，带动了当地农村经济的发展。农村科技示范户是带领农民科技致富奔小康，发展农业和建设新农村的主要力量。至2011年末，全县共有县级科技示范户2945户，市级科技示范户286户，省级科技示范户120户。

【培育农业科普示范基地】 为配合农业结构调整，长沙县科协筛选几个发展潜力大，具有示范效应的龙头企业建立有机茶生态示范基地、牧草综合利用示范基地、花卉苗木示范基地、无公害蔬菜示范基地。充分利用科协网络优势，帮助他们提高科技含量，增强辐射效应。其中金井镇的汤宇坚持科技创新的经营方针，大力发展茶叶、红薯、米、奶牛饲养及加工四大产业，已具相当规模。至2011年，全县有11个基地被确定为市级科普示范基地，5个被确定为湖南省科普示范基地，3被确定为长沙市优秀专业技术协会，2个被确定为湖南省优秀专业技术协会。

【长沙县科协第五次代表大会召开】 2008年9月11日上午，长沙县科协第五次代表大会在开元大酒店召开，130多名代表和特邀代表出席，市科协党组书记刘谷收，省科协副书记、副主席田明星，市委常委、经开区党工委书记、县委书记杨光荣到会并讲话。

大会的主题是：提高全民科学素质，为县域经济发展和各项事业进步做出更大的贡献。大会听取并审议县科协第四届委员会工作报告，选举产生由57名委员组成的长沙县科协第五届委员会。何龙彪当选为县科协第五届委员会主席，常红源、彭涛（兼）、唐宪伟（兼）当选为副主席，万兴兰当选为秘书长。大会通过了《长沙县科协关于〈中国科学技术协会章程〉的决议》。会上还对获得“长沙县优秀科普示范基地”和“长沙县优秀科技示范户”的单位和个人颁奖。 （万兴兰）

长沙县归侨侨眷联合会

【概况】 长沙县归国华侨联合会（简称县侨联）于2003年6月成立，是县委领导下的由归侨、侨眷组成的群众团体，是党和政府联系广大归侨、侨眷和海外侨胞的桥梁和纽带。截至2011年底，全县共有侨眷属关系近300户，涉亲2100多人，涉居在27个国家和地区，县域内共有侨资企业28家。

县侨联坚持“访侨情、联侨心”的思路，贴心于侨，用心于侨，做到“三必访”：重点华侨回乡必访、对侨资侨属企业半年度必访、对困难侨眷属春节必访。紧紧围绕中心、服务大局，充分履行外引内联职能，利用陶公庙1500年庙庆、纪念田汉诞辰110周年系列活动、省会高校科研成果就地转化洽谈会、中国·长沙工程机械与汽车产业合作洽谈会、中国·现代农业投资洽谈会等10余次大型纪念活动或项目洽谈会邀请海外侨胞回乡考察，发挥侨界联系广泛、资源丰富、网络健全的优势，创新招商引资方式，广泛开展招商引资、引才引智工作，全力助推全县经济发展。切实维护广大归侨侨眷和海外侨胞的合法权益，不断探索依法护侨的新途径，为侨胞撑起法律保护伞。引导广大归侨侨眷围绕全县经济社会发展的热点积极参政议政，献计献策，充分展现侨界敢作为、善作为的良好风采；引导他们发扬优良传统，热心公益事业，帮扶弱势群体，积极推动社会和谐进步。据不完全统计，2008年到2011年全县侨界共向社会捐款捐物3000多万元，其中扶贫助学资金1500万元以上。

【侨界为汶川地震捐款150万元】 2008年5月12日四川汶川地震发生后，长沙县侨界积极为灾区捐款捐物。70多岁的归侨黄海滨，生活并不宽裕，年初儿子因病去世，老伴受伤在床，她却主动打电话向县侨联咨询，并搭乘公交车将4000元捐款送到省侨联机关。侨资企业金龙铸造有限公司年初因冰灾损失近600万元，2个车间垮塌，但总经理常应祥个人仍捐款5万元，并发动全厂职工捐款。侨资企业中和制药有限公司向灾区捐献急需药品，价值37.9万元。县侨联副主席曾应明及其公司湘绣城共捐款17.6万元。

在此次救灾捐款活动中，暮云侨资企业表现突出，其中湖南磐吉奥、长沙磐吉奥两家公司各自向地震灾区捐献10万元救灾款。暮云镇8家侨资企业中有6家参加捐款活动,共计捐款23.57万元。据不完全统计,长沙县侨界共捐款150万元。

【黄仪庄女士回乡开展教育交流】 近代民主革命家黄兴的嫡孙女、美籍华人、旅美北加州湖南联谊会会长黄仪庄女士和美籍华人朱岳安女士一行于2009年5月4日到长沙县，就基础教育教学开展为期半个月的考察交流活动。黄仪庄女士一行到黄兴镇后，受到当地政府和黄兴小学全体师生的热烈欢迎。5月6日，黄仪庄女士亲自为长沙县各乡镇的教师代表进行示范授课，并与县有关部门负责人就素质教育和基础教育改革问题座谈。

【侨资企业交流会召开】 2010年5月7日，长沙县召开侨资企业交流会，11家侨资（侨属）企业应邀参加会议。会议就金融危机复苏时期中小企业融资、技术引进、业务拓展、劳务用工等情况进行交流和探讨，博威塑胶、猛龙货运等企业介绍了成功经验和做法。会议还就组织融资对接会、联系德国退休专家进行技术服务工作进行布置，金龙铸造公司、赛普尔公司、磐吉奥公司等均当场表示有需求意向。最后，县信用联社、劳动局负责人就企业反映的相关问题进行解答和指导。市侨联副主席谢远知出席会议并讲话，县侨联主席黄柏强主持会议。

【省侨联主席曹亚调研涉侨文物保护工作】 2010年6月18日，全国政协常委、湖南省侨联主席曹亚一行到长沙县黄兴纪念馆调研。他在听取县侨联、县文体局、县文物局、黄兴纪念馆及黄兴镇党委、政府的汇报后，对长沙县涉侨文物的调查摸底工作给予充分肯定，对涉侨人物资源的利用和宣传方案表示赞赏，并就如何加强涉侨文物的收集、利用工作及以纪念辛亥革命100周年为契机加大对黄兴的宣传力度提出具体意见。

【10对华侨夫妇参加中国（星沙）首届七夕文化节晚会】 2010年8月16日，“烂漫七夕·情满板仓”中国（星沙）首届七夕文化节晚会在长沙县开慧乡板仓小镇举行，来自世界各地的10对华人华侨夫妇参加这一中国人自己的情人节。活动自7月初启动以来，县委统战部、县侨联协助举办单位邀请和征集10对海外华人华侨夫妇参加活动，他们分别来自加拿大、美国、日本、泰国和中国香港地区，其中婚龄最长的达53年。

【侨心艺术团赴革命老区慰问演出】 2010年5月27日下午，由长沙县侨联主办，老归侨李体坚、郭端英夫妇携翊翔侨心艺术团送出的纪念建党90周年暨慰问双江老区慰问演出活动在双江镇举行。市侨联副主席谢远知，县委常委、统战部部长杨莉，永州市侨联副主席柏继平，县委统战部副部长、县侨联主席黄柏强等出席。观看这次演出的有双江镇革命烈士家属及后代、侨胞侨眷、台胞台属、非公经济组织负责人、商会、宗教人士、新社会阶层人士等代表1000多人。在演出现场，少先队员还为双江革命烈士吴本德、吴文炳的后代献花致敬。演出最后，台上台下的演员和群众一起挥动着手中的党旗，齐声高唱《没有共产党就没有新中国》，唱出了双江人民歌颂建党90周年以及祝愿祖国更加繁荣昌盛的美好心愿，把演出推向高潮。

【全国民营企业首个“新侨回国创业创新示范基地”在三一集团挂牌成立】 2011年9月20日下午，中国侨联在三一集团公司举行“新侨回国创业创新示范基地”挂牌仪式，三一集团有限公司成为中国侨联在湖南省建立的第一个新侨回国创业创新示范基地，也是中国侨联在全国民营企业中授予的首个示范基地。该基地的建设有利于充分调动企业新侨及留学归国人员的创新创业积极性，有利推动全省“四化两型”建设，加快科学发展、富民强省战略的实施。中国侨联副主席王永乐为三一集团有限公司授牌。（傅亿安）

长沙县残疾人联合会

【概况】 根据第二次全国残疾人抽样调查数据统计，全县有各类残疾人6.13万人，占全县总人口的6.56%。视力残疾人9195名，占15%;听力残疾人8277名，占13.5%;言语残疾人981名，占1.6%;肢体残疾人24152名，占39.4%;智力残疾人6007名，占9.8%;精神残疾人5088名，占8.3%;多重残疾人7601名，占12.4%。截至2011年12月底，全县有13421名残疾人核发“中华人民共和国残疾人证”，其中精神残疾人1131名、视力残疾人1937名、听力残疾人502名、言语残疾人122名、肢体残疾人7197名、智力残疾人1321名、多重残疾人1211名。已核发残疾人证的残疾人信息全部与公安系统的身份证管理数据联网，进入全国残疾人人口基础数据库管理系统，实行电脑软件管理，辖区内残疾人的分布、数量、类别、生活、婚姻等基本情况和康复、教育、劳动、就业等基本需求全部实现智能化管理。

自2010年以来，新增残疾人5442人，主要是由于交通、机械事故、社会压力和疾病所致。因交通事故的因素影响，新增残疾人2350人，已办证的1252人，相比2009年新增的601名增加2倍多；0~6岁残疾儿童增加20名；精神残疾人增加968人。由于交通、农机等事故和社会压力增加等原因，残疾人高速递增。

根据县编制委员会的定编要求和省、市残疾人联合会的精神，县残疾人联合会内设康复部、教育部、组宣文联部、维权部和办公室四个机构，下设县残疾人就业服务中心和县按摩诊所2个二级机构（其中县残疾人就业服务中心为2006年4月由县编制委员会审核确定的）。县残疾人联合会共有干部职工21名，在职16名，退休5名。其中残疾人8名，占38%。干部职工分布情况为：县残疾人联合会8名，退休3名；县残疾人就业服务中心2名，退休肢体残疾人1名；县按摩诊所盲人按摩技师6名，退休盲人按摩技师1名。

2008~2011年，在各级党委和政府的正确领导下，在上级残联的精心指导下，长沙县残疾人联合会紧紧围绕县委、县政府“领跑中西部、进军前十强”的战略，认真履行《中国残疾人联合会章程》的代表、服务和管理三大职能，坚持“政府主导、社会参与、部门配合、残联运作、残疾人受益”的工作思路，全县残疾人事业以“全心全意服务残疾人”为宗旨，以“服务和保障两个体系建设”为主线，以“带领残疾人奔小康”为目的，全面实施中央、省、市《残疾人事业“十一五”规划纲要（2006年~2010年）》，锐意创新、加快发展，残疾事业取得显著成就。2008年荣获“省为民办实事先进单位”、2009年荣获“全省残疾人社区康复示范县”和“全省残疾人监测工作先进单位”；连续4年夺得“全市残疾人工作目标考核”第一名。2008年11月中国残联就业服务指导中心主任王建军、2009年4月省人大常委会副主任谢勇、2009年6月中国残联副理事长程凯等领导到该县考察和调研，对该县残疾人事业给予高度肯定。2011年该县成为长沙市唯一一家被国务院评为全国“残疾人工作先进县”的单位。

四年来，党和政府对残疾人工作越来越重视，社会各界也非常关注残疾人事业，县财政逐年加大对残疾人事业的投入。县人社局、民政、教育、医疗卫生等部门通力合作，开展扎实有效的工作，残疾人得到更多实惠。围绕残疾人幸福指数与经济发展共同增长这一目标，让生活在长沙县的残疾人与其他老百姓一样有尊严、有幸福感、有自豪感，使有康复能力的残疾人站起来，自强不息的残疾人扶起来，重度残疾人养起来。2008~2011年共有2.5万余名残疾人享受到各种优惠政策，其中3970名白内障患者免费手术重见光明，1000名残疾人得到价值500元的医疗门诊卡；有560名残疾人免费配备假肢、轮椅、盲杖等辅助器具；

0～6岁的残疾儿童接受省市专业医院的免费康复治疗52人次；有4347名重度残疾人享受重残补助，农村户口40元/月，城镇户口60元/月；340名残疾人参加各种职业技能和实用技术培训；有1800名精神残疾人享受到各种补助；300名残疾人或其子女享受到助学、助能、助业、助岗补助；175名残疾人享受到燃油补贴；走访慰问1000多名残疾人及其家庭。

【开展社会助残活动】 四年来，社会助残氛围日趋浓厚，开展大型社会助残活动8次，帮扶残疾人300多名，解决残疾人康复需求1.5万多人次，形成纵横向立体助残局面。2008年5月，县残联联合16家县域企业在县委党校举办“构建和谐长沙县、谱写人生新里程”残疾人“白领”就业招聘会，解决36名残疾人就业；2009年5月，湖南天登实业有限公司开展“关爱残疾孩子、发展特殊教育”的主题资助活动，为县特校捐赠价值2万元的生活用品，解决在校65名残疾学生的生活需求；2010年9月开慧卫生院开展“情系残疾同胞，奉献诚挚关爱”主题活动，携带B超机、心电图机、血糖仪等医疗设备，为180名残疾人进行免费体检，对39例高血压病、7例心脏疾病、1例遗传疾病患者进行送药上门和健康指导；2008年起，长沙市第三人民医院和长沙爱尔眼科医院每年组织眼科专家义诊，累计义诊13650名眼病患者。

【打造残疾人“三区”工作品牌】 以残疾人“人享服务”为中心，以残疾人“无障碍服务”为重心，打造“三区”工作品牌。“三区”即：开展“人人享有康复服务区”工作品牌创建活动，全面推进康复服务进企业、进经济组织，长沙双江包装有限公司、长沙县锡福村肥沃土地合作社成为全县首批创建达标单位。开展“培训无障碍工作区”建设，县委党校等8个单位成为全县残疾人培训基地，全免费培训残疾人1610名（其中职业技能650名、实用技术960名），奖励自主培训残疾人8名。开展“就业全关爱工作区”建设，长沙金井茶厂等13家企业成为全县残疾人就业基地，实现300名集中就业，奖励344名个体从业残疾人。

【基层残疾人组织建设】 出台《关于进一步加强和规范基层残疾人组织建设的实施意见》（长具组发〔2011〕16号），到2011年7月底全县22个乡镇（街道）残疾人专职委员选聘工作全部完成；村（社区）残协残疾人专职委员选聘工作逐步推进，同时，残疾人专职委员的待遇经费问题一并解决到位，大大强化该县基层残疾人组织建设。四年间，全县建立村、社区残疾人协会291个，配备专职委员291名，实现基层组织全覆盖到村的工作目标，并在基层组织中开展“333”工程建设活动，即：发挥三个作用、架建三座桥梁和提供三种服务，构建功能完备的工作服务体系。安沙镇、青山铺镇被授予市级残疾人工作明星乡镇；北山镇蒿塘社区、新桥社区和泉塘街道小塘路社区、安沙镇安沙社区、双江镇罗代社区等5个社区分别被授予市级四星、三级残疾人工作明星社区。

【提升残疾人服务质量】 2008年，长沙县投入300多万元完成1200平方米的县残联“四位一体”的硬件建设，投入80多万元完成县残联500平方米电脑培训室、康复训练室和授课培训室的建设，并免费对残疾人开放。融资100多万元全面开展残疾人创业富民工程，有26名残疾人参与全县创业富民工程活动。以“人性化服务”推动“快乐服务”的提升，开展“千根盲杖送到手、千台座便椅送到人、千台轮椅送入户”主题活动，使已办证的1760名视力残疾人和2654名老残一体的残疾人均享受人性化服务。以“快乐服务”推动“和谐服务”的提升，举办“残疾人农产品订货会”和“残疾人招聘会”各5次，238名经过培训的残疾人与各级经济组织实现农产品合同定销，34名经过职业技能培训的残疾人被企业录用。开展“一免四掌握”活动，免除9917名残疾人换证费用。

【残疾人参加各项社会活动】 以“工作岗位显能力、社会层面展形象”主题活动为载体，广大残疾人“平等、参与、共享”意识得到充分发挥。四年间，全县有18名残疾人被县直机关录用或聘用，5名残疾人被选为县、乡两级人大代表，2名残疾人及亲属被选为县政协委员,2008年世界“特奥会”上梁祖耀获3块铜牌，2010年省七届残运会3名运动员获3块铜牌；2011年，在文化体育软实力建设方面，与县特校合作，建立县残疾人文艺基地，排演残疾儿童舞蹈节目《幸福谐音》参加各类公演；与市体育职业学院合作，出资培养4名体育运动员，其中1名残疾人体育运动员杨凤参加10月份举行的第八届残疾人运动会轮椅飞镖项目。2007年6月，县按摩诊所盲人按摩技师毛佳被颐尔康聘为高级按摩技师，并被派驻欧洲荷兰传承中华传统按摩医疗技术和指导。

【扶助残疾人就业】 自2006年长江高科技助残项目（2006~2012年）实施以来，投入65万元形成“高端和高薪亮点”格局。全县涌现出湖南精城特瓷、长沙宏梦卡通和长沙金龙铸造等3家高科技助残企业，其中湖南精城特瓷被授予省级残疾人就业基地，另两家为市级残疾人就业基地，就业人数419名，其中白领150名，人均年收入4万元以上；同时大力开展残疾人“创业富民”工程机制建设，将“创业富民”融入“高科技助残”和“两个工作区”建设体系，形成“制造到创造亮点”的格局，形成残疾人就业工作“适应岗位和创造岗位”相结合的发展态势，全县涌现出197名涉及医疗行业、广告制作和家电维修等高知识结构和高技术含量的创业能手。

【集中换发第二代“中华人民共和国残疾人证”】 根据中残联〔2008〕10号文件和市残联会议精神，长沙县第二代“中华人民共和国残疾人证”换发工作于2009年6月全面展开，集中换发证分为两个阶段：第一阶段为2009年6月8日至2010年3月4日，第二阶段为2010年7月1日至7月30日。定点评定医院为：长沙县人民医院和长沙县精神病医院。县委、县政府对此项工作高度重视，拨付专款，换证残疾评定费按15元/人的标准，由县残联向县属定点医院支付，全县残疾人实行全免费换证，在全市尚属首例。

【“十一五”全国残疾人工作先进县】 2011年长沙县被国务院评为全国“残疾人工作先进县”，是全市唯一一个获此荣誉的单位。2008年11月，中国残联就业指导中心主任王建军、2009年4月省人大常委会副主任谢勇、2009年6月中国残联副理事长程凯等领导先后到长沙县考察和调研，对全县残疾人事业给予高度评价。（黄　桢）

长沙县司法局

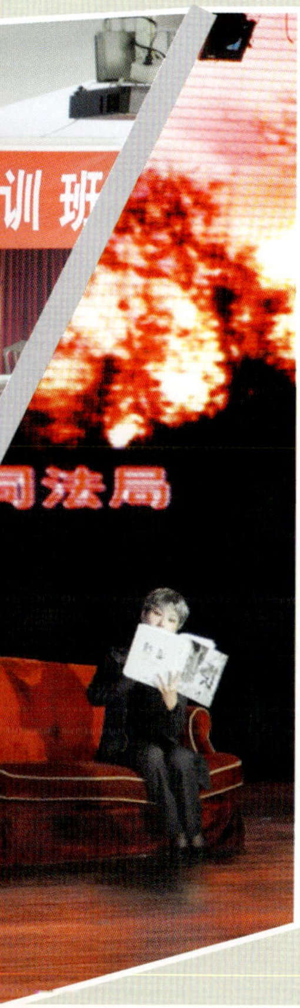

① 长沙县人民调解员骨干培训班
② 百日大走访动员大会
③ 道德讲堂活动
④ 纪念“2·11”森林火灾牺牲的烈士汤杨的情景剧
⑤ 局领导班子
⑥ 司法公正长沙行社区矫正主题活动

武警长沙县中队

2008年至2011年，武警长沙县中队牢记“维护国家安全和社会稳定，保障人民安居乐业”的神圣使命，忠实履行职责，圆满完成执勤处突等各项任务，中队全面建设过硬，工作成绩突出。展现了武警部队文明之师、威武之师的良好形象。2008 年以来，先后有12名战士入党，6人荣立三等功。2009年、2011年分别被总队评为“基层建设先进中队”。

① 2008年初，中队官兵参加抗冰救灾突击队
② 2009年8月武警总队总队长王小荣莅临中队检查指导工作
③ 2010年6月武警总队副司令员何映华一行莅临中队检查指导工作
④ 2011年，中队被评为“基层建设先进中队”
⑤ 2008年10月17日总队政委赵富栋莅临中队检查指导工作
⑥ 中队官兵刻苦训练、热情高涨

长沙县国土资源局

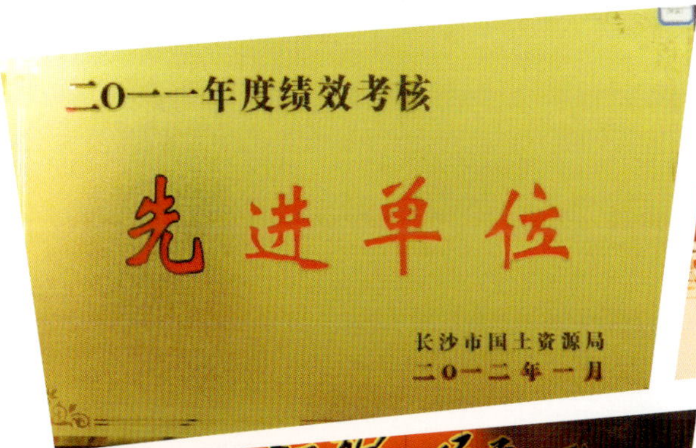

2008年至2011年，长沙县国土资源系统干部职工担负起县域范围内土地资源、矿产资源和国土测绘的管理职能，共收取各项税费37.5249亿元，缴县财政28.9950亿元。上报审批用地项目447宗，总面积3810.566公顷，农用地转用3130.8615公顷。一支高素质的国土资源干部队伍，在管理县域内的土地资源、矿产资源和测绘工作中，取得了优异的成绩。2008年，共青团湖南省委授予局团支部“湖南省五四红旗团支部”。2011年，长沙县荣获湖南省第二次农村土地调查优秀成果一等奖；是年，长沙县国土资源局档案工作规范化管理晋升省特级。2009年，长沙市人民政府授予长沙县“长沙市耕地保护先进单位”；2011年，长沙市人民政府授予长沙县“2011年度重点工程拆迁工作先进单位”。2008年至2011年，长沙县国土资源局连续被县委、县政府授予重点工程建设、社会治安综合治理、拆迁安置、财税工作、信访工作等先进单位。

① 2011年获市国工资源局绩效考核先进单位

② 2010年11月24日，长沙市实施土地利用总体规划落实基本农田保护责任现场会在长沙县召开

③ 2011年7月5日，长沙县国土系统组织“唱红歌 颂党恩”文艺会演——《今天是你的生日》

④ 锐意创新的领导集体

⑤ 2008年2月9日全局干部职工参加抗冰救灾

长沙县审计局

长沙县审计局办公大楼

省先进工作者曾利满

长沙县审计局于1984年5月成立，主要职能是贯彻执行国家关于审计工作的方针、政策和法律法规，组织领导全县的审计工作，根据上级审计机关部署，制定审计业务规章制度和工作规划，组织行业或专项资金的审计或审计调查。内设办公室、财政审计科、行政企事业审计科、固定资产投资审计科、法规综合科、领导干部经济责任审计科、审计监督局7个机构。2011年底，全局有编制28名，实有干部职工34人。2010年被评为省审计系统先进集体；连续七年荣获全市审计系统目标考核一等奖、保持市文明单位；2010年，局长曾利满获“湖南省先进工作者”称号。

① 国家审计署审计长刘家义（中）到长沙县审计局调研

② 2011年8月5日，举行长沙县审计局审计实务导师制签约仪式

③ 先进集体合影

④ 2011年11月6日，国家审计署总审计师孙宝厚（左七）一行和长沙县审计局班子成员一起参观杨开慧纪念馆

长沙县工商行政管理局

自2008年以来，长沙县工商局以维护市场经济秩序、服务县域经济发展为宗旨，转变思想观念，认真履行工商行政管理职能，切实加强市场监管、服务发展、消费维权、依法行政效能建设，各项工作全面推进。先后获得“全国红盾护农先进集体”、省委、省政府“服务非公有制经济先进单位”、省工商局“执法质量考评先进单位”、省工商局“流通环节产品质量和食品安全专项整治工作”先进单位、全省消费维权先进单位、市工商系统先进单位、县委县政府“党风廉政建设先进单位”等多项荣誉，一直保持省级文明单位称号；下属黄花工商所先后三次被国家工商总局授予“先进工商所”光荣称号，并被评为“全国红盾护农先进单位”。

① ② ③ ④ ⑤

① 2011年长沙县个体劳动者私营企业协会被省委、省政府评为“非公有制经济服务先进单位”
② 县工商局开展“红盾风暴”五号行动
③ 县工商局开展对肉类市场的专项整治，图为2011年3月18日肉品市场检查
④ 县工商局在全省首推对不合格农资商品实行优先赔偿农户制度，图为长沙县金井镇农民杨红军从工商执法人员手中接过不合格农肥赔偿金
⑤ 开展打击传销集中行动

长沙县食品药品监督管理局

2000～2011年，县食药监局内强素质、外树形象，依法行政、科学监管，切实履行法律赋予的神圣使命，在整顿和规范食品药品市场秩序、维护广大人民群众饮食用药安全等各项工作中取得了较好成绩。多年来，行政执法工作连续实现零投诉，党风廉政建设连续零举报。

主要荣誉（2008-2011）：2008年度长沙市“食品安全工作先进单位”；县委、县政府“人口和计生综合治理先进单位”。2009年度省食品药品监管局“目标管理先进单位”；县委、县政府“人口和计划生育综合治理先进单位”；“档案工作先进集体”；长沙市食品药品监管系统“政务信息工作二等奖”。2010年度省食品药品监督局“目标管理先进集体”；县委、县政府“人口和计划生育综合治理先进单位”；市食品药品监管系统“政务信息工作二等奖”。2011年度获“全省依法办事示范窗口”；县直属机关“党史知识抢答赛三等奖”；县委宣传部“庆祝建党90周年党史知识竞赛优胜奖”。

①④
②⑤
③

① 2009年，销毁200多万假劣药品焚烧现场

② 2010年，获全省药监系统“党风廉政建设和目标管理先进单位”

③ 局长杨建成在全省药监系统工作会上介绍“全国安全用药月”科普宣传活动经验

④ 依法行政精诚团结的局领导班子。（从左至右：肖俊斌、李翊超、杨建成、尹海林、鲁建武、徐猛）

⑤ 省食品药品监管局党组书记、局长张光荣（左）与局长杨建成（中）、副局长肖俊斌（右）在稽查打假现场

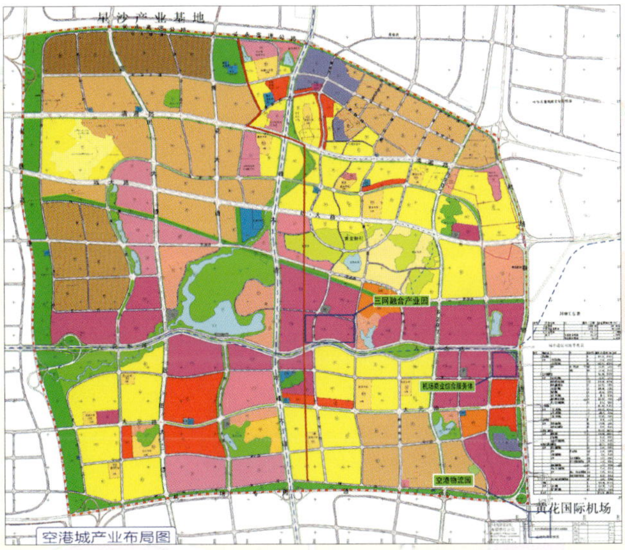

长沙县空港城管理委员会是长沙县人民政府于2010年正式启动建设的一个全新的园区。

自成立以来，空港城在县委、县政府的正确领导下，深入贯彻落实科学发展观，以建设“特色航空产业高地”为中心，以拓展“现代服务知识新城”为主题，以开发“绿色生态休闲田园”为目标，努力将空港城打造为我国依托长沙、湖南，立足中部、面向世界的“知识型服务业生态城”、“中部空港城第一城”。

空港城规划图

长沙县空港城管理委员会

① 2011年4月28日空港城启动暨人民路开工仪式上省市领导合影

② 2011年4月28日空港城启动暨人民路开工仪式，湖南省委书记周强（左五）宣布开工

松雅湖管理局

松雅湖管理局于2009年12月成立。

松雅湖管理局和项目部按照县委、县政府提出的“现代理念、人文情怀、世界眼光、国际水准”的建设要求，遵循起点高、布置优、功能全、整体美的设计原则，着力为松雅湖项目建设开展各项工作。面向国内外公开征集，选定了松雅湖生态公园总体规划设计方案；办好了省发改委关于长沙县退田还湖项目的备案批文；确定了松雅湖项目建设的合作伙伴；举行了松雅湖项目的开工典礼；实现了成湖工程的全面蓄水；开展全民植树活动，启动了园林绿化等美湖工程。

①松雅湖公园规划总平面图
②松雅湖管理局班子成员
③松雅湖成湖工程一期蓄水仪式
④松雅湖国际友谊林共建协议签订仪式

鸟类天堂–松雅湖国家湿地公园（试点）

星沙产业基地管理委员会

星沙产业基地管理委员会

星沙产业基地成立于2009年7月，目前园区已引进项目39个，其中世界500强4家，上市公司6家，总投资逾200亿元。园区在重点发展汽车零部件、工程机械、电子信息、新型材料、生物医药等产业的同时，坚持工业、商贸服务业和住宅业、生产性服务业协调发展，力争成为长沙县可持续发展新的经济增长引擎，一次性建成产城融合体、低碳经济区和新型的现代开发区。三年来，先后获“长沙县2010年度工业经济和招商引资工作先进单位”、“长沙经开区2010年度工业项目建设先进单位”、“长沙县2011年度工业经济工作先进单位”、“长沙县2011年度重点工程建设先进单位”。

①②
③④

① 2010年8月14日，日本住友橡胶项目签约仪式在华天大酒店举行，湖南省委书记、省人大常委会主任周强（左五）出席签约仪式，省委常委、长沙市委书记陈润儿出席并致辞

② 2011年1月15日，清华大学汽车工程系星沙汽车研究院在星沙产业基地挂牌成立。县委副书记曾超群（左三）、副县长万惠明（右二）为汽车研究院揭牌

③ 2011年3月17日，市人大主任余合泉（左五）在星沙产业基地调研指导工作

④ 2011年7月28日上午，山河工业城奠基典礼在星沙产业基地隆重举行。省人大常委会党组副书记、副主任陈叔红致辞并宣布奠基

长沙县农村工作领导小组办公室

县农办是县委农村工作部、县政府农村工作办公室的简称，下属有县移民局、县能源办、县农广校、县经管中心等四个二级机构，共有干部职工40人。

近年来，长沙县县域经济考核连续排名全省第一，并获湖南省经济强县（市）、湖南省社会主义新农村建设工作先进单位、湖南省农村能源建设先进单位、湖南省农科教结合先进单位等荣誉称号。

① 2010年11月19日湖南省委副书记、省长徐守盛（左一）到宇田蔬菜基地视察现代农业发展

② 2010年9月8日，省委常委、市委书记陈润儿（左三）到榔梨镇调研城乡一体化工作

③ 2011年5月，中纪委原副书记夏赞忠（右二）和省纪委书记许云昭（左二）在湘丰飞跃基地考察现代农业

金井生态有机茶园

长沙县林业局

① 2011年3月10日，在星沙通程广场举行“绿色星沙、低碳生活”植树造林活动启动仪式
② 2011年3月28日，多部门联手打击毁林犯罪，一夜查处19起违法涉林案件
③ 县委书记杨懿文（右）参加万人植树共建绿色星沙活动

长沙县水务局

县水务局局长胡立忠

长沙县水务局由最初的水利电力局演变而来，1983年12月，长沙县水利电力局更名为长沙县水利水电局，2002年1月，更名为长沙县水利局，为长沙县政府工作部门，2011年1月成立长沙县水务局，将城乡供水、城乡排水、城乡节水、城区污水处理职能与原水利局农村水利建设和管理职能整合，担负着全县所有涉水事物。长沙县先后被评为全国农田水利建设先进县、全国水利经济先进县、全省防汛抗旱先进单位,连续六年获全省水利建设十强县暨“芙蓉杯”水利建设先进县殊荣,连续十年获长沙市“芙蓉杯”水利建设竞赛一等奖；被列为全国沟渠疏浚重点县、小农水建设重点县、高效节水示范县；全省水利改革发展示范县、实行最严格水资源管理示范县、生态水利建设试点县。

① 2009年6月19日上午，水利部常务副部长鄂竟平（左二），在副省长徐明华（左三），市长张剑飞（左一）等领导陪同下，视察桐仁桥水库除险加固工程并召开座谈会

② 2010年1月19日，出席全国水利厅局长会议的代表视察桐仁桥水库

③ 治理后的金脱河

④ 白鹭湖水厂

乌川湖水库风景

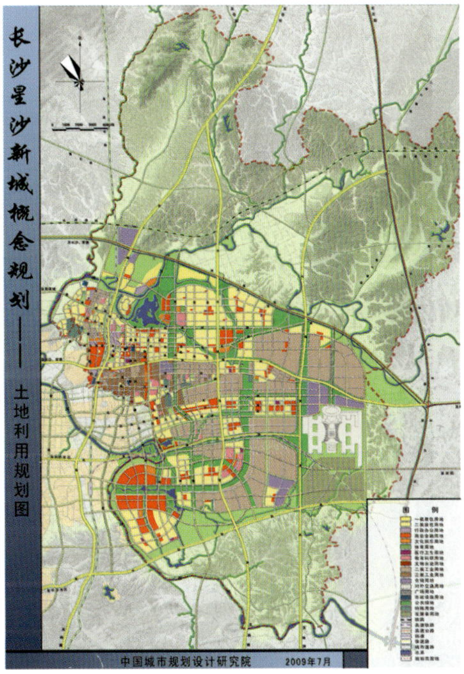

长沙县城乡规划局

长沙县城乡规划局原名长沙县规划管理局，2011年度机构改革更名，并成为县政府组成局。局机关行政编制15名，工勤事业编制3名。内设机构5个，分别为办公室（加挂法规科牌子）、总工室、用地规划科（加挂市政设施规划科牌子）、建设规划科、村镇规划科。四年来，县城乡规划工作坚持“以规划促建设，以制度促管理，以执法促规范”的方针，强化科学规划、严格管理、严肃执法，规划管理工作步入规范化、程序化、法制化轨道，实现了城乡规划工作的新突破。被市政府授予“2006-2008年度社会主义新农村规划编制和组织工作先进单位”荣誉称号；2010年2月，获湖南省住房和城乡建设厅颁发的“全省城乡规划管理先进单位”荣誉称号。

自2008年底起，长沙县开始编制《星沙新城规划》，星沙拓展到300平方公里，图为效果图

① 2008年8月28日，长沙县城乡一体化规划评审会召开，来自国内的各界专家和省、市规划部门领导与会，评审通过了《长沙县城乡一体化规划》

② 2010年12月23日，县城乡规划局领导班子为县城乡规划局挂牌

③ 长沙县为庆祝《湖南省实施〈城乡规划法〉办法》的实施，组织开展法律法规宣传活动

宽阔的星沙大道

长沙县城市管理和行政执法局

近几年来，长沙县城管执法局从理顺城市管理体制、完善工作机制、加强队伍建设、创新城市管理入手，大力推行市场化、网格化、精细化、人性化管理模式，加大考评和奖惩力度，城市管理和行政执法工作不断规范，城管工作迈上了一个新台阶。长沙县先后获得“全国文明县城”、“中国人居环境范例奖（城市管理与市容环境建设）”、“湖南省节水型城市”称号。2008年至2011年，城管执法局连续被长沙市城管局评为城管工作红旗单位。

①	②
③	④

① 城管局领导慰问环卫工人
② 柔性执法
③ 城管护学岗
④ 环卫工人清扫街道

长沙县重点工程管理局

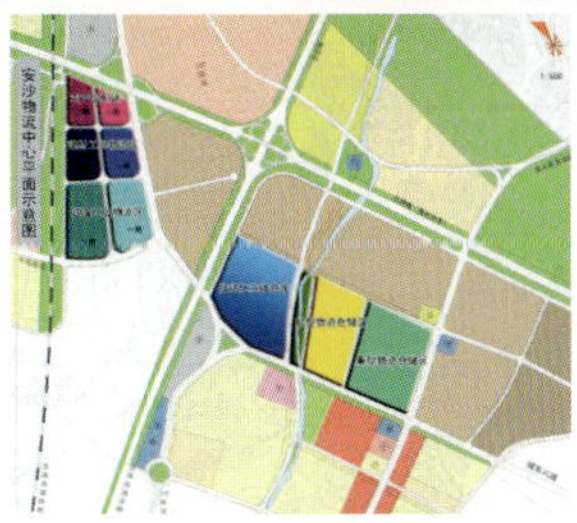

长沙县重点工程管理局前身为长沙县重点工程建设办公室，2010年机构改革后，明确组建县重点工程管理局，为承担行政职能的政府直属事业单位，列入参照公务员法管理范围。将县重点工程建设管理办公室职责、县政府办公室的重点工程建设协调管理职责，整合划入县重点工程管理局，负责县域范围内重点工程项目实施过程中的管理、协调、服务、检查和督促，现有在编干部9人。

2008年、2009年长沙县连续两年获“长沙市重点工程建设拆迁工作先进单位”称号；2011年长沙县获“长沙市重点工程建设目标管理先进单位”和“铁路建设征拆工作先进集体”称号。

①	②	
③	④	⑤

① 中共长沙市委书记陈润儿（右一）视察长沙县重点工程建设情况
② 省、市、县领导出席绕城高速开工典礼
③ 长株高速通车典礼现场
④ 安沙物流园规划平面图
⑤ 湖南交通职业技术学院干杉校区项目建设效果图

暮色中的松雅湖畔

长沙县工务局

长沙县工务局成立于2011年11月，为县政府直属事业单位。下设办公室、前期工作科、合约科、工程管理科四个科室，以及一个副科级下属事业单位——长沙县代建工程项目服务中心，主要负责代建政府投融资项目的检测、试验等服务工作。2010年至2011年先后获得年度领导班子绩效考核一等奖、县级文明单位、重点工程先进单位等荣誉称号。

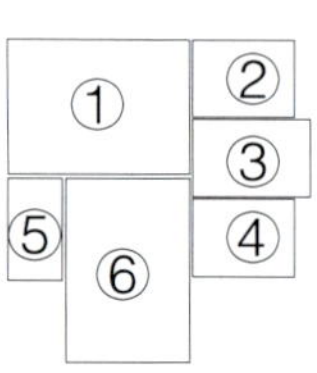

① 2011年9月华润小学交付使用，扭转了城区大班额的局面

② 2011年，工务局接手东方航标代建突击建设任务

③ 2011年年底，人民东路东延线空港城段正在加紧建设，图为施工人员正在铺设沥青路面

④ 万家丽北路北延线开工典礼

⑤ 2011年年底，三一路跨线桥正式拉通，图为施工现场

⑥ 2011年年底，县工务局与县质监站等部门展开在建项目质量安全大检查，确保在建项目安全文明施工

政 法

综 述

【概况】长沙县政法工作紧紧围绕全县经济社会发展的总体思路，以创建平安和谐模范县为目标，不断加大"社会矛盾化解、社会管理创新、公正廉洁执法"工作力度，充分发挥职能作用，全面落实社会管理综合治理各项措施，社会治安总体平稳，确保了全县政治大局持续稳定。

推进社会矛盾化解，维护社会大局稳定。坚持以群众工作为统揽，积极创新社会矛盾纠纷化解机制，全面摸排信访积案，实施县级领导定期接访工作机制，逐步建立信访案件交办、包办、销号制度，一批信访积案得到彻底化解。深入推进"四级三调"（即县、镇、村（社区）、组四级联网，人民调解、司法调解、行政调解三级联动）机制完善，强化信息预警工作，坚持维稳风险评估制度，稳妥处置各类集访事件。加强安全保卫工作，圆满完成各项安保任务。公安国安部门积极查办涉及国家安全及社会稳定的案件，有效打击境内外敌对势力的渗透、捣乱、破坏活动。反邪教工作稳步推进，确保"三零"目标实现。

切实加强专项整治，严厉打击违法犯罪。重点打击严重暴力犯罪、"黄赌毒"犯罪、黑恶势力犯罪和"两抢三盗"等多发性侵财型犯罪。共破获各类刑事案件4325起，抓获违法犯罪嫌疑人5400名，破获命案13起，保持现行命案侦破率100%，破获321起"两抢三盗"等多发性侵财型案件。开展"清网行动"，追回各类网上在逃人员126名，网上逃犯存量下降78.8%。开展重点地区重点领域排查整治。对治安问题突出的重点地区、安置区开展综合治理专题调研和集中整治工作。严厉打击传销，开展清查行动20余次，查处传销人员1万多人，驱散、遣送8000多人。扎实开展"亮剑"行动，严厉打击食安犯罪行为，侦破侵犯知识产权和制售伪劣商品案件16起，摧毁团伙31个，捣毁生产、销售窝点136个。立体治安防控体系逐步健全。坚持人防技防物防结合和专群结合的工作原则，优化整合警力资源，坚持重心下移到街面，新建城区交警、治安岗亭16个，提高群众见警率和犯罪分子碰警率。全县各镇（街道）均组建专业巡防队伍，各村（社区）成立义务巡防员队伍，巡防工作做到全天候、全覆盖。切实加强技防，启动"天网"工程，整合社会监控资源，实现城区监控无缝对接。加强虚拟社会管理，成立长沙县网上公安局，探索推行"十户三联"邻里守望工作法，群众参与治安防控的积极性大大增加。

创新社会管理机制，提升综合治理水平。强化流动人口与出租房屋管理。组建144人的流动人口协管员队伍，实现流动人口、暂住人口的常态化管理。坚持"以证管人、以房管人、以业管人"的管理新模式，全面推进社区网格化管理，有效提升流动人口管理服务水平。强化特殊人群帮教管理。建立政法综治部门、社会、家庭三位一体的帮教机制，把特殊人群的管理措施落实到每一个对象。将全县有现实危害和暴力恐怖动向的高危人员、容易肇事肇祸的精神病人全部纳入管控、帮教范畴。全县共接收社区矫正对象142人，接收刑释解教人员214人，帮教率100%。建立首个社区矫正培训基地，安置就业率98%。

发挥政法工作职能，优化经济发展环境。县法院坚持调判结合，化解民商纠纷，新收各类民商事案件2155件，审结1997件，审结刑事附带民事诉讼案件62件；县检察院共查办各类职务犯罪案件17件24人，典型案件有经开区建设发展局综合处原处长郭学武涉嫌受贿案、湖南鼎兴置业顾问有限公司董事处赵航涉嫌行贿案等。县公安局共立经济犯罪案件28起、破案21起，为国家、集体和个人挽回经济损失2900万元。组织开展集中整治行动，严厉打击一批称霸一方、强揽工程、寻衅滋事、阻挠重点工程建设的不法分子。县司法局组织律师、公证、法律援助、基层法律服务等中介组织拓宽服务领域，提高服务质量，提供有效法律服务。

加强政法队伍建设，不断完善机制体制。扎实推进司法体制和工作机制改革，切实加强内部监督机制建立和外部监督制度的完善。办理省、市交办转办涉法涉诉案件26件。扎实开展“百万案件评查活动”，对法院、检察院、公安局的100起案件开展质量评查，督促有关部门纠正、整改10起案件。在完善涉案信息快速查询、加强检察机关对侦察机关的监督、建立多元矛盾纠纷调处机制、完善民事刑事案件执行体制、推动量刑规范化改革等方面取得明显成效，公正司法和为民司法实践不断丰富。

【构建“四级三调”格局】 2008年1月20日，县委、县政府出台《关于进一步加强全县社会矛盾纠纷调处工作的意见》，成立长沙县“四级三调”工作领导小组，县财政在每年安排65万元村级司法调解员补助的基础上，从2008年起，村民小组设立司法调解员1名，县财政安排40元/人·月的司法调解员误工补助，全年共安排270万元，补助资金通过镇街分两次发放到人。全县构建以县、镇、村（社区）、组四级联网，人民调解、司法调解、行政调解三调联动为主要内容的社会矛盾化解“四级三调”大格局。开展风险评估，有效解决48起重大复杂信访难题，排查各类突出信访问题5000余起，成功率99%，建立69个村（社区）调委会，村民小组成立调解小组，选聘200名综合素质高、群众工作经验丰富的专业人才充实调解队伍，建立健全领导干部责任制、“一把手”接访和领导包案制，对重大矛盾纠纷实行定领导、定措施、定责任、定期限和包问题解决、包案结事的“四定二包”责任制，建立基层政法综治干部联村（社区）、单位、家庭的联点工作责任制，全县共调处各类矛盾纠纷2600余起。组建1000人的法律义工队伍，开展法律演讲620余次，为群众提供法律咨询500余次。调整完善信息员队伍，发展维稳信息员1800人，县委政法委出台《长沙县维稳信息员考核奖惩办法》，规定上报信息被县业务主管部门采用的，每条奖励50元，对特别有价值的信息每条最高奖励1000元，确保信息准确，收集上报及时。

【创新维稳风险评估机制】 2010年4月16日，印发《长沙县涉及群众利益重大决策事项社会风险评估暂行办法》（长县办发〔2010〕28号），在全县各级各部门全面实行维稳风险评估，凡是涉及群众利益的重大决策事项，都要进行维稳风险评估，凡未进行维稳风险评估造成群体性事件的将依照情况追究相关责任人的责任。全县共评估省重点工程长沙绕城交通（东北段）工程、长沙市饮水工程等重大项目28起，通过9起，19起均已整改到位。

【建立企业联系点工作制度】 2009年，政法系统选定15家企业作为县直政法各单位联系点，联系点责任单位根据各自工作责任和企业的具体情况开展各种形式的法律服务活动，为企业保驾护航、优化环境。协调解决星大集团原股东周正春非法上访问题，协调解决湖南同心干杉汽车车身厂、圣毅园职业投资有限公司与周边群众矛盾问题。县法院制定院长会见企业人制度和法官联点企业制度，并根据审判实践和调查研究，向县委、政府提交专项报告，分析当前金融危机下凸显的问题，提出相应的司法对策。县检察院建立企业检察联络室制度，编发《企业维权守法手册》，开辟涉企案件“绿色通道”，对辖区内的涉企案件专人负责，优先办理。县公安局联合食品、安监等单位对涉及民生的领域开展执法检查，破获青山铺镇“瘦肉精”案等系列案件。县司法局组织律师事务所积极服务基层群众，义务为农民工服务。县610办认真倾听企业、基层干部群众对610工作的意见和要求，帮助基层和群众解决具体问题，以实际行动取信于民。

【加强流动人口管理】 为加强流动人口与出租房屋管理，2011年3月长沙县组建144人的流动人口协管员队伍，实现流动人口、暂住人口的常态化管理，坚持“以证管人、以房管人、以业管人”的管理新模式，全面推进社区网格化管理，提升流动人口管理与服务水平。各街镇流动人口和出租屋管理中心采集流动人口174800人次，录入流动人口140856人次，采集出租房屋42906户，录入出租房屋33472户，办理居住证88792张，签订治安责任书19698份，采集产权复印件969份、出租房屋复印件1485份，注销流动人口9004人。开展对辖区“四小场所”和突发案件的清查行动，协助查处120余家未办证的家庭小旅馆，发放各种案件的《通缉令》15982份、《主要场所摸排表》3.8万份、《出租屋摸排表》3.8万份，清查流动人口85223人次、出租房屋19268家、宾馆旅店15800余家次、建筑工地120余个、网吧78家、洗浴中心87家，抓获犯罪嫌疑人53名。

【加强学校安全保卫工作】 2010年，通过分析研究全国公布的小学生和幼儿园儿童的恶性刑事案件，县政法委多次组织各街镇和县综治办、教育局、公安局各部门召开会议，研究部署具体工作，明确学校、幼儿园的保安设备、监控设施安装、校车管理和巡警巡逻等工作。完成城区范围和乡镇中小学、幼儿园的视频监控和红外线防入侵报警设备安装工作，在全县中小学、幼儿园增配保安人员134名，安装路灯88个，设置治安巡防站88个，悬挂安全告示牌436块，针对学校、幼儿园的实际情况制定切实可行的安保措施，确保安保责任落实到人、措施落实到位。

（邓媛媛）

公 安

【概况】 长沙县公安局设指挥中心（办公室、反恐办）、政工室、纪检（监察）室、后勤保障科、法制科、巡防办、巡警大队、刑侦大队、治安大队、交警大队、国内安全保卫大队、禁毒大队、经侦大队、人口与出入境管理大队、网络安全保卫大队、单位内部安全保卫大队、看守所、拘留所等18个机关科所队室，设星沙、湘龙、泉塘、新安、榔梨、黄兴、暮云、黄花、安沙、干杉、跳马、江背、春华、果园、路口、高桥、金井、双江、白沙、开慧、北山、青山铺、福临等23个派出所，指导长沙县消防大队、经开区消防大队、长沙县武警中队、长沙县森林分局等4个单位工作。

2008年至2011年，全县公安机关坚持打击与防范并重、管理与服务并重，全面实现社会治安持续稳定、执法工作更加规范、警民关系更加和谐、服务质量显著提高的目标。2009年创造了社会治安综合整治全市第一、打黑除恶全市第一、命案侦破全省第一的成绩，全省县级公安机关综合考核第26名，全市第1名的成绩。2010年取得命案侦破、打黑除恶、打击多发性侵财犯罪工作均排名全市第一的成绩。有1050个（次）集体和个人受到表彰奖励，其中部级荣誉 13个，省级荣誉79个。

精心维护稳定工程。以情报信息为主导，收集3198条预警性、前瞻性、高质量的情报信息，分别以《国内安保信息》、《一周警情》、《公安快讯》等渠道与形式，及时准确报送县委、县政府和上级公安机关，超前预警率100%，牢牢掌握维稳工作主动权。积极预防处置各类不稳定因素和群体性事件。排查处置各类不安定因素639起，依法稳妥处置群体性事件207起，预防和化解各类矛盾纠纷27481起。全警动员，严密组织，狠抓各项安保工作措施落实。圆满完成661次重大警保卫任务，出动警力13200余人次。

全面打造平安工程。攻难克坚，全力侦破八类恶性案件（故意杀人、故意伤害致死和爆炸、投毒、放火、抢劫、强奸、绑架致人死亡8类）。共立八类恶性案件529起，破获475起，破案率90%，其中命案54起，破获54起，连续四年保持命案破案率100%。重拳出击，侦破“侵财”案件。通过“百日会战”、打击多发性犯罪、“一打三整”等专项行动，牢牢把握侦案破案、预防发案的主动权，共侦破3973起，四年来保持强劲势头，位居全市前列。应对挑战，打击经济犯罪。共侦办77起经济案件，为国家追缴税款3900万元，为企业、个人挽回经济损失5600万元。全面清查，巩固无毒县成果。全县共破获刑事案件120起，抓获贩毒嫌疑人120人，查处治安行政案件281起，抓获违法人员587人，强制戒毒61人，社区戒毒68人，共缴获毒品海洛因913克、冰毒595克、K粉2776克、麻古70853粒、大麻4克。2011年该县禁毒工作位居全省第一，被评为全省禁毒工作先进县。大力整治，铲除“黄赌”。发挥扫黄禁赌主力军作用，查处一大批“黄赌”案件，捣毁一大批“地下私彩”、聚众赌博窝点。屯警街面，强化巡逻防控。进一步完善和推进网格化巡逻机制，最大限度将警力部署在街面、社区和重点部位以及案件高发地段，细化格状责任区，形成治安防控大网，实现巡逻防控全天候、全方位覆盖。

大力推进民生工程。管实人口。狠抓人口信息质量，确保常住人口六项主要信息准确率100%。以优良服务办理第二代身份证、户口迁移、因私出国（境）等事项。管死危爆。以规范化、标准化的要求强化重点行业、场所阵地控制，强化危爆物品管理。管严行业。着重加强对旅馆业的清查和整治，取缔“黑猫旅社”，与所有宾馆旅社签订治安管理责任状，安装信息系统；敦促各网吧规范经营，净化网吧环境，对寄卖业、典当、公章刻制、娱乐休闲业等全面清查列管。管畅交通。针对县城交通秩序特点，开展道路交通综合大整治，优化城区交通管理。通过改革勤务模式、严抓交通安全管理、整改交通安全隐患、完善交通标线设施等有效措施，营造安全畅通、井然有序的交通环境。管牢消防。严格落实消防三级管理制度，加强对消防安全重点单位的管理检查，加紧对火灾隐患的普查整治，确保全县无重大以上火灾事故。管优林业。受理侦查各类森林案件117起，迅速处置各类火灾火警，清理排查涉嫌非法经营野生动物餐饮场所，确保森林资源安全。

夯实筑牢基础工程。完善基层所队建设。完成江背、果园、青山铺3个无房派出所建设，建成全省一流的“两所一队”（看守所、拘留所、武警中队），接管原经开区公安分局新安派出所工作，筹建湘龙派出所、泉塘派出所，修缮改建跳马、㮾梨、安沙、青山铺、果园等派出所。重点推进社区警务建设。共成立54个社区（农村）警务室，其中社区警务室11个，农村警务室43个，全县78个警务区配备90名民警。推荐6个社区警务室为全市示范警务室。加强信息化建设。全面建设视频监控系统，构建复杂、重点要害地区和场所治安防范网络。23个派出所均实现百兆光纤传输。县局局域网严格实行专网运行，建立信息终端违规行为信息系统建设，无线警务通逐步运用。提升执法规范化建设。从业务培训、规范化管理、法制监督、执法考评等方面着手，加强执法规范化建设，全面提升全局整体执法水平。执法工作得到省市领导高度评价，黄兴派出所通过省级执法示范单位验收。

有效提升保障工程。抓班子，带动队伍创先争优。2011年，在县委召开的庆祝建党90周年先进表彰会上，县局党委班子被评为“优秀领导班子”。2011年度全省公众安全感及公安队伍满意度调查中，在全省129个县市区中排名第19位，在全市10区县中排名第1位。强素质，提升队伍整体战斗力。出台《长沙县公安局教育训练意见》，从开辟专栏，业务培训、随岗练兵等方式深化培训效果。组织全警进行基本法律知识、《警务工作正规化指南》、执法资格等考试或抢答赛，举行先进事迹报告会、“警察精神”征文等活动。着重培养和组建心理咨询师队伍，对全局开展有效的心理咨询、调适，促进队伍健康发展。正舆论，加强宣传阵地建设。共发稿1131篇次，其中中央级31篇，省级394篇，对重大破案等专门召开新闻发布会。通过集中采访、“红网”特约、《今日星沙》“警徽耀星城”栏目、网络舆情应处等形式，组织开展全方位、多角度、深层次宣传报道活动，以宣传工作展示公安工作成效。肃警风，确保队伍不出问题。深入开展法规警纪、廉政警示、执法安全和纪律作风为主要内容的引导教育，编印《公安队伍建设纪律手册》让民警“常看”，发送纪律作风要求、注意事项等短信“常提”，把纪律作风的养成贯穿在日常管理和明察暗访中“常敲”。

【公安人才竞选上岗】 2008年，经报请县委同意，在县委组织部和县政法委的指导支持下，按照公开、公正、择优的原则，调整、充实一批中层干部，使中层班子做到优势互补，战斗力和凝聚力进一步增强。2011年，通过动员、报名、体能技能考核、笔试、民主推荐、组织考察和任命决定等环节，秉承考试组织严密、民主发扬充分、队伍结构优化、干部交流扩大、注重倾斜基层的原则，大力选拔优秀人才，产生正科职21个，副科职45个。其中10名普通民警通过竞争性选拔直接走上副科职领导岗位。

【城市防控系统投入使用】 长沙县电子防控系统一期工程于2008年9月着手建设，进行设计和专家论证，于2009年4月建成并于6月正式投入使用，共设公共监控点217个，其中城区148个，主要交通要道22个（治安交通全景摄像），乡镇47个，安装电子警察68个。整合社会监控图像资源700余个。

【网上公安局建设】 2011年4月，推出长沙县“网上公安局”，设立警务动态、警界资讯、警视聚焦、警队建设、警务公开、民警提示、政策法规等栏目。为保障网上公安局信息鲜活，县局安排2名专人负责日常维护，同时下发《关于切实做好长沙县网上公安局内容保障工作的通知》，明确各模块责任单位，规范投稿管理和考核办法，保障各栏目信息基本上每天更新。至年底，网站发布各类新闻信息1000余篇，点击率突破100万次。

【举办“警营体验”活动】 为进一步密切警民关系，增进人民群众对公安工作的理解与支持，2010年7月27日，长沙县公安局与《今日星沙》共同举办长沙县首届“警营体验”活动。为确保活动效果，《今日星沙》向全县人民群众广泛征集参加警营体验的人员。通过自愿报名，县公安局共选取7名来自不同行业、不同岗位、不同乡镇的群众参与户政接待、出入境窗口、星沙派出所接处警、巡警巡逻和交通事故处理等5个岗位进行体验活动，通过体验活动，让人民群众走进警营，了解警察，了解具体的公安工作。

【交通管理新模式】 县交警大队根据星沙城区交通流量变化，重新规划设置岗位，启用摩托车巡逻。按照“高峰站点，平峰巡线，动静结合，以动制动”的原则将星沙城区道路划分为11个重点路段、10个主要路口和14个重点岗、护学岗、示范岗。采取定点与巡逻相结合，以岗点勤务为基础，巡逻勤务为补充，实行一位民警带一名巡防队员，每天站一个小时高峰岗，每半小时巡逻一次，事故第一时间到现场，每个星期集中整治一次的“五个一”的工作制度。县公安局斥资15万余元购置20台警用摩托车用于交警巡逻。2009年12月7日上午，县公安局在局机关举行勤务改革启动式。

【舆情导控网络虚拟社会管理】 针对新形势下的网络舆情特点，网安大队切实加强对舆情“敏感点”的发现、“热点”的预警、“爆发点”的掌控，建立重大舆情引导会战机制，逐步摸索出“无事防有事、小事当大事、大事化小事、遇事不怕事、坏事变好事、好事炒热事”的网络舆情导控和应急处置模式。成功处置“御史在途”、湘龙家园、北山“8·4”事件等系列网络事件，营造良好的网络舆论环境。

【流动人口落脚点管控】 2011年为全市流动人口与出租屋管理服务工作的“攻坚年”，长沙县招录流动人口与出租屋协管员373人，在协管工作中发挥“五大员”作用，即法律宣传员、信息采集员、安全监督员、纠纷调解员、管理协助员。通过发挥该队伍作用，采取网格化、层次化、信息化管理等措施，初步建立“以证管人、以房管人、以业管人”的流动人口管理工作格局，其中湘龙派出所服务流动人口的新模式被《人民日报》推介。

【城区治安防控网络逐步完善】 2008年起，建立和完善以“110”为龙头，以责任区为依托，以群防群治力量为基础，各警种联合作战的治安防控网络；2009年，调整巡逻模式，实行专人专管；2010年2月，进行勤务制度改革，巡警大队主要业务由巡逻兼出警改为单一的巡逻，业务性更专一；率先推行网格化巡逻，建立科学防控体系；2011年1月，进一步完善和推进网格化巡逻，屯警街面，昼夜覆盖，全方位防控。

【刘万春等特大贩毒团伙案告破】 2008年5月12日，经过四个多月的缜密侦查，一举捣毁1个特大贩毒团伙，抓获刘万春、周文等10名涉嫌贩卖毒品犯罪嫌疑人和梁威、陈铝等24名吸毒人员，缴获毒品麻古2100粒、K粉40克、冰毒85克、大麻4克，毒资25余万元，管制刀具8件，运输毒品车辆1台，斩断一条从广东至长沙的贩毒通道，破获长沙县有史以来最大的贩卖毒品案。

【百万汽车被盗案告破】 2011年2月8日11时许，县公安局接到一辆丰田红杉5663CC越野车被盗的报警，迅速成立以主管副局长为组长的专案组，分调查访问、视频调取追踪、重点线索摸排三个方面展开工作。在调查受害人周边住户时，民警发现在案发现场对面133号住户家中后门有人入室盗窃的痕迹。发现此线索后，技术人员马上进入现场进行勘查，提取了一枚不属于133号住户的指纹。经网上比对，显示该指纹对象系陈某（男，益阳市赫山区人，威尼斯中英文学校司机，有吸毒史）。2011年2月11日14时许，专案组民警通过进一步调查走访，在长沙县星沙镇松雅安置小区B25栋楼下发现该被盗车辆，随即对松雅安置小区摸排调查走访。通过视频录像及照片的比对，进入公安机关视线的陈某在近段时间行踪不定，频繁往返于长沙与益阳之间，并且明显出现经济反常现象。针对上述情况，专案组认定犯罪嫌疑人陈某有重大作案嫌疑。2011年2月15日13时许，通过认真侦查、制订详细的抓捕计划后，在长沙县星沙镇威尼斯中英文学校的职工宿舍A栋28号成功将犯罪嫌疑人陈某抓获。并在陈建家里搜查出失窃的现金14.29万元及“和天下”香烟5条和1包软装芙蓉王香烟。在强有力的证据下，陈某对犯罪事实供认不讳，至此这起价值上100万元的汽车被盗案成功告破。

【“1·2”入室抢劫杀人案侦破】 2011年1月2日晚，星沙中南汽车世界K34栋6楼04房起火。消防队员在救火现场发现两具尸体，为一老妇人和一小女孩。通过民警初步勘查，发现死者老妇人陈某后枕部有明显钝器伤，主卧室床头柜后的墙壁上有喷溅血迹，并有擦拭痕迹，现场有多处着火点。经受害人家属清查，发现家中有3000余元现金丢失。经初步判断，此案引起市、县两级公安机关的高度重视，迅速成立由市局副局长欧益科任指挥长，刑侦支队支队长史尚篪和县局局长曾卫国为副指挥长的“1·2”专案指挥部，并抽调精干警力60人组成专案组。经调查走访了解，受害人家属在星沙中南汽车世界经营一家麻将馆，平日与他人没有矛盾和恩怨。综合现场勘察、法医检验的结果分析，案件定性为抢劫杀人后放火焚毁现场。依据确定的侦查方向，专案民警围绕受害人的社会关系进行细致调查和访问，经常在麻将馆按时出现的一个叫“黄总”的男子在案发后不知去向，有重大作案嫌疑。经调查，该男子黄某，38岁，湖南省祁东县人，有多次盗窃前科。锁定犯罪嫌疑人后，专案组马不停蹄奔赴湖南永州、广东佛山、浙江杭州、海南儋州等地追捕。1月10日，专案组在海南儋州市一建筑工地将犯罪嫌疑人黄某抓获，其对1月2日晚在长沙县星沙镇中南汽车世界抢劫杀人并焚毁现场的犯罪事实供认不讳。1月12日，专案组将黄某从海南押回长沙县公安局。

【侦破江背镇印山台水泥厂特大抢劫案】 2010年12月31日上午8时40分许，县公安局江背派出所接到群众报警称：在长沙县江背镇印山台水泥有限责任公司二号门营业部外，几名歹徒持枪、持刀从该厂出纳李某等人手中抢走108.0668万元现金，驾驶一辆红色男式摩托车逃窜。此案引起省、市、县三级公安部门的高度重视，迅速成立市县两级公安机关联合专案组，从长沙市公安局刑侦支队、长沙县公安局等单位抽调精干警力，全力开展侦破工作。专案组通过初步调查，掌握了现场3名犯罪嫌疑人的基本情况，对其进行准确刻画，明确侦查方向和范围。经过深入侦查，2011年1月1日上午8时许，在长沙县星沙镇、春华镇分别抓获犯罪嫌疑人陈广（31岁，长沙县春华镇人）、彭丰富（32岁，长沙县春华镇人），9时许在长沙县江背镇将另一涉案嫌疑人章立（30岁，长沙县江背镇人）抓获，10时许在长沙县星沙镇将在逃犯罪嫌疑人陈勇（29岁，长沙县春华镇人）抓获归案，并追回大部分赃款。据查实，四名犯罪嫌疑人预谋结伙抢劫作案，章立平时在江背镇印山台水泥厂拖运水泥,在工作中发现该厂二门营业部每天有大量现金进账，且时间固定、防范疏松。随后，章立将该信息提供给其他3人。经过多次“踩点”准备，2010年12月29日晚，3人商定在31日实施抢劫。31日上午8时许，3人携带事先准备好的自制钢珠枪、水果刀等作案工具，窜至江背镇印山台水泥厂二门，伺机作案。上午8时40分许，印山台水泥厂出纳员携带108.0668万元货款返回厂部办公楼途中，3名犯罪嫌疑人开始作案，由陈广、陈勇实施抢劫，彭丰富负责接应，得手后3人迅速逃离现场。

【侦破李孝平、肖伯宇非法吸收公众存款案】 2009年10月19日，县公安局经侦大队受理李孝平、肖伯宇非法吸收公众存款案，经查，2005年4月至2009年9月，犯罪嫌疑人李孝平、肖伯宇在租赁生产场地、设备合伙经营茶业一机砖厂期间，以砖厂发放工资、购煤购电和还债等缺少资金周转的理由和名义吸收社会资金，收取宋典如等107人的借款共计1196.75万元，已归还借款77.455万元，支付利息77.6369万元，未归还本金1119.295万元。该案涉案金额逾1亿元，受害人数达数百人，涉及面极广，特别是涉及案件的民事诉讼与刑事诉讼相互交织，受害人要求挽损的要求极为迫切，不稳定因素和苗头突出，成为影响全县稳定的极大隐患，社会影响恶劣。县委、县政府高度关注，大队集中优势兵力，综合运用各种侦查手段和谋略，化压力为动力，通过边学习、边摸索、边办案，昼夜奋战、抓住战机、主动出击、精确打击，成功抓捕案犯，积极追缴、扣押赃物。同时理清胡明钦的债权债务关系，依法对涉案款物采取强制性措施，积极稳妥开展受害人的安抚工作，最大程度化解不稳定因素。

【侦破“8·20”特大制售有毒有害食品案】 2011年8月20日，县公安局经侦大队、椝梨派出所经跨省情报反馈，缜密侦查，破获廖代招等4人生产、销售有毒有害腐竹、粉丝等食品案。在市公安局的统一调度下，经侦支队、长沙县公安局等部门联合办案的“8·20”专案组，以“打击源头生产厂家、查处零散销售网点”为目标，深挖扩线，扩大打击战果。10月20日，在市公安局的指挥下，专案组同时在长沙市岳麓区、长沙县、长沙市雨花区等地展开查处行动，破获生产销售有毒有害食品案12起，抓获嫌疑人96名，打掉犯罪团伙31个，现场捣毁生产、仓储、销售窝点273个，缴获涉案有毒腐竹、粉丝共计43300公斤，缴获生产设备76台套及运输车辆5台，涉案价值2280余万元。同时，江西、福建两省公安机关同步开展该案跨省集群战役收网行动，一举捣毁这一制售有毒有害腐竹、粉丝等假劣食品网络。由长沙县公安局发起的“8·20”特大制售有毒有害食品案集群战役被评为全国公安机关“亮剑行动”经典集群战役。

【侦破石湘中非法吸收公众存款案】 2011年8月，经侦大队受理并侦破石湘中非法吸收公众存款案，涉案资金16.5亿元，涉案人数众多、涉案金额居全省第二、全市第一，社会影响十分广泛。自受案以来，专案组在以局长曾卫国为组长、副局长林松柏为副组长的专案组带领下，30名小组成员克服诸多困难，忘我工作。该案刑事拘留15人，逮捕7人，其他涉及非法经营、掩饰、隐匿犯罪所得的犯罪嫌疑人也陆续到案，并退回非法所得6000余万元。

【侦破特大非法制售发票案】 经侦大队构筑经侦情报信息网络，把经侦阵地控制与派出所行业场所治安管理有机结合起来，运用多种手段，于2011年8月成功侦破熊春桃、彭佳月等人特大非法制售发票案，抓获犯罪嫌疑人4名，捣毁大型制假窝点和储藏窝点各1个，缴获假发票860万份，涉案金额5亿元，缴获发票份数、涉案金额位居全省第二。为此，公安部专门发来贺电，各级领导对此案的成功侦破给予高度赞誉。（喻泽兰）

检 察

【概况】 长沙县人民检察院于1978年10月恢复重建，现址位于星沙街道望仙路37号。2011年底在编在职干部、职工89人，中共党员76人。内设办公室、政工室、纪检监察室、侦查监督科、公诉科、反贪污贿赂局、反渎职侵权局、监所检察科、控告申诉检察科、民事行政检察科、职务犯罪预防科、司法警察大队、案件管理科13个机构。2008年至2011年，县检察院先后获“全国文明接待室”、“全国先进基层检察院”、“全国检察机关集体一等功”、“全省基层检察院先进单位”、“全省文明单位”、“全省档案工作规范化管理省特级”单位，连续4年获“全国检察宣传先进集体”和全县“党政领导班子绩效考核先进单位”等荣誉，涌现了十大法治新闻系列评选候选人陈典魁，《检察日报》“优秀通讯员”吴兰林、张吟丰，全省“反渎职侵权工作全能业务标兵”何志刚、全省“优秀公诉人”谢彦等一批先进人物，共有100余人次受到中央、省、市、县级表彰。

刑事检察。认真履行审查批捕、起诉职责，加大提前介入力度，引导侦查机关快侦快结;加大对严重暴力犯罪、侵财犯罪、毒品犯罪的打击力度，严打黑恶势力犯罪、严重暴力犯罪和“两抢一盗”等多发性侵财犯罪。受理各类提请批准逮捕案件1984件3235人，经审查批准逮捕1528件2440人；受理各类移送审查起诉案2297件3755人，经审查提起公诉1949件3038人。贯彻宽严相济的刑事政策，对轻微刑事犯罪、社会危害性不大的犯罪嫌疑人依法从宽处理，共决定不捕732人，不诉424人。依法履行诉讼监督职责，共监督侦查机关立案96件103人，追加逮捕89人，追加起诉84人。

查办和预防职务犯罪。加大查办和预防职务犯罪工作力度，突出查办群众关心的医疗卫生、招生、土地征用、拆迁等领域的职务犯罪。共查办职务犯罪案件88件109人，其中反贪局立案63件72人、反渎局立案25件37人。所查处的案件贪污贿赂案占立案数的71. 6%;职务犯罪金额500万元以上的大案3件3人、10万元以上的大案11件16人，县处级以上的要案5件5人，为国家挽回经济损失近1亿元。针对案发行业、单位在制度、管理方面存在的问题，开展个案预防69次，提出检察建议61件。

控告申诉检察。认真接待群众来信来访，妥善处理涉检信访。受理各类来信来访493件，及时分流处理；办理涉法信访案件54件，办结54件，息诉54件；组织检察长接待147次。涉检信访工作连续10年实现结案率、息访息诉率100%，确保10年无一例赴省进京非正常上访事件。积极开展举报宣传周活动，发放宣传资料1万余册，接受群众咨询197人次。创新“流动接访”制度、乡镇(街道)检察联络员制度，把检务中心“一站式”服务窗口延伸到全县20余个乡镇(街道)，现场接待群众来信来访，方便群众诉求。

检察队伍建设。狠抓领导班子建设和检察队伍建设，强化对队伍的教育和管理，促进队伍整体素质的提高。注重业务培训，先后选派干警参加各类培训班60余次；注重信息化建设，全院实现网上办公办案；出台措施鼓励干警参加续职教育和司法考试；通过业务竞赛、观摩庭、聘请专家授课等方式提高全员业务素质。连续13年实现单位零事故、执法零错案、队伍零违纪的“三零”目标，连续30年没有一名干警因违纪违法受到追究或投诉。

长沙县人民检察院

党组书记、检察长

刘革强（2008.01～2011.06）
石　华（2011.06～　　　）

党组副书记、副检察长

吴力争（2008.01～　　　）

党组成员、副检察长

黎　军（2008.01～　　　）
余学军（2008.01～　　　）
宋宽馀（2008.01～　　　）

党组成员、纪检组长

徐欢萍（2008.01～2011.04）
周湘波（2011.10～　　　）

副检察长

朱忠义（2008.01～　　　）

党组成员、反渎局长

何志刚（2011.10～　　　）

党组成员、反贪局长

汪海渊（2011.10～　　　）

【在全省检察系统首聘企业检察联络员】 2009年5月21日，县检察院召开企业检察联络员工作大会，为来自山河智能、三一重工、开元仪器等国内知名企业的13名企业检察联络员颁发聘书，标志着该院在全省检察系统率先推出的“企业检察联络员制度”正式启动。企业检察联络员主要有协助检察机关了解企业发展中遇到的涉法问题，化解涉企矛盾，开展法律援助、法制宣传和预防职务犯罪等8项职能。县检察院为维护企业及其员工的合法权益，对涉企案件开辟“绿色通道”，安排专人从优从快办理。当年办理各类涉企案件8件10人。

【全县乡镇(街道)设检察联络室】 2010年10月底，县检察院根据市检察院的统一部署，分别在全县22个乡镇(街道)设立检察联络室。检察联络室主任由该院副科级以上干部担任，在每个村(社区)聘请一名关心检察工作、熟悉当地情况、素质较高的基层干部担任兼职检察联络员。检察联络室主要向人民群众开展法制宣传，提供法律援助；妥善处理信访接待，化解矛盾纠纷；受理人民群众的控告、申诉和举报，收集各类涉检信访信息；积极参与社会管理综合治理；加大法律监督力度，认真开展职务犯罪预防；加强社会各界联系，收集对检察工作的意见和建议。是年10月20日，全市检察机关驻乡镇(街道)检察联络室现场观摩交流会在该县福临镇召开。市检察院检察长陈绍纯及领导班子成员，全市各基层院检察长及相关部门负责人参观福临镇检察联络室的硬件建设、人员设施配置和宣传资料，听取县检察院开展检察联络室工作的经验介绍。县委常委、政法委书记范遵新，福临镇党委书记赖坤明，福临镇检察联络室主任袁瀚等人就开展和加强检察联络室工作作表态发言。

【获“全国先进基层检察院”称号】 2009年2月22日，最高人民检察院授予县检察院“全国先进基层检察院”称号。2007年至2008年，县检察院受理提请批准逮捕案件859件1435人，批捕660件1075人，受理移送审查起诉案件882件1438人，起诉790件1321人，办理刑事和解案件38件42人；积极查办和预防职务犯罪，立案侦查职务犯罪案件45起50人，其中大案39人、要案11人，均为有罪判决，为国家挽回经济损失3000余万元。坚持规范执法，提升执法质量和执法公信力，通过加强检务保障，严格管理涉案款物，认真开展执法状况(质量)考评，妥善处理涉检信访，连续7年无赴省进京涉检信访。通过加强队伍专业化建设，加强管理精细化建设，促进检察干部队伍整体素质的提升，树立检察机关执法为民良好形象。

【记全国检察系统集体一等功】 2010年2月24日，全国检察机关第七次先进集体、先进个人“双先”表彰会上，县检察院被最高人民检察院记集体一等功，这是该院自2009年获得“全国先进基层检察院”之后的又一国家级荣誉，实现一年上一个新台阶的目标，也是全市检察系统此次唯一获此荣誉的检察院。

【获选全省检察机关反渎“十大优案”】 2009年4月25日，长沙县星沙镇开元西路二标段护坡约56米滑坡、垮塌，造成直接经济损失共计90余万元。县检察院对建设方派驻的现场施工员，负责监控施工单位、监理单位的工程质量、进度、计量的县建设局建设工程造价管理站原站长王曙光展开调查，并请专家对护坡工程垮塌原因、造成的直接经济损失进行司法鉴定。2010年5月24日，以涉嫌玩忽职守罪、受贿罪对王曙光立案侦查。经查明，王曙光在监管施工过程中，很少去现场监管，对发现的偷工减料等隐患问题未予制止和上报，严重不负责任，致使公共财产遭受重大损失。王曙光还收受项目经理周某的现金2.6万元和请吃请玩等，对工程结算书未进行严格审查即签字同意，导致工程未验收而工程款项超额结算。2010年11月8日，县法院以王曙光犯玩忽职守罪、受贿罪判处其有期徒刑2年，缓刑3年。该案因系全县首例工程质量方面查处的职务犯罪案件，对县域内工程质量敲响了警钟、震动很大，且通过该案深挖出原县人防办主任周杰军等5人贪贿案，取得良好的社会效果和法律效果，获选全省检察机关反渎“十大优案”。

【“信息化应用”获全省检察机关精品项目】 2009年10月，县检察院申报的“信息化应用”获全省基层检察院分类综合考核“精品项目”。该院从2008年起投资300余万元建设集检察专网、审讯录像、指挥中心、视频会议、安全监控、智能会议、电子阅览室等集信息化、网络化、现代化于一体的网络信息化设备。配备3名计算机专业技术人员，建成FIP文件服务系统、内网QQ系统、通知通告系统、信息发布系统、网上办公办案系统、办案指挥系统、全程同步录音录像系统、法律法规查询系统等，开通检察内外网，这些系统已全部投入使用。

【档案规范化管理晋升“省特级”】 2011年11月22日，省档案局业务指导处处长黄光斌、省检察院办公室副主任谭新民、市检察院副检察长刘建、市档案局副局长陈艳芳等领导和专家组成的评估组，对县检察院档案工作规范化管理晋升省特级工作进行考核评估。县检察院检察长石华介绍该院档案工作规范化管理创建省特级情况，做到组织管理到位、人员保障到位、硬件投入到位，对1955年以来的8948卷诉讼档案进行全面校对、核实，重新装订案卷2217卷；对2005～2010年的4210卷诉讼档案和222卷技术档案卷皮、目录进行更换；对建库以来的91877张文书档案进行扫描和PDF格式转换；对2004年以来的700多张照片档案进行扫描和整理归档；对113件实物档案进行统一拍照、编号和建立目录等；对所有诉讼档案和技术档案建立EXCEL电子检索目录。评估组按照看、听、查、评的程序，实地察看该院档案办公用房、档案库房、阅档室、荣誉室，观看档案专题片，认为该院档案工作领导重视、设备齐全、制度健全、管理规范、开发利用有成效。该院档案室最终以99分的高分通过考核评估，被评为湖南省档案工作规范化管理省特级档案室，并现场授牌。（吴兰林）

审　判

【概况】 2008年至2011年，长沙县人民法院共设庭、室、局、队20个，包括民一庭、民二庭、民三庭、刑事审判庭、行政审判庭、立案庭、审监庭、执行局、法警大队、政工室、办公室、研究室、司法技术室、纪检监察室，以及榔梨、黄花、路口、福临、跳马、经济技术开发区6个派出法庭。

县法院共有133人，其中法官74名，法警26名，书记员25名，临聘42人，其中聘用制书记员28名，博士1名，研究生7人，本科105人，大专19人，高中1人。30岁以下17人，30岁到40岁57人，40岁到50岁44人，50岁以上15人。党员113人，副处1人，正科23人，副科36人。

2008年至2011年，共受理各类案件14149件，加上年旧存366件，合计14515件，审执结了其中的14398件，结案率99.19%。县法院积极实践“事了无讼”的司法理念，使得案件增长幅度每年仅为6%左右，其幅度远低于长沙市法院系统平均每年25%~35%的案件上升幅度。

长沙县人民法院

党组书记、院长
耿明生（2008.01～　　）
党组副书记、副院长
董跃进（2008.01～2011.06）
党组成员、副院长
李国军（2008.01～　　）
吴小安（2008.01～　　）
文继光（2008.08～　　）
陈力军（2011.10～　　）
副院长 文军伟（2008.01～　　）
党组成员、纪检组长
陈建新（2008.01～2010.09）
胡志宏（2011.10～　　）
党组成员、政工室主任
文继光（2008.01～2008.08）
陈力军（2008.08～2011.10）
王懿林（2011.10～　　）
党组成员、执行局局长
肖　强（（2010.11～　　）

【创“四高六化”优秀基层法院】 县法院围绕司法公正、司法为民、司法和谐三大主题，努力实践“管理精细化，考核客观化，监督透明化，调解多元化，执行威慑化，服务快捷化”的“六化”工作目标，全力争创“管理高效率，审判高质量，队伍高素质，环境高品位”的优秀基层人民法院，先后当选为全省优秀基层人民法院、全市司法公开示范法院；审判绩效排名全市前列，公众测评在全省处于上游，2011年排名全省法院第一；司法理念、司法措施、内政管理各具特色；法院队伍保持建院以来无违法违纪的光荣传统，涌现出沈金勇、蒋树德等国家级、省级先进法官。2008年6月至8月，长沙市委常委、政法委书记张湘涛，湖南省高级人民法院党组书记、院长康为民，长沙市中院院长罗衡宁先后到县法院视察，对该院“四高六化”取得的成绩给予充分肯定。

【专项审理帮助企业脱困】 受金融危机影响，长沙经开区、长沙县部分企业的发展遭遇困境，引发大量民商事纠纷。2009年2月1日起，县法院开展专项审理行动，由该院党组书记、院长耿明生亲自牵头，组成因应金融危机领导小组，制定《长沙县人民法院服务经济发展，准确应对危机的实施意见》，大力提高司法服务质量，支持企业良性发展。在立、审、执各个环节，提供“绿色通道”，保证企业及时实现债权，维护合法权益。专项审理历时三个月，审结企业相关民商事案件538件，审结标的额4.8亿元。

【邀请人大代表旁听庭审】 2009年3月24日，长沙县9名人大代表应邀旁听县法院公开开庭审理的喻德、武广、汪彪等人抢劫、寻衅滋事一案。这是县法院2009年开展邀请人大代表视察法庭、旁听庭审系列活动的开端。

该活动从2009年3月份持续到12月份，每月每个庭室开展一次，每次邀请8到10名人大代表。由人大代表对当天庭审进行评分，年底对评分排在前三名的庭室进行表彰奖励，切实发挥人大代表的监督作用。

【乡镇巡回法庭成立】 为进一步落实《最高人民法院关于进一步加强司法便民工作的若干意见》，2009年5月6日，县法院北山镇、白沙乡、双江镇巡回法庭正式成立，不另增机构、人员编制，分别由民一庭、福临法庭、路口法庭负责；对所在乡镇的民事纠纷案件实行就地立案、就地审判，对简单的案件当即调解、当即结案、就地执行，便利人民群众诉讼，节约了司法资源。

【县法院服务圣毅园项目】 2009年6月18日，县法院与北山镇人民政府就圣毅园土地承包经营权流转项目开展实地调研。座落于北山镇境内的圣毅园是当时长沙市成片流转农村土地面积最多的一个农业项目，涉及土地约2466.67公顷，人口2万余人，被市政府列为“长沙市农村土地流转综合配套改革示范点”。在县法院院长耿明生的倡导下，专门成立正副院长挂帅、部门负责人参加的项目调研服务小组。同年6月18日的实地调研活动为服务小组的第一次正式活动。在此次实地调研活动中，县法院先后与该镇党委、政府领导、村组负责人、普通农户以及圣毅园项目投资人等各方代表，就圣毅园的土地经营权流转模式，后续主要发展方向及赢利模式，农民权益保障以及当前存在的一些困难和问题进行交流与沟通。耿明生就县法院如何服务圣毅园项目，征求各方意见，各方代表均对该院主动上门提供司法服务的做法表示高度认可。

【稳妥审理涉外案件】 2009年县法院获最高人民法院批准，取得涉外民商事管辖权。当年受理8件涉外案件，其中涉港、涉台案件7件，涉外案件1件。截至2011年底审结7件。面对涉外案件法律关系复杂、办案难度大等问题，县法院紧紧围绕“司法为民，服务大局”的工作主题，积极行使涉外管辖权，合理解决涉外矛盾冲突，规范涉外管辖权尺度，谋求司法效率和公正的统一。

【小额民生案件专项执行】 2010年7月30日，县法院召开小额民生案件专项执行集中兑付大会，当场向18名申请执行人集中兑

表5　2008～2011年各类案件收结情况汇总统计

流程	旧存	收案	结案	结案率(%)
刑事一审	33	1782	1813	99.89
刑事申诉申请		1	1	100
民事一审	207	8691	8794	98.83
民事审判监督		14	14	100
督促程序（支付令）		198	198	100
公示催告		27	25	92.59
企业破产还债程序	2	1	3	100
其他特别程序		139	137	98.56
行政一审	5	58	60	95.24
行政申诉申请		1	1	100
执行	122	3240	3356	99.82
合计	369	14152	14402	99.19

表6　2008～2011年各庭室案件收结情况汇总统计

流程	旧存	收案	结案	存案	结案率(%)
立案庭		95	95		100
刑庭	33	1782	1813	7	99.89
民一庭	103	1894	1980	64	99.15
民二庭	43	1920	1954	74	99.54
民三庭		208	198	10	95.19
经开庭	26	1358	1371	35	99.06
行政庭	9	318	324	4	99.08
审监庭		16	15	1	93.75
执行局	99	2638	2717	75	99.27
黄花法庭	7	1300	1309	14	100.15
椥梨法庭	17	735	738	23	98.14
跳马法庭	12	733	739	18	99.19
路口法庭	9	664	662	10	98.37
福临法庭	8	488	483	10	97.38
合计	366	14149	14398	345	99.19

付案款约124万元，宣告为期3个月的小额民生专项执行活动取得成功，其便民惠民的司法举措被《人民法院报》、湖南法院网等诸多媒体关注报道。截至7月30日，成功执结65件，执结率92.86%，执行到位标的额515.47万元，此前已陆续兑付390多万元。

2011年4月1日开始，县法院在实行“执行工作警务化”和“执行六监一”模式的基础上，探索推行“分段集约执行”机制，对“一人包案到底”的传统执行模式及案件流程管理进行分段、细化，以进一步提高执行效率，实现阳光执行。

【息诉息访】 2010年，县法院将“接访”、“走访”、“约访”和“回访”相结合，积极做好息诉息访工作。当年，县法院涉诉信访清积工作的六项考核指标位居全市法院第一，全省民意调查中该院排名全市法院第一，全省法院第七，连续五年实现到省进京零上访。一是认真“接访”。建立健全院长值班周制度，设立专门的来人来访接待室，制定完善《来访接待指南》，确保接访有记录，处理有专人，答复高时效。2010年该院共接访310件次。二是积极“走访”。结合开展法制宣传、送法进乡镇、进社区、进企业等活动，积极开展走访活动，通过对乡镇、社区的人大代表、人民陪审员、人民调解员及普通群众进行走访等，及时了解民生诉求，改进法院工作不足，进一步加大涉诉信访隐患的排查力度。2010年开展大规模的走访活动2次，解决了法庭存在超审限隐患、农村群众立案难等6大问题。三是真诚“约访”。对群众信访事项不能现场答复的，做好解释工作，待事情查明后再约信访当事人到法院当场表明调查处理结果。开展约访企业负责人活动。2010年共约访经开区企业41家，进一步加大对经开区企业的服务力度。四是及时“回访”。积极开展“刑事案件回访”和“执行案件回访”活动，2010年共回访刑事案件836件，回访执行案件564件，除6件反映执行时效长、执行力度不够的问题外，群众满意率99%。

【开展“送法进村入户暨恳谈活动”】 为进一步贯彻落实市、县政法委关于开展“与群众恳谈对话、为群众排忧解难”及“四个一”活动的指示精神，2011年9月8日，县法院党组成员、政工室主任陈力军带领干警前往干杉乡干杉社区，开展“送法进村入户暨恳谈”活动，为社区居民送法到家，与社区群众促膝恳谈，开展法律咨询和回访，受到社区群众的热烈欢迎。

恳谈会上，40余名村民结合自己的生产生活实际，分别就土地权属、征地拆迁补偿、婚姻家庭、计划生育、民间借贷、邻里纠纷、困难救助等问题向县法院工作人员进行咨询，填写《民情登记及意见反馈表》。陈力军一行6人认真倾听每一位社区村民的咨询，并耐心一一解答。会上还发放了《送法进村入户暨恳谈活动宣传册》、《长沙县人民法院法律法规宣传册》，并给村民发放“司法便民联系卡”。

【创建“司法公开示范法院”通过验收】 2011年10月13日上午，长沙市中级人民法院党组副书记、常务副院长易前率领市中院检查验收组到县法院检查验收“司法公开示范法院（法庭）”创建工作。检查验收组对照创建“司法公开示范法院（法庭）”评分明细表，分别就立案公开、庭审公开、执行公开、听证公开、文书公开、审务公开、工作机制7个方面，采取座谈交流、查看案卷、审阅材料、分部门谈话、集中评议方式，对创建活动进行审查和验收。检查验收组对县法院着力实现“看得见的公正”、“可感受的高效”和“能认同的权威”的成果给予充分肯定。（游　宇）

司法行政

【概况】 长沙县司法局设有办公室、宣教科、基层科、法律服务管理科、社区矫正科5个科室；县法律援助中心、“148”法律服务中心、公证处3个二级机构；县依法治县领导小组办公室、县安置帮教工作领导小组办公室、县矛盾纠纷调处中心设在司法局。2011年,全局机关在职在编人员33人。全县有4家律师事务所，40名执业律师；法律服务所9家，法律工作者73名。在全县乡镇、街道设立22个司法所。2008年至2011年，县司法局连续四年被长沙市司法局评为先进红旗单位；2011度司法行政民调群众满意度全省排名第一；执法状况在长沙市司法行政系统考评中获全市第一。普法依法治理工作被评为全省

"五五"普法先进单位；公证处被评为"长沙市公证质量建设年活动先进单位"。

加强专业性、行业性人民调解组织建设。先后成立长沙县医疗纠纷人民调解委员会、劳动人事争议人民调解委员会、消费者委员会人民调解委员会和道路交通事故人民调解委员会。

招聘高素质人民调解员。公开招聘50多名专职人民调解员，其中包含211工程、985工程重点高校本科生、研究生多人，通过理论和实践培训充实到乡镇、街道司法所，确保矛盾纠纷调解工作在第一时间层层有人管，处处有人抓。创新"四级三调"联动机制，该经验在长沙市社会管理创新中予以推广。

实施法律援助民生工程。畅通绿色通道。在县残联、老龄委、工会、劳动争议仲裁委员会设立法律援助联络点，为残疾人、孤寡老人、农民工、下岗职工等弱势群体进一步畅通法律援助绿色通道，提供便捷服务。对因情况特殊无法及时提供经济困难证明的群众，先行受理、迅速介入，提高工作效率。积极与劳动仲裁部门沟通合作，制定《劳动仲裁阶段法律援助实施方案》，进一步加强在劳动争议仲裁阶段对农民工合法权益的保护；建立看守所法律援助工作站，充分发挥法律援助在刑事诉讼过程中的积极作用；在乡镇（街道）、村（社区）法律援助工作站，建立台账、设置法律援助联络员以及法律援助对象名册。通过对工作目标管理考核，提升法律援助效能。2008年以来共受理各类法律援助案件1043件，基本做到应援尽援。

提升法律服务为民供给能力。以"公证质量建设年"活动、律师、法律服务工作者年检审核为契机，引导和推动法律服务工作触角向农村基层延伸，加快城乡法律服务一体化、均等化进程。四年来，全县律师办理案件4050件，担任法律顾问135家，业务收入突破650万元；基层法律服务工作者办理案件3000余件；县公证处办理公证4万余件；"148"法律服务热线接听解答来电咨询1500次，接待来访650余人次。

以普法推进法治政府建设。通过常年法律顾问等形式，为县政府工作部门的重大决策提供法律意见，当好"参谋"和"监督员"。同时以法制宣传为手段，促使行政处罚自由裁量权的行政机关对不同的违法行为和种类，制定规范的行政处罚实施标准，增强行政执法透明度，规范行政处罚行为，提高领导干部依法决策、依法行政、依法管理的能力和水平。

以普法促进社会经济发展。深入开展"法律七进"活动，在全民中深入宣传和普及，围绕机关、学校、企业、单位、新农村建设，举行法律咨询162场次，法制文艺演出25场次，开辟法制专栏442个，集中法制宣传168场次，法律讲座650次，发放各种宣传资料50余万（册）份。通过开展"法律服务园区行"、"法律服务项目行"等专项法律宣传服务活动，组织律师、公证员、基层法律服务工作者、人民调解员到全县重点工程项目中，开展法律宣传服务走访活动，确保企业的健康发展。据统计，每年通过法律宣传和法律服务手段，为全县企业减少经济损失千余万元。

【创新帮教与社区矫正管理】 对全县886名刑释解教人员逐一建立管理台账，签订帮教责任书。对全县458名社区矫正对象，进行深度访谈，查明犯罪原因、类型、家庭背景、社会关系、生活技能等情况，制定个人矫正方案，真正做到管理到位、人性化服务，通过矫正已解除矫正对象217人。在建立管理台账、签订帮教责任书、实行"一帮一"、"二帮一"等帮教、社区矫正措施的同时，运用现代科学技术，加强监管力度，2011年，陆续开发多种网上管理系统和信息平台，探索实行社区矫正对象手机定位管理。认真履行社区矫正审前调查环节，联合县法院、县检察院和县公安局制定《长沙县社区矫正对象审前调查规定》。

【扶助帮教对象就业】 加大以帮教基地建设为主的扶持就业工作力度，在刑释解教人员过渡性安置基地（长沙果福车业有限公司）的基础上，2011年与长沙天一机械有限公司联合，建立长沙县首个社区矫正就业培训基地。同年7月29日，县司法局举行长沙县首届社区矫正对象就业招聘会，通过乡镇司法所推荐，30多名社区矫正对象按招聘岗位分批接受县司法局和企业领导共同担任考官的面试，经过严格挑选，10名矫正对象通过选拔，进行双向选择。（徐 剑）

地方武装

【概况】 中国人民解放军长沙县人民武装部是湖南省长沙警备区所辖的正团级机构，同时接受中共长沙县委、县人民政府和上级军事机关的双重领导。县人武部党委第一书记由县委书记兼任，是县委的军事部、县人民政府的兵役机关。县人武部部长、政委、副部长各1人，下设军事、政工、后勤3科，主要工作职责是负责全县的民兵预备役工作，及平时兵员征集和战时兵员动员。县人武部下辖32个基层武装部，配有专职武装干部60名。全县编有基干民兵5381人，编制作战队伍、勤务保障队伍、应急队伍等69个分队。人武部机关建有营院2处，高炮连阵地3个。

2008年至2011年，长沙县地方武装在省军区、长沙警备区和长沙县委、县政府领导下，服务县区发展，全面完成上级赋予的各项军政任务，人武部全面建设和全县民兵预备役工作，以及各类兵员征集等取得较好成绩。

充分发挥党委核心作用，自身建设有进步。把学习型党组织建设作为党的建设的基础工程来抓，积极倡导学习工作一体化观念，参加两级军区统一组织的专题教育和警备区党委中心组带机关理论学习。始终坚持贯彻民主集中制原则，按照“十六字”方针决策重大问题。严格按廉政准则和党纪处理衡量重大问题和敏感事务，党委班子成员身先士卒起表率作用。

思想政治教育富有成效，干部队伍建设有进步。认真抓好学习实践科学发展观活动“回头看”，对查找出的问题进行彻底清理，坚决落实整改措施。在机场口悬挂大型国防教育宣传广告，迎接广州军区在长沙召开国防教育现场观摩会，许光达故居被定为湖南省全民国防教育示范基地。组织干部学习领会新颁布的《政治工作条例》的要点和修改充实的内容，按《条例》精神实质加强思想政治建设。针对担负动员业务与指挥训练试点实际，在创先争优活动中注重“围绕试点抓活动，抓好活动促试点”，把工作热情贯穿于完成试点任务的每个环节。部领导为标准完成“四会”教学任务，都亲自修改教案、制作课件。

军事斗争准备稳步推进，战备建设不断加强。进一步完善防空袭、应急动员、反恐维稳、信息作战等条件下国防动员和抢险救灾方案预案。每年定期分批组织民兵训练，参训民兵800至1000人，训练成绩均要求达到优秀以上。国防动员指挥网络和“三室两库”建设全面完成，所需器材全部采购到位，对工作人员进行系统业务培训，部署国防动员数据采集工作，每道程序都进行严格把关，组织专人复查核实，确保基础数据准确、真实。邀请湖南卫视拍摄制作战备等级转换阶段人武部工作录像片，集中300多名民兵预备役人员和武警、消防与公安进行重要目标防护课目演练。

安全保密工作全面落实，后勤保障坚强有力。每月定期召开党委会、部务会专题分析研究部署安全工作，经常开展法纪和安全常识教育，干部职工的法纪观念、安全意识、防范能力明显增强。把加强人员、车辆、武器弹药和营院管理作为安全工作的重点，定期对武器仓库、装备器材进行安全检查，认真落实车辆管理制度、严格派车和使用规定，减少出车频率，杜绝滥用和乱用现象，加强涉密载体的管理，涉密文件严格按要求送达和回收。

双拥共建、参建参治工作卓有成效。参加支持地方“四个文明”建设，四年共调度指挥民兵4000余人，圆满完成抗洪抢险、森林灭火、应急维稳等多项任务，得到上级机关和地方政府充分肯定。受理涉军维权事件50余起，接待退伍军人上访数次200余次，解决各种矛盾纠纷，维护社会和谐稳定。注重发挥桥梁纽带作用，军政军民关系融洽，全县双拥共建氛围深厚。

基层正规化建设成绩明显，征兵工作进展顺利。召开全县民兵基层建设现场会，统一思想认识和建设标准。四年中，全县各级投入经费200多万元，基本实现乡镇（街道、科局）基层人武部建设任务，村（社区）民兵营建设100%完成目标任务。在征集各类兵员过程中，大力开展宣传发动，利用电视、报纸、网络发布征兵工作公告，在县电视台开辟专题栏目，适时宣讲政策、标准。举行现场咨询，发放工作手册，发送手机短信，营造征兵工作氛围。

2008年，县人武部被省军区评为“党管武装先进单位”和“参加支持地方四个文明建设先进单位”；2009年被广州军区评为“军事志编纂先进单位”，被省军区评为“基层建设先进单位”；2010年被长沙警备区评为“安全工作先进单位”和“新闻报道工作先进单位”，获省“双拥模范县”称号；2011年获广州军区“军事志优秀奖”，被市政府评为征兵工作先进单位，被长沙警备区评为“安全管理工作先进单位”，获全国“双拥模范县”称号。

长沙县人民武装部

部　长　张文轲（2008.01～2009.02）
　　　　邓西京（2009.02～2011.04）
　　　　李　武（2011.04～　　　）
政　委　李　平（2008.01～2010.04）
　　　　周志文（2010.03～　　　）
副部长　张　泽（2008.01～2008.02）
　　　　刘卫平（2008.02～2010.05）
　　　　张永发（2010.03～　　　）

【全力抗冰救灾】2008年1月中旬至2月上旬，长沙县遭遇重大冰雪灾害，县人武部在长沙警备区和县委、县政府领导下，组织全县广大民兵对京珠高速、长永高速和长沙县城等重点区域进行抗冰救灾。部党委召开专题会议，讨论研究制定抗灾方案，决定暂停抗冰救灾工作之外的一切经费开支，集中财力保障救灾，划拨经费检修保养所有车辆，安装防滑链，购买抗冰救灾物资等，确保装备物资、工具等全部到位。共出动干部158人次，民兵3850人次，车辆400余次，铲除各主要干线冰雪600余千米，抢修电线电缆400余千米，电杆100余根，装载蔬菜20万千克，出色完成任务，被长沙警备区和县政府评为“抗冰救灾先进单位”。

【宣传弘扬汤杨烈士先进事迹】2009年2月，长沙县金井镇发生森林火灾，金井镇退伍军人、专武干事汤杨在组织民兵扑灭山火时不幸光荣牺牲。事发后，县人武部组织人员帮助处理后事并与县委宣传部协商宣传事宜。部领导亲自到实地察看、拍照，组织汤杨同事召开座谈会，收集整理汤杨先进事迹材料，同时向市警备区报告，得到市警备区、省军区主要领导的高度重视，指示人武部组织力量对汤杨事迹进行挖掘收集。共整理汤杨先进事迹故事100余个，5万余条，印刷120本。协调和接待中央电视台、《人民日报》等新闻媒体47家110余名记者，分4批次对汤杨先进事迹进行宣传报道，先后在军内外新闻媒体刊播、见稿270多篇次，其中《优秀退伍军人汤杨：烈士铸英魂》一文受到省军区政治部通报表彰，并获一等奖。

【军事志编纂工作获广州军区嘉奖】2008年，长沙县有史以来首部军事专著《长沙县军事志》出版，该书共50万字，上限始于1840年，下限止于2006年，在充分占有材料的基础上，追根溯源，秉笔直书，详今略古，继承创新，对全县人武工作和民兵预备役建设适应中国特色军事变革，促进全县经济社会又好又快发展具有重要的借鉴作用，也为全县广大群众接受爱国主义教育和革命传统教育，提供了丰富生动的教材。2009年8月，县人武部被广州军区授予“军事志编纂工作先进单位”。

2010年，根据广州军区下发的《军事活动大事记编纂细则》和两级军区及警备区的指示精神，县人武部成立长沙县军事活动大事记编纂委员会，聘请专业人员编纂《长沙县军事活动大事记》，紧密结合全县驻县部队实际，全面、系统、客观地记述部队军事工作重、大、特、新活动情况，做到思想性、科学性、资料性和连续性相统一，为部队建设积累资料，为各级领导和机关提供信息和借鉴。2011年9月，《长沙县军事活动大事记》获广州军区军事志优秀奖，至2011年底共印刷出版3卷。

【人武部长带头讲党课】县人武部党委把党课教育制度纳入党组织生活制度的重要组成部分，将其作为党的基本理论、党的路线方针政策、党的基本知识和党性党风党纪教育的重要途径。根据中央军委《关于军队保持共产党员先进性长效机制的意见》和人武部党员干部思想状况，采用集中安排和自学相结合的方式，每月组织一次集中宣讲党课教育。四年来，人武部历任部长、政委都亲自备课讲课，每月集中宣讲，从未间断。

【创新征兵工作】 2011年，人武部在征兵工作中大胆改革，创新探索新形势下征兵工作新路子。一是立足“早”字做文章，做到早摸底、早部署。6月份着手对适龄青年进行调查摸底，基本做到“五清一掌握”（预征青年人数清楚、年龄清楚、文化程度清楚、联系方式清楚、思想动态清楚，人员去向掌握），召开了全县征兵工作会议，对冬季征兵工作进行部署，各项工作迅速展开。二是出台相关政策，激发适龄青年参军热情，制定《长沙县征兵工作若干规定》，就征兵宣传、优惠政策、奖惩措施等作出明确规定。三是广泛宣传发动，营造征兵工作良好氛围。7月至9月深入适龄青年家中进行面对面的宣传，征兵工作展开后，采取电视、广播、报纸、网络同步宣传，利用横幅、标语、板报、现场咨询活动等多种形式，集中时间、集中人员、集中精力全方位宣传。四是狠刹征兵工作不正之风，输送优质合格兵员。把征兵工作列入各级领导干部绩效考核范畴，形成“纵向到底、横向到边”的责任机制。推行征兵公开制度，及时公布各项情况，召开定兵工作会议集体定兵，杜绝私下定兵，确保兵员质量。（张永发）

武装警察

【概况】 武警长沙县中队隶属中国人民武装警察部队湖南省总队长沙市支队，中队主要担负长沙县看守所武装看守任务。前身系广州军区独立营某连，曾被广州军区授予“兰山红哨”光荣称号。该中队（连级）有中队长、政治指导员、副中队长各1名。全队官兵来自湖南、四川、安徽、广东、云南、河南、山东、贵州等8省份。有汉族、彝族、苗族、侗族、瑶族等5个民族。中队官兵军政素质过硬，作风纪律严明，完成任务圆满。2008年以来，先后有12名战士入党，6人荣立三等功。2009年、2011年分别被总队评为“基层建设先进中队”。

武装警察长沙县中队

中队长 李乐华（2008.01～2011.04）
　　　　龙　龙（2011.04～　　　　）
指导员 刘　甫（2008.01～2008.12）
　　　　杨风光（2009.01～2010.10）
　　　　何　维（2010.10～2011.04）
　　　　李乐华（2011.04～　　　　）

【加强党支部建设】 一是坚持理论武装。中队党支部始终坚持用创新理论武装官兵头脑，注重把“讲学习”放在班子建设的突出位置,深入开展创先争优活动，严格落实学习、会议等制度要求,开展思想大讨论大交流,采取聆听辅导、实地参观等方法提高学习效果。发扬民主，解放思想，巩固党支部的核心地位，增强凝聚力和向心力，发挥战斗堡垒作用。二是严格组织制度。坚持党管干部、党管党员的原则，严格落实组织生活制度，扎实开展党课教育，组织党员汇报思想，认真组织党日活动，不断增强支部活力。遵循“十六字”方针，充分发扬民主，在选送战士考学、选学技术、确定入党积极分子等重大敏感问题上都严格按照规定的程序，做到公平、公正、公开。四年来，先后发展党员12人，培养各类技术骨干20人。三是科学谋划工作。中队党支部紧密结合自身实际，积极谋划工作，制订各项计划，按照既定的目标，干部、骨干在工作中积极作为、扎实肯干，忧患意识、争先意识、务实意识特别强，工作干劲足，工作作风实。“想事、谋事、干事”，营造风清气正的良好氛围，打造坚强的战斗集体。

【突出思想政治建设】 一是抓好主题教育，打牢思想基础。认真开展“永远做党和人民忠诚卫士”主题教育，高举伟大旗帜，坚定理想信念。持续开展“当好毛主席故乡兵、争做雷锋式好战士”主题实践活动，弘扬湖湘文化，传承革命精神，打牢官兵思想基础。按照上级部署，扎实开展法纪教育，增强官兵法纪观念。开展密切内部关系、尊干爱兵、拥政爱民、形势任务等一系列教育。支部认真议教，制订详细教育计划，严密组织实施。通过收集意见、选教员，采取调查摸底、理论灌输、专题辅导、参观见学等方法，利用饭堂广播、黑板报、横幅标语、网络宣传等大造声势，使教育生动活泼、富有成效，确保人员、时间、内容、效果四落实。二是抓好成果转化，激发内在动力。结合主题教育活动积极开展唱红色歌曲、看红色书籍、观红色影片等系列教育实践活动，进一步加强政治环境建设，严格按照武警部队营区政治环境布置规则，对会议室、体育活动室、学习室、荣誉室、网络学习室和图书阅览室等库室规范和完善。积极配合长沙县创建“全国双拥模范县”活动，开展“清扫主干道、千人大扫雪”，植树造林等义务劳动，积极协助驻地百姓进行农忙“双抢”，清扫乡村道路，慰问福利院等，广泛开展拥政爱民活动，进一步密切警政警民关系。三是抓好经常性思想工作，确保内部稳定。充分运用“三互”、“双四一”等有效载体，认真开展“深知兵、真爱兵”活动，狠抓经常性思想工作落实。严格落实周汇报、月分析、季讲评等经常性思想工作制度，以党员、骨干为重点，健全思想骨干队伍，建立官兵思想档案。开展谈心工作，利用训练间隙、课余时间广泛开展官兵相互谈心、交流活动，为战士答疑解惑，及时掌握战士思想动态。实现全员额参与、全时空覆盖、全方位落实，达到官兵思想稳定的目的。

【抓好执勤能力建设】 一是严密组织勤务。加强勤务部署，增强威慑力，提高目标安全系数，确保执勤目标安全；每年县“两会”召开期间，中队派出多人次担负会议现场安全保卫任务；节假日及重大敏感时期，担负星沙城区的城市武装巡逻任务，得到政府领导、公安机关和人民群众一致好评。二是严格训练。按照要求，牢固树立练为战的思想。严格落实训练考核制度，完善训练奖惩机制，对训练成绩突出的个人，给予相应的物质奖励，并在入党、考学、选送学技术人员等重大问题上优先推荐，以此调动官兵的训练积极性。四年中，选送训练尖子10多人参加上级军事比武，战士王西亮在2010年总队军事比武中成绩优异，荣立个人三等功一次。三是突出执勤规范化建设。中队认真贯彻落实总队、支队集训精神和议中心工作会议精神，围绕提高干部组勤、领班员领勤和战士执勤能力，紧贴任务实际开展专勤专训、专哨专训和专人专训。

【深化从严治警要求】 一是加强正规化建设。认真贯彻依法从严治警要求，依据条令条例和《基层正规化管理规定》等法规建立健全各项规章制度，认真抓好官兵的言行举止和点滴养成，自觉做到部队按条令条例管理，工作按条令条例运转，人员按条令条例行动，官兵依法、从严治警的观念进一步增强。二是狠抓人员管理。中队坚持把人员管理作为重点，把士官作为突破口，严格落实“六个严禁”、“八个不准”和支队《士官管理规定》，做好对士官的教育管理，认真开展士官教育整顿和士官职称等级评定工作，交任务、压担子，强化主人翁意识、责任意识，增强士官队伍奋发有为的工作动力。三是落实制度要求。认真开展各项安全教育整顿活动，层层动员，人人参与，深入开展排查治理，查摆内容逐条细化，时间、人员、内容的落实，跟踪了解、及时讲评的落实，发现问题和解决问题的落实，把各项活动捆在一起抓，做到全程覆盖、全员纳入、全面落实，确保部队安全稳定。

【提高综合保障能力】 一是规范生产生活秩序。开展生产生活秩序整顿活动，进一步规范各项后勤制度，突出加强对伙食管理五项制度的落实，严格执行新的伙食标准，严把食物验收关，始终坚持三人验秤、四人签字，确保伙食费落实到位，深入开展“五节约”活动，即：节约电、节约水、节约粮食、节约燃气、节约用钱，杜绝各种铺张浪费。二是大力开展农副业生产。按照“三个1/3”的要求，科学规划菜地，改良土质，搞好春耕春播，请农技人员传经验、教方法，培训种植“小行家”,开展生产竞赛活动,激发官兵热情，提高种植技能。农副业生产效益良好，多次受到上级军需部门表扬。三是改善伙食搭配。根据官兵实际需求，重点解决早、中、晚餐膳食科学搭配问题。通过改善早餐主副食种类，注重在中、晚餐菜肴上“做文章”，合理安排食谱，照顾官兵饮食需求差异，把菜单做足，把口味调匀，做到色香味美，让官兵吃好吃饱。 （全伟宾）

武警消防

【概况】 长沙县消防大队于1996年建成并投入使用，占地1公顷，建筑面积6500平方米，大队（含中队）现有编制37人，其中警官11人，战士20人，文职人员6人，共辖22个乡镇街道，173家消防安全重点单位，主要担负县内防火、灭火及抢险救援任务。

大队始终坚持以邓小平理论和“三个代表”重要思想为指导，以科学发展观为统领，以建设一支“忠诚可靠，服务人民，竭诚奉献”的消防队伍为着力点，通过狠抓基础工作，不断提高部队战斗力，规范消防监督执法工作，先后开展“四小”场所专项整治、奥运安保、国庆安保、构筑社会消防安全“防火墙”工程、打造消防铁军、“五大”活动和“清剿火患”战役等一系列消防专项整治和安保行动，全力整改火灾隐患，净化全县消防安全环境，确保全县火灾形势的持续稳定。2008年至2011年，共检查社会单位3600余家，下发《责令改正通知书》1253份，督促整改一般火灾隐患3100余处，督促11家政府挂牌督办的重大火灾隐患单位按期整改销案，对512家违法单位和113名违法个人进行行政处罚，临时查封火灾危险部位182处，责令暂停83家，罚款292.91万元，中队共接警出动1263次，出动车辆1996辆次，出动警力14190人次，抢救被困人员537人，疏散被困人员3860人，抢救财产价值1000万元以上，全县连续10年未发生群死群伤和重大财产损失的火灾事故，为全县经济发展和社会稳定营造良好的消防安全环境。大队执法工作得到上级领导、社会单位和人民群众的一致好评，大队连续两年被公安部消防局评为“消防产品监督管理工作”先进大队，连续五年被省消防总队评为“执法质量先进单位”；获得公安部2008—2009年度“三争优”活动先进基层单位、省政府“2011—2012年全省依法办事示范窗口单位”、省级“青年文明号”、省消防总队“全面建设先进大队”等多项荣誉；2010年，大队被公安部消防局命名为全国首批“执法示范单位”。

长沙县武警消防大队

大队长 刘　涛（2008.01～2009.07）
周志强（2009.07～　　　）
教导员 潘　军（2008.01～2011.02）

【赴汶川参加抗震救灾】 2008年5月13日，县消防大队12名官兵携带大量破拆、顶压等特种消防救援器材赴汶川地震灾区一线参加救援并圆满完成救援任务，其中，1人被公安部评为抗震救灾先进个人，2人荣立省级二等功，9人荣立省级三等功。

【全省首支安全生产救援队成立】 2008年12月11日，全省首支依托消防队伍的县级安全生产应急救援队在县消防大队成立。该队伍队员由长沙县公安消防大队消防队员兼任，由长沙县安监局和消防大队共同调度管理，主要经费来源由县财政局专项拨款。现有救护指战员25人，其中干部2人，队员23人，下设2个小队，担负全县非煤矿山、危险化学品和建安领域的应急救援工作，实行24小时值班备勤制。长沙县安全生产应急救援队严格按照国家安监总局《关于印发<矿山救护队资质认定管理规定实施细则>的通知》的要求，成立相关领导小组，制定《长沙县安全生产应急救援队规章制度》，购置相应救护抢险设备设施，健全救护队的战备训练等基础设施。2008年12月11日至15日，长沙县安全生产应急救援队特邀省安全生产应急办副主任黄永恒博士、国家注册安全工程师张开福教授和省矿山救援邵阳基地副队长等分别就《金属非金属矿山安全规程》、《矿山救护规程》、《建筑工程施工安全技术》、《公共安全抢险》、《应急救援管理》、《医疗急救基础》等应急抢险知识进行专门培训，现场演示各类救援装备器材的使用方法，组织队员在矿山作业场进行现场实习，通过理论学习与实际操作相结合，队员抢险救援综合素质和自我防护能力大为提高。应急救援队成立以来，先后参加2008年12月15日京珠高速危爆品货车爆燃抢险救援、2008年12月27日“上海城”建筑工地施工升降机挂篮坠落事故救援、2009年1月9日湖南松源化工化危品火灾扑救等重大事故抢险救援工作。

【完成红旗高架桥坍塌事故救援任务】 2009年5月17日下午16时24分，株洲市红旗高架桥发生坍塌事故，县消防中队接到命令，迅速组织9名消防官兵和1台抢险救援车携带照明装备和破拆器材前往救援，并圆满完成任务。

（陈　杨）

人民防空工作

【概况】 长沙县人防办挂靠县政府办管理，既是县人民政府防空工作主管部门，也是县国防动员委员会的常设办事机构。设立办公室、工程管理科、法规宣传科，核定编制4名。人防工作坚持以科学发展观为指导，以军事斗争为牵引，贯彻与经济建设协调发展、与城市建设相结合的原则，人防事业步入依法建设、依法管理的轨道，人防工程数量快速增长，通信警报工作全面发展，宣传教育深入开展。全县累计建成“结建”人防工程73个，面积30.7万平方米，收取人防易地建设费近5000万元。2008年、2009年、2011年获得长沙市人防年度考核先进单位。

【人防宣传教育】 将人防宣传教育作为全民教育、普法教育、国防教育的重要组成部分，深入开展人防宣传教育“五进”活动，加快人防宣传教育工作体系建设。一是进机关，面向干部团体宣传。每年为县委、县政府领导订阅《中国人民防空》杂志，2011年编印《公众防空防灾知识手册》发放给全县7000多名机关干部、社区、村支部干部、大学生村官。二是进媒体，搭建媒介平台宣传。连续3年在县委机关报《今日星沙》上开辟“两防一体化”建设系列宣传报道，在县电视台新闻频道每天播放自制专题人防知识宣传片，包括防空知识、紧急呼叫知识、自然灾害知识、事故灾害知识、公共卫生事件知识、社会安全事件知识六大系列，涵盖500多个知识和技能点。三是进社区，面向社区群众宣传。开展人防知识教育“进社区、入楼栋”活动，举办文艺活动、表演人防知识文艺节目、有奖知识竞答、政策咨询、展板展出、发放资料等形式宣传防空防灾知识。四是进学校，面向学校师生宣传。对全县城区16所中小学校人防专业教师进行专门培训，举办人防手抄报比赛、人防知识黑板报、专家讲座、人防知识竞赛，播放人防专题片等。2008年、2010年组织星沙中学、双江中学等学校进行人防紧急疏散演练、应急救护演练和消防灭火演习，为师生发放人防知识读本近1万本，让学生掌握人防知识和技能，提高应急避险能力。五是进网络，利用人防网站宣传。长沙县人民防空网建于2008年，2010年8月对网站改版升级，完善各功能版块，涵盖人防工作动态、政策法规、工程建设、指挥通信、人防宣传、网上办事、政务公开等，该网站已成为人防办与企业、百姓交流的连心桥梁。六是抓节点，开展大型主题宣传。结合法律法规颁布日、法制宣传日、警报试鸣日开展大型宣传活动。2010年11月1日举行长沙县防空警报试鸣仪式暨纪念人防创立60周年大型文艺晚会，热情邀请省内知名人士和明星加盟；2011年6月29日对新颁布的《湖南省实施〈中华人民共和国人民防空法〉办法》进行宣传；2011年11月1日组织长沙县防空警报试鸣仪式。人防宣传教育让公众人防知识知晓率逐年提高，社会影响热烈，收到显著的宣传教育效果。

【人防组织指挥建设】 2008年、2009年两次修订长沙县城市防空袭方案、人口疏散接收方案；人防指挥所配套设施不断完善升级；县城辖区内安装防空警报器22台，并加强防空警报器的维护管理，使其保持良好的使用状态，圆满完成每年11月1日的防空警报试鸣工作，防空警报鸣响率、覆盖率实现“双百”动态达标。

【人防工程建设】 2011年，长沙县人防办全程参与长沙县“十二五”规划编制起草工作，将人防建设规划纳入城市建设整体规划，县人防办作为县城规划委员会成员单位，全过程参加新项目的规划评审。为使项目审批程序规范化，办公室制定了一套切实可行的内部审批流程。县内所有报建项目的审批，通过政务服务中心人防办窗口—工程管理科—办公室副主任—主任—分管副县长审批，最后必须凭县政府分管领导的审批意见办理。对建设人防工程的项目加强施工监管，严抓工程验收。对确实因地质原因不能或者不宜修建防空地下室的项目，严格按标准收取人防易地建设费。至2011年底，长沙县人防面积约占全省人防工程总面积的1/10，人均工程面积居全省县级城市之首。（刘 娟）

宏观经济管理

【概况】 2008年，长沙县发展和改革局（加挂长沙县物价局牌子）内设办公室、综合改革科、价格收费管理科（加挂价格调节基金办公室）、投资管理科四个科室。人员编制12名（行政编制11名，事业编制1名）；下设物价检查所、招投标管理办公室、价格认证中心（价格监测中心）三个二级机构。2009年2月，长县编字〔2009〕2号文件批准“长沙县物价检查所”更名为“长沙县价格监督检查局”；9月，长县编字〔2009〕62号文件，将发改局二级机构招投标管理办公室与县建设工程交易中心、县政府采购管理办公室三个机构合并，组建长沙县招标采购中心，撤销原“招投标管理办公室”。2010年，成立长沙县两型社会综合配套改革办公室、长沙县发展和改革局招标管理办公室；2011年8月，长沙县人民政府办公室印发《长沙县发展和改革局主要职责内设机构和人员编制规定》（长县政办发〔2011〕25号）的通知，对县发改局职责进行调整，将“组织、指导、协调招投标活动的职责”划归县招标采购局；划入能源管理职能，并确定县发改局内设办公室、计划综合科、产业发展科、社会事业发展科、投资项目稽查科（加挂“招标管理科”牌子）、价格收费管理科（加挂“价格调节基金办公室”牌子）6个内设机构和长沙县价格监督检查局1个直属机构。核定县发改局机关行政编制24名（含县价格监督检查局行政编制9名），其中局长1名，副局长3名，总经济师1名。县发改局所属事业单位4个：县能源局，核定全额拨款事业编制5名；县两型社会建设综合配套改革办公室，核定全额拨款事业编制4名；县价格认证中心（加挂长沙县价格监测中心），核定全额拨款事业编制4名；县项目策划管理办公室更名为县投资项目管理局，核定全额拨款事业编制7名。并规定县发改局负责核准、监督县域范围内的招标投标活动，依照审批权限核准建设项目招标组织形式、招标方式、招标范围。

2008～2011年，县发改局在县委、县政府和上级部门的正确领导下，紧紧围绕县委、县政府“领跑进军”战略目标和实现“三个共同”的理念，各项工作全面推进。

加强宏观谋划，认真当好决策参谋。一是搞好经济形势分析，积极跟踪国内外宏观经济形势变化。县发改局班子对经济分析工作高度重视，全方位深入部门和乡镇开展调研，利用各季度经济讲评机会和《发展与改革参考》平台为县委、县政府领导解读宏观形势，分析县情状况，提出参考意见，当好参谋助手。二是助推县域经济竞争力的提升。县发改局一直牵头负责全国百强县排名进位工作，2011年助推长沙县在全国百强县排名中一举突进前二十强，排名第18位。三是抓好每个年度的经济思路研究，在每年年初，全面分析总结上年度县域经济社会发展基本情况、主要特点和经验与不足，科学定位来年发展思路，合理谋划主要预期指标，深度剖析发展重点，实事求是阐明发展建议。四是科学编制国民经济和社会发展中长期发展计划（规划）。按年度制订国民经济和社会发展计划，经政协会议讨论，并经人大会议审议通过。高标准制定长沙县国民经济和社会发展“十二五”规划纲要，督促各部门做好行业、区域发展子规划，经专家评审、县委、政府领导审议后出版《“十二五”规划》，成为全县经济社会发展的科学指南。

突出项目建设，提升管理水平。县发改局高举“项目立县”大旗，取得项目管理新突破。一是抓大项目谋划和储备。制定实施细则，广泛收集整理各部门和乡镇的项目计划，出台年度政府投资项目计划和重点工程项目计划（2008年重点工程项目计划128个，总投资54.27亿元；2009年政府投资项目计划104个，总投资52.6亿元，重点工程项目计划43个，总投资63.9亿元；2010年政府投资计划项目133个，总投资28.9亿元，重点工程项目27个，总投资30.98亿元；2011年政府投资计划项目143个，总投资57亿元，重点工程项目计划67个，总投资124亿元），初步构建全县重大投资项目库，并对重点项目包装申报，为项目建设的适时启动作好充分准备。二是抓项目资金的争取和立项协调。积极争取中央4万亿投资计划，主动加强与国家、省、市发改和物价部门汇报联系，争取国家发改委、中央党校及省市部门领导、专家到该县视察调研，给予该县重大项目的资金、立项支持。四年来，每年从上级争回资金额度都超过亿元以上，在长永高速下穿城市道路改造工程、乡镇污水处理厂、政府办公楼连接改造、星沙文体中心、职校等项目的立项和可行性研究报告批复，县一医院住院楼列入国家建设项目规划等方面，得到上级部门大力支持。三是抓好社会项目的服务和把关。主要是项目准入上按照产业导向进行招商选资，对准入项目提供优质服务的同时创新方法，提出重大项目审批“绿色通道”方案和相关优惠政策建议，提高项目审批效率，严格把好项目准入关口，明确项目建设招标方式，为企业发展创造宽松环境，积极支持重点工程、创业富民，两帮两促等项目建设。四年来共计审批项目1354个（含备案），助推松雅湖、恒广、机场建设、现代农庄、浔龙河小镇等项目开工。

加快两型建设，推进综合配套改革。一是领导重视，科学规划两型建设。县委、县政府十分重视“两型社会”建设，试验区获批后，迅速成立两型社会综合配套改革领导小组，办公室设县发改局。全面收集整理全县规划，结合星沙新城新区规划，县域拓接、南工北农、统筹发展、分类指导，综合现代农庄和农村环境整治等综合要素，编制长沙县两型社会改革建设的《实施方案》和《五年行动计划》。二是项目支撑，助推两型社会建设。以松雅湖建设、两河流域治理、芙蓉大道长沙段等一批两型重大项目为支撑，两型社会建设工作加快推进。其中航空新城、长株潭烟草物流园等一批项目列入省两型建设重大项目库。三是示范带动，两型社会建设卓有成效。全面开展两型企业、两型学校、两型社区、两型村庄、两型乡镇、两型机关等六大示范单位创建活动，形成一批具有示范带动作用的示范单位。四是加强衔接，争取上级政策支持。安排专人负责，加强与省市两型办衔接，青山铺、安沙、北山三镇作为“安青示范片区”被纳入滨湖示范区，成功申报省级两型示范项目和示范单位9个，获评数量居全省第一。全县企业节能减排和环境治理工作深入推进，生态县建设取得突破性进展，从2009年起连续三年获评“中国十佳两型中小城市”。

凸显工作亮点，发挥综合协调服务职能。一是制订长沙县体制改革工作方案，进行部分乡镇区划调整可行性分析，组织开展政府“采管分离”改革；积极推进“代建制”改革与实施，对经济社会科学发展起到了决策作用。二是对招投标管理进一步规范，招投标体制改革进一步深化。健全管理制度，对当前采用的招投标管理办法进行整理汇编成册。建立季度例会制度，组织召开招投标会议，进一步规范招投标管理。对县属国有投资“非标”、“免标”、“邀标”项目明确审批流程，制定统一的审批表格，并在长沙县大众信息网进行公示，对全县招投标项目较多的机关单位和乡镇、工业园拟建项目情况进行摸底调查。三是进行“扩权强镇”的有益探索。2010年，该局按照“权力下放、政策扶持、体制创新、突出特色”的原则，打造“责权统一、精简高效”的乡镇机关，开展扩权强镇试点研究工作，通过调研、座谈，广泛征求意见等形式，形成工作试点方案。

规范物价管理，严格价费监督检查。2008~2011年，长沙县物价部门按照县委、县政府部署的工作目标，切实履行全县价格调整、管理、监督、服务的职能，科学实施价格调控监管，采取扶持生产、促进流通、保障供应的价费措施，加强规范市场物价行为，积极推进价格公共服务，努力开展价格监督检查。一是认真贯彻落实价费政策，规范收费管理。积极推行收费公示制，根据上级要求，暂停103项行政事业性收费，共涉及20多个部门，金额1000多万元。2008年，对全县30多个部门50多项收费项目进行清理，重新明确收费标准，简化审批程序，对非公益事业建设项目开征价格调节基金，规范每年的春秋两季中小学收费文件，认真贯彻落实教育六项全免政策，每年免除费用1500万元以上，对全县农村公交客运按照里程和车辆标准重新核价；着力做好行政事业性和价格服务单位收费年检审工作。二是切实加强价格监测，及时掌握价格动向。加强对粮油食品、生猪、农资、成品油、农民居民服务等价格监测，积极推行明码标价，严格实行24小时值班制度，受理各类价格和收费举报投诉，确保及时掌握价格信息，防止重大事件发生，做到按时、按量、按实上报各类监测数据，在全市考核中以满分排名第一。三是严格价费检查，坚持依法行政。县价格监督检查局对全县各乡镇、县乡医院、超市、集贸市场、协会、涉企、涉农等部门单位，开展专项检查。四年共检查472个单位，立案69起，没收非法所得130余万元，罚款93.87万元，清退违法资金20余万元。受理价格举报356件，咨询343起，所有来电来访、县长信箱和新闻媒体曝光等形式的举报和咨询以及上级交办的案件均做到落实率、答复率、满意率100%。四是加强价格认证，切实维护司法公正。2008～2011年办理各类价格评估1200余起，评估金额6000余万元。

【着力长沙县“十二五”规划顶层设计】 2009年末，县发改局积极组织开展“十二五”规划编制的筹备工作。2010年，县发改局把“十二五”规划编制作为全局工作的重中之重，调研、座谈40余场次，修改规划思路10余稿、规划纲要14稿，直至“十二五”规划纲要形成完善，其指导思想、指标体系、工作举措得到各方高度认同，并提交县十五届人民代表大会第五次会议审议通过。同时，还重点对重大项目谋划、战略性新兴产业、国际化发展三个专题进行研究，并就产城融合等课题、中央、省市规划部门进行紧密对接，有力支撑和提升长沙县“十二五”规划水平。2011年，完善提升“十二五”规划，在规划纲要通过审议之后，及时督促各部门、各乡镇做好行业、区域发展的子规划，评审后出版“十二五”规划（单行本）及部门行业篇（上、下册）。单行本发放800余册，汇编本（上、下册）发放600余册；开展“十二五”规划宣传（《今日星沙》专刊进行宣传及党代会展板宣传），制作“十二五”规划解读课件，并在县委党校对新引进青年人才进行集中讲解，在政府门户网站与县发改局网站进行社会公示。

【政府投资管理体制改革】 自2008年县委书记杨懿文倡导开展政府投资体制改革以来，县发改局不断在制度、机制上予以完善，制订项目管理办法，先后完善并实施项目稽查调度、项目库管理、项目联席会议等机制和制度。经过全面调研，向县政府提出投资管理体制改革建议，得到县委、县政府的高度重视和大力支持。改革方案经县委政府审议通过后，于5月17日以长县政发〔2008〕18号文件正式出台《长沙县政府投资管理办法》，县发改局组织实施，形成“投资先规划，规划定项目，项目定资金”的规范化投资管理模式。2010年，在原《长沙县政府投资管理办法》基础上制定《长沙县政府投资管理办法（修订稿）》，进一步理顺管理机制并重置管理流程，召开政府投资管理暨业务培训大会，出台《长沙县政府投资项目管理联席会议制度》；联合县委督查室、政府督查室、重点办、财政等部门开展项目督查，形成季度性、常态化的项目督查机制；确立项目库管理制度，开展项目库软件系统开发；启动政府投资项目评审、评估机制，评审工作取得明显成效。同时制定出台《长沙县村级工程建设管理办法》。2011年突破诸多障碍，开创性地在政府投资项目管理领域实行立项可研评审，在省道S207线南延线评审等重大项目上发挥极大作用。

【立项争资成果丰硕】 2008年至2011年，县发改局作好充分准备，积极应对中央4万亿扩大内需投资。从2008年开始，切实加强对上协调衔接，积极申请项目和资金支持，先后开展汽车零部件基地县等重大项目攻关，配合推进农村环境综合整治、现代农庄等重大项目，对上申报巩固退耕还林专项规划、新增粮食产能规划、标准化规模养殖场计划、灾后重建项目计划、雪冻灾后恢复供水设施重建计划、以工代赈项目冰灾重建项目计划、长株潭试验区建设重大项目计划、省级物流、农民体育健身工程、廉租住房建设项目计划等一系列项目计划，尤其是中央扩大内需的措施出台后，共向上申报各类项目54个，申报资金14亿元。2009年，重点做好松雅湖建设、长永城市改造等重大项目立项等一系列协调工作，对上申报资金20046万元，获批落实项目33个，共争回中央投资及省市预算内资金11212万元，比上年增长33%。2010年，向上争取资金1.32亿元，仅县乡污水厂争资4300万元，并严格规范中央资金的管理。2011年，该局大力加强项目包装储备，积极开展项目、资金申报工作，及时完成上级重大项目前期工作后跟踪调度、统计工作，年内省、市发改委共计单独发文下达到县各类项目资金近2亿元（其中乡镇污水处理厂4000万元，一医院1900万元等）；新接手的能源工作争资明显，全年共有56家单位获得市级节能专项资金570万元；完成产业结构调整、产业振兴、技术改造、学校改造等36个项目的申报工作，申报资金8000万元；申报水利、卫生等2012年中央预算内投资项目56个，申报资金3亿元；积极申报国家节能减排财政政策示范项目，上报项目71个，申报中央财政资金33.11亿元；积极争取省市项目政策支持，在开元东路东延线等重大项目上争取资金1000万元以上；与国家发改委、省发改委积极协调，获得县15亿元、经开区12.5亿元的企业发债政策支持，区域发展资金困难有效缓解；获得星沙产业基地、黄花工业园、榔梨工业园区由经开区托管的政策支持，在有效化解经开区资源发展矛盾的同时，也为这三个园区的发展提供更好的发展平台。

【涉农收费管理成为全省先进】 县物价局多年开展“价格服务进社区到村组”活动，局领导十分重视活动的开展，精心制订活动计划，召开专题会议部署，利用社区、村组价格服务窗口，宣传价费方针、政策，组织社区村组监督人员业务培训，发放宣传资料，宣讲法律法规，开展价格监督工作。进一步深入推广涉农收费公示制，将公示范围从乡镇扩大到各行政村，根据最新调整的涉农收费标准，重新统一制作500多份涉农收费公示牌，在各村部设立“涉农收费公示牌”，使农民更加方便了解各项收费标准。公示牌被广大农民称赞为“护农牌”、“利民牌”。在全省物价工作会议上，长沙县涉农收费管理工作经验得到推广学习。

【积极推进“两型社会”建设】 2007年12月，国家批准长株潭城市群为全国两型社会综合配套改革示范区，长沙县委、县政府非常重视“两型社会”建设。2008年1月18日，长沙县正式成立长沙经开区、长沙县长株潭城市群综合配套改革领导小组办公室，2009年11月30日，长沙县两型社会建设综合配套改革办公室正式成立。

自长株潭试验区获批以来，两型社会改革建设工作取得显著成绩：一是节能减排目标超额完成。“十一五”期间，全县单位地区生产总值能耗下降21.41%，化学需氧量（COD）排放成功削减27.75%，二氧化硫排放成功削减66.74%。二是城乡环境治理成效显著。实现城乡垃圾分类处理和集镇污水处理的全覆盖，实施生猪养殖减量和农业面源污染治理，推进两河流域综合治理，城乡环境质量明显改善。三是两型项目建设扎实推进。率先建成长株潭融城第一路芙蓉大道长沙段，建设省内首条生态环保路黄兴大道北延线，启动高山生态移民工程，推动松雅湖项目建设。四是淘汰落后产能措施得力。2009年以来共淘汰落后的水泥生产线14条、造纸生产线11条、制革生产线1条、冶炼企业1家，每年节约标煤14.45万吨，减少二氧化硫排放1万吨、减少COD排放2.55万吨。五是体制机制改革敢为人先。在省内率先探索实施生态补偿机制改革、扩权强镇改革和综合行政执法体制改革，积极推进城乡一体化改革，实现城乡环保一体化、城乡居民医保一体化、城乡文化设施一体化和城乡公交一体化。六是示范单位创建成果丰硕。大力开展两型村庄、社区、学校、企业、机关、乡镇等六项两型示范单位创建活动，累计创建县级两型单位58个，成功申报省级两型示范项目和示范单位9个，获评数量居全省第一。七是重点区域建设取得突破。在省内率先启动绿心保护标识埋设工作，严格落实绿心保护的各项法规政策，绿心保护工作得到省人大高度肯定。通过积极争取，安沙、北山、青山铺三个乡镇作为“安青示范片区”被列为全省两型社会建设的重点示范片区，可获得省政府给予的资金、财税、土地等一系列优惠政策。八是两型宣传教育形式多样。通过开展大型宣传活动、开辟两型宣传专栏、印发两型宣传手册、制作公交车两型公益广告等形式，有效提升全社会两型意识。2009年至2011年，该县连续三年获得市对县两型社会建设绩效考核优秀，连续三年被评为“中国十佳两型中小城市”。

【规范价费管理】 一是规范价费审批，清理收费项目，重点规范建设领域收费；制定义务教育学校伙食费标准，规范交易基准价格，执行公益事业价格定价听证制度，按照审批权限，出台社区建设资金、基础设施配套费、出租车营运价格、农村自来水厂电价等价费政策，开展自来水成本调查、农村中小学校伙食费调查，并研究出台有关价费政策方案报县政府审议通过实施。二是紧紧围绕“清费、治乱、减负”这个中心，积极推行价格公共服务，强化监督检查，严格依法行政。1. 加强市场价格监管。严肃查处超市价格欺诈行为，对全县各乡镇、各超市、各集贸市场、各农资经销点及客运票价进行检查。对价格欺诈证据确凿的两个大型超市进行立案检查，并根据实际情况，责成超市清退多收价款，对其存在的价格欺诈问题依法处罚，并通过媒体向社会曝光。2. 开展教育收费专项治理。加强春秋两季教育收费开学工作检查，并针对检查中发现的伙食标准质价差距大以及教辅资料反“辅”为“主”的问题，采取专项检查与调研相结合的方式对中小学校进行抽查。形成《长沙县中小学伙食费和教辅资料管理工作调研报告》等相关调研报告，针对抽查中存在的问题，下达责令整改通知书，限期整改，并在教育系统进行通报，进一步规范教育收费。3. 开展医疗服务及药品价格专项检查。2011年全县22家乡镇卫生院和城市社区卫生服务中心实施基本药物制度和药品零差率制度。县价格监督检查局先后四次对全部22家实施基本药物制度的医疗单位进行基本药物制度专项检查。对医疗机构存在的“五个一”执行不到位、医疗服务价格不规范等情况责成医院进行整改，并严格依法处理七家违规收费的医疗机构，及时纠正卫生系统重复收费、自立项目收费、乱加价收费等不正之风，规范医疗收费行为。4. 开展物业收费专项检查。落实湖南省物价局、湖南省住房和城乡建设厅（湘价房·2010·76号）文件精神，整顿县域范围内物业公司违规收费现象，查处无证收费行为，对物业公司收费开展专项检查。5. 开展涉农收费专项检查。根据省物价局《关于开展涉农价格与收费政策落实情况专项检查的通知》精神，组成涉农收费执法检查组，以农民建房收费、农村有线电视收费、农村中小学收费、农村殡葬服务收费、农产品检验检疫收费等为重点，开展涉农收费专项检查工作，有效维护农民合法权益。

（杨 畅 王 颖）

国土资源管理

【概况】 长沙县国土资源局成立于1987年4月，为县政府组成部门。至2011年，有办公室、法规监察科、建设用地科、地籍测绘科、地产地价科、规划和耕地保护科、矿产资源科、计财科、政工人事科等9个内设科室。所属事业单位7个：县国土资源局信息中心、县国土资源执法监察大队、县土地整理中心、县征地拆迁中心、县国土资源交易中心、县国土测绘队、县土地开发储备中心，其中县国土资源执法监察大队、县土地开发储备中心、县土地整理中心为副科级事业单位。20个国土资源所为县国土资源局派出机构，分别驻各乡镇。共有编制数134名，其中行政编制23名，机构后勤服务事业编制2名，事业编制109名。领导职数7名。2008年至2011年，获得“湖南省五四红旗团支部”、“湖南省第二次农村土地调查优秀成果一等奖”、“湖南省档案工作规范化管理省特级单位”、“长沙市耕地保护先进单位”、“2011年度长沙市重点工程拆迁工作先进单位”，连续四年被县委、县政府授予重点工程建设、社会治安综合治理、拆迁安置、财税工作、信访工作等先进单位。

四年来，县国土资源局认真履行工作职能，主要开展了以下几大方面的工作：

一、规划编制和耕地保护。长沙县新一轮土地利用总体规划修编从2005年1月起，先后在干杉、暮云等乡镇试点，根据区域经济发展调整后的乡镇规划于2007年获市人民政府审批通过，规划编制工作在全县全面启动。截至2010年9月，全县及20个乡（镇）土地利用总体规划(2006~2020年)获省市人民政府批准。严守耕地保护底线，确保全县耕地58135公顷，基本农田48867公顷不减少。开展划定基本农田、发放基本农田保护责任卡到户工作。2010年8月11日起，在黄兴镇黄兴新村、鹿芝岭村，北山镇王公桥村开展试点工作。

二、建设用地报批。统筹推进发展用地，实行差别化用地政策，优先保证重点地区、重点产业和重点项目用地需求，加强建设用地报批工作。四年来，重点保障陕汽环通、中烟集团、长浏高速、黄花机场、省武警总队反恐基地、长沙危险废物处置中心、市轨道交通2号线工程等重点项目用地，确保黄花机场扩建、武广高铁等重点工程，芙蓉南路、县城路网等基础设施，长丰汽车等产业集群项目建设用地需求。上报审批用地项目447宗，总面积3810.566公顷，农用地转用3130.8615公顷。

三、征地拆迁安置工作。至2011年12月底，征地拆迁实施项目153个，总征地面积2635.5公顷，拆除房屋4162户动迁13198人，腾地面积2195.5公顷，其中国家、省、市、县重点工程27个，征地面积1479.9公顷，拆除房屋2690户动迁8281人，支付拆迁补偿资金28.97亿元。

四、地籍测绘管理。为长沙经开区、榔梨、暮云、黄花、安沙等工业园区用地项目以及重点基础实施建设项目用地的报批提供勘测定界测量服务，勘测界定项目330宗，面积3525.9公顷。2010年，对开慧乡清泰桥村、安沙镇春建村、黄兴镇金凤村开展农村宅基地登记发证工作，发放土地证书1125本。完成县城城镇地籍数据库建库工作。2010年，完成第二次农村土地大调查。认真做好日常土地登记发证工作，四年来登记发证54171宗（本）。认真做好年度土地利用现状变更调查工作，2009年县级土地确权14宗，面积3.2162公顷；完成土地权属变更审核1696宗，面积142.67公顷；完成土地抵押125宗，面积1714.498公顷，抵押金额63.5亿元。

五、土地市场与土地储备。2008年，完成土地定级和基准地价更新工作，实行新的基准地价。2008年7月1日起，长沙县工业、商业、旅游、娱乐和商品住宅等经营性土地，全部采取网上挂牌方式出让，到2011年8月31日通过网挂系统挂牌出让国有土地216宗，出让总面积1056.21公顷，总成交价96.7亿元，溢出起始价14.7亿元，竞价增幅为18%，取得较好的社会和经济效益。四年新增土地储备1211.8公顷，回购土地56.4公顷。2010年，果园（二期）集镇开发用地完成拍卖，51缝土地拍卖成交总价608.7万元。2010年土地储备中心获得银行授信贷款 8.65亿元，贷款到位资金7.45亿元，用于以货币安置的被拆迁群众的购房补贴和开发储备土地。2011年，储备中心以储备土地向金融机构抵押贷款累计10.1亿元。

六、矿产资源工作。实行矿产资源责任管理，全县20个乡镇与县政府签订矿产资源管理目标责任书。2008年，对关闭的26家矿山企业、整合的10家矿山企业进行全面检查，并经部、省、市验收合格。2008年，对北部乡镇麻石矿和南部乡镇的粘土矿开采行为进行集中整治，争取上级矿产资源整顿工作经费15万元，用于白石岭钨矿整治工作。2011年，发现并处理越界采矿4起，制止无证开采3起，注销采矿许可证5家，对92家有证矿山企业重新核发新证。实行采矿权招拍挂出让制度，四年来收取招拍挂出让采矿权出让价款278.447万元。2008年，投入130万元对江背鑫发矿、五七矿区等地质灾害易发重点部位进行治理，投入9万元对跳马乡新田村地质灾害易发区进行前期治理。

七、土地综合整治。四年完成土地整理项目63个，总规模13695.06公顷，总投资61154.3159万元，新增耕地702.06公顷。2008、2009年，通过长沙市国土资源局验收、确认的土地开发项目113个，面积748.0227公顷。

八、国土资源执法监察。四年来，组织土地规划调整、征地补偿、行政处罚听证会29场次，依法依程序参加行政复议和诉讼27件，无一例败诉案件。坚持国土资源动态巡查，四年共出动巡查车辆6240台次，及时发现、制止非法占地案件近3000起，立案查处84宗违法案件，共收缴罚没款1915.13万元。做好一年一次的卫片执法检查工作，对卫星遥感涉及的每一个变化的图斑赴现场逐一查实，涉及违法违规的用地予以处罚和纠正。2008年，开展国土资源法律知识宣传教育培训活动。在县委党校集中培训村社区干部、村级国土资源监察员、干部职工604人。做好国土资源执法监管工作，建立健全土地执法监管长效机制，将国土资源监察员制度延伸到组。建立健全执法队伍。2011年，在星沙、黄兴、金井三个镇街成立县国土资源执法监察第一、二、三直属中队。建立健全国土资源与监察、公安、法院、城管等部门的联合办案机制。

【国土资源档案工作规范化管理晋升“省特级”】 2011年11月15日，经长沙市档案局、县史志档案局组织专家团现场检查评审认定：县国土局档案工作规范化管理晋升“省特级”，成为长沙市国土资源系统、长沙县县直机关第一个晋升省特级的单位。

局档案室有5名专职档案员，局直属单位、各国土资源所、机关各科室共配备40名兼职档案员。2009年，投资500万元建立一栋占地面积240平方米、建筑面积1200平方米，共5层的档案办公大楼，设立档案库房、阅览室、扫描室、资料整理室、消毒室、办公室、荣誉室和储藏室，档案用房面积365平方米。投资70余万元购置300立方米的封闭式全自动密集架、自动恒温恒湿精密空调及除湿装置、柜式气体灭火装置。投资50万元购置大图扫描仪1台。斥资150多万元扫描室藏档案350多万页，建立案卷及文件目录数据库、全文数据库和多媒体数据库。局档案室各类档案124520卷（盒、册、件、本、张）。

【建设国土资源信息化系统】工程投资4000万元，系统包括：中心机房、县国土资源电子政务系统、县国土资源档案数字化系统、县国土资源局门户网站、县土地网招拍挂系统等五大系统。

网络硬件环境搭建。完成"部—省—市—县—所"五级业务联网。与市国土资源局专线连接,实现数据上报及公文传输。实现与18个国土资源所的数字电路专线连接，初步实现内网电子政务系统办公。2009年底完成县国土资源数据中心机房建设。2009年底完成两个多功能会议室的数字会议系统建设，能满足国土资源部、省、市、县开展网上视频会议的要求。17个国土资源所进行了网络系统建设，建立独立的小型机房，包含交换机、防火墙、文件服务器等设备。

长沙县国土资源电子政务系统。系统于2007年年初开始立项，广州南方数码科技公司以67.6万元中标并开始建设。2008年3月份投入试运行。系统业务模块涵盖基础数据管理、用地管理、土地规划与耕地保护管理、矿产资源安全保障、地质灾害预报预警与应急指挥、测绘监管与保障、信息共享与服务等内容。

长沙县国土资源档案数字化系统建设。2007年年初立项，2008年1月由长沙市中智信息技术开发有限公司建设。投入200多万元加强基础设施建设、档案数字化管理系统的开发及档案数字化工程。完成2009年以前的土地登记类档案、建设用地类档案、文书类档案、地产类档案、征地拆迁类档案和20个国土资源所的档案数字化入库工作，累计录入案卷级和文件级目录11万多件，数字化图纸9万多幅。

长沙县国土资源局门户网站（http://www.csxland.gov.cn/）自2005年5月开通以来，网站总信息量36159条，访问量38万次。

长沙县土地网招拍挂系统。交易网站（http://www.csxjy.gov.cn/）于2008年11月正式开通。搭建网挂系统软硬件设备初次投入210余万元，2009年，增加资金投入73.8万元，对网挂系统进行"双保险"安全加固升级的建设。四年来，网上挂牌成交234宗地，成交金额1031230.41万元。

【编制长沙县第二轮矿产资源总体规划】 县国土资源局于2009年4月开始组织编制《2008—2015年长沙县矿产资源总体规划》（以下简称《规划》）。《规划》由湖南省核工业地质局三·一大队编制，于2010年10月形成《规划》预审稿。

《规划》主要内容为规划文本、17张附表和5幅1：10万规划附图，规划文本包括"现状与形势"、"指导原则、规划目标与任务"、"矿产资源调查评价与勘查"、"矿产资源开发利用与保护"、"矿山生态环境保护与恢复治理"、"矿产资源开发利用和矿山生态环境的调查与监测"和"规划实施保障措施"七个部分。

规划对需求预测和矿产品总量、矿山控制总数、最低开采规模和最低服务年限、矿产资源开发利用效率和矿山生态环境恢复治理指标制定主要指标。

【修编长沙县新一轮县级土地利用总体规划】2010年2月23日,《长沙县土地利用总体规划（2006～2020年）》（以下简称《规划》）通过省人民政府批准。

《规划》以严格保护耕地、集约利用土地、统筹发展、促进生态建设和加强宏观调控为原则，定位于长沙县社会经济发展和土地利用的目标，对土地利用结构进行合理调整，合理调整农用地结构，优化建设用地结构，适度开发未利用地，并对土地利用实行分区。根据土地利用的主导用途、限制条件，按照土地用途管制的要求，将长沙县土地划分为：基本农田保护区、一般耕地区、一般农地区、林业用地区、允许城镇建设用地区、有条件城镇建设用地区、允许独立建设用地区、允许村镇建设用地区和有条件村镇建设用地区9个土地用途区。

新一轮规划期内，全县耕地保有量为56060公顷，基本农田保护面积为48867公顷，城乡建设用地总指标为29635公顷，中心城区建设用地指标为4624公顷。

【星沙新城350平方公里地形测量项目获全国优秀测绘工程奖金奖】 经县人民政府批准，对星沙新城350平方公里采用航测成图和全野外数字化成图相结合的方法进行地形图测绘。项目委托湖南中科项目管理有限公司于2009年7月16日进行省内招标，湖南省第一测绘院中标并承担本项目工作及相关服务。项目于2010年4月完成，完成的主要任务有8项：航空摄影—IMU/DGPS辅助数码航空摄影，地面分辨率不低于0.10米，面积约350平方公里；基础控制测量—布设E级GPS点、一级控制点并联测四等水准，加上已有控制成果，使E级GPS点、一级控制点覆盖350平方公里区域；航空摄影测量，包括相片控制测量、1：2000正射影像图制作；相片调绘、1：1000航测成图面积227平方公里；已成图区域的局部变化部分进行1：1000航测地形修测，面积约10平方公里；1：500农村宅基地全野外数字化地形测量：面积35平方公里；1：1000地形图数据整合：1：500地形图缩编为1：1000地形图，面积约123平方公里（包括星沙镇46平方公里、其他已成图区域42平方公里及新测农村宅基地35平方公里），与航测成图227平方公里数据整合，形成350平方公里区域内的1：1000地形图。

在2011年11月24日召开的中国测绘学会2011年学术年会上，经测绘科技进步奖评审委员会和优秀测绘工程奖评审委员会一致审核和批准，“长沙县星沙新城350・2地形图（1：1000）测量项目”被授予“全国优秀测绘工程奖金奖”。

【长沙县第二次农村土地调查成果获省地调一等奖】 自2007年12月开始的第二次土地调查项目历时三年完成。全县第二次农村土地调查工作主要是1951平方公里的农村土地调查建库项目，项目采用公开招投标方式，面向全国甲级测绘资质测绘单位，由湖南省第一测绘院中标。农村土地调查于2008年3月全面开展第二次土地调查的外业调绘工作，2009年3月5～7日湖南省国土资源厅质检部门开展验收，对内业一致性、批而未用图斑进行全面检查，其中内业正确率99%，外业正确率97.4%，预检达到“优秀”级别。该成果获湖南省第二次农村土地调查一等奖。

建立土地调查数据库。数据库成果经过技术单位自查、县级自检、市级复检、省级验收、国家核查确认等循环程序，自检结果和复检结果均通过各项指标要求，符合各项技术规程。

基本农田数据库建设。2009年10月县二调办组织规划、耕保、地籍、各乡镇国土所开展基本农田调查成果上图、地块补划与数据库建设工作，基本农田保护面积为48880.03公顷，与省政府下达给长沙县的基本农田保护指标基本相符。

“批而未用”土地核查。2009年12月，县二调办对全县上报第二次土地调查成果中的“批而未用”土地进行核实，“批而未用”总图斑21个，面积107.29公顷；其中，“批而未征”图斑5个，面积18.69公顷，“供而未用”图斑5个，面积3.19公顷，已供地未拆迁的图斑11个，面积77.81公顷。

权属调查。完成对长沙县253个行政村989条权属界线权属的重新调查，签订966份权属界线认定书，调查完成率97%。

【建立国土资源执法监察长效机制】 2008年9月，县政府成立长沙县国土资源执法监管长效机制工作领导小组，由县委常委、常务副县长任组长，主管副县长和县国土资源局局长任副组长，相关单位为成员单位。

营造土地执法良好氛围。利用报纸、广播、电视等媒体，采取多种宣传形式，提升全社会的国土资源法律意识。巡回宣传，开展“送法下乡入户”活动。利用“6・25”全国土地日、“12・4”全国法制日等开展普法宣传咨询活动；利用网络、报纸等媒体，对典型违法案件进行跟踪报道；职能部门下乡入户进行法制宣传讲座。

开展土地执法监管工作。联合执法。公安、国土组建联合执法队伍，坚持每天开展动态巡查，出动执法巡查车辆1万余台次，发现、制止3560起土地违法行为和47起矿产违法行为。部门联动。各相关部门单位各司其职，密切配合，齐抓共管，加大联合执法力度。行政执法与刑事执法、司法强制执行、纪律监察密切配合。对已发生的国土资源违法案件依法移送、受理、审查、办理和执行的相关部门，须依程序及时履行各自职责，在法律法规规定的期限内办结，着力解决国土资源行政处罚执行问题。

【土地交易实现网上出让和监管】 2008年7月1日起，长沙县经营性土地和工业用地全面实行网上挂牌出让。其工业、商业、旅游、娱乐和商品住宅等经营性土地，全部采取网上挂牌方式出让，出台网上挂牌交易的操作规范和细则。长沙县矿业权交易宗数不多，采取网下挂牌形式交易。自2008年7月1日至2011年8月31日，共通过网挂系统挂牌出让国有土地216宗，出让总面积1056.21公顷，总成交价96.7亿元，溢出起始价14.7亿元，竞价增幅18%。2011年9月，在全国“土地和矿业权网上出让和监管试点工作座谈会”上，长沙县作土地网上出让典型发言，并被定为网上土地出让全国试点单位。

【土地综合整治实行“以补代投”】 长沙县春华镇宇田农业合作社土地综合整治项目实施“以补代投”模式，是农村土地综合整治的创新之作，国土资源部、农业部、财政部、武汉督察局、省委和省政府等领导给予高度评价。

项目实施概况。2009年2月，县政府在春华镇召开会议，专题研究春华镇宇田蔬菜标准化基地建设有关问题。会议同意县国土资源局在该基地内进行国土整理改革试点工作，将宇田合作社土地综合整治项目作为土地综合整治补助项目实施，同意县国土局提出的“以补代投”的实施模式，按照土地整理标准“整理一片，验收一片，补助一片”的模式组织实施。该项目共分三期实施，一期80公顷，涉及春华山村6个村民小组，用于打造现代绿色蔬菜基地，2009年6月全面完成建设任务；二期100公顷，涉及春华山村7个村民小组，用于打造优质稻生产基地，2010年4月全面完工，当年实现早稻优质稻的正常生产；三期133.33公顷，2010年10月立项，2011年底基本完成工程建设任务。该项目属县级项目，由县政府同意县国土资源局立项，规划设计由县土地整理中心组织编制，长沙春华宇田蔬菜专业合作社自行筹集资金实施。

项目资金来源、补助标准及付款方式。项目一、二期180公顷，资金来源为新增费，作为“长沙县已实施未安排资金项目”上报省国土资源厅，省厅下达新增费预算744.08万元，第三期由县级财政农土资金投入，预算650万元。补助标准按照土地综合整治标准分三类：一类3.6万元/公顷、二类3万元/公顷、三类2.7万元/公顷。资金支付方式为：经县财政同意，并履行相关审批手续后，按县财政→县国土局土地整理中心→宇田农业合作社的流程拨付。

【清理处置闲置土地】 为减少土地资源的闲置浪费，推进节约集约用地，2009年5月，成立长沙县闲置土地清理处置工作领导小组，制定《长沙县闲置土地清理处置工作方案》，启动对全县范围内的建设用地的全面清理，重点是城区内的商住用地和乡镇工业园区，并对未动工建设的土地登记造册。根据清理摸底，对登记造册的建设用地逐宗核对档案，对土地是否闲置进行初步认定，分别按涉嫌闲置两年以上（含两年）、涉嫌闲置一年以上不满两年（含一年）分类登记，如未闲置，登记相应台账，加强日常跟踪管理。已初步认定涉嫌闲置的土地，对其土地现状、闲置原因等情况逐宗进行详细调查，拟定详细处置方案，上报县闲置土地清理处置工作领导小组处置。2008年至2011年底，共收回国有土地使用权24宗，面积119.8公顷；收取闲置费4宗，闲置费1369.4165万元；督促动工开发48宗，面积330.13公顷。

【异地补充耕地实现耕地占补平衡】 落实建设占用耕地补偿制度，从严控制建设占用耕地，严格执行耕地“占一补一”审核审批制度，是一项严格的、不能逾越的用地制度。长沙县耕地后备资源相对贫乏，并于2010年停止土地开发，每年不少于500公顷的耕地占补平衡任务量成为用地报批的新难题。为寻求解决办法，县国土资源局与湘西自治州国土资源局达成异地占补平衡协议和占补平衡框架协议。协议约定5年内湘西自治州国土资源局年均向该县转让耕地占补平衡指标666.67公顷（1万亩），基本能解决未来5～8年该县耕地占补平衡的难题。2011年与湘西自治州协议约定466.67公顷（7000亩）耕地指标，已经提供给耕地指标334.4公顷，年底库存耕地占补平衡指标277.493公顷。2011年全县经批准完成耕地占补平衡项目97个，补充耕地面积244.63公顷，补充的耕地数量和质量符合要求。 （易　骞）

统　计

【概况】 长沙县统计局从2011年起由县政府办主管的部门管理机构调整为承担行政职能的事业单位，所属二级机构统计普查中心（原计算机站并入普查中心）和经济调查队，均为副科级事业单位，参照公务员法管理。局机关设编制9名（不含纪委派驻纪检组长1名编制数）。下属全额事业单位人员编制数14名。全局本科及以上学历20人，占全体职工人数的71.4%，中级专业技术职称5名，占全体人数的17.8%，干部平均年龄37岁，35岁以下15名，占53.6%，队伍学历层次提升、年龄结构更趋合理。

近年来，长沙县统计系统积极配合县委、县政府做好对乡镇（街道）的绩效考核工作，对乡镇（街道）目标管理考核实行每季度考核、评分和讲评制度。配合县绩效办做好市对县绩效考核的服务和部门协调。2007～2011年，连续五年安排专项资金，用于改善统计工作环境，完成全县22个乡镇（街道）统计站规范化达标建设。坚持办好统计信息网、《长沙县经济运行快报月度资料》、《长沙县统计信息》，为县域经济建设建言献策，多条意见建议引起县领导重视。编印《长沙县国民经济和社会发展统计公报》和《统计年鉴》，记录并分析每年县情县况。2011年开全省社区统计建设的先河，积极推动湘龙街道在中南社区成立统计室。统计站规范化、制度化建设工作不断完善。

【开展以“企业一套表”为核心的联网直报】 从2003年开始，统计局聘请电脑公司共同研究，自主开发统计网上直报系统，对规模工业、农业、商贸业、房地产业、建筑业等主要行业报表全面实行联网直报。利用每年的统计开放日及其他机会，认真履行宣传职责，牵头督促所辖区域内的企事业单位按规定时间实行联网直报，按照一、二、三产业分科室分批组织培训，共培训企、事业单位统计专（兼）干上千人，确保联网直报率及所报数据质量。省网一套表改革实施后，全县22个乡镇（街道）、290家规模以上工业、46家建筑业单位、144家商贸业单位、100家房地产开发企业、706家劳资情况报表单位54种统计报表都通过信息采集与业务处理平台在网上直报，各专业报表直报率均达到98%以上。该县统计信息建设经验在全省得到推广。

【基本单位名录库建设】 名录库建设自2010年正式开始，至2011年底全县进入基本单位名录库的单位共有5000多家。县统计局为推进基本单位名录库建设开展四个方面工作：一是以长县统字〔2010〕05号文件明确领导小组，统一领导全县统计系统基本单位名录库建设维护与使用管理工作。二是提请县政府办公室召开由统计、编办、民政、国税、地税、工商、质监七部门参加的基本单位名录库建设联席会议。三是根据省、市统计局的统一部署，该局组织各专业科室对使用临时码的单位进行清查，对全县“四上”[规模以上工业企业、资质内建筑业、限额以上商贸业（批发、零售、住宿、餐饮）、限额以上服务业（企业、行政事业单位、其他社会团体）]单位与基本单位名录库、全国组织机构代码库逐一比对核查。四是对达到“四上”标准的单位进行辅导，准备资料组织申报。

【试行统计地理信息系统建设工程】 根据市统计局统一部署，利用地理信息系统（GIS）平台补充和完善全县区域内建筑物名称及基本单位信息，完成普查区域地图的电子化存储、人口及基本单位数据入库工作，实现各类普查和日常统计数据等基于地图的可视化表达。系统的建立将为各级领导、决策部门和社会各界提供方便、快捷、直观的统计信息服务。

【组织大型普查和专项调查】 组织实施全国第二次经济普查，编印普查公报，在全国的总结表彰中，该县第二次全国经济普查工作获评国家级先进。组织实施第六次全国人口普查工作，顺利完成全县4895个普查小区、近35万张普查表的数据处理任务。2010年11月下旬国家人口普查工作办公室检查组对星沙街道和开慧乡的人口普查工作进行抽查，在县人普办的精心组织和部署下，高标准、高质量完成国家、省、市对全县人口普查质量抽查工作，得到国家检查组的高度评价，获第六次全国人口普查省级先进单位。开展体育产业调查、文化产业调查、即研究与试验发展（R&D）资源清查、劳动力调查、保障性住房调查、两纲监测迎检、畜禽调查、战略性新兴产业考核数据采集调查、中小企业转型升级调查、景气调查、城乡住户调查等近百余项专项调查工作，其中第二次R&D资源清查获全国先进。（吴汉项）

审　计

【概况】长沙县审计局是长沙县人民政府主管全县审计工作的职能部门。2008年，长沙县审计局内设办公室、财政审计科、行政企事业审计科、固定资产投资审计科、法规综合科、领导干部经济责任审计科六个机构。2009年2月，根据2008年第25期县政府常务会议纪要和有关文件精神（长县编字〔2009〕3号），成立二级事业单位——长沙县审计监督局。2011年，成立长沙县领导干部经济责任审计局，配局长一名（乡科级副职高配），与领导干部经济责任审计科合署办公。2011年底，全局有编制28名，实有干部职工34人，其中班子成员6人、中高级职称人员18人、本科以上学历人员23人。

2008年至2011年，县审计局完成审计项目1066个，查出违纪违规和管理不规范资金13.95亿元，作出处理确定收缴财政资金1920万元，核减投资额和工程造价584.78万元，促进增收节支减少损失浪费7200万元，移送违纪违法案件线索14起，提出合理化建议649条，完善管理制度48项，报送各类信息和被各种刊物采用论文120篇（条）。在连续7年保持市文明单位、市审计系统目标考核一等奖的基础上，2009年通过市级模范职工之家的验收，2010年5月被评为全省审计系统先进集体，2011年创建市文明标兵单位。

一是构建完整的审计监督体系。大力整合国家审计、社会审计和内部审计资源，构建“国家审计当主导、内部审计为基础、社会审计作补充”的审计立体监督体系，内部审计网络逐步健全，由县政府下达年度内部审计计划，县审计局负责督促与指导乡镇政府和县直部门对30%以上的下属单位开展内部审计。采取政府购买服务的方式，通过公开招标择优选定社会中介机构参与全县审计监督，实现全县所有使用财政资金的单位和项目（包括常委单位和村居委会）“两年审一次，一次审两年，不留审计盲区”的审计全覆盖目标。

二是创新财政审计模式。精心组织实施“一托N”的工作方案，即一个财政预算执行审计组带N个部门预算执行审计组和专项审计调查组，全面跟踪财政资金管理和使用效果，建立整改长效机制，县人民政府每年组织召开财政审计问题整改交办会，认真落实人大审议意见，对审计中反映的问题，责成各相关单位及时整改回复；建立审计结果公开制度，将财政审计结果在政府常务会议和全县财税工作会议上进行通报和点评，起到教育和震慑作用。

三是探索经责审计评价与成果运用机制。一方面创新经责审计评价机制，出台《长沙县党政领导干部经济责任审计结果量化评价办法》，制定《长沙县领导干部离任经济责任事项交接办法（试行）》，实现离任领导干部的阳光交接，有效推进经济责任审计工作精细化管理，促进党风廉政建设。另一方面积极探索审计问题讲评公示的成果运用机制，将一些带普遍性、倾向性的财经违纪违规问题在县委常委会、政府常务会、全县干部作风建设大会以及“八项制度”督查总结会进行讲评和通报。

四是理顺投资审计体制。扩大国家审计的监督面，切实加强对基础设施、拆迁工程、学校建设、农村公路及村部建设等方面的政府投资审计。

【强化财政预算执行审计】县审计局在财政审计模式、内容、结果运用等方面有所创新。一是拓宽思路，在上下联动中创新财政审计模式。由过去审计一家唱“独角戏”转变为共同“搭台唱戏”。二是突出重点，在提升质量中创新财政审计内容。按照“全面审计，突出重点”的工作方针和“围绕中心、服务大局”的要求，在财政审计工作开展之前，认真听取人大、政府、财政部门意见，同时调取财政年度预算指标和决算电子数据进行分析，注重审计与审计调查相结合。三是围绕“三农”问题深化财政审计，促进建设社会主义新农村。四是通过限期整改问题、通报审计结果、出台完善政策措施三个方面强化审计成果运用。四年来，根据财政审计建议，政府和部门相继建立健全《长沙县乡镇财政收入上台阶奖励试行办法》、《长沙县关于乡镇财源建设考核及奖惩试行办法》、《长沙县基金监管实施意见》、《长沙县建设项目专项资金管理办法》、《长沙县环境保护专项资金管理使用办法》和部门预算、国库集中支付、政府采购、工程招投标及变更监管、财政结余资金管理、财政供养资金监督管理等规章制度40多项。

【领导干部经济责任审计】 2010年，由县委组织部与县审计局共同研究，经责审计领导小组讨论通过，制定《长沙县党政领导干部经济责任审计评价办法（试行）》，初步建立定性考核与定量考核相结合的经责审计评价指标体系。该作法得到相关领导的肯定，并在审计署《中国审计报》上予以专题报道。2011年，根据2010年评价办法的试行情况，按照中共中央办公厅、国务院办公厅《党政主要领导干部和国有企业领导人员经济责任审计规定》的要求，以长沙县委办、县政府办的名义出台《长沙县党政领导干部经济责任审计结果量化评价办法》，基本内容包括六个方面：一是财政财务收支情况；二是重大经济事项决策情况；三是内部控制情况；四是主要经济指标或工作目标任务完成情况；五是廉洁自律情况；六是其他与经济责任相关的情况。审计结果量化评价办法分为分项评价和综合评价，均通过审计结果量化评价划档表来实现。量化评价划分为四个档次，累计总值为100分。90分以上（含90分，下同）为“一档”；75分以上为“二档”；60分以上为“三档”；60分以下为“四档”。评价结果作为领导班子年度绩效考核的重要内容和干部选拔任免的重要参考依据。

【投资审计再监督】 按照《长沙县政府投资管理办法》“审计局对200万元（含200万元）以上的政府投资项目必须逐一进行复审，对200万元以下的政府投资项目进行抽查复审”的要求，扩大国家审计的监督面，投资项目抽审面30%，资金抽审面60%。着重检查建设资金使用情况，查处严重违法违规和损失浪费问题，检查建设项目管理和工程质量，促进规范工程建设管理，提高投资政策效果，继续实行在财政投资评审基础上进行再监督的审计模式。2008年至2011年，县审计局共对200余项工程实施投资审计再监督，在投评中心审减的基础上，审计再次核减工程造价584.78万元，投评中心评审质量大幅提高，凸显投资审计再监督成效。长沙县“外聘专家、严把三关”的投资再监督作法和经验，被《中国审计报》作为典型专题推介。

【推进政府委托审计】 县审计局在推进政府委托审计方面，采取四种具体做法。一是创新模式，精心组织。县委、县政府创新性地引入社会中介机构参与该县审计工作，确定“县人民政府委托，社会审计组织独立审计，审计部门指导协调”的模式。二是整章建制，加强监管。县政府下发《长沙县引入社会中介机构实施审计监督的暂行管理办法》，加强对社会中介机构的管理监督；县审计局制定《长沙县政府委托审计项目质量控制制度（暂行）》，规范具体操作办法。三是加强指导，确保质量。为达到审计目标，提高审计质量，做到“六统一，六确保”，即：统一审前业务培训，确保审计人员的业务素质；统一制定审计工作方案，确保审计重点和审计内容全面到位；统一组织审计进点会议，确保该项工作有序推进；统一进行工作督查，确保审计工作效率；统一指导答疑，确保审计政策的一致性；统一审计报告格式，确保审计公文的规范性和严肃性。四是注重整改，确保实效。根据审计报告所反映的问题，对被审计对象出具审计整改通知书，同时抄送主管部门，依法依规给予处理、处罚，并要求在规定期限内反馈整改情况。同时建立审计单位数据库、审计信息档案，加强与财政、监督等部门的工作联系和信息沟通。

【刘家义到县调研审计工作】 2008年10月28日，国家审计署党组书记、审计长刘家义一行在省审计厅厅长唐会忠，审计署长沙特派办特派员李建新，市委常委、副市长谢建辉及长沙市审计局局长刘景旺的陪同下，到长沙县调研视察工作。刘家义一行首先到长沙县审计局，慰问基层审计机关全体干部职工。然后在县委大楼召开调研座谈会。市委常委、副市长谢建辉主持会议，县四大家领导及监察、财政、审计部门负责人参加座谈会，市委常委、经开区工委书记、县委书记杨光荣代表长沙县就全县经济社会发展情况、审计工作开展情况以及如何学习实践科学发展观推进全县审计事业作全面汇报。

（单　婵）

安全生产监督管理

【概况】 2008年至2011年，长沙县坚持“安全第一、预防为主、综合治理”的方针，在加强隐患排查治理、安全生产专项整治、执法监督、队伍建设、宣传教育等方面进一步加大力度，安全生产工作取得积极成效，全县安全生产形势持续保持稳定，连续四年杜绝较大及以上生产安全事故。四年发生各类安全生产事故死亡174人，其中道路交通事故死亡156人、生产安全事故死亡18人。

加强安监队伍建设。各乡镇（街道）配备2~4名安监员,组织全县乡镇安监员进行业务培训，提高监管水平。制定安全生产行政执法责任规定、行政过错责任追究制度以及安全生产执法“六不准”等。

广泛开展安全生产宣传教育。以《今日星沙》为载体，举办安全宣传专栏，宣传安全生产法律法规和安全常识。编辑季刊《安监在线》3期向全县免费赠阅；向企业负责人发送1份公开信，唤起企业老板的安全责任和社会良知；开展大学生安全志愿者“三下乡”（下基层、下农村、下企业）活动，宣传安全知识；向省、市8名安全专家颁发聘书，组建全省首支安全生产专家巡讲团，面向企业一线员工讲座，企业反响强烈。采取送培训、送服务方式，分乡镇对全县655名烟花爆竹零售经营负责人进行一次普遍轮训,组织各乡镇（街道）在中心集镇开展集中宣传咨询日活动，出动安全宣传车30余台（次）循环播报安全生产法律法规，发放安全宣传资料2万余份，放映电影45场，发放专家课碟145张，安全宣传册3000本。

依法实施行政许可。依据《行政许可法》、《安全生产法》、《烟花爆竹许可实施办法》等行政法规，按程序办理许可事项。

全面启动职业病危害申报。在全县非煤矿山、危险化学品生产企业、加油站开展职业病危害申报工作，组织乡镇（街道）安监员、卫生防疫专干和企业负责人进行业务培训。建立企业职业健康监管动态台账。对木质家具制造、石英砂加工和石棉制品企业的职业危害防治情况进行全面检查，排查隐患35处，并督促企业进行整改。

加强安全生产事故应急救援队伍建设。依托县公安消防大队组建长沙县安全生产应急救援队，并进行专业培训，组织非煤矿山、危险化学品事故应急救援演练。继续推行高危行业生产企业风险抵押金和安全生产责任保险制度，高危行业生产企业足额缴纳安全生产责任保险金和风险抵押金,责任保险金和风险抵押金缴纳率100%。

认真组织安全生产事故调查。按照“四不放过”的原则，查清事故发生的经过及原因，认定事故责任，提出安全防范措施，督促事故单位进行整改，对负有责任的有关人员进行责任追究。

【安全生产工作纳入目标管理考评】 继续强化安全生产行政首长负责制，修订和完善安全生产目标管理责任制。进一步量化安全生产责任目标，将市下达给长沙县的安全生产控制指标进行分解，落实到各镇街和行业部门。县政府与22个乡（镇、街道）和35个负有安全生产监督管理职责的部门签订安全生产责任书，同时要求各乡镇（街道）、各部门结合实际，将责任目标进行层层分解、层层落实，一级抓一级，一级对一级负责。进一步完善安全生产目标考评机制，将有关安全生产指标纳入县委、县政府年度目标管理考评，安全生产目标管理单独考核，实行一票否决，对安全生产工作成绩突出的单位，由县委、县政府进行表彰。

【安全生产专项整治】 以三大高危行业为重点，先后组织开展烟花爆竹“亮剑”行动、非煤矿山“雷霆”行动、危险化学品“劲风”行动，对公众聚集场所、道路交通、水上交通、建筑施工、特种设备、民爆器材等进行安全生产专项整治，确保重点行业和领域企业的安全。按“六个一律”要求对非煤矿山进行专项整治。即：①采石场未依法分台阶、自上而下分层开采的经限期整改，仍未能达标的一律停止供火供品；②采石场（砖厂在采土区）发生安全生产责任死亡事故造成重大影响的一律依法关闭，法人移交司法机关处理；③未达到安全生产标准化最低等级的一律停产整顿，不予延期；④已达标单位放松要求、自行降低标准，不符合安全生产条件的，一律取消安全生产标准化等级资格，停产整顿；⑤未取得安全生产许可证的一律不得生产；⑥不符合《安全生产法》和《小型露天采石场安全管理与监督检查规定》的，一律不予许可。开展危险化学品查“三违”，查隐患、查制度、查培训、查应急预案的活动。建筑施工专项整治，采取集中时间、集中人力物力、重拳出击的方法，对全县所有在建工程的施工现场管理、施工人员安全防范措施、配置机械使用等进行全面彻底的建设安全清理整治，查找整改问题2000条。

【联合安全执法行动】 建立和落实安全生产联合执法工作机制，组织安监、公安、国土、建设、交通、质监、工商等部门开展联合执法行动。出动执法人员3600多人次，对烟花爆竹零售店进行集中执法检查，取缔非法生产作坊8家、非法经营户360多家，销毁“三无”产品20吨，及时消除安全隐患。对全县“一区六园”的工程机械制造、汽车配件、冶金铸造等240余家工业企业进行专项安全执法检查，对高危行业进行12次集中执法整治行动。

【烟花爆竹打非治违“亮剑”行动】 长沙县按“五个统一”（统一许可证编号、统一培训、统一许可期限、统一储存量、统一换证时间）的要求，对全县烟花爆竹经营零售店进行规范管理。该县每年在国庆节后对经长沙市批准持有烟花爆竹经营零售许可证的690个业主进行统一培训，换证时间统一在每年10月，一年一许可，专店储存量为60个标准件，专柜减半，整治效果明显。

【高危行业安全生产标准化创建】 从2010年开始，长沙县对辖区内的危险化学品生产经营企业、烟花爆竹批发公司、非煤矿山企业从组织机构、安全投入、规章制度、教育培训、装备设施、现场管理、隐患排查治理、重大危险源监控、职业健康、应急管理以及事故报告、绩效评定等方面开展标准化创建，已创建一级标准化企业1家、二级2家、三级55家。（杨　宇　黄　坤）

工商行政管理

【概况】 长沙县工商行政管理局位于星沙镇天华路240号，下设12个工商所、17个职能科（室）；截至2011年12月，在编人员209人，其中在职干部145人、离退休人员61人、离岗人员3人。另有县政府托管的市场服务中心人员21人（现在职17人，4人退休）。县工商局连续五年被评为市工商系统先进单位，先后获全国红盾护农先进集体、省级文明单位、省依法办事示范窗口单位、市级文明标兵单位等荣誉，下属黄花工商所先后3次被国家工商总局授予“先进工商所”称号，并被评为“全国红盾护农先进单位”。

一、加强监管执法，全力维护公平竞争的市场经济秩序

2008年至2011年，共立案查处各类经济违法案件976起。立案查处食品案件334件，商标侵权案件69件，广告违法案件21件，无照经营208件，产品质量违法案件39件，反不正当竞争案件12件，其他案件293件。

流通领域商品质量监管。开展以食品安全为重点的“红盾风暴”4号、5号、6号行动，集中开展乳制品、食用油、问题奶粉、鲜肉及腊制品、酒类等食品以及校园周边食品安全专项整治、清查打击违法添加非食用物质和滥用食品添加剂等100多次专项整治；开展以家电下乡、摩托车和汽车下乡为重点的商品质量专项整治行动13次。分别对电器、母婴产品、家装建材等16类产品以及房地产市场进行质量安全专项整治，抽样送法定机构检测鲜肉及制品、婴幼儿乳粉、糖果、调味品等764批次，开展食品快速检测7456批次，抽检玉器、化妆品等商品25批次，取缔无照经营户508家，捣毁制假售假窝点32家，查获假冒伪劣食品24100公斤。大力开展“红盾护农”行动。四年来共抽查农资商品148个批次，对其中不合格14个批次产品进行立案查处，没收不合格肥料33吨，罚没23.4万元。县工商局、县食安办等部门联合行动，取缔非法生产加工窝点40多个，刑事拘留9人，销毁问题食品价值约255万元。四年未发生一例流通领域重大食品安全事故。2010年11月，县工商局代表全市接受国家工商总局关于流通领域食品安全监管和“家电、汽车、摩托车下乡”专项整治工作的检查，受到充分肯定。

维护公平竞争的市场经济秩序。四年共查处商业贿赂等不正当竞争案件12件，其中2011年县局公平交易分局立案查处的关于信用社等涉嫌商业贿赂的案件，案值超100万元。积极开展打[illegible]侵犯知识产权和制售假冒伪劣商品专项整治行动，立案查处商标专用权案件70余起，案值100余万元，为消费者挽回损失100余万元，没收销毁侵权商品6万余件，没收销毁侵权商标标识4万余件，罚没款100余万元。2011年建立由镇街党委政府负责、打防[illegible]相结合的打击传销长效机

制，遣送、打散传销人员1万余人，对22名传销人员进行治安拘留，对26名传销头目进行刑事拘留。2011年，县政府被评为长沙市打击传销工作先进单位。

二、提升服务效能，全力服务经济发展

市场主体发展。全县新发展内资171户，私营企业2420户，个体13313户，农民专业合作社504户；至2011年底，全县有各类市场主体36761户，其中内资企业1086户、私营企业4517户、个体27917户、农民合作社529户，分别是2007年底的0.19倍、1.15倍、0.9倍、20.2倍。

实施商标战略。积极引导企业、个体工商户、农民专业合作社注册商标，鼓励和指导企业实施商标战略，积极争创湖南省著名商标和中国驰名商标。截至2012年1月，全县有效注册商标2365件，中国驰名商标8件、湖南省著名商标63件。县工商局傅正坤被评为2010年度湖南省商标工作先进个人，陈友树被评为2009年度全国工商行政管理系统商标工作先进个人。

三、以民为本，全力加强消费维权工作。

接待申诉举报2287起，办结率100%，为消费者挽回损失600多万元。大力推进工商“315”进商场（超市）、进市场、进企业、进学校、进景区的“五进”活动，新建消费维权服务站17个，开设消费维权讲座62次，培训2.[illegible]万人。积极探索食品安全申诉举报处理机制，被市工商局采纳，并在全市推广。县消费者委员会以“3·15”活动为载体，大力开展消费维权的宣传活动，认真调解消费纠纷热情接待来访和消费咨询，2009年县消委被省消委评为先进单位。2010年3月，省工商局和省消费者委员会在该县举办送知识、送技能、送服务“三下乡”活动。2011年1月，星沙所杨晓青被评为全省十佳维权能手。

【**无照经营清理整治**】针对前置审批严重影响营业执照办理的问题，2008年在全县建立由工商牵头、公安、文体、卫生等9个部门联合的集中办公机制，出台促进证照办理的7项措施，在实行集中办公的一个月时间内，全县共完善前置许可手续2150项，工商办理执照1835户，取缔无照经营83家。2009年，进一步完善“政府牵头、部门配合、各司其职、综合治理”的查处取缔无照经营工作机制，切实加大食品经营、“黑网吧”、学校、机场周边等重点行业和地区无照经营取缔力度。2011年，根据市政府《关于建立长沙市查处取缔无照经营行为工作长效机制的意见》（长政办发〔2011〕5号）的文件精神及市工商局的统一安排，县工商局从3月到10月底在全县范围内深入开展为期半年的市场主体经济户口普查和查处取缔无证无照非法经营行为专项行动，对辖区内所有无证无照的经营户进行全面清理整治。四年来共办理无照经营案件208件，取缔无照经营户1000余户。

【**清理问题奶制品**】2008年9月12日，县工商局接到市工商局关于对三鹿婴幼儿奶粉下柜的紧急通知，9月13日、9月15日、9月17日，又分别接到市工商局关于对湖南省产的3种奶粉和3种液态奶以及国家质检总局公布的22家企业生产的问题婴幼儿奶粉进行清查的紧急通知。9月16日起，全系统启动I级重大食品安全事故应急预案，全面做好三鹿婴幼儿奶粉的清查下柜、消费者的退货以及赔偿等工作。2008年9月至10月，全系统放弃中秋、国庆等假期，对“三鹿”等含有三聚氰胺的问题奶制品进行快速集中查处，下架不合格奶粉639.8公斤，不合格液态奶1242.5公斤。

【**不合格农资先行赔付制度获国家工商总局肯定**】2009年，县工商局全面实行“两账两票，一卡一书”（进销货台账、保存进销货票据、出据商品质量保证卡、张贴承诺书）制度，统一印制销货发票，在发票上载明经销商的承诺、投诉电话等内容，免费发放给农资经营户，经营户出售农资商品必须开具销货发票，一联交农户，一联留存，一联交工商所备查；并制定销售不合格农资商品优先赔偿农户制度，对销售不合格农资商品给农户造成损失的，先责成经销商对农户进行赔偿，再对经销商实施行政处罚，经销商主动赔偿的，作为从轻处罚的要件。该制度的执行一方面保障了农民的合法利益，另一方面增加了农资经销商的违法成本，进一步明确了工商部门执法的目的首先是维护农民的权益，而不是罚款。农资经销商在无主观故意的情况下销售不合格农资商品，既可以凭销货发票找到购买农资商品的农户，主动赔偿后可直接向供货商索赔，还可以申请从轻处罚。在2009年的“红盾护农”

行动中，该县金井、福临等乡镇的市场上销售的“金穗”牌复混肥经抽样送检监测为严重不合格商品。县局根据经销商留存的销货三联单确认购买此批肥料的农户名单78户，4月21日，县工商局责成经销商先行赔偿，共对78户农户送上赔偿金3.3万元。该制度在国家工商总局及省市县多家媒体报道，得到各级政府和广大农民的充分肯定。

【农贸市场管理】 根据县委、县政府的有关会议精神，由县工商局牵头，从2009年8月起负责对全县农贸市场监督管理，同年11月21日起对全县流通领域肉品市场监督管理，农贸市场管理联席会议办公室设在工商局。出台《长沙县农贸市场管理办法》，明确各部门的职责，形成齐抓共管的局面；在《长沙县工商局农贸市场管理考核实施办法》中，明确系统内部工作职责，实施季考核奖励机制，安排市场服务中心人员专门协助农贸市场监管，并开展农贸市场管理工作的专项培训；自筹资金添置1台针对农贸市场监管、可多项检测的食品检测仪，检测项目包括：病害肉、劣质奶蛋白质、酱油总酸等12个项目，各工商所利用食品快速检测箱对除蔬菜以外的农副产品每周至少检测一次，每次不少于5个品种，及时将检测结果在市场内公布，对不合格产品全部下架处理；在星沙城区每个市场内设立公益广告牌；同时，牵头组织商务局、城管局、畜牧局、公安局等部门组成联合执法组对全县的农贸市场每个月开展一次专项执法行动，四年共收缴违规肉品3900余公斤。

【清理整顿中介机构】 自2008年10月以来，根据市政府的统一部署，成立长沙县清理整顿规范中介机构工作领导小组，由县监察局局长任组长，县纠风办、县工商局等单位相关领导任副组长，县纠风办、县工商局、县编委办、县发改局、县总工会、县财政局、县审计局、县司法局、县金融证券办为成员单位，37个行政部门为责任单位，领导小组办公室设在县工商局，负责日常工作协调，收集整理上报各种信息资料，加大对中介机构商业贿赂等不正当竞争行为的查处力度，对工作开展情况进行跟踪和督查。2008年立案查处湖南新缔源拍卖有限公司参与长沙县一宗国有土地拍卖过程中的商业贿赂案，罚款15万元； 2009年11月配合市工商局对长沙市新车保险服务中心的无照黑中介违法行为进行调查处理，对有关涉嫌不正当竞争收受商业贿赂的两家汽车销售企业给予12万的罚款处罚；2011年4月，对4家评估中介公司向县内某金融企业行贿行为进行立案查处，案值逾100万元，引起县委政府的高度重视。至2010年底，全县11家应脱钩中介机构彻底“五分离”（人员分离、财务分离、职能分离、名称分离、办公场所分离），在政府采购、工程招标等重要领域率先建立一系列长效管理机制。该县清理整顿规范中介机构工作得到市纪委的高度肯定。

【9项产品获中国驰名商标】 2008年3月4日，国家工商总局商标评审委员会认定长沙县金井茶厂注册的“金井牌”茶叶和湖南康派木业有限公司注册的“圣保罗”地板为“中国驰名商标”，实现长沙县中国驰名商标零的突破。至2011年底，该县共创中国驰名商标9件，分别是长沙县金井茶厂的“金井牌及图”、湖南康派木业有限公司的“圣保罗”、长沙金龙铸造实业有限公司“JLS及图”、湖南亚林食品有限公司“亚林YALIN及图”、湖南鑫广安农牧股份有限公司“广田”、天舟文化股份有限公司“红魔”、湖南湘丰茶叶有限公司“湘丰及图”、湖南金典木业有限公司“金典及图”。

【“12315”申诉举报中心成立】 2009年4月，县工商局成立了“12315”申诉举报中心，对消保、消委、“12315”职能分工进行划分，全局形成“一个形象对外，一条热线维权，一个体系服务，一套机制运行”的统一指挥、上下联动的“12315”网络体系，确保受理申诉举报迅速，咨询解答准确、调查处理快捷、反馈结果及时，做到“有诉必接、有接必办、有办必果”。四年接待申诉举报2287起，办结率100%，为消费者挽回损失600多万元。

【打击传销集中行动】 2011年，长沙县设置以县长为组长，副县长、政法书记为副组长的领导机构，明确打击传销由政府组织，部门参与的工作格局，拨付专项打传经费180万元，召开全县打击传销工作会议，采取集中打击和常态管理相结合的措施，先后多次开展由政府组织部门参与的打击传销集中行动，成立4支专业打传队伍，开展“攻坚战”、“持久战”“群众战”“宣传战”等几大战役，全县上下形成人人喊打的打击传销高压态势。经过一年的持续行动，遣送、打散传销人员1万余人（其中直接遣送传销人员3000多人，因高压态势间接打散传销人员6000多人），驱散聚集在该县的传销人员90%以上；销毁传销人员生活用品1700余套；对涉嫌传销的联通、移动、电信停机（840户）；对传销窝点（未来蜂巢小区129户）采取三停（停水、停电、停气）措施；对22名传销人员进行治安拘留；对4户出租房屋给传销人员的房主进行处罚，治安拘留22名传销人员，刑事拘留26名传销头目。县政府被评为长沙市2011年度打击传销工作先进单位。（陈妹兰）

质量技术监督管理

【概况】长沙县质量技术监管工作紧紧围绕县委、县政府“领跑进军”、市局“二次创业”与县局党组“一年提质转型、二年争先创优、三年争创省市一流”总体目标，认真履行各项职责，在服务地方经济建设和推动社会和谐发展方面发挥了积极作用，综合管理水平、行政执法水平和服务发展水平全面提升。

法规宣传。每年围绕“3·15”国际消费者权益日、“5·20”世界计量日、“6·12”安全宣传咨询日、质量月活动、质量万里行等活动，宣传质量技术监督法律法规，四年共提供现场咨询2400余人次,发放宣传资料6000余份，提高企业、广大群众的法律意识和安全意识，促进了质监部门地位提升、影响扩大、形象提高。

质量工作。大力推进名牌战略，加快“质量兴县”步伐。以实施名牌战略为突破口，培育和发展名牌产品，积极促进企业质量管理水平提升。四年共有湖南名牌29个。2010年，三一和远大获首届省长质量奖、10个组织奖和个人奖中的3个。

标准化工作。按照“技术专利化、专利标准化、标准产业化”的思路，四年里全县企业完成制（修）订国家标准 9项、行业标准8 项，登记备案产品标准346 个。2011年指导企业按照GB15496～GB15498建立完善企业标准体系，修订标准19个，登记备案产品标准50个。办理组织机构代码证12387个，并利用组织机构代码数据库平台对辖区内58家符合建档要求的企业建立质量档案进行台账管理。

计量工作。开展“四进”（诚信计量进市场、健康计量进医院、光明计量进镜店、服务计量进社区）专项行动，检测各类计量器具43358台（件），其中电能表13112块、压力表2583块、水表24663块。

食品生产监管。对全县28大类食品实施食品质量安全市场准入制度。截至2011年底，共有187家食品生产企业取得QS证。开展各类食品专项整治行动40余次（节假日畅销食品、食品添加剂、面粉熟食、“瘦肉精”、邻本二甲酸酯、面制品、酒类产品、秋季食品、乳制品、面条、湿米粉等），对1350多家相关企业进行监督巡查和抽样检查，抽检食品2580批次，以巡查回访笔录的方式向企业下达整改意见1120余条。查处各类食品违法案件119起，取缔小作坊70余家。多次举办食品安全培训班，共有580余家次企业负责人参加会议，免费发放台账资料2000余套，与到会企业负责人100%签订食品安全承诺书。

特种设备安全监察。开展特种设备人员上岗培训，培训人员3600人。巡查特种设备使用单位1270家，检查制造、安装、维护保养、储存充装和管网经营单位59家，巡查特种设备8800台（套）、公共管道50余万米、气瓶30余万只，城镇管网2.6万千米，出动检查人员4200人次，发现安全隐患370处，提出整改意见569条，发出安全指令书65份，立案查处14起。与350余家企业签订《特种设备安全责任承诺书》，落实企业特种设备安全主体责任，并对其进行定期检验。开展特种设备知识进校园活动，发放宣传资料1000余份，开展特种设备知识抢答活动。集中开展对冶金铸造行业、医疗单位、化工、制药行业特种设备大检查，对起重机械、压力容器、压力管道及主件、电梯、气瓶等打非治违专项整治6次。

四年中，该局多次获得全省质监系统先进集体、全省依法办事示范窗口、湖南质量技术监督系统组织机构代码工作先进单位、长沙市产品质量和食品安全专项整治工作先进单位、长沙市年度标准化工作先进集体、全市食品安全工作先进单位、打击侵犯知识产权和制售假冒伪劣商品专项行动先进集体、全县优秀基层党组织、2010年度政务服务先进窗口和全市质监系统先进集体、绩效考核先进集体和四好领导班子等荣誉。

【开展"四进"专项行动】2008年以来，按照国家质检总局和省市局统一部署，长沙县开展"四进"专项行动，政府提质工程农贸市场衡器受检率100%，城区A医疗卫生单位在用医用强检计量器具全部受检，眼镜店用强检计量器具受检率100%。计量所与省计量院合作对全县60多家医疗单位使用的800多台（件）医疗用计量器具强制检定。对20多家眼镜店使用的120余台验光、配镜用计量器具进行强制检定。定量包装检验受检率100%。2011年对全县纳入政府提质工程农贸市场计量器具进行免费检定，共出动计量执法检定人员100人次，先后对泉塘一市场、小塘生鲜市场、圆梦灰埠市场及乡镇市场等21家农贸市场内个体经营业主使用的电子秤、台秤免费检定，检定计量器具1400余台（件），合格率95%。对不合格的计量器具进行收缴，并交市场管理单位保管停止使用。在服务中积极向社区群众宣传计量法律法规，讲解衡器的使用和防作弊知识等，提高广大人民群众计量法律意识，使其学会用法律武器维护自身合法权益。

【开展农业标准化工作】2008年，县质监局积极响应省局农业标准化号召，与农业、林业等单位联动，加大对农业标准化工作的宣传力度，围绕县域重点产业茶叶类开展重点指导、扶持。长沙县金井茶厂和长沙县湘丰茶厂在质监技术人员的指导帮助下制定毛尖茶采摘地方标准，填补省内空白。2009年，对在建的国家级农业化标准示范基地湘丰茶叶"百里茶廊"项目进行指导和技术服务，重点协助其解决在标准体系完善、标准实施等方面存在的问题，并同市质监局一起协助企业接受国家标准委员会当年5月底的检查。2010年，指导湘丰"百里茶廊"标准化生产示范区和曙光葡萄标准化示范区建设，帮助修订农产品及其深加工产品标准56个，有效防止无标生产，保证农产品质量安全。2010年9月，两个标准化示范区建设顺利通过国家质检总局考核验收。

【迎奥运·保特种设备安全专项行动】2008年5月中下旬，县质监局开展"迎奥运·保特种设备安全专项行动"。专项行动分两部分进行：第一部分，办理特种设备管理人员培训班。召集县内重点监控单位、气体充装单位、旅游景点、宾馆、商场、医院、高层电梯住宅社区等单位的主管特种设备安全的负责人和设备管理人员80余人进行培训。培训期间集中传达省、市、县政府《关于进一步加强安全生产隐患排查工作的通知》、《迎奥运保特种设备安全专项行动方案》及《特种设备事故应急预案》、特种设备相关管理制度等；并就"气瓶安全和网点安全"、"如何保障电梯安全运行"、"特种设备安全管理长效机制"等议题分组讨论，提出一系列确保特种设备安全的建议；第二部分，开展特种设备安全生产百日督查。工作人员分成五大组，将全县区域划分为五大块予以监督管理。重点对危化品压力容器、气瓶充装站、冶金起重机械、化工制药行业、人员密集场所的机场、酒店、商场超市、高层住宅楼内电梯等特种设备运行情况进行全面督查。出动检查人员152人次，累计排查锅炉63台，压力容器262台，压力管道9千米，电梯411台，起重机械653台，厂（场）内机动车244台，排查隐患81起，其中重大隐患6起，下发《特种设备安全监察指令书》26份。

【县质量检验协会成立】2009年7月15日，长沙县质量检验协会成立大会在开元大酒店多功能厅举行。共有39家会员单位参加大会。县民政局副局长龙恒照宣读协会成立文件，县质监局副局长、协会秘书长沈雪岭宣布协会章程及各项制度，宣读理事会成员名单并授牌，协会会长许惠昆和业务主管单位县质监局局长龚军讲话，阐述质量检验协会的宗旨是促进产品质量提高，规范和净化市场，加强交流合作，促进企业良性发展。

【食品生产加工小作坊专项整治】2010年3月9日至20日，县质监局对黄兴镇食品生产加工小作坊开展专项整治。在摸清底细，掌握情况的基础上，由分管局领导带队，分成4个执法检查组，联合黄兴镇政府对已摸底调查的45家小作坊进行现场执法检查，全部送达《责令改正（更正）通知书》，责令其立即停止生产，限期搬迁。在专项行动开展过程中，有10家食品生产加工小作坊完成搬迁。是年3月9日查处黄兴镇荣河村付家组一隐蔽加工生产香味挤压面粉熟食的"三无"非法食品小作坊，执法人员现场查封该食品加工厂伪造厂名厂址生产的湘味面粉熟食19680袋及自动挤压设备1台、塑料薄膜封口机2台。3月18日查处黄兴镇杨托村非法加工回收一次性筷子的“三无”黑窝点，执法人员现场查扣一次性竹筷200万双、工业双氧水41桶。

【经开区质监分局成立】 2011年8月，根据《关于省以下质量技术监督局系统机构改革有关调整事项的通知》（湘编办发〔2011〕6号）和《湖南省长沙市质量技术监督局主要职责内设机构和人员编制规定》（湘质监发〔2011〕193号）文件精神，设立长沙市质量技术监督局长沙经济技术开发区分局，与长沙县质量技术监督局合署办公，副处级，配备局长1名，副局长3名，纪检监察机构负责人按有关规定配备，核定编制23名，其中行政编12名，稽查事业编10名，后勤服务编1名。设立7个内设副科级机构，即办公室、标准质量科、计量认证科、产品质量监督科、食品生产监管科、特种设备监察科、人事科，加挂“质量技术监督稽查大队（12365投诉举报中心）”牌子。（黄　珍）

食品药品监督管理

【概况】 2010年11月，根据国务院办公厅《关于调整省级以下食品药品监督管理局体制有关问题的通知》及省委、省政府、县委等文件精神，长沙县食品药品监督管理局正式回归地方政府建制，属政府工作部门，加挂县食品安全委员会牌子。2011年11月县政府启动行政执法单位改革方案，将食药监局、商务局、卫生监督所所辖的药品、餐饮、酒类等执法职能及相关人员组建为长沙县商务卫生和食品药品执法大队。县食药监局仍然履行药品、器械的日常监管以及保健食品、化妆品的行政执法和行政许可职能。

2011年，全县共有2家药品批发企业（双舟、丰沃达）、1家药品零售连锁总公司（仁康泰）、485家药品零售企业、521家医疗机构、12家医疗器械经营（零售）企业、6家医疗器械生产企业、5家医疗器械批发企业、42家医疗器械使用单位。保健品和化妆品行业有约200家经营使用单位。

四年中，平均每年出动执法人员约800人次，查处一般程序药品、医疗器械案件76起，简易程序药品、医疗器械案件782起，入库罚没款112万多元。集中销毁过期失效及假劣药品、医疗器械焚烧活动2次，销毁货值金额近238万元；取缔无证经营药品、医疗器械5家；受理群众举报投诉案件73起。查处黄花镇长龙村制售假劣保健品案件被评为全省药监系统2010年七大案件之一。通过常年性高压严打态势和媒体公开曝光，有力打击制售假劣药品的不法行为，净化全县药品、医疗器械市场，使制售假劣药品、医疗器械的违法行为得到有效遏制，药品流通秩序明显好转，药品质量管理水平明显提高，全县没有发生一起药品安全事故，也没有发生重大群体性食品安全事故。该局连年被食药监局评为“先进单位”，被市政府评为“食品安全工作先进单位”。连续三年获全省药监系统“目标管理和党风廉政建设工作先进单位”。2011年获“全省依法办事示范窗口”单位。党组书记、局长杨建成被评选为“全国药监系统2006～2010年法制宣传教育先进个人”，并被评为“2011年度湖南省药品安全专项整治先进个人”。

【综合检测办公楼建设启动】 县药监局组建伊始，一直指定在县妇幼医院四楼400平方米的楼房内办公，面积狭窄、人员混杂，给机关工作人员和办事公众造成极大的不便。鉴于该局办公楼的现实情况，省、市药监部门和县政府高度重视，多次协商解决方案。2006年，县人民政府常务会专题研究，决定在星沙东二线调剂约9667平方米土地给该局新建办公楼，并给予一定的资金支持。2007年，县食品药品综合检测楼被国家发改委和省发改委批准立项为国债资金建设项目。2008年，县发改局正式批复立项。其占地面积约4333.33平方米，建筑总面积2000平方米，投资1000万元。省、市食药监局领导到县调研和现场视察。2009年，通过规划、设计、评审等程序，2010年5月正式对外招标承建，破土动工。

【加强农村大型聚餐管理】 为规范农村红白喜事流动厨师管理，于2008年在全市率先出台《长沙县农村大型聚餐管理办法》，并在全省率先实行《对加工销售病害动物及动物产品违法行为举报奖励办法》。在宣传培训上，组织对农村流动厨师班子和食品从业人员及各级协管员、信息员的业务知识培训，该局抽调专人逐乡逐片、分期分批组织指导和培训，其规模效应在全市各县中效果突出，该做法在全市推介。县食药监局和县食安办本着“整治一个品种，规范一个行业”的工作目标，加强部门联动，找源头，抓惩处，以高压态势查处重大违法案件。认真督查部门食品检测，认真监管规范生产加工、流通环节、种养殖基地的食品市场秩序。2010年，与县食安办一起开展各类专项整治，立案查处重大违法案件9起，销毁大批假冒伪劣食品。先后有5名违法犯罪分子被追究法律责任。四年间，农村大型聚餐未出现一例重大食物中毒群体事故。

【打假治劣专项整治】 县食药监局积极开展各项专项整治活动，做到有整治方案、有整治重点、有整治举措、有整治效果。一是以药品为主的药品安全专项整治。先后开展中药材、中药饮片、非药品冒充药品、互联网宣传销售假药的专项整治。二是以医疗器械为主的专项整治。主要查处高风险医疗器械的“三无”产品。三是特殊药品的专项整治。主要专项整治精神性药品、麻剂性药品、放射性药品及生物制品的存储、运输、销售等环节。四是以行业性为主的药品、器械流通秩序的专项整治，牵头组织各相关职能部门联合行动。通过专项整治，查处一批假冒保健品案件和无注册使用一次性真空采血管案件及工业氧冒充医用氧案件，查处和规范一批定点医保单位违法行为，并将基本药物纳入重点整治范围。2011年，县政府成立整顿规范药品、医疗器械市场流通秩序专项治理工作领导小组，由县纪委牵头，卫生局、人社局等10部门为成员单位，县局负责日常事务开展。通过专题调研、宣传造势、加强督导、部门联动、突出重点，标本兼治，对医药流通企业进行“地毯式”排查，对全县571家用药单位进行整治，覆盖率100%。

【长沙县“全国安全用药月”科普宣传活动在全省推介】 为进一步普及公众及全社会安全用药知识，增强全民安全用药意识，制定《长沙县食品药品安全科普行动计划（2011-2015）》，并于2011年9月1日正式启动第一个 “全国安全用药月”活动。开展“安全用药”咨询活动、组织电视专题访谈、开通安全用药短信平台、组织安全用药电影巡放、利用平面媒体广泛宣传、积极组织印发各类宣传资料，社会效果显著。9月，每天在县电视台新闻频道黄金时间滚动播放各类情景剧和公益广告6次，共播放180次；开通手机短信平台用户1.4万户，利用短信平台不定期告知公众安全用药手机信息11条，共计发布16万人次；印发《食品药品知识读本》及各类宣传资料到乡镇、机关部门及医院、大药房3万余册，让食品药品安全知识进入千家万户。全国安全用药“十二五”科普宣传活动，其立体性宣传覆盖等经验与作法，被省食品药品监管局作为典型在全省推介，并获国家食品药品监督管理局好评。

【创新保健品和化妆品监管】 按照省、市主管部门的统一部署，县食药监局加大对保健品、化妆品的监管力度，对辖区药店经营的标示为广州盈美生物科技有限公司、潍坊信丰保健品有限公司联合出品的“旋转361减肥咖啡”（丹健减肥营养晶）等两家假冒产品立案查处。组织执法人员逐步开展对美容业、美发业、日化用品专营店的监督检查，按照国家食药监局《关于印发化妆品生产经营企业索证索票和台帐管理规定的通知的精神》，从索证索票管理和台账管理方面规范化妆品经营行为，保障消费者权益。立案查处长沙县星沙俏佳人涉嫌销售不符合法定要求的化妆品“晨霞养生”系列化妆品案等。通过排查，拉开保健品、化妆品的监管序幕。（袁　霞）

长沙经济技术开发区机构领导人员

中共长沙经济技术开发区工作委员会

书　记 杨光荣（2008.01～2009.08）
杨懿文（2009.08～　　　）

副书记 文树勋（2008.01～2008.04）
杨懿文（2008.04～2009.07）
汤定一（2008.01～2010.08）
吴京生（2008.01～　　　）
高　杰（2008.01～　　　）
李科明（2009.07～　　　）

委　员 卜华桂（2008.01～2010.08）
陈新忠（2008.01～　　　）
丁仁义（2008.01～　　　）
刘逢春（2008.01～　　　）
黄　瑶（2008.12～　　　）
张贤长（2010.02～　　　）
巩　固（2010.08～　　　）
张文球（2010.08～　　　）
王维倩（2011.01～　　　）
范遵新（2011.06～　　　）
郭汉辉（2011.06～　　　）

长沙经济技术开发区管理委员会

主　任 文树勋（2008.01～2008.11）
杨懿文（2008.11～2009.08）
李科明（2009.08～　　　）

副主任 吴京生（2008.01～　　　）
卜华桂（2008.01～2010.08）
陈新忠（2008.01～　　　）
巩　固（2010.09～　　　）
黄　瑶（2010.02～　　　）
刘逢春（2010.09～　　　）
范遵新（2011.07～　　　）

主任助理
丁仁义（2008.01～2010.09）
马建国（2008.01～2010.08）
谭超纲（2011.01～　　　）
王新民（2011.01～　　　）
张湘鸿（2011.01～　　　）

长沙经济技术开发区内设工作部门

办公室

主　任 谭超纲（2008.01～　　　）

副主任 周跃成（2008.01～　　　）
肖向良（2008.01～2008.08）
王怀庄（2008.06～2010.12）
黄庆怀（2011.04～　　　）

纪检监察审计室

主　任 张文球（2008.01～2011.01）
郑安龙（2011.01～　　　）

副主任 苏　平（2009.05～　　　）
黄庆怀（2009.09～2011.04）
刘光辉（2011.01～　　　）

区总工会

主　任 李冬山（2008.01～2008.03）
邓国辉（2008.03～2010.10）
丁仁义（2010.10～　　　）

副主任 张文球（2008.01～2010.10）
黄恩晓（2008.01～　　　）
陈建辉（2010.10～　　　）

建设发展局

局　长 王新民（2008.01～2011.01）
李乔岚（2011.01～　　　）

副局长 李志良（2008.01～　　　）
李乔岚（2008.01～2011.01）
熊志新（2008.06～　　　）

社会事业局

局　长 杨忠文（2008.01～　　　）

常务副局长
熊　伟（2011.12～　　　）

副局长 熊　伟（2008.01～2011.11）
郭　立（2008.01～　　　）
蔡　逸（2008.01～2011.06）
彭军其（2008.01～2008.08）
王　剑（2008.08～2009.12）
杨德胜（2008.08～2009.12）

人力资源与社会保障局

局　长 刘逢春（2008.01～2011.01）
刘　曙（2011.01～　　　）

副局长 刘　曙（2008.01～2009.05）
王怀庄（2008.01～2008.06）
郑安龙（2008.06～2009.05）
彭庄利（2009.09～　　　）
徐震山（2010.04～　　　）

党群工作局

局　长 郑安龙（2009.05～2011.01）
王怀庄（2011.01～　　　）

副局长 周　芳（2009.05～　　　）
欧建雄（2009.09～　　　）

招商合作局

局　长 张湘鸿（2008.01～2011.05）
马　鑫（2011.07～　　　）

副局长 陈建辉（2008.01～2011.02）
徐震山（2008.01～2011.05）
马　鑫（2008.01～2011.02）
李布春（2011.05～　　　）
黄天际（2011.05～　　　）

产业环保局

局　长 蒋君山（2008.01～　　　）

副局长 刘光辉（2008.01～2011.04）
谭清莲（2008.01～2008.09）

熊四清（2009.09～ ）
李雪春（2011.04～ ）

财政局
局　长 刘建龙（2008.01～ ）
副局长 黄恩晓（2008.01～ ）
李雪春（2008.01～2011.04）
石　浪（2009.06～ ）
莫　阳（2011.06～ ）

经济研究室
主　任 吴信村（2009.09～ ）
副主任 吕向龙（2009.09～ ）

总值班室
主　任 肖志成（2009.06～ ）

派驻机构

国土分局
局　长 文　建（2008.01～2009.02）
戴新煌（2009.02～ ）
副局长 范新国（2008.01～ ）
王永康（2008.01～2009.09）
叶寿明（2009.09～2011.07）
胡　锰（2009.09～2011.07）
罗文莲（2011.07～ ）
粟飞跃（2011.07～ ）

规划分局
局　长 孔立如（2008.01～ ）
书　记 杨之金（2010.03～ ）
副局长 叶　兵（2008.01～2008.03）
向佐维（2008.03～ ）
吴海浪（2011.09～ ）

工商分局
局　长 何元武（2008.01～ ）
副局长 张利民（2008.01～2010.03）
李忠民（2008.01～2011.08）
范　龙（2008.05～2009.03）
李太平（2009.03～ ）

质监分局
局　长 刘　忠（2008.01～2011.07）
龚　军（2011.07～ ）
副局长 张　义（2008.01～2008.12）
龚　军（2008.12～2011.07）
龙　镭（2011.09～ ）
张　义（2011.09～ ）
纪检组长
周建刚（2011.08～ ）

经开区国税局
局　长 李伯成（2008.09～ ）
副局长 余令军（2008.09～ ）
喻兴无（2008.09～ ）
李文虎（2008.09～ ）
熊明干（2008.09～ ）
纪检组长
徐周灿（2008.01～ ）

经开区地税局
局　长 戴　涛（2010.08～ ）
副局长 王　群（2010.08～ ）
周朝辉（2010.08～ ）
崔向阳（2010.08～ ）
纪检组长
王小曼（2010.08～ ）

消防大队
大队长 章　硕（2008.01～2008.09）
刘德斌（2008.09～2009.05）
刘　兴（2009.05～2010.05）
向长青（2010.05～ ）
教导员 向长青（2008.01～2010.05）
张　慧（2010.05～ ）
副大队长
杨立明（2008.01～2008.07）
唐志刚（2010.03～ ）

直属事业单位

机关服务中心
主　任 陈新明（2009.05～ ）

投资评审中心
主　任 陈宇星（2009.09～ ）

政府采购与招投标办公室
主　任 黄　科（2009.03～ ）

创业服务中心
主　任 郭　英（2011.04～ ）

人才交流服务中心
主　任 周枝栋（2009.05～ ）

征地拆迁办公室
主　任 余　岚（2009.06～ ）

技术服务中心
主　任 胡　嵩（2011.12～ ）

【概述】 长沙经济技术开发区（简称经开区）系国家级开发区内设机构有办公室、人力资源与社会保障局、党群工作局、招商合作局、产业环保局（加挂知识产权局牌子）、财政局、建设发展局、社会事业局、经济研究室、总值班室、区总工会。市派驻机构有纪检监察审计室、国土分局、规划分局、工商分局、质监分局、国税局、地税局、消防大队。直属事业单位有机关服务中心、投资评审中心、技术服务中心、创业服务中心、人才交流服务中心、政府采购与招投标办公室、征地拆迁办公室。直属企业有星沙供水工程有限公司和水质净化工程有限公司。

2008年至2011年，经开区坚持以招商引资为中心，以产业服务为重点，以项目建设为载体，以学习与服务为抓手，以党的建设为保障，以打造“世界工程机械之都”和“汽车产业走廊”为目标，努力打造中国力量之都品牌，促进园区经济社会又好又快发展。

经济指标高位增长。2008年至2011年全区共实现工业总产值3314.87亿元，年均增长32.98%；实现工商税收182.07亿元，年均增长34%；完成全社会固定资产投资300.23亿元，年均增长21%。主导产业持续发展。2011年工程机械产业实现产值973亿元，汽车产业产值突破百亿元大关，达到104亿元。骨干企业支撑作用增强。园区过亿元企业51家，其中过800亿元企业1家，过100亿元企业1家，过10亿元企业9家，过5亿元企业7家，过1亿元企业33家。

招商引资形势喜人。2008年以来，经开区坚持以项目为中心，加强对外宣传力度，强化服务意识，着力招大引强。参加或承办中博会、科博会、港洽周、配博会，推介经开区一站式、零距离、保姆式服务的良好环境。出台《长沙经开区发展外向型经济的实施意见》，为进一步扩大开放，招商引资提供政策支持。采取小分队招商、产业链招商、以商招商、专业节会招商等方式，取得明显成效。2008~2011年，引进实际利用外资7.45亿美元，完成市外境内资金74.56亿元。引进招商项目394个，其中引进世界500强企业8家，园区世界500强企业达到25家。成功引进广汽菲亚特零部件产业群、中铁盾构二期、广汽三菱、住友橡胶等一批知名企业。

征地拆迁强力推进。经开区征地拆迁执行市政府颁布的《长沙市征地补偿实施办法》即103号令，四年共征地956公顷，动迁2922户，8534人。103号令拆迁的农户由经开区征地拆迁办负责全部实行货币安置，共计付征地拆迁补偿费40.42亿元，原按市政府60号令征收的农户由经开区社会事业局与相关的乡镇、街道办事处负责安置工作，共建安置小区4处（丁家、泉塘三期、龙华二期、华湘安置小区），共建安置房143栋，1344缝，安置4060人。每逢节假日，经开区领导深入特困户家中，开展送温暖活动，发放慰问费43.14万元，为园区营造和谐稳定的发展环境。

园区规划与时俱进。有机融合长株潭城市群，根据《星沙分区规划》，确定拓展园区发展空间。2009年8月，区、县明确星沙、榔梨、黄花三个产业基地委托经开区管理；2011年11月，长沙县规划委员会进一步明确经开区拓展用地区域，即黄花工业园在原3平方公里的基础上，沿新远大路向西拓展5平方公里，榔梨工业园在原6.99平方公里的基础上，向东拓展6.3平方公里，星沙配套产业基地在原15平方公里的基础上，向北拓至滨湖路东延线，向东拓至春华镇25.7平方公里，经开区的开发建设面积由38.6平方公里增至100.59平方公里。

“两型”园区有序推进。积极发展低碳经济、绿色经济。2008年11月启动国家生态工业示范园创建工作。制定《创建低碳园区、发展低碳经济方案》，出台《节能低碳资金管理办法》，在园区干部职工中营造创建低碳园区的浓厚氛围。稳步推进“国家生态工业示范园”创建工作，编制《长沙经开区循环经济发展规划》。2011年4月，该建设规划通过国家环保部、科技部、商务部组织的评审论证，“国家生态工业示范园”创建进入实施阶段。完善排污口规范化环保执法检查，建设项目环评执行率、“三同时”竣工验收100%，单位工业增加值耗能0.11吨标准煤/万元，同比下降16.4%。

经济环境不断优化。继续深入开展“两帮两促”和“学习与服务”活动，深入企业召开现场办公会100多次，收集并解决各类问题300多个。将“向企业承诺、为企业服务、请企业评价”活动与“创先争优”、优化环境有机结合，管委会面向企业公开承诺，并将企业反映的问题以“交办会”的形式督促职能部门限期解决，获得企业的广泛好评。积极推进企业信用体系建设，提高园区企业创建驰名商标积极性，印发《关于深化行政审批改革，优化办事流程的实施意见》，全面清理、精简审批事项，改进审批方式，优化办事流程，有效提高工作效率和顾客满意率。由园区率先提出的“宁静日”制度、检查备案制度等经验得到省、市肯定，并在全省广泛推广。完善中小企业创业园孵化功能，创立留学人员归国创业园，进一步优化投资创业环境。每年问题和意见有效处理率95%以上，企业对园区总体投资环境满意率93.26%。

财源建设创新思路。按照“选择一批、培育一批、参股一批、上市一批”的原则，积极探索园区企业上市帮扶机制，千山药机成功上市，恒天九五、开元仪器已通过IPO（首次公开募股），瑞翔新材料、凯天环保等企业正在积极筹备上市。财政部门千方百计争取银行贷款支持，2011年新增授信额8.35亿元，争取上级资金支持1.51亿元。全力推进公司二期12亿债券发行工作。积极推进公司化运作步伐，先后与光大证券、经鼎投资签订战略合作协议，成立新材料投资基金，投资控股公司、小额贷款公司、担保公司的业务不断拓展，开发有限公司自我造血能力进一步增强。为解决中小企业融资难问题，相关部门牵线搭桥，召开两次银企对接会议，实现当天放贷2000万元，帮助中小企业缓解融资难题。财务管理方面，全面实施全额部门预算管理，制定《财政专项资金管理办法》等财务管理制度，厉行节约，成效明显。

资产盘活成效显著。采取多种方式，全力推进破产企业“腾笼换鸟”。通过多轮谈判，成功收回破产多年的光南摩托闲置土地18.13公顷及其配套零部件企业土地，在此基础上，全面规划星沙中央商务区建设。积极、主动介入LG破产过程，通过引进破产主控方、租赁方、投资方等，在一年半时间内，取得债权方的理解与支持，顺利推进LG破产工作，并成功引进蓝思科技新项目，实现破产与重组的双赢。通过协调湘林木业项目的退出，引进上海德普总部经济项目，取得显著成效。加大闲置厂房利用力度，下力气清退画佳电子，引进湖南信昌机械公司。解决历史遗留的企业破产问题，并借此引进新的优质项目，为破产处置工作探索新的道路。

社会事业全面进步。全力推进安置区建设、公交车站场建设、公交线路延伸、交通设施建设、泉塘公园规划设计等工作，深入开展困难职工帮扶、劳资纠纷协调工作，加强园区企业劳动合同签订、工资发放等情况的检查，扩大园区社保征缴面，园区企业社会保险参保率由65%提高到75.9%，园区社会服务日趋规范、有序、和谐。加大人才引进力度，落实引进高层次人才鼓励政策，确定每月18日为经开区人才招聘日，组织招聘会124场次，引进人才32220人。开展“星沙大讲堂”培训讲座81期，培训员工17800人次。

安全维稳常抓不懈。贯彻落实安全生产责任制，深入推进食品、饮水和特种设备安全检查，建立健全应急救援预案和应急管理体系，开展多轮地毯式的安全检查，全区安全生产保持基本稳定。积极开展社会治安综合治理，妥善处理各类突发事件和矛盾纠纷，依法处理企业破产、农民工工资、非法集资等问题，有力维护全区大局稳定。

2008～2011年，经开区连续被评为湖南省“内联引资、利用外资”工作先进单位。在商务部2010年国家级经开区投资环境综合评价指数排名中名列第16位，在中西部国家级经开区排名中名列第3位。

【实行企业生产“宁静日”制度】 从2008年5月12日开始，经开区率先在园区内实行“宁静日”制度，即每月1~20日，任何部门不得到园区企业进行常规性检查，确需检查的，须事先报告区优化办。同时，正式开通优化效能24小时专用投诉电话（0731－84012342）。

【中日汽车高峰论坛在经开区举行】 2008年12月6日至8日，中日汽车（湖南·星沙）高峰论坛在长沙经开区召开。此次论坛以“保障汽车产业的可持续性发展的技术和战略”为主题，由中国汽车高峰论坛组委会、日中汽车交流协会、长沙市人民政府主办，长沙经开区管委会、长沙市经委、长丰集团承办。来自日本汽车产业与技术的高层人士及国内汽车产业的专家、学者、企业代表以及省、市领导共400余人参加活动。副省长陈肇雄宣布论坛开幕，市长张剑飞致辞。

【经开区工会获评“2008年全国亿万职工迎奥运健身活动”先进单位】 2008年12月，长沙经开区工会被中华全国总工会评为“2008·全国亿万职工迎奥运健身活动”先进单位。

【被认定为湖南省首批电子信息产业园】 2008年12月10日，长沙经开区被省电子信息产业厅认定为湖南省首批电子信息产业园之一。

【召开银企合作洽谈会】 2009年2月20日，长沙经开区管委会召开银企合作洽谈会。驻区各金融机构、相关担保公司负责人以及有资金需求的园区企业负责人共150人参加会议。全区共有63个项目，资金需求达到30.2亿元。达成银企合作的企业（项目）30余家，融资金额8亿元以上。其中获得直接授信的企业20余家，融资金额5亿元上。

【获全国最具投资潜力百强开发区第6名】 2009年，经过长达3个月的紧张推选，由《经济观察报》和中国区域经济学会联合主办的中国最具投资潜力百强开发区排名于当年5月18日公布。长沙经济技术开发区在全国最具投资潜力百强开发区中排名第6，中部省份开发区第1名，成为中部六省唯一上榜的“五星级”开发区。

【全国经济特区及开发区第23次工会工作会议在经开区举行】 2010年10月13日至14日，全国经济特区、开发区第23次工会工作会议（长沙·论坛）在长沙经开区举行。中华全国总工会书记处书记、党组纪检组组长王瑞生，中华全国总工会基层组织建设部部长郭稳才，湖南省人大常委会副主任、省总工会主席刘莲玉，湖南省总工会党组书记、副主席肖刚强，长沙中共市委常委元明，长沙市人大常委会副主任、市总工会主席张建国，长沙经开区党工委书记杨懿文、管委会主任李科明等领导以及来自全国51家经济特区、开发区的120余名与会代表出席开幕式。

【中国工程机械配套件行业年会在长沙经开区举行】 2010年10月18日至19日，2010年中国工程机械配套件行业年会在长沙经开区举行。年会由中国工程机械工业协会工程机械配套件分会主办，长沙经开区管委会协办。来自卡特彼勒、徐工、三一等40家世界工程机械主机“巨头”，以及国内外200多家关键部件生产企业的近300名代表参会。

【长沙经开区总工会成立】 2010年12月28日，长沙经开区总工会成立暨第一次代表大会召开，选举丁仁义为第一届委员会主席。区总工会辖基层工会组织182家，工会会员总数99436人。

【三一重工投资2亿美元在巴西建基地】 2010年2月22日，三一重工与巴西圣保罗州签订投资意向备忘录，首期投资2亿美元在圣保罗州建设工程机械生产基地，2011年上半年投产。这是三一重工继在美国、印度、德国投资建厂后，在国际拓展上的又一大手笔。

【获“湖南最具投资价值产业示范园区”称号】 2010年8月31日，湖南十大最具投资价值产业园区暨投资湖南十大杰出贡献人物评选揭晓，长沙县经开区获“湖南最具投资价值产业示范园区”称号。

【组织开展新一轮竞争上岗】 从2010年12月起，党工委、管委会机关组织开展聘期届满负责干部任期考核，并实施新一轮竞争上岗。根据干部职务层次，分三批次实施竞岗。第一批竞争部门正职职位（市委组织部备案职位）；第二批竞争部门副职职位；第三批竞争部门内设处室长职位。第一批竞争上岗，所有聘期届满的副县职干部全部参加竞岗，公布8个职位，21人参加竞职演讲与民主推荐，10人入围，由工委会议票决产生7名拟聘职人选，其中蒋君山、黄恩晓等2人续聘，刘曙、陈建辉、王怀庄、李乔岚、马鑫5人提拔聘任。

【“全程代办”全面启动】 2011年3月25日，长沙经开区“全程代办”工作全面启动。项目代办的范围主要分为企业注册登记，国土、规划、建设相关手续办理和咨询服务三大类。管委会主任李科明对全程代办明确提出“五个一”要求，即一个“窗口”、一支“队伍”、一种“机制”、一套“方案”、一笔“经费”，并希望全程代办投资服务中心全体人员创新、作为，努力将“全程代办”打造成有“经开区特色”的金字招牌。

【国家生态工业示范园获批】 2011年4月2日，长沙经开区创建国家生态工业示范园建设规划和技术报告先后通过预审、专家论证、国家生态工业示范园区建设协调领导小组办公室审查，由环保部、商务部和科技部批准进入“建设国家生态工业示范园区”行列。这标志着长沙经开区成为长沙市首家被批准建设国家级生态工业园的国家级经济技术开发区，对于推动全市各级开发区生态化改造和产业升级，实现可持续发展具有重要的现实意义，同时也为全市其他各类工业聚集区的生态建设工作起到示范带动作用。

【承办湖南·意大利经贸合作洽谈会】 2011年6月23日，由湖南省人民政府主办，湖南省商务厅、长沙市人民政府和长沙经开区管委会联合承办的“湖南·意大利经贸合作洽谈会”在意大利都灵举行。省委副书记、省长徐守盛出席会议并致辞，长沙经开区管委会主任李科明、区招商合作局局长马鑫、意大利各界嘉宾和客商代表、湖南省相关部门、开发区和企业代表130余人参加会议。会上，长沙市共有5个项目成功签约，总投资超过10亿元人民币。其中，为菲亚特汽车项目配套的世界500强企业麦格纳公司和日本电装公司落户长沙经开区尤其引人注目，为园区打造“中国汽车产业集群新板块”奠定了坚实基础。

【中国（长沙）国际工程机械配套件博览会举办】 2011年7月14日，中国（长沙）国际工程机械配套件博览会在北京国家会议中心举行推介会。此次推介会除邀请行业内中国工程机械品牌网、《建设机械技术与管理》杂志、中国工程机械配套件网、慧聪工程机械网等40多家专业媒体和新浪网、腾讯网、和讯网等多家门户网站外，还邀请了德国机械设备制造业联合会建筑设备与建筑材料机械协会（VDMA）、美国设备制造商（AEM）等协会，康明斯、道依茨、卡拉罗等国际知名工程机械配套件企业参加。长沙市副市长文树勋、中国工程机械工业协会秘书长苏子孟、长沙经开区管委会主任李科明等出席会议。

【非诉讼纠纷解决（ADR）中心挂牌成立】 2011年9月8日，长沙经开区非诉讼纠纷解决（ADR）中心在园区挂牌成立，这是全国首家在开发区设立的ADR中心。该中心的设立，将实现企业在涉外、知识产权、商事和劳资等纠纷的解决不出园区，对进一步优化园区投资环境，提升管理和服务水平，夯实竞争“软实力”具有重要的意义。此举得到园区企业的积极响应，三一集团有限公司、湖南山河智能机械股份有限公司、博世汽车零部件（长沙）有限公司、广汽菲亚特汽车有限公司等45家企业首批加入长沙经开区ADR中心公约。为保证ADR中心开展工作的效果，长沙经开区管委会聘请香港城市大学法律学院院长王贵国、北京大学法学院教授刘凯湘、中国政法大学教授冯晓青、中南大学法学院院长蒋建湘等8位咨询专家，另聘请15位经验丰富的业务专家。

【中国挖掘机械行业第十五届年会举行】 2011年11月29日至12月1日，以“后经济危机时代，中国挖掘机械行业发展机遇与挑战”为主题的中国挖掘机械行业第十五届年会在长沙经开区明城国际大酒店举行。本次年会由中国工程机械工业协会挖掘机械分会主办，山河智能装备股份有限公司协办，经开区管委会主任李科明出席会议并致辞。

【“长沙经开区精神”发布】 2011年12月31日，“长沙经开区精神”正式发布。“长沙经开区精神”的主要内容是：“简洁务实，无我有为，创新高效。”

（余佳友）

"两型社会"建设重要项目

长沙空港城建设

【概况】 长沙空港城位于长沙县黄花镇，2010年启动筹备工作，2011年2月9日正式挂牌成立长沙县空港城管理委员会，由县委常委或副县长兼任党工委书记、管委会主任，内设综合办公室、规划建设部、招商服务部、财务融资部、社会事务部。由长沙县人民政府单独注资1亿元，组建空港城建设投资有限公司，履行空港城规划区域内的投资主体、融资平台、城市综合运营商职能。另外长沙县人民政府和省机场管理集团分别注资3500万元和6500万元，组建湖南省临空产业投资开发有限公司。该公司主要负责紧邻机场区域、与机场运营密切相关的产业开发。空港城规划范围西至长株高速公路、东至机场联络线、北至漓湘路、南至南绕城高速，打造一个总面积54.6平方公里的"知识型现代服务业生态城"。

【与中泽嘉盟签署合作备忘录】 2011年3月29日，空港城与国内IT产业领军企业中泽嘉盟签署三网融合产业化基地合作备忘录，携手在空港城共建三网融合产业化基地。国家广电总局广播科学研究院院长邹峰，市、县领导张剑飞、文树勋、张庆红等见证签约。

【人民路东延线（空港城段）开工】 2011年4月28日，长沙人民路东延线(空港城段)开工建设，标志着湖南长沙空港城项目正式启动。人民路东延线是空港新城连接长沙主城核心区、国家级长沙经济技术开发区和黄花国际机场等功能区的东西向主干道，西起东二环，东至机场联络线，全长21.18公里，其中空港城段长7.2公里，路幅宽58米，双向10车道，工程总造价7.1亿元。作为新的"省门第一路"，将为空港新城在长沙城东崛起，促进临空产业发展，完善区域经济结构，助推全省进一步扩大开放发挥积极作用。省委书记周强、国务院国有重点大型企业监事会主席石大华及省市县领导于来山、韩永文、张剑飞、徐宏源、文树勋、姚永春、施亚雄、杨懿文、李科明、张庆红、廖建华、李世安、吴京生、李洪波、刘素月、陈旭、胡春山、周郁文、周安伟、万惠明、邓新明出席开工仪式。

【张剑飞考察人民路东延线（空港城段）建设】 2011年9月30日，长沙市市委副书记、市长张剑飞一行在县政府、长沙县空港城管理委员会、中铁中南投资公司总包部及项目部负责人陪同下，对人民路东延线（空港城段）项目的施工进度、安全措施等方面进行视察，并对施工人员进行亲切慰问。

在项目部，张剑飞详细了解施工管段内的施工重点和难点，并听取项目部的工作汇报，对施工难等问题表示理解，并称赞项目部施工现场安全措施做得及时、到位。他要求项目部要坚定信心，排除困难，保安全、重质量、赶进度，建设好人民路东延线。 （龙赛斌）

松雅湖建设

【概况】 松雅湖按照"现代理念、人文情怀、世界眼光、国际水准"的建设要求，遵循起点高、布局优、功能全、整体美的设计原则，着力打造体现世界视野的城市湖泊。2009年完成团结垸退田还湖拆迁安置工作，腾地733.33公顷（11000亩），拆迁安置完成后举行了松雅湖项目开工典礼；办好省发改委对长沙县退田还湖项目的备案批文，解决项目建设的合法性问题。2009年底，县人民政府与北大青鸟集团签订松雅湖项目合作开发合同。是年底实现成湖工程一期蓄水。2010年，投资3000万元，开工建成松雅湖引排水工程。2011年1月20日成功实现全面蓄水，400公顷湖面已全面展现。2011年，通过招标评审，确定由澳大利亚吉好地咨询（北京）有限公司设计《松雅湖概念性规划》和《松雅湖修建性详规》，获得林业部同意长沙县开展松雅湖国家湿地公园试点工作的批文；组织开展全民植树活动，启动松雅湖园林绿化等美湖工程。投资6.7亿元的环湖道路工程于2011年5月开工建设。

【团结垸退田还湖拆迁安置完成】 团结垸退田还湖项目拆迁范围涉及5个村，35个村民组，其中原星沙镇万明村15个村民组为全建制拆迁，其境内29宗国有、集体企事业单位同时被拆迁，另有望新村5个、螺丝村5个、洋湖村6个、回龙村4个村民组，拆迁腾地总面积733.33公顷。万明村和回龙村汤家冲组，共动迁总户数1224户，动迁总人口3884人，其中农业人口3642人，非农业人口242人。

2008年12月26日，县委、县政府召开全面启动团结垸退田还湖工程动员会，随即成立退田还湖拆迁安置部，组织120多人的专业拆迁队伍，从2009年1月7日开始，拆除被征地农民房屋1225栋，拆除国有、集体单位房屋78栋，并首次按照市政府103号令的拆迁安置标准，实施退田还湖项目的拆迁安置补偿，本着“依法拆迁，让利于民”的原则，解决拆迁户的住房、生活、养老、社保、就业等问题。退田还湖项目投入拆迁安置资金20亿元，其中支付房屋拆迁款9.34亿元；青苗补偿款7352万元。支付国有土地4宗补偿金额905万元，支付集体土地拆迁项目补偿金额6672万元，发放购房补贴凭证1155户，共3584人，凭证记载资金36332.35万元，兑付购房补贴凭证资金21670.69万元。社会保障方面，办理社保医保手续3620人，发放社保资金929.39万元，支持被拆迁农户再就业492人，发放再就业补偿金45.26万元。2009年6月30日，这项长沙县历史上最大规模的拆迁安置工作完成，保证了松雅湖项目建设的顺利开工。

【松雅湖项目取得备案批文】 因省发改委2003年关于团结垸退田还湖工程的批文到期，退田还湖项目全面启动需要重新备案。2009年9月4日，经省发改委《关于长沙县团结垸退田还湖工程项目备案的通知》（湘发改〔2009〕975号）文件批复，团结垸退田还湖项目符合备案要求，准予立案。项目总用地面积946.67公顷，其中湖面320公顷，生态绿地和公益性设施建设626.67公顷，以松雅湖为中心，建设四个向湖心的生态景观轴，八个由内而外的景观带，建设总长8.7公里的香堤路、捞刀河路、东六线北延线等三条环湖道路，项目估算总投资38亿元。省发改委备案批文的取得从根本上解决了项目建设的合法性等一系列问题。

【松雅湖项目举行开工典礼】 2009年7月21日上午9时28分，松雅湖项目暨团结垸退田还湖工程开工典礼在星沙滨湖路洋湖段举行。全国政协常委、省政协副主席、中国工程院院士袁隆平，中国军事科学院战略部副部长、少将毛新宇，省人大常委会副主任陈叔红等省市县领导69人，吉好地咨询（北京）有限公司、北大青鸟集团等5家公司总经理，县直机关47个单位，退田还湖拆迁安置部全体工作人员共1200多人参加开工典礼。长沙县广福建筑公司作为成湖工程项目第一标段的施工企业，在典礼现场排列大型运土车40台，820型挖掘机14台，D85型推土机8台，工地环保洒水车2台，主席台前排就座的领导为项目奠基后，所有机械开赴施工现场，进行挖土造湖。

【松雅湖一期工程开闸蓄水】 2009年12月26日，长沙县委、县政府在捞刀河路与香堤路交汇处举行松雅湖一期工程蓄水仪式。长沙县委书记、经开区党工委书记杨懿文启动闸门控制钮，将捞刀河水从石子暗涵引入松雅湖。县委副书记、代县长张庆红致辞。松雅湖项目自2009年7月21日开工，在不到5个月的时间内，工程指挥部将湖底工程分为9个标段，9个工程队完成深水区开挖土石方量约670万立方米；完成长约2公里段的香堤路截渗灌浆工程，防止西边的松雅河水渗入松雅湖；修建改造石子暗涵及排水控制闸三项必备工程，一期开闸，使松雅湖深水区蓄水面积达86.67公顷，达到预期效果。

【松雅湖项目合作开发合同签字】 因团结垸松雅湖综合开发工程投资巨大，管理复杂，长沙县决定在全国范围内选择具有类式项目建设和管理经验的合作伙伴，成立专门的谈判小组，与国内外多家有意向合作的企业集团和投资商，就合作目的、条件、要点进行认真细致地沟通，在对各家实力作客观评判和比选后，最终确定北大青鸟集团为合作对象。双方于2009年5月20日港交会上签订合作框架协议，经过半年的进一步洽谈，就全部合作条款达成一致，于2009年12月28日签署松雅湖项目合作开发合同。长沙县人民政府代县长张庆红，北大青鸟集团执行总裁苏达仁代表双方在合同上签字。合同的签订标志着松雅湖项目建设翻开了新的一页。按照合同约定，在签约之日起180天内，北大青鸟集团向银行融资15亿元投入松雅湖项目开发建设。

【松雅湖项目总体规划确定】 从2009年1月开始，总工室按照"公平、公正、公开"的原则，就总体规划的招标、投标、评标、公示、定标等环节制订工作方案，邀请国内外14家知名规划设计单位，参加松雅湖生态公园总体规划方案竞选，邀请中国工程院院士刘鸿亮等11位知名专家担任评审委员评审专家。2008年3月召开评审工作会议，澳大利亚吉好地咨询(北京)有限公司编制的规划方案获得第一名，成为松雅湖生态公园总体规划中标方案。2011年，为进一步优化设计方案，通过公开招标，确定英国仲量联行（上海公司）实施成湖和环湖区域整体性商业性规划，聘请专家召开8次论证会，对成湖规划进行完善。吉好地公司编制的《松雅湖概念性规划》、《松雅湖修建性详规》，吸纳其他13家公司的设计优点，博采众长，彰显松雅湖项目的规划设计先进的理念和开放的格局。2011年12月21日，松雅湖管理局组织专家评审会议，确定澳大利亚吉好地咨询（北京）有限公司编制的《松雅湖概念性规划》、《松雅湖修建性详规》成为松雅湖生态公园总体规划方案，得到县委、县政府原则通过。 （罗宏斌）

星沙产业基地建设

【概况】 星沙产业基地前身为星沙工业配套产业基地，是在2005年规划的黄丰组团的基础上，2006年3月29日经县政府批准设立的非常设机构。2009年7月1日，经县委批准，成立星沙产业基地，并授权经开区有关职能部门对星沙产业基地按"七统一"（统一发展规划、统一开发建设、统一产业布局、统一优惠政策、统一招商引资、统一环境治理、统一管理服务）的模式进行"七个托管"（规划托管、建设托管、开发托管、招商托管、产业布局和项目准入托管、环境治理托管、管理和服务托管），同时冠名为"国家级长沙经济技术开发区星沙产业基地"。

星沙产业基地规划总面积为18.7平方公里（根据星沙新城新一轮规划，将拓至40.7平方公里），东起机场联络道，南到长永高速，西至绕城线，北接滨湖路。其中一期控制性详细规划面积为9.25平方公里，具体范围为东至黄蜂路，西至绕城线，北至长峰路，南至长永高速公路，涉及黄花镇长龙、华湘、黄花、湘峰、茶塘5个村，一期启动区为5平方公里。

星沙产业基地坚持用现代理念、国际化视野、国际化标准，高起点规划、高标准建设，积极探索高效低碳的经济发展方式。按照县委提出的"3个1/3"（即1/3发展工业，1/3发展生产性服务业，1/3发展商贸服务业和住宅业）协调发展。根据产业导向及规划，在基地整体规划区内，开元东路以南为工业用地，重点发展汽车零部件、工程机械、电子信息、新型材料、生物医药等产业；开元东路以北以经营性项目为主，重点发展总部经济、金融投资、教育培训、工业信息服务、现代物流、住宅、商贸服务、休闲娱乐等第三产业，为基地提供配套服务。

园区在开发建设过程中坚持突出公司化运作。总注资3.8亿元的星沙产业基地开发有限公司，按照"政府引导、市场运作、滚动发展、动态平衡"的经营理念，承担园区土地开发、资产运营等相关工作。公司与工管委相辅相成，实行"两块牌子，一套人马"的管理模式，在政府引导下，积极投身市场，走多元化发展道路，突出园区开发运营平台建设，形成公司运营园区、园区反哺公司的良性格局。

招商引资成效显著。截至2011年底，入园企业25家，其中世界500强4家，上市公司6家。有总投资165亿元的三一·春华生态新城项目，投资50亿元的山河智能项目，投资6.8亿美元的日本住友轮胎项目，投资12亿元的云箭集团项目，投资3.5亿元的正圆动力项目，投资4亿元的万容科技项目。项目总投资超过200亿元。

基础建设如火如荼。通过两年多建设，园区的水、电、气、路、网等配套能力得到大幅提高，为项目及时开工和产城融合提供了强有力保障。基础设施建设累计投资2亿元，新建园区道路10多公里，铺设水电气等管网20余公里。蓝田北路、凉塘路、长界北路已建成通车；110千伏椞（梨）黄（花）线、35千伏黄（花）果（园）线及过境所有万伏线路完成迁改；开元东路以南燃气管道、临时污水提升泵站及污水输送管道等能源配套工程顺利完工并投入使用；红枫路、双塘路等多条道路正按计划施工。

项目服务水平提高。累计已批回和待批回用地约333.33公顷（5000亩），保障用地之需；深入推行全程代办和一站式服务，建立项目联系等常态性工作制度，定期调度和日常沟通相结合，将问题消除在萌芽状态，解决在现场，为企业排忧解难，提高工作效率及园区软实力。对园区25家企业、13个在建工业项目、1个投产企业进行“一对一”联点帮扶，形成多层次联合协调解决问题的工作机制。

产城融合得到生动实践。坚持规划先行、基础前移、产业递进，积极实践产城融合理念，一是高标准编制产城融合概念规划，着手编制控规和详规；二是启动工业地产、安居工程、实训基地、职教中心、创业服务中心等服务业项目，服务园区、服务企业、服务市民的能力逐步提高；三是社会管理和服务机制逐步完善，管委会的经济建设和社会管理服务职能合理分离。长龙街道及社区正式成立，综合性服务设施建设列入议事日程。同时，园区坚持开发建设和生态保护共同推进，最大限度地保留原有山体水系，确保城市与乡村相得益彰，将经济发展方式和园区开发模式转变到健康、生态、可持续发展上来。

【云箭集团一期工程开工投产】 2009年4月27日，借助中部博览会平台，县人民政府在合肥与大型央企中国兵器装备集团旗下的湖南云箭集团签约，该项目计划投资12亿元，是全省在中博会期间签订的最大项目之一。该项目落户星沙产业基地，有助于长沙县打造“中国工程机械之都”与“湖南汽车零部件产业走廊”的战略目标。2010年11月1日，湖南云箭集团有限公司在星沙产业基地举行开工奠基仪式。2011年11月28日，湖南云箭集团长沙新区一期工程开工投产。公司充分利用百年军工技术以及清华大学、国防科技大学、中南大学等国家一流高校的研发优势，合作开发生产国际国内领先的节能环保型涡旋式空气压缩机系列产品、光纤捷联导航系统、灯泡贯流式水轮发电机组，潮汐发电机组，抽水蓄能发电机组等中大型水轮发电设备系列产品。项目全部建成投产后，可提供就业岗位1500人，实现年销售收入20亿元以上，实现利税2亿元以上。

【“幸福家园”廉租房项目奠基】 2010年5月9日，“幸福家园”关爱农民工廉租房项目奠基仪式在星沙产业基地举行。中国志愿服务基金理事会会长甘英烈，中央文明办志愿服务工作组组长陈瑞峰，湖南高岭国际工业园有限公司董事长张青，省委常委、长沙市委书记陈润儿，副省长郭开朗，省文明办主任宋智富等领导出席。该项目由中央、省、市文明办督办，由中国志愿服务基金会张青志愿服务专项基金、湖南高岭国际工业园有限公司共同捐建，由长沙县人民政府负责土地供用和附属配套设施建设。项目一期投资1.15亿元，建成后主要为经开区及星沙产业基地提供配套服务，可解决2000多人的住房问题。

【山河工业城项目签约星沙产业基地】 2010年7月21日，山河工业城项目签约仪式在明城国际大酒店举行，副县长万惠明主持，李科明、李洪波、吴京生等县区领导出席。该项目占地178公顷，规划投资50亿元以上，建设期6年，总建筑面积100万平方米，建成后年产值达200亿元以上，将成为全球最大的基础施工装备制造基地、中南地区最大的挖掘机制造基地、湖南省和长沙市大型装备研发制造及配套园之一。山河工业城建设将分三期进行，每期建设周期两年，包括山河智能挖掘机械生产基地、大型基础施工装备生产基地、军事工程机械生产基地、工程机械配套生产基地等。

【日本住友橡胶项目】 2010年8月14日下午，日本住友轮胎项目签约仪式在星沙产业基地举行，省委书记周强会见日本住友橡胶工业株式会社社长三野哲治一行，并见证签约。2011年2月19日举行奠基仪式，省委常委、市委书记陈润儿宣布住友橡胶（湖南）有限公司项目正式奠基，标志着日本住友橡胶项目正式扎根星沙产业基地，将有力助推中国汽车第六极“加速跑”。省委常委、副省长陈肇雄、市长张剑飞以及日方代表住友橡胶工业株式会社社长三野哲治、住友橡胶工业株式会社专员董事池田育嗣、住友橡胶（中国）有限公司董事长高见昌文出席奠基仪式。该项目一期投资约3亿美元，占地40公顷，预计2012年7月投产，全部投产后可年产1000万条轮胎，实现产值30亿元。

【康宝莱项目奠基】 2010年10月12日，全球知名保健品企业康宝莱首个全球原料生产基地奠基仪式在星沙产业基地举行。该项目一期投资6000万元，主要产品为生姜、迷迭香、葛根和绿茶等天然植物提取物，建成达产后天然植物提取物和原粉年产量将达1000吨。长沙市市长张剑飞，康宝莱全球首席营运官顾理诗出席并致辞，杨懿文、李科明、张庆红等县区领导出席奠基仪式。

【星沙汽车研究院挂牌成立】 2011年1月15日，清华大学汽车工程系星沙汽车研究院在星沙产业基地正式挂牌成立，县委副书记曾超群、副县长万惠明揭牌。清华大学拥有雄厚的专家技术团队，汽车研究院进驻长沙县后，将为该县汽车及零部件制造企业提供强大的技术支持。

【星沙产业基地“产城融合”概念规划座谈会召开】 2011年5月21日，长沙县召开星沙产业基地“产城融合”概念规划座谈会。根据概念规划，星沙产业基地“产城融合”建设中将最大限度地考虑农田和农民的保护，尽可能保全自然地貌并保证工业发展用地结构，让其具备鲜明特点和能够实现先进发展理念的城市特征。本次会议邀请日本著名建筑规划大师、曾经参与过日本筑波产业园和台湾新竹产业园设计规划的横松宗治先生与深圳市雅克兰德设计有限公司首席规划景观设计师吴文媛女士献计献策。县委书记、经开区党工委书记杨懿文出席座谈会并讲话。县领导刘素月、陈旭、王益枝、杨莉、胡春山、周安伟、万惠明等出席座谈会。

【山河工业城奠基典礼暨山河智能装备集团成立大会召开】 2011年7月28日，山河工业城奠基典礼暨山河智能装备集团成立大会在星沙产业基地举行，省人大常委会党组副书记、副主任陈叔红致辞并宣布奠基，经开区党工委书记、县委书记杨懿文致辞。县委副书记孙晓勇，经开区管委会常务副主任吴京生，经开区管委会副主任黄瑶，经开区管委会副主任刘逢春以及中国工程机械工业协会秘书长苏子孟，山河智能装备集团董事长何清华出席仪式。经开区管委会主任李科明主持仪式。

【经沣欧美砖投产】 2011年7月29日，经沣欧美砖公司正式点火试制，成为产业基地自成立以来首家正式投产企业。全部投产后的经沣欧美砖年产量6000万块，采用美国一流技术，节能环保，市场前景广阔。

【中央党校国际战略中心课题组专家调研】 2011年11月19日，中央党校国际战略中心课题组专家秦治来、谢晖率团到长沙县考察。期间，考察团一行参观了园区企业，详细了解园区整体发展战略。县委常委、常务副县长胡春山陪同考察。 （田春雷）

现代农业创新示范区建设

【概况】 2008年，长沙县委、县政府为加速推进全县现代农业发展和城乡一体化建设步伐，按照“南工北农、一县两区，分类指导、科学发展，城乡一体，统筹发展”县域经济社会发展思路，作出创建现代农业创新示范区的决策。示范区总体发展规划由中国国际工程咨询公司编制，并通过由中国工程院院士袁隆平为首的专家组评审。2008年9月被省政府批准为省级现代农业创新示范区；2010年8月，农业部将该县整建制列为首批“国家现代农业示范区”。

示范区规划面积涵盖全县除“一区（国家级长沙经济技术开发区）八园（暮云、星沙、黄花、榔梨、黄兴、安沙、干杉、江背产业园区）”等工业和服务业园区以外的县域面积。重点突出捞刀河以北的12个乡镇、38万人口、1150平方公里的主体部分，并覆盖南部7个乡镇的农村区域。

自2008年启动建设以来，通过重点实施中央财政支农资金、土地整理、农业综合开发、农田水利、中低产田改造等一批建设项目，全县共投入农业建设资金37亿多元，捆绑用于农业基础设施建设和发展现代农业设施与装备，其中争取中央、省、市上级支持资金3亿元，县级财政资金8.6亿元，引导企业投资和银行贷款以及农民投工投劳等各项资金约25.4亿元。促成涉农项目签约117个，签约金额300亿元，其中投资额在1000万元以上项目50个，实际到位资金19.8亿元，批准现代农庄项目立项43个，涉及超级杂交稻和优质稻、有机茶叶、绿色蔬菜、特色瓜果、精品花木、食用菌、生态养殖、乡村旅游等八大产业。截至2011年底，示范区水稻、茶叶、蔬菜、苗木等四大优势产业规模化生产、标准化种植面积分别达3万公顷、6666.67公顷、6666.67公顷、8000公顷，规模流转土地面积2万公顷。省道S207线现代农业综合示范带已具雏形，春华、路口、高桥、金井、果园、开慧等乡镇现代农业园区建设已现端倪。示范区内拥有市级以上农业龙头企业48家（其中国家级1家、省级15家、市级32家），发展各类专业合作组织500余家和种养大户1675户。2011年实现农林牧渔业总产值83亿元，其中农业种植业产值45.5亿元，农村居民人均可支配收入13405元。

四年来，示范区建设得到农业部、省、市、县各级各部门的高度重视和大力支持。2010年9月，全省农业现代化建设工作会议在长沙县召开。2010年12月，该县作为全国首批52个国家现代农业示范区中11个代表之一应邀出席农业部在北京召开的"国家现代农业示范区建设座谈会"，该县介绍的经验得到与会者的热烈响应。2011年3月，省农业厅厅长田家贵一行到该县专题调研时对示范区工作给予高度评价，会后农业厅以纪要形式明确成立工作指导组对接支持该县工作，要求示范区用5年左右时间"打造成全国现代农业的样板区、农业科技成果转化与现代农业装备应用的展示区、成建制的社会主义新农村示范区"。2011年5月，国务院副总理回良玉视察时，充分肯定该县水稻高产创建工作。2011年11月，农业部在成都举行"国家现代农业示范区建设专题培训班"，该县作为全国6个典型代表作经验介绍。

（王　浩）

农村环境综合治理

【概况】　自2007年底国务院批准长株潭城市群为全国"两型社会"综合配套改革示范区后，长沙县把城乡环境综合治理和生态建设列入重中之重，将环境优美、生态文明作为抢占新一轮发展机遇的制高点。该县2008年率先建立生态创建领导机构，着手发展生态县创建工作，并成立环境建设投资公司，通过土地运作加大投入的财力支撑。2009年打响捞刀河流域综合治理工程的宏大战役。2010年伊始，县委、县政府成立长沙县农村环境综合治理领导小组，由县委书记任顾问，县长担任第一负责人。全县乡镇（街道）党委和政府32个县直办局为成员单位，负责协调推进治理工作。乡镇（街道）还配备3～5名专业班子。确定一名副职以此为第一要务，行政村（社区）党支部书记为本辖区的第一责任人，强势推进全县农村环境综合治理和生态文明的建设工作。

县农村环境综合治理和生态文明办公室通过两年的探索和努力，狠抓各项工作落实，采取一系列措施，取得了一定成效。

提升环保意识，营造全民参与氛围。宣传、发动、依靠群众是启动环境综合治理这一庞大系统工程的基础工作。县农村环境治理办具体实施了五项工作：一是分层确立责任人和工作网络。县、乡、村、组四级由行政一把手负总责，乡镇（街道）设立工作机构，村级确立联系人，组级以妇女组长为专干。并将领办主体定在县级，组织主体定在乡级，实施主体定在村级，参与主体定在家庭，基本形成环境治理组织构架。二是环保宣传进家庭，环保知识讲课堂。牢牢把握正确的舆论导向，灵活运用各种宣传手段和形式，营造氛围，唤起群众共鸣，引导群众提高认识、转变观念。全县9万名中小学生人手一套环保教科书；拟出25条贴近生活的宣传标语发放到20多万个家庭；张贴县人民政府关于畜禽养殖区域划分《通告》1万份，4万名党员创先争优承诺，带头环保均成为首选内容等等。三是集中行动，用行为调动环保意识。在全县216所中小学校全面开展"小手牵大手，生态环保行"活动。多个乡镇的七一、五四党团员活动把主题定位在环保行动上，出门扫马路，上街捡垃圾。四是调整考核比分，优化绩效评估。在100分考核体系中，环境治理份额北部乡镇14分、南部8分。五是开展专题培训，深化骨干认识。把强化学习、提高认识作为搞好环境治理的基础来抓。由县农村环境综合治理办公室牵头培训县工作队员和乡镇经办机构工作人员。分7个片区召开村支书、村妇联主任再动员大会。全县上下奏响同台抓环保，合力美家园的交响乐。

突击河流清污保洁，致力居民用水安全。投入233.6万元突击主要河流的清污保洁，打捞存积的水葫芦53万多平方米，打捞处置病死猪3万多头，以及浏阳市不断漂流而下的河床废弃物。实行河道清污常年维护制度，组建21支常年清污保洁队伍，两河干流和主要支流均已进入常态打捞阶段，河流水质大多时间达到Ⅱ、Ⅲ类标准，“两河”再现江南秀美风光。建立16个断面监测点，实行乡镇临界断面水质监测考核制度，即乡镇与乡镇交界水质断面交接管理，由环保部门一季一检测，纳入乡镇绩效考核重要内容。设立举报电话，建立“谁污染谁治理，谁失职处罚谁”的监管机制，建立有效的应急监管体系，从组织上确保治污治河强势推进，达到“不留死角，一网打尽”的综合治理目标。

控制牲猪存栏减量，推行养殖转产扶助。畜禽养殖污染是污染环境，侵害水源的主要因素之一，为切实加强生态环境保护，控制农村养殖面源污染，降解养殖对水源、大气、田间、河港带来的污染，从畜禽养殖超过环境承载能力的实际出发，按照一治二限三转的工作思路，对县城主要水源地地表水环境功能区进行合理区划，科学划定畜禽养殖的禁养区、限养区，出台《畜禽养殖区域划分》和《畜禽养殖转产扶助鼓励暂行办法》等政策性文件，印发县人民政府《关于加强环境保护的通告》。并组织安排由规划局牵头、环保、水利、林业、畜牧、工业等其他相关部门配合编制《长沙县两河流域的生态环境综合整治总体规划》，统筹规划建设两河流域的生态环境，形成科学系统的两河流域建设蓝图。

该县原牲猪养殖实际存栏不下于180万头，超出全县土地承载能力的3倍以上。全县已拆除养殖设施97.7万平方米。禁养区5891户已经全面退出牲猪养殖，一级限养区1130户全面减量至20头以下，与此同时，推行科学养殖、生态养殖、健康养殖、低碳养殖的发展格局，有效遏制畜禽类养殖对环境造成的严重污染。

全面治理面源污染，力促垃圾减量处置。随着经济和社会的发展，农村的商品购买率不断增加。处置好生活、生产垃圾、减少面源污染，是确保生产、生活安全的关键环节，也是确保生态环境良好的重要因素。该县建立县、乡、村、组四级管理体系，以此全面推行乡镇建立保洁机构、村级设立常年保洁员、组级设立垃圾中转点、农户配置分类垃圾桶，力推生活垃圾农户自行分类减量，在实施垃圾处置过程中，村、组（社区）干部，特别是村、组（社区）妇女干部担负当地垃圾处置的推动者和督察员的职责，经常上门指导、督促农户实行垃圾分类和自行减量，做到可以焚烧、填埋的不进地，可以回收的不乱扔。使得“乱扔是隐患，回收是资源”的环保理念深入人心。全县投资1700万，将垃圾桶配送到20万农户家庭，实行“乡镇自主，因地制宜，一户一桶，一组几池”的办法处置生活垃圾，由村级保洁员定期上门收集，全县垃圾处理的硬件设施全部到位，管理体系日趋完善，基本实现设施配套与村民自治同时跟进的良好效果。

逐步降消污水排放，提升乡村处污能力。建制镇的人口居住相对密集，生活污水排放给周边环境和安全用水带来隐患。全县除暮云镇纳入市规划建设外，18个中心集镇均启动污水处理厂项目工程。实现乡镇污水处理厂全覆盖，在全省尚属先例。按设计能力污水处理厂可净化20万人的污水排放，为小城镇发展和人口相对集中居住增强了环境承载能力。沼气池是惠及千家万户的节能工程，县能源办组建沼气服务公司，清运池内原料为旱土作物栽培用肥，为沼气构件配送维修，提升沼气池的综合利用能力，受到广大老百姓的好评。卫生改水改厕、四池净化是省、市国债支持项目，11600户任务主要安排在捞河流域，三年实现全覆盖。

加大植树造林力度，提高绿色覆盖面积。县委、县政府加大生态县创建力度，把40项生态县考核指标分解到乡镇和相关科局。强化到县级领导。致力于农业面源污染治理。绿色食品认证，提高有机肥料使用率，治理扬尘噪音污染，打击滥捕水陆野生动物，保护山体、水体等工作，加大植树造林力度。启动“千名机关干部下乡植树，千家万户义务植树，中小学生庭院植树”活动。全县森林覆盖率达42.91%，林木绿化率达47.98%，决心在近三年再提高8个百分点。

【投资11亿元综合治理农村环境】 2008年，长沙县启动总投资11亿元的农村环境综合整治工程，实施“清洁水源，清洁田园，清洁能源，清洁家园”的“四洁农村”试点工程，在全国开创了农村环境综合整治工程的先河。整治工程把农户生活污水处理、垃圾集中收集处理、畜禽养殖污水处理、集镇生活污水处理等“四项工程”作为主要内容，全县已有180个村15万多户完成家庭生活污水处理工程，新建沼气池15455个，15800户完成卫生改厕工作，新建乡镇垃圾压缩中转站19座，配置农户垃圾收集桶20余万个。通过关闭和限期整改等手段，对全县500头以上的生猪养殖大户进行治理。进一步将全县划分为禁止养殖区、限制养殖区和适度养殖区，禁止养殖区内的畜禽养殖场全面关停。已完成57家500头以上规模养殖场的治理工作；与24600户生猪养殖户签订退养协议，关闭拆除生猪养殖栏舍面积97.7万平方米；与1346家养殖户签订粪污达标排放协议书，有1865户养殖户已开展治理，治理面积120万平方米。

【5000余名养殖劳力退养转产】 从2010年开始，长沙县在水源敏感区、人居集中区划出400平方公里的禁养区和限养区，目标是把常年存栏量从180万头调整到70万头。考虑到退出养猪农民的损失及农民进入新产业的投入问题，县政府预算三年内投入8000余万元支持减量户转产，并出台多项优惠政策鼓励农民科学养殖、生态养殖。政府补贴给了农户再次创业的希望，全县5000余名养殖劳力选择新的就业门路，实现退养转产。

【20万户农家配备垃圾桶】 为美化农村生态环境，全县所有乡镇都组建了保洁公司，聘请1200余名保洁员，20万户农家都配备了垃圾桶。动员和引导农户对垃圾处置实行“减量家庭化、废物资源化、处置无害化、保洁常态化、村容整洁化”。村民们探索出一套垃圾处理模式，采取“分开处置、分类回收、层层减量、分别消化”的方法，取得良好效果，赢得省市财政、住建和农口战线对生态建设的支持。

【推进工业企业降污】 县农村环境综合治理办县环保局针对全县的工业企业开展全面排查和监测工作，对排放不达标的企业实行停产整治，对偷排、直排的企业采取有奖举报和强制关停的措施。对全县2家制革厂、6家造纸厂都分别采取相应的措施：双江宏伟造纸厂在2010年末顺利关闭；金井制革厂2011年5月开始将生皮外运加工；同年6月春华长旺制革厂全面关停；跳马白果造纸厂全线停产。全县工业企业沿河水质得以有效提升。

【乌川湖村打造国家级生态小康示范村】 乌川湖村位于江背镇东部，村内群山环抱、山水相依，生态环境质量优良。该村在县委、县政府“农村环境综合治理和生态文明建设”的工作部署下，以保护自然生态环境为基础，以新农村建设为主线，以“洁净家园、洁净田园、洁净水源、洁净能源”的“四洁”工程为重点，以生态富民兴村为目标，充分调动村民积极性，从基础设施建设、保护和提升生态环境、发展现代农业、弘扬中华传统文化四大方面着力，把乌川湖村打造成山美、水美、田园美、住宅美、心灵美的“五美”村庄。2011年，该村提出率先打造国家级生态环保小康示范村的目标，着力打造河田113.33公顷（1700亩）耕地高效农业产业区、乌川湖森林公园以及100公顷优质稻基地和13.33公顷（200亩）生态茶油基地。

（彭建军）

农业

综述

【概况】 2008年至2011年，长沙县农业农村工作抢抓“两型社会”发展机遇，在推进农业产业化、统筹城乡发展、实施生态扶贫、改善社会民生等各方面都有长足发展，农民生活水平持续提高。

一是农村经济发展持续加快。2011年全县完成农林牧渔总产值84.9亿元，比2007年增长59.28%，年均增长12%；农民人均可支配收入13200元，比2007年增长两倍多，年均增长20%以上，农村吃、穿、住、行等生活条件飞速发展，农村社会生活水平大大提高。

二是农业产业化快速发展。科学制定《现代农业区域布局规划》，坚持以市场为导向、发挥比较优势、产业整体开发的原则，突出发展市场占有率高、市场前景广阔的优势农产品，重点在区域化布局、专业化生产等方面突出特色、寻求突破。

三是生态环境逐步优化。启动两河流域（浏阳河、捞刀河）环境整治，全面整治养殖等污染；启动乡镇污水处理厂建设，用两年时间实现所有乡镇污水处理厂全覆盖；成立农村环保合作社，“户分类减量、村集中处置、镇监管支持、县以奖代投”的农村生活垃圾收集处理模式日益健全；率先建立农村可再生能源社会化服务体系；创新建立生态扶贫移民机制。2010年起，在全省率先启动生态补偿机制建设，县委、县政府决定从土地收入中每亩（0.06公顷）提取3万元用于生态补偿基金，对生态环境建设、水资源保护、生态湿地保护、林木资源进行保护。

四是社会民生全面改善。在全省率先实现新农合与城镇居民医保并轨，65万农村居民全部纳入医保系统，完全实现城乡居民统一政策待遇、统一经办管理、统一信息平台、统一基金调剂的要求，成为全省首个实现城乡居民医疗保险一体化的县（市）。在开慧试点农村居民门诊免费。村级卫生室已经全面覆盖，真正可实现小病不出村、大病有救助。全面启动乡镇公立幼儿园建设。

五是基础设施建设不断加强。年均投入近500万元用于新农村建设规划。年均投资5亿元建设农村公路，全县公路等级率、村级公路硬化里程及百平方公里拥有公路里程等三项指标均居全省之首。被确定为全省水利（务）改革发展试点县，实施安全饮用水工程，已有16个乡镇集镇通自来水。农村电力扩容工程、乡镇污水处理全覆盖工程、农村集中供水工程、农村公路通达工程等建设项目迅速推进，“五网下乡”的基础设施建设（自来水、污水处理、数字电视、燃气、公交一体）加快向农村延伸。

六是体制机制进一步完善。相继出台《关于推进社会主义新农村建设的意见》等4个一号文件。出台《鼓励现代农业发展投资暂行办法》和《鼓励板仓小镇建设的若干意见》，积极鼓励社会资本、工商企业到农村投资农业规模经营项目。2010年出台《关于支持榔梨镇、金井镇、开慧乡城乡一体化试点建设的若干政策》，积极探索城乡统筹发展道路。2011年相继出台《关于进一步规范农村土地承包经营权流转工作的通知》和《关于实施生态扶贫移民的办法（试行）》，农业农村发展体制机制逐步完善。

（黄旭峰）

【统筹城乡发展】 按照社会主义新农村建设“二十字”方针，根据市委“六个一体化”的战略部署，坚持以城带乡、以工哺农，统筹推进社会主义新农村建设。

统筹城乡规划管理，科学谋划县域空间布局。按照全城规划、全面规划的要求，科学编制《长沙县城乡一体化规划》、300平方公里的星沙新城规划、

19个乡镇（街道）的总体规划和178个村庄规划。按照“南工北农”的总体布局，将全县22个乡镇（街道）划分为工业和城市服务型、农业生态型，实施区域分类发展。

统筹基础设施建设，全面增强城乡综合承载能力。开元东路东延、黄兴大道北延一期、芙蓉南路暮云段竣工通车，黄兴大道南延与北延二期、万家丽北路北延、人民东路东延、省道207线南延等一系列重大项目相继启动，全县八纵十六横的路网格局基本成型。全面推进水、电、路、气、讯“五网下乡”工程，实现集镇污水处理设施全覆盖；在全省率先实现镇镇通自来水、村村通水泥公路；城乡供电稳定率和用电质量大大提高；8个乡镇（街道）接通天然气；全面完成数字电视平移，有线电视城乡联网，实现数字电视全覆盖。

统筹公共服务供给，不断提升城乡居民的幸福感和满意度。县财政每年用于民生方面的支出达到一般预算支出的70%。按照保基本、广覆盖、可持续的原则，完善以五大社会保险(养老、医疗、失业、工伤、生育)、五大社会救助(最低生活保障、农村“五保”供养、大病医疗救助、教育扶贫助学、城市廉租住房)、五大社会福利(优抚、扶老、助残、救孤、济困)为主要内容的城乡社会保障体系，实施“革命先烈后代幸福计划”，在全省率先实现城乡居民医保并轨、城乡居民养老保险全覆盖，率先启动“爱心助医”工程，率先实施城乡特困户医疗救助制度，建立各类社会保障水平与经济发展协调提高的自然增长机制。加快发展与经济实力相匹配的社会事业，建设教育强县，推进教育均衡发展，城区学校“大班额”问题逐步缓解，农村义务教育办学条件切实改善；启动基层医疗卫生机构综合配套改革，全面实施基本药物制度，开展免费门诊试点，城乡居民的基本医疗和公共卫生服务得以落到实处；推进文化下乡，建成村级文体活动室197个、农家书屋204家，率先在全省实现农家书屋村级全覆盖。

统筹城乡产业发展，切实加快产业转型升级和融合互动步伐。一是推动城市资金、人才、技术等生产要素向农村流动，促进农业生产向高产、高质、高效转变。二是整合园区资源，深入实施“千亿园区”和“千亿产业”战略，促进产业升级。三是推动城乡市场一体化。大力发展各类农产品批发市场和农村专业合作社，提升农业产业化水平；大力发展城乡现代商贸服务业，拉动城乡消费。

统筹生态环境保护，努力实现资源节约和环境友好。以浏阳河、捞刀河流域治理为切入点，大力实施“截污、清淤、固堤、增绿、造景”工程，依托生态优势，发展生态经济，实现绿色增长。在全省率先实现城乡污水处理设施全覆盖，率先实施生态补偿机制，率先实现农村生活垃圾处置全覆盖，率先实现畜禽养殖总量控制和达标排放，率先全面推广节能型路灯建设，率先创建“生态县”。

统筹城乡管理体制，创新激活促进发展的内生动力和活力。大力推进园区管理体制创新，按照三个“1/3”的理念统筹产业发展、基础设施建设和生态环境建设，按照“积极稳妥、分步实施”的原则将乡镇工业园纳入经开区管理，努力推动“园区经济”向“城市经济”转变。创新户籍管理制度，允许符合条件的城市居民在试点乡镇落户定居，带动城市的资本、产业和消费需求进入农村。积极探索“扩权强镇”和乡镇机构改革的有效路子，强化乡镇的公共服务和社会管理职能，全面建立城乡一体的规划审批、建设执法制度，深入推进规划、建设、城管、国土、环保“五位一体”管理。不断优化发展环境，打造阳光政府，实行政府决策全程公开，努力实现重大决策的科学化、民主化。建设开放型政府村级平台，使政府服务与政务公开前移到村。

【城乡一体化试点】 2010年上半年，市委、市政府全面推进城乡一体化发展战略，将长沙县㮾梨、金井和开慧3个乡镇纳入全市城乡一体化示范乡镇。出台《关于支持㮾梨镇、金井镇、开慧乡城乡一体化试点建设的若干政策》，重点在规划、国土、财政、农民集中居住、项目等方面加大政策支持，同时将这3个乡镇纳入全县扩权强镇的试点乡镇，在行政审批、财政、人事、编制、行政执法、管理等方面给予支持。至2011年底，三个示范乡镇综合投资超过20亿元，集镇实现提质改造。金井镇以打造“茶乡小镇”为主题，大力推进特色现代农业发展和生态旅游区建设。培育“金茶、金米、金菜、金薯”等四个“农”字号品牌和“金井”、“湘丰”两个中国驰名商标，建成乡村公共自行车系统，打造20家示范性乡村客栈，形成功能完善的乡村旅游载体。椝梨镇紧紧抓住“滨临和身居省会长沙城市区域”、“千年古镇”、“丰富的自然水资源生态体系”三大要素，强力推进新型工业化和新型城市化建设。完成房屋立面改造工程和“一点两线”沿线房屋整治工程，启动城市防洪项目建设，并从水利工程、民生工程、景观工程三个角度对汇集浏阳河的4条水系确定设计理念。开慧镇以“板仓小镇”作为实现城乡统筹的载体，把现代服务业、休闲观光业和现代农业相结合，“市民下乡”探索出远郊乡镇吸引人才和资本下乡的完整通道；斯洛特水街一改以往农村集镇只注重营商而忽视购物和居住环境的传统，强调突出产业发展与城镇建设、营商环境和宜居乐业的统一；开慧纪念馆晋升4A级景区，全面提升全县乡村游的品位。此外，该县在推进浔龙河生态小镇建设过程中，逐步探索出一条由政府主导推动、企业为主投资建设、基层组织参与决策、人民意愿充分表达的城乡一体化发展新思路。

【农业产业化建设】 坚持“南工北农”的发展定位，坚持用工业化的理念发展农业，舞活农业产业化“龙头”，农业产业化建设着力推进。一是科学规划，建立产业体系，制定《现代农业区域布局规划》，在黄兴、跳马、椝梨等近郊乡镇形成6000公顷蔬菜、6666.67公顷花木及“农家乐”休闲等产业带；在金井、高桥等乡镇重点发展6666.67公顷茶叶、6666.67公顷油茶及食用菌产业带；在春华、果园、路口等乡镇实施2.27万公顷超级杂交稻“种三产四”丰产工程。2010年以来，以北部12个农业重点发展乡镇为主体，在县域北部建设长沙县现代农业创新示范区，以点促面、带状构建。二是突出规模，延伸产业发展链条。全县有一定规模的农产品加工企业148家，各级农业产业化龙头企业60家，其中国家级农业产业化重点龙头企业1家、省级农业产业化龙头企业15家、市级农业产业化企业44家，农业龙头企业联结生产基地6.67万公顷、带动农户12.8万户，已有超过50%的农户进入农业产业化领域。2011年，全县农产品加工值126亿元（其中过5亿元的企业5家、过3亿元的企业5家、过2亿元的企业5家、过亿元的企业17家）。三是强化合作，创新利益联结机制。重点围绕农业主导产业和优势农产品基地，规范发展各类农民专业合作组织656家，联结农户8万多户。四是创品牌，建农庄，以市场理念发展农业。全县有4.4万公顷水稻、蔬菜、茶叶、瓜果等作物基地被认定为国家无公害农产品产地，获得农业部“三品”产品97个，其中无公害农产品70个，绿色食品24个，有机食品3个；“金井”、“湘丰”、“亚林”等6个商标获中国驰名商标；“好韵味”食用醋获中国名牌产品。“湘宛”等19个企业的商标获湖南省著名商标；金山粮油等12个企业的产品获省名牌产品称号。该县把现代农庄作为推进土地流转的新型模式。启动75个现代农庄项目建设，农村土地流转面积达2.33万公顷，其中耕地流转1.67万公顷。通过土地集中流转和现代农庄建设，全县50%的村形成了一个特色鲜明的主导产业，60%的农户都有一个增收致富的产业发展项目，涌现蔬菜村、花卉苗木村、食用菌村、“农家乐”休闲村等95个专业村。（黄旭峰）

【农村农民培训】 2008年以来，县农广校（县农科教办）形成以县农业广播电视学校（县农科教办）为龙头，涵盖省、市、县、乡镇、村、组各级培训体系，全县有省级示范农校3所（双江、黄兴、椝梨），市级示范农校4所（青山铺、金井、江背、北山）。农民教育培训基地305个（其中县级2个，乡镇22个，村级274个，组级3个，龙头企业5个）。讲师团教师46名（其中专家型的教师14人，基层技术员及专业教师系列20人，农民行家系列12人）。

着重抓好省、市级示范农校与示范乡镇农科教中心建设，充分发挥其在农民培训中的骨干作用，全县3所省级农校，5所市级农校和8个市级示范农科教中心，率先达到“培训有阵地、示范有基地、推广有机构、服务有网络”的标准。以城乡一体化发展试点片区和示范镇为重点，按“五有”（有机构、有阵地、有专职人员、有专项经费、有示范基地）标准抓好金井镇、黄花镇、双江镇、椝梨镇等乡镇农科教中心的培训示范工作。

结合农村劳动力转移阳光培训工程，积极组织电工、焊工、花卉苗木工、绿化工的技能认证培训工作，颁发国家认可的初、中级职业技能等级证书1207本，农村职业技能认证工作连续四年获省农广校系统先进单位称号。

组织农民开展培训35.2万人次，其中面向组织开展新型农民素质培训30万人次，根据全县主导产业分布特点，以30个市级新农村建设示范村为重点，按照“围绕主导产业、培训专业农民、进村办班指导、发展一村一品”的要求由县农科教办、乡镇农科教中心与示范村三级举办农业实用技术培训349期，培训2.13万人次。

组织开展农村劳动力转移培训3万人次。组织开展科技致富带头人培训960人次。涌现出张国进、田扩军、石曙光、郭为波、彭焕新、金志升等一批创业致富典型人才，张国进、郭为波被推荐为省级农村科技致富带头人。

结合农民夜校开展培训。2008年在双江镇石井村、农裕村和青山铺镇青山村、黄鹄村、广福村开展村级农民夜校的试点工作。2010年果园镇田汉农民夜校初具规模。投入资金20多万元，以夜校结合示范基地培训的方式，以田间培训、精品基地、开心休闲农庄为亮点。举办培训班四期16场次，培训人数1800人，发放培训资料3600份。2011年在全省第二届“三湘读书月”活动“书香村组”活动评选中，田汉夜校成为全省10家“书香村组”之一，为全市唯一一家。

依托市、县农科教结合项目开展培训、推广、示范工作，2008年以来，市县共投入项目资金374万元。（彭　旭）

【农村能源建设】 2008年至2011年，农村能源建设继续以开发推广利用可再生能源、改善农村生产生活环境，提高农民生活质量、减少畜禽污染、配合发展生态农业为出发点，以实施中央沼气项目和沼气实事工程为主线，以可再生能源服务体系建设为辅助，被纳入国家发改委、农业部沼气国债项目建设县，投资5366.54万元（中央补助1528万元），在全县新建沼气池1.33万个，全面完成省委、省政府8件实事之一的沼气建设任务。新建大中型沼气工程4个，小区30个、联户90个。累计新建生态能源小区21个，推广省柴节煤灶12.9万台，推广太阳能热水器2.61万平方米。可再生能源的利用，每年为农户增收节支近1亿元。

建设县级可再生能源服务总站1处，镇级可再生能源服务中心17处，村级服务网点143处，全面服务于巩固与发展沼气、太阳能等可再生能源。

2008年至2011年，县农村能源办连续四年被评为全省农村能源建设先进单位，2011年，春华镇可再生能源服务合作社被评为省级文明窗口单位。

（黄仕伟）

【开展“一事一议”试点】 从2009年开展“一事一议”财政奖补工作试点，270个村实施村级公益事业“一事一议”财政奖补项目，惠及农村人口27.26万人，项目总投资11827万元，其中村民自筹1104万元，村民筹劳折资4299万元，村集体投入1709万元，社会捐助983万元，其他360万元，财政奖补3372万元。主要用于农村公路修建、河道疏通、农田水利、村庄整治等群众需求较为迫切、受益最直接、其他财政资金难以覆盖到位的村内基础设施建设，项目的实施明显改善了村民的生产生活环境，也使全县人民群众切实享受到了公共财政的阳光和实惠。

【发展农民专业合作社】 截至2011年底，全县发展农民专业合作社656家，其中花木136家，蔬菜71家，小水果43家，优质稻41家，土地专业32家，油茶34家，食用菌26家，农机24家，生猪20家，茶叶15家，葡萄13家，其他养殖68家，其他种植133家，专业合作成员8.58万户，专业合作组织成员8.15万户，带动农户5.62万户，实现农产品销售收入12.95亿元。四年来农民专业合作社列入省、市县扶持的近300家（其中列入省级为民办实事示范合作社4个），争取部门扶持资金近1000万元。

【加强扶贫开发】 按照新的扶贫规划，全县共有省定贫困村15个，县扶贫办积极从省、市争取项目，支持贫困村基础设施建设和产业发展。四年来，争取省市各类扶贫项目资金近800万元。

（李海清）

种植业

【概况】 2011年全县实现农业种植业总产值37.4亿元，与2007年相比增长35.3%。粮食产业以全国双季稻高产创建整县整建制推进试点县建设为重点，落实“三个严禁”措施，水稻生产实现面积增加、单产增加、总产增加、抛荒减少的“三增一减”目标。2011年粮食播种面积8.87

万公顷，比2007年减少3053.33公顷，粮食总产值16.4亿元，增加4.32亿元。其中水稻8.07万公顷，增加2666.67公顷，平均单产457公斤，总产55.3万吨，增加1.9万吨，双季稻普及率98%，优质率81%。建立20个水稻万亩高产创建示范片，总面积1.92万公顷，核心示范片平均单产543公斤，较晚稻常规种植的增产58公斤。2008年被评为全国种粮大县，从2009年起连续三年被评为“全省粮食生产标兵县”。

2011年蔬菜（含食用菌）播种面积3万公顷（含复种），比2007年增加4900公顷；总产量105万吨，增加54.6万吨；总产值15.5亿元，增加9.85亿元。2010年启动三年新扩1333.33公顷标准化基地建设，2011年完工535.53公顷；全县新建钢架大棚400个、喷滴灌设施253.33公顷。以“国进”、“致远”、“春华”为龙头，新建食用菌工厂化栽培生产面积150万平方米，年总产量1.7万吨。

2011年茶园总面积6113.33公顷（从2010年起县外订单面积9200公顷），比2007年增加720公顷，其中良种茶园4733.33公顷，可采摘面积6073.33公顷，干茶总产3.32万吨，实现产值7.5亿元，比2007年增加2.48亿元，其中县内产茶1.8万吨，产值4.17亿元；县外产茶1.52万吨，产值3.33亿元。

瓜果品种不断丰富，2011年种植面积6533.33公顷，比2007年增加1146.67公顷，时鲜瓜果总产量9.2万吨，增加3.03万吨，总产值3.06亿元，增加1.8亿元。

四年来，该县切实加强农业投入品市场监管，开展集中专项整治，取缔无证经营，查处假冒伪劣农资产品和依法销毁高毒剧毒禁用农药，积极推进放心农资下乡进村，严格市场准入，建立农资审查备案登记制度，全县农资市场基本实现制度化、规范化。2011年被评为全国打击侵犯品种权和制售假冒伪劣种子专项行动全省先进单位。

农产品质量安全管理不断加强。四年建成市、县级农业标准化生产基地25个，总面积1.33万公顷，其中12个基地获市级授牌。推进耕地土壤重金属污染普查和治理。2011年在全国率先启动整县整建制农产品产地安全状况普查。认真抓好农产品日常检测，完成农产品抽检7185批次，总合格率97.8%，检测结果在县电视台公示。积极实施日检日公示制度。已在卜蜂莲花等6个超市和聚鑫等11个农贸市场，建设农残检测室，安装电子显示屏，星沙城区日检测日公示制度实现全覆盖；在路口龙华山等基地新建17个农残快速检测室，县检测中心对星沙市场和部分基地的自检结果实现计算机监控。切实加强“三品一标”工作。全县“三品”认证总数达121个（无公害农产品72个，绿色食品43个，有机食品6个）。已有“隆平”、“宇田”、“国进”等12家企业的产品贴标上市。

科技兴农步伐加快。一是普及农业实用新技术，四年共推广测土配方施肥24.58万公顷次，2008年至2011年分别为4万公顷、5.33万公顷、5.67万公顷、9.6万公顷。推广配方肥料9.1万吨，2008年至2011年分别为1.6万吨、2.0万吨、2.5万吨、2.55万吨。在17个乡镇成立各类专业化防治组织20个，推广水稻病虫害综合防治面积7.08万公顷，2008年至2011年分别为800公顷、1.33万公顷、2.67万公顷、3万公顷；在粮食、茶叶、蔬菜上推广绿色防控2.27万公顷，其中2009年至2011年分别为0.27万公顷、0.33万公顷、1.67万公顷。二是加强农民技能培训，共举办病虫害专业化防治、测土配方施肥、水稻高产栽培等实用技术培训班1000余期次，发放各类农业科普资料7.5万份，受训农民达9.6万人，农民科学务农水平不断提高。

产业化经营水平不断提升。全县规模以上农产品加工企业共有58家，其中国家级龙头企业1家，省级龙头企业16家，2011年完成总产值88亿元。积极开展国家、省、市级龙头企业申报创建工作，已有“亚林食品”被评为国家级龙头企业，“千杉致远”等5家获批省级龙头企业，“白沙田茂”等13家获批市级龙头企业。“金井茶叶”、“湘丰茶叶”获中国驰名商标，“金山粮油”等12个企业的产品获省名牌产品。全县依托粮食、茶叶、蔬菜等主导产业已规范发展各类专业合作组织235家，连接农户6万多户，农民进入市场的组织化程度明显提高。

【启动2011～2013年新一轮“菜篮子”工程建设】2010年12月8日，长沙县与市长张剑飞签订“菜篮子”县（市、区）长负责制目标管理责任状，启动三年新建1334公顷（2万亩）蔬菜基地建设任务，其中2011年466.67公顷，2012年466.67公顷，2013年400公顷），2011年已新建标准化蔬菜基地535.53公顷，超额完成目标任务。

【被列为全国整县整建制高产创建试点县】 2011年被列为全国50个整县整建制高产创建试点县之一，创建范围涉及全县全部19个乡镇（星沙、泉塘、湘龙三个街道除外），总创建面积约8万公顷。该县通过加强领导、科学规划、技术支撑、目标考核、示范带动等方法推动高产创建的发展，使全县的粮食生产水平不断提升。2011年，示范片双季亩产1052公斤，全县创建区经测产双季亩产1016公斤，比上年全县均产增加139公斤，增幅15.84%，亩平新增产值352元，新增总产量8342.7万公斤，新增总产值2.07亿元。

【启动整县整建制农产品产地安全普查】 2011年4月，长沙县启动整县整建制农产品产地安全状况普查，按农业部10公顷一个点的要求，全县计划在19个乡镇采集土样、农产品样、水样共3658个，重点对土壤中的镉、铅、汞、砷、铬、铜、锌、镍、阳离子交换量进行检测，根据产地、产品检测结果，编制产地安全普查图集和普查报告，建立全县地理信息系统（GIS），提出农产品产地分类划分与分类管理意见和建议，健全农业环境定位监控网点，完善全县农业环境动态监控网络。

【承办第二十二届全国城市菜篮子工程联席会议】 2011年11月9日至11日，由全国菜篮子工程联席会议理事会、长沙市农业局共同主办，长沙县人民政府承办的第二十二届全国城市菜篮子工程联席会议暨蔬菜产业发展战略研讨会在长沙县县城星沙召开。农业部党组成员张玉香出席开幕式并作讲话，农业部市场司副司长张兴旺，湖南省农业厅副厅长袁延文和长沙市委常委、常务副市长张迎龙，经开区党工委书记、长沙县委书记杨懿文，副县长王国良和第二十二届全国城市菜篮子工程联席会议理事长单位——武汉市农业局局长付明星以及长江蔬菜协会理事长吕家龙等多位专家出席会议。全国22个省48个市县96家单位的240余人参加会议。（徐 泽）

养殖业

【概况】 生猪生产 2008年至2011年，全县生猪常年存栏保持在110~130万头，每年出栏生猪200万头左右。从2007年获评全国生猪调出大县后，虽在2009年到2011年生猪存栏出栏有所下降，但仍连续4年保持该项殊荣。四年中猪价有涨有跌，最高收购价为1050元/50公斤。

该县大力扶持饲养本地品种猪罗代黑猪，2011年底全县存栏超过1万头。投资200多万元、占地18000平方米、可存栏母猪500头的罗代黑猪猪资源场于2011年8月开工建设。

规模场养鸡 四年间，全县规模养鸡场由5个发展到21个，总存笼由2.5万羽增加至50万羽，特别是蛋鸡养殖发展快，由2008年的2个发展到2011年的6个，存笼鸡由1.2万羽发展到32万羽，日产鲜蛋28万多枚。该县已成为全市养殖蛋鸡最多的区县。

草食动物 奶牛养殖稳定增长，2011年底全县存栏816头，日产鲜奶10吨以上，该县是长沙地区奶牛存栏量最多的区县。从2008年起，全县山羊养殖发展较快，至2011年底山羊养殖户326户，存栏2.54万只，年出栏约2万只，特别是金井、高桥等乡镇养殖山羊的农户较多，共有68户，最多的一户养殖426只。江背自成科技有限公司在增大饲养规模的同时，逐步开发产品深加工项目。该公司2011年底存栏肉牛1800多头，是全省规模最大的私营肉牛养殖基地。

水产养殖 以传统“四大家鱼”（青鱼、草鱼、鲢鱼、鳙鱼）为主的常规水产养殖发展稳定，观赏鱼、鲟鱼、龙虾等特种水产养殖来势好，特别是观赏鱼养殖走在全省前列。全县养殖场已发展到20多个，总养殖面积33.3万余平方米。2011年7月，全省首届观赏鱼鱼友会在该县召开。地处该县黄花镇的柳吉观赏鱼养殖基地，投资200多万元，从日本、浙江、广东引进鱼种鱼，养殖面积从起步时的1.5公顷，发展到2011年底的20多公顷，已成为全省规模最大的观赏鱼养殖基地。

【开展养殖污染治理】 从2008年开始制定养殖污染治理规划，并在全县划定生猪养殖区、限养区、禁养区。2009年，按生猪存栏分500头以上、100~499头、100头以下三个档次分期治理。2009年投入财政资金1000万元，对常年存栏生猪500头以上的养殖场57个进行治理。2010年对全县常年存栏100~499头的生猪养殖场（户）开展治理，当年完成333户的治理工作，共计投入财政资金800万元。2011年完成对存栏100～499头的生猪养猪户1604户的治理工作，治理面积60万平方米，投入财政资金2500万元。全县43个连片整治村实行户户治理，规模养殖户加上连片整治村，在养殖污染治理方面全县3年投入资金上亿元。至2011年底，全县常年存栏生猪100头以上的养殖场（户）的污染治理全面完成。

【推进罗代黑猪发展】 罗代黑猪属大围子猪类型，是湖南省三大生猪地方品种之一，主要分布在长沙县双江镇。2011年5月，县主要领导就推动罗代黑猪发展作出批示，4～8月县政府3次召开专题会议，研究罗代黑猪的发展。成立长沙县罗代黑猪产业发展领导小组，拨出专项资金兴建罗代黑猪资源场。资源场于2011年8月开工建设，场址选在双江镇山笔村，占地1.8万平方米，规划建设猪舍13栋，设计建筑面积4500平方米，可存栏母猪500头。为确保罗代黑猪青绿饲料供应，提升罗代黑猪商品猪品质，流转土地20公顷，用于种植青绿饲料，采用“配合饲料＋青绿饲料＋本地资源”的生态养殖技术。采取种养结合的方式，用流转的菜地、林地消化猪粪，实行无污染饲养。建立肉品安全的可追溯系统，实现从生猪饲养、屠宰、检测、肉品上市的全程信息管理，用无线射频码和专用电子标签记录饲养、收购屠宰过程，确保上市肉品的可追溯和质量安全。

【改革动物疫病防疫模式】 为推进动物疫病免费防疫工作，落实“乡镇建立免疫台账、农户建立免疫档案、牲畜加挂免疫标识”的“三位一体”免疫管理模式，2010年开始对动物疫病防疫模式进行探索，2011年改革防疫模式，由常年免疫改为“春秋季集中免疫、平时农户申报与防疫员主动上门补注相结合”的防疫模式，改革的重点是申报免疫，并在全县大力推广。新的防疫模式的推广，调动了养殖户防疫积极性，多年来困扰全县防疫工作的诸多问题得到较好解决。该县的防疫模式改革，获得上级的肯定，并在全市全省推广。2011年，该县迎接农业部防疫检查，获得好评，抗体水平检测获全省第一。

【推动标准化养殖】 从2009年开始，按照“两型社会”发展的要求，实行生猪标准化养殖，先后有7个规模养殖场获标准化示范养殖场授牌，其中农业部授牌5个，省畜牧局授牌2个。通过示范场的建设推动全县标准化生产，全面提升规模养殖场生产管理水平和动物食品安全监管水平。

按照县政府确立的“南工北农”的总体发展思路，实行养殖区域划分。双江、金井、白沙等乡镇重点发展罗代黑猪；青山铺、路口、干杉等乡镇重点发展蛋鸡；江背、北山等乡镇重点发展肉牛；春华重点发展奶牛；安沙、黄花等乡镇重点发展水产特种养殖，特别是发展观赏鱼养殖。

【加强动物食品安全监管】 健全各项动物食品安全监管制度，制定《食品安全举报投诉处置工作制度》、《食品安全诚信档案管理制度》等5项工作制度，强化工作职责。县畜牧水产局与全县相关企业和个人签订质量安全责任书，以责任书的形式明确企业是食品安全的第一责任人，要求企业搞好自律，保证食品安全。建立兽药、饲料、规模养殖场、定点屠宰场等企业的诚信档案，一户一档，严格管理。制订兽药、饲料百分制考核方案，对相关企业进行严格检查考核。对违法违规企业实行警示、黑名单等管理措施，逐步完善食品安全诚信档案。开展专项整治和监督检查。成立春节、元旦“两节”动物食品安全专项整顿工作领导小组，制订工作方案，严格落实值班制度，对畜禽水产品养殖生产、养殖投入品生产经营使用、畜禽水产品市场销售等各环节全面检查。每年对饲料生产企业开展2次联合检查，对饲料、兽药经营门店进行4次检查，对水产养殖场（户）进行1次检查，对上市生猪实行检疫与瘦肉精检测同步进行，确保全县动物食品安全。

【全省首届观赏鱼鱼友会在长沙县召开】 2011年7月23日，湖南省首届观赏鱼鱼友会在长沙县召开。2001年，黄花镇农民柳国君从周边农户中流转1.5公顷土地挖成鱼池，从广州、浙江、日本等地引进种鱼，开始了观赏鱼养殖的探索。2008年扩大养殖规模，投资500万元，流转土地21.3公顷，购进价值100多万元的种鱼。据调查，长沙市场上销售的观赏鱼70%以上是该基地供应的。渔友会期间，全省500多名观赏鱼爱好者齐聚星沙，畅谈观赏鱼养殖经验，展望观赏鱼发展前景，还移步黄花，参观柳国君的柳吉观赏鱼养殖基地。此次会议的召开，进一步提高了该县观赏鱼的知名度。

【乡镇动物防疫站标准化建设】 以中央投资为契机，提升乡镇动物防疫站基础设施水平，四年先后投资1000万元对全县乡镇动物防疫站站房进行改建、扩建和装修。到2011年底，全县20个乡镇站按省市标准化建设要求全部达标，其中10个站被评为市级标准化示范站。各乡镇站都设有办公室、会议室、实验室、培训室、电脑室、检疫申报室等。各项规章制度健全，并全部上墙。报表、材料等实现电子传输，数据统计、财务账目均实现电子化。该县乡镇站建设跻身全省一流行列。（龙立成）

林 业

【概况】 长沙县土地总面积20万公顷，其中林业用地面积8.84万公顷，森林覆盖率42.50%，林木绿化率48.04%，活立木总蓄积371万立方米。2008年至2011年，全县林业事业发展态势良好。

稳步推进生态建设。启动“绿色星沙·低碳生活”植树造林活动，深入开展“百千万”三大绿色愿景工程以来，在全县掀起植树造林的高潮。2008年至2011年，完成人工造林4396.13公顷，其中长防林造林1013.33公顷、省级植被恢复费异地造林166.67公顷、市级植被恢复费异地造林133.33公顷、县级植被恢复费异地造林266.67公顷，退耕还林配套荒山造林800公顷，完成封山育林1600公顷，完成河道绿化61.5公里，完成公路绿化516.1公里，完成义务植树607.5万株，创建“省级园林式单位”1个，“市级花园式单位”19个，“县级花园式庭院”275家。

加强林地保护管理。2008年至2011年共办结各类涉林案件887起，其中刑事案件58起，治安案件5起，行政案件824起，追缴林业规费123.5万元，没收木材3189.06立方米，刑事拘留44人，治安拘留5人；呈报征占用林地项目286宗，审批征占用林地面积978.78公顷，征收森林植被恢复费6177.02万元，征占用林地审核率和森林植被恢复费征收到位率均达到100%，全县森林植被恢复费异地造林面积1080公顷。

扎实推进林权管理。贯彻实施中央、国务院《关于全面推进集体林权制度改革的意见》（中发〔2008〕10号）文件精神，深化集体林权制度改革，在完成明晰产权的主体改革的同时，着力推进配套改革。重点抓好“三中心、一机构”的建设，即林权管理中心、森林资产收储中心、林权交易中心和森林资源资产调查评估机构建设。加强对山林纠纷调处工作的指导和协作，加大工作力度，认真组织，分级调处。调处山林纠纷387起。

积极开展森保野保。狠抓预测预报，组织全县测报员对马尾松毛虫、思茅松毛虫、松茸毒蛾、松梢螟、竹蝗等进行全面调查，采取相应预防措施。加大检疫力度，严格开展产地检疫、调运检疫和复检工作，对外来松类及其制品、苗木严格复检，检疫率100%。加强野保执法工作，组织开展12次野生动物执法行动，查处系列非法经营野生动物案件46起。

认真开展森林防火。坚持“预防为主，积极消灭”，强化领导责任，加强宣传教育，制定处置预案，建立常备扑火队，配置先进设施设备等，使森林火灾损失面积年年控制在林业用地面积0.5‰的允许范围内，森林火灾高发态势得到有效控制。

加快花卉苗木产业发展。2010年8月4日，县委印发《关于加快花木产业发展的意见》（长县发〔2010〕13号），明确全县花卉苗木产业发展的指导思想、目标和重点、主要措施等，为花卉苗木产业新一轮发展打下坚实基础。

深入开展林业科技推广。利用科技活动周、科普宣传日，举办技术培训班等，为林农讲解有关林业政策及在建项目实施规程等技术要领，发放林农急需的技术资料。2011年，全县林木测土配方工作着重于推广应用上，得到各级媒体的广泛关注。同年2月21日，长沙县跳马林业站积极开展林木测土配方信息平台的宣传推广，被中央电视台新闻联播以“测土配方查电脑，种植进入E时代”报道；同年3月26日，“激荡湘江·数字湖南”以凤凰卫视主持人何亮亮突访长沙县榔梨林业上林木测土配方信息系统为导入介绍湖南的数字化工程；5月15日，《人民日报》以“湖南省开通全国首个林木测土配方网络服务平台，告诉林农——你家林地种啥合适”为题，报道跳马乡石燕湖村村民彭浩、彭秋良父子在跳马林业站上网查林木测土配方信息种香樟；11月10日，省林业厅厅长邓三龙以林农如何查询林木测土配方信息和在林业站科技人员指导下科学造林为题拍摄制作省党代会专题新闻片。

【林业科技下乡】 2008年5月26日，县林业局组织8名林业技术干部，利用双休日时间在路口镇开展送科技下乡活动，发放森林病虫害防治、名特优水果栽植、优质良种培育、楠竹造林、高产油茶等十余种资料800份，现场接受咨询100余人次。

【严把油茶种苗质量关】 2009年9月18日，县林业局严格按照《湖南省苗木质量管理办法》的规定，对辖区内3个定点育苗点油茶苗木进行认真检查，要求育苗单位加强田间管理，除萌除杂，除实生苗，防病治虫，合理施肥。凡达不到苗木出圃技术标准的，不允许作为油茶基地建设的苗木。各育苗单位认真落实各项措施，保证苗木高度在12厘米以上，苗干粗壮，根系发达，为发展油茶产业提供优质苗。3个定点育苗点可出圃合格苗170万株。

【长沙县两河流域治理林业保护规划通过专家评审】 2010年9月，长沙县两河（浏阳河、捞刀河）流域综合治理规划林业保护发展分项规划通过专家评审。根据规划，该县将新建5个湿地公园，其中包括1个国家级湿地公园松雅湖湿地公园，金江坝、九道湾、磨盘洲、中州等4个省级湿地公园；新建石燕湖、影珠山、红旗、明月山、乌川等5个省级森林公园。捞刀河和浏阳河风光带建设以滨河驳岸建设为主，其中捞刀河风光带的建设是重点，该风光带由城市绿窗、郊野风光、生态山林和支流沿河带四个部分组成，呈现由城市到农村逐渐变化的景观，实现生态效益、经济效益和社会效益三者的有机结合。

【花木产业培育】 2010年，长沙县从4个方面着力加快全县花木产业发展。一是建设湖南花木大市场，采取政府规划，政策引导，市场运作的方式，在关刀和双溪村建设湖南花木大市场，形成中南地区最大的集花木市场信息、花木产品和园林文化展示、花木产业管理服务、花木集散和流通于一体的花木专业市场；二是培育花木龙头企业。通过招商引资和资产重组、技术改造和人员培训等手段，培育一批国家一、二级园林绿化公司，壮大花木专业合作组织，建设一批花木精品示范园，促进全县花木产业质的提升，进一步带动全县花木产业发展；三是营造园林文化氛围，挖掘园林文化内涵，开发建设园林景观，每年春节前后举办“迎春花市”，在“百里花木走廊”建设“长沙花道”，采取“长藤结瓜”方式点缀园林景观、人文景观、以花木为背景的现代农庄和农家乐，为城市居民创建集休闲、运动、赏花、购花于一体的平台；四是提升产业国际竞争力。通过加大投入、发展市场、培育龙头、挖掘内涵等不断壮大产业优势，提高产业附加值，拓展产业链条，把花木产业培育成为全县农业产业中带动、辐射力强的一大支柱产业。

【创新道路绿化模式】 2011年1月10日，县以“政府引导，部门配合，财政补助，市场运作”的原则对开元东路进行绿化，将道路绿化工程承包给具备相应资质的景观园林工程公司，由承包单位实施绿化、维护管理及苗木处理，同时保证整体绿化的景观效果。通过在开元东路绿化方式上率先采取这一模式，节约政府投资1800万元。

【开展“绿色星沙·低碳生活”造林绿化活动】 2011年3月10日，长沙县组织开展“绿色星沙·低碳生活”造林绿化活动万人启动式，至2011年11月，全县共植树245万余株，创建花园式单位23个，花园式社区22个，花园式庭院275个，此次活动贯穿2011年全年。为争创国家级生态县，该县计划用5年时间，每年增加1000万元专项资金用于实施100条县域公路、千里河港堤岸、万户农家庭院的“百千万”工程。（尹　阳）

农业机械化

【概况】 2008年至2011年，全县农机拥有量快速增长，农业机械化作业水平明显提高。截至2011年底，农机总动力达21.28万台、128.22万千瓦，比2007年增加5.14万台、36.73万千瓦，台数和千瓦数分别增长31.8%和40.1%，每亩平均农机动力达 1.49千瓦；联合收割机2400台，比2007 年增加1173台，增长95.6%；耕整机（船）48692台，比2007年增加 11722台，增长31.7%；插秧机226台，比2007年增加 220台，增长360.67%；排灌机械51250台，机动喷雾（粉）机3390台，农副产品加工作业机械17694台，饲草料加工机械5117台，渔业机械232台，林果业机械192台，拖拉机4184台（其中大中型拖拉机198台，小型拖拉机3705台），农用运输车5290辆（其中三轮运输车1340 辆，低速载货汽车3950辆），农田基本建设机械650台。农机固定资产原值7.52亿元，比2007年增加3.1亿元，增长70.14%。2011年，全县有农机户7.65万户，其中农机化作业专业户5600户，农机化作业服务组织42个，农机作业有偿服务总收入9.13亿元，比2007年的5.6亿元增加3.53亿元，增长63% 。2011年机耕面积90.51千公顷，机种面积19.3千公顷，机械收获面积 80.76千公顷，机电排灌面积37.54千公顷，机械脱粒粮食74.7万吨，机械加工农副产品60.59 万吨，机械化运输28.76亿吨公里。全县机耕、机种、机收以及综合机械化作业水平分别达99.9%、17.4%、99.8%、75.1%，比2007年的95%、1%、75%、60.5%，分别提高4.9、16.4、24.8、14.6个百分点。农机社会化作业水平、服务水平大幅提高。

农机管理 抓好农机春耕、“双抢”和秋收工作，每年投入农业机械20万多台次，2009年率先在全省基本实现农业机械化；组织2095台联合收割机分赴省内外参加跨区机收，完成机收面积6.93公顷，实现跨区作业收入8120万元；农机市场监管工作经常化，对全县农机经销网点、维修网点、生产厂家进行检审。开展农机市场整顿，严厉打击制假贩假损农害农行为，有效保护农机消费者的利益；做好农业生产用油供应工作，在每年春耕、“双抢”、秋收前协调中石油、中石化部门，准备充足的农用油料，建立农业生产用油“绿色通道”。

农机安全监理 加强农机监理装备和队伍建设，启用新的农机牌证管理系统，配置农机移动检测车和检测设备，建设全省首家农机驾驶培训考试中心，率先在全省实行电子化、标准化考试，农机安全监理能力不断加强，农业机械上牌率、检验率、持证率均在85%以上。全面落实农机安全生产责任制，扎实开展农机安全生产大检查和隐患排查治理行动，安全生产隐患得到有效治理。启动农业工程机械牌证牌证管理工作，农机安全监理业务得到拓展。成立农机事故救援专项资金，救援农机事故229起，救助困难农机手394户，发放救助资金31.4万元，构建农机事故救援长效机制。开展“创建平安农机，促进新农村建设”活动，被农业部和国家安全监督管理总局评为全国首批“平安农机”示范县。

农机推广示范 举办水稻生产耕种收全程机械化演示会4次，春耕生产、育插秧、茶叶采摘、油菜收割等农业生产机械现场演示会6次，组织送科技下乡8次，发放农机科技书籍6000余份，接受农民咨询1000余次，现场解决农民有关农机方面问题100余个，受到农民朋友普遍欢迎。四年共完成农机购置补贴资金4384.45万元，其中中央财政资金4147.65万元，省财政资金28.8万元，县财政资金208万元。补贴机具15705台。受益农户1.4万余户，带动农民投入12383万元。推广水稻插秧机220台，居全省之首。2011年黄花、江背的三个工厂化育秧试点获得成功。2011年11月成功举办湖南省农机推广工作会议及全国高性能收割机演示会。

农机技术培训 依托县农机校建立农民工技能培训基地，采取校内培训、下乡分片培训、暑期培训等多种培训模式进行农民工农机技术培训，累计培训农机驾驶员2273人，学员培训合格率达98%以上。2008年，县农机校继续被确定为国家农村劳动力转移培训“阳光工程”基地，每年被评为长沙市“阳光工程”培训合格单位。2010年7月，县农机校被省农机局确定为长沙市农业工程机械培训基地，2011年4月举办长沙市第一期农业工程机械驾驶员培训班。2011年投资40余万元,率先在全省建设移动式红外线电子化农机标准考场、电子化理论考室。积极开展农机职业技能鉴定工作，四年共鉴定涉及农机技术10多个工种发证1020本。2008年9月，被农业部农机职业技能鉴定总站评为全国农机职业技能开发工作先进单位。

【省农村机耕道建设项目试点落户长沙县】 湖南省农村机耕道建设试点项目成功落户春华镇春华山村，该项目总投资162万元，建设时间2008年11月至2009年7月，所需资金主要来源于省财政资金40万元，县财政配套资金40万元，长沙县宇田蔬菜专业合作社、农民自筹82万元。项目共建设示范机耕道9.2千米，通达作业面积133.33公顷（2000亩）。该试点机耕道建设标准成为湖南省都市近郊型机耕道建设参考标准。

【《长沙县建设社会主义新农村农业机械化发展八年规划（2008~2015年）》制定】 2008年12月8日，县人民政府办公室印发《长沙县建设社会主义新农村农业机械化发展八年规划（2008~2015年）》的通知（长县政办发〔2008〕77号），要求各乡、镇人民政府，县直有关单位，按照文件要求认真遵照执行。规划提出，通过未来八年努力，全县农业机械化综合水平显著提高，到2015年全县农机总动力达21万台/150万千瓦，年均增长8%，水稻生产耕、种、收机械化作业综合水平达85%以上。

【成功创建全国首批"平安农机"示范县】 根据农业部、国家安监总局和省、市农机、安监主管部门的统一部署，长沙县从2006年至2008年在全县积极开展"创建平安农机，促进新农村建设"活动，投入200多万元，悬挂安全横幅300幅，宣传标语500多条，设立宣传栏140个，农机警示牌110个，开办各类安全宣传班100余场次，放映安全宣传片120场次，发放各种安全宣传资料、宣传图册2.5万余份。全县创建平安农机示范乡（镇）6个，示范村38个，示范户450户，建立村级农机安全协会40个，农机安全活动室200个；成立农机作业服务合作社6个，农机专业服务队12个，培育发展农机大户200户。逐步构建起农机安全生产的源头管理、执法监控、宣传教育"三大防线"，在全社会形成"政府负责、农机主抓、部门协作、社会参与"的农机安全生产长效机制。2008年12月29日，被农业部和国家安全监督管理总局评为全国首批"平安农机"示范县。

【设立长沙县农机事故救援基金】 农业机械分布面广，事故时有发生，且农机手受伤后，部分劳力丧失，家庭贫困，造成"因机致残"、"事故致贫"现象。长沙县农机局积极争取县政府每年拨款10万元成立农机事故救援基金，根据损失情况分别给农机手援助。四年救援农机事故229起，救助困难农机手394户，发放救助资金31.4万元，缓解农机手家庭困境，构建起农机事故救援长效机制，体现党和政府及农机部门的关爱之情，促进了社会和谐稳定。

【农机购置补贴拉动农机工业发展】 农机购置补贴政策的连年实施，加剧了农机生产企业的竞争，促进了企业的产品研发，加速了企业自主创新与技术进步，形成以质量、服务和规模取胜的良好运行机制。2008年有7个厂家、7个产品进入购机补贴目录，2011年发展到13个厂家、17种机具类型、45个产品进入购机补贴目录。山河智能、北汽福田、三一重工、恒天九五等一批龙头企业，在农机补贴政策的催化下，企业规模不断扩大，年产值、销售收入、利润、税收均显著增长，农机工业年总产值由2008年的9.15亿元，增加到2011年的13.5亿元，增长47.54%，为县域经济发展注入了新的活力，实现了农业和工业的双增双赢。

【湘丰茶叶机械填补省内空白】 2008年，长沙湘丰茶叶机械制造有限公司在长沙县金井镇成立，成为全省唯一一家生产茶叶机械的企业，其生产的"湘丰"牌茶叶揉捻机、烘干机等5个产品，顺利通过省农机鉴定总站鉴定，并进入《湖南省支持推广的农业机械产品目录》和《湖南省农机购置补贴目录》，填补了湖南省茶叶生产机械的空白。2009年，该企业为提高产品市场竞争力，积极主动加大投资，用于产品科研开发，在多功能和新技术研发上狠下工夫，于2011年成功研制出具有世界水准的茶叶生产流水线。（陈　兴）

水　利

【概况】 长沙县水务局是长沙县人民政府水利行政主管机关，担负着全县防汛抗旱的综合管理，水资源的统一管理，水利建设的规划编制、计划安排和监督实施，河流、湖泊、水库等水域及其岸线和水利工程的管理，水法律法规的贯彻实施等一系列重要职责。局机关设有6个科室，6个二级机构，干部职工共80余人。直接管理4个中型水库管理所、4个国营电排站、5个万亩堤垸委员会、1个城市防洪管理站、1个县级抗旱服务队，并对19个乡镇水管站实行行业管理，全县水利系统共360人。

围绕防洪、用水、饮水三个安全，突出水利建设和水利管理两个抓手，坚持水利是国民经济命脉、流域长效治理和生态环保、水资源跨流域调配、水权有偿转换和节约用水、精细化管理等五大理念创新，重点抓好防洪工程除险保安、农村安全饮水、水资源开发利用、水环境保护、中小型河道综合治理、灌区节水改造、小农水等工程建设，水利工作很多方面处于省、市乃至全国的前列，先后被评为全国农田水利建设先进县、全国水利经济先进县、全省防汛抗旱先进单位,连续6年获全省水利建设十强县暨“芙蓉杯”水利建设先进县荣誉，连续10年获长沙市“芙蓉杯”水利建设竞赛一等奖。被列为全国沟渠疏浚重点县、小农水建设重点县、高效节水示范县；全省水利改革发展示范县、实行最严格水资源管理示范县、生态水利建设试点县。

【水利工管单位改革完成】 2008年10月，按照“编制到单位不到人，养事不养人”的原则完成4个中型水库管理所、4个国营电排站、赤石河水闸管理所和6个垸堤委员会共15个水管单位的体制改革。通过全员身份置换，全员聘用合同制管理，全面落实全县15个工程管理单位“定编、定岗、定责”和“两费”工作，工程日常维护、改造、大修等投入全部列入县级年度水利基本建设计划。确定全县15个水利工程管理单位为全民公益性事业单位，核定全额事业编制227名（实际启用编制数200名），上岗人员享受全额财政拨款待遇。同时，进一步充实和精简基层水管单位，在全县11个乡镇探索实行乡镇水管站补员由县水务局派遣的办法，县财政按照全额财政拨款标准足额预算到单位，逐步实现镇水管站向“县乡共管、以县为主”的管理模式过渡。推行全员绩效考核，推行“三个挂钩”（考核结果与职工工资、单位经费和水利投入挂钩），通过民主测评和末位调整，解决“干与不干一个样”问题；通过绩效考核和分配调整，解决“干多干少一个样”问题；通过人才选拔和岗位调整，解决“干好干坏一个样”问题，有效破解长期困扰水利行业发展的瓶颈，有力推进水利事业发展。

【率先启动水利普查】 2009年在全国率先启动水利普查工作，实行统一普查表格、统一普查方法、统一统计口径、统一普查时间、统一建立数据库“五个统一”普查方法。针对全县水利工程设施现状和水利发展需求，进行普查统计，建立全县水利普查数据库和水利信息平台。至2011年底已完成水利工程数据的电子档案建档工作，为全国水利普查工作的开展提供了一定经验。

【水利建设投资与管理制度探索】 2009年县出台水利工程投资相关政策，切实规范水利工程资金管理，坚持“投融建管分离，建设重心下移，业主全面负责，行业全程监督”原则，探索建立多途径的水利投入筹资渠道，推进水利建设程序化管理，实行建管分离，狠抓施工安全和工程质量，确保工程、资金、队伍三个安全，基本形成县、乡（镇）、村、组和社会多元投资的水利建设长效机制和保障机制。

【水资源跨流域调度】 综合平衡县域内水资源管理，率先实施县域内水资源统一调度管理，农业灌溉实现跨流域、跨灌区调度，城乡供水统筹并网，基本实现“同源、同网、同质、同价”。

【河流生态治理启动】 启动中小河流生态治理和流域综合治理。分城市景观河道、城郊生态河道和农村自然河道三种形式，采用自嵌式挡墙、生态袋、生态砼护坡等生态护岸手段，突出生态、环保的理念，恢复河流生命健康；明确河流管护主体和管护职责，启动农村集中居住点直排生态治理工程建设，对流域水环境进行综合治理，河流水生态、水环境明显好转。

【山塘清淤整修】 从2008年开始，引进水力清淤机组实施农村山塘清淤整修工程，该工程计划用4至5年时间完成全县2.4万口骨干山塘清淤工作。据测算可增加蓄水3000多万立方米，相当于3座中型水库蓄水量。同时推进全县其他小型水利工程建设，解决农业灌溉“最后一公里”问题。

【中小型灌区综合提质改造】 启动全县中小灌区改造，对灌区附建物、里程碑、高程碑、保护界碑、宣传牌等管理设施进行统一规格、统一材料、统一字体、统一编号、统一制作、统一安装；规范工程运行管理，完善量水设施建设，按照“定额分配、水权转让、按方收费、梯级计价、节水有奖、超量加价”的原则，启动水权制度改革和水价改革试点。通过灌区提质改造，中型灌区主干渠水利用系数达0.7以上。

【水利工程运行管理全覆盖】 建立“县—乡—村—经济体（协会、企业、农户等）”四级工程运行管理模式，实现全县所有水利工程在管理上全覆盖。特别是在小型水利工程管理方面，通过规范农民用水者协会发展，实现对小型水利工程的管理，提升农村小型水利工程管理水平，建立“建、管、用一致，责、权、利统一”的小农水管理长效机制，解决小农水工程管护主体缺位问题。

【获评2011年全国水利工程质量管理先进集体】 县水务局深入贯彻落实2011年中央一号文件《关于加快水利改革发展的决定》精神，全面推行城乡涉水事务一体化管理，按照“安全水利、民生水利、生态水利、资源水利、法制水利”建设思路，将水利作为防灾减灾的一道基础屏障，作为保障民生的一个根本任务，作为“两型”城市的一项重要内容，改革管理体制，健全服务体系，着力创新水务工程建设管理模式，以质量、安全和效益为核心，以水务工程建设全过程、常态化管理为抓手，切实加强水务工程质量管理，取得较好成效，被评为2011年全国水利工程质量管理先进集体。 （袁　芳）

移民开发

【概况】 长沙县移民开发管理局成立于2006年12月，2010年12月由县政府办公室管理调整为县农办管理，干部职工6人。2008年被评为县级文明单位、长沙市大中型水库移民后期扶持政策实施工作先进单位，2010年被评为长沙市移民工作绩效考核优良单位，2011年被评为湖南省移民资金规范管理先进单位。

项目建设稳步实施。一是科学编制规划计划。编制长沙县移民安置区经济和社会发展规划（600元以外）、《长沙县移民产业发展规划（2009-2015年）》、《长沙县“十二五”大中型水库移民后期扶持规划》，以及长沙县大中型水库移民后期扶持基金年度计划和移民扶助金项目资金计划，为移民后期扶持项目建设奠定坚实基础。二是有效监管项目实施。严格按上级批复的项目计划组织实施，有效完善库区基础设施建设。2008年至2011年，共下拨项目资金602万元，组织实施项目79个，其中水利建设项目44个，公路建设项目35个。

移民资金规范管理。在移民资金管理和使用方面，县移民局始终坚持“资金跟着项目走，项目跟着计划走，计划跟着规划走”原则，自觉执行移民资金管理制度和有关财务制度，移民资金与行政工作经费严格实行分账核算，确保移民资金专款专用。2008年至2011年，无一起挤占、截留、挪用和违规使用移民资金的现象。

为民办事凸显成效。一是发放直补资金。2008年至2011年，根据省、市下拨的资金额度以及移民年度核减的实际情况，县移民局按600元/人·年标准以“一卡通”形式将全县移民2006年三季度至2011年二季度直补资金发放到位，共发放1688.64万元。同时，将江背、白沙、高桥等6个乡镇移民449户1533人的市、县级移民口粮补贴97.6万元及小水库移民困难补助4.4万元发放到位。二是组织移民培训。坚持项目扶持与移民培训相结合，主要开展食用菌、油茶苗、蔬菜栽培等实用技术培训，对获得驾驶证和电工、焊工、厨师等技术证书的移民采用补助的形式鼓励其实现就业转移。2008年至2011年筹集培训经费38万元，培训移民678人，其中实用技术培训移民533人，就业技能培训145人，发放补助11.56万元。三是发展移民产业。四年下拨产业扶持资金174万元，重点扶持移民发展茶叶、食用菌和油茶苗等种植产业。依托高桥国进食用菌合作社和金井汇龙蔬菜专业合作社两家龙头企业，采取“专业合作社+基地+移民户”的产业发展模式大力发展移民产业，有效带动当地移民增收致富。四是慰问特困移民。积极开展抗冰救灾、抗震救灾、特困移民送温暖、双扶帮困、天天慈善一元捐等活动，走访慰问特困移民110户,送去慰问金6.74万元，结对帮扶特困职工30户，送去帮扶资金1.03万元。

重点工程顺利推进。做好湘江长沙综合枢纽工程和白石洞水库建设移民安置前期工作。一是市重点工程湘江长沙综合枢纽工程设坝后回水直接影响该县暮云、跳马、榔梨等9个乡镇（街道）34个村132个村民小组。根据市枢纽办要求，县移民局于2010年与县国土局、水务局对淹没影响的土地、水利和其他专项设施等实物指标最终复核，维护移民合法权益。二是白石洞水库为该县拟新建的一座中型水库，涉及移民541户1839人。截至2011年底，全面完成移民实物指标调查工作和移民安置规划大纲编制工作。三是生态扶贫移民工作。2011年3月启动白沙乡桃源村132户406人生态扶贫移民试点工作，是年底，桃源村第一批生态扶贫移民集中安置点的基础设施水、电、路已拉通，生态扶贫移民41户129人完成建房搬入新居。四是认真落实维稳工作责任制，建立维稳应急预案和矛盾排查化解台账，做到勤排查、重化解，预防群体性事件发生。2008年至2011年，共接待来电来访移民420人，无一例移民到省、市、县政府集体上访事件。

【白石洞水库建设启动】 白石洞水库位于金井镇观佳村，水库正常蓄水位127.0米，相应库容1485万立方米，水库淹没影响范围为金井镇观佳村的28个组，库区淹没影响人口538户1826人、房屋面积121975.28平方米，淹没影响耕地82.02公顷、林地34.782公顷。坝区占地涉及人口3户13人，房屋面积504平方米，永久占地8.072公顷，临时占地4.052公顷。规划搬迁安置人口1866人（其中库区1853人，坝区13人），规划生产安置人口1884人（其中库区1854人，坝区30人）。

2008年至2011年，县委、县政府多次召开专题会议，县移民局与有关部门单位配合扎实做好前期准备工作。一是与县水务局、国土局、水建投、金井镇等相关部门单位按有关程序和要求完成白石洞水库移民实物指标调查工作，确定移民安置初步方案；二是配合设计单位湖南省水利水电勘测设计研究总院完成移民安置规划大纲编制工作；三是多次向省、市移民局汇报该项目前期工作准备情况及移民的拆迁补偿问题，包括拆迁政策、标准、额度等。2011年8月11日，省政府发布《关于禁止在白石洞水库工程占地和水库淹没区新增建设项目和迁入人口的通告》（湘政函〔2011〕196号）。

【湘江长沙综合枢纽工程长沙县库区建设】 长沙市重点工程湘江长沙综合枢纽工程于2009年9月动工，同年10月启动库区工程建设。工程设坝后回水直接影响长沙县暮云、跳马、榔梨、黄花、果园、星沙、黄兴、安沙、湘龙等9个乡镇（街道）34个村132个村民小组。该工程于2010年进入淹没补偿实施阶段，根据市枢纽办要求，县移民局与县国土局、水务局在2009年8月调查成果的基础上，对淹没影响的土地、水利和其他专项设施等实物指标做最终复核，为维护移民合法权益、确保工程顺利项实施提供依据和保障。（邓金玲）

三湘首善 活力星沙
XINGSHA 星沙
湖南·长沙县 全国十八个改革开放典型地区

工业和信息化

概 述

2008年至2011年，长沙县围绕加速推进新型工业化建设，不断转变发展方式，调整产业结构，工业经济在复杂多变的情况下整体保持平稳的发展态势。一是总量不断攀升。工业总产值2008年714.4亿元，2010年突破千亿达到1168.8亿元，2011年达到1560.2亿元，比上年增长32.2%，比2008年翻了一倍。二是效益不断提高。2011年规模工业企业累计实现主营业务收入1459.4亿元，同比增长40%，为2008年638.9亿的2.3倍；2011年规模工业企业实现利润总额153.2亿元，增长25.2%，为2008年33.2亿元的4.6倍。三是贡献不断加大。2011年工业对经济增长的贡献率超过81.7%。工业企业实交税金 54.1亿元，增长42.2%，为2008年28.7亿元的1.9倍。四是结构不断优化。2011年高新技术产业实现增加值348.1亿元，占规模工业的比重提高15.5个百分点。重点项目建设稳步推进，包括陕汽环通重型卡车项目投产下线、众新兴材高新复合材料竣工投产、梅花客车新能源汽车更新发展。

工程机械

【概况】 长沙县工程机械产业以三一重工、山河智能、中联起重机等规模企业为龙头不断壮大。2008年全县工程机械产业规模以上企业4家，全行业完成产值278.3亿元，同比增长47.1%；实现主营业务收入289亿元，同比增长48.2%；实现利润47.4亿元，同比增长45.5%；全年生产铲土运输机3492台，增长129.7%；生产混凝土机械6267台，增长38.1%；年末从业人员3.09万人。

2009年长沙县工程机械产业规模以上企业9家。全行业完成产值403.9亿元，同比增长43.6%；实现主营业务收入397.2亿元，同比增长33.5%；实现利润53.1亿元，同比增长105.8%；全年生产挖掘机、铲土运输机8942台，增长37.5%；生产混凝土机械10278台，增长64%；年末从业人员3.91万人。

2010年长沙县工程机械产业规模以上企业9家。全行业完成产值590.6亿元，同比增长46.8%；实现主营业务收入570.2亿元，同比增长41.7%;实现利润93.9亿元，同比增长77.5%；全年挖掘机、铲土运输机16946台，增长89.5%；混凝土机械17408台，增长69.4%；年末从业人员5.28万人。

2011年长沙县工程机械产业规模以上企业11家。全行业完成产值955.1亿元，同比增长49.1%；实现主营业务收入957.8亿元，同比增长67.7%;实现利润119.6亿元，同比增长27.2%；全年生产挖掘机、铲土运输机31958台，增长88.6%；生产混凝土机械27426台，增长57.5%；年末从业人员7.54万人。

【中国·长沙工程机械与汽车产业洽谈会】 2008年4月7日至9日，“中国湖南·长沙工程机械与汽车产业合作洽谈会”在星沙举行，洽谈会为期3天，主要安排工程机械与汽车产业成就展、重大项目签约仪式、陕西汽车集团长沙环通汽车制造有限公司奠基典礼、县区投资环境暨重点企业推介会及工程机械与汽车产业创新论坛等八大主体活动。洽谈会期间共签下66个合作项目，签约金额达220. 68亿元。

汽车及零部件

【概况】 汽车及零部件产业是长沙县本土成长起来的主导产业，通过招商引资、项目建设等，逐渐形成了以客车、乘用车、越野车、重型卡车、轻型卡车以及农用车为主轴的汽车产业链条，广汽菲亚特、梅花客车、众泰汽车、陕汽环通、广汽长丰、北气福田、果福车业等为主的整车生产企业带动和支撑了全县汽车产业的发展。

2008年，全县汽车零部件产业规模以上企业62家。全行业完成产值118.2亿元，同比增长15.8%；实现主营业务收入118.9亿元，同比增长13.5%;实现利润2.5亿元，同比下降26.5%，年车总产量81.7万辆，同比下降7.2%；年末从业人员1.93万人。

2009年，全县汽车零部件产业规模以上企业68家。全行业产业完成产值155.7亿元，同比增长30.7%；实现主营业务收入151.1亿元，同比增长26.2%;实现利润6.4亿元，同比增长128.7%；年车总产量10.9万辆，同比增长34.3%；年末从业人员1.87万人。

2010年，全县汽车零部件产业规模以上企业80家。全行业产业完成产值191.5亿元，同比增长15.9%；实现主营业务收入187.9亿元，同比增长16.8%;实现利润8.3亿元，同比增长21.3%；年车总产量9.9万辆，同比下降10.5%；年末从业人员2.52万人。

2011年，全县汽车零部件产业规模以上企业58家。全行业产业完成产值200.7亿元，同比增长6.1%；实现主营业务收入208.2亿元，同比增长4.1%;实现利润14.1亿元，同比增长21.7%；年车总产量9.1万辆，同比下降8.8%；年末从业人员2.69万人。

【陕汽环通结束湖南不能生产重卡的历史】 2009年8月29日上午，坐落于长沙县干杉工业园的陕汽集团长沙环通汽车制造有限公司生产的第一辆陕汽德龙重卡驶下生产线，由此宣告湖南不能生产重型卡车的历史结束。当日，陕汽集团董事长方卫红宣布将在一期投资6亿元的基础上，再追加10亿元投资，将“陕汽环通”打造成陕汽集团在长江以南最大的重卡生产、销售、配送基地。

【陕汽杯2010全国超级卡车大赛湖南长沙星沙站活动】 2010年7月25日，全国超级卡车大赛湖南长沙星沙站比赛的惊艳登场，进一步提升了长沙市的对外知名度和影响力，有力助推了长沙汽车产业集中集群集约发展，为长沙县早日建成千亿汽车产业集群，致力打造中国汽车产业“第六大板块”发挥重要的推动作用。

【清华大学汽车工程系星沙汽车研究院挂牌】 2011年1月，清华大学汽车工程系星沙汽车研究院在星沙产业基地正式挂牌成立，标志着2010年8月长沙县与清华大学汽车工程系签订的《关于联合发起成立星沙汽车研究院·加强产学研合作的框架协议》瓜熟蒂落，至此一个全新的产学研基地落户该县。

电子信息

【概况】 2008年起，受市场因素的影响，长沙县电子信息龙头企业LG曙光停产，电子信息产业一度处于下滑的趋势，至2010年招商引进镁镁电子、纽缦科技以及蓝思科技等电子信息企业，该批企业开工投产后，发展势头才趋向良好，呈逐年增长态势。

2008年，全县电子信息产业规模以上企业12家。全行业产业完成产值32.1亿元，同比下降30.2%；实现主营业务收入31.1亿元，同比下降32.7%；利润亏损3.8亿元；年末从业人员5170人。

2009年，全县电子信息产业规模以上企业12家。全行业产业完成产值4.9亿元，同比增长-84.6%；实现主营业务收入5.3亿元，同比下降82.3%；利润亏损2亿元；年末从业人员4668人。

2010年，全县电子信息产业规模以上企业9家。全行业产业完成产值18.5亿元，同比增长54.9%；实现主营业务收入10.1亿元，同比增长79.0%；实现利润1310万元，同比下降110.0%；年末从业人员2386人。

2011年，全县电子信息产业规模以上企业6家。全行业产业完成产值18.1亿元，同比增长6.6%；实现主营业务收入17.4亿元，同比增长5.8%；实现利润7806万元，同比增长1.3%；年末从业人员2226人。

建材产业

【概况】 建材产业是长沙县的传统产业之一，以印山实业、河田白石等企业为代表。2008年，全县建材产业规模以上企业23家，全行业产业完成产值17.4亿元，同比增长14.9%；实现主营业务收入17.1亿元，同比增长18.4%；实现利润1699万元，同比下降66%；全年水泥产量481.7万吨，同比下降8.4%；年末从业人员3844人。

2009年，该县建材产业规

模以上企业24家。全行业产业完成产值19.7亿元，同比增长15.1%；实现主营业务收入17.1亿元，同比增长3.3%；实现利润4089万元，同比增长119%；全年水泥产量444.4万吨，同比下降5.6%；年末从业人员3819人。

2010年，该县建材产业规模以上企业27家。全行业产业完成产值23.6亿元，同比增长16.8%；实现主营业务收入20.2亿元，同比增长14.1%；实现利润4652万元，同比增长5.2%；全年水泥产量503.5万吨，同比增长6.6%；年末从业人员3263人。

2011年，该县建材产业规模以上企业20家。全行业产业完成产值34.9亿元，同比增长19.5%；实现主营业务收入30.7亿元，同比增长16.2%;实现利润1.2亿元，同比增长110.1%；全年水泥产量437.6万吨，同比下降5.7%；年末从业人员4445人。

【湖南印山实业集团印山台水泥有限公司】 10兆瓦纯低温余热电站项目于2008年5月份投入使用，3条水泥生产线总装机负荷为45兆瓦，全厂年用电量约2亿千瓦·时，余热电站建成后，年供电量约为6976万千瓦·时，通过余热电站调走公司的用电系统功率因素，公司年向电网可少购电量6812千瓦·时，按湖南省2005年平均供电煤耗378克/千瓦·时计算，相当于年节约标煤25749吨，可减少109134吨二氧化碳排放，649吨二氧化硫排放，160吨氮氧化物排放。

【长沙河田白石建材有限公司】 2010年9月，窑废气余热发电技术在日产4000吨熟料生产线中应用，年发电量为2800万千瓦·时，年减少外供电线损136万千瓦·时，按电煤350克/千瓦·时计算，年节能折合标煤为9106吨，年减少二氧化碳排放23858吨、二氧化硫排放77.4吨、氮氧化物排放67.4吨，循环水利用率为95%。

食品产业

【概况】 食品产业突出以茶叶及饮料加工、湘味食品两大特色为主，以湘丰茶叶集团、金井茶叶、口口香实业、亚林食品等为代表，食品产业发展不断壮大，呈逐年平稳增长的趋势。

2008年，全县食品产业规模以上企业40家。全行业产业完成产值46.3亿元，同比增长42.4%；实现主营业务收入46.1亿元，同比增长25.4%;实现利润3.7亿元，同比增长32.5%；全年精制茶总产量2.4万吨，增长5.1%；年末从业人员7157人。

2009年，全县食品产业规模以上企业45家。全行业产业完成产值57.8亿元，同比增长12.4%；实现主营业务收入58.3亿元，同比增长20.5%;实现利润6.8亿元，同比增长65.8%；全年精制茶总产量2.5万吨，增长7.3%；年末从业人员7527人。

2010年，全县食品产业规模以上企业49家。全行业产业完成产值63.8亿元，同比增长9.2%；实现主营业务收入66.3亿元，同比增长10.5%；实现利润5.3亿元，同比下降22.1%；全年精制茶总产量 2.7万吨，增长6.8%；年末从业人员9716人。

2011年，全县食品产业规模以上企业40家。全行业产业完成产值72.4亿元，同比增长15.4%；实现主营业务收入77.8亿元，同比增长14.4%；实现利润5.7亿元，同比增长3.7%；全年精制茶总产量2.9万吨，增长9.1%；年末从业人员9816人。

【湖南长沙口口香实业有限公司】 2009年5月，公司万吨豆制品冷链加工生产线项目正式投产，该项目投入规模化生产后，实现年产值2亿元，利税2000万元。并在市、县设专柜300家，专卖店200家，让70%的长沙市民吃上放心豆制品。

【湖南湘丰茶业有限公司】 2011年8月，湘丰茶业研制出国内首条制茶自动化生产线，整套设备全长47.6米，由鲜叶摊青机、流量计、茶叶自动杀青机、选别机、揉捻机、烘干机等多个单机构成，较传统设备从工艺、设备及系统等方面都进行了创新，实现“清洁化、连续化、自动化、数字化、网格化”。

（易　统　梁娥芳　黄　微）

电力工业

【概况】 长沙县共管理12座110千伏变电站，10座35千伏变电站，主变容量89.215万千伏安，同比2007年的64.93万千伏安增长37.4%；35千伏及以上输电线路33条、436公里，配电线路252条、3008公里。2011年完成供电量25.2亿千瓦·时，同比2007年的19.9亿千瓦·时增长26.63%，售电量24.8亿千瓦时，同比2007年的18.9亿千瓦时增长31.22%；均价581.95元/千千瓦时，同比2007年的478.07元/千千瓦时增长103.88元/千千瓦时；综合线损1.72%，同比2007年的4.87下降3.15%；最高负荷48.38万千瓦；县城供电可靠率99.963%，农村供电可靠率99.912%，综合电压合格率99.94%。

2008年，县电力局获国家电网公司先进集体、国家电网公司电气化建设先进集体、湖南省文明标兵单位等称号；2009年，获国家电网公司文明单位、国家电网公司农电综合标杆单位等称号；2010年，获中华总工会全国模范职工之家、湖南省电力公司班组建设标杆单位、湖南省电力公司十佳电网先锋党支部等称号；2011年成为全省县级供电企业中首个全国文明单位、首个国家电网公司科技进步先进县供电企业，并获“湖南省供电优质服务示范单位”称号。

【安全生产3715天】 始终坚持“安全第一，预防为主”的工作方针，把安全管理工作放在首位，千方百计确保安全局面稳定。紧紧围绕深化“百问百查”、“反违章年”、“无违章年”等安全活动主题，以打击严重违章，减少一般性违章为目的，增强员工安全意识，提高员工安全技能。充分发挥安全生产保证体系和安全监督体系的作用，2008年初克服百年一遇的冰灾及各种外力因素给安全生产带来的巨大压力，确保各项生产任务顺利完成。至2011年12月31日，实现安全生产3715天的长周期安全记录。

【主网建设】 2008年，新建投运110千伏水渡河、明月（干杉）、路口变电站和35千伏大桥（双江）变电站，改造35千伏春华、果园变电站；负荷容量同比2007年增加18.95万千伏安。星沙城区新增配电变压器192台，容量12.98万千伏安，环网柜 48台，电缆线路 55.705千米，杆塔101基，线路 4.972千米，联络线路6条。

2009年，对110千伏安沙变和35千伏开慧变进行增容改造，并完成开慧变10千伏配套出线的建设。

2010年，投运110千伏跳马变电站，新增主变容量5万千伏安，新建110千伏明航线、丛航线，有力保障黄花机场航空港的供电可靠性。

2011年，新投运110千伏鹤鸣、惠农变电站，新增主变容量13.15万千伏安；新投运110千伏线路6条。星沙城区新投运10千伏城网线路13回，新增配变172台，容量12.54万千伏安，新增（更换）环网柜、分接箱92台。

【加强农网建设】 2008年12月25日，长沙县通过省新农村电气化县建设验收考评组的考评验收，成为长沙市首个新农村电气化达标县。在两年多的时间里，该县投入1.97亿元用于中西部农网完善工程和电气化县建设，其中电气化县建设8300多万元，共建设电气化乡（镇）8个，电气化村75个；改造81个行政村，11条10千伏线路；新建10千伏线路118.97千米，改造10千伏线路99.67千米，新建、改造低压线路1226.45千米；新增配电变压器160台，容量13585千伏安，改造配电变压器117台，容量13940千伏安，新增综合配电箱272台，一户一表改造31332户。改造后全县户通电率达100%；人均年用电量2516千瓦时，人均年生活用电量290千瓦时。

2009年，农配网完善工程完成新建、改造10千伏线路22条，改造28个行政村272个未网改组。新建、改造10千伏线路199.70千米，新增、改造配电变压器118台，容量16105千伏安，新建、改造低压线路348.5千米，一户一表改造6828户，规模投资2899.3万元。

2010年，农配网改造工程共分8个批次，其中农配网改造工程4个批次，农网改造丌级工程4个批次。农配网改造工程4个批次改造20个行政村，3条10千伏线路和所有跨越京珠高速的10千伏及以下线路改造，共计新建10千伏线路20.721千米，改造10千伏线路2.01千米，新增配电变压器33台，容量6200千伏安，改造配电变压器26台，容量5960千伏安，新建、改造低压线路111.428千米，一户一表改造378户，规模投资1550.62万元。农网改造升级工程4个批次改造86个行政村，4条10千伏线路，共计新建10千伏线路22.71千米，改造10千伏线路23.55千米，新增配电变压器64台，容量7375千伏安，改造配电变压器46台，容量7225千伏安，新增综合配电箱107台，新建、改造低压线路832.97千米，一户一表改造2065户，规模投资3393.73万元。

2011年，农配网改造升级工程共分12个批次，改造105个行政村，36条10千伏线路，共计新建、改造10千伏线路280.806

千米，配电变压器213台，容量35320千伏安，低压线路413.978千米，一户一表改造5653户，规模投资6280.68万元。

【抗冰保网】 2008年1月13日起，连续低温、冰雨、冰雪天气造成全县范围内电力设施严重受损，主网断线7处，10千伏线路倒杆158基，断线287处，10千伏配电变压器损坏76台，低压线路倒杆3887基，断线5861处，全县有219个行政村，1672个台区，161770户用户停电。县电力局全体干部员工不分昼夜，全力投入到抗冰保电的攻坚战中。通过20多天连续奋战，2月4日下午6点多钟，江背镇最后一个受损台区抢修完毕，全县100%的居民家中恢复供电，提前2天兑现“春节前户户通电”的承诺。由于在抗冰保电中的突出贡献，该局获“长沙县抗冰救灾模范集体”称号，1名员工记“湖南省抗冰救灾先进个人”一等功，2名员工记三等功，4名员工获得县政府嘉奖。

在灾后恢复重建的工程中，该局顺利完成23条10千伏主干线和219个行政村的恢复重建工作。恢复重建10千伏受损线路28.223千米，更换受损配电变压器27台，容量3160千伏安，恢复重建低压线路433.717千米，更换受损电杆5092基。

【推行电费坐收】 2008年3月，县电力局在全县范围内推行电费坐收，按照一乡一点、人口集中，交通便利的原则，在全县范围内设置42个电费收点。所有收点全部采用电信极速通的形式与局本部联网，实现在线缴费，实时销账打印发票，电费账务日清月结，用户电费销账到户，陈欠电费全部清理到户，财务数据与营销数据实现完全同步。到2008年年底，各供电所电费实现100%座收，电费预交率达20%以上，农电累计收回陈欠电费249万多元。从根本上实现抄收分离，营销工作的专业化管理，化解了资金回收的人为风险因素。

【电力集抄远抄建设】 2009年县城星沙城区成为湖南省电力公司首批集抄改造试点，县电力局于2009年4月成功完成改造任务，改造后的台区实现远方自动集中抄表，自动适时算费，自动发送电费短信通知和欠费停电通知，自动远方停、送电等功能，台区线损基本稳定在4%以下，年降损效益550万元以上。

针对工业园区内众多企业客户，该局努力开展远抄实用化改造，安装负控或远抄终端，通过终端对企业客户实现远方抄表、用电情况监控、预购电管理、用电负荷控制等功能，在该局营业范围内的企业专变用户已全部安装负控或远抄终端，上线率99%以上。

通过几年的发展，该局在营销方面建成集电能量系统、负控及远抄系统、集抄系统为一体的综合应用平台，实现分压、分线、分片、分台区的线损分析管理，达到远程自动抄表，核算线损，实时算费、停、送电为一体的营销管理水平。

【优化用电方案】 针对国家电价政策调整，主动对管理范围内大型客户和重要客户的用电情况进行专业分析，对其中均价高、基本电费多、峰谷用电不合理等问题比较突出的100户量身定做优化用电方案。据统计，共有70余家客户采用优化用电方案，年节约电费成本500余万元。该方案获湖南省电力公司2010年“节能减排”合理化建议一等奖和长沙市职工科技创新成果一等奖。

【建设数字化供电所】 从2010年开始，县电力局在星沙供电所开展数字化供电所试点建设。在已有的农电管理信息系统、农电标准化作业系统的基础上，新开发运行实时监控系统、安全工器具管理系统、集抄电费监控系统和综合绩效管理系统，并集成为一个统一的智能化管理平台。2010年底，数字化供电所建设在其他供电所相继推进，其中暮云供电所于2011年8月完成数字化建设。

【农电标准化建设】 推广农电业扩流程系统，上线农电管理系统，积极打造标准化供电所。至2011年底，县电力局下属的8个中心供电所全部达到湖南省电力公司标准化供电所要求，其中2个达到湖南省电力公司标准化示范供电所要求，2个达到国家电网公司公司标准化示范供电所要求。暮云供电所建设的蛇咀标准化示范台区接受由国家发改委、能源局和财政部牵头组织的10部委领导专家的调研，该台区从材料选型到施工工艺都代表湖南省电力公司网改台区的最高标准，在降损增效及提高电能质量等方面效果显著，在全省推广。

（邹　迅）

长沙县㮾梨横街廉租房住宅小区

长沙县住房保障局

2008～2011年，长沙县住房保障局心系百姓，情注民生，全面贯彻落实国家关于房地产市场的宏观调控政策，切实加大住房保障工作力度，始终坚持统一部署与因地制宜相结合、政府推动与市场运作相结合、注重建设与加强管理相结合的原则，实现住房保障和房地产市场管理的良性发展，为实现“住有所居”的奋斗目标，建设文明生态和谐幸福的长沙县做出了积极贡献，先后被授予“湖南省保障性安居工程建设先进单位”、“湖南省房地产市场监管先进单位”、“全国白蚁防治工作先进单位”、“湖南省园林式单位”“长沙市文明单位”等荣誉称号。

② ③ ④ ①

① 2011年全国政协法制专业委员会副主任王巨禄（左二）一行视察湘绣苑公租房小区

② 2011年国家住房和城乡建设部住房保障司司长冯俊（右三）在长沙县调研住房保障工作

③ 2011年全县物业管理暨业主委员会培训会议

④ 2011年长沙县幸福家园廉租房住宅小区初步建成

长沙县环境保护局

2008-2010年，长沙县环保局连续三年保持市级文明单位称号，局政务中心窗口保持市级“芙蓉标兵岗”，局二级机构环境监察大队保持市级共产党员示范岗，团总支保持省级“五四红旗团总支”和省级“青年文明号”荣誉；2010年，县环保局获“第一次全国污染源普查先进集体”荣誉称号。这几年中，全县环境质量得到有效提升，环境执法能力和监测力度进一步完善，生态创建建设扎实推进，为长沙县的经济、政治、社会和谐发展奠定了良好的环境基础。

生态环境综合整治规划图

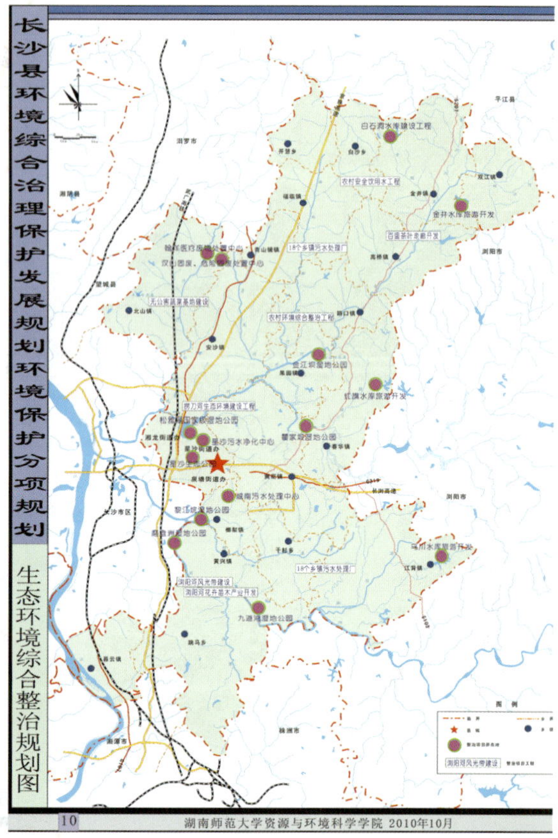

①

② ③

① 2009年6月3日，全国首个市场化运营的农村生活垃圾分类处理合作组织——“农村环保合作社”揭牌仪式在果园镇古楼村举行，右三为县委副书记曾超群

② 2008年，为扎实推进青少年环保教育，长沙县环境保护局副局长熊四清在梨江中学进行环保知识讲座

③ 2008年，长沙县深入开展以“共建和谐・润绿长沙县”为主题的十大绿色系列创建活动，并授予9个单位绿色称号

长沙县财政局

2008年至2011年，长沙县财政局紧紧围绕“领跑进军”的战略目标，按照“又好又快，优势优先”的发展要求，不断深化财政改革，拓展理财空间，强化收入征管，优化支出结构，使全县财政工作不断跃上新的台阶，先后获“全国财政系统先进集体”、“省级文明单位”、“省级园林式单位”、“市级先进基层党组织”、“思想政治工作先进集体”、“党风廉政建设先进单位”等荣誉称号。

四年中，全县财政总收入相继突破40亿元、54亿元、75亿元、123亿元大关，成为全省首个财政收入过百亿县（市），是继1990年财政收入超亿元，2003年财政收入超10亿元后，县域经济发展的又一里程碑。2011年，长沙县列全国县域经济基本竞争力第18名，连续四年稳居中部第一，标志着长沙县挺进全国县域经济基本竞争力20强。

①

② ③ ④

① 2008年1月4日财政部部长谢旭人（左四）与省委书记张春贤（左三）一行视察湘丰扦插苗基地

② 2008年1月31日省财政厅厅长李友志（前排左三）视察冰灾灾情

③ 2009年4月9日，省委巡视组及县委书记杨懿文到县财政局检查科学发展观工作

④ 长沙县财政局外景

长沙县国家税务局

长沙县国家税务局成立于1994年9月，2008年7月设立长沙经济技术开发区国家税务局，与长沙县国家税务局合署办公。主要担负着辖区内19个乡镇、3个街道办事处，12433户纳税人的国税征管。

2008年至2011年，累计入库县级税收127.2亿元，从2008年的20.5亿元到2011年的46.6亿元，年均增长31.5%。2008年、2011年局党组班子被省国税局授予"优秀领导班子"称号；连续四年获得全县党政领导班子绩效考核一等奖；同时先后荣获全国妇联授予的"全国巾帼文明岗"、湖南省文明办授予的省级"文明单位"、省国税局授予的全省国税系统"纪检监察工作先进集体"和"创先争优先进基层党组织"等称号。

全国巾帼文明岗奖牌

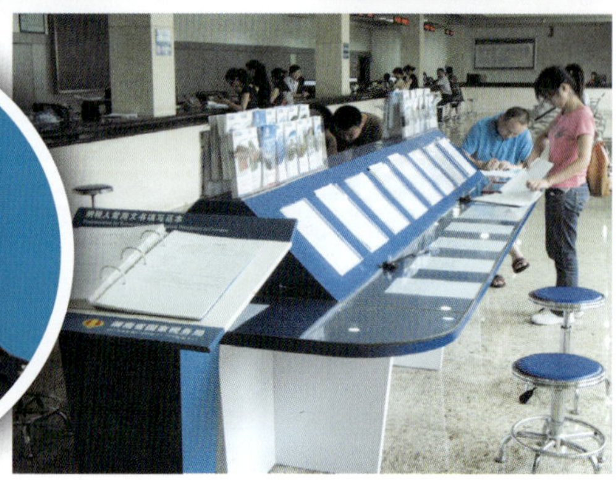

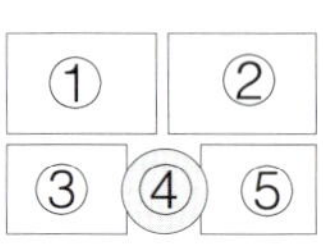

① 2008年10月长沙县国税局组织干部进行所得税业务考试

② 县国税局办税服务厅办税场景

③ 2010年7月县国税局税管员下户开展税收调查

④ 湖南省青年卫士刘建蓉

⑤ 县国税局办税服务厅自助服务区

008年底新搬迁至新办公大楼

长沙县地方税务局

2008-2011年，长沙县地税局地税收入规模从14.53亿元上升到42.04亿元，先后获得“全国模范职工之家”、“湖南省文明标兵单位”、“全国青年文明号”等荣誉，连年在县委、县政府组织的政风行风测评中名列前茅，为助推经济发展、构建和谐地税作出积极贡献。

① 县地税局领导班子

② 2008年县地税局搬迁大楼庆典仪式

③ 2011年经开区管委会主任李科明（左一）为经开区地税局星沙分局授牌

④ 2010年县地税局在县内推广POS机刷卡缴税

⑤ 2009年4月税法宣传月，县地税局为3000名建筑工地工人送上一堂生动的税法宣传课

中国银行星沙支行

① 2010年10月，中国银行星沙支行泉塘支行成立
② 2011年，中国银行星沙支行与经开区共同召开年度银企座谈会
③ 中国银行星沙支行开展银行业公众教育服务日活动
④ 2011年，中国银行星沙支行召开中银信贷工作暨中小企业新产品推介会

农业发展银行长沙县支行

① 2008年6月，农发行总行行长郑晖（前排左二）一行到信贷企业湘丰茶业集团飞跃基地考察

② 2008年9月，农发行长沙县支行参加长沙县2008年第三季度银企合作签约仪式，并与企业签订融资意向书

③ 2010年，农发行长沙县支行领导到贷款企业县交通局通途建设有限公司查看黄兴北路建设工程进度

④ 2011年4月8日，农发行与长沙县人民政府签约水利建设融资合作5年20亿元水利贷款签约仪式

长沙银行星城支行

长沙银行星城支行前身为长沙市商业银行星城支行，成立于2003年6月，于2008年11月17日更名，2011年7月1日从板仓路98号搬迁至开元路17号；内设综合办公室、市场营销部（含公司业务部和零售业务部）与营业部，下辖榔梨支行与星兴支行两个二级支行。现有员工59人，其中行级领导3人，中层干部9人，客户经理23人，中共党员18人；研究生学历7人，本科学历41人；平均年龄31岁。

长沙银行星城支行所在地湘商世纪鑫城大厦

① 县委副书记、县长张庆红（前排左）与长沙银行董事长张智勇（前排右）签署《长沙县人民政府与长沙银行政银全面合作协议》
② 星城支行新址开业
③ 旅游银企合作签约
④ 园区营销

长沙县交通运输局

长沙县交通运输局现有二级机构5个：长沙县交通运输行政执法大队（正科级，含原10个交管站）、长沙县货运管理所、长沙县客运管理所、长沙县农村公路管理站、长沙县质量监督管理与检测站。根据长县政办发〔2011〕46号文件精神，交通运输局内设4个机构：办公室、政工科、安全法规科、计划财务科。

2008年度：湖南省交通厅授予县交通局“文明建设先进单位“称号。

2009年度：湖南省交通厅授予县交通局“2007-2008年度全省交通系统文明建设先进单位”。

2010年度：县交通运输局荣获“2009年度长沙市干线公路建设目标考核二等奖”和“2009年度长沙市农村公路建设质量管理一等奖”。

2011年度：长沙市交通运输局授予县交通运输局“2010年度交通运输系统行政执法先进单位”称号；市人民政府授予县交通运输局“2010年度交通运输发展目标管理考核一等奖”；市春运领导小组授予县交通运输局“春运优质服务竞赛先进单位”称号。

① ②
③ ④

① 长沙市领导视察黄兴大道北延线工程施工现场
② 2011年9月29日，全国第一个代建制农村公路项目黄兴大道北延线一期工程（星安、黄映公路）建成通车
③ 2011年1月，城乡公交线路开通
④ 2011年1月10日，长沙县重点交通道路投资建设项目合同签约仪式举行

长沙县商务局

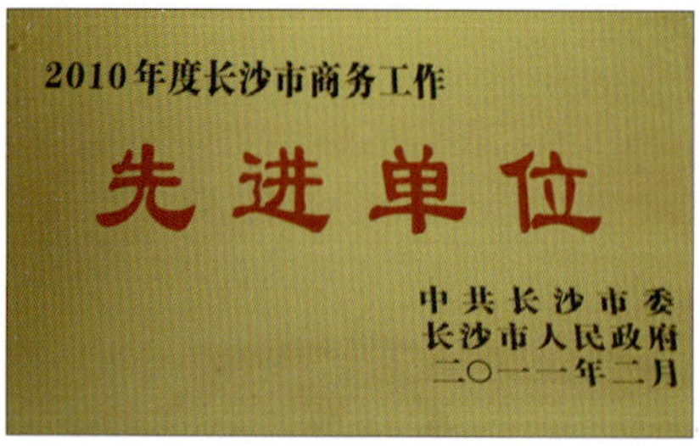

2008年至2011年，长沙县商务局在县委、县政府的正确领导下，精诚团结,开拓创新,攻坚克难,奋发有为，商务（招商）工作获得了上级的高度肯定。先后获省商务工作（外贸）先进单位、省内联引资工作先进单位、省利用外资工作先进单位、省承接产业转移工作先进单位、市招商引资工作先进单位、市商务工作先进单位等荣誉称号。

① ② ③ ④

① 2011年5月26日，长沙县首届现代服务业大会成功召开，县区领导见证签约

② 吃喝玩购首选星沙商圈，多个主体活动全面引爆购物消费热潮

③ 第三届“星沙商圈”购物消费节魅力新春之夜——快板《漂亮颂》博得观众们满堂喝彩

④ 第三届星沙商圈消费节开幕，全县派发百万消费券让利于民。市民领到消费券后笑逐颜开

2008年9月长、株、潭城乡互助游启动式暨长沙市第三届乡村休闲旅游节开幕式

长沙县旅游局

2011年，长沙县有旅游企事业单位36家。2011年接待旅游总人数380万人次，同比增长20%，其中“乡村旅游点”接待174.9万人次，增长22.3%；实现旅游综合收入40亿元，增长22.8%，其中“乡村旅游点”营业收入7.8亿元，增长23.7%。

2011年，长沙县被评为湖南省旅游产业发展年度考核十佳先进县；杨开慧纪念馆、石燕湖公园、长沙生态动物园被评为国家4A级旅游景区授牌；秦皇食府通过五星级餐馆达标验收并授牌；华旺、华穗、鑫明3家农庄成功创建为省级五星级乡村旅游点；县旅游局被继续评为市级文明单位。

① 2011年10月12日湖南省旅游局副局长刘绵松（右一）为杨开慧纪念馆4A授牌

② 2011年5月19日，海选的100名杨开慧扮演者齐诵红色经典

③ 2011年8月局全体干部职工去麻阳慰问贫困学生，并与他们一起沟通交流

④ 2011年8月全省旅游饭店服务技能大赛鸡尾酒调制项目金牌获得者——明城国际大酒店唐亮

长沙县科学技术（知识产权）局

2008~2011年，长沙县科学技术（知识产权）局进一步解放思想，提高认识，开拓创新，锐意进取，全县科技（知识产权）工作成效显著，长沙县先后获评全国科技进步先进县、全国知识产权强县工程项目单位、湖南省知识产权示范县、湖南省科技特派员工作先进单位等荣誉。2009年局机关获得长沙县年度目标管理考核一等奖。

2009年荣获湖南省知识产权示范县

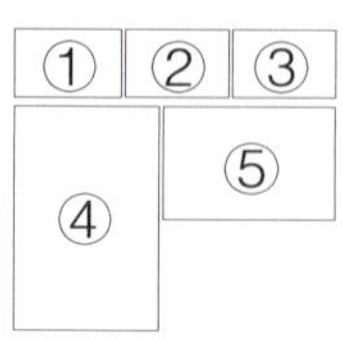

① 2008年在第二届“中国·长沙科技成果转化交易会”上，湖南亚太实业公司与湖南大学签约

② 波隆机械制造有限公司与长沙理工大学合作签约

③ 长沙县举办2010年科技活动周活动，群众参与热情高涨

④ 长沙县科技成果转化展示

⑤ 袁隆平院士（前排右三）到长沙县指导超级杂交水稻“种三产四”丰产工程项目建设

华润小学

松雅湖中学

长沙县教育局

长沙县教育局内设5个科室，下设7个二级事业单位，在职在编工作人员28人。

2008年至2011年，县委、县政府出台《关于率先建设教育强县的决定》，确立“湖南一流、中部先进、全国有特色”的教育发展宏伟目标。加大教育投入，9亿多元的学校建设经费投入，刷新农村中小学校容校貌的历史，缓解了县城大班额现象。优化师资结构，实施人才建设工程，引进特级教师、学科带头人12名；面向社会选调招聘469位优秀教师。凸显教育公益性，推进惠民工程，全县对口资助大、中、小学贫困生达85000多人次，总资助金额达6682万元，连续八年实现“不让一个孩子因家庭困难而失学”的目标。长沙县先后被评为“湖南省扶贫助学先进县”、“湖南省规范教育收费工作示范县”、“湖南省现代教育技术实验县”、“全国阳光体育先进县”、“全国教育系统关心下一代工作先进集体”。2010年7月5日《中国教育报》头版头条刊发长沙县创建家庭教育示范县“223所家长学校在这里遍地开花”的动人事迹与突出成果。2011年5月，长沙县获湖南省人民政府第二轮两项制度督导评估、教育强县视导及职业教育督导评估优秀等级。

全国阳光体育先进县

中华人民共和国教育部

二〇一〇年五月

长沙县北山镇中心小学计算机竞赛获奖照片

第一届大众运动会广播体操比赛

长沙县卫生局

长沙县卫生局是负责长沙县卫生工作的政府工作部门。局机关设办公室、政工人事科、计财科、公共卫生科、医政管理科、规划建设科、医改办和红会办等8个职能科室，县爱卫办于2008年12月调整为县卫生局下属二级事业单位，2011年9月调整为县政府办所属事业单位。长沙县辖区内有疾病预防控制中心、卫生监督所、妇幼保健院各1所，有各级各类医疗卫生机构517个，其中市级医院1所；县级医院3所；街道社区卫生服务中心2所，乡镇中心卫生院5所，一般卫生院14所；村卫生室246所，社区卫生服务站9所；专科医院3所，个体诊所48所；共有床位1356张。全县卫生专业技术人员2169人，其中全额拨款人员105人；差额拨款人员402人，自收自支专业技术人员540人，副高以上职称72人，中级职称358人，执业医师374人，本科以上学历759人，研究生以上学历6人。

县妇幼保健院荣获省级巾帼文明示范岗称号

长沙县卫生局紧紧围绕保障全县人民群众身体健康这个中心，扎实开展各项工作，医疗业务技术和服务质量不断提高，疾病防控、卫生监督、妇幼保健、计划免疫、无偿献血等工作的发展居全市前列，卫生事业得到长足发展。

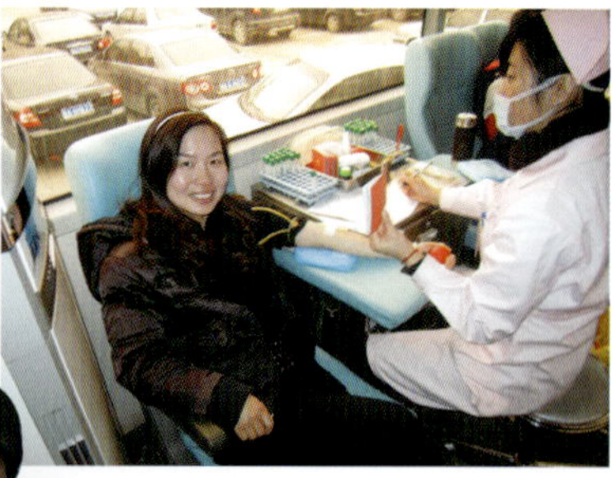

① ② ③ ④

① 国务院医改办副处长李春芳（左一）一行到长沙县调研卫生工作

② 长沙县深化医药卫生体制改革工作会议现场

③ 无偿献血，血浓情更浓

④ 县卫生局局党委副书记、局长周月明

长沙县文化体育广播电视局

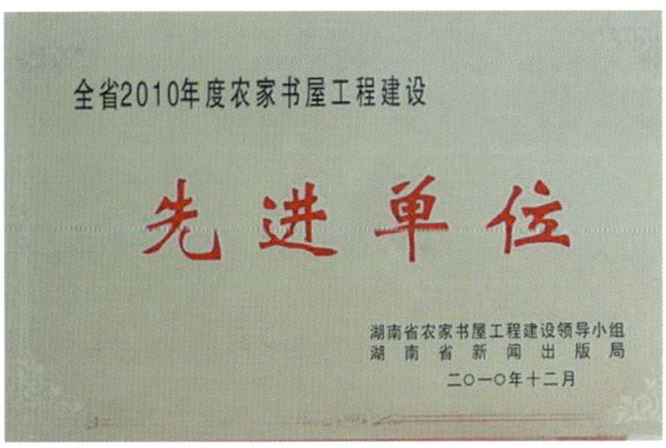

长沙县文化体育广播电视局，是县政府主管全县文化、体育、新闻出版（版权）行政职能部门。内设办公室、文化科、体育科、计财人事科、法规科。定行政编制14人，后勤服务编2名，配备局长、党组书记各1名，副局长3名。局属二级机构8个(长沙县文化市场综合执法大队、黄兴故居纪念馆、长沙县文物管理局、长沙县文化馆、徐特立故居纪念馆、长沙县图书馆、长沙县电影公司、文化艺术团)。2010年12月，县广播电视局与县文化体育局合并成立县文化体育广播电视局。

2008年至2011年，长沙县文化体育广播电视局在县委、县政府和上级业务主管部门的正确领导和悉心指导下，深入贯彻落实科学发展观，坚持党的十七大和十七届五中全会关于大力推进文化大发展大繁荣的精神，紧紧围绕县委、县政府建设“全国文化先进县”和“文化强县”的阶段性目标，大力推进文体事业全面发展,为构建和谐长沙县营造了良好的人文环境。

① ② ③
④ ⑤

① 全省“舞动青山”农村文化集市启动仪式在长沙县举行
② 长沙县文化体育广播电视局举办系统职工趣味运动会
③ 长沙县文化艺术团送戏下乡
④ 县文广局获全省2010年度农家书屋工程建设先进单位
⑤ 长沙市新闻出版局副调研员周永康（右）查看农家书屋资料

县民政局办公大楼

长沙县民政局

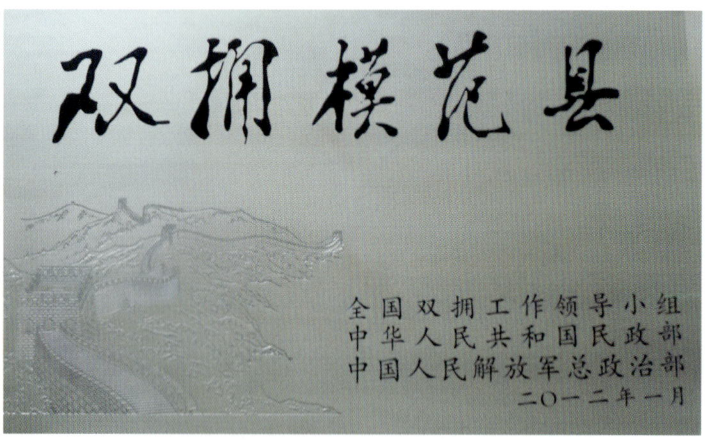

民政工作是和谐之基，为民之政。党和政府的爱民之情、利民之意、为民之举，很多方面都要通过民政工作来实现。四年来，民政局全体干部职工与时俱进，奋发作为，充分发挥民政"保障民生、发展民主、服务社会"的工作职能。在县委、县政府的领导下，全县社会救助体系日臻完善；优抚安置政策有效落实；基层民主政治建设不断加强；社会福利事业长足发展；社会事务管理更加规范；全县民政工作成绩显著。

① ② ③ ④

① 2011年长沙县蝉联全国双拥模范县光荣称号（2012年1月授牌）

② 2011年长沙县"革命先烈后代幸福计划"启动式举行

③ 长沙县2010年慈善助学金发放仪式

④ 长沙县光荣院外景

城乡建设·环境保护

城乡建设

【概况】 长沙县建设局为长沙县建设行政主管部门，成立于1978年3月14日，1996年随县治搬迁至星沙镇望仙路73号，2010年机构改革由长沙县建设局变更为长沙县住房和城乡建设局，共有人员编制100名，实有在编人数100名，中共党员69名。内设办公室、建设工程技术管理科、小城镇建设综合科、勘察设计和建筑节能科、政策法规科和计财科6个科室。下设7个二级机构，县建筑工程安全监督站（与县建筑市场管理站两块牌子，一套人马）、县建设工程质量监督站、百年检测室、县建筑材料管理站、县建设工程造价管理站、县城建档案室、县燃气热力局。

2008年至2011年，全县建设工程质量安全监督覆盖率100%，竣工验收备案工程项目合格率100%，连续四年实现“安全无事故年”的目标。每年评定的工程优良率达50%以上，近四年创“鲁班奖”项目1个，“芙蓉奖”项目 12 个，省优工程31项，全省样板工程项目20个以上，连续四年创安全文明示范工地30个以上。县住建局安监站连续四年被评为“全省安全监督先进单位”，建管站连续四年被评为“全市建设系统职业技能鉴定培训工作先进单位”，质监站连续两年被评为“全省质量监督先进单位”。建材站连续四年都被评为省、市墙材革新工作先进单位，2011年被评为全省“十一五”发展散装水泥工作先进集体一等奖，2009年获评“全国墙材革新先进集体”。

按照“归类打捆、部门审批、统一缴费、内部分解”的工作方式，实行一般报建项目报建收费由联合审批小组审批，重大招商项目、特殊项目报县联合审批会、政府常务会、县委常委会研究审批的工作程序和施工许可制度，培养县属建筑业品牌的概念和战略发展方向，鼓励有实力的企业发挥自身优势，实施“走出去”战略。住建局政务窗口2008年办理施工许可证163本，建筑面积333.9万平方米，总造价38.7亿元；2009年办理施工许可证87本，建筑面积237.3万平方米，总造价21.4亿元；2010年办理施工许可证216本，建筑面积375.9万平方米，总造价45.2亿元；2011年办理施工许可证135本，建筑面积510.3万平方米，总造价63.98亿元。

全县建筑总产值2008年为99亿元，外拓产值24亿元，施工面积1176万平方米；建筑总产值2009年为111亿元，外拓产值26亿元，施工面积1232万平方米；建筑总产值2010年为128亿元，外拓产值33亿元，施工面积1497万平方米；2011年建筑总产值为147亿元，外拓产值34亿元，施工面积1621万平方米，房地产完成投资额106.12亿元。

【推进城乡一体化】 长沙县全力推进城市基础设施向农村延伸，县域“九纵十二横”主干路网密集覆盖，黄兴大道南延北拓、万家丽北路北延、人民东路东延、省道207线南延等一揽子重大交通项目陆续启动，在全县已构建“一小时经济圈”的基础之上向“半小时经济圈”大步迈进。城乡一体化试点成效显著，金井“茶香小镇”、榔梨“绿色水乡古镇”、开慧“板仓小镇”特色彰显，金井镇惠农村被定为省长社会主义新农村建设联系点。“五网”加快下乡，率先在全省实现垃圾、污水处理设施县域全覆盖，城乡垃圾处理率、自来水普及率居全省第一。城乡公交开通4条线路，供水管网向全县所有乡镇集镇延伸，供气管网铺设到城乡结合部所有乡镇。

以“功能配套、特色彰显、商贸繁荣、生态宜居”为目标，2009年至2011年投资52亿元，大力开展“人民满意集镇”建设。截至2011年，全县城镇化水平达52%，小城镇建成面积增至99.5

平方公里。榔梨镇获全国首次评选的十大幸福乡镇之一。

【发展绿色建筑】 以“资源节约型、环境友好型”社会建设为要求，大力推广绿色设计和建筑节能，努力建设“低碳星沙、绿色之城”，大力开展绿色建筑建设，松雅湖片区、星沙文化中心等绿色建筑蓬勃兴起，引领全县潮流。星沙文化中心被确定为长沙市第一批绿色建筑试点项目。

【工程建设管理】 平均每年监督工程项目建筑面积在1000万平方米以上，对工程质量安全问题“零容忍”，建立和落实参建各方质量宣传培训、重大安全隐患约谈、监理质量适时报告、关键环节现场监督、重要工序验收备案以及专门队伍质量督查等制度，制定《关于实施建设工程质量差别化监督管理的通知》，根据工程类别、重要性及工程参与单位的业绩、信誉、质量保证能力等情况实施分类监督；制定《长沙县住宅工程质量通病防治办法》，从管理、设计、技术措施控制方面加强通病防治，使全县建设工程质量管理提高到一个新的水平。建设工程质量安全监督覆盖率100%，竣工验收备案工程项目合格率100%，连续四年实现“安全无事故年”的目标。

【建筑企业管理】 引导建筑业深化体制改革，加快结构调整，致力科技创新，建筑业呈现出量质齐升、加快发展的良好态势。截至2011年，全县共有房地产开发公司 160 家，二级资质16家，三级资质48家。建筑施工企业71家，其中特级总承包企业1家，一级总承包企业12家，一级专业承包企业2家，形成房屋建筑、市政公用、公路工程、水利水电工程、钢结构、装饰装修等门类齐全、专业配套的产业体系。全县建筑业施工产值连续四年在100亿元以上，上缴国家利税连续四年超10亿元。

【新墙体材料推广】 积极推广高科技“绿色”产品，鼓励企业开发高性能的节能保温新型墙材，并给予奖励。全省最大规模的新型墙体材料龙头企业长沙长乐建材有限公司（加气混凝土砌块）和长沙春华鹰宏环保建材有限公司（烧结页岩多孔砖）均落户长沙县。全县生产烧结页岩多孔砖和加气混凝土砌块等新型墙体材料企业达20多家，新型墙体材料产量占长沙地区产量的80%左右。县域范围已基本实现使用新型墙体材料，新型墙材应用率在全省县级处于领先地位。

“十一五”期间，全县共计生产新型墙体材料超过20亿标块，散装水泥2108万吨，与传统墙材相比，5年时间共节约土地211.2公顷，节约标准煤19.8万吨、木材37.8万立方米，减少二氧化碳排放12.35万吨，消耗工业废弃物近100万吨。

【城建档案实现数字化】 经过多年的积累和沉淀，住建局城建档案馆藏量达6万余卷，新库房500立方米，预计能满足未来10年的城市建设档案增长的需要。城建档案的核心资料及图纸扫描入库，结合声像档案，实现馆藏档案的初步数字化，档案查询工作更加方便快捷准确，建设信息能得到充分共享，工程项目的基本信息可在互联网上轻松查询。

【煤改气工程】 编制《长沙县城镇供气突发事件应急预案》；与县内7家液化气经营单位签订《长沙县燃气企业安全生产责任书》，加强燃气安全管理；实现燃气下乡的惠民工程，惠及全县4个乡镇、3个拆迁安置区，提高了长沙县燃气的入户率和使用率。（罗　婷）

城乡规划

【概况】 长沙县城乡规划局原名长沙县规划管理局。2011年度机构改革更名，成为县政府组成局。局机关行政编制15名，工勤事业编制3名。内设机构5个，分别为办公室（加挂法规科牌子）、总工室、用地规划科（加挂市政设施规划科牌子）、建设规划科、村镇规划科。下设长沙县测绘规划设计院、长沙县规划技术服务中心，两个单位实行两块牌子一套人马，自收自支事业编制5名。该局被长沙市政府授予“2006～2008年度社会主义新农村规划编制和组织工作先进单位”，2010年2月被湖南省住房和城乡建设厅授予“全省城乡规划管理先进单位”。

2008年至2011年，长沙县城乡规划工作坚持“以规划促建设，以制度促管理，以执法促规范”的方针，强化科学规划、严格管理、严肃执法，规划管理工作步入规范化、程序化、法制化轨道。

科学编制规划。新修编的

《长沙县城乡一体化规划》通过专家评审，编制了300平方公里的《星沙新城概念规划》和全省首个县域环境综合治理保护发展规划等全局性规划；完成星沙新城300平方公里范围内道路交通、给水、排水、电力等基础设施规划，启动主城区36个社区公共服务设施规划，基本完成乡镇控制性详细规划的编制。全面完成县城、乡镇、村庄三级规划体系；详细规划覆盖面不断扩展。松雅湖生态公园、空港城、黄兴市场群等重要发展区域编制了控制性详细规划，松雅湖区的道路系统、水利工程、绿化工程等专项规划也已出台。板仓小镇、圣毅园等处总规和控规的编制带动了农村的转型发展。

严格“一书两证”审批管理。四年共审查修建性详细规划100余项。加强对重点地段、重要街区房屋改建的立面控制，建设项目在办理工程规划许可手续前严格审核容积率、建筑密度等批示，杜绝项目在设计阶段即更改相关指标；涉及绿化、消防、环保、人防等设施的，均经相关部门进行前置审查和验收。2008年许可规划用地179宗，许可面积654公顷，征回土地488公顷，许可建设工程面积274万平方米，竣工验收162万平方米，许可市政管线7.8万米，竣工验收管线12.5万米；2009年许可规划用地538公顷，征回土地258.6公顷，许可工程面积232.5万平方米，竣工面积145.3万平方米，许可市政工程11项；2010年许可规划用地56宗，许可用地面积708公顷，征回土地495.1公顷，许可工程面积共计472万平方米，竣工验收235万平方米，许可市政工程规划许可22项；2011年许可规划用地95宗，许可规划用地面积600公顷，征回土地149.2公顷，许可建设工程面积570.6 万平方米，竣工面积258.5万平方米，许可市政管线41项，“一书两证”发证率95%以上。规范户外广告管理，2008年开展中心城区及机场口户外广告专项整治；2009年共审批户外广告76块，门店招牌208块；2010年共审批大型户外广告牌7块，门店招牌165块；2011年共审批大型户外广告牌62块，门店招牌117块。

支持各级重点工程建设。东八线以东48平方公里以及城西20平方公里范围内道路骨架全部拉通，市县之间规划原规划16个对接口增加至27个，拉通开元西路接开福区新世纪大道、中南汽车世界博览路与三一大道互通、星沙大道南延至人民东路、万家丽南路南延至芙蓉南路、芙蓉南路南延至暮云镇等5个对接口，另有黄江公路西接长沙市已建成通车。积极协助国家和省市重点工程，解决武广高铁星沙段由地上转为地下的问题，协调沪昆高铁的选线、城际铁路与城市道路的衔接、长株高速互通设置等问题，参与40平方公里机场总体规划以及机场枢纽地区综合交通规划的编制，确定东跑道方案，支持机场第二候机楼等机场扩建工程的建设。积极参与长沙东500千伏变电站及其电力走廊的选址、选线和建设，500千伏安沙变、1000千伏星城特高压变选址和西电东输800千伏直流线路的选线，忠武燃气管线选线及其长沙计量站的建设，新奥燃气储备库建设、三润燃气在安沙铺设管道，中石油兰郑长输油管道（ф600）选线及其果园10万吨储油库，中石油西气东输三线以及地铁1~8号线的选线、站点选址等重大项目在长沙县境内的建设，妥善处理重点工程与城市规划的衔接，保障支撑长沙县长远发展所需的道路交通设施和资源的需求。

法制建设破解规划执法难题。与经开区规划分局、县城管局联合制定《长沙县建设工程规划批后管理的若干规定》、《关于加强建筑外立面装饰改造管理的通知》，出台《关于禁止建设项目挖山填水的规定》、《县城标准化设计导则》等多项制度，逐步实现城乡规划工作的规范化、程序化和制度化；严格规划审批程序，建立专家决策咨询制度，所有规划均邀请专家参与评审。深入推进建设工程规划许可公示制度，开展竣工验收测量，针对房地产项目开展日照分析。积极配合城管执法部门建立防违、控违、拆违的工作机制，严格执行批后管理制度，加大规划违法案件的查处力度。2008年会同城管部门依法查处未经批准擅自加层扩面、不按图纸施工、未批先建和窗户外挑改变立面等违法违章建设行为269起，违章建筑面积6316平方米，违规外挑窗户面积7160万平方米；2009年查处违法违章建筑186起；2010年查处141起，建筑面积1.1万平方米；2011年处罚违法违规行为46起，共计建筑面积17282平方米，强拆两起。大力整顿三产业街私房加层超面行为、房产项目擅自变更规划行为、未报先建行为，城区建设井然有序。县城镇执法部门与县规划部门紧密配合，信息共享，加强日常巡查，严格批后管理，有效降低了违法建设行为的发案率。

【县城星沙规划拓展到300平方公里】 2008年，省政府重新编制《长株潭区域规划》，提出星沙新城的规划设想。是年底长沙县启动“星沙新城”概念性规划的编制，在东至京珠高速公路外迁线，南至南三环线，西至京珠高速公路，北至长浏铁路，总面积约300平方公里的范围内建设长沙县核心区，打造县域经济新一轮发展的“发动机”。规划委托中国城市规划设计研究院编制，于2009年完成成果。该规划立足于新编制的长株潭城市群总体规划，整合黄花空港、武广高铁、长沙经开区等优势交通和经济资料，将县城和经开区与周边工业园区的资源整合和产业集聚提到新的高度，实现核心区域的“核聚变”反应。

【规划实现城乡全覆盖】 基于长株潭城市群区域规划的提升，以及星沙新城概念规划编制，委托中国城市规划设计研究院（中规院）编制《长沙县城乡一体化规划》。《规划》根据长沙县现有的发展状况以及发展的条件，将该县分为中部新型城镇化地区、北部现代农业示范区、南部创新发展地区，体现了长沙县“南工北农”的发展战略。2010年规划通过专家评审。在此基础上，编制乡镇规划以及村庄规划。自2006年开展社会主义新农村村庄规划编制工作以来，到2011年，全县城镇规划区外208个村庄规划编制全部完毕，实现全县城乡规划的全覆盖。

【宣传贯彻城乡规划新法规】 2008年1年1日，《中华人民共和国城乡规划法》颁布实施，2010年1月1日，《湖南省实施〈中华人民共和国城乡规划法〉办法》颁布实施，规划工作由“城市规划”时代进入“城乡规划”时代。新的法律和法规颁布后，长沙县城乡规划局组织了为期一周的集中宣传活动，并通过网站、《今日星沙》等媒介进行宣传，在政务中心、社区服务站发放宣传资料共计500余份；按照《城乡规划法》、湖南省实施办法及省建设厅“一书三证”管理办法的新规定和新要求，健全配套管理制度。完善城乡规划信息网，建立与公众互动平台；加大政务公开力度，及时公布行政许可结果，切实保障了“一法一办法”的贯彻实施。

【开展调整规划用地性质和变更容积率专项整治】 2009年，对2007年1月1日至2009年3月31日期间的126个房地产项目进行清理。经查，期间变更规划调整容积率项目19个，均按长沙县相关规定获得过批准。专项治理工作得到市纪委和市规划局调研组的肯定。在此基础上，进一步加强对调整规划用地性质和变更容积率的管理，下发《关于城镇规划区国有土地容积率调整的管理规定》，所有调整工作均按程序由专家论证调整方案，进行网络公示，采用多种形式征求利害关系人的意见，县政府常务会议批准，规划与国土部门共同把关收缴增容费用，没有出现违法违纪行为。

【城市风貌整体提升】 编制《长沙县城市规划建设管理标准化实施规定》，对县城的城市色彩、建筑风格、道路附属设施的尺度、园林绿化等涉及城市风貌的各个方面进行标准化规定，以形成城市独特的风格。启动并完成《星沙城市风貌规划》，规划对星沙的风貌发展战略、风貌区划分、风貌轴和风貌节点的景观设计精心考虑，对提升星沙的城市品位以及城市竞争力起到了重要的促进作用。参与黄花机场“一点两线”、星沙至安沙“三点一线”改造工程，完成绿化景观设计及两厢的房屋立面改造设计。在评审通过的《星沙城区门店招牌规划设计导则》以及19条主次干道的门店招牌规划设计的基础上，开展门店招牌整治拆除和施工工作，进行城区亮化设计，城市形象不断提升。 （唐志兴）

城镇管理

【概况】 2010年11月县政府进行机构改革，长沙县城镇管理局更名为长沙县城市管理和行政执法局，主要担负市政设施、市容环卫、园林绿化、城市公共客运、城市燃气、城市供排水、扬尘治理、县城爱卫等管理职责和省政府赋予的“9+1”城镇管理行政执法职能，为县政府直属事业单位。设8个二级机构：长沙县城市管理行政执法大队、长沙县园林绿化管理所、长沙县公用设施管理所、长沙县市容环境卫生管理所、长沙县公共客运交通管理办公室、长沙县公用事业管理局、长沙县渣土管理办公室、长沙县城市服务中心。

长沙县从理顺城市管理体

制、完善工作机制、加大投入力度入手，努力建设文明、和谐、宜居的城市环境。2011年1月县委、县政府印发《深化城市管理体制改革的总体方案》，确定城市管理总体思路、基本原则、管理模式，明确城管委办公室、城管执法局、街道以及相关职能部门的城市管理职责。由县长担任县城管委主任，设立城市管理考评办公室。县委、县政府每年多次专题研究城市管理工作，县城管委每季度召开一次工作例会，县委书记、县长每年进行调研，分管县领导定期召开工作调度会，解决城市管理中的重大问题，形成研究部署工作的常态机制。

通过大力推进城市管理重心下移、城市管理市场化、城市管理精细化、城市管理人性化、考评工作常态化等工作机制，城市管理和行政执法不断规范，城市管理工作上了一个新台阶。长沙县2008年获“全国文明县城”称号，2009年获“中国人居环境范例奖（城市管理与市容环境建设）”，2009年获“湖南省节水型城市”称号。县城管执法局连续4年被长沙市城管局评为城管工作红旗单位。

【抗冰救灾保民生】2008年初，长沙县发生罕见的冰雪灾害。县城管局第一时间成立抗冰救灾领导小组，广泛动员，全力投入到抗冰救灾第一线。在抗冰救灾期间，共出动1.56万余人次，出动车辆和平路机、装载机等特种设备1690多台次，撒防冻盐230余吨，铺设防冻麻袋5.3万余条。城管队员四战京珠高速、三上长永高速，鏖战黄花机场，每天凌晨5点上路撒盐融冰，晚上10点还坚持铲冰扫雪，确保城市正常运转、市民安全出行。冰灾后，又迅速组织对星沙城区道路进行修补和花卉苗木的抢救等工作。

该局积极响应县委、县政府关于开展“千名干部下基层，抓紧生产补损促发展”的号召，组织工作组深入星沙镇的万明村、高沙村，扶持两个行政村搞好生产补损，发动全局党员和干部职工多次捐款，捐款总数超过10万元，被市委、市政府授予“抗冰救灾先进单位”称号。

【星沙生态公园部分建成开放】星沙生态公园位于开元西路至水渡河、西霞路与京珠高速之间，武广高速铁路南北贯穿其中，南北长3000米，东西宽260米，占地面积约104公顷，是城区规划面积最大、投入最多的一个公园，为城区绿地系统的重要组成部分，是城市的一片“绿肺”，建成后将成为城区居民休闲娱乐、运动健身、交友学习的重要场所。公园的规划设计特点：一是生态性，以自然生态为主导，尽可能保护原有的生态植被，适当改善自然生态环境，以最小的投入实现增加城市绿地功能的目的。二是人性化，尽可能满足游人生理、心理、视觉等多方位需求。三是将地域文化特色与时代特色相融合，以公园特色文化吸引八方游客。公园计划总投资2.1亿元，从2007年开始分三期建设，至2011年底已完成一、二期部分建设并开放，三期已列入2013年度建设计划。

【星沙大道绿化提质改造】星沙大道是城区的主干道，长5.2公里，宽80米，中央绿化带宽8米，人行道绿化带宽2米，两边的路侧绿化带宽8米，道路绿化率超过40%，2003年建成。后由于绿化带土质板结等多方面原因，绿化景观效果不够理想。2008年县政府投入400余万元，对星沙大道特立路至319国道段进行提质改造，长3020米。清除原种植土层下影响植物生长的混凝土，更换种植土，并注重体现星沙园林绿化特色，营造植物配植的多样性，共种植香樟、鹅掌楸、红枫、罗汉松、紫薇桩、茶梅等5500多株。通过提质改造，该路段已成为城区一条特色鲜明的生态景观路。

【主干道提质改造】2010年县政府加大城市基础设施投入，对城区破损较为严重的主干道进行提质改造。一是漓湘路沥青路面翻修。从星沙大道至开元互通段3050米，在原有沥青路面加铺1厘米厚的橡胶沥青应力吸收层和4厘米厚的改性沥青，总投资790多万元。二是开元路沥青路面改造。从星沙大道至东升路段1400米，在原有沥青路面加铺1厘米厚的橡胶沥青应力吸收层和4厘米厚的改性沥青，总投资500万元。三是星沙大道沥青路面翻修。从月形山收费站至盼盼路段5800米，在原有沥青路面加铺4厘米厚的改性沥青，总投资1570万元。

【“一点两线”环境综合整治】2011年，按照市委、市政府的部署，长沙县对辖区内“一点两线”（黄花机场周边和机场高速、长永高速）环境进行综合整治。由县国土局牵头，城管、公安以及有关乡镇配合，在机场周边及黄花、干杉、榔梨、星沙街道和街道辖区共拆除违章建筑60多处、拆除面积达1.04万平方米。拆除影响市容的建筑117处、拆除面积达3800平方米。另拆除影响机场高速沿线景观形象的㮾梨镇俊甫搅拌场和宏辉砂石场。由县城管局牵头，组织对"一点两线"可视范围内的违规广告招牌进行全部拆除，共拆除大型户外招牌广告209块、拆除面积达4万多平方米。

综合整治机场连接线环境。一是全部拆除沿线的违章建筑和影响市容的建筑。二是增加沿线的绿化带面积，增植名贵树木，提高园林配置标准。三是沿线房屋立面全部进行提质改造。四是全面整治沿线门店招牌，实行统一设计、统一规格、统一制作。五是协调电力、电信、湖南有线等单位，将沿线的各种网线全部下地。

对"两线"实施提质改造。根据市"一点两线"指挥部审定的规划设计方案，对机场高速和长永高速沿线的园林绿化进行提质改造，共投入6000多万元，共栽植乔木和灌木6.4万多株，铺设草皮36万多平方米。同时，对机场高速和长永高速沿线涉及黄花镇、㮾梨镇、干杉乡和星沙街道、泉塘街道的2811户房屋，进行立面改造。

为彻底消除长永高速长沙县段废弃桥梁存在的安全隐患，2011年9月28日晚，由县"一点两线"指挥部组织对跨长永高速的4座废弃桥梁实施拆除。

【城市管理重心下移】 根据县委、县政府关于城市管理体制改革的总体要求，从2011年起，城管局改变过去包揽城市所有管理事务的做法，将城市管理日常事务大部分职能移交至街道和社区，主要做好城市管理发展规划、政策和标准的制定，抓好行政许可、行政执法、日常考评和业务指导等工作，日常管理重点抓好星沙大道、开元路等15条主干道和城市公园、中心广场的市容环卫、市政设施和园林绿化的管理维护工作。城管执法大队成立星沙、湘龙、泉塘三个街道中队，街道成为城市管理的主体。城管工作重心下移后，县城管执法局强化对城市管理的指导、监督、考评职能，真正发挥在城市管理工作中的牵头作用。

【城市管理维护市场化】 根据县委、县政府关于城市管理体制改革的总体要求，经公开招投标，从2011年8月起，县城管执法局负责的15条主干道清扫保洁、园林绿化维护由2家国家一级物业公司承包，立面保洁由1家专业公司承包，生态公园和中心广场的维护由1家国家一级园林维护公司承包。星沙、湘龙、泉塘三个街道的清扫保洁、立面保洁和园林绿化维护分别由3家国家二级物业公司承包。第一轮承包期为29个月，年承包总费用为7900多万元。城市日常维护实行物业化管理后，环境卫生更加洁净，园林绿化更加靓丽，爱卫工作更加专业。

【城区桥涵首次"体检"】 城区共有大小桥梁14座，涵洞7处。由于部分桥涵运行时间达19年之久，未进行过全面的安全性能检测和大型维护维修，有些桥梁出现了桥面破损、桥台侧墙开裂、伸缩缝堵塞、涵洞积水等问题。为确保桥涵安全，县城管执法局于2011年11至12月委托一家专业检测公司，对14座桥梁和7处涵洞进行了一次全面的检测，并出具了检测报告，为2012年启动的桥梁、涵洞维护工程提供了科学依据。

【城区照明亮化实现全覆盖】 2009年为迎接建国60周年，县政府投资1000万元，对星沙中心广场及周边进行景观亮化；2010年至2011年县政府又投资近2亿元，对东八线以西城区、安置区以及城市主次道路进行全面亮化和提质，全部采用节能灯具，路灯数量从1.1万余盏，增加到2万余盏，实现城区路灯全覆盖。同时，县城管执法局加强对照明亮化效果的监管，亮灯率达98%以上，城市品位明显提升，市民满意指数也大幅提高。

【加强户外广告管理】 2008年县政府投资4000万元，对城区主干道沿线的门店招牌全部进行了统一更新。2011年7月户外广告管理职能移交至县城管执法局后，组织对户外广告和招牌进行全面整治，拆除15条主次干道沿线和7个商业区内违规横式门店招牌4000余块、竖式灯箱3500余个；拆除城区违法大型户外广告牌280多块，乱竖乱挂广告招牌的现象得到有效控制；严格实施户外广告审批制和门店招牌备案制，广告管理逐步走向规范。

【加强站厕建设管理】 2010年县政府投入430万元，对城区46座公厕、48个垃圾站进行一次全面的维修改造，同时在长永高速东四线跨线桥下、桂花北路等处新建4座站厕。2011年县政府又投入250万元，在生态公园、漓湘路京珠高速跨线桥下等处新建10座站厕。至此，城区生活垃圾收集实现全覆盖，市民如厕难的问题得到较好解决。

【管道燃气特许经营试点】 长沙市政府于2003年将城市规划区域的城市管道燃气20年特许经营权授予长沙新奥燃气有限公司，授权区域包括长沙县星沙城区。根据建设部《市政公用事业特许经营管理办法》和《湖南省市政公用事业特许经营条例》的有关规定，县政府于2010年8月将暮云镇、椝梨镇、黄花镇、黄兴镇、干杉乡、跳马乡的城市管道燃气特许经营权授予长沙新奥燃气有限公司，终止时间为2023年8月。2010年8月27日县城管局受县政府委托，与长沙新奥燃气有限公司正式签约。乡镇管道燃气特许经营权协议的签订，标志着长沙县管道燃气建设步入科学、规范和快速发展的轨道。

【加强渣土管理控制扬尘】 为控制渣土对城市环境造成的不良影响，规范城区渣土管理，城管局从2008年起先后指导成立7家渣土运输公司，逐步规范渣土运输市场，大大减少非法运输渣土行为。完善行政审批制度，街道办参与渣土运输前置审批，确保渣土运输净车出场设施完备和消纳场地合法。加强渣土工地出入口、运输线路、消纳场地“两点一线”管理，确保每台运输车辆净车出场、运输线路保洁和洒水降尘、消纳场出入口清扫保洁。加大晚上值班巡查力度，严格执法，城管局和各街道城管中队严查无证运输、擅自改变运输线路、抛撒滴漏、随意倾倒等违规行为。通过实施各项工作措施，渣土管理工作水平逐步提高。

为进一步改善星沙人居环境，确保空气优良率达标，2008年6月成立长沙县扬尘治理办公室，与长沙县城市渣土管理办公室合署办公。2010年3月又成立长沙县扬尘治理工作领导小组，明确扬尘治理主要措施以及各成员单位责任。扬尘办通过组织开展联合执法、严格在建工地管理、渣土运输管理、主要道路增加洒水降尘频次、裸露黄土撒播草籽或覆盖遮阳网、硬化社会道路出入口等措施，从源头上较好地控制了扬尘的产生，空气累计优良率从2008年年底的87.61%提高到2011年底的93.02%，连续4年达到市政府考核目标。

【设立城管行政处罚中心】 为规范城市管理行政处罚行为，维护当事人合法权益，保证行政处罚的公开、公正、公平，城市管理行政执法大队于2009年 7 月成立处罚中心，配备2名专职工作人员实施集中处罚。处罚中心建立了案件审批系统，共疏理46部法律法规规章共239项处罚条款，按照轻微、较轻、一般、严重、特别严重5个阶次逐项确定处罚幅度种类，建立自由裁量阶次处罚制度。处罚中心的设立，实现了执法、处罚、监督三分离，即执法中队只负责现场调查取证，处罚中心根据各个执法中队的调查材料和现场照片等证据，依据《行政处罚细化标准》提出处罚意见，法制科进行合法性审查并报领导审批之后，作出行政处罚决定。执法中队根据处罚中心的审批结果，对当事人履行告之程序。为了杜绝私自放行暂扣财物，处罚中心还负责对暂扣财物进行入库和出库管理。设立处罚中心后，年均办理车辆乱停乱放、侵占城市道路、出入工地车辆污染道路等12类案件1000余起，同时行政处罚复议和因处罚不公平造成的各种矛盾也比以前大大减少。 （周柏清）

重点工程建设

【概况】2008年至2011年底，全县重点工程项目共有347个，总投资435.03亿元。2008年县区共有新建和续建的重点项目、筹备项目和服务项目139个，总投资47.29亿元。其中县管重点建设项目68个，投资14.62亿元；经开区管重点建设项目27个，投资4.94亿元；重点筹备项目13个，投资3835万元；重点服务项目21个，投资13.98亿元，市以上重点项目10个，投资13.36亿元。

2009年县区共有国家、省、市、县重点建设项目和重点服务项目67个，项目完成投资101.21亿元。其中基础设施及配套建设项目12个，投资26.27亿元；农林水利建设项目4个，投资20.54亿元；交通能源建设项目5个，投资4.35亿元；社会事业项目8个，投资1.01亿万元；乡镇工业园区建设项目7个，投资1.01亿元；重点服务项目13个，投资26.24亿万元；经开区管重点建设项目6个，投资5亿元；国家、省、市在县重点建设项目12个，投资16.81亿万元。

2010年县区内共有国家、

省、市、县重点工程项目共63个，总投资144.41亿元。其中基础设施及配套建设项目10个，投资8.88亿元；交通能源项目4个，投资2.63亿元；农林水利环保项目5个，投资2.27亿元；社会事业项目5个，投资2亿元；园区建设项目2个，投资4.93亿元；新农村建设项目1个，投资6750万元；重点服务项目16个，投资66.22亿元；国家、省、市在县重点建设项目20个（其中与县属重点项目重复的项目7个），投资56.83亿元。

2011年县区内共有国家、省、市、县重点工程项目78个，总投资142.09亿元，其中基础设施及配套建设项目11个，投资15.31亿元；交通能源项目4个，投资2.76亿元；农林水利环保项目5个，投资2.88亿元；社会事业项目7个，投资3.49亿元；园区建设项目2个，投资6.66亿元；城乡一体化建设项目3个，投资2.77亿元；重点服务项目16个，投资25.41亿元；经开区项目5个，投资18.54亿元；市以上重点项目25个，投资64.28亿元。

【重点工程项目建设情况简介】

1. 武广客运专线：途径长沙县安沙、跳马、北山、星沙4个乡镇（街道），全长37公里。该项目于2006年启动，2009年6月份通过联调联试，10月份开始试运行，12月26日正式投入使用。武广客运专线通车后，长沙到广州仅需2小时，到武汉仅需1小时，对长株潭加速融入泛珠三角经济圈有着巨大的影响。

2. 芙蓉大道：芙蓉大道长沙县段位于暮云镇境内，处在长株潭三市交界的核心区，是省会长沙芙蓉路的南延线。该段路线北起长沙县暮云镇莲花村，南与湘潭昭山大道相接，全长约6公里，桥梁4座，总投资3.77亿元。芙蓉大道湘潭段过京广铁路跨线桥后，径直沿老107国道南下，建成后的芙蓉大道比107国道两倍还宽。工程建设于2008年7月份启动拆迁，9月18日举行开工典礼。2009年12月芙蓉大道长沙县段全线贯通。

3. 长株高速公路：长株高速是株洲至长沙、株洲至长沙黄花国际机场的快速通道，全长41.63公里，其中长沙县境内24.78公里，由北向南穿越黄花、榔梨、干杉、黄兴、跳马5个乡镇，涉及11个村（居）委会，65个村民组。建成后的长株高速将疏通长株潭三市之间的交通，缓解京珠高速主干线的交通压力和黄花机场至株洲及其南部地区的交通集散问题。该项目已于2010年8月底建成通车。

4. 湖南交通职业技术学院新校区：该项目位于长沙县干杉乡，总占地面积约41.37公顷。校区总建筑面积27.98万平方米，总投资5.47亿元。计划工期2006年至2009年。按功能划分为行政交流区、核心教学区、生活服务区、体育运动区、核心生态区、交通职业培训区，建设规模按1.1万人设计。2010年9月，交通职院干杉校区正式开学，近8000名学子搬至新校区。

5. 长沙引水及水质环境工程：长沙引水工程是优化水资源配置的一项战略性工程，涉及长沙县段14.98公里。引水工程每日65万吨从浏阳株树桥水库输入长沙的优质水源，星沙百姓可分享其中的15万吨，可缓解县城的供水压力，该项目于2010年7月底实现通水。

6. 黄花机场新航站楼项目：长沙黄花国际机场新航站楼建设项目于2009年6月16日开工建设，按满足2015年高峰每小时旅客吞吐量3940人次的要求设计，建筑总面积达21.2万平方米，相当于老航站楼3.4万平方米的6倍。2011年4月30日完成工程施工建设任务，7月投入运行。长沙县以此为契机，全力规划打造空港城，并将临空经济作为县域经济快速发展的新引擎，为湖南省“四化两型”建设提供强大的航空运输支撑。

7. 杭长昆客运专线：沪昆铁路客运专线横贯东、中、西部地区，是一条线路里程最长、影响范围最大、经过省份最多的东西向客运专线。该项目在长沙县内途经暮云、跳马、黄兴、干杉、江背、榔梨6个乡镇，11个行政村，全长约26公里。2011年底完成工程量的85%，预计2013年建成通车。

8. 地铁2号线：全长22.26公里，其中东端途经长沙县境内，位于黄兴镇光达村的光达站则是该线路最东端的车站，也是地铁2号线在该县内唯一站点。地铁2号线预计将于2013年10月底试运营，2014年正式通车，届时长沙县居民乘地铁去长沙市汽车西站仅需半小时。

9. 劳动东路延长线：是长沙市武广片区中心城“四横两纵一轴”的路网体系中最重要的一条，纵贯长沙东西。劳动东路延长线的建设将武广片区中心城东西向主要干道全部串联成一有机整体，拉近都市主副核心区与星沙开发区、隆平科技区的距离。

劳动东路东延线在长沙县用地面积9.42万平方米（其中太平村5.35万平方米，光达村40706平方米），共动迁39户116人，拆除房屋建筑面积11224.96平方米。

10. 松雅湖工程：2003年，松雅湖综合开发工程列入省重点工程。2008年长沙县计划投资40亿元，在3年之内退田还湖，5年内建成松雅湖水上公园。2009年，松雅湖实现蓄水，2012年将重点完成环湖基础设施建设和园林景观工程。

11. 人民东路东延线（空港城段）：是空港新城连接长沙主城核心区、国家级长沙经济技术开发区和黄花国际机场等功能区的东西形象干道，西起长株高速，东至机场联络线末端，全长7.2公里，宽90米，主路为双向六车道，设计速度80公里/小时。该项目于2011年7月10日开工。

12. 万家丽路北延线：万家丽北路北延线起点位于长沙县蟠龙路口，与已建万家丽北路对接，向北设桥跨越捞刀河后，继续向北延伸，道路全长近4公里，路幅宽46米，双向6车道。桥梁基础于2011年底全部完成，预计2012年底至2013年3月左右可完成主跨合龙。路基累计完成22万立方米，8道圆管涵、6道盖板涵、1.5千米污水管，预计路基2012年9、10月份拉通，预计2013年7月1日前通车。 （吴晓芬）

工程管理

【概况】 2011年，长沙县财政性投融资项目代建累计完成投资5.74亿元，完成年度投资计划的113%。博览路、滨湖路、湘绣路、筑梦路、蟠龙路、特立西路、东九线和三一路跨桥等“七路一桥”实现路面通车；保修华润小学、既望园、东八线以西配套等工程竣工；实现人民东路、万家丽北路北延、文体中心、商务写字楼及市民服务中心等重大项目开建目标，加速了县城基础设施和人居环境的改善和提质的步伐。 2009年县工务局代建的万家丽北路和芙蓉大道长沙县段获“省优工程”称号，实现该县基础设施项目省优零的突破。

科学有序推进代建前期工作。一是加强勘测设计深度。县工务局就将工程管理的自我定位和目标确定为“代表县事业代建最专业化管理团队”，不断提高勘测、设计、检测、监理等行业的准入门槛，从源头上控制从业队伍的专业化水平，并不断提高设计深度等硬性指标，通过邀请专家参与、组织多次方案评审等各项措施，一定程度上解决设计变更较大的问题。二是加强图纸审核工作。工务局负责项目从初步设计到施工图设计，每个环节都会由总工室组织，邀请预结算、业主代表、技术骨干等经过不少于三轮的讨论、审核，最终定稿，将设计图纸的准确性不断提高。通过采取措施，从很大程度上减少前期工作不细致导致出现较大变更的机率，确保工程结算金额更加接近预算金额甚至有较大节余，不但节省财政投资，而且减少因变更超额上会的次数，使工程代建管理更加规范化。三是理顺报建程序。由于财政性投资重点工程项目的特殊性，出现“三边”工程的机率相对较大，而按照建设行政主管部门施工许可的办理原则，必须签订合同，并备案后才能申请，合同会签和备案需要较长时间和较多程序，因故造成了这对不可避免的矛盾。经多方协调，县长办公会对财政性投资项目同意办理临时施工许可，才最终解决这个问题，为进一步理顺报建程序解决了最关键的一环。

建立健全工程管理制度和流程。精心编辑《工作制度与流程》，以此为基础，形成一套完整、系统的工作制度和操作流程，其主要目的是使工务局负责行使县域单位内县级财政性投融资项目的工程代建实施和监督管理工作的每个工作细节，各项工作流程都保证在制度的监督下进行，既有程序且阳光操作，用制度管人管事。并建立长效机制，确保代建工程及监督管理工作的制度化、规矩化、专业化、精细化。

加强代建工程现场质安管理。一是严格程序控制，重视节点管理。2010年工务局出台一系列文件，进一步规范工程建设程序，安排专人负责统计和节点控制工作，对每一个新建项目建立台账，明确从项目建设到移交各个环节的责任科室和责任人，并对每个环节应提供的资料责任到人，确保项目进度及时掌握并适时控制。对容易出现问题或监管的薄弱环节，重点控制，特别是对各分部分项工程的开工程序、计量付款程序、变更审批程序、验收移交程序等都建立较为规范的制度和要求，确保控制到位。二是组织质量管理现场观摩会。对县城范围内质量形象表现突出的如望仙路配套完善工程等几个项目进行现场学习，并组织对县外如长沙市几个采用新材料、新工艺的市政基础设施项目参观学习。三是参加质量活动年活动。配合县城建设指挥部开展质量活动年活动，组织在建工地的质量安全宣传月活动，举办全县建设系统质安会议。四是进行安全专项检查。市县安监站分别组织对在建工地安全文明大检查，工务局加强对在建工地，特别是安全隐患较大的工地安排专人督查，确保无一起安全事故。五是质量安全管理制度化、常态化。工务局会同县城建设指挥部、城建投、县质安监、县城建档案室等单位对在建工程进行年度质量安全大检查，按市政和土建分别进行检查、评比和奖惩，并形成制度，建立长效机制。六是推行精细化管理，强调精品意识。

（尹红兵　周文军）

【长沙县工务局成立】2011年7月6日，长沙县工务局经县委、县政府批准正式挂牌成立，代表县政府负责财政投资项目的代建实施。除地铁、公路、水利项目外，负责所有县域规划范围内、县级财政性投融资建设项目的工程代建，履行工程代建行业管理职责，并负责县内受其他投资方委托的工程代建。2011年8月29日，长沙县编委正式下文由长沙县工务局组建长沙县代建项目服务中心，标志着县工务局将正式拥有一支专业的政府投融资项目质量把关的服务团队。（黄　肖）

【引进代建服务专业人才】县工务局先后引进具有市政、房建、路桥专业学识，实际经验的优秀高级工程师7名，统一公开招聘各类专业技术人员3名，随着二级机构代建服务中心的成立，又加大试验、检测专业技术人员的引进。至2011年末，全局共有高级工程师9名、中级职称技工15名、初级职称技工7名、技术员级职称2名，为代建项目的后续发展创新建设奠定了坚实的基础，储备了较为充实的人力资源。（周　术　刘　祥）

【接管“景上东方航标”项目】星沙“景上东方航标”房地产项目位于东四线与开元路交界处，总建筑面积12.8万平方米，停工前已开工4栋。由于种种原因停工数日，购房业主和建设民工反映强烈，成为当时引发不安定因素的焦点。县委、政府对此高度重视，成立东方航标临时协调小组，并委托县工务局临时接管该项目，并安排2000万元专项资金对项目进行监管和督促开工续建。

工务局接管后，抽调3名专业技术人员进驻工地，迅速熟悉图纸、现场、合同和付款方式，对每天施工进度、施工部位、施工人数逐一统计，并及时向上级领导汇报。组织专业人员讨论、研究制定景上东方航标项目监管、督促方案。按程序向高岭公司支付工程款及其他款项1000万元，并督促高岭公司向农民工发放480万元工资。民工工资拨付到高岭公司账上，由劳动部门监管，确保将钱发放到农民工手上。工程款项的拨付由工务局派专人制定工程付款申请表并对每次工程款进行审核、签字、走流程，及时向财政部门申请资金计划，做到每次付款不延误，确保整个工地正常施工，加快建设进度，使购房业主看到了希望，有效地维护了社会稳定。

（江　涌　尹红兵）

房地产业

【概况】2008年至2011年，长沙县认真贯彻落实国家宏观调控政策，进一步加强对全县房地产市场的引导和调控，加强对房地产市场的行业监管，积极解决房地产市场出现的新情况、新问题，及时出台一系列促进市场发展和规范市场行为的文件与举措。一是出台措施稳发展。2009年出台《进一步促进县域房地产业健康发展的意见》，并开展购房财政补贴活动，及时化解金融危机的影响，较好地稳定了市场态势。二是刺激需求促发展。2010年在星沙、榔梨、暮云、安沙4个乡镇推行拆迁安置货币补贴，2011年在房地产开发项目中积极探索限价房建设，有效拉动全县住房的被动需求，进一步完善普通商品房供应结构。三是规范管理求发展。2009年起，建立商品房网上签约和预售资金监管机制。2010年对所有在建商品房项目进行一次全面的清理和整顿。2011年，在全县推行商品房预售价格公示制度，维护消费者的合法权益，确保市场有序发展。

四年中，全县累计销售商品房75417套，销售面积合计854.9万平方米，销售金额371.53亿元，二手房交易面积220.48万平方米,交易金额27.21亿元。2011年，县住房保障局被评为湖南省房地产市场监管先进单位。

【购房财政补贴促市场复苏】2009年2月10日至5月10日，县政府组织各房地产开发企业在全县范围内开展购房财政补贴活动，凡在该县指定楼盘内购买住房的均可获政府1～2万元财政补贴。此举提振了居民消费信心，全县房地产市场迅速回暖，住房刚性需求得到有效释放。活动期间共销售商品房8409套，面积113万平方米，成为当年拉动内需的一大突出亮点。

【房地产信息化建设全面启动】 2009年8月1日，县房地产信息系统正式启用，全面实行网上签约备案系统及预售资金监管系统，并建立和完善产权档案扫描系统，初步形成房屋权属登记信息管理资源共享体系。2010年，县住房保障局和国安合作建立长沙县房地产信息网，便于群众上网查询长沙县商品房网上签约备案情况。

【房屋产权登记管理】 长沙县始终坚持以推进依法行政和规范业务管理为重点，按照《物权法》和《房屋登记办法》的要求，进一步完善房产登记业务流程，强化服务理念，提高服务效率。2008年1月至2011年12月，共计办理房屋产权证124641本，登记面积2435.08万平方米。

【城市房屋拆迁和物业管理】 城市房屋拆迁方面，坚持从规范制度入手，坚持依法行政，为火星北路、梨江东路、榘梨旅游基础设施、武广铁路等重点工程建设顺利推进作出了贡献。特别是在实施行政强拆项目中，做到依法依规，程序到位。物业管理方面，一是全面落实前期物业招投标要求。二是严把物业企业资质申请的初审关。三是开展了创优评优工作。四是强化对物业管理用房监督管理。五是确保维修资金安全运行，2010年成立物业维修资金监管领导小组，调整物业维修资金收缴标准，启动维修资金个人自缴系统。六是信息化工作得到加强，建立短信平台，畅通投诉受理渠道。截至2011年底，全县物业服务企业共计91家，服务于142个项目，管理各类物业总面积达到1104万平方米，新建商品住宅全部实施专业化物业管理，全县物业管理覆盖率已超过60%，物业维修资金历年归集总额8.65亿元。

【白蚁防治管理】 加强白蚁防治安全生产工作，定期进行安全检查巡视，积极开展白蚁防治宣传活动，组织安装世行赠送的IPM技术白蚁防治饵站系统，有效减少白蚁对居民房屋、财产的危害，已连续五年获得省建设厅白蚁防治工作先进。2008年至2011年，共签订白蚁防治施工合同1680个，施工建筑面积2205万平方米。

（王 芳 曹 杨）

表7　2008～2011年房地产业务情况

业务内容	年　份	2008年	2009年	2010年	2011年	合　计
房屋产权证	宗数(宗)	14369	22721	39182	48369	124641
	面积（万m^2）	503	538.88	717.4	676.2	2435.48
二手房转让	宗数（宗）	1203	3016	3606	3525	11350
	面积（万m^2）	33.11	58	67.13	62.24	220.48
	金额（亿元）	3.62	7.48	7.6	8.51	27.21
房地产抵押	宗数（宗）	7470	9592	11327	10644	39033
	面积（万m^2）	261.29	351.02	345.49	274.11	1231.91
	金额（亿元）	32.02	103.72	86.85	95.13	317.72
商品房销售	宗数（宗）	8574	20085	26153	20605	75417
	面积（万m^2）	110.86	215	274.04	255	854.9
	金额（亿元）	33.16	68	135.37	135	371.53
物业维修资金	当年归集（万元）	0.55	0.76	2	4.65	
	累计归集（亿元）	1.39	2.15	4	8.65	8.65
白蚁防治	宗数（宗）	377	329	587	387	1680
	面积（万m^2）	406	527	647	625	2205

表8　2006～2010年长沙县房地产投资及销售完成量

年份	投资金额（亿元）	批准预售面积（万m²）	实际销售面积（万m²）	销售金额（亿元）	平均售价（元/m²）
2006年	20.1	118	70.44	17.64	2200
2007年	35	248.36	202.36	59.27	2891
2008年	50.17	257.36	110.86	33.16	2991
2009年	66.25	225.91	214.63	67.8	3159
2010年	88.1	269.09	330.54	135.37	4000
合 计	259.62	1118.72	928.83	313.24	15241

表9　长沙县部分房地产开发项目责任单位

开发公司名称	项目名称	联系人	联系电话	备注
湖南怡海三湘房地产开发有限公司	怡海星城	符　敏	18932412126	暮云
湖南中润城镇置业有限公司	格兰小镇	钟　宗	15211066676	暮云
湖南橘郡城镇置业有限公司	橘郡	蔡　铭 邱　理	13607480811 15074949149	暮云
湖南普凡置业有限公司	南郡雅园	周　好	13574877331	暮云
五矿建设(湖南)嘉和日盛房地产开发有限公司	龙湾国际社区	刘　交	13974859838	暮云
湖南腾泰置业发展有限公司	腾泰佳园			暮云
长沙永峰生态动物园开发有限公司	保利阆峰云墅	潘　总	13787117618	暮云
湖南财信达人投资实业有限责任公司	御邦	丁国轩	13507315391	暮云
长沙昆仑湖置业有限公司	昆仑和府二期	周　禹	13507415913	暮云
湖南致盛愿景房地产开发有限公司	山水印象	邹　燕	13007439166	暮云
长沙凯富房地产开发有限公司	凯富·漫城	严　超	15974102777	暮云
湖南旺福投资有限公司	幸福庄园	宋生虎	18207480058	暮云
湖南财母土地开发有限公司	德泽苑	小　严	13973100405	暮云
湖南佳兆业房地产开发有限公司	水岸新都	陈红燕	18673100437	跳马
长沙西水置业有限公司	紫东苑兰亭	董　华	13755025988	榔梨
湖南华业房地产开发有限公司	华业星城之都	张花坦	13875959276	安沙
长沙欣胜置业有限公司	花港小区	李　烁	13874899479	黄花

住房保障

【概况】 长沙县将安居工程列入全县五年社会建设突出抓好的六项工程之一，在全省率先成立住房保障工作局，通过积极筹建廉租房、新建经济适用房、开展工矿棚户区改造、筹建公租房、发放廉租房租赁补贴等多种方式，初步形成多层次、广覆盖的住房保障体系，加快推进了“住有所居”目标的实现。至2011年底，全县在住房保障方面累计投入3.94亿元，新建筹建改造各类保障性住房7588套，建筑面积约35.3万平方米。项目全部建成后，受益人群将达5万多人。2011年，湘绣苑公租房项目被评为全国保障性安居工程建设劳动竞赛优秀工程项目，长沙县政府被评为“全省保障性安居工程建设先进单位”。

表10　**长沙县保障性住房项目基本情况汇总**

截止时间：2012年6月1日

	类别	开工时间	位置	总建筑面积（平方米）	栋数	房屋套数（套）	资金预算（万元）	建设进度	已支出资金（万元）	分配情况
湘瑞家园	经济适用房	2008年		67069.9	23	750	4800	已竣工	4800	
电瓷厂	维修改造项目	2008年12月		5000	7	84	58.8	已竣工	73.6（含水电维修13万元）	
榔梨	廉租房项目	2009年8月	长沙县榔梨镇横街	4778	2	84	700	2011年竣工验收	723	已面向榔梨镇低收入住房困难家庭配租，目前入住83户
采购廉租房	廉租房项目	2010年11月	长沙县泉塘街道办事处	2025.96		42	817.9942	已完工	817.9942	已面向广汽菲亚特配租户人
高果糖厂	棚改项目	2010年8月	长沙县暮云镇原长沙高果糖厂生活区内	5700	2	84	1100	主体完工，正在组织房屋分配和竣工验收工作	1136	正在审查廉租房和经济适用房申请家庭资格。
湘绣苑	公共租赁住房项目	2010年10月	长沙县星沙镇潇湘西路以北，金鹰机电市场以东，京珠高速西辅道以西	50400	23	1516	25790	改造工程已完工，正在建设配套设施	22678	安排广汽菲亚特7栋320套（间），广汽三菱3栋200套（间），已入住562人
幸福家园	保障性住房项目	2010年8月	长沙县星沙配套产业园内，开元东路以北与龙华路以东的交汇处	53406	12	818	11500	12栋住宅已竣工验收，部分公租房已交付使用，幼儿园、工友之家等配套服务用房的室内外装饰装修和绿化、亮化等工程也已接近尾声，准备竣工验收	5928	安排泰兴达1栋10套（间）湖南云箭科技有限公司1栋30套（间），已入住87人
湘绣苑（水渡坪二期）	廉租房项目	2010年11月	长沙县星沙镇潇湘西路以北，金鹰机电市场以东，京珠高速西辅道以西	19506	2	210	4860	主体完工，正在建设配套设施	3036	在建
回租公租房		2011年		144800		4000				
租赁补贴		2008~2011年							278.99	
合　计				352685.86		7588	49626.794		39397.9842	

【完善住房保障制度】 2008年出台《长沙县2008-2012年社会建设工作纲要》，将安居工程列入全县五年社会建设突出抓好的六项工程之一。初步拟定《长沙县城镇廉租住房管理办法》、《长沙县公共租赁住房管理办法》和《长沙县货币安置区限价商品房建设和管理办法》，理清住房保障发展思路，从增加普通商品住房供应、加快推进经济适用房建设、逐步建立健全廉租住房制度、立足建立和完善住房保障体系入手，加快解决中低收入家庭的住房问题。

【拓宽安居工程资金投入渠道】四年间，保障性安居工程资金来源和投入渠道不断拓宽，已形成多渠道、多层次的财政投入机制。资金来源渠道主要包括：中央财政安排的专项资金、省市县财政一般预算安排的资金、住房公积金增值净收益安排的资金、从土地收益中安排的资金等。2007年至2009年，在保障性住房建设上，县财政安排预算资金1570万元，2010年安排3893万元，2011年安排3500万元，从资金上给予住房保障工作有力支持。至2011年底，县级财政已累计投入2.9亿元（含湘绣苑公租房前期投入2亿元）。

【扩大住房保障标准体系】 2008年至2011年，提高住房保障家庭的认定标准，将住房保障面积由人均住房建筑面积低于12平方米提高至人均住房建筑面积低于15平方米；进一步拓宽住房保障范围，将廉租房保障范围由最低收入家庭扩大至低收入家庭；调整住房补贴标准，2008年无房户的廉租房租赁补贴由每人每月15元提高到100元，2009年由每人每月100元提高到160元。四年共发放廉租住房租赁补贴278.99万元，共745户1579人。

【城镇低收入住房困难家庭普查】 2008年，对散居全县各城镇低收入家庭的住房状况进行走访调查。调查结果显示，截至2008年年底全县无房户和住房人平均少于12平方米的住房困难户共1483户，3327人。

【长沙县住房保障局成立】 2010年，长沙县人民政府实施机构改革，根据长县编字〔2011〕27号文件精神，2011年11月设置长沙县住房保障局，加挂“长沙县房屋产权管理局”牌子，撤销长沙县住房保障工作局，同时增设住房保障科，负责全县保障性住房的建设和管理工作，为承担行政职能的政府直属事业单位。

【湘瑞家园经济适用住房项目】湘瑞家园经济适用住房项目是长沙县政府2008年重点建设工程之一。该项目坐落于长沙县土桥村，湘龙路以南、机电路以东，共拆迁37户，新建23栋1055套，建筑面积9.4万平方米，于2007年6月启动建设，2008年6月主体施工，2009年6月竣工验收。政府直接补助3000万元，税费减免（先征后返）1800万元，为保障对象提供750套住房，有效解决星沙首批拆迁安置在灰埠、板桥、杉星安置房居民的住房困难问题。

【维修改造原长沙电磁厂职工宿舍】 2008年9月，长沙县投入73.6万元，对原长沙县电磁厂7栋84套近5000平方米危旧房屋实施维修改造，主要包括更换檀木、翻盖屋面、吊顶、维修改造水电设施、统一建设杂屋、改造住宅周围环境等。工程于2008年9月动工，同年底竣工交付使用。原长沙县电磁厂职工宿舍屋面漏水、安全隐患、下水道不通等情况得到解决，人居环境得到明显改善。

【榔梨横街廉租房项目】 2009年10月，榔梨镇横街廉租房项目开工建设。该项目新建两栋84套4778平方米廉租房，于2011年初竣工验收，首批符合条件的低收入住房困难家庭和无房户已顺利入住。

【采购商品房作为廉租房】 2009年11月，通过公开采购程序，在长沙县范围内采购42套2026平方米商品房作为廉租房，其中时代星城38套1704平方米，湘瑞家园4套322平方米，开创了廉租筹集建设的新模式。

【幸福家园保障性住房项目】2010年8月，幸福家园保障性住房项目开工建设。该项目位于星沙产业配套园内，开元东路以北与华龙路交汇处，系中央文明委和省、市文明办督办的重点工程，由县政府主导筹建，张青志愿者基金会捐赠3000万元。该项目规划用地3.33公顷，总投资额1.15亿元，总建筑面积53406平方米。其中住宅12栋818套40787平方米；幼儿园、工友之家及地下车库等配套服务设施12619平方米。项目建成后将有252套住房作为廉租房、566套作为公租房使用，可容纳4000多人。

【暮云高果糖厂棚户区改造项目】 2010年8月，原长沙高果糖厂棚户区改造项目启动。该项目是长沙市确定的11个重点项目之一，也是中央投资、省市各级领导联点的项目，旨在解决国有工矿企业职工住房困难，为市属国有企业高果糖厂棚户区改造项目。项目拆除原属长沙高果糖厂所有的D级危房，占地面积5844平方米，建筑面积2080.34平方米，新建2栋84套（约5760平方米）保障性住房，2011年年底主体工程完工。

【湘绣苑公共租赁住房项目】 2010年10月，湘绣苑公租房改造项目开工建设。该项目地处长沙县潇湘西路以北，金鹰机电市场以东，京珠高速西辅道以西，系长沙县投资建设的首个定向配租公共租赁住房项目。项目原为未分配的拆迁安置用房，共23栋，总建筑面积50420平方米，前期建设由财政全额投入约2亿元。为全面贯彻落实保障性安居工程政策精神，积极盘活闲置房源，2010年，县政府将其划拨给县住房保障局，由县住房保障局负责组织维修改造装饰装修工程，并将原440套住房改造成1516间公租房，总投资5790万元。2010年10月，华宇水利水电建设工程公司正式启动改造工程建设。

【湘绣苑（水渡坪二期）廉租房项目】 2010年11月，启动湘绣苑(水渡坪第二期)廉租房项目。该项目坐落于星沙镇潇湘西路以北，紧临湘绣苑公共租赁住宅项目，属原长沙跃进氮肥厂（水渡坪）工矿棚户区改造项目，由于居民不同意在原厂区内改建，经县政府同意易地湘绣苑建设。该项目新建2栋17层，共210套住宅，总建筑面积19506平方米，其中廉租房建筑面积10500平方米，配套服务用房和地下建筑面积9006.3平方米，计划2012年交付使用。

【公共租赁住房回租项目】 2011年，回租拆迁安置区空置房源转公共租赁住房。为加快贯彻落实国务院公共租赁住房建设要求，长沙县积极探索盘活拆迁安置区空置房源转公共租赁住房，共回租拆迁安置区空置房源4000套，配租给长沙经济技术区外来务工人员。 （王 芳 田湘萍）

环境保护

【概况】 2008年至2011年，长沙县扎实推进生态建设，环境执法能力和监测力度进一步完善，环境质量得到有效提升，为全县经济、政治、社会和谐发展奠定了良好的环境基础。

加大工业污染查处力度，保障群众合法环境权益。以依法严厉查处环境违法案件为工作重点，狠抓现场执法，纠正企业的违法行为，共计现场监察5233人次，检查排污单位2217家，检查污染防治设施827台，下达监察文书2751份，提出整改意见2583条，对626个排污单位环境违法行为进行查处，对482家单位下达《限期整改通知书》。狠抓工业企业污染治理力度，对不能达标排放的企业实行限期治理，治理无法达标的企业坚决关停，全面完成“两河”（浏阳河、捞刀河）流域内6家造纸企业的提质扩规和污染治理，关闭3家小型造纸厂；2009年关闭黄兴镇创亿化工厂、干杉镀锌厂等21家重点污染企业，督促7家企业完成限期整改、4家企业完成搬迁；2010年关停或撤迁影响榔梨自来水厂饮用水安全的近50家小作坊。2011年继续加大“两河”流域工业截断污染的力度，关停所有造纸、制革污染企业，降减工业污染，确保用水安全。加强污染投诉调处工作，共计受理来信、来访、来电投诉1253件，已处理1253件，处理率达100%。根据省环保厅湘环发〔2010〕70号文件要求，推进集中处置医疗废物工作，已有38家相关单位办理辐射安全许可证，有18家医疗单位安装污水消毒装置，大部分单位与长沙翰洋环保有限公司签订医疗固废收集意向书。

强化监测任务，推进县域环境质量改善。一是加强环境质量例行监测。长沙县监测站开展了包括浏阳河、捞刀河流域三个自来水厂控制断面每月一次的地表水28个项目的监测以及出境断面逢双月一次化学需氧量（COD）、氨氮2个项目的监测。同时监测站还对“两河”流域范围内的16个乡镇地表水32交界断面进行每季度一次的监测，作为县政府考核乡镇环保责任的依据之一。对县城空气质量和交通噪声、区域环境噪声定期监测。二是积极开展工业污染源监督监测。根据各企业的排污特征，每年确定一批重点监管排污单位作为重点污染源，开展每季度一次的监督性监测。从2008年开始，已对全县200余家重点污染企业开展累计1330余次现场采样监测工作。所有重点污染源的监测数据定期上报市、县相关部门，为环境管理和环境执法提供有效依据。

加强环保执法，维护全县环境秩序。县环境监察大队负责全县环境现场监管、排污费征收、污染纠纷调处，应急处置以及“12369”环保热线纠纷投诉处理等工作。大队环境监察以依法严厉查处环境违法案件为工作重点，通过狠抓现场执法，纠纷企业的违法行为，取得明显成效。四年共出动环境执法2072人次，共对1582家单位进行现场监察，下达监察文书4019份，对605家违法企业（未批先建或违反“三同时”制度企业）下达《环境违法行为限期改正通知书》，对19家环境违法企业立案查处，并依法进行行政处罚。

探索多元化宣教模式，提升群众环保意识。长沙县《全国生态县创建规划》自2007年6月通过专家评审后实施，该县通过多种形式开展环保宣传教育工作，扎实开展“生态县”、“环保模范县城”、“优美乡镇”和“生态村”等国家级生态创建活动，2008年开展以“共建和谐·润绿长沙县”为主题的十大绿色系列创建活动，并授予9个单位绿色称号；指导各工业园区和企业节能减排，创建生态工业园和环保型企业。加强青少年环保宣传教育，在县三中和梨江中学开展环保知识讲座。2009年6月3日，全国首个以市场化运营、农村生活垃圾分类处理为主要工作的合作组织“农村环保合作社”成立揭牌仪式在果园镇古楼村举行，带动全县农村生活垃圾处置模式创新，提高了广大农民自觉参与环保的热情。2010年县政府召开全县农村环境综合整治新闻发布会，通报该县农村环境的整治成果和远景目标，下发《关于畜禽养殖区域划分的通知》和《加强环境保护通告》，并首次与乡镇签订环境保护目标责任书。利用“6·5”世界环境日，加大宣传力度，举办首届垃圾分类能手选拔赛，狠抓环境信息报送工作，多条信息被《中国环境报》、《湖南日报》、《三湘都市报》、《长沙晚报》、《湖南环境信息》采用，被县委、县政府有关刊物和省、市、县有关环保网站采用或转载近200篇。

加强基层组织建设，提高干部队伍综合素质。一是加强思想整治建设。以创建学习型单位为载体，坚持把抓好党员干部思想政治教育放在首位。不断丰富学习途径，拓展理论学习范围，提高干部勤于学习、终身学习的理念，增强干部服务职工、服务群众、服务基层的能力和意识。二是加强党的组织建设。实行党员干部“一岗双责制”，全面优化基层党组织建设。抓实推进“基层组织建设年”活动；创先争优，践行诺言；完成党组织的分类定级，民主评议等工作。三是加强党风廉政建设。对党风廉政建设和纠风工作的责任进行分解，确保责任落实到位。全面落实重大事项集体决策制，干部任免、重大财务开支、行政处罚等事关全局的问题，一律由局长办公会集体研究决定。建立廉情通报制度，加强对行政执法、廉政勤政的监督。四是加强共青团建设。

【治理农村环境污染】 县环保局以生态县创建为总揽，突出城乡一体化建设，重点抓好农村环境综合治理。按照村民自治、分类处置、合作社运营、政府补贴的原则处理农村生活垃圾。每个村成立农村环保合作社，配备农户生活垃圾桶3.65万个，农村集中居住区新建垃圾池1486个，配备垃圾运输车39台。已有4万多户完成家庭生活污水处理工程，共建四池净化系统（即人工湿地）4.96万个，新建沼气池1.28万个，5618户完成卫生改厕工作，农村分散居民生活污水处理率达到40%。2011年，畜禽养殖污染治理取得重大突破，按照“一禁二限三转四治”的工作思路，全县平稳拆除栏舍72万平米，禁养区7000余家禁养户已全面退出，治理面积25万平方米，福临镇古华村养殖户已全部退出，实际减量约100万头。对退养区域和退养户政府加大了转产扶持力度，大力发展现代农业和花卉苗木，传统的粮猪型结构得到明显改善，达到环境可承载范围。截至2011年底，全县共有星沙镇、果园镇、金井镇、开慧镇、北山镇、青山铺镇、跳马乡、春华镇等8个国家级生态乡镇，暮云镇、椝梨镇、黄兴镇、安沙镇、干杉乡、江背镇、双江镇、福临镇、白沙乡等9个省级生态乡镇，金龙村、黄龙新村、古楼新村、蓝田新村等4个国家级生态村，省级生态村20个，市级生态村70个。

【启动乡镇污水处理厂建设】 长沙县的乡镇污水处理设施全覆盖工程项目由18个乡镇污水处理设施构成，项目总占地10万多平方米，建设总规模为8.66万吨/日，计划完成总投资4.38亿元，其中第一期处理规模为5万吨/日，投资为2.75亿元。该工程以县环保局为责任单位、县环建投为业主单位，2009年启动前期工作，并在金井、北山两个乡镇进行试点。该县与北京桑德国际有限公司合作，创新模式，以“建设—经营—转让”（BOT）方式建设厂区，以“建设—移交”（BT）方式建设管网，以“运营—管理”（OM）方式管理运行已建成的项目。乡镇污水处理设施全覆盖工程建成投入使用后，出水水质将达到国家一级B标准，对减少环境污染、保护水体、改善集镇居民生活坏境、促进地方经济社会发展将发挥出显著的社会效益、经济效益和环境效益。

【农村工业污染专项执法整治】 为进一步加强对农村重点工业企业污染整治力度，规范农村工业企业环境监管工作，保护和改善农村生态环境质量，确保全县农村环境安全，2011年县环境监测大队出动全体人员联合县整治办、工商局、工信局等相关部门开展农村工业污染专项执法整治行动，在8月22日至9月26日现场检查企业22天，出动482人次，执法车辆137台次，共检查602家企事业单位，现场下达环境监察文书554份，环境违法行为得到有效整治，取得阶段性成效。

【开展饮用水源保护执法行动】 2010年，为保护饮用水源安全，县环境监察大队开展整顿违法排污企业和农村工业污染专项执法行动，共出动执法车辆112台次，出动人员360人次，对232家（小作坊、非法养猪场、洗涤厂）下达《环境违法行为期限改正通知书》，发放宣传手册162本。对全县5家大型的洗涤厂进行限期整改。对位于星沙饮用水源保护区内未进行审批且伪造排污许可证的长沙县鄢小凡油桶加工厂立案查处并报送公安机关，迫使其搬迁，消除影响星沙饮用水安全的一大隐患。（孙欣栋）

财 政

【概况】长沙县财政局内设办公室、人事教育科、综合规划科、预算科、国库科、行政政法科、教育科技文化科、经济建设科、企业和对外经济贸易科、农业科、会计管理科、社会保障科、资产管理科、政府采购管理科、政务服务办公室等15个一级机构。所属事业单位11个：长沙县国库集中支付核算局、长沙县财政信息中心、长沙县财政监督检查局、中华会计函授学校长沙县函授站、长沙县投资评审中心、长沙县产权交易管理中心、长沙县控制社会集团购买力领导小组办公室、长沙县财政统发工资中心、长沙县非税收入管理局、长沙县农业综合开发办公室、长沙县乡镇财政管理局。2011年末全局实有人数132人，男64人，女68人。

财政收支继续保持“十五”和“十一五”时期的高增长。2008年至2011年，四年共计完成财政总收入293.53亿元，2011年比2007年增长3.88倍，年平均递增31.13%；四年财政支出共计162.45亿元，财政支出2011年比2007年增长2.89倍，年平均递增23.61%。四年上划中央、省、市收入合计146.96亿元，占财政总收入的50.07%，比1998年至2007年十年平均的46.30%增加3.77个百分点。

【财政总收入跨百亿元台阶】2011年，全县财政总收入（含国土收入）完成123.69亿元，比上年增加486217万元，增长64.77%，财政总收入跨越百亿元台阶。从1990年上1亿元台阶到2003年过10亿元，用了13年，从2003年过10亿元到2011年过100亿元，只用了8年时间，长沙县财政收入的增长速度不断加快。

财政总收入中，地方一般预算收入完成41.95亿元，同比上年增加131216万元，增长45.51%，上划中央、省、市收入完成58.07亿元，同比上年增加18.76亿万元，增长47.70%；国土收入完成23.67亿元，同比上年增加16.74亿元，增长241.92%。

2011年，地方一般预算支出完成60.1亿元，同比上年增加14.56亿元，增长31.99%，其中医疗、教育、文化、社会保障等民生支出为47.89亿元，比上年增加12.61亿元，增加额占财政支出总增加额的86.58%。

【结束税收直接征收管理】2011年8月，县政府将契税和耕地占

表11　2008～2011年长沙县财政收支统计

单位：万元

年 度	收 入			支 出
	本级收入	上划（市省中央）收入	合 计	
2008	200380	206308	406688	255339
2009	251604	289456	541060	312883
2010	357527	393151	750678	455325
2011	656192	580703	1236895	600963
合计	1465703	1469618	2935321	1624510

用税的征收管理职能划转至县地税局，同时划入农业综合开发办公室的职责。新中国成立起，财政部门一直担负农业税、农业特产税、契税、耕地占用税的征收管理职能，2004年取消农业税和农业特产税，2011年划出契税和耕地占用税的征收管理职能，财政部门结束对税收的直接征收管理的历史。这一调整，使财政部门能集中精力加强财源建设，强化财税调节收入分配，加强国库和国库现金管理，做好用财、理财工作。

【推行公务卡改革】 公务卡是银行业金融机构为预算单位职工发放，具有透支功能，主要用于公务活动开支（1万元以下的零星支出）的一种贷记卡。2009年12月开始在县商务局、水利局、法院、卫生局四单位试行，到2011年12月，县直预算单位、县属学校、乡镇中心学校已全面实行，共计办理公务卡2285张，办理公务卡业务1.63万笔，报销还款金额1.27亿元。

【政府采购实现采管分离】 长沙县从2009年10月起实行采管分离，新成立县招标采购中心，履行政府采购的操作事务，财政部门保留政府采购管理办公室，履行政府采购的监管职能。

2011年，政府采购覆盖面由原来的县直一级机构扩大到所有二级机构、乡镇机关、学校、医院、卫生院。制订、公布2011年度政府采购目录，实现"应采尽采"。当年共下达2265批次采购计划，备案合同2183个，签订合同金额3.36亿元，节省资金4200万元，节减率11%。2011年度没有收到有效投诉，应对以前年度采购项目行政诉讼1起，并胜诉；作出行政处罚决定3起，处罚款4823元。

【乡财"县管乡用"改革】 2008年7月开始实行"乡财县管乡用"改革，在县乡财政管理体制不变、预算管理权不变、乡镇资金所有权使用权和财务审批权不变、债权债务关系不变的原则下，对乡财政实行"预算共编、账户统设、资金核拨、采购统办、票据统管"的新办法。撤销原乡镇经管站，将原农村集体资产管理和监督、村级财务管理等职能划入乡镇财政所；进一步完善乡镇站、办、所会计集中核算，利用公共财政管理软件的"网上申请、网上审批、网上查询"功能，实现县级财政对乡镇资金的全程监控管理。

【投资评审工作成绩显著】 2008年至2011年，共计评审项目3257个，送审金额86.74亿元，审减金额17.8亿元，平均审减率20.53％。

2011年县审计局抽审水塘垅堤防整治工程、英波冲水库除险加固、桐仁桥安全饮水等60个项目，抽审金额5.32亿元，复审核减85.35万元，综合审减率为0.16%，接受政府和社会的再监督。2010年12月长沙县投资评审中心被评为全省投资评审工作先进单位。

【乡村财政财务精细化管理】 2010年8月，乡镇成立三资（资金、资产、资源）代管服务中心，督促村（社区）开展资产资源清理清查，摸清集体土地、林地、水面等自然资源和固定资产的现状。

实行"组账村代管"改革，在集体资产所有权、使用权不变的前提下，拆迁多、工程项目多、资金流量大的组财务由村（社区）先管起来，全县约三分

表12 2008～2011年投资评审项目统计

单位：万元

年　度	评审项目数（个）	送审金额	审减金额	审减率（%）
2008	607	159244	30588	19.21
2009	771	161688	28063	17.36
2010	930	231940	39262	16.93
2011	949	314562	80130	25.48
合 计	3257	867434	178043	20.53

表13　长沙县2008～2011年非税收入征收统计

单位：万元

项　目	2008年	2009年	2010年	2011年
政府性基金	31508	54389	80378	250557
其中：国土收入	28400	52381	69216	237884
专项收入	6300	9284	14672	18852
行政事业性收费	16391	21413	28749	84059
罚没收入	4940	5319	2931	5301
国有资源有偿服务收入		361	1121	1472
其他收入	16580	26403	13165	6952
合　计	75719	117175	141016	367193

之一的村已推行此项改革。在51项涉农补贴资金中，除农机具购置补贴直接补贴到经销商、计划生育补贴直接发放给农民外，其他涉农补贴全部由“一卡通”发放到农户。2011年向全县18.2万农户发放各类涉农补贴资金1.96亿元，其中粮食直补859.7万元、农资综合补贴5133万元。

2009年至2011年，乡村财政财务工作连续三年被评为“省乡村财政财务精细化管理工作先进单位”。

【非税收入管理】 2008年至2011年，非税收入由预算外资金逐步纳入预算管理，2008年4月启动长沙县报建联合收费系统，将报建环节的15项政府基金、行政事业性收费和经营服务性收费统一收取，实行网上及时审核。2009年将国土资金和经营服务性收入纳入预算管理。到2011年，非税收入（除教育系统外）全部纳入预算管理，入库金额36.14亿元，占财政总收入的29.22%。

【农业综合开发项目立项43个】 2008年至2011年共投入农业综合开发资金1.02亿元，项目立项43个。主要项目有：

长春茶厂有机茶基地，面积约66.67公顷，投资504万元，2008年开工，2009年完成。

长沙大金洲公司，万吨油茶籽深加工，投资1148万元，2008年开工，2009年完成。

春华项目区，土地治理面积约533.33公顷，投资959万元，2009年开工，2010年完成。

北山项目区，土地治理面积533.33公顷，投资955万元，2009年开工，2010年完成。

高桥白石源项目区，土地治理面积约593.33公顷，投资967万元，2010年开工，2011年完成。

开慧板仓项目区，土地治理面积约566.67公顷，投资966万元，2010年开工，2011年完成。

金井沙田项目区，土地治理面积460公顷，投资811万元，2011年开工，计划2012年3月完成。

路口麻林河项目区，土地治理面积460公顷，投资810万元，2011年开工，计划2012年3月完成。

【公共财政完善社会保障体系】 2008年启动城镇居民医疗保险，43234人参保；启动社会保险补贴；通过就业培训、职业介绍，1797名下岗人员实现再就业，新增城镇就业人员8569人，转移农村劳动力12720人。

2009年11月启动新型农村养老保险试点，10.21万名60岁以上农村老人享受每月60元的养老金，4600名被征地农民纳入社会保障，为5929名农村妇女分娩补助每人600~800元，安居工程投入400万元，为200户五保户危房改造补助80万元。

2010年完成30所卫生院和246所村卫生室的提质改造，2010年8月启动城镇居民基本养老保险试点。

2011年启动城乡居民医疗保险一体化，基本药品实行零差率销售，实行对重度残疾人发放生活补助，对80岁以上老人发放高龄补贴。2011年启动“光明·关爱”工程，让562例白内障患者重见光明。2011年对74个征地项目征缴社保资金9.63亿元，为12861名被征地农民发放各项保险金5.99亿元。　（彭庆芝）

表14　2008～2011年社保资金主要项目明细

单位：万元

项　目	2008年	2009年	2010年	2011年
农村居民低保资金	2867	3159	2859	4579
人数	388531	390000	394232	385614
城市低保资金	2931	3282	3129	4280
人数	170084	170000	179427	161330
城乡居民养老保险资金支出		918.9	7965.6	9198
享受人数		102100	116524	110043
医疗救助资金	222	470	678	939
精神病人流浪人员救助资金	156.2	226.2	403.2	498.2

国家税务

【概况】2008年至2011年，长沙县国税系统紧紧围绕“服务科学发展，共建和谐税收”的主题，积极组织收入，严格依法治税，强化科学管理，优化纳税服务，加强队伍建设，提高行政效能，努力实现收入零新欠、数据零差错、执法零事故、服务零距离、廉政零举报的目标，各项工作均取得长足发展。累计入库县级税收127.2亿元，从2008年的20.5亿元到2011年的46.6亿元，年均增长31.5%。2008年、2011年局党组班子被省局授予“优秀领导班子”称号；2008年至2011年连续四年获得全县党政领导班子绩效考核一等奖；同时先后荣获全国妇联授予的“全国巾帼文明岗”、湖南省文明办授予的省级“文明单位”、省局授予的全省国税系统“纪检监察工作先进集体”和“创先争优先进基层党组织”等称号。

至2011年底，县国税系统共有人员283人，其中在职干部190人，退休干部41人，临聘人员52人。下设13个科室(办公室、人事教育科、工会工作委员会、机关党委办公室、监察室、收入核算科、政策法规科、征收管理科、纳税服务科、信息中心、税源管理一科、税源管理二科、税源管理三科)，1个稽查局和星沙、黄花、暮云3个税务分局。主要担负辖区内19个乡镇、3个街道办事处，12433户纳税人的国税征管，其中一般纳税人1942户、小规模纳税人1046户、个体工商户9042户（起征点以上户2517户）、纯所得税户403户。

【税源专业化管理探索】2010年，根据县内税源行业分布集中度高的特点，积极探索并推行税源专业化管理，对纳税人主要从规模、行业等角度进行分类，同时兼顾各区域税源税户及人力资源状况，建立相应的税源专业化管理模式。将三一集团、长丰集团、中联集团三家大型企业、汽车生产企业和全部出口退税企业纳入税源管理一科管理；在册的房地产企业纳入税源管理二科管理；汽车配件、汽车经销企业纳入税源管理三科管理。分类管理实施后，各类税收同比增长较大，其中房地产行业增幅最大，仅2010年该行业全年入库税收12029万元，同比增长96.88%。

【个体税收征管创新】2009年、2010年县国税局强化“既抓西瓜又捡芝麻”的做法，进一步规范个体征管。其一，重点强化个体大户日常征管。一方面对个体大户实行查账征收管理，改变原双定管理方式，促使纳税人自行申报，按实缴税，模式改变后，建账户税收较原来每月增加20万元左右；另一方面，加强个体大户后续管理和评估，2010年通过对个体建账户的评估，补税20万元。其二，实行个体纳税人行业分类管理。核定参照同行业、同等规模、同类地段的经营户标准,不同行业根据不同税负确定核定标准，并明确集镇、大型市场范围内相关行业一般不得定在起征点以下,有利于公平税负，消除纳税人抵触情绪。其三，推行双定户年度集中调整定税方式。针对每月都有定额到期户头需重新进行定额认定的情况，年底将个体双定户的定额到期日集中维护到12月底，年底前提前调整定额600余户，调整月定额4万元。通过统一定额期，减少了核定定额的文书处理量，有利于税管员集中精力开展个体评估和检查，提高工作效率。2009年、2010年分别入库个体税收1829万元、2439万元，同比分别增长28%和39%。

【加强税收管理和执法】 一是严格执行税收政策，落实结构性减税、增值税转型、新企业所得税、高新技术企业、节能环保等。四年累计办理各类增值税减免税3.2亿元，办理出口免抵退税26.4亿元。二是加强执法监督，全面推行税收执法管理信息系统，推进执法责任制有效落实，执法准确率保持在99%以上。规范重大案件集体审理制度，审结重大案件26户，查补税款7692万元。对“依法办事示范窗口”实行动态管理，2010年县局暮云税务分局评为全市“依法办事示范窗口”单位。2008年以来，该局连续四年评为“行政执法先进单位”。三是规范税收秩序，相继开展汽车经销和房地产行业等重点行业的专项检查，以及中南汽车世界、星沙汽配城等市场的集中清理，累计稽查补税1.21亿元。

【开展税收宣传活动】 2008年以来，县国税局结合国税工作实际，针对纳税人所想所需，举办纳税人学校培训28期，培训纳税人8600多人次。开通各类税企交流平台，如联通短信平台、税企QQ群、咨询投诉热线82312366等，提供政策咨询和办税辅导。立足政府门户网站，及时更新涉税政策，开展宣传互动。特别是结合“税收促进发展，发展改善民生”这一主题，积极推进年度“税法宣传月”活动，利用县电视台、《今日星沙》、户外大型屏幕等载体宣传税收政策和依法诚信纳税的先进典型，同时还相继开展税法宣传进校园、进超市、进企业、进农户等活动，以及税宣短信、征文、动漫剧本的征集活动，在全县营造和谐的税收环境。

【成功创建长沙市廉政文化建设“六进”示范点】 2008年以来，县国税局坚持“注重预防、教育为先”的工作理念，积极创新形式，寓教于乐，努力营造风清气正的廉政氛围。一方面，拓展多种载体，构建温馨和谐的廉政环境。2008年在县局机关院内悬挂廉政灯箱，在办公室、办税大厅、走廊过道间贴挂温馨提示的廉政格言、警句，让大家真正做到抬头见廉、低头思廉、回家守廉。另一方面，突出全员参与，开展喜闻乐见的文化活动。2008年举办“廉政在我心”专题文艺晚会，同年结合廉政文化建设“六进”活动推出廉政文化“进办公场所、进局域网络、进税干家庭”的“三进工程”；2009年推出“上一堂党课、读一本好书、写一篇读后感、创作一句廉政格言、唱一首廉政歌曲”的“五个一”活动；2010年开展廉政短信征集活动和廉政征文。2008年，该局被长沙市纪委、市监察局授予长沙市廉政文化建设“六进”活动示范点。

【国税干部培训考试】 2008年至2011年，县国税局逐年制定教育培训方案，明确全员学习、系统培训的思路。加强日常培训的归口管理，推进网上教育的学习考试，结合干部双向组合和税管员考试，加大岗位轮训力度。四年来共组织各类培训20次，培训干部2300多人次；各类考试5次，考试及格率98%。2008年组队参加全市国税系统《新企业所得税法》业务竞赛，获得团体第一、两个个人前十的好成绩；2名干部代表市局参加全省国税系统抢答赛，获得全省团体第一名。2011年组织税管员参加全市国税系统税管员考试，有9名干部进入全市前三十名。截至2011年底，全局有3名干部分别取得注册会计师、注册税务师资格。

（陈　赣）

地方税务

【概况】 长沙县地方税务局成立于1994年9月，2008年底经省编委批复，省、市地税局批转，同意设立长沙经济技术开发区地方税务局，与长沙县地税局合署办公。全局共有干部职工164人，其中在职干部140人，平均年龄42岁，在职干部中中共党员126人，大专以上文化程度的130人，占在职干部总人数的93%。内设办公室、税政法规科、征管和科技发展科、收入规划核算科、财务管理科、人事教育科、监察审计室7

个行政科室，办税服务中心、稽查局2个直属行政机构，信息中心1个直属事业机构，下设6个税务分局，肩负着长沙经济技术开发区、长沙县的地方税费征收管理任务。

2008年至2011年，以组织收入为中心，致力征收管理，优化税收服务，强化队伍建设，收入规模不断壮大，坚持科学统筹调度，认真抓好计划调控和收入考核，确保各月份、各级次、各税（费）种入库进度的均衡；强化重点税源控管，出台大企业税收管理与服务的一系列办法，初步搭建起大企业管理工作标准体系；加强对龙头企业的控管，在建筑安装、房地产业上推行一体化管理；稳抓主体税种收入，做好年所得12万元以上个人所得税自行申报工作、以所得税为主的汇算清缴工作，落实营业税起征点调高后的惠民政策，规范移交后的契税和耕地占用税征收管理工作。2008年组织各项收入14.53亿元，同比增长22.33%，2009年组织各项收入18.4亿元，同比增长26.6%，2010年组织各项收入27.69亿元，同比增长50.27%，2011年组织各项收入42.04亿元，同比增长52.05%，相继突破20、30、40亿元大关，保持高基数上的平稳增长。

2008年县地税局第三税务分局被国家税务总局，被共青团中央授予“青年文明号”；2010年，县地税局被全国总工会授予“全国模范职工之家”，被共青团湖南省委授予“湖南省五四红旗团总支”，被湖南省地税局评为“全省地税系统先进单位”；2011年被湖南省委省政府授予“省级文明标兵单位”，被湖南省地税局评为全省地税系统“依法办事示范窗口单位”， 第一税务分局被评为“湖南省文明窗口单位”。

【搭建综合治税体系】 长沙县于2008年开始着手搭建综合治税体系，2009年出台《长沙县综合治税管理办法》等一系列具体措施，综合治税格局初步形成；2010年规范综合治税流程，在县内组织大规模的零散税收清查；2011年正式上线综合治税信息平台，地税与国土、工商、国税、房产等部门实现涉税信息共享及传递，有效堵塞税收漏洞。与此同时，综合治税各成员单位职责明晰，乡镇街道协税护税组织健全，并在全市率先实现委托国税代征窗口开票地方各税，“部门协作、社会参与”的综合治税体系成型，有效堵塞税收漏洞。

【契税与耕地占用税移交管理】 2010年9月1日起，长沙县契税和耕地占用税的征管职能由财政部门划转到地税部门。在接管过程中，有效落实沟通协调、政策衔接、安排部署、宣传引导等工作，确保“两税”平稳过渡；在移交工作后，安排专人在政务公开窗口负责契税和耕地占用税的征收管理工作，与房产、国土等部门建立联席会议制度，加强了涉税信息数据交换，严格执行“先税后证”，强化税款入库管理。2011年在全市率先规范房地产权属转移税收业务流程，规范契税、耕地占用税减免税审批工作流程，并积极与多部门协调，及时调整政府指导价。自移交至2011年底，共组织入库契税、耕地占用税近5亿元。

【纳税人学校成立】 2010年3月正式成立纳税人学校。局内成立教育培训领导小组，每年制定培训规划，采取定期举办专题辅导讲座、分期分批举办单位纳税人财务人员税收知识培训班、编印税收辅导书籍、现场讲解政策并答疑互动等方式，确保培训的最优化。至2011年底，共组织各类培训27期，参训企业5000余户，培训人数近1万人，从培训资料编印到培训场地安排租赁，从培训师资到后勤服务，对纳税人全部免费，得到社会各界的一致好评。依托纳税人学校，各税务分局相继推出税企QQ群、网上纳税人之家等特色工作，广泛接受辖区内企业的纳税咨询和建议受理，收到良好效果。

【信息管税】 坚持“信息管税”理念，大力推行网上申报，通过税收管理员平台、减免税管理平台，实现对大部分涉税事项的信息化管理；加大税控收款机的推广应用和普通发票的管理力度，2008年积极开展发票“连环奖”活动，在娱乐业、服务业和房地产业推广应用税控收款机1千余台，较好地减少了不开发票、使用假发票的行为；2009年11月2日，成功上线省级大集中综合征管系统，信息化建设进一步加强；2011年统一印发数据标准，逐户核实把好基础数据采集关；集中下户抽查，明确岗责把好基础数据录入关，纳税人基础信息得到全面更新，并将异常数据清理作为常态化工作开展，基础信息质量明显提升。 （刘婷婷）

概　述

截至2011年12月，全县金融机构各项存款余额435.9亿元，各项贷款余额317.2亿元，实现营业收入18.5亿元。有工商银行、农业银行、农业发展银行、星沙农商银行、中国银行、长沙银行、建设银行星沙支行、中信银行、兴业银行、交通银行、招商银行、光大银行、邮储银行、民生银行、浦发银行、建设银行暮云支行、长沙银行中南支行、建设银行中南支行等银行18家，营业网点154个，其中中国银行、农业银行、建设银行星沙支行为处级行；有亚明和盛丰小额贷款公司2家，累计发放贷款4.1亿元。证券公司营业部1家(方正证券)，开户股民（含基金）总数8935个，A股和基金交易额57.1亿元。保险机构33家，营业网点45个，实现保费收入3.29亿元，各项赔付支出6746.9万元。（邹　霞）

中国银行星沙支行

【概况】 2008年3月中国银行星沙支行升格为二级分支行，成为省行直属管辖支行，四年间新增网点1个（泉塘支行），新增ATM机18台，自助服务终端4台。截至2011年底，中行星沙支行在长沙县内已发展为5家网点，内设部门4个，ATM机24台，自助服务终端6台，拥有员工145名。2011年所辖泉塘支行被评为湖南中行服务明星示范网点。

2011年末，中行星沙支行各项存款余额为40.15亿元，较2008年6月末增加29.45亿元,增长275%。网均存款8.03亿元，人均存款近3000万元，均排名全省中行前列，其中公司存款28.48亿元，网均存款达5.69亿元，排名全省中行第一；各项贷款余额为27.58亿元，较2008年6月末新增21.07亿元,增长323%。存贷款总量、增量不断创新，全行的筹资能力、存贷款规模均有较大飞跃。中间业务盈利能力明显增强，2009年至2011年，累计实现中间业务收入6622万元；经营利润持续攀升，盈利能力逐年增强。2009年末实现拨备前利润6320万元，同比增加3018万元，增幅94%；2010年末实现拨备前利润8246万元，同比增加1926万元，增幅31%；2011年实现拨备前利润1.07亿元，较上年同期增加2549万元，增幅31%；实现业务净收入1.46亿元，较上年同期增加3579万元，增幅32.2%；2011年实现人均拨备前利润近120万元，人均业务净收入161万元,排名全省中行前列。

【中银信贷工厂】 充分发掘县内的优质中小企业，积极提供以核心客户为中心的供应链融资业务，利用中银信贷工厂新模式为中小企业的发展提供金融服务，解决中小企业融资难问题，促进企业再生产，为县域经济可持续较快发展奠定了坚实的信贷基础。2011年，中行星沙支行新增中小企业授信客户14户，累计发放贷款近3500万元。支行还认真分析经济、金融形势，把握发展节奏，不断优化贷款客户行业结构，压缩了原来占比较大的房地产贷款；还按照银监会有关要求，对中长期贷款还款方式进行整改，提高风险缓释能力，实现贷款业务持续、稳定、健康发展。

【优质外汇服务】 随着外汇管理政策进一步严格，支行利用发挥国际结算业务的优势，以多元化产品为市场切入点，开展差别化竞争，积极拓展市场。通过多年的工作积累，帮助企业与外管部门沟通和协调，保证外商投资企业结汇业务和后续工作的顺利开展，赢得客户的信赖。2011年末行外汇业务非贸易国际结算量达到1亿多美元，在长沙地区排名第二；国际贸易市场份额计划完成率在长沙地区排名第二；资金业务网点覆盖率100%；对公理财总日均余额全省排名第三。

【零售贷款业务】 支行积极响应国家实施刺激消费措施以扩大内需的政策，把握目前楼市、汽车等消费市场回暖的迹象，充分抓住个人金融业务的发展机遇，以优质开发商、优质楼盘、优质客户为重点，发挥支行零售贷款业务的优势，发展房地产按揭贷款、汽车消费贷款、个人投资经营贷款，促进消费产业的健康发展；进一步加大对居民购买普通自住房的贷款支持力度，截至2011年底，支行零售贷款12.56亿元，较2008年新增8.98亿元，增幅251%。继续保持与华润凤凰城、恒基凯旋门、康桥长郡以及蝴蝶谷等房产开发商的友好合作关系，有效推动长沙县楼市的发展。

【拓展空港建设金融业务】 支行一直积极为长沙黄花国际机场空港建设提供配套金融服务，与机场管理集团保持长期的合作伙伴关系，为该行更进一步拓展空港建设金融业务奠定良好基础。2011年10月取得机场自助银行和自助柜员机的独家运营权利，并且针对机场方面最关心的外汇服务问题，将最新投产的外汇自助服务终端投放在黄花国际机场，创新服务品种，完善服务设施。

（温　华）

中国建设银行长沙星沙支行

【概况】 2010年5月，建行湖南省分行以建湘发〔2010〕68号《关于长沙星沙支行与长沙金星支行直属省行管理的通知》文件，确定长沙星沙支行为正处级机构。2010年7月，建行湖南省分行以建湘发〔2010〕88号《关于划分长沙星沙支行和金星支行所辖网点的通知》的文件精神，明确划分长沙星沙支行所辖网点为：原属于湘江支行的星沙支行、天华路支行、浏阳支行及其所辖网点；2010年12月设立湘龙支行，至此长沙星沙支行所辖支行增至4个。

两年来，长沙星沙支行在省行党委的高度重视和直接领导下，深入贯彻落实科学发展观，审时度势，抢抓机遇，按照省行提出的“内抓管理、外树形象”的要求，确立“一年打基础、二年上台阶、三年大变样”的奋斗目标，努力发展，开拓进取，采取一系列强有力的措施。抓住源头，拓展客户群体；加强内控，夯实管理基础；防控风险，突破不良压缩；严格考核，提升内外部形象；提升素质，优化员工队伍。各项工作扎实推进，各项业务指标呈现平稳增长势头。截至2011年12月，全口径存款时点和日均余额为38.11亿元和41.38亿元，增长率为2.67%和11.48%。全口径存款日均新增排名全省第6位。企业存款时点和日均余额为18.8亿元和22.24亿元；个人存款时点和日均余额为19.31亿元和19.06亿元。企业存款日均增长率9.69%，全省排名第7位，个人存款日均增长率13.13%，全省排名第9位。在全省187个行政县支行网点中，全口径存款余额和企业存款余额方面，支行营业部均排名第3位。在全省县支行和城区支行考核中，浏阳支行位列全省前20位。

各项贷款余额25.15亿元，年增长率21.74%，名列全省第四，长沙地区第一。其中，公司贷款19.64亿元，比年初新增3.02亿元，年增长率排名全省第五，长沙地区第二。个人贷款5.51亿元，年增长率排名全省第四，长沙地区第三。

不良贷款余额3136.91万元，较2010年减少2367.09万元，比省行下达的不良控制数（3697万元）低560.09 万元，完成省行计划的130.99%，在全省建行中排名比上年提升8位；比省行下达的不良率计划（1.47%）低0.06个百分点，完成省行计划的167.79%，在全省建行中排名比上年提升1位。省行2011年信贷结构调整计划，要求支行信贷退出9085.73万元，截至12月末，该行实际退出2.06亿万元，计划完成率226.37 %。

强化利率管理，综合收益率提高。2011年存贷利差4.75，长沙地区排名第一；新发生人民币贷款加权利率6.91，全省排名第5名。全年实现账面利润9656万元，完成省行计划的102%，全省排名第七，长沙地区排名第二；账面利润较上年增加3255万元，增长率为50.85%，全省排名第一，较上年提升20位。

实现中间业务收入3816万元，完成年度计划的119.99%，计划完成率全省排名第三；较2010年增长2409万元，增长率为186%，全省排名第三。

产品多点开花。全行借记卡消费交易额15.63亿元，完成省行全年计划的149.7%，全省排名第一；借记卡发卡新增6.9万张，完成省行计划的164.26%，全省排名第一；信用卡客户新增3655户，完成省行计划的67.69%；信用卡账户活动率排名全省第5，信用卡新增分期商户、白金卡均超额完成省行计划，白金卡和汽车卡新增的完成率位居全省第六和第五。营销全省最大的企业联名信用卡项目。新增分期商户9户，完成省行计划180%；收单商户49户，完成省行计划的98%；个人客户销售特色理财产品2.9亿元,完成省行计划的965.05%，全省排名第二；新增代发工资客户1492户，完成省行计划的93.25%；个人网上银行、手机银行、电话银行等高级客户新增均超额完成省行计划；个人短信客户新增完成省行计划的166.87%，全省排名第三。个人客户产品覆盖度完成省行计划的180.24%。在全省公司机构客户“产品覆盖度提升”考评中，排名全省第三，并获公司机构客户产品覆盖度提升综合考评二等奖。资金结算产品营销成效明显，电子回单柜新增、现金管理系统及收入新增、对公通存通兑、对公一户通新增等产品均提前完成省行计划，获省行主管行长签名表扬卡3张。

渠道分流成效突出。交易量比61.36%，提升值排名全省第四，电子银行账务性交易量环比增幅排名全省第三。网银代发代扣占比全省排名第一。企业网银代发代扣交易量完成率排名全省第四，企业网银高级客户新增完成率排名全省第一。自助渠道台日均账务性交易量和单台手续费收入增幅均位列全省第一。自助设备账务性交易量比达65.41%，完成省行全年计划的112.8%，全省排名第二。

国际业务实现突破。实现国际结算量660万美元、结售汇619万美元。在全省开展的2011年国内保理业务竞赛活动中获三等奖，综合排名第5位,客户新增计划完成率达到220%。

实现安全运行。审计整改率达100%。实现全行无案件、无重大责任事故、无处罚、无传唤。星沙支行在公安部门组织的验收评估中，得分95分，被公安部门评为优秀单位。还被长沙县公安局评为治安重点保卫工作先进单位。浏阳支行还被中国人民银行长沙中心支行评为2011年度长沙市同城票据交换业务优秀网点。

建行星沙支行在省行2011年度KPI（关键绩效指标考核法）考核名列长沙地区第二。

（胡志雄）

中国农业银行长沙县支行

【概况】中国农业银行长沙县支行位于三一路6号，共有营业网点11个，离行式自助银行4个，ATM机31台。员工170人，行领导6人，独立审批人1人，风险经理1人，中层干部37人，中共党员95人，研究生学历9人，本科学历53人，专科生68人，平均年龄38岁。

支行制定“三年发展规划”，坚持网点转型、客户提质增效，推进农田改造，建设新农村，服务三农。2008年支行各项存款21.01亿元，贷款余额7.92亿元，利润9303万元。2009年各项存款26.62亿元，各项贷款余额10.79亿元，利润1.07亿元。2010年各项存款46.72亿元，贷款余额41.78亿元，利润1.01亿元。2011年各项存款24.41亿元，贷款余额49.55亿元，利润2.16亿元。

该行保卫科2008年被市公安局记集体三等功。支行自2009年起连续三年获评长沙县财税工作先进单位，2010年获长沙县投融资和金融管理工作先进单位，2011年进入全国百强支行。

（喻跃华）

农业发展银行长沙县支行

【概况】中国农业发展银行长沙县支行位于星沙镇三一路7号，至2011年末，支行在岗员工21人，女职工7人，占33%，退休职工2人。中共党员12人，占职工总数的52%；大专以上学历11人，占52%；中级以上专业技术职称的3人，占14%；年龄最大的55岁，最小的24岁，平均年龄41岁。支行设二部一室即财务会计部、客户服务部和办公室，有客户企业10家。

支行以“创一流支行”为目标，抓住机遇，强化营销，推进各项业务快速发展，业务经营呈现存款、贷款、利润快速增长的新亮点。（1）存款稳定增长。通过加强规范化服务、向优质客户提供温馨服务、优化柜台组合、强化企业客户贷款归行率、全力做好客户的维护与营销等措施，虽受政策性银行业务范围的限制，但存款仍稳定增长。2011年底，各项存款余额1.33亿元。（2）贷款迅猛增加。支行牢固树立“有效资产立行”的经营理念，抓住机遇，积极调查、上报、发放贷款，以高效率、优质服务、真诚合作、为企业排忧解难。一是贷款发放正常，累计发放各种贷款4.46亿元。二是收款回笼正常，累计收回贷款6398万元。收回政策指令性贷款1938万元，收回政策指导性贷款1000万元，收回自营性贷款3460万元。截至2011年底，各项贷款余额4.32亿元。

【贷款支持新农村建设】 在省分行营业部的指导下成功营销水利项目，2011年4月8日，省分行营业部与长沙县政府签订20亿元的水利贷款意向合作协议，截至2011年12月7日，发放星沙水利投6000万元水利建设贷款，该公司两个新建项目贷款也已完成前期规划、评估、报批和前期准备工作，进入申报、受理阶段。营销星沙产业基地开发有限公司1.7亿元新农村建设中长期贷款土地储备项目贷款，该贷款已批待放。继续扶持农业产业化龙头企业发展，提高经营效益。此外，长沙通途公路建设有限公司2.7亿元农村基础设施建设贷款已处于材料申报和项目调查评估阶段。

【开展“你了解你的客户吗”活动】 2009年，支行开展“你了解你的客户吗”活动，进一步完善相关资料程序，按“控制风险，择优扶持，全程监管，按期收回”的基本原则，并考虑到加工企业和农业产业化龙头企业贷款及流转贷款的新特点、新要求，狠抓贷款投放、库存监管和收贷收息三个关键环节的管理。支行70%的企业销售货款回笼率达90%以上。

【防范金融风险】第一，按照人民银行和上级行的要求，建立反洗钱工作岗位和反洗钱工作制度，明确反洗钱责任人，加强对企业资金的监督，以监督防风险。第二，按照人民银行的统一安排和部署，完成新旧银行票据的更换工作，并对出现异常的票据加强管理，防止问题票据的流出和流入。第三，防范操作风险。严格内控制约，实行内勤坐班主任制度，严格综合柜员操作流程，保证综合业务方面不出问题。

【推动财会业务工作】 一是开展创建“文明服务”窗口形象活动。二是按照中央和上级行的要求进行“小金库”专项清理及知识问卷答题活动，支行全体员工参与并取得较好成绩。三是及时向当地税务部门申报各项税费，确保及时足额上缴；认真抓好财务费用报账工作。按照要求及时准确上报支行财务费用。

【开展“合规管理年” 活动】 2011年初，农发行总行在全系统开展“合规管理年” 活动，支行一方面加强思想教育，组织全行员工学习规章制度，树立合规理念，营造合规氛围；另一方面梳理信贷管理和财务会计等专业各层次、各环节操作风险点和案件隐患，建立完善制度，各个岗位结合专业将“合规”落实到每一天的工作中，有效防范风险和案件。 （周传海 韩 愈）

交通银行星沙支行

【概况】 交通银行星沙支行营业地址为长沙县星沙镇开元路45号，隶属交通银行湖南省分行本部直辖。至2011年末，星沙支行在长沙县有营业网点1个，员工17人，配套自助银行1家，在行式ATM机3台，离行式ATM机17台。交行星沙支行加大市场拓展力度，加强基础管理，不断提升核心竞争力，各项业务状况改善明细，经营效益明显增加。是年末，人民币各项存款余额达13.4亿元，较年初增长2.6亿元；其中对公存款9.5亿元，储蓄存款3.9亿元。完成国际结算量9684万美元，个人结售汇业务量158万美元。各项贷款余额4.3亿元，其中对公贷款余额4亿元，对私贷款余额0.3亿元。实现经营利润2778万元，人均利润达163.4万元。

【拓展金融业务】 （1）“四方协议”项下进口开证业务。该业务属交通银行独有的境内外联动业务产品。可实现集团公司境内外授信额度共享，境内企业有充裕的银行授信额度，但由于外汇管制，不能让渡予境外关联公司使用，造成集团资源浪费，通过“四方协议”境内外分行配合客户境内外公司，可实现境内外额度“共享”。长沙县大型企业如三一集团、中联重科和山河智能等均采用交行“四方协议”产品进行国际业务结算。（2）“税融通产品”。该业务是交通银行中小企业服务品牌“展业通”旗下的创新产品，由交通银行携手长沙市国税、地税联合推出，是一种倡导以信养信、灵活、快捷的授信方案。根据中小企业融资需求“短、频、快、小”特点，以信用等组合方式给予按时、足额纳税的中小企业一定额度的授信品种。2011年交行星沙支行联合长沙县国税、地税、县金融证券办，在长沙县地税局大会议室共同举办税融通产品推介会。当年该产品提供信贷资金1亿余元，解决60余户中小企业融资难问题。（3）“沃德经营贷”。该产品是交行在小企业服务整体框架下的、面向优质企业主个人的融资品牌。该业务是指交行向中高端个人客户发放的，满足其生产经营活动中流动资金周转需要的人民币授信业务。截至2011年末，星沙支行成功办理沃德经营贷1100余万元。（4）信用“E车贷”。该业务为交行针对长沙市国家机关及区县级以上行政事业单位正式员工、长沙市三级甲等以上公立医院医生、长沙市重点公立学校教师，特别推出的信用方式购车贷款。这是一款无抵押、无担保、零首付、利率低、期限长、额度高、手续简单、放款快的贷款业务，借此进一步联动对公、对私业务发展，有效提升交行市场竞争力。

【联名薪金卡营销】 该业务是在标准卡面上根据单位要求设计新的卡面，具有企业徽标，让员工更有归属感。该卡具有代发工资、奖金、红利、企业年金及理财功能，同时可配套“财务通”功能，开通差旅费和零星办公费用的预借和报销手续。持卡人可享受免收年费、卡工本费等专享手续费优惠。交行面向三一集团、中联重科、山河智能、广汽长丰、广汽菲亚特等单位发行联名薪金卡约3万余张。

【销售贵金属】 支行承销人民银行发行的熊猫金银币，发行“中国龙”收藏金系列，在2010年作为上海世博会全球合作伙伴，成为上海世博门票和世博贵金属特殊牌销售的主渠道。

（黎　锐）

长沙银行星城支行

【概况】 长沙银行星城支行前身为长沙市商业银行星城支行，成立于2003年6月，于2008年11月17日更名，2011年7月1日从板仓路98号搬迁至开元路17号；内设综合办公室、市场营销部（含公司业务部和零售业务部）与营业部，下辖榔梨支行与星兴支行2个二级支行。共有员工59人，其中行领导3人，中层干部9人，客户经理23人，中共党员18人；研究生学历7人，本科学历41人；平均年龄31岁。

支行坚持“发展、转型、提质、增效”的工作主线，秉承“为您所需，喜赢共享”的服务理念，立足星沙，服务县域基础经济建设，支持中小企业发展，推行便民惠民服务，为长沙县经济发展建设提供强劲的金融支持。支行不断进步成熟，实现了跨越式发展。截至2011年末，各项存款余额37.13 亿元，其中储蓄存款7.44 亿元；各项贷款余额25.5亿元；对公客户1500多户，个人客户超10万户，客户遍及长沙县域各乡镇。

支行充分发挥作为地方法人银行的优势和特点，致力打造最可靠的地方政务银行、最贴心的中小企业银行、最给力的市民银行的“三最”银行品牌。一是与长沙县政府持续开展全面合作，通过土地储备、项目贷款，或开发利用集合委贷、甲类委贷、信托等产品，为政府重点项目融取资金，大力支持长沙县各项经济基础建设；全面代理经开区国库、县财政集中支付等相关业务，为长沙县提供高效、便捷、安全的金融支持和服务。二是重点支持县域内工程机械及汽车零部件配套优势产业发展；创新推出产业链金融、知识产权质押产品，以转账支付卡、POS贷、小微贷等优势产品帮助扶持一大批中小微企业客户群，成为中小微型企业发展成长路上最贴心的银行。三是推行芙蓉卡全国任意ATM取现、网银业务办理、账户E信通开通等业务零手续费，提供个人综合理财金融服务，不断进行软硬件服务更新升级，为市民提供更便利的金融服务，便民惠民形象深入人心。

2008年至2011年，支行先后获得“省级文明规范服务示范单位”、“市级先进基层党组织”、“市级文明标兵单位”、“市级青年文明号”、“市五四红旗团支部”、“长沙县政风行风建设先进单位”等荣誉称号；系统内连续多年获总行“五好班子”、“五四红旗团支部”“良好支行”、“先进支行”、“先进集体”等荣誉称号。

特别是在2010年度全国银行业文明服务示范单位的评审考核中，支行营业部被评选为“全国银行业千佳示范网点”。支行从服务细节着手，优化营业环境、明晰功能分区，强化员工服务意识，狠抓服务管理，逐步建立和完善优质服务的长效机制，深化服务内涵，让客户感受长沙银行独具特色的“人本制胜、千心铸信”服务文化。加强员工教育培训，长期开展业务练兵，通过考核机制促进提高服务技能，培养并打造出一支坚持以“客户为中心”的服务理念，开拓进取，创新奋进的服务精英队伍。

【央视专题报道“走进园区、融入市场”主题活动】 2008年7月，长沙银行星城支行与长沙县委、县政府、长沙经开区管委会联合举办以“走进园区、融入市场”为主题，以经开区、长沙县“一区七园”企业为载体的银企对接活动，支行对此次银企对接会中有融资意向的客户进行重点沟通，针对高科技、物流及涉农产业等不同的行业客户，设计个性化融资方案，如仓单质押、联合担保、应收款质押、循环授信等，为企业排忧解难，打开银企合作新局面。2008年8月3日，中央电视台《经济半小时》栏目制作《解密三湘第一县，寻找中部崛起途径》专题片，就如何解决中小企业融资难的问题，对支行行长张曼进行专题采访，节目对长沙银行支持中小企业的积极态度及创新方式予以充分肯定，并对“走进园区、融入市场”的主题活动作了专门报道。

【长沙市商业银行星城支行更名长沙银行星城支行】 2008年11月17日，长沙市商业银行星城支行在总行的统一规划下更名为长沙银行星城支行，原来以蓝色为背景的招牌换成以红色为背景的招牌，招牌上的英文名改为“BANK OF CHANGSHA”，简称“BCS”。更名意味着长沙银行进一步淡化地域概念，为跨区域经营乃至打造精品上市银行做准备。

【与县旅游营销集团签约合作】 2010年4月，长沙银行与长沙县旅游营销集团的银企合作签约会在威尼斯国际会议中心举行。此次银企合作签约，是支行与长沙县旅游系统实现业务全面合作的一个新起点，进一步深化了双方业务合作空间，对于促进支行信用卡业务、涉农信贷业务以及有效完善芙蓉信用卡功能，提升长沙银行产品品牌形象，推动长沙县旅游业特别是乡村旅游、现代农庄休闲等新兴行业快速发展，都具有重要的战略意义。

【㮾梨支行与星兴支行相继成立】 2010年11月25日，长沙银行第一家乡镇分支机构——㮾梨支行在长沙县㮾梨镇开业。㮾梨支行的开业，标志着长沙银行的服务领域向中小企业集结的乡镇延伸，体现了星城支行立足本土，做精、做细、做优市场的信心和决心。2011年11月17日，星城支行下辖另一分支机构——星兴支行在长沙经济技术开发区板仓中路98号正式对外营业。由此，长沙银行在该县完成了星城、㮾梨、星兴三足鼎立的网点布局。

【支行拓址开业】 2011年7月1日，长沙银行星城支行在开元路17号湘商·世纪鑫城大厦广场乔迁开业。支行自购新办公场所，面积2300多平方米，配备现代化办公室、营业大厅、VIP室、理财室、大小型会议室、食堂等多项设施，融营业、管理、服务于一身，依托更加优越的地理位置和更合理的网点布局，提升核心竞争力，实现长沙银行与长沙县域经济的齐步发展和共同繁荣。

【“政银全面合作协议”签订】 2011年12月12日，由县金融证券办与星城支行牵头联系，在银、企、政多方见证下，长沙银行董事长张智勇与长沙县县长张庆红签署《长沙县人民政府与长沙银行政银全面合作协议》。根据协议，支行将为长沙县积极提供高效、便捷、安全的金融支持和金融服务，对长沙县贷款授信在现有信用额度不减少的基础上给予更大支持，贷款主要用于城市基础设施建设、相关拆迁安置以及教育、卫生等公益项目建设，为该县实施“三个共同”战略，建设具有国际化水平的幸福长沙县注入强劲动力。（刘玉婷）

湖南星沙农村商业银行

【概况】 湖南星沙农村商业银行（简称星沙农商银行）是由原长沙县农村信用合作联社通过股份制改造组建而来，于2011年9月6日挂牌开业，是一家立足长沙县域，以“农区、社区、园区”三区银行为市场定位，具备独立法人资格的地方性金融机构。截至2011年末，该行共有机构网点65个，其中营业部1个，支行32个，分理处32个，均衡分布在长沙市区（5个）、星沙县域（12个）以及各个乡镇（48个），每个乡镇至少有一个以上的营业网点，在职从业人员600余人。2011年末该行各项存款余额118.3亿元，较2008年增加60亿元，增长103%；各项贷款余额50.3亿元，较2008年增加20亿元，增长66%，其中涉农贷款余额55.4亿元。2011年度实现总收入7亿元，创综合效益3亿元。省联社经营等级为－A级，全行资产总额达到130亿元，是全省业务规模和资产规模最大的县级法人金融机构。先后获政风行风建设先进单位，投融资与金融管理先进单位，长沙县服务业先进企业等荣誉称号。

星沙农商银行充分发挥农村金融主力的作用，服务县域经济发展。一是支持农民生产致富。把县域农民生产生活作为信贷服务的重点，至2011年末，已累计发放农户信用等级证13.2万本，投放小额农户信用贷款8.9亿元。大力支持现代农业的发展，先后投放20余亿元信贷资金，对金井茶叶、跳马花卉苗水、黄兴蔬菜、白沙水果、国进食用菌等县域主导农业产业和田茂、新江、曙光等100余家现代农庄进行重点支持，涉农贷款余额达47亿元，有效满足农户生产生活和农业产业升级发展的资金需求。二是支持个体商户创业发展。不断创新和改进金融服务方式，加大对个体商户支持力度，创新开办个体经营户贷款、集镇居民贷款、创业贷款等信贷产品，对县内个体商户授信12亿元，累计发放个体商户贷款10亿元，有效支持境内2600余名个体商户创业致富。三是扶持中小企业发展壮大。开展“两帮两促”活动和“双十双百双千”工程，通过“银园对接”和“产品推介”等方式，投放中小企业贷款48亿元，助推县内工程机械、汽车、电子、物流等支柱行业产业发展，对同心实业、长平车身、波隆集团、经沣欧美砖、湘绣城、浔龙河等500余家中小企业进行重点支持，帮助企业解决资金困难和提供金融服务。四是服务政府重点工程建设。主动对接服务县域重点工程和基础设施建设，累计投放资金近20亿元，如支持县城建投2.2亿元信贷资金，对松雅湖退田还湖工程、黄兴大道北延线等政府重点工程以及县域内工业园区水、电、公路等基础设施和民生工程进行重点支持。五是优化涉农资金代理服务。利用自身遍布城乡的网点优势，承担县域18万农户的涉农政府补贴资金、2万多户的民政低保金、50余万农民的新农保等公益性代理业务180余项，代发业务笔数累计达到2000余万笔，金额18亿元，对涉农资金代理业务全部实行无偿服务，免费为广大农户发放各类涉农补贴存折100余万本，年均投入代理成本400多万元。

2008年至2011年，该行累计发放各类贷款120亿元，其中投放涉农贷款102亿元，占比85%，信贷投放总量和增量均居县域金融机构首位，为县域95%以上的农户、乡镇（村）企业和农村合作组织，90%以上的个体经营商户和85%以上的中小企业、40%以上的规模企业提供信贷支持和金融服务。

【星沙农商银行成立】 原长沙县农村信用合作联社在2007年完成统一法人改造后，2010年按照银监部门关于推进农村信用社股份制改革的工作要求，在省市联社、银监部门以及县委县政府的领导与大力支持下，结合自身发展实际，积极把握改革机遇，努力创造改革条件，启动股份制改造，积极组建星沙农村商业银行。围绕改革目标，该行按照改革程序和要求，认真做好清产核资、不良贷款处置、股金清理与募集、筹建整改等各项改革工作，星沙农商银行于2011年8月25日获得湖南银监局开业批复，9月6日正式挂牌开业，成为长沙县第一家注册地和总部在星沙的法人商业银行，也是该县培育的第一个本土金融招牌和品牌。

【金融产品创新】 根据长沙县“南工北农”、“一区八园”、城乡一体化发展、新农村建设以及融城对接等经济发展的特点和要求，星沙农商银行创新开办了丰富的金融产品。在资金组织上，开办有个人活期储蓄、定期存款、对公存款等各种形式的存款类金融产品；在继续开办传统信贷产品的基础上，创新开办集镇居民贷款、个体商户贷款、金融物流贷款、仓单质押贷款、林权抵押贷款、汽车消费贷款、住房按揭贷款等30余种信贷产品；在中间业务方面，开办代理国库集中支付业务、财政涉农资金代发、企事业单位工资代发、交通罚款代收等20余种代理服务产品，以及债券买卖、同业拆借等资金市场业务和保险代理、银联POS收单等40余项中间业务产品。在结算服务方面，有自动取款机（ATM）（14台）、福祥卡、电子银行、大小额支付等结算方式和服务渠道，丰富的金融产品和齐全的服务功能，有效满足县域客户多元化的金融服务需求。

（李胜检）

中国人寿保险股份有限公司长沙支公司

【概况】中国人寿保险股份有限公司长沙支公司（简称长沙支公司）坐落于长沙经济技术开发区星沙大道31号，公司大楼占地面积0.43公顷，建筑面积2.2万平方米，公司内设经理室、综合管理部、客户服务部、个险销售部、团险销售部及银行保险部共“五部一室”。

公司秉持“专业、真诚、感动、超越”的服务理念，依托覆盖全县的服务网络，为全县人民提供优质的保险产品和服务。全县50%以上的企业和数万个家庭参加该公司的各项保险，保险金额达400亿元，每年由公司赔付的各类意外伤害保险金额逾600万元，支付养老保险金600多万元。总保费规模从2007年的1.39亿元增长到2011年的2.67亿元，一直保持60%以上的市场份额。支公司专业高效的95519客服热线，安全快捷的企业互联网站，近700名保险营销员、团险销售人员、银行保险销售人员，12个规范化营销服务部、100多个银保渠道销售代理网点，成为客户身边最近的寿险服务商，被授予全国和全省人寿系统“文明规范服务窗口示范单位”，被省、市工商局评为“消费者信得过单位”。（舒　洁）

中国人民财产保险股份有限公司长沙支公司

【概况】中国人民财产保险股份有限公司长沙支公司（以下简称“支公司”）坐落在星沙板仓路61号。2011年底，支公司有干部职工21人，其中中共党员11人，大专以上文化程度的16人，占76.2%。公司设立一室(经理室)六部(直销业务部、电子商务/网销业务部、中介业务部、个代营销业务部、综合部、三农保险部)。已开办企业财产保险、家财险、机动车保险、货物运输保险、责任保险、工程险、意外伤害保险、健康保险和农业保险等多个险种，保险服务已经渗透到全县经济生活的各个领域，特别是近几年来公司强化政治责任，办好农业保险，进一步服务社会主义新农村建设。2008年至2011年支公司连续被评为市级文明单位。

公司围绕“转方式促发展、强合规增效益”工作主基调，提升发展速度，持续优化结构，坚定内控合规，改善盈利格局。2011年实现保费收入7189万元，比2007年的4114.2万元增加3074.8万元。大力发展车险业务，充分发挥车险龙头险种的作用，并全力促进效益型非车险业务超常规发展。办好农业保险，进一步服务社会主义新农村建设。作为政策性农业保险的具体经营单位，支公司将其作为一项重大政治任务，促进这项高风险业务的良性健康发展，农险保费达2294万元，让广大农民切实感受到国家支农惠农政策的温暖，也提升了公司的企业文化和品牌知名度。全面推行理赔服务标准化，着力推动“理赔无忧”服务升级，开展车险查勘定损“四个一”活动和“满意在人保”等一系列主题活动，建立小额案件快速理赔绿色通道，加快重要客户理赔处理速度，推进VIP客户落地服务工作。2011年赔款支出3126万元，其中农险方面受理能繁母猪保险报案3254件，赔款支出1127万元。（张岳峰）

交　通

·交通运输·

【概况】 2008年至2011年，长沙县交通建设总投资21.36亿元，其中农村公路建设1743.4公里，公路桥梁新改建项目92个，完成省道207线、黄兴大道北延线一期工程、开元大道东延线等干线公路建设。筹备建设黄兴大道南延线、洞株线、省道207南延、人民东路东延。截至2011年底，全县（在册）公路通车里程4800公里，县乡道优良率73.2%，县道硬化率100%，乡道硬化率90%，村道硬化率85%，农村公路路网密度为2.4公里/平方公里和63公里/万人，全面实现村村通水泥路。采取“建设—移交”（BT）、招商和代建制等多种形式加快项目建设，破解融资难题，并在全省率先将央企中国中铁股份有限公司引入农村公路建设市场，成功尝试央企“投资—建设—移交”等公路建设新模式。率先在全省制定农村公路建设、管理、养护办法，起草《长沙县农村公路管理养护办法》及《长沙县农村公路管理养护实施细则》；公路管养经费财政投入逐年提高，2009年、2010年、2011年分别达到576.88万元、1986万元、3465万元；继续实施安保工程并启动县乡道安保工程规划设计，保障农村公路行车安全，农村公路养护规范化管理措施日趋完善；开展城乡公交一体化试点，开启全县城乡公交一体化工作的序幕。

县域内有二甲汽车站星沙汽车站1个，日均发送客车1352台次，日客运量23178人次。截至2011年末，全县拥有货运车辆8110辆，24760吨位，货运量2168.98万吨；客运中巴汽车338辆，7600座位，客运量846万人次。有城市出租汽车236台，从业人员600余人，年客运量1472万人次，行业年收入5664万元。拥有公交线路22条，公交车583台，从业人员800余人，县域内公交运行里程达到275公里，有公交站点241个，公交停保场4个，固定资产投资约6000万元。县域内共有3条通航河流，总通航里程43千米。其中湘江长沙县段8千米，为3级航道，最低通航能力为1000吨级船舶；浏阳河长沙县段30千米，为6级航道，最低通航能力为100吨级船舶；捞刀河长沙县辖区内有5千米通航水域，为6级航道，最低通航能力为100吨级船舶，2011年实现水上货运量1200万吨，货运周转量7.2亿吨/千米。（陈晓芬）

【交通运输管理机构调整】 2011年1月1日，组建长沙县交通运输局，将县交通局的职责、县城镇管理局承担的城市客运管理职责，整合划入县交通运输局。取消公路养路费、航道养路费、公路运输管理费、公路客货运附加费、水路运输管理费、水路客货运输附加费等六项交通规费的管理职责；将船舶新造、改建、异动、报废的审批、日常安全监管和水上执法职责划给长沙市地方海事局。2011年12月9日长县人编纪〔2011〕4号文件明确县交通运输局内设机构为：办公室、计财科、安全法规科、规划建设科。长沙县交通行政执法监督大队（正科级）更名为长沙县交通运输行政执法大队，跳马交管站、椇梨交管站、江背交管站、黄花镇交管站、路口镇交管站、金井镇交管站、福临镇交管站、安沙镇交管站、星沙镇交管站、北山镇交管站并入县交通运输行政执法大队。县交通运输管理所更名为县货运管理所，县汽车维修办公室并入县货运管理所。县城管局公共客运管理办公室成建制划入县交通运输局，并更名为长沙县客运管理所。县乡公路管理站更名为农村公路管理站。撤销长沙县汽车性能检测站。此次机构改革是交通理念的大调整，体制的大突破，管理的大创新，是交通运输行业行政许可、行政执法、行政监督职能分离的重大举措，对适应加快发展的大交通

形势，优化交通运输组织管理，发挥各种运输方式组合效率，建立综合运输体系有重要意义。（陈晓芬）

【**新增出租汽车80台**】 2009年10月，长沙县新增城市出租汽车80台，由长沙县通畅客运有限公司和长沙县鑫沙道路客运有限公司经营，车型为丰田花冠1.6升轿车，该县出租汽车由156台增至236台。运力增加后，出租汽车保有量偏低与市民出行需求量大的矛盾得到有效缓解。（郑　梁）

【**打非治超专项行动**】 从2010年5月1日起，在全县范围开展车辆治理超限超载专项行动，成立县长张庆红任组长的专项工作领导小组，从县公安局、县交警大队、县公路局等单位抽调100余名工作人员，先后下拨400万元专项工作经费，购置执法车辆3台，移动磅4台。交通局作为责任单位和牵头部门，全力抓好各项工作具体措施的落实，两年共出动执法人员7.2万余人次，检查车辆12万台次，责令卸载6000余台次，对2400余台超载和非法营运车辆予以处罚，超限超载车辆猖獗的势头得到有效遏制，运输市场秩序进一步规范，打非治超专项行动取得实效，路产资源得到有效保护。（陈晓芬）

【**引进央企投资农村公路建设**】 2011年1月10日，县交通运输局代表长沙县与中国中铁股份有限公司签订“长沙县重点交通道路建设项目”合作协议，合作建设“十二五”规划内五条干线公路，包括黄兴大道南延线、省道207线南延、黄江公路东延、黄兴大道北延线二期、开元大道东延线与三环线连接线，共计5条道路，成功引入总投资22.35亿元资金滚动开发建设（中标人将负责项目的融资、建设并在工程交工验收后将项目移交给业主），借助其强大的融资能力、规范的管理模式和优良的施工技术，有效解决当前建设中的资金问题，为“十二五”干线道路项目的顺利实施打下基础。与此同时，还将人民东路东延、万家丽路北延一并打捆到中铁公路建设。这标志着该县在全省率先将世界双500强企业（世界企业500强、世界品牌500强）的央企中国中铁股份有限公司引入农村公路建设市场，成功尝试央企“投资—建设—移交”的公路建设新模式。（袁傲霜）

【**开元大道东延线长沙县段试通车**】 2010年12月22日开元大道东延线试通车。开元大道东延线是市重点交通基础建设项目，也是长沙县第一个正式引入国有大公司先进理念建设管理农村公路的项目。该项目按照市政府“统一规划设计、统一审批、统一监理、分段实施”的建设模式进行，采用施工总承包的方法由二十三冶建设集团有限公司负责施工。2009年12月28日开工，总投资为7869万元，全长4.475公里。路线为东西走向，路线起点位于长沙县S207线春华大桥南端，与开元大道相接，自起点往东经州上屋跨捞刀河，再经岭上屋，至厚余塘接永盛大道。全线采用二级公路标准建设，路基宽15米，设计时速为60千米/小时，沥青砼路面，设计荷载为公路–Ⅱ级。线路途经该县春华镇春华山村、武塘村。此项目是连接长沙经济技术开发区与浏阳工业新城的重要通道，是长沙市平行于五一路的又一通衢大道，它的建成有利于两园区优势互补，实现资源共享，对带动全县乃至全市经济的快速发展具有重要意义。（袁傲霜）

【**黄兴大道北延线一期工程（星安、黄映公路）建成通车**】 黄兴大道北延线一期工程（星安、黄映公路）是全国第一个代建制农村公路项目，也是该县生态道路建设开篇之作，该项目起于黄兴大道与星沙滨湖南路交点龙角湾，止于县道路（口）青（山铺）线，总长24.255千米，工程总投资40635万元。于2009年9月开工，分7个标段建设，2011年9月29日举行全线通车典礼。黄兴大道南延北拓项目是该县“八纵十六横”路网骨架的中轴干线，对改善该县南、北腹地交通瓶颈，加快社会主义新农村建设，加快城市化步伐都有重要意义。同时，该项目设计引入生态理念，公路建设坚持环保优先，在设计上最大限度地保护生态，在施工中最小程度地破坏和最大限度地恢复生态环境，公路建成后将呈现“人在树中走，车在绿中游”的美妙景观，充分展示长沙县“两型社会”和首善之区的精神风貌。（陈晓芬）

【**长沙县GPS农村公路数据库建立**】 从2011年开始采用全球卫星定位系统（GPS）、地理信息系统（GIS）等技术手段，投入20余万元开展全县农村公路统计调查工作，快速建立和完善精度高、实用性强、信息量大的农村公路交通网数据库，将进一步摸清农村公路通达情况，优化农村公路建设计划编制，建立较完善的全县农村公路数据库及信息管理系统。（徐 妹）

【率先在全省启动城乡公交一体化试点】 2011年1月，开通城乡公交1、2、3号线（星沙—榔梨、星沙—黄花、星沙—安沙），拉开该县城乡公交一体化工作的序幕，也为城乡线路布局及优化积累了经验。每条城乡线路公交车安装GPS卫星定位、车载监控、无人售票、语音报站系统一应俱全，在首末两站实现对发，按统一班次实行低票价营运，惠及全县4个乡镇及周边市区近50万人民群众。是年11月7日开通城乡公交4号线（星沙汽车站—黄花机场），填补了长沙城北到黄花机场无公交开行的空白。城乡公交的开通，为全市乃至全省城乡公交一体化的全面推行探索了方法、积累了经验、提供了启示，使越来越多的人民群众享受到交通事业快速发展所带来的方便和实惠。

（陈晓芬）

·公路管理·

【概况】 长沙县公路管理局主要负责管养长沙县境内的国道、省道、县道共19条线路，其中国道1条（G107线），省道2条（S103线、S207线），县道16条。共有养护里程355.120公里，其中国道30公里，省道89.766公里，县道235.354公里。拥有公路桥梁70座，其中大中型桥梁4座。

全局共有职工282人，其中在职职工176人，退休106人。局机关设立办公室、政工科、财务审计科、工务科、路政管理科、纪检监察室、工会办等7个部门；另设公路管养中心，负责实施全局管养公路的小修保养、大中修及改建工程。

一、病害治理，科学养护公路保畅。

以全方位养护，预防性养护，科学性养护，周期性养护为指导，结合养护工作实际，认真研究，制定对策，千方百计提高养护工程质量。养护工作面对资金紧张、破损路面不断增加、超载（限）车流量增加等重重困难，以严格管理挖潜力，以公路迎国检为契机，高标准、严要求、重实干、抓落实，确保公路畅通。一是狠抓预防性养护，对已出现裂缝的路面进行全面灌缝处置。对坑槽、翻浆病害及时按标准处置，做到补早、补小、补好。二是对水泥路板底脱空比较严重的地段采取压浆处理。三是及时对桥梁破损桥栏杆进行修复，对所有桥梁进行全面的安全排查工作。

二、公路绿化，构建和谐公路成果显著。

公路绿化始终作为公路养护工作的一项重要工作来抓，每年都投入大量资金对公路两侧的枯死、损坏的行道树进行补栽；对树种不良、树型不佳的行道树进行更换。为减少公路养护对环境的破坏，在清理公路路肩杂草时，尽量做到不使用或少使用除草剂，采取人工或小型机械对路肩高草按统一标准清理，同时积极争取公路沿线乡镇政府的支持，加大公路绿化美化力度，努力打造绿色生态公路。

三、公路大中修优质高效，公路通行能力得到提高。

在工程建设中，紧紧围绕“质量、安全、进度、成本、廉政、环保”，突出科学管理、优质高效、廉政建设、节约环保、和谐稳定五种意识，注重“四个结合”即：与安保工程、综合治理工程、文明路创建、沿线政府配套工程相结合，认真组织开展“创新管理理念、推动科技进步、提升管理水平、确保工程质量”活动，努力打造优质精品工程。

四、治理隐患，竭力推进危桥改造，安全通行时刻不放松。

大力加强以桥梁、公路急弯陡坡为重点的安全隐患治理，全局安全防范意识不断增强，尤其是对桥梁检查工作时刻不放松，落实责任。并按轻重缓急的原则，合理安排有限资金进行维修、加固和改造。组织技术人员坚持经常性检查、定期检查，实地勘察拍照，登记造册，准确掌握危桥现状。对确定改造的危桥做好规划、设计，保证危桥建设的科学性。严把质量关，严格按照国家基本建设程序，认真落实工程招投标制度、施工合同管理制度、建设监理制度和竣工验收制度。与科研单位合作，大力推广新技术在危桥改造中的实施。2009年在老S207线瞿家瑕大桥加固中采用长沙理工大学的预应力碳纤维板加固技术，效果良好。同时对养护工程作业现场按照公路养护安全作业规程要求进一步规范。对山岭险峻、易滑坡、连续急弯等危险路段加强监管，采取措施，确保行车安全。加大公路安保工程实施力度，逐年在各线路危险路段设置警示牌、示警桩、防撞墩、防撞墙、钢护栏等安全保护措施，进一步提高公路的安全通行能力。

五、抗灾抢险，预防为主常抓不懈。

高度重视抗灾抢险工作，建立健全组织机构，形成局、管养中心、养护站、道班多级强有力的联网组织机构，先后出台《长沙县公路管理局公路突发事故应急预案》和防汛、除雪防滑方案，坚持预防为主，组织应急演练，不断提高抢险队伍组织能力、指挥能力、应急能力。在2008年冰灾和2011年年初特大暴雪天气中，面对恶劣天气，全局广大干部职工能够以雪为令，迅速启动应急预案，立即组织人员，出动设备，开展除雪防滑工作，保证在最短时间内恢复各级公路交通运输安全畅通。

六、强化路政管理工作，打造文明执法形象。

路政管理工作一直坚持“依法行政、严格执法、热情服务”的工作原则，不断加大公路执法力度。以维护公路路产路权为初衷，以治理公路环境为出发点，以宣传教育和法律制裁为手段，以建设安全畅通公路为目标，狠抓路政队伍建设，层层签订目标责任书。大搞宣传教育，加强上路巡查，加强公路市场管理和公路建筑控制区管理，整治公路沿线非法增设道口活动，保护路产，维护路权，保障公路完好畅通。积极做好路政宣传工作，送单到门，送单到户，通过宣传使沿线群众更加了解有关公路法律法规知识，增强沿线群众爱路、护路的法律意识，改善公路两侧环境。着重规范路政执法人员的工作行为，提高执法水平和业务素质，以《行政处罚法》、《行政复议法》、《行政诉讼法》等有关法律法规知识为重点，并结合典型的路政案例，以案说法，提高执法人员的执法水平和处理突发事件的能力。另一方面，培养路政人员吃苦耐劳、遵章守纪、令行禁止的工作作风，大力开展作风整顿，不断增强路政执法人员的廉洁自律意识，提高路政执法人员的执法形象。深入开展文明服务活动，树立良好“窗口”形象 。在路政执法过程中，要求每个路政执法人员坚持使用文明用语，文明执法。为了方便车主处理路政事案，广大路政人员牺牲休息日和下班时间。严格路政许可程序。路政许可批复后，路政人员主动上门送达。热情的服务得到了广大车主和群众的信任和尊重。

七、文明行业创建工作取得丰硕成果。

按照“公路建设塑造文明、公路养护展示文明、路政管理规范文明、行风建设延伸文明、深化改革发展文明”的公路创建理念，不断提升文明行业创建水平，努力构建诚信和谐公路，促进公路事业的发展。充分发挥工会、共青团、女工委的作用。组织开展各类文体活动，举办法律法规知识竞赛。倡议动员干部职工积极参与“慈善一日捐”捐助活动。在公路建设单位开展“公路工程立功竞赛活动”，在执法队伍中开展“行风评议、优化发展环境”活动，开展“十佳”、“文明单位”、“青年文明号”等评比活动，使文明行业创建工作向纵深发展。党风廉政建设进一步加强。制订《党风廉政建设和反腐败实施意见》、《预防职务犯罪工作实施意见》，按照实效、实用和实际的原则，完善“党员活动日”制度，层层签订党员目标责任书。按照“关口前移，重在预防”的原则，开展多种形式的教育活动，引导干部职工树立正确的世界观、人生观、价值观和政绩观，增强法制意识，提高廉洁自律和拒腐防变的能力。以工程建设和路政管理为重点，进一步加强监督和制约机制，开展预防职务犯罪工作，防止和避免各种违法乱纪现象发生，保证公路事业健康发展。

【唐田管养站获全国交通系统示范班组称号】 唐田管养站是长沙县公路管理局最大、养护功能最齐全的公路养护站，养护着107国道长沙北段K1582+452至K1612+452共30公里的二级公路。该管养站现有正式职工9人，都是从事养护事业10年以上的年富力强的职工。近5年来，共完成养护生产产值800余万元。由于工作出色，唐田管养站多次得到上级领导的肯定，是一支有着三十年优良传统的公路养护队伍，先后获得各类荣誉14项。2010年10月，被湖南省交通工会授予“全省交通系统工人先锋号”称号。2011年3月，被全国总工会中国海员建设工会授予“全国交通系统工人先锋号”示范班组称号。（肖　睿）

邮　政

【概况】 2011年，长沙县邮政系统共有职工618人，其中在职职工505人，占职工总数的

81.7%；离退休（含退养）职工108人，占职工总数的17.5%；在职职工中，机关管理人员11人，占在职职工总数的1.8%；营业人员201人，占在职职工总数的32.8%；投递人员136人，占在职职工总数的22.2%。县局设一室二部，即综合办公室、营销服务部、后勤建设部，营销服务部下设金融业务部、集邮包速部、发行投递部、代办业务部、分销业务部、大客户函件分局共6个专业部室。全县共有综合性邮政业务营业网点51个。

该局认真贯彻落实省公司、市局的各项方针政策，坚持“突出重点、培育亮点、提质创效、和谐发展”的主题，紧紧围绕为长沙县邮政长远发展打基础和公司化良好运营的发展目标，进一步加大发展力度，强化企业管理，拓宽业务领域，提升服务水平，2008年实现业务收入5597万元，2009年实现业务收入5776万元，2010年实现业务收入6372.78万元，2011年实现业务收入7324万元，连续四年均跨入全省十强县局行列，2011年排名全省第一。

2011年全县邮政营收欠费74.58万元，相较于2010年年底欠费198.71万元，下降了124.13万元，且2011年营收欠费无逾期欠费，确保县局财务优质运行的良好局面，共计实现收支差2924.08万元，超收支差计划绝对值787万元。其中金融业务收入累计完成5313.71万元，完成年计划的105.33%，同期增幅15.42%，占全局收入比重的72.6%；集邮业务收入累计完成582.84万元，同期增幅32.91 %；特快业务收入累计完成101.74万元，同期增幅32.43%；通代业务收入累计完成214万元，同期增幅25.48%；报刊业务收入累计完成377.91万元，同期增幅23.48 %；函件业务收入累计完成441.04万元；包件业务收入累计完成 39.7万元。

截至2011年12月31日，全局储蓄余额达到271235万元，全年累计净增余额48487万元；全年累计净增在2000万以上的网点有4个，1000万以上的网点有18个，全局50个网点点均净增970万元。

【打造高端纸质媒体《V誌》DM杂志】 县邮政局以“健康、持续、快速”为原则，不断创新经营思路，以“信广传媒” 理念打造核心函件，努力探索新的函件商业化模式，精心打造高端纸面媒体——《V誌》DM杂志。《V誌》以全省高端VIP客户为目标进行精准投递，增强了函件业务的宣传力度和辐射面，至2011年底《V誌》已发行四期，为全局创收100余万元。

【策划纪念辛亥革命100周年系列邮品活动】 在2011年10月10日辛亥革命一百周年庆典之际，县邮政局结合地方特色，精心策划活动系列邮品活动，包括辛亥革命100周年邮票首发仪式、红色中国大型集邮展览、首发现场邮票鉴赏、设计大师现场签售及邮品营销相关主题活动以及“魅力星沙”红色旅游启动及文化晚会五大环节。这次活动是长沙市庆祝辛亥革命100周年系列活动的重要组成部分，对弘扬湖湘文化的深厚底蕴具有积极意义。

【邮政工作服务“三农”】 该局为实现服务“三农”的惠农目的，按照“有规模、有标准、有形象、有效益”的建设标准，在全县建设“绿色走廊”4条，覆盖全县所有农村村镇，共建有旗舰店9家、精品店14家、骨干店22家、有效店89家，粉刷墙体广告面积达12000平方米。长沙县服务“三农”工作得到了广大农户的认可，省、市、县级各级新闻媒体进行现场报道，邮政服务“三农”工作深入千家万户，树立了邮政服务“三农”的品牌。

（顾守文）

通　信

·电　信·

【概况】 中国电信股份有限公司长沙县分公司（以下简称分公司）成立于2002年，下设3个部、8个中心、19个支局，共有员工230余人。全县共有电信服务网点121个，主要经营固定电话、移动、宽带、数据等业务，是县内服务触角延伸最广、通信网络最大、通信设备最先进的电信运营商。

2008年至2011年，全县电信基础建设、移动基站建设全面完成，建成覆盖全县各乡镇村的现代化通信网络，成为全省第一个实现网络数字化、传输光纤化（光纤到楼到户）的信息化示范县。四年全县用于通信建设总投资近1亿元。截至2011年底，宽带用户7.1万户、移动用户141801户、固定电话用户164130户；电信业务收入实现大幅度增长，2008年电信业务收入1.49

亿元、2009年达1.51亿元、2010年达1.56亿元、2011年达1.61亿元。自2008年中国电信正式挂牌运营移动业务以来，凭借中国电信百年品牌力量、日益丰富的互联网资源、成熟领先的移动通信技术以及固话、宽带全业务运营的强大优势以及地方政府的有力支持，实现电话从固定到移动的大飞跃。

分公司在全省、县（市）级公司中业绩持续名列前茅，连续四年超额完成上级下达的量收计划，多次被上级评为“创先争优先进单位”，连续三年被市公司评为“天翼先锋”单位、班组、基层工会，连续两年评为省公司“天翼先锋号”，连续四年进入全省县级公司“二十优”，多次被省、市公司评为创建“四好班子”先进集体。其中2011年被评为省公司天翼先锋号、创先争优先进基层党组织、市公司天翼先锋单位、天翼先锋基层工会、安全生产年活动先进单位、思想政治工作优秀单位、县党内统计工作先进单位。

【创建全省首个信息化示范县】 为确保通信网络优质、高效的运行，分公司从运行模式的变革到用户障碍的查修，从市场建设需求调查到工程项目的立项、施工与验收，从网络的日常维护到网络资源的优化，长沙县电信人精益求精、狠下苦功，创建全省第一个信息化示范县。截至2011年底，全县电话交换容量29万门，移动基站209个，移动信号实现全面覆盖，多次被县政府评为工程建设先进单位。特别是近年实施的“光进铜退”工程和宽带提质提速工程、移动基站无缝隙覆盖工程，大大提升了农村通信水平，电信通信服务能力大幅提升，全县电信通信网络实现安全、稳定、优质、高效运行。

【网上营业厅开通】 为便于客户了解业务、办理业务，开通网上营业厅，客户点击hn.189.cn便可在网络上了解电信业务，可缴费、购买手机靓号、办理宽带及套餐、挑选心仪的手机、查询账单，以及网厅微博等，一切皆可在网上营业厅实现。

【自助服务热线“10001号”开通】 湖南电信10000号客户服务热线自开通以来，已经被越来越多的用户认可，随着呼入量的与日俱增，进一步推出10001号自助服务热线，具体内容包括：费用查询、故障申告、各种电信业务介绍以及积分查询等，客户拨通并根据语音提示操作，就能轻松快捷地办理和查询各项电信业务。

【电子政务网络办公平台建成】 电子政务网是依托电信光纤互联技术，用于政府及县直机关等单位的网络办公平台，自建成开通以来大幅提高了政府各部门办公效率，有力地推进了信息化建设进程。并于2010年实现村村通光纤，数据通信、宽带网络全部到村，提高了全县农村网络通信质量，并逐步实现光纤到楼、到户（家），满足了全县农村用户的数据通信需求。（姜　红）

·移动·

【概况】 中国移动湖南公司长沙市长沙县分公司，地处长沙县星沙镇开元东路154号。共有员工211人（上市员工47人，劳务派遣制员工164人），中共党员32人，共青团员110人，大学以上学历占95%。长沙县移动分公司组织与经营机构设置三部室、五中心。经营网点覆盖全县每个乡镇、村。设自办服务厅3处，他办服务厅6处，代办点128个，村级服务站250个。

全县移动通信网络3900公里，基站518处，随着3G时代到来，2009年公司在县境内建成并开通3G基站88处。3G第一次成功通话，3G手机提供丰富的宽频服务，公众首选移动的品牌通信工具，移动客户得以迅猛发展，2011年全县网上通话用户789025户，2008年至2011年四年间累计净增297541户；签约集团单位726家，集团客户191059户。业务收入2011年底达56891万元，比2008年提高19936万元。四年间年均缴纳地方利税733万元。公司硬件通信网、站，软件经营管理理念在全县通信运营商中居第一，成为长沙农村城市化、信息化高速车道。

【网络拓展】 2008年5月，中国铁通并入中国移动集团。2011年5月，长沙移动与铁通合作，突破他营固话垄断阵地，在预备役师项目中，实现500线固定电话，200线小区宽带。

2008年，新建基站80处。分公司网络部加大建设、维护力度，组建建设、传输、网优、动力、投诉、故障6个小组，严格界定小组工作内容。

2009年12月26日，在京港澳高速铁路长沙南站进出沿城建15处站点。是年启动“富民惠农”通信网建设，年底完成20个乡镇、500个行政村网络优化，扩大农村服务范围，按“一村一店一人”模式，将代办点细化到每个行政村，便于客户选号、缴费、办理业务。

2010年，湖南省移动联合省政府开展“159信息惠农工程”工作，7月15日，在政府支持下，8个乡镇领导和国土、电力部门、移动长沙县分公司一起共商村通TD工程建设。年终建成TD基站18处，在星沙城区率先使用景观塔，开通中南汽车世界、阳光摩托、众泰汽车、三一培训楼、早安星城、赛普尔、好望谷、东城名苑、三河智能三产业园、湘绣城街道基站。

2011年，长沙县移动基站传输成环率达到97.6%，光缆资源实现100%自建。实施“绿色行动计划”，各站点降低能源消耗，节能减排。城区亮化站升格，社区街道居民享受环保通信。

（申　璋　陈德顺）

·联通·

【概况】长沙县联通是中国联通在长沙的县级分公司，近几年经营业绩实现高速增长，公司和用户规模不断扩大。2011年收入突破1.3亿元，2G、3G、固话和宽带用户近30万户，直接用工人员140多人，围绕产业链工作的从业人员2200多人，年上缴各种税收近800万元。先后获评“县域基础工作达标单位”、“消费者信得过单位”、“财务基础工作达标单位”、“省模范职工之家”、“省先进集体”等称号。

一、客户服务。至2011年末，该公司实体营业网点（含自营厅、合作厅、专营店等）已逾300个，服务网络全面覆盖长沙县城乡和村镇。按照3G服务领先的发展战略，打造3G个性化、差异化服务，建立3G及高端客户高品质、全生命周期服务体系；建立3G玩家俱乐部，创新微博等互联网新型服务，2011年用户满意度得分达99.8分，10010热线服务达标通过率100%。连续4年保持企业重大投诉零问责的良好记录，连续3年获“湖南省消费者信得过单位”、“保护消费者权益先进单位”及“长沙市诚信经营单位”称号。

二、通信能力。2008年以来，累计通信设施建设投资1.5亿元，新增建设开通WCDMA网基站约200个、GSM网移动基站约20个；铺设光缆800多公里；完成固网资源新建覆盖约40万线。强化BSS系统管理，自行开发特殊卡管理系统、员工工作日志管理系统、销售报表查询系统，提高了经营数据采集、分析的能力，为经营管理的个性化需求提供了有效的支撑保障。

三、基础管理工作。进一步规范政策、明晰流程、落实责任、强化执行，基础管理工作始终坚持“四化”（资金管理制度化、物资管理的标准化、生产要求安全化，工作流程合理化），确保各项基础管理的精细化水平得到有力提升：一是督办解决能力得到提升，通过“沃畅通”平台，解决近100条督办问题。二是狠抓财务及内控管理，建立健全会业核对等四项财务管理长效机制；三是安全生产工作得到加强，全年无重大安全事故的发生。四是物资管理、施工建设管理、客户服务管理等方面的工作都有进步。

四、企业文化建设。2008年以来，面对3G时代层出不穷的新技术、新业务、新产品，面对激烈的3G、2G、固话和宽带的全业务市场竞争，长沙县联通在继续弘扬“务实文化”和“责任文化”要求的同时，开展以“竞争”为主题的子文化建设活动，提出“比标杆、比执行、比结果、比提升”的“四比”工作方法，推出“沃增收”、“沃降本”、“沃畅通”、“沃成长”四大平台，每个平台都有具体的工作目标和工作内容，已取得阶段性效果。以“沃降本”为例，通过有效的预算管理和降本增效措施，在业务持续发展的同时实现有史以来最好的利润表现，绩效考核稳居全市第一，在全省综合排名位列前茅。（何　立）

商　务

【概况】 长沙县商务局于2011年设置，加挂长沙县招商合作局牌子，前身是长沙县对外贸易经济合作局，主要职责是负责全县招商引资、对外贸易和国际国内经济合作、商贸流通、现代服务业等工作。2008年至2011年，全县商务工作牢牢把握中部崛起、产业转移的机遇，实施“招大商、大招商”战略，狠抓商贸流通工作，加快推进现代服务业发展，切实提升对外经济贸易合作水平，商务经济综合实力位居全市前列，形成全方位、宽领域、多层次的发展格局。

一、国内贸易实现新跨越，商贸流通加快发展

2008年至2011年，全县三产业实现增加值分别为81亿元、122.2亿元、140.9亿元、160.7亿元，同比分别增长13.5%、16.5%、11.7%、8.6%，分别占GDP的21.9%、23.8%、22.4%、20.3%；全县实现社会消费品零售总额分别为79亿元、105.7亿元、140.3亿元、184.1亿元，同比分别增长22.2%、33.8%、28.2%、22%。全县城镇消费品零售额分别完成49.9亿元、71.4亿元、103.5亿元、173.4亿元，同比分别增长23.3%、43%、45%、22%。

城乡商贸流通体系不断健全。加快长沙市商业副中心“星沙商圈”的建设与发展，启动农贸市场提质改造工程，先后完成12个生鲜市场的改造建设，推进商务部万村千乡市场、家电下乡、以旧换新等工程，率先实施“商务下乡”工程，鼓励具备条件的乡镇建设农村商业综合体，构建农产品购销、农村日用消费品和农业生产资料供应三大网络，基本形成城乡双向流通格局。

流通市场环境不断优化。长沙县被商务部列入全国商务综合行政执法10个试点县，成立县商务执法支队，加强流通行业政策法规宣传，围绕关注民生的生猪屠宰、酒类流通等行业开展一系列商务行政执法工作，完善食品安全的市场信用监督和失信惩戒机制，加强直销、洗染、再生资源等行业的管理，有效净化流通市场环境。

二、利用外资水平不断提高，招商引资成绩显著

四年累计引进项目928个，其中内资项目857个，外资项目71个，实际利用外资11.19亿美元，到位内资326.2亿元。

招商引资工作逐步完善。创新招商管理方式，努力做好招商平台工作，举办各种具有影响力和创新性的招商活动；扎实做好招商基础工作，先后建立客商资源库系统，编制《招商引资工作守则》、《招商项目汇编》、《投资环境报告》；全面做好招商服务工作，以精细化服务为宗旨，对招商项目实施月调度制度。

招商引资领域日益拓宽。第二产业引进外资保持稳定增长，广汽菲亚特、住友轮胎等一批重大工业招商项目先后签约并建成投产。第三产业尤其是商贸流通业引进资金增幅较大，吸引新一佳、步步高、卜蜂莲花、富临美食、秦皇食府、民生银行、招商银行等一批重点商业项目的落户。

招商引资方式不断创新。坚持以项目为对象的专题招商、小分队招商、一对一招商和节会招商，积极推行委托代理招商、专业中介招商和网络招商，尤其通过以外引外、以商招商，充分利用国际国内行业协会、商会及其组织的年会、订货会、交易会等平台进行招商，提高引资成功率。

三、现代服务业探索转型升级，集聚效应逐步显现

以“产城融合”战略实施为基础，努力探索将产业区建设成服务业发达的现代化新城区，加快发展新兴服务业，形成一批独具特色的服务业集聚区，2008～2011年，全县服务业增加值由81亿元增加到160.7亿元，增加近1倍。

文化创意、电子商务、现代物流等新兴服务业快速发展，成为现代服务业的生力军。星沙湘绣城集湘绣研发、生产、销售于一体，形成完整的湘绣产业链，被授予全国非物质文化遗产保护研究基地；宏梦卡通年产动画片能力位居全国领先地位，2010年被文化部和国家广电总局授予“国家重点动漫企业”和“最佳动画企业”；2010年湖南快乐淘宝在该县成立，打造时尚新兴的电视及网络购物交易平台；截至2010年，全县共有物流企业275家，其中A级以上物流企业10家，已建成中南物流、实泰物流等一批物流园。

四、外经外贸稳步发展，开放型经济取得新进展。

全县外贸出口主体不断壮大、出口商品结构逐步优化、开放型经济取得新进展。四年累计完成外贸进出口总额72.05亿美元，其中出口额31.54亿美元，进口额40.51亿美元。

外贸出口主体不断壮大。截至2011年底，全县有进出口实绩的企业95家，其中进出口过亿美元的企业5家，进出口达千万美元以上的企业19家,三一重工、博世汽车、山河智能、磐吉奥、裳海迪瑞特、南方钽铌等企业的外贸出口已占据全县的半壁江山。

出口商品结构逐步优化。全县出口产品结构实现由主要出口初级产品向主要出口深加工产品为主的转变，机电和高新技术产品出口成为改善该县出口商品结构的强劲动力。

开放型经济取得新进展。不断拓展“走出去”新空间，形成大开放的浓厚氛围。该县与140余个国家和地区建立了经贸往来关系，产品出口到130个国家和地区，进口来源地也拓展至40余个国家和地区。

【“星沙商圈”购物消费节拉动消费增长】 长沙县连续举办三届“星沙商圈”购物消费节，共实现社会消费品零售总额近94亿元，年均拉动社会消费品零售总额增长约1.8个百分点。消费节期间，中南汽车世界千店亿元特惠大酬宾活动、星沙商圈百万让利大促销、榘梨千年古镇消费文化节、特殊群体欢乐过新年、网上购物时尚淘、魅力新春之夜商贸企业汇报演出等特色主题活动给星沙市民带来超值的实惠和惊喜，百货、商场、休闲娱乐以及各大特色零售卖场等多种业态，精心策划一系列抽奖、打折、降价、买送、回赠现金活动，为节日市场消费推波助澜，取得惠民利企双赢，扩消费、树品牌的良好的成效。

【12家农贸市场提质改造完成】 长沙县农贸市场建设提质工程于2008年5月启动，截至2011年底，共完成县城12个生鲜市场的提质改造，全部通过市政府验收。其中属政府投资建设的有城东、松雅、优之农、金茂路、榘梨5个市场，属公司投资建设的有圆梦灰埠市场，属私人业主租赁经营的有中南绿翠源、小塘、泉塘第一、邮苑、潇湘、筑城6个市场。12个市场共完成提质改造面积近2万平方米，工程总投资4000余万元，其中市、县财政补贴资金约1400万元，市场业主自筹资金2600万元。改造后的市场宽敞明亮、地面干净整洁、秩序井井有条，对保障食品安全、提高消费者生活质量、创造健康消费新环境都有重要的推动作用。

【长沙县港澳洽谈周引资57.76亿元】 2009年5月18日至22日举办的“港澳洽谈周”期间，长沙县共签约6个项目，签约金额57.76亿元。分别是县政府与北大青鸟集团签署的总投资6亿美元项目，瑞士浮瑞锑格机械设备有限公司和长沙金龙铸造实业有限公司签署的总投资2000万美元的中瑞铲运机项目，经开区与香港汕盟国际有限公司签署的总投资2200万美元的卷烟包装材料项目，县政府与香港长沙发展股份有限公司签署的第一期投资11.98亿元的星沙国际农业科技园核心区项目，长沙利璞置业有限公司与香港百胜投资发展有限公司、香港合昇集团有限公司签署的总投资达2900万美元的油茶种植及深加工项目，以及陕汽集团投资1亿元的陕汽销售中心项目。

【社会消费品零售总额突破100亿元】 2009年，全县社会消费品零售总额首次跨过100亿元大关，达105.7亿元，同比增长33.8%，增速比2008年同期高出11.6个百分点，高出全国平均增长水平17个百分点，稳居全省第一。其中，零售业限额以上企业实现零售额68亿元，累计增速50.8%；限额以下企业和个体户实现零售额25亿元，累计增速11.78%；汽车销售实现的社会消费品零售总额约占全县社零总额的51%。

【家电下乡工程】 长沙县自2009年1月启动“家电下乡工程”以来，取得显著成效。截至2011年底，全县共有备案销售网点86个，共销售家电下乡产品127071台（件），其中冰箱销售45140台，彩电销售29418台，手机销售2378台，洗衣机销售24861台，电脑146台，空调销售19275台，热水器销售5391台，微波炉销售356台，电磁炉销售106台，销售总金额达2.68亿元。

【全国首家网络与电视融合互动电子商务项目落户长沙县】 2010年3月17日，县政府与湖南快乐淘宝文化传播有限公司在星沙举行签约仪式。“快乐淘宝”公司由亚洲最大网络电子商务平台淘宝网与湖南卫视合资组建，注册资本1亿元，整合湖南卫视和淘宝网双方的资源优势，策划、制作电视节目，在湖南卫视晚间的黄金时段每周播出。同时在淘宝网设立“快乐淘宝”专门潮流购物频道及外部独立网站。作为全国首家网络购物与电视购物融合互动的电子商务项目，将通过打通网络与电视的平台终端，创建电子商务结合电视传媒的全新商业模式。

【举行日韩招商活动】 2010年3月28日至4月4日，长沙县赴日韩进行招商考察活动，先后考察首尔、大阪、东京、札幌、京都、神户、鹿儿岛等城市知名商业街和临空都市、拜访乐天世界、NHN公司和日本东方书店等企业，并重点开展中国湖南星沙空港经济及现代服务业（韩国）招商酒会等6次公务活动。活动期间商定了总投资170亿元的恒广欢乐世界项目。此外，全球十大网络公司之一的NHN公司与湖南青苹果数据公司，韩国斗山与湖南泰宇投资，韩国部分服装、化妆品企业与湖南湘绣城也达成合作及投资意向。

【中南地区最大“菜篮子”入驻长沙县】 2010年12月17日，长沙马王堆农产品股份有限公司与黄兴镇就黄兴农产品物流园项目正式签约，马王堆蔬菜市场搬迁工作正式启动，黄兴农产品物流园建成后将成为中南地区最大的“菜篮子”。该项目总体规划用地约66.67公顷，项目总投资约15亿元，拟建设蔬菜、水果、水产等品种综合农产品交易区，将兼具展示、物流、商务功能。其中水产品市场设置地上鲜活水产品市场，及地下 2000平方米冷库两层。水产品市场内还规划设置海洋文化馆与生态餐厅，具备接待游客功能，届时逛菜市场也能游“海底世界”。整体建成后将比原有市场扩容5倍，可满足未来15年至20年城市发展对农副产品的消费需求。

【全省最大汽配市场落户长沙县】 2010年4月28日，由湖南恒广集团投资开发建设，全省规模最大的汽车配件市场——中南汽配批发大市场正式开业。该市场由汽车配件区和汽车用品装饰区两大经营区域组成，分设进口配件、国产配件、汽车用品等多个交易服务区，年交易额20亿元，有效填补了该县汽车配件专业市场的空白。通过汽车产业和汽车市场互动配套、汽车销售和汽配批发的有效互补，将更进一步推动长沙县汽车产业的发展，加快打造“湖南汽车产业走廊”的步伐。

【星沙新城建设项目招商恳谈会】 2010年8月5日，县在北京举办“融之道·赢之路”星沙新城建设项目招商恳谈会。中国建筑股份有限公司、中国核工业建设集团公司、中国中铁股份有限公司、中国房地产开发集团、新疆北新路桥建设股份有限公司、保利集团等40多家央企、上市公司负责人应邀出席。该县在恳谈会上共推出20个基础设施建设项目，项目内容涵括道路工程、园区基础设施、民生工程、其他工程等四个方面，总投资100亿元。中国房地产开发集团、中国水利水电集团、中国建设股份有限公司、中国建筑市政工程公司、中国中铁股份有限公司、中国五矿通过洽谈，对该县人民路东延线（空港城段）、万家丽路北延线、黄兴大道南延线等道路工程建设项目表现出较强的合作意向。北京首都创业集团有限公司等单位对该县乡镇污水处理厂建设等民生工程表达出投资意愿。

【恒广欢乐世界动工开建】 2011年8月，以韩国乐天世界为模板的主题式大型城市综合体恒广欢乐世界在星沙正式动工建设，建成后其室内面积将是韩国乐天世界的3倍，成为名副其实的全球最大的室内游乐园。恒广欢乐世界总规概念设计由美国GGE公司担纲完成，5大主题景区、8个主题空间、6条特色大街、1个主题剧场、30个游乐体验、100余个参与项目组成城市的欢乐源泉。最大规模，最前沿的游乐设施，最现代化的声光电色技术，使恒广欢乐世界屹立于全球室内游乐园的顶端。

（陆　林）

粮油管理

【概况】 2008年至2011年，长沙县认真贯彻执行粮食购销政策和法律法规，做好粮食储备，确保粮食安全，对粮食经营企业指导和监管，增强粮油风险应对能力，对粮食流通加强管理力度，促进全县粮食产业快速发展。

国家粮食收购政策全面落实。四年全县入库早、晚稻粮食41.8万吨，商品率18%，高于长沙地区其他县（市），获主产县奖金1.2亿元。为解决粮农卖粮难问题，每年都事先考虑仓库容量，采取腾集并转，新增钢架粮棚，同时积极为收粮企业协调收购资金。县粮食局与盛湘公司和湖南粮食集团协商，由他们提供资金，9家上规模的民营企业代为收购，利益共享，确保企业收粮资金，预防“卖粮难”和“打白条”。收粮企业将粮食收购价格和质量标准进行公示，做到随到随收，把好质量关，不压级压价，当场兑付收粮款，确保国家粮食最低收购价全面落实。

粮油风险应对能力持续增强。制定《长沙县粮油应急预案》，在全县确定粮油应急加工企业，并进一步完善粮油应急供应网络。在全省率先达到县级储备粮1万吨和储备油1000吨的规模，同时还筹集和建立县级粮食风险基金达600万元，争取到上级粮食风险金638万元。为有效缓解储粮库容，支持民营企业的发展，长沙县的1万吨县级储备粮有3000吨由湘丰公司代储、3000吨由金山公司代储，4000吨由天华粮食购销有限公司储存，1000吨储备油由湖南粮食集团代储。

全县粮食产业快速发展。金山、湘丰等规模粮食企业成为全县粮油精深加工的主力军，其中省级粮食产业化龙头企业2家，市级粮食产业化龙头企业6家，2家进入全省重点扶持的20强粮食产业化龙头企业范围。品牌优势初步显现，3个产品获湖南省名牌称号，2个产品获全国、全省“放心粮油”称号。金山公司“湘苑”牌系列大米获中国粮食行业协会“放心粮油”称号，并获国家绿色食品认证和省知名品牌。金山公司投入资金5000万元，建设仓容3万吨，年大米加工能力达10万吨的开慧粮食产业园，长沙县粮食企业加工能力增强。2009年全县优质稻播种面积60.2万公顷，占总面积的74.6%，种植面积和产量成正比快速提升，全县粮食企业积极发展订单粮食，金山公司建立的超级杂交稻丰产示范基地，亩产达700多公斤；湘丰公司拓展稻谷基地6666.67公顷，辐射周边4个县10个乡镇72个村，惠及农户1.6万多户。国有天华公司与宇田米业合作引进湖南水稻研究所的最新成果，在春华镇建立66.67公顷高档优质稻生产基地，打造“宇田”高档优质大米，获“中国（湖南）第九届国际农博会金奖”和“第六届中国优质稻博览会金奖”。

依法管粮力度得到加强。一是抓《粮食流通管理条例》的学习宣传，营造法治氛围。把每年5月26日至6月26日定为全县粮食系统《条例》学习“宣讲月”，开展粮食流通政策、法规等知识宣传教育活动，使从事粮食产业的企业和经营粮食的商贩都能知法、懂法，运用法律开展粮食流通等业务。二是搞好粮食行政执法。每年由政府牵头组织粮食、工商、质监、卫生、物价、公路等部门开展1~2次粮食联合执法行动，对全县从事粮食收购加工的企业和个体经营户进行执法监督检查。三是突出监管重点，加强粮食统计检查。每年开展2次社会粮食统计检查，举办了统计业务培训班，提高粮食企业统计人员的专业知识水平。四是抓社会粮食供需平衡调查及《粮食收购许可证》的审核工作，并对县内100户农户和50户城镇居民户作了全面的粮食供需调查，为上级有关部门判断粮食形势提供了准确、可靠的信息。五是加强质量管理。督促企业建立粮食入库质量档案，规范粮食质量管理；推广机械通风低温储粮技术，确保粮食质量安全。

2008年，长沙县粮食局被长沙警备区评为“抗冰救灾先进集体”，被市粮食局评为“2008年度粮食产业化经营工作先进单位”；2009年，被省政府办公厅评为“2009年全省粮食清仓查库工作先进单位”和长沙市粮食局“2009年度先进单位”；2010年被长沙市粮食局评为“2010年度粮食工作先进单位”；2011年被评为“全省食用植物油库存检查工作先进单位”和全县“2011年度食品安全工作优秀单位”。

【完成全国粮食清仓查库工作任务】 2009年7月，为落实全国粮食清仓查库工作任务，县委、县政府高度重视，成立县粮食清仓查库工作领导小组，由县发改、粮食、监察、财政等9个单位联合制订清仓查库工作具体实施办法。召开全国粮食清仓查库工作长沙县动员会，举办县粮食清仓查库工作培训班，同时部署县内各粮食承储企业进行自查。全国粮食清仓查库市级检查组对该县进行了为期8天的粮食清仓查库普查工作，全面清查该县粮食库存实物、统计账务、会计账务，重点检查储粮品种、数量、质量，储备粮轮换管理，粮食制度执行和政策性粮食财政补贴资金拨补等情况。普查结果表明，该县粮食库存及相关工作符合上级要求：一是库存粮食真实、账实相符；二是库存统计账务真实、准确、规范；三是资金管理真实、准确，各项补助及时到位；四是库贷核查一致，库贷挂钩100%；五是粮食库存质量符合国家质量标准，储存稳定安全。县粮食局被省政府办公厅授予“全省粮食清仓查库工作先进单位”称号。

【长沙县首家粮食行业协会成立】 2010年7月21日，长沙县首家粮食行业协会成立，副县长王国良出席大会并讲话，来自全县29个粮食、油脂、食品、饲料生产等企业相关负责人参加成立大会。会议审议通过协会章程，选举产生协会理事、常务理事、会长、副会长、秘书长等。

成立长沙县粮食行业协会，是适应市场经济体制，实现多种经济成分并存的需要，是深化粮食流通体制改革，改善行业管理的需要，是推进职能转变、实行政企分开的重要举措，也是粮食企业自身健康发展的需要。

【任正晓到长沙县调研粮食工作】 2011年2月4日，国家粮食局副局长任正晓在省、市粮食局领导的陪同下到长沙县调研粮食工作。县粮食局局长周海林汇报了近年来该县粮食工作的开展情况和主要做法，介绍了“十二五”粮食工作发展规划和2011年工作思路。任正晓对该县粮食部门在粮食收购、粮食产业化、项目建设和粮食企业改革改制等方面取得的成绩给予高度评价。对如何做好粮食产业化和项目建设工作，任正晓强调，一是要切实加快推动粮食产业化的发展，以项目推动产业，以项目争取资金。打破部门界限，形成扶植合力。力争在当地政府的商品粮奖励资金中拿出一部分用于粮食产业化发展。二是粮食部门要发挥贴近农民、贴近农村、信誉度高的优势，创新思路，探索进行收购、农资、种子、销售、配送一条龙的产业发展模式，更好地服务“三农”，服务新农村建设。

【长沙县食用植物油库存检查工作获全省先进】 2011年4月，国家发改委等四部委联合部署2011年全国食用植物油检查工作，长沙县高度重视，成立以县政府办牵头的全县食用植物油库存检查工作领导小组，加强领导，由县粮食局牵头，联合县财政和农发行相关单位，严格程序，扎实做好检查准备、摸底调查、企业自查、总结整改等各项工作，顺利通过省级普查组检查验收，并获“2011年全省食用植物油库存检查工作先进单位”称号，资产管理科科长卢红彪由于业务突出、工作出色，被评为“全省食用植物油库存检查工作先进个人”。

【《长沙县粮食工作通讯》创刊出版】 2011年3月，《长沙县粮食工作通讯》创刊出版，标志着县粮食局建立起一个对外交流的平台，开辟了一条信息传递的通道，拓展了一个言论发表的空间。《长沙县粮食工作通讯》秉承“服务、沟通、协调”的宗旨，努力做到宣传政策突出一个“准”字，传递信息力求一个“快”字，文字质量把握一个“精”字，在领导与粮食行业协会、粮食企业和粮农之间架起一座协调沟通的桥梁，成为粮食工作者创新思想的摇篮和粮食企业、粮食合作经济组织健康发展的阶梯。国家粮食局副局长任正晓、省粮食局局长夏文星等领导对《长沙县粮食工作通讯》给予高度评价，并鼓励该刊为宣传粮食工作 、促进粮食事业、打造粮食文化做出更大的贡献。

【粮食企业招财引智工作拉开序幕】 2011年6月16日，长沙县天华粮食购销有限公司与湖南粮食集团责任有限公司在长沙市粮食批发市场举行黄花粮库经营权转让签字仪式，标志着该县推动粮食产业化工程、启动粮食企业招财引智工作拉开序幕。

湖南粮食集团拥有国家储备粮油30多万吨，年收储能力53万吨，年大米加工能力24万吨，是全省国家粮食储备重要基地，拥有粮油交易、收储、加工、物流、电子商务等业务。长沙县天华粮食购销有限公司是该县粮食系统唯一一家国有独资企业，此次两家公司的合作，是经天华公司董事会决定，报县政府批准同意的一次战略联姻，对充分发挥和利用两家公司各自的资源、品牌、经营、资金等优势，更好地理顺天华公司下属的黄花粮库的经营机制，提高企业经济效益，保障全县粮油安全，提高农民种粮积极性具有重大意义。

（胡忠于）

供销合作

【概况】 随着改革开放、市场经济的到来，改革改制后的长沙县供销合作社进一步转变工作职能，机关工作进入崭新的运行轨道，2009年《关于加快供销合作社改革发展的若干意见》（国发〔2009〕40号）赋予供销社在新时期、新形势下新的职能和任务，这既是对供销社现有工作的充分肯定，也是强化供销社服务"三农"作用，提升供销社服务"三农"地位的重要体现，对促进供销合作社事业的发展具有里程碑意义。2011年依据国务院和省、市文件精神，长沙县供销社被县人民政府确定为承担行政职能的，财政全额拨款的政府直属事业单位。机关编制人数10人，下设长沙路口物资有限公司、长沙美丰农资连锁有限公司、湖南中天凯顺农业连锁有限公司、湖南和通超市有限公司、长沙县天奕烟花爆竹有限公司、湖南曙光山城酒业有限公司6个公司。2008年至2010年，长沙路口物资供销有限公司荣获全国供销社系统"双百强基层供销社"，2010年位列双百强基层供销社销售第二十位，利润第十五位，2007年至2010年被省国家税务局，省地方税务局评为"A级纳税信用单位"，2009年被长沙市委、市政府评为综合治理"十佳平安和谐模范单位"，2010年公司实现销售2.6亿元，实现利润509万元，上缴国家税费476万元。长沙美丰农资连锁有限公司主要经营农肥、农药、种子、饲料等生产资料和提供农技信息、农业科技服务，承担政府大化肥淡季储备任务和测土配方肥的推广工作，是商务部"万村千乡"市场工程试点企业，现有直营店20余家，加盟店178家，农资配送中心1个，遍及全县20个乡镇近200个村组，形成"以乡镇店为骨干，以村级店为基础"的农资经营网络，总资产1500万元，年销售1.2亿元。扶持了湖南曙光山城酒业公司、湖南中天凯顺农业连锁有限公司、长沙县天奕烟花爆竹有限公司等企业的发展。

2008年至2011年全系统实现销售总额17亿元，其中农资销售7.5亿元，利润2753万元，社会贡献总额6410万元，上交国家利税1535万元，经济效益、社会效益良好，受到上级和主管部门的充分肯定。2009年2月，时任湖南省委书记张春贤、市委书记陈润儿、省供销社主任陈德礼等领导亲临和通超市麻林店考察调研，对县供销社工作予以充分肯定。2009年县供销社荣获"湖南省十佳县级供销社"称号，2010年被评为"市供销社工作一等奖"。

【湖南和通超市有限公司成立】 湖南和通超市有限公司是长沙路口物资供销有限公司旗下投资的控股子公司，公司成立于2009年3月，注册资本848万元，总部位于长沙县星沙街道开元东路21号。主要经营食品、百货、生鲜、家用电器、床上用品、服装、药品等为一体的综合型生活连锁超市。2010年，公司先后在县城星沙，城郊安沙镇成功开设两家中型生活超市，每家超市营业面积达2600多平方米，销售商品上万种，吸纳就业人员118人，并创造2000多万元的销售额，当年实现经营盈利。

（刘义彬）

烟草专卖

【概况】 长沙县烟草专卖局成立于1984年8月，位于长沙县星沙镇板仓路37号，承担着全县4个乡、16个镇的烟草专卖管理及卷烟营销服务工作。

长沙县烟草专卖局深入贯彻落实科学发展观，牢固树立"两个至上"行业共同价值观，始终保持卷烟打假打私高压态势，连续18年保持"湖南省文明单位"称号，先后获得"全国模范职工之家"、"全国烟草行业县级烟草专卖局标兵单位"、"全省卷烟打假工作特殊贡献奖"、"省依法办事示范窗口单位"、"省文明卫生单位"、"市级先进基层党组织"、"县行政执法先进单位"、"县党风廉政建设先进单位"等荣誉。

【查获"4·15"特大销售假冒卷烟网络案】 2009年4月15日，

县烟草专卖局在星沙市场的清理整治中，发现一特大销售假冒卷烟网络案的线索，经调查，该案卷烟来源涉及一个地下庞大售假团伙，其销售假冒卷烟渠道（下线）已辐射省内长沙、衡阳、株洲、永州、娄底、怀化、湘潭、益阳、张家界、岳阳等10个地区，涉案人员近100人，涉案总价值近6000万元。同时，其上线涉及福建漳州、广东深圳地区，涉案人员6人。在掌握该团伙的基本情况和上述大量销假事实后，专案组实施收网，彻底摧毁该销假团伙。“4·15”特大销售假冒卷烟网络案案值重大、影响面广，被列为公安部、国家烟草专卖局督办案件，《潇湘晨报》、红网、湖南政法频道、湖南经视新闻等媒体及时进行了报道宣传。

【8000件假冒卷烟公开销毁】 2010年6月22日，县烟草专卖局在长沙县青山铺固体垃圾处理站举行公开销毁假冒卷烟现场会，集中销毁假冒卷烟近8000件，涉及国内外近50个品牌卷烟，标值3100余万元。湖南省两烟办、湖南省烟草专卖局专卖处、湖南中烟工业有限责任公司、长沙市烟草专卖局、县公安局、县工商局、县公证处等有关单位和部门领导现场监销。

此次销烟是县烟草局自行组织的规模最大的一次公开销毁假冒卷烟行动，既是对长沙县烟草打假打私成果的一次展示，也是对制售假烟不法分子的一次极大的震慑，充分展现了长沙烟草部门在打击假冒卷烟、净化卷烟市场、维护国家利益、维护消费者利益的决心和能力。

【查获“7·5”特大销售假冒卷烟网络案】 2010年7月5日，县烟草专卖执法人员在查处一起假冒卷烟案时，现场查获一辆牌号为湘A-H****车辆，并从车主身上搜出假身份证9张，银行卡11张。执法人员顺藤摸瓜，立案侦查，发现此案是一起典型的利用互联网作平台从事假冒卷烟销售典型的网络案，是一起新型的、涉及地域较广的、极具深挖价值的案件。2010年8月18日专案组经过半年侦查，查实涉案金额突破1400余万元，售假范围涉及广东、浙江、福建、河北、河南、北京等28个省、直辖市，购买假烟人数多达1800余人，逮捕涉案人员4人，网上追逃3人。该案被公安部和国家烟草专卖局列为督办案件。

【长沙地区销毁假冒卷烟行动在黄兴镇举行】 2011年9月27日上午10时30分，由县烟草专卖局牵头组织的大型销毁假冒卷烟行动在黄兴镇打卦岭砖厂内准时进行，当场公开销毁长沙市局以及长、望、浏、宁四县（市）局一年来查获的假冒卷烟7700余件，烟丝15吨，标值达6000余万元。通过一系列打假打私活动的开展，有效打击了涉烟违法犯罪分子的嚣张气焰，卷烟市场净化率稳步上升，市场秩序不断规范，诚信守法经营的社会氛围得到进一步强化。

【宣传烟草专卖法律法规】 县烟草专卖局每年“3·15”期间在星沙通程商业广场设置展台、悬挂横幅，向广大消费者展示《烟草专卖法》等相关法律法规，详细介绍假冒卷烟对人体的危害，将在市场上查获的各类假冒卷烟样品进行展示，向消费者讲解识别假冒伪劣卷烟的技巧，让消费者对各类假烟有更加直观的感受。并向广大群众提供咨询服务和受理现场投诉。

（张乐非）

旅　游

【概况】 长沙县共有旅游企事业单位36家，有杨开慧纪念馆、石燕湖公园和长沙生态动物园3个4A级景区；省级特色旅游名村2个（金井镇金龙村、跳马镇石燕湖村）；有各类农家接待点1102家，其中星级乡村旅游点58家（五星级乡村旅游点7个）；有国家级旅游示范点2个（黄兴全国农业旅游示范点和杨开慧纪念馆全国经典红色旅游景区）；省级旅游示范点8个（樱花温泉山庄、九道湾开源农庄、新江生态农庄、迎春药物园4个省级旅游示范点，口口香、中粮可乐、娃哈哈3个省级工业旅游示范点和湘丰省级茶业旅游示范点）；有影珠山、大山冲2处省级森林公园；全县科普教育基地1个（长沙生态动物园）；国家级重点文物保护单位1处（黄兴故居），省级文物保护单位3处（杨开慧纪念馆、黄兴故居、徐特立故居），爱国主义教育基地2处（杨开慧纪念馆、许光达故居）；有旅行社4家（运中旅旅行社、华伟国际旅行社、非凡旅行社、开源国际旅行社）；星级旅游饭店3家（其中五星级饭店1家，三星级饭店2家），床位10959张；五星级餐馆1家，四星级餐馆1

家。2011年接待旅游总人数380万人次，同比增长20%，其中“乡村旅游点”接待174.9万人次，同比增长22.3%；实现旅游综合收入40亿元，同比增长22.8%，其中“乡村旅游点”营业收入7.8亿元，同比增长23.7%。

2011年，该县被评为湖南省旅游产业发展年度考核十佳先进县；杨开慧纪念馆、石燕湖公园、长沙生态动物园获国家4A级旅游景区授牌；秦皇食府通过五星级餐馆授牌；华旺、华穗、鑫明3家农庄成功创建为省级五星级乡村旅游点；2011年县旅游局被继续评为市级文明单位。

【长沙市第三届乡村休闲旅游节在星沙举行】 2008年9月25日至9月26日，以“牵手活力星沙，走进秀美乡村”为主题的长株潭城乡互助游启动式暨长沙市第三届乡村休闲旅游节在星沙通程广场举行。该县在旅游节的首个主题活动——长株潭三市旅游“招亲”促销活动中推出消费券促销办法，吸引了众多市民购买，首次成功推出“长沙县乡村旅游营销集团”整体概念。该县还在旅游节上率先推出工业旅游首发式，对工业旅游产品及线路组织进行推介，已有多家旅行社开始组团策划。在乡村英雄挑战赛中，参赛选手在该县新江生态农业产业园、陶公庙、九道湾开源农庄和石燕湖生态进行乡村生产、生活项目趣味性比拼，湖南经视都市频道全程报道。该县还在旅游节上召开新闻发布会，向嘉宾赠阅旅游节活动指南、《休闲要去长沙县》宣传册及旅游光盘，在《长沙晚报》开设“休闲要去长沙县”系列报道，在湖南经济电视台、经视都市频道播放旅游形象宣传片。中央电视台、湖南卫视、《湖南日报》等多家中央、省、市媒体报道了旅游节开幕式、工业游首发式和乡村英雄挑战赛的盛况。

【举办长沙县旅游系统第二届业务技能比赛】 2009年8月12日，全县旅游系统第二届业务技能比赛在明城国际大酒店举行，全县19家旅游企业的121名参赛选手同台竞技，争夺客房铺床、中餐摆台、烹饪、演讲四项比赛的奖牌。明城国际大酒店成为最大赢家，将四枚金牌收归囊中，开源集团、天成大酒店、石燕湖生态公园等也表现不俗，分获其他奖项。赛场上全县旅游系统的行业精英集体亮相，以熟练的服务技能展示风采，一大批技术精、业务强的青年脱颖而出，成为了岗位标兵。此次大赛掀起了全县旅游行业员工“学技术、钻业务”的热潮，有利于提高该县旅游行业的服务质量，改善旅游接待条件，推动旅游业快速发展。

【举办红色旅游活动】 为庆祝中国共产党建党90周年和“5·19”中国首个旅游日的到来，2011年5月19日，由县委、县政府主办，县旅游局承办的庆祝建党90周年“寻根红色故土，赏游绿色星沙”红色旅游系列活动在杨开慧纪念馆开幕。省、市、县旅游局和湘潭大学旅游管理学院领导出席活动启动仪式。开幕式后，县内部分老党员、老干部、劳模、军属、烈属，通过各媒体自愿报名随机抽选的热心观众、听众代表及县内各大、中专院校在读大学生代表，全县各乡镇分管旅游副职、旅游专干和全县各旅游企业代表，一同参加涵盖新农村风光、百里茶廊、红色故土、千年古镇、工业魅力、都市休闲等内容的长沙县一日游活动。

（杨　科）

科技·教育·卫生

科学技术与知识产权

【概况】 2008年至2011年，全县科技工作者认真贯彻执行中央“自主创新、重点跨越、支撑发展、引领未来”的方针，深化“领跑进军”战略，围绕“两型社会”建设，积极整合各类科技资源，进一步加快县域科技成果转化，为县域经济社会建设又好又快、率先发展提供支撑。

科技进步环境不断优化。加强对科技工作的宏观协调，建立和完善科技领导小组、科普工作协调领导小组、科普示范县建设领导小组、创建全省知识产权示范县领导小组等协调机构的工作机制，建立健全科技进步目标责任制，基本形成县乡之间、部门之间、企业之间紧密联系、全面互动、相互促进、平衡发展的格局。

科技进步政策体系逐步完善。加强对科技进步法律、法规和政策的宣传，利用科技计划实施、科技奖励评定、科技创新服务等过程加以落实。出台《长沙县科学技术奖励办法》《长沙县知识产权战略实施意见》《关于加强人才工作的若干意见》《关于推进新型工业化、加快工业发展的若干意见》《长沙县建设创新型县实施方案》等文件，为全县科技进步工作顺利开展提供政策保障。

科技投入不断增加。按与县域经济发展相适应的原则，确定县本级科技发展专项经费按财政决算支出的1.3%列支递增,全县规模企业研发投入占销售收入的比例在2.5%以上,逐步形成以政府投入为引导、企业投入为主体、社会投入为补充的科技投入体系。

科普活动广泛开展。建立科普工作联席会议制度和全民素质纲要工作例会制度，出台《关于进一步加强新时期科协工作的意见》《创建全国科普示范县实施方案》等文件，以“科技活动周”“全国科普日”“送科技下乡”等活动为载体，举办大型科普集市，科教进社区，举办实用技术培训，实施科普示范项目，组织科技创新大赛、科普绘画、科技论文评选，开展科普“四进”“五创”示范活动。

科技创新服务平台不断完善。引导企业建立创新服务机构，扶持建设企业的技术中心和工程技术研究中心，支持区域内企业技术（研究）中心资源共享。全县共拥有三一重工、远大空调、同心实业等国家、省、市级工程研究（技术）中心51家，专业技术人员6万余人，企业技术中心直接参与新产品开发、设计和试制、技术和人才引进、组织成果鉴定和新技术应用，为技术创新提供孵化、专利代理服务、高新技术和民营科技企业的认证等多项服务。

产学研合作不断推进。全县共有110余家企业先后与国内60多家高等院校、科研院所建立了合作关系，2008年至2011年共签订产学研合作项目362项，产生和转化科技成果710多项，获国家专利1000多项、获政府奖励50项，开发新产品362个。

农业科技推广体系基本形成。拥有县乡两级农技推广机构110个，拥有人员1507人，主要服务内容有科技咨询、新产品、技术推广与服务、技术培训等。完成试验示范推广项目350多项，其中85项获得省、市以上奖励。引进推广新品种46个、新技术50项。共建设综合农业科技示范基地22个，单项农业科技示范点60多个，科技示范基地面积达8000公顷，农业科技入户率95%。

科技人才建设工作不断加强。通过与企事业单位联合举办大型招聘会，为300余家企业引进6000多名各类人才。充分利用县域各类培训基地和高等院校轮训、培训科技人员，广泛调动社会各方面积极性，多渠道、多形式实施“再教育工程”，全县从业人员专业、技术培训覆盖率达70%以上。

科技成果转化应用全面提高。四年中，全县在先进制造技术、新材料、电子与信息、生物与医药、节能环保、农业新技术、社会发展、创业富民等领域共实施科技计划项目496项，应用技术类成果转化率60%，其中高新技术领域的应用技术成果转化应用率80%左右，成果转化累计年增收入6.47亿元。

高新技术产业发展突飞猛进。通过引进智力资源、技术许可、成套先进设备进口、关键技术设备进口、合资合作开发等形式，全面提高企业的技术创新能力，至2011年末全县共有高新技术企业95家，实现高新技术产业产值1142亿元，实现高新技术产业增加值347亿元，高新技术企业已成为县域经济的支柱产业。

知识产权工作取得突破性进展。四年间，全县专利申请量4639项，2010年首次突破千项大关，申请量位居省内县级单位首位。专利申请量年均增长率超过50%，其中发明专利1195项，年均增长率达到63.5%；专利授权量3112项，年均增长率55.6%，其中授权发明专利344项，年均增长率49%。职务专利申请量4407项，占全部专利申请量的95%。

全县科技、知识产权工作成效显著，2009年和2011年两次通过科技部考核验收，获评全国科技进步先进县。2009年获湖南省知识产权试点工作先进县荣誉，并列入首批国家知识产权强县工程单位。全县共有1项科技成果获国家科技进步二等奖、15项成果分别获省科技进步一、二、三等奖，29项成果分别获市科技进步一、二、三等奖；共有近千项新品种、新工艺、新技术、新产品实现推广、应用和转化。

（王飞跃）

【蝉联全国科技进步先进县】 科技部分别于2009年、2011年对长沙县的科技投入、科技产出、特色工作和科技进步水平等40多个量化指标进行考核验收，该县顺利通过考核验收，并被评为2007~2008年度、2009~2010年度“全国科技进步先进县”，连续六年3次获得该荣誉。县委书记、经开区党工委书记杨懿文，副县长王益枝，县科技局局长陈跃进被评为2007~2008年度全国县（市）科技进步工作先进个人。县委副书记、县长张庆红，副县长万惠明，县科技局局长杨喜平被评为2009~2010年度全国县（市）科技进步工作先进个人。

（王飞跃）

【获评首批市创新型单位】 以建设创新型县区为总体目标，认真落实建设创新型县区实施方案，进一步完善创新型县区发展规划、评价指标体系、考核机制和相关政策措施，抓好创新型园区、机关、企业、乡镇、社区、学校的各类创建试点工作，加强督促检查，总结经验，推动全县创新创业工作的深入开展。2008年该县被长沙市科技领导小组评选为首批星城创新型标杆单位，四年共开展46个县级创新型试点单位的建设工作，有15家单位获得长沙市创新型单位的荣誉。

（王飞跃）

【参加北京第十一届国际科技产业博览会】 2008年5月21日至25日长沙经济技术开发区和长沙县六园区组团代表湖南省参加北京第十一届科技产业博览会。此次科博会由科技部、商务部等六部委共同举办，汇集990个中外代表团参展。该县“合作创新、共赢发展”和“科技—长沙县”为主题，以长沙经开区及园区和10个高新技术企业参与展示，展区面积108平方米，参展把县区推向一个新的招商平台，引起国内外多个商家的重视，为促进县区发展创造了新的合作平台。（王飞跃）

【24名农民参加“百村百名大学生培养计划”】 2009年3月5日，长沙县24名农民在湖南农业大学分别取得园艺、兽医、食品工艺专业专科文凭，这是该县农民首次参加由市委组织部、市科技局、市农办和湖南农业大学联合组织实施的长沙市建设社会主义新农村“百村百名大学生培养计划”的培训学习，经过两年时间的培训，全部顺利结业。该培养计划旨在为推进新农村建设培养一批“有文化、懂技术、会经营”的新型农民，成为农村科技骨干、农村科技致富带头人、村级干部后备人才。（王飞跃）

【实施“国家知识产权强县”工程】 2009年2月，长沙县国家知识产权强县工程被批准实施，成为国家知识产权局确定的全国首批124个县之一。入选实施国家知识产权强县工程，有助于该县进一步健全知识产权工作体系、实施知识产权战略、形成知识产权工作特色、促进知识产权的产出，提高知识产权创造、运用、管理和保护的能力，将知识产权工作全面融入全县经济社会发展各个领域，充分发挥知识产权制度的作用，推动全县的经济、科技优势转化为知识产权优势，以实际行动践行国家知识产权战略，建设国家知识产权强县，为推动县域经济社会又好又快发展提供强有力的支撑和保障。

（周　伟　王飞跃）

【与清华大学共建汽车产研基地】 2010年8月5日，县政府与清华大学汽车工程系签订《关于联合发起成立星沙汽车产业研究基地加强产学研合作的框架协议》，全面加强产学研合作，共建新能源汽车和汽车电子等专项国家级实验室，打造新能源汽车建设高地。该县着力打造“湖南汽车产业走廊”，已探索出一条从零部件到整车生产的完整产业链，且具备发展汽车制造产业的技术研发和完善的政策导向、资金、市场及产业化等显著优势，并充分利用清华大学的学科、人才、技术、信息等科技资源优势，建立以政府为引导，企业为主体，高校为支撑的汽车产业技术合作平台。在结构优化、产品升级、市场开拓等方面取得突破，有效提升产业竞争力，助推全县早日将汽车产业打造成“千亿产业”，全面进军中国汽车的“第六版块”。　（王飞跃）

【推行科技特派员工作试点】 科技特派员工作坚持以服务“三农”为根本宗旨，致力于增加农民收入和提高农业综合生产能力，将一批科技素质较高的人才下派到农村生产第一线，与农民群众结成利益共同体，为农民提供包括示范、培训、咨询在内的科技服务，逐步形成一个以高等院校和科研院所为依托，以科技特派员和产业为主体，以广大农民群众为基础，符合社会主义新农村建设要求的新型科技服务网络。全县80名市县派科技特派员以高度的责任感、敬业精神和务实的作风，与驻点单位紧密配合，因地制宜，充分挖掘驻地资源优势和特色产业，围绕驻点单位产业发展、农民增收致富、普及农村科学知识等目标，谋划发展思路，推广新技术、新品种，培育市场经济意识，开展了卓有成效的工作，2008～2011年共培训农民8160人次，发放科普资料20余类50600余份，实施科技开发项目62个，推广新技术、新产品84个，引进新品种50个。

（王飞跃）

【高新技术产业总产值达1142亿元】 2008年至2011年，全县共认定高新技术企业95家，每年减征企业所得税5亿～7亿元，企业的研发投入占销售额的4%～6%。政府通过实施科技计划、评审科技进步奖项、提供科技服务等手段，对科技型企业进行培育、支持和帮助。全县计划项目、获奖项目、专利申请、专利授权大多数是高新技术企业获得。2011年全县高新技术产业总产值达1142亿元，增加值达347亿元，占当年GDP的44.08%，高新技术企业已成为最具活力和后劲的企业。（颜津德　王飞跃）

【创建知识产权示范县】 长沙县自2007年被批准为第一批湖南省知识产权工作示范创建县市以来，在加强自主创新的同时，紧紧围绕全县支柱产业、优势产业，大力推进专利技术实施和运用，形成研发投入、专利转化与企业快速发展的良性循环，企业及产品的市场竞争力明显增强，对县域经济发展的贡献越来越大。县委县政府将示范创建工作纳入重要的议事议程，采取多项举措，不断加大知识产权投入，优化知识产权政策环境，2011年颁布《长沙县专利专项资金管理办法》《长沙县知识产权战略实施意见》，县财政每年投入专利专项资金不少于300万元，设置县级政府专利奖，成为国内首创。知识产权工作取得显著成效，2011年国内专利申请1909件，比2007年的390件增长389.5%，专利授权1057件，比2007年的312件增长238.8%，县域内企业获中国专利金奖获两项、中国专利优秀奖两项、中国专利优秀奖一项。截至2011年12月31日，三一集团专利申请累计已达4141件，授权总数累计达2457件，在中国工程机械行业中名列第一。创新能力显著提高，县域经济知识产权支撑引领作用日益明显。

（周　伟　王飞跃）

【打击侵犯知识产权和制售假冒伪劣商品专项行动】 2010年12月，开展打击侵犯知识产权和制售假冒伪劣商品专项行动，各相关部门根据各自职能，分别开展执法行动。截至2011年年底，县商务局共进行联合执法行动8次，查处食品安全案件14起，收缴不合格肉品8100多公斤。县文化市场综合执法大队共检查书报刊店和音像制品店39家，收缴非法书刊500余册，非法音像制品1200余张。县知识产权局开展

"市场巡查"专项行动，对县内大型超市里专利产品进行抽样核查和宣传活动。此外，县公安局、县质监局、县食品药品监督管理局分别开展了执法行动。

（周　伟　王飞跃）

【县知识产权服务中心设立】 2011年机构改革中，设立长沙县知识产权服务中心，核定全额拨款事业编4名，该中心是长沙地区各县（市、区）首个知识产权独立服务机构。此次知识产权工作机构改革调整，进一步强化了机构工作职能，标志着长沙县在进一步加强知识产权工作，建立健全工作体系方面迈出了创新实践的新步伐。新成立的知识产权服务中心在贯彻落实知识产权政策、加强企业知识产权管理和保护、促进企业技术创新等方面提供更加全面周到的服务。

（周　伟　王飞跃）

教　育

【概况】 全县有各级各类公办学校214所，其中普通高中7所、县职业中专1所、乡镇职校4所、初级中学28所、小学173所、特殊教育学校1所。有国家、省、市示范性学校19所，县级示范性、规范化学校71所，省、市级现代教育技术实验学校49所。全县在校中小学生94971人，其中高中12277人、初中25190人、小学55309人、职专2127人、特校68人，在园幼儿28161人。有公办和民办幼儿园共214所，省级示范园1所，市级示范园1所、县级示范园18所、标准园194所。有全日制民办学校6所，在校学生3937人。全县共审批设立民办教育机构258个，在职教职工近3000人，学生4.1万余人。

各类教育协调优质发展。学前三年幼儿入园率达92.9%。全县小学生入学率、巩固率均100%，三类残疾儿童入学率98.5%，初中年辍学率0.0087%，初中毕业生升入高中阶段比例96.4%。升入县域内中等职业技术学校就读学生人数占初中毕业生总数比例为37.24%。2010年六艺天骄幼儿园被授予省级示范性幼儿园、国家级"绿色幼儿园"等称号，2011年启动二期工程。2011年县政府投资1000多万元新建湘龙幼儿园。2010年开始加快乡镇公办幼儿园建设，到2011年整体新建福临、青山铺和改扩建开慧、路口等一批中心幼儿园，突出学前教育的普惠性。2011年特校被评为"湖南省特殊教育先进单位"。高考成绩连续13年保持全地区领先位置，高中学业水平考试合格率名列省、市前茅。2008年4月，长沙县职业教育中心在长沙县职业中专正式挂牌成立，同年，县职教中心被列为省示范性县级职教中心建设单位，县职业中专工会被评为"全国模范职工之家"；2011年县职专成功晋升为"湖南省示范性（特色）中等职业学校"，同年创建省示范性县级职教中心。按照"规划一步到位、经费两年落实、建设三年完成"的整体思路，2011年投资3亿元、用地13.33公顷的星沙实习实训基地建设启动。2011年，长沙县职业教育在省人民政府的三项督导评估中获优秀。

逐年增加教育投入。2008年县级财政预算内安排教育经费4.45亿元，其中基本建设项目支出8036万元；2009年预算内54239万元，其中基本建设项目支出9038万元；2010年预算6.03亿元，其中基本建设项目支出1.35亿元；2011年预算7.1亿元，其中基本建设项目支出2.5亿元。按照"规划一步到位、项目一年完成、资金三年安排"的原则，校安工程项目全部列入政府投资项目，优先安排拆除D级危房重建资金，全力保障校安工程建设。为破解投入难题，积极搭建教育融资平台，通过长沙银行贷款融资1.1亿元，放大政府投入效应，保证学校建设资金，促进城乡教育均衡发展。

完成"十一五"规划布局调整。按照十一五教育发展规划，坚持"统筹、调整、配套"的思路，布局调整全部完成。扩大校均规模，发挥规模效益。县十中停止高中招生，县五美中学顺利过渡为初级中学，中小学总数控制为214所。精心编制《中长期教育发展规划》《城区中小学布局规划》《校舍安全工程规划》等"三个规划"。依据规划，全面改善农村学校办学条件，重点实施五大工程，包括合格学校建设工程、校舍安全工程、改水改厨改厕工程、寄宿制学校建设工程、县城学校配套建设工程。

推进义务教育均衡发展。坚持"缺什么、补什么"以及"创建一所，合格一所，提质一所"的原则，全县大力实施农村义务教育学校提质改造工程，共投入农村中小学建设资金近3亿元，直接用于校舍建设项目资金2.3亿元，购置现代教育技术准备和仪器设备价值2250万元。优先改造薄弱学校、积极创建合格学校、创建一批寄宿制学校、扩容提质一批乡镇中心小学和整体新建一批农村小学。四年中，维修加固校舍面积15万平方米，新建校舍面积27万平方米，新建塑胶运动场地27个，新建学生公寓21栋，教师周转宿舍12栋，学生食堂20栋。加快教育现代化步伐，引进浙江大学“校校通”网络应用平台，实施农村中小学远程教育工程和班班通工程，全县农村中小学均实现“校校通”。

加快师资队伍建设步伐。牢固树立“人才强校”、“人才是第一资源”的观念，不断优化教师自主发展环境，启动“名师工程”，组织“师德标兵”、“名牌校长”、“明星教师”评选、师德标兵报告会、“打造学习型教师队伍，构建书香型和谐校园”主题读书活动，连续四年选送校长赴上海和大连等省外名校挂职培训，面向全国公开引进中小学特级教师和优秀学科带头人；落实中小学教师绩效工资，义务教育学校教师从2009年起实行，非义务教育学校从2010年起实行；2011年第四季度开始实施校长津贴，出台《农村乡镇部分边远学校教师实施补贴方案》；积极打造“爱烛行动”等品牌，一支有思想、有追求、有能力、有品格的师资队伍基本形成。全县核定教师编制4775人，工资统发5764人，其中离岗休息204人，停发工资21人，病休19人；全县中小学教师学历合格率小学100%、初中100%、高中100%；全县教师队伍职称特级教师10人、中学高级607人、中学一级2175人、小学高级2044人；全县中小学教师平均年龄为小学43岁、初中40.6岁、高中39.8岁。

2008年至2011年，全县教育事业获得跨越发展，得到社会各界的高度肯定，被评为湖南省扶贫助学先进县、湖南省规范教育收费工作示范县、省现代教育技术工作先进集体、省现代教育技术实验县、全国阳光体育先进县、全国教育系统关心下一代工作先进集体。2009年3月《湖南教育》以《打造与经济强县相匹配的教育强县》为题，对全县教育改革与发展作全方位扫描；2010年1月以《安全：教育强县关键词》为题对全县安全工作的经验作专题采访；2010年7月《中国教育报》以《223所家长学校在这里遍地开花》为题头版头条再现全县家长学校的成长历程；同年10月《湖南教育》以《这笔账一定要算清楚》为题报道家庭教育取得的显著成绩，并配发评论员文章“家庭教育要升格”。2011年《湖南教育》以《为了一幅幸福图景的实现》为题报道全县学生资助工作的实绩，并配发“盛世有盛举”评论员文章。2011年，迎接湖南省人民政府第二轮两项制度督导评估、教育强县视导及职业教育督导评估，三项评估均获得优秀等级。

【实施教育强县战略】 2009年9月8日，县委、县政府召开率先建设教育强县暨庆祝教师节表彰大会，出台《关于率先建设教育强县的决定》，提出“湖南一流、中部先进、全国有特色”的教育发展目标，制定一系列突破性政策和创新性举措，一是科学制定教育发展规划，二是扩大教育开放合作，三是拓宽教育筹资渠道，四是创新技能型人才培养方式。市人民政府副市长何寄华和市教育局局长彭新亲临会场，指出长沙县已具备率先建设教育强县的现实基础，机制与体制的大胆创新一定能给长沙县教育带来快速的发展势头和崭新的发展格局。2011年5月，迎接湖南省人民政府教育强县视导评估，获得优秀等级。

【缓解县城学校大班额问题】 县委、县政府积极寻求破解大班额问题的办法，多次组织实地调研，多次召开专题会议，提出“把最好的地用于教育办学”，加快县城中小学校改扩建和新建步伐。先后完成东业晨曦小学、盼盼小学、金鹰小学的扩建和松雅湖中学、湘龙小学、中南小学、华润小学、湘龙幼儿园的新建，县城大班额现象得到有效缓解。

【中小学校舍安全工程建设】 把校舍安全作为“一把手”工程来抓，实行统一设计、统一报建、统一管理；落实工程收费减免政策，开辟绿色通道，加快工程进度；建立健全监督检查制度，主动接受社会监督，确保把校舍建成人民群众满意的“放心工程”和“阳光工程”。2009年，财政预算追加安排300万元排查鉴定专项经费，教育局会同财政、国土、建设、水利等部门对全县中小学258所学校（含民办）、1539栋校舍所处位置的地质构造、校舍建设质量和抗震强度进行了一次全面普查，对全县中小学校舍进行一次全面彻底的核实。四年中，全县累计投入危改资金8000万元，完成131所学校242栋校舍的加固改造，面积15万平方米；拆除中小学D级危房33246平方米，“放心工程”打造了耀眼的亮点。2010年7月30日，承办全省推进中小学校舍安全工程现场会，副省长郭开朗、全国校安办副主任田祖荫、省校安工程领导小组成员单位领导、省校安办全体成员、各市州分管校安工程的副市州长等380多人出席会议，参观了4所校安工程项目学校，听取了县长张庆红题为《心中有责任，校舍无危房》的发言，全县推进校安工程建设取得的突出成绩获得好评和推介。

【开展“9·8”助学日活动】 从2008年开始，连续4年组织“9·8”助学日活动，建立了“一对一、一帮一、一扶一”结对助学活动机制。2008年、2010年，中共长沙县委、县人民政府先后向全县发出“关注贫困学生，共兴义举，慈善捐赠，赞助教育发展基金”的倡议。2011年启动冠名助教、助学工程。四年中全县募集教育发展基金6168万元，用于扶助贫困学生金额达3107.3万元，扶助贫困学生7.4万人次，连续8年实现全县无一名学生因家庭经济贫困而失学。

【中小学校长后备干部推荐选拔】 从2008年下学期开始，县教育局大力开展中小学校长后备干部推荐选拔工作。根据中共中央《党政领导班子后备干部工作规定》和《全国中小学校长任职条件和岗位要求（试行）》制定《长沙县教育局推荐选拔中小学校长后备干部方案》，面向全县二级机构、中小学在职在岗在编的中小学教师（含幼儿教师），坚持任人唯贤、德才兼备原则，群众公认、注重实绩的原则，公开、平等、竞争、择优的原则，注重发展潜力、重视培养提高原则，备用结合，动态管理的原则。经过推荐报名、资格审查、笔试、面试、民主测评、组织考察、讨论决定、公示等程序决定后备干部人选，其中进入县委组织部公开选拔的教育行政管理后备干部库的人员直接成为后备干部人选。2009年2月28日，通过推荐、筛选、笔试、公示后，93位中小学校长后备干部预选对象在星沙中学参加由县教育局组织的全县中小学校长后备干部队伍的选拔面试，52人选拔到教育行政后备干部队伍中。

【“感动星沙·十佳魅力教师”评选】 2010年9月启动“感动星沙十佳魅力教师”评选活动，经过宣传发动、组织推荐、资格审查等环节，36名教师成功入围候选人。是年10月，36位教师参加才艺大比拼。随后通过公示、海推以及综合评定，胡红斌、王罗生等十位教师被评为“感动星沙十佳魅力教师”。2011年胡红斌被推选参加市级魅力教师评选，成功晋级为市级魅力教师。

【教职工大众运动会】 为倡导健康理念，提高教职工身体素质，更好地服务于教育教学工作，2010年10月，长沙县教育工会牵头启动并成功举办第一届教职工大众运动会，1400多位教师参加了包括广播体操、跳长绳、拔河3个集体项目的比赛。2011年10月，全县教职工1800人次参加第二届教职工大众运动会校园集体舞、迎面接力赛、拔河赛三个项目的角逐。亮相华尔兹舞台的教职工年龄最大的已届六旬，他称这是自己退休前的风情留影；六艺天骄幼儿园为保证参赛的男女比例，连食堂师傅们都加入了舞蹈队。

【爱烛行动】 2011年1月19日，中共长沙县委、县政府举行“爱烛行动”启动仪式，170多位特困教师共领取70多万元的救助资金。从2010年开始，县财政专门安排80万元作为“爱烛行动”专项资金，全年全县用于“爱烛行动”的资金达170.1万元。从2011年起，全县“爱烛行动”常态化，并确保常年救助特困教师的专项经费逐年增加。

【引进优秀教育人才】 2009年，教育系统积极实施县委“3235”人才工程，率先启动人才引进工程，在政策优惠上下足功夫。一是机制灵活，引进对象可自主选择聘用和选调两种方式。二是待遇从优。选聘人员引进后享受长沙县特级教师和优秀学科带头人相同经济待遇，另享受财政补助，特级教师每年5万元，优秀学科带头人每年3万元；在县域内自购住房时享受一次性购房补助，特级教师5万元，优秀学科带头人2万元。试用期满1年后，经考核合格可续聘并继续享受以上待遇，也可申请纳入国家机关事业单位全额财政拨款编制。选调人员直接调入后，纳入国家机关事业单位全额财政拨款编制，享受长沙县在编在岗特级教师和优秀学科带头人待遇。选聘和选调人员配偶参照其原身份作相应工作安排或工作推荐，子女在高中和义务教育阶段学习的优先安排到县域内较好学校就读。截至2011年，共引进特级教师、学科带头人12名。同时积极面向社会公开招聘（选调）优秀人才，四年共招录优秀教师251名。

【乡村少年宫建设】 为满足农村孩子多样化课外活动的需求，给予农家孩子更好的成长平台，促进农村未成年人全面发展，2011年3月底，在椊梨镇大元中心小学启动长沙县首个乡村少年宫的建设。按照高起点规划、高标准定位、高质量兴建的整体要求，新建的“乡村少年宫”具有完善的设施设备，包括音乐室、舞蹈室、美术书法室、劳动技能室、微机室、阅览室、棋艺室和体育活动场等“七室一场”；开办19个兴趣班，开设声乐、腰鼓、摄影和航模等12个活动项目。2011年 6月底竣工。新建的乡村少年宫开办初期主要面向校内学生开放。

【成立教育基金第五届理事会】 2010年5月26日，县教育基金会第五届理事会成立，并召开第一次（扩大）会议。会上敲定了未来五年全县教育基金发展规划，规划明确到2015年底，县本级基金到教育基金账面余额达1800万元以上，全县教育基金到2015年底账面余额总计（含办事处）5500万元以上，全县生均教育保证基金700元左右，力争进入全国先进行列。

【首届“十佳青年教学能手”评选活动】 2011年9月，县教育局与县总工会联合举办首届“十佳青年教学能手”评选活动。全县青年教师踊跃参赛，经过各校初赛的筛选，56名青年教师参加最后角逐，获得一等奖的4位小学教师、4位初中教师和2位高中教师被授予长沙县首届“十佳青年教学能手”。此次活动既是青年教师的一次技能比武，也是对青年教师教学能力比较全面的一次检阅。青年教师普遍反映，对这样的评选活动和竞赛形式非常认同，能有效地促进更新教育观念，创新教学方法，鼓励他们在实践中反思，在反思中成长，希望能有更多这样的机会让更多青年教师脱颖而出。

【“长大不容易”长沙县德育教育活动获中央领导肯定】 春华镇春华中学大力推行体验教育，从2004年开始创造性地开展“长大不容易”德育系列活动，把抽象的德育目标变成青少年看得见、摸得着、做得到的具体要求，让孩子们在活动中感受生活、体验情感，不断实现自我超越，快乐健康地成长。2008年立项省级课题《“让孩子懂得长大不容易的体验教育”研究》，2010年顺利结题。该活动成果在2009年全国未成年人思想道德建设经验交流会上展示，得到时任中共中央政治局常委李长春的肯定。2010年获得长沙市委宣传部“未成年人思想道德建设创新案例奖”、“创新工作奖”。

【“省现代教育技术实验县”通过验收】 教育事业以均衡发展为核心，全面实施“以教育信息化带动教育现代化”策略，充分整合现代教育技术，全力服务教育教学。通过科学统筹，着力健全现代教育技术装备建设保障机制；立足实际，着力优化现代教育技术应用环境；优化队伍，着力提升现代教育技术运用质量；强调应用，着力发挥现代教育技术装备效益，全县教育现代化水平显著提高，实现装备建管用协调发展。2010年12月，成功验收为“湖南省现代教育技术实验县”。

【获评“全国阳光体育先进县”】 牢固树立“健康第一”的指导思想，以全面推进素质教育为目标，以推进学校体育综合改革为主导，以全面提高学生身心健康为主要目标，全县大力推进学校体育工作。2010年制定《长沙县教育局关于加强青少年体育、增强青少年体质的意见》，在全县广泛开展阳光体育活动。通过抓队伍建设，面向全省引进100多位骨干体育教师；抓设备建设，2008年至2011年，平均每年投入音、体、美、卫器材专项资金250余万元；抓管理建设，强化体育教学的过程管理、强化体育教学的课外延伸、强化竞技水平的培训提升等举措，全县学校体育工作特别是阳光体育活动取得突出成效，每年向国家输送本科以上体育专业人才近100人，2010年获教育部“全国阳光体育先进县”称号。

【省政府三项督导评估均获优秀】 2011年5月27日至5月30日，省人民政府教育督导室组织开展教育工作“两项督导评估考核”、教育强县视导及县级政府职业教育督导评估，长沙县三项均获优秀。评估考核组采取听、看、查、访等方式，听取县政府教育工作情况汇报和主要领导关于教育工作实绩的述职报告，到县财政局、县人社局、县教育局、学校和有关单位查看财务账目、会议记录、文件和相关资料，并实地考察11个乡镇、32所学校，走访部分教师、学生和教育管理人员，抽查教师备课本和学生作业本。评估考核组从五个方面肯定了全县教育的成绩和经验。第一，加强组织领导力度，高起点推进教育强县创建工作；第二，加大县级财政投入力度，高水平保障教育事业发展需要；第三，加大布局调整力度，全面改善学校设施设备条件；第四，健全补充交流机制，着力打造爱岗敬业的教师队伍；第五，加大统筹协调力度，全力推进教育内涵发展。（黄伊利）

卫　生

【概况】长沙县卫生局是负责长沙县卫生工作的政府工作部门，设办公室、政工人事科、计财科、公共卫生科、医政管理科、规划建设科、医改办和红会办等8个职能科室，县爱卫办于2008年12月由挂牌机构调整为县卫生局下属二级事业单位，2011年9月调整为县政府办所属事业单位。

县城内有疾病预防控制中心、卫生监督所、妇幼保健院各一所，有各级各类医疗卫生机构517个，其中市级医院1所（市八医院）；县级医院3所（县一医院、县二医院、县中医院）；街道社区卫生服务中心2所（星沙、湘龙），乡镇中心卫生院5所（金井、福临、跳马、北山、江背），一般卫生院14所；村卫生室246所，社区卫生服务站9所；专科医院3所，个体诊所48所。共有床位1356张（未包括长沙市第八医院900张床位）。全县卫生专业技术人员2169人，其中全额拨款人员105人；差额拨款人员402人，自收自支专业技术人员540人，副高以上职称72人，中级职称358人，执业医师374人，本科以上学历759人，其中研究生以上学历6人。

全县医疗卫生事业收入从2008年的3.05亿元增长到5.07亿元，增加2.03亿元，增幅66.5%，年均增长率16.6%。各级财政补助收入从2008年的1.2亿元增加到2011年的2.25亿元，增加1.05亿元，增幅87%，年均增长21.75%。财政投入增加的比例大于医疗卫生事业收入增长的比例，各级财政对医疗卫生的投入逐年在增加，四年时间将近翻一番。（黄复湘）

【卫生系统干部人事制度改革】一是规范管理，整章建制，出台《长沙县卫生系统人事管理工作规定》、卫技人员表彰奖励办法，规范卫生负责干部的管理和卫生人事管理。2011年4月，为深化卫生系统干部人事制度改革，配合县委组织部面向全县卫生系统竞争性选拔产生县妇幼保健院院长和县疾控中心副主任3个副科职干部职位。认真执行《劳动合同法》，依法保护编外用工人员的合法权益，对39个单位1062名编外人员实施人才（劳务）派遣，对53名不符合执业资质要求的人员进行了清退。二是落实政策。2011年2月，县长张庆红组织召开卫生工作调研会议，会议议定我县卫生系统自收自支退休人员安排1.6万元/人·年、差额退休人员970元/人·月安排生活补助，纳入每年常规财政预算，作为医改的财政投入。三是引进人才。通过县委、县政府“3235”人才引进工程，引进副高以上卫技人员13名，其中县二医院3名，星沙医院3名，县疾控中心1名，县妇幼保健院6名，优化了全县卫生人才结构。（李　力）

表15　2008~2011年长沙县医疗卫生事业收入对比一览

	2008年（万元）	2009年（万元）	同比%	2010年（万元）	同比%	2011年（万元）	同比%
总收入	30483	38938	27.74	51792	33.01	50748	-2.02
其中：财政补助收入	12016	14104	17.38	17272	22.46	22522	30.40

说明：2011年总收入对比前年度减少2.02%，因为全县基层医疗卫生单位自2011年1月开始实施药品零差率，药品收入大幅下降所致。

【投入9342万元建设卫生基础设施】 2008年以来，共投入卫生项目建设资金9342万元，其中县级财政专项资金7000万元，中央资金2342万元，用于全县医疗机构房屋硬件建设。先后完成星沙社区卫生中心医疗综合楼，县二医院职工值班用房及食堂，黄兴镇卫生院，安沙镇卫生院职工公转住房，县一医院住院综合楼、公共卫生救治中心综合楼、值班用房，暮云精神病医院门诊精神科住院综合楼，北山镇中心卫生院后勤楼，高桥卫生院住院楼，双江镇卫生院后勤楼，果园镇卫生院，金井镇中心卫生院住院楼，跳马镇中心卫生院公卫服务楼等14个新建项目，以及黄花、金井、福临、青山铺、江背卫生院门诊及住院楼国债项目，湘龙社区卫生服务中心等6个维修改造项目。（龙勇波）

【医疗资源布局调整】 根据新医改政策，开展以乡镇卫生院为重点的医疗资源整合，优化配置，按照成熟一个整合一个的原则，逐步实施。2010年至2011年，对全县乡镇卫生院进行资源整合，撤销金井、脱甲、观佳卫生院，并入金井镇中心卫生院；撤销五七卫生院、团然卫生院，并入跳马镇中心卫生院；撤销五美卫生院、梅花卫生院，并入江背镇中心卫生院；撤销水塘卫生院，并入安沙镇卫生院；撤销大鱼卫生院，并入春华镇卫生院；撤销仙人卫生院，并入黄兴镇卫生院。机构撤并后，全县由29家卫生院合并为19家卫生院，其中中心卫生院5家，一般卫生院14家。（李　力）

【药品零差率销售】 2010年湖南省卫生厅等6厅将长沙县定为全省第二批实施基本药物制度的38个县市区之一。2010年12月31日，在全县基层医疗卫生机构全面启动实施基本药物制度，实行药品零差率销售。县级财政专项补助资金3282万元。2011年全县药品零差率销售总额3228万元，减少老百姓药品费用支出2691万元，让利给老百姓的差价率达45.4%。门诊人次与2010年同比增长18.5%,门诊次均药品费用同比下降24.31%，住院次均药品费用同比下降25.82%。（涂立新）

【推进医政管理】 加强医院管理。2008年，乡镇卫生院管理年活动正式启动。县卫生局每年均组织进行了医务人员职业技能竞赛、夜查房、三基考试、医疗行为督查、病历检查等，落实责任、真抓实干，提高了医疗质量和服务水平。严格医疗机构准入。积极开展打击非法行医的活动。按照《医疗机构校验管理办法（试行）》，开展医疗机构校验工作。2008年至2011年，县卫生局依法注销39所医疗机构，规范医疗执业行为。提升医疗质量和水平。2008年开始，全县县级医院共下派22名医务人员对口支援乡镇卫生院，派遣30名科技特派员驻点，接收下乡支农的医务人88 名。2008年以来，全县共有173名基层医务人员人员接受医学中专学历教育，34名医师参加全科医生转岗培训，20名医师参加了全科医生规范化培训，基本实现“3年内城市每万名居民有1～2名全科医生，农村每个乡镇卫生院有1名全科医生”的目标。全县各级医院积极推进创建优质护理示范工程活动。加强医疗纠纷防范和监管。强化医疗事故报告制度，建立第三方医患纠纷调处机制，成立长沙县医疗纠纷人民调解委员会，加强对患者投诉处理的规范和监管工作，为构建和谐医患关系起到了重要的促进作用。

【落实公共卫生服务项目】 2009年，全县启动9项基本公共卫生服务和6项重大公共卫生服务项目，包括为县内居民建立健康档案、健康教育、0～3岁儿童健康管理、孕产妇健康管理、预防接种、传染病的报告和处理、慢性病管理、重性精神病管理和为15岁以下人群补种乙肝疫苗、农村妇女乳腺癌、宫颈癌检查、增补叶酸预防胎儿神经管畸形、百万贫困白内障患者复明工程、消除燃煤型氟中毒危害、农村改水改厕项目。2011年，全县启动11项基本公共卫生服务，相比2009年增加卫生监督协管项目，儿童健康管理范围扩大至0～6岁，增加突发公共卫生事件的报告和处理。自2009年实施基本公共卫生服务以来，已为全县居民建立纸质健康档案722978份，电子健康档案658683份；规范管理25102例高血压患者、9152例糖尿病患者、1924例重性精神病患者；为56696位儿童、12544位孕产妇及39687位老年人进行健康管理服务；为18个镇78个村开展改厕21941座。2009年人均基本公共卫生服务经费补助标准每年15元，2011年提高至25元每年。通过实施基本公共卫生服务项目，对城乡居民健康问题实施干预措施，减少主要健康危险因素，有效预防和控制主要传染病及慢性病，提高公共卫生服务和突发公共卫生事件应急处置能力，使全县居民逐步享有均等化的基本公共卫生服务。

【疾病预防控制工作】 疾控中心实验室建设在全省县级疾控机构中处于领先水平，拥有各类小型仪器设备170余件，仪器设备总价值在600万元左右，能开展185项检测项目，为全县饮用水监测、食品风险监测、突发公共卫生事件的调查等防病工作的开展提供了坚强的检测依据。全县每年免费接诊可疑肺结核病人近2000人，每年全程免费治疗肺结核病人近260人，且治愈率在90%以上，肺结核新发病率逐年下降，减轻了群众负担；每年免费艾滋病自愿咨询检测约500人，免费开展艾滋病病毒检测约1万人，并检出初筛阳性2～8人/年。截至2011年，全县共管理艾滋病人及病毒携带者共74人，对病人均落实“四免一关怀”政策，并于2009年组织全县艾滋病人建立“关爱之家”，有效提升艾滋病人的生活信心，减少社会危害。2008年至2011年，县疾控中心连续四年获得市疾控中心绩效考核“优秀”，连续四年在省疾控组织的艾滋病检测质控评价结果均为“优秀”，2008年被省政府艾防委员会被评为“艾滋病防治先进集体”，2009在省质监局组织的能力验证中结果评价为“优秀”，2010年在市疾控组织的突发公共卫生事件演习中获一等奖，2010年获省卫生厅实验室能力验证综合考评二等奖，2011年被省卫生厅评为“计划免疫先进集体”。

【妇幼卫生工作】 2011年，县妇幼保健院成功创建省级巾帼示范岗。全县产科建设、爱婴医院、孕产妇系统管理等已形成长效妇女保健工作机制。以健康档案为抓手，推进基本服务均等化。孕产妇和儿童健康管理率分别达到99.35%和82.89%。2009年7月，在全省农村县率先启动自愿免费婚检，2010年4月，实施结婚登记、婚育指导、婚检“一站式”服务，婚检率迅速提高至86.13%。截至2011年底，共有13202对新人接受免费婚检，疾病与异常检出率12.01%。2010年起，农村妇女病免费普查采取由政府主导，妇联、计生等各条线宣传发动，卫生普查的模式，共免费普查49858人，确诊宫颈癌19例，乳腺癌5例；落实母婴阻断。2010年启动预防艾滋病、梅毒、乙肝母婴传播项目。全县设立6个艾滋病初筛实验室，接受免费筛查孕产妇26833人，筛查阳性孕产妇、新生儿均采取必要的干预措施，孕早、中期筛查率逐步提高。

【卫生监督工作】 县卫生监督所每年投入10多万元用于全县餐饮单位、乡镇卫生院助理监督员、食安办专干的会议和培训，免费发放各类宣传资料，普及食品安全知识，增强食品安全意识。在全县餐饮服务单位开展食品安全信用等级评定。2012年，投入15万元用于食品安全诚信体系建设，对全县合法餐饮服务单位均建立了诚信档案，进行量化分级动态管理，同时建立电子信息档案。加大行政处罚力度，严厉打击违法经营行为。4年来卫生行政处罚力度越来越大，办理了一批大案要案。2011年10月，县政府成立两个综合行政执法队，由县商务局、县卫生局、县食品药品监督管理局组成的县商务卫生和食品药品行政执法大队为其中之一，实行行政执法体制改革，行政管理和行政处罚分开。

【加强卫生应急能力】 完善《长沙县突发公共卫生事件应急预案》等各类突发公共卫生事件应急预案和技术方案，规范和指导卫生应急工作，成立突发公共卫生事件应急领导小组和卫生应急办公室，组建4支突发公共卫生事件应急处置机动队，轮流值班待命。在2008年市级食物中毒、突发卫生事件演练，2010年市级食物中毒事件的应急处置比武中，均获全市第一名。2008年成功处置15起一般传染病疫情和食物中毒事件和2起禽流感动物疫情，2009年处置3起突发公共卫生事件（甲型H1N1流感疫情），2011年处置2起突发公共卫生事件（聚餐型疑似食物中毒和工厂急性硫化氢中毒事件）。

（罗辉琴）

【艾防工作成绩显著】 在长沙县艾滋病防治工作领导小组的具体指导下，在全县开展娱乐场所暗娼人群、吸毒人群和男男同性性行为人群等三类高危人群及公安监管场所、青年学生、农民工、流动人口等其他重点人群的艾滋病监测工作。对全县所有孕产妇实施免费HIV检测，全县6个艾滋病初筛实验室开展正常，共检测各类人群68684人，发现38例HIV阳性感染者。认真落实国家“四免一关怀”政策，四年来共发放救助款约50万元，其中为18例住院治疗艾滋病人补助住院费16.8万元，对所有的随访HIV感染者及病人发放电话费补助费及CD4检测交通补助费共计83855元，发放贫困艾滋病人及感染者困难救助83人次共计24.9万元。2008年在娱乐场所100%推广安全套使用项目，2009年下半年开展中盖艾滋病防治项目，成立长沙县艾滋病人关爱组织“星城家园”以及男男同性恋自愿检测动员组织“天空同蓝”，2010年7月迎接国家性艾中心及北京大学专家调研组在娱乐场所开展高危人群外展干预工作质量考评工作，同年9月，迎接国家性艾中心专家艾滋病综合防治工作检查。2008年，县疾控中心被湖南省人民政府艾防委员会评为全省艾滋病防治先进单位。

（梁国民）

【红十字会工作】 县红十字会根据《中华人民共和国红十字法》赋予的职责，做好备灾救灾、初级救护培训、红十字青少年工作，推动无偿献血，开展其他人道主义服务活动。在2008年汶川地震、2009年青海玉树地震后积极组织群众募捐，完善救灾物资的入、出库登记手续，将每一笔爱心善款和物资都送到灾区人民手中。开展突发公共卫生事件紧急演练和防灾减灾知识宣传，在世界红十字日、全国防灾减灾日、世界急救日等重大节日期间开展健康生活方式和防病知识宣传。推动无偿献血工作，全县的临床用血100%来自无偿献血，2009年至2011年，该县连续三年获评长沙市无偿献血工作先进单位。（徐　婷）

【开展城乡环境卫生整洁行动】 县爱卫办根据全省爱国卫生运动委员会的部署，于2010年启动城乡环境卫生整洁行动，通过广泛宣传，发动群众，加强管理，增加投入，改善设施，逐步建立城乡环境卫生管理长效机制，城乡环境卫生面貌发生可喜变化，并取得阶段性成果。2011年通过“国家卫生县城”复审，2011年获得全省“十佳卫生县”称号，名列全省第二；共有6个乡镇被评为全市“十佳”乡镇，8个村被评为全市“十佳”村。

（喻芳英）

【合作医疗工作】 为保证全县新型农村合作医疗制度健康、持续运行，保障参合农民享受到更多的实惠，卫生部门坚持根据农村、农民的特点，灵活制定补偿政策，使广大农民参合者受益度明显提高。2010年对全县新型农村合作医疗省、市、县、乡四级定点医院的住院补偿比例分别提高10个百分点，住院封顶线提高到6万元，新农合参合人数664930人，参保率100%，实际住院补偿率达到45.55%。2008年“白内障光明助残行”活动启动以来，全县有1495人次白内障患者接受手术，新农合共补偿医疗费用202万元，补偿率达100%。2010年5月，启动儿童先心病免费救治工作，缓解了这类家庭因病致贫现象的发生。卫生局还采取一系列综合措施，在不调整补偿比例的前提下，加强对医院的检查与监管，严厉打击各种违规和套取合作医疗基金的行为，确保基金安全运行。2010年11月初，按县政府要求，将新农合管理职能移交到县人社局。（汪　准）

【长沙县区域卫生规划编制工作完成】《长沙县区域卫生规划》自2010年开始编制，由县委、县政府牵头，县卫生局负责，各相关部门联动，聘请中国医学科学院专家进行规划课题研究与编制。规划编制过程中，课题组专家分别与县乡医院负责人、医务人员代表、乡村医生代表举行多次座谈，并深入基层，收集数据；比照全国先进和发达地区卫生事业发展过程，数易其稿，最终形成送审稿。2011年1月11日，该规划通过由原湖南省卫生厅厅长刘家望为首的专家组评审；2011年9、10月，县人大分别组织各乡镇政府、街道办事处、医疗机构负责人召开规划调研座谈会，对规划内容进行深入讨论。该规划相继通过县长办公会、县政府常务会、县人大主任会、县委常委会，并通过长沙县十五届人大常委会第三十七次会议审议并颁布实施。（汪　准）

文化·体育·广播电视

文　化

【概况】2008年至2011年，文化工作紧紧围绕县委、县政府建设“全国文化先进县”和“文化强县”的阶段性目标和步骤，大力推进文化大发展大繁荣，为构建和谐长沙县营造良好人文环境。

文化艺术活动异彩纷呈。配合县委、县政府中心工作和大型节会举办丰富多彩的文化艺术活动，组织开展“五彩星沙”广场活动220余场次。2008年组织长沙县首届农民歌手赛、“科技之夜”、“和谐之基”、“百品百星”、庆“七一”红歌演唱会、陕汽长沙环通奠基典礼、湖南长沙奥运火炬接力仪式、第二十六届房产会大型活动一系列大型文艺活动。2009年举办春节文艺晚会、全县第五届龙狮大赛和元宵灯谜会、全县第五届歌手大赛、长沙县首届“希望之星”颁奖晚会和庆祝建国60周年的系列文化活动。2010年5月举行“百佳群众业余文艺团队”评选暨“爱国歌曲大家唱”活动启动式；11月5日举行“长沙县群众文艺团队优秀节目评选”。2011年组织庆祝建党90周年为主题“唱响星城”红色经典歌曲大奖赛（个人赛）及红歌达人挑战赛、长沙县第二届“星沙之星”评选活动、“五彩星沙”长沙县群众文艺团队优秀原创节目评选活动。

送文化下乡活动稳步实施。以“公益惠民生”为目标，促进公共文化资源向农村和农民倾斜，精心组织送文化下乡活动。三年免费送戏下乡300余场次，免费送电影下乡1.6万余场次，免费送电影进工地10次，县图书馆免费送图书进机关、社区、下乡近50次10万余册。2010年以来选派文化专干深入乡镇辅导业余团队，组织举办群众文艺团队业务培训班，并邀请市群艺馆专家授课。

文艺创作和艺术表演不断繁荣。每年推出一集《碧湖诗选》、《星沙文苑》等文学书刊，每年出刊1～2期。举办文艺创作培训班1期。创作了一批贴近生活、贴近实际的文艺作品，并搬上舞台。2008年，歌曲《梨江秀》获市湘人湘歌大赛优秀奖，戏曲小品《癞蛤蟆与天鹅》、《绿色家园》分别获长沙市新农村文艺汇演和百品百星展演一、二等奖。创作情景剧《真的好想你》、《火之魂》和歌曲《人性的光辉在闪耀》并搬上舞台，选送参加省艺术节。2010年推出花鼓戏《松雅湖新传》、小品《松雅湖畔的笑声》和《防空演习》、小戏《王楚戒赌》、表演唱《我爱星沙我的家》、歌曲《水乡柳叶船》、情景剧朗诵《和谐大家庭》，快板舞《赞星沙》、《明珠耀星城》、《人防工作很重要》、《疾控赞歌》等一批紧扣时代旋律、生活气息浓郁的艺术作品。2011年选送100首反映全县经济社会发展的优秀传统诗词被选入市委宣传部编辑的《锦绣长沙》，并在该书首发式上作为唯一的典型经验推介。

公共文化服务网络建设有效推进。投资近3亿的星沙文化中心于2010年6月10开工，2011年底完成前期规划设计、三通一平工作。截至2011年底，全县有15个乡镇（街道）综合文化站建成，并于同年10月全部实现免费开放；村级文体活动室已建成35个；农家书屋已建成204家；广播电视与文化信息资源共享工程全面实现“村村通”。以青山铺镇、路口镇为代表的“一乡（镇）一市（文化集市）”的格局日渐形成。2010年出台《长沙县农家书屋评星定级管理办法》,该县农家书屋星级管理办法成为省市示范。是年，县图书馆被列为全国“县级数字图书馆推广计划”首批推广试点单位之一，免费获得由国家图书馆提供的存储量达1TB（1024GB）的数字资源。2011年10月，县图书馆实现全年免费开放。

文化市场健康繁荣。全县共有文化经营实体1000余家，其中网络文化经营179家、娱乐经营200多家、音像制品经营77家、书报刊零售经营67家、体育经营许可证15家、印刷经营200多家，遍布全县22个乡镇（街道）。加大监管力度，年均各类文化市场综合执法检查、专项整治行动达220余天次。2009年制定《关于开展“一打三整”专项行动的工作方案》并对星沙的30余家卡拉OK场所安装管理服务系统；落实“净网先锋”监管平台升级后的安装工作。2010年，对全县网吧和文化经营单位进行审核，重新核发经营许可证；举办全县2010年度娱乐场所、出版物市场、印刷企业管理工作会议暨法规培训班，400余家娱乐经营单位负责人参加培训。2011年拟订《长沙县网吧布局规划调整实施方案（征求意见稿）》和《长沙县游艺娱乐场所总量和布局规划（试点暂行方案）》；对全县120余家娱乐场所逐家进行安全生产检查和审核登记，并重新发放“娱乐经营许可证”。

文物保护成效显著。坚持保护与利用相结合的方针，对杨开慧、左宗棠、李维汉、黄兴、徐特立等革命故居和棠坡清代民居进行恢复完善、维修、陈列布展；2008年黄兴纪念馆启动安防。2009年对文物保护单位进行18次安全工作检查。2011年，添置电子巡更系统，加强对文物保护员的管理，并规划和实施6处重点文物保护单位的防雷工程。历时三年，组织开展文物普查，共发现不可移动文物282处，于2010年成功召开长沙县第三次全国文物普查工作总结暨成果展览；与各乡镇、街道办事处签订《文物保护责任书》落实保护责任。完成实地调勘工地共116处，发放“三建工程”动土许可证106张。2010年，长沙县榘梨陶公庙会成功申报市级非物质文化遗产保护项目。

【县文化艺术团挂牌成立】 按2010年2月26日县委常委会“同意组建县属文艺团体”的议定方案，根据文化事业发展的现实需要和前景发展，县文化体育局认真组织并成立筹备领导小组，同时成立长沙县文化艺术团团务会。3月初，筹备领导小组制定严密的招聘方案，本着公开、公平竞争，重视人才的宗旨，于4月份在网上发布招聘信息，通过由省级文艺专家和长沙县文体局领导组成的考试专家组全方面考试后，择优录用21位优秀艺术人才，5月初全部到岗。新成立的文化艺术团制定出各项内部管理制度，全面完成基础建设并圆满完成县科技局、长沙移动电信日、农业银行宣传活动等一系列主题演出，建立良好的品牌口碑。2010年6月8日，长沙县文化艺术团在原轻工业局办公大楼内正式挂牌成立并举行汇报演出。艺术团共有24名人员，其中包括团长、副团长、艺术总监和21名艺术人才。成立以来共承办了长株潭烟草物流园开工动员大会、陕汽杯启动式晚会、纪念人防60周年大型文艺晚会等大型晚会，并免费送戏下乡150余场次，为满足县内市场对文艺演出的需求，为全县文化建设和市民艺术素质教育拓展发挥了重要作用。

【星沙文化中心开工】 长沙星沙文化中心项目坐落在东五线以东、望仙路以南、洋湖路以北，总用地面积18.4公顷，总建筑面积9.6万平方米，融图书阅览、档案馆藏、文化娱乐、体育健身及办公等多功能于一体，项目预计总投资为3.9亿元。该项目从2008年开始办理前期手续，2010年4月成立工程指挥部，2010年6月10日举行开工典礼，同年10月完成土石方工程任务，达到三通一平。经反复论证、设计变更，于2011年2月全面完成工程项目设计工作，4月通过工程基坑开挖、控制爆破设计方案。该中心处于城市主发展轴一侧与未来长沙大都市圈轨道交通2A线终点站旁，是未来长沙县城市几何中心与城市居民聚合中心,彰显山水、城市、文化的特色，这一全省最大县级文化中心建成后将成为该县乃至长沙城东的崭新地标。

【探索农村文化集市建设模式】 2010年9月28日上午，“舞动青山”农村文化集市启动仪式在青山铺文化站开幕，来自社会各界的文化人士共襄盛典。文化集市是该县率先探索的一种农村文化建设模式，作为群众文化活动的平台，它将文化展演活动打造成文化品牌，对繁荣文化事业、做大文化产业、弘扬潇湘文化有重要的意义。其基本内容是：（一）固定的服务平台。一般以乡镇综合文化站或农村集镇文化广场为平台。（二）固定的开放时间。每年有相对固定的、面向社会免费开放的时间，具有一定的计划性。（三）丰富多样的活动形式。既有多种文娱活动，也有各种文化展示，既有文艺辅导培训，又有健身健美表演，也可安排科普知识、实用技术及就业等培训。（四）稳定的活动队伍。有一批钟爱艺术、乐于奉献的文化艺人。截至2011年底，以青山铺镇、路口镇为代表的“一乡（镇）一市”的农村文化集市格局日渐形成，深受城乡人民群众好评。（汪 讲）

体 育

【概况】 2008年至2011年，县体育工作职能部门积极宣传贯彻《体育法》和《全民健身计划纲要》，全县群众参与体育活动的意识不断增强，全民健身运动热情高涨，竞技体育、群众体育和体育产业都有新的进展。

体育设施不断完善。坚持“优先农村、统筹城乡”的建设原则，搞好“三边”（建身边的场地，抓身边的组织，搞身边的活动）工程建设，每年投入基础设施建设经费15万元，日常活动经费60万元。对全县各健身辅导站辅导员进行培训，新扶建健身队伍80余支，并由县财政扶助500~1000元添置道具。积极申报为民办实事全民健身工程项目（点），2011年全民健身工程项目覆盖15个乡镇（街道）和11个村（社区），并分批采购器材进行配套落实。体育产业进一步发展，到2011年底，体育经营户增加至49户，涵盖桌球、健身俱乐部、游泳、滑冰、镭战等项目。

竞技体育成绩喜人。长沙县运动员组队参加各类比赛，获国家级比赛金牌9枚，银牌3枚，铜牌3枚；获省级比赛金牌16枚，银牌21枚，铜牌17枚；获市级比赛金牌42枚，银牌26枚，铜牌30枚。在2008年北京奥运会上，长沙县籍运动员刘英姿参加射击多向飞碟比赛，成为该县历史上参加奥运会赛事第一人。2010年刘英姿参加广州亚运会射击飞碟多向比赛，获团体第一名，个人第三名；金井镇罗欣获女子龙舟比赛3枚金牌。2010年3月，该县回龙文武学校率队参加“獬豸杯”第八届香港国际武术节获得3金3银3铜。

学校体育稳步发展。以“健康第一”为指导思想，认真落实学生“每天锻炼一小时”计划，各中小学全面实施大课间体育活动制度，每天上午统一安排25~30分钟的大课间体育活动，组织学生做“两操”和参加集体体育活动。教育系统每年举办小学、初中、高中田径运动会，初中、高中学生篮球赛。在抓好普及的同时，注重业余训练。黄花中心小学、星沙盼盼小学、黄兴中心小学等各训练点克服困难，抓好日常训练工作，为发现和输送体育苗子打下良好基础。印山小学跆拳道训练点狠抓训练，取得较好的成绩。2010年6月25日，授予黄龙小学为全县乒乓球训练点。

全民健身活动蓬勃开展。每年定期举办舞龙赛、象棋赛、围棋赛、乒乓球比赛、长沙县门球比赛、长沙县柔力球比赛、长沙县职工篮球赛。2008年成功举办“全民健身与奥运同行”长沙县第四届龙狮赛，“庆百年奥运梦圆、展中老年人风采”全民健身展示活动，“迎奥运”第二届湘、鄂、赣县（市）乒乓球赛等系列赛事，并承办全省地掷球比赛。2009年，与县妇联、县老干体协联合举办庆“三·八”妇女门球赛。2010年6月23至24日，与县总工会联合举办“全民健身迎亚运”全县职工羽毛球比赛。2011年8月23日至25日，在星沙文化广场举办首届全民健身节广场健身舞比赛，来自20个乡镇、街道办事处共37支队伍、1500名群众参加。老年体育独树一帜，2009年获长沙市农村老年体育现场经验交流会举办权，同年5月20日在跳马乡隆重召开。2010年，县老年体协工作成为全市示范。

2008年11月，该县获2008年长沙市全民健身活动月优秀组织奖。2009年12月被评为2005~2008年度长沙市群众体育工作先进单位。在2011年度全省体育局局长会议和长沙市体育工作会议中，获长沙市群众体育工作先进单位。

【承办第二届湘鄂赣乒乓球赛】 2008年3月29日，“迎奥运”第二届湘鄂赣县（市）乒乓球赛在长沙县实验中学体育馆拉开帷幕。此次比赛由湘鄂赣三省联合举办，由县文体局、县乒乓球协会承办，旨在增进三省县（市）之间的友谊，切磋乒乓球技艺，迎接北京奥运。比赛历时3天，共有来自湖南、湖北和江西三省21个县（市）的35个代表队，200多名运动员、24名县处级以上干部参赛。经过激烈角逐，最终湘阴义丰祥代表队获男子团体冠军，长沙县代表队一队、浏阳代表队分获亚军、季军。女子团体冠军由长沙县代表队获得，江西上高代表队和芙蓉区代表队分获二、三名。

【举办首届广场健身舞比赛】 2011年8月23至25日晚，长沙县首届全民健身节广场健身舞比赛在星沙文化广场举行，共有来自20个乡镇、街道办事处的37支队伍、1500名群众参加，吸引了数以千计的观众前来观看。此次比赛设一等奖5名，二等奖12名，三等奖若干名，对组织得力的乡镇、街道、老年人体协授予组织奖。最终，椝梨镇、暮云镇、湘龙街道中南社区、星沙街道金茂艺术团、泉塘街道梨江社区的5支队伍获一等奖。通过健身舞比赛，吸引了更多的人参加，广场舞活动得以迅速发展，截至2011年底，全县共有231个村(社区)、402个点开展该项活动，参加人数近3万人。（汪　讲）

广播电视

【概况】 长沙县广播电视台是县人民政府直属事业单位，主管全县广播电视事业及产业发展工作，下辖长沙县广播电视中心和长沙县广播电视网络中心两个二级机构。全台共有职工121人，其中在职30人，聘用91人。2008年至2011年，全县广播电视工作者围绕“打造中部一流县级电视媒体”的发展目标，狠抓管理，创新机制，加强平台建设，提升节目质量，各项工作亮点纷呈。

宣传报道不断创新。坚持新闻立台、专题撑台、文艺活台的办台理念，围绕全县经济社会大局，切实加强新闻宣传舆论引导。一是当好喉舌。通过新闻报道、专题策划等方式，积极主动宣传党的方针政策和路线，深入宣传县委、县政府重大战略决策部署，全面报道党代会、人大、政协“两会”等全县政治生活大事，及时发布党务、政务公开信息，充分发挥喉舌功能，在党委、政府和人民群众之间架起联系的桥梁，把党委、政府关心群众的重大措施传递到位，把党的主张变为全县人民群众的自觉行动。二是加油鼓劲。宣传报道全县经济社会发展成就、典型经验，真实反映全县改革开放和现代化建设的伟大实践，鼓舞科学发展信心，凝聚科学发展力量。三是弘扬正气。贴近实际、贴近生活、贴近群众，报道身边的好人、好事，推出一批先进人物和先进典型，充分弘扬长沙县精神，为全县经济社会发展营造风清气正良好氛围。

广电平台建设精品层出。一是提升制作水平，丰富节目内容。按照“三贴近”要求，突出抓策划，服务中心；抓评论，引导舆论；抓丰富信息，关注民生。扎实开展“走转改”活动，深入一线抓新闻，及时生动地报道县域经济社会发展经验成果。先后推出《高基数上跑出新的加速度》《民生工程巡礼》《身边的雷锋》《记者走基层》等10多个专题系列报道，至2011年年底，全台共播出新闻稿1483条，稿件量和节目时长较上年同期超出近50%，凝心聚气，鼓劲加油，营造良好内宣氛围。二是向中央、省、市媒体供稿实现突破。采编、制作的《长沙县茶廊百里香》《书香村组的夜校新模式》等新闻向上报送，被中央电视台新闻联播、中央电视台经济频道等媒体采用。通过借用省市媒体的资源，实现节目制作高端化，与湖南卫视金鹰纪实频道达成栏目合作协议，由卫视主创，为该台量身打造的《电影视界》栏目。四是完成网络电视台建设。

事业建设成就辉煌。一是工作阵地从小到大。克服自有资金不足、融资困难等矛盾，狠抓广播电视阵地建设，新建起一座电视大楼，解决了工作阵地问题。二是网络用户从少到多。全力推进全县农村广播电视“村村通”、“户户通”工程建设，于2008年提前2年完成省市交办的“村村通”工作任务。县星天网络公司已建成约10万户的有线用户网，用户从“十一五”初的1万多户发展至6万户，全县电视覆盖率90%，广播覆盖率逾95%。三是数字电视从无到有。2010年，全县启动数字电视平移工作，星沙城区以及长沙县有线电视在网用户将陆续收看到177套高清晰的数字电视节目。五是以城补乡，发展农村广电事业，实现城乡一张网。

内部管理全面提升。一是全面实行目标管理责任制，网络公司年产值与电视台广告创收实现翻番增长。2011年，狠抓网络公司和电视台广告经营创收，大胆开拓，勇于创新，加强财务管理和监督，促进产业创收工作规范化、制度化，确保创收目标任务的顺利完成，创历年新高，台节目开发、人才引进及有线电视以城补乡提供有力支撑。二是创新用人机制，优化人才队伍结构。逐步建立动态的能上能下，能进能出的人员流动机制和公平竞争机制，及与稿件数量及质量挂钩的薪酬激励机制。重点引进和培养一批名主持人，名记者，名编辑，建立科学的绩效考核体系和公平的薪酬分配体系，对优秀的人才特别是播音主持人才实行高薪聘请。同时加强在职培训和岗位考核，鼓励终身学习教育。建立职责分明，层次合理的员工自然晋升通道和激励制度，使广大员工能把实现自我价值与做好本职工作有机结合起来，充分发挥积极性和创造性。

【广播电视覆盖率达到99%】 2008年长沙县提前两年完成省市交办的广播电视"村村通"工程。"十一五"期间，该县按照"政府推动、市场运作、规范标准、整合网络、广电实施、社会参与"的方针，大力推进农村广播电视"村村通"、"户户通"工程建设，用3年时间确保全县20户以上的自然村都能看到听好30套以上国内广播电视节目，广播电视覆盖率达99%，连续3年通过省市"八件实事"工程验收，获得省、市转星调整、村村通工作先进单位。

【电视台设备升级改造】 从2010年开始，县委、县政府投入900万元对电视台设备进行改造升级，广播电视节目从采编、制播、发射、传输到储存的全业务流程实现数字化应用，构建节目、传输、服务等数字平台，达到全省一流县级台水平。

【开放办台提升影响力】 中共长沙县委常委会〔2011〕3号会议纪要提出：同意县电视台与湖南大众传媒职业技术学院开展合作。2011年9月22日正式签署战略合作协议。9月28日县电视台启动节目改版，改版后，自办节目由每周80分钟增加到180分钟，将新闻栏目的名称改成《星沙新闻》，并对栏目进行全新包装。11月起，县电视台举办首届全民星秀"民间艺术达人"大赛活动，盛况空前，产生了巨大的影响，共举办7期赛事，有100多组次参与比赛，并评出一、二、三等奖，在此基础上，该台举办了全县首届迎春联欢晚会，被媒体誉为"草根春晚"。

【完成城区数字电视平移】 2010年10月，全县启动数字电视平移，到2011年底，城区数字电视平移工作已全面完成，共完成数字电视转换用户近6万户，发放数字电视机顶盒7万多台，城区所有用户均可收看到内容丰富、画面清晰、功能齐全的数字电视节目。全县农村地区已实现无线数字电视覆盖，县电视台电视信号已覆盖到全县所有乡镇，县域内22万用户都可收到县电视台节目。

【实现广电事业城乡一张网】 2011年，县广播电视台克服重重困难，投入大量人力、物力、财力进行农村广播电视网络改造，实现乡镇电视数字化。在网络改造过程中始终坚持"统一领导、统一规划、分步实施"的方针，按照技术先进可靠、施工统一规范的要求进行建设，采取以星沙城区广电机房为中心，光纤连通星沙城区至各乡镇的广电网络，将城区数字电视信号免费下传至各乡镇。截至2011年年末，星沙至全县各乡镇的有线电视网络基本联通；除江背、北山外，各乡镇数字电视整体转换工作业已完成。（夏　咏）

长沙县人口和计划生育局

近年来，长沙县人口和计划生育局着力抓基层，打基础，强保障，固本强元、精细管理，着重打造温馨计生、满意计生、智能计生、阳光计生、诚信计生、甘露计生，着眼稳定低生育水平，实现人的全面发展，统筹解决人口问题，实现长沙县人口计生工作保持在高位、高基数上的持续发展，人口指标基本数据一直处于省、市领先地位。2008年至2011年连续4年保持人口计生工作全国优质服务先进县、人口计生工作全省模范县、人口计生工作全市红旗单位的荣誉，先后代表湖南省接受国家人口计生委实施的“十一五”人口发展规划、人口和计划生育事业发展规划中期评估验收，代表长沙市接受国家人口计生委“婚育新风进万家”示范市的评估验收，为长沙县的经济社会发展创造了良好的人口环境。

2009年7月1日，检查组在黄花镇黄龙新村观看汇报片

2010年长沙县计划生育技术服务站荣获“全国计划生育优质服务县级示范站”称号

国家计生委督察组在长沙县黄花镇参观计生文化长廊

① 2008年10月建成并投入使用的县计生局综合办公大楼

② 县计生技术服务站于2009年全面改造后投入使用

长沙县民族宗教事务局

长沙县民族宗教事务局负责全县民族宗教事务工作。现有在职在编干部职工5人，领导3人。

围绕“共同团结奋斗，共同繁荣发展”的民族工作主题和“保护合法、制止非法、抵制渗透、打击犯罪”的宗教工作基本方针，以促进民族团结进步、促进民族繁荣发展和促进宗教和顺为目标，突出重点、服务中心、把握全局，积极引导宗教与社会主义社会相适应，促进了地区的民族关系和宗教关系的和谐，民族宗教工作取得了明显实效，确保了全县民族宗教领域的安全稳定，为全县经济社会作出了积极的贡献。

① 2011年12月28日，县委常委、组织部部长、统战部部长周志远到宗教场所进行慰问

② 2010年5月6日，省长助理袁建尧（前排右）一行调研长沙县宗教工作

③ 2011年8月27日，佛慈祖德茶道祈福开幕式在星沙举行

④ 2011年9月1日，长沙县天华寺恢复重建奠基仪式隆重举行

⑤ 2011年9月宗教界开展捐资助学活动

① 长沙理工大学云塘校区一角

② 2010年3月25日，省领导出席芙蓉大道（长潭段）和红易大道通车典礼

③ 2010年6月30日，湖南省和铁部道领导出席长株潭城际铁路建设动员大会

④ 2010年9月27日上午，长沙生态动物园在暮云镇开园

⑤ 2010年8月18日，国家烟草专卖局局长姜成康（右），湖南省委书记周强（中），湖南省委副书记、代省长徐守盛（左)为长株潭烟草物流园建设项目启动开工按钮

长沙县跳马镇

①②
③④⑤

① 2011年6月7日，跳马镇党委、镇政府在跳马中心小学举办庆祝中国共产党建党90周年暨跳马“撤乡设镇”红歌晚会

② 2010年9月21日，跳马籍选手刘英姿获飞碟世锦赛冠军

③ 现代村庄一瞥

④ 四星级农庄—天赐园

⑤ 跳马花木大世界（湖南花木科技示范园）一角

石燕湖景区

长沙县干杉镇

① 湖南交通职业技术学院入驻干杉，带动干杉第三产业快速发展

② 2010年1月，陕汽环通自主研发的威龙重卡试制成功，涵盖五款K系列

③ 2008年4月7日，陕西汽车集团长沙环通汽车制造有限公司正式落户干杉

④ 2010年7月25日，在长沙汽车产业发展新闻发布会上，长沙县人民政府与陕汽集团签订战略合作协议，总投资规模超过100亿元，共同打造“中国陕汽集团长沙产业基地”

⑤ 2009年8月29日，第一辆重型卡车在陕汽环通下线，填补了湖南省重卡整车生产的空白

⑥ 长沙县第一所寄宿制中心小学——干杉中心小学主体工程封顶

长沙县江背镇

① 2010年6月18日，省委书记、省人大常委会主任周强（前排左二）一行到江背镇印山村考察
② 同心实业公司车间
③ 长沙神久机械制造有限公司车间
④ 湖南同心公司与AAAC签署合作协议
⑤ 2011年7月1日，江背镇综合文化站建成开放

江背镇乌川湖

黄花镇黄花工业小区全景

长沙县黄花镇

① 2008年2月20日，由团省委、市委宣传部等单位联合举办的“宣讲十七大，温暖2008”青春大集活动在黄花镇中心新市场隆重举行

② 2009年6月21日，省人大常委会副主任肖雅瑜（右三）一行在经开区党工委书记、县委书记杨懿文（右二）陪同下到黄花镇“长沙印刷科技产业基地”视察湖南鸿发印务有限责任公司

③ 2010年6月19日，湖南省委书记、省人大常委会主任周强（前排中）一行到黄花镇黄龙新村视察

黄花敬老院外景

长沙县果园镇

① 双河村举行“勤廉双述”现场
② 长沙县果园镇牌坊——“田汉故里，山水文章”
③ 全国首家环保合作社在果园成立
④ 双河村村民积极参与“勤廉双述”投票
⑤ 广场舞比赛现场
⑥ 金霞米业优质稻基地

路口镇中华片新农村建设示范区

长沙县路口镇

1	3
2	4
	5

① 省委书记、省长周强（前一）到长沙县路口镇挥锹修渠，与近万名干部群众一道参加冬修水利劳动

② 以路口村、花桥湾村为重点的蔬菜基地连片已达267公顷，路口农业呈现出现代化、都市化、效益化目标，蔬菜基地已成为全市乃至全省最标准、最规范、最有档次的示范基地之一

③ 2011年6月30日长沙首个循环农业科研项目（麻园冲科研示范基地）落户路口镇

④ 2010年8月9日在星沙通程广场举行路口镇“创先争优——我与路口共奋进”文艺晚会

⑤ 2010年6月2日路口镇人民政府与长沙麻林温泉置业有限公司签订了投资18亿元的麻林温泉开发协议书，此项目成为湖南省10个“大单”之一

上华山古庙戏楼

长沙县白沙镇

① 美丽的锡福村

② “生态白沙”

——翠竹稻田环绕的土坯房

③ “长寿白沙”

——104的老人缪菊英

（中共首名女党员缪伯英的侄女）

④ “水果白沙”

——沉甸甸的果实挂枝头

“生态白沙”——白沙镇全景

长沙县福临镇

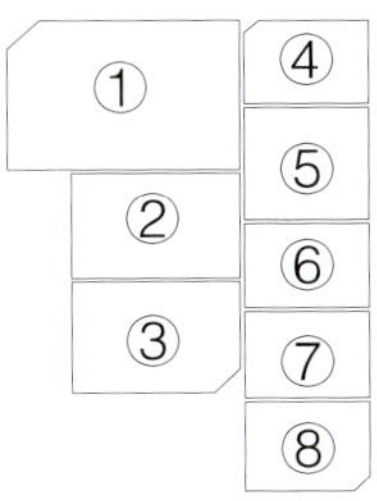

① 福临镇金坑桥村荣获 “全国巾帼示范村”

② 县委书记杨懿文调研福临镇小城镇建设工作

③ 福临镇邀请省消协、县食安办、县交警大队工作人员为中小学学生举办相关知识讲座

④ 福临镇青年志愿者队伍深入孤寡老人家帮助秋收

⑤ 福临镇5个路牌立柱吊装成功，标志着福临镇路牌标识建设示范镇“门户扮靓工程”完成

⑥ 17岁少女李文娟身患重症，福临镇党委爱心总动员助她战病魔

⑦ 完成居民健康电子档案登记，成为全县唯一一个全部按标准建立所辖居民健康档案的乡镇卫生院

⑧ 长沙县开物中学

长沙县北山镇

① 北山镇举行建党90周年红歌演唱会

② 长沙危废项目征地听证会在北山镇召开

③ 身边的优秀共产党员巡回报告会

④ 村两委换届选举工作会

⑤ 长沙县乡镇污水处理工程在北山正式启动

长沙县星沙街道办事处

① 自导自演文艺活动
② 公园群众文化活动
③ 星沙通程商业广场
④ 星沙夜景
⑤ 松雅湖畔

长沙县湘龙街道办事处

湘龙街道成立于2009年12月26日，地处长沙县县城西北部，东抵京珠高速，北临捞刀河，是县城相连市区的重要门户。街道总面积22.63平方公里，总人口约12万，下辖12个社区居委会。街道毗邻市区，地理位置优越，交通便利，京珠高速、长永高速、武广高铁穿街而过，开元路、万家丽北路在街道交错穿行。目前街道内一条由中南汽车世界、星沙汽配城、中南汽配专业市场、“机电航母”金鹰机电市场沿万家丽北路一线组成汽车及零部件的生产、销售、维护完整的配套服务产业链已初具雏形。街道各项社会事业全面推进，荣获“长沙市2011年度经济社会发展十快乡镇街道”荣誉称号，2010、2011年相继获得长沙县乡镇（街道）领导班子绩效考核一等奖。

党工委书记李开兴
办事处主任高新良

① ② ③

① 全体党政领导合影
② 2011年“长沙市商贸流通市场评比”中位列第一的中南汽车世界
③ 2011年5月6日，中央文化考察调研组领导视察宏梦卡通艺术村落

湖南湘丰茶业有限公司

2011年5月1日常务副省长于来山（左）与公司董事长汤宇在北京合影

湖南湘丰茶业有限公司地处现代农业湖南长沙创新示范区（长沙县金井镇），是中国茶业行业三十强、中国科学院有机茶示范基地、国家级茶叶标准化示范企业、湖南省农业产业化龙头企业、省级“双百”工程企业、省级现代农业科技示范工程企业、省级茶业旅游示范点、长沙市优秀小巨人企业。

公司拥有茶叶基地13333.33公顷，生产基地主要辐射长沙县、浏阳市、汨罗市、平江县、湘西保靖县、常德石门县的22个乡镇、152个村，带动了近20万农户的增收。湘丰茶业及其关联企业主要产品有“湘丰”牌绿茶（毛尖）和红碎茶、“湘丰”牌红薯水晶粉丝、“星香”牌大米、“湘丰”牌茶叶机械。公司全面实行“6S”现场管理。产品通过了“IMO有机茶认证”、绿色食品认证、ISO9001质量管理体系认证、HACCP质量安全体系认证、GAP良好农业规范认证等，“湘丰”牌绿茶多次荣获国际茶叶博览会金奖，连续六届获“湖南省国际农博会金奖”。“湘丰”为湖南省著名商标，正在申报全国驰名商标。公司现为省、市重点上市后备企业，已经进入上市辅导期，2011年10月完成股份制改造。

产品“白露毛尖”

湘丰绿茶产品

全自动绿茶生产线

有机茶园基地

长沙县金井镇惠农村

① 省委副书记、省长徐守盛（右二）到惠农村慰问困难党员
② 村民学习广场舞
③ 汇龙蔬菜专业合作社召开专题会议
④ 幼儿园的孩子们在快乐的玩耍

惠农村地处长沙县金井镇东南部，与浏阳市接壤，总面积9.84平方公里，其中有效耕地面积38.2公顷、山林517.33公顷、水面22.07公顷，全村共有24个组、852户、3056人，其中党员99人。北部为金井水库，南部群山环绕。目前，村域内有企业4家（汇龙蔬菜专业合作社、惠龙食品有限公司、清怡食用菌专业合作社，惠农环保服务公司），基本实现山上有油茶水果、田间有水稻蔬菜、村内有加工企业、产品有海外市场、农民增收有产业支撑、环境卫生有公司维护的崭新局面。2011年，全村人年均可支配收入过10200元。

2011年，惠农村被确定为省长徐守盛的新农村建设联系村。近年来在上级的正确领导和大力帮扶下，按照新农村建设的总体规划部署和“一年打基础，两年见成效，三年大变样”的总体要求，经过科学规划设计和紧锣密鼓的项目建设，新农村建设取得良好成效，先后获得省级生态村、县人民满意村、“五个好”村党组织、村民自治模范村、村务公开和人民管理模范村。县委“创先争优”先进基层党支部等荣誉。

人民生活

【居民生活水平】 2008年，全县城镇居民人均可支配收入16887元，比上年增加1053元，增长6.7%。农民人均可支配收入7885元，比上年增加1365元，增长20.9%，农村居民人均纯收入8442元，比上年增加1442元，增长20.6%；其中转移性纯收入882元、工资性收入3014元、家庭经营纯收入4648元、财产性纯收入228元，分别增长 36.87%、21.41%、19.38%、2.72%。全县城镇居民人均消费性支出12214元，增长8.2%。平均每百户家庭拥有家用汽车18辆，比上年增加6辆；家用电脑 62台，比上年增加28台；人均居住面积37.9平方米，比上年增加2平方米。农村居民人均生活消费支出5879元，增长6.85%，其中居民消费、食品消费支出增长较快，增幅分别为 17.49%、9.87%。受物价上涨等因素影响，农村居民恩格尔系数为36.7%，比上年提高1个百分点；反映收入水平差异的农村居民基尼系数为0.37。平均每百户家庭拥有彩色电视机107台、空调 42台、电冰箱 53台。人均住房面积56.52平方米，增长0.4%。

2009年，城镇居民人均可支配收入为18575元，增长10%。其中工资性收入12268元，增长14.6%；经营性收入2184元，下降9.6%；财产性收入3227元，与上年基本持平；转移性收入1621元，增长29.5%。城镇居民人均消费支出14607元，增长19.6%。其中食品支出4164元，增长14.4%。城镇居民恩格尔系数为28.5%。平均每百户家庭拥有家用汽车26辆，比上年增加8辆；家用电脑62 台，与上年持平；人均居住面积38.4平方米，比上年增加0.5平方米。农民人均可支配收入9340元，比上年增加1455元，增长18.94%；农村居民人均纯收入9998元，比上年增加1556元，增长18.4%；其中，工资性收入3538元，增长17.4%；经营性收入5173元，增长11.3%；财产性收入535元，增长134.9%；转移性收入752元，增长36.2%。人均生活消费支出6403元，增长8.9%。受物价上涨等因素影响，农村居民恩格尔系数为 34.3%，比上年下降2.4个百分点；反映收入水平差异的农村居民基尼系数为0.43。平均每百户家庭拥有彩色电视机114台、空调57台、电冰箱68台。人均住房面积56.52平方米。

2010年，城镇居民人均可支配收入为21099元，增长14.9%。其中工资性收入14616.6元，增长19.1%；经营性收入2234.4元，增长2.3%；财产性收入3726.1元，增长15.4%；转移性收入1365.8元，下降15.8%。城镇居民人均消费支出14545元，下降0.4%。其中食品支出4222.1元，增长1.4%。城镇居民恩格尔系数为29%。平均每百户家庭拥有家用汽车30辆，比上年增加4辆；家用电脑62台，与上年持平。农民人均可支配收入11179.2元，比上年增加1839.4元，增长19.7%；农村居民人均纯收入11946.5元，比上年增加1947.9元，增长19.5%；其中，工资性收入4533.8元，增长28.2%；经营性收入5752.2元，增长11.2%；财产性收入568.2元，增长6.1%；转移性收入1092.4元，增长45.3%。人均生活消费支出6590元，增长2.9%。受物价上涨等因素影响，农村居民恩格尔系数为36.4%，比上年上升2.1个百分点；农村居民基尼系数为0.33，比上年下降0.1个百分点，农村居民收入差距逐步缩小。平均每百户家庭拥有彩色电视机122台、空调65台、电冰箱84台。人均住房面积57.7平方米。

2011年，城镇居民人均可支配收入达到24118元，比上年增长14.3%，城镇居民恩格尔系数为37.9%，提高8.9个百分点。每百户家庭拥有家用汽车36辆，家用电脑74台，接入互联网的计算机55台。人均住房建筑面积39.1平方米，增加1.4平方米。农村居民人均纯收入14237元，增长19.2%，农村居民恩格尔系数为37.3%，提高0.9个百分点。平均每百户家庭拥有家用汽车11辆，家用电脑27台，移动电话机213台，分别增加3辆、4台和15台。农村居民人均住房面积57.7平方米，增加0.04平方米。

【劳动就业】 据县统计局的统计资料显示，2008年全县新增城镇就业8569人；帮助失业人员实现再就业1797人；就业困难对象实现再就业839人；农村劳动力转移就业增加12720人；开展再就业培训1595人；开展职业培训11698人，其中对下岗失业人员、被征地农民开展再就业培训3508人，企业职工培训6817人，农村劳动力转移培训2943人，创业培训（SYB）343人。建立城镇未就业军队退役人员就业援助制度。城镇登记失业率3.4%。同时为持《再就业优惠证》的灵活就业人员发放社保补贴2500余人次，补贴700多万元，就业局势保持稳定。

2009年全县新增城镇就业人员6612人，失业人员再就业人员1928人，就业困难对象再就业人员787人，扶持创业人员321人，城镇零就业家庭动态援助率保持100%，帮助农村贫困家庭转移就业127户，稳定农村劳动力转移就业121300人；开展职业培训班38期培训12544人，其中企业职工培训6525人，创业培训274人，再就业培训2352人，城镇劳动预备制培训463人，农村劳动力转移技能培训2930人。年度登记失业率控制在3.8%以内。

2010年全县新增城镇就业人员8915人，失业再就业人员3125人，就业困难对象再就业人员1209人，城镇零就业家庭动态援助率保持100%，新增农村劳动力转移就业14480人；开展职业培训13133人，其中创业培训498人，农村劳动力转移技能培训3144人。年度登记失业率控制在3.5%以内。

2011年全年新增城镇就业人员9219人，新增农村劳动力转移就业人数9310人。年末城镇登记失业率为3.3%。（吴汉项）

民　政

【概况】 2008年至2011年，民政工作坚持“以人为本，科学发展”的宗旨，努力“保障民生，维护民利，落实民权”，突出民生重点，狠抓项目建设，各项工作均取得显著成绩，获评全国双拥模范县、省双拥模范县、全国婚姻登记示范单位、省市社会救助工作先进县、省五保供养先进县、基层民主政治建设先进县、殡改工作先进县、农村危房改建工作先进县等多项国家和省市荣誉。

一、社会救助体系健全 高度重视社会保障和社会救助体系建设，从助医、助学、助居、助困，衣、食、住、学等全方位健全社会救助体系，让全县人民、尤其是特困群体共享全县经济快速发展的成果。

城乡低保规范管理。严格执行低保政策，坚持年审制度，实行动态管理、应保尽保的原则，低保资金全部实行银行按月发放。四年来，全县享受城镇低保户25437户，56739人，共发放保障金13898.23 万元，人均发放保障金2449.5元；享受农村低保户44100户，105668 人，共计发放保障金8101.03万元，人均发放保障金766.6元，保障标准分别为204元/人·月和64元/人·月。

城乡特困家庭医疗救助力度加大。2008年，城乡特困医疗救助制度已基本完善，由启动时单一的大病救助模式发展成为资助救助对象参合参保、门诊医疗救助、住院医疗救助、临时医疗救助和慈善医疗援助“五位一体”的医疗救助模式，2011年城乡特困家庭医疗救助最高限额由3000元提高到5000元。四年来共救助17271人，发放救助金3335.42万元，救助5000元的有334 人，特殊情况再通过慈善会进行救助。四年来为城乡低保对象和重点优抚对象缴纳农村新型合作医疗费318.86 万元，特困医疗救助资金实行专户专账管理，全部由信用社发放，保证资金发放的规范运作。

社会精神病人救治实行应救尽救。四年来，社会精神病人药物救助按每两个月一次巡诊的要求，共免费巡诊21918人次。重症精神病人免费住院救助治疗1498人次，救助费用413.8万元，实行应救尽救。

“安居工程”稳步推进。从2004年开始在全省率先实施农村危房改建工作，四年间累计资助总户数1560户，累计发放资助资金2780万元。

敬老院建设和管理水平不断提高。逐年加大敬老院建设投入力度，累计投入资金7000万元用于敬老院建设，同时采取有效措施，不断提高农村五保供养对象生活待遇，解决近900位五保老人的集中供养的问题。四年间，全县农村五保供养金共发放5183万元；农村五保年供养24196人次；供养标准由2008年的1560元/年提高到2011年的2160元/年。至2011年末，共有高标准敬老院20所，其中县级敬老院1所，乡镇级敬老院19所，果园镇和黄花镇敬老院设施、规模均居全省一流水平。举办8期敬老院院长培训班，培训工作人员640人次，以切实提高工作人员素质，通过提升管理服务水平，促进全县敬老院管理服务水平上一个台阶，并打造一批全国模范敬老院。

全面实施革命先烈后代幸福计划。2011年率先在全省启动“幸福计划”，在全县范围内对建国前牺牲革命先烈的后代困难家庭实施“助学、助医、助居、助创业”等一系列帮扶计划。慰问烈士后代506人，下发慰问金95.9万元，“助居”、“助学”和“助医”活动在民政同类救助活动中同时实施。符合烈士子女享受定期抚恤补助条件的有44人，补助标准为220元/月。

孤儿保障和慈善助学。慈善助学主要针对大学新生，目标是不让一个大学新生因交不起学费而不能入学。四年共救助大学新生2444人，救助金额544余万元。为进一步维护孤儿的合法权益，根据长沙市人民政府关于进一步加强孤儿保障工作的实施意见，该县自2010年1月起，发放孤儿生活费270元/人·月，从2011年1月起提高至600元/人·月，还对全县孤儿按照高中5000元/人·年、大学10000元/人·年的标准进行助学帮扶。

流浪乞讨人员救助逐步完善。县救助站本着遵循自愿受助、无偿救助原则进行救助。四年来已救助各类求助对象4850人次。

救灾救济工作有序开展。健全防灾救灾紧急预案，对自然灾害受损户进行及时勘灾并下发救灾金。四年内已接待各类求助对象5000余人次，下发临时救济金302万元。应急体系逐步完善，全面完成乡镇救灾物资储备点和综合减灾社区建设。2011年，北山镇新桥社区被民政部授予“全国综合减灾示范社区”，星沙街道凉塘路社区、黄花镇黄花路社区和春华镇春华山社区被省民政厅授予“省综合减灾示范社区”。

二、基层民主政治建设不断加强 全县社区数由2009年的45个增加到现在的74个。2007年至2010年，县财政每年安排资金150万元，以奖代投推动城乡社区建设，2011年追加190万元社区建设经费，用于社区新建、改扩建、“一站式服务大厅”、电子服务器等建设项目，全县60%的社区设立“一站式”服务大厅，便捷地为群众提供计生、民政、社会保障、失业管理、综治调解、户籍户政等各项服务，为民服务场地和居民娱乐活动场地得到很大程度的改观。开展示范社区、精品社区建设，涌现出黄花路、春华山、经贸路等一大批城乡示范社区。通过规范招投标、村（社区）账乡代管、签订目标管理责任书、政府加大对村和社区的投入、全面推进村委会（居委会）直选等措施，村（居）务公开和民主管理工作深入推进。2011年共有19个乡镇，238个村（包括20个农村社区），59.15万选民参加第八次村委会换届选举，选出村委会成员798人。

三、优抚安置和双拥工作全面落实 连续4年圆满完成退伍安置任务，各类优待抚恤政策严格快速落实。自2009年率先在全省实施重点优抚对象医疗救助的医疗直补方式，三年来共发放补助金额760.7万元；自2007年起实施优抚对象危房改造工程，累计资助484户，资助金额共发放836.4万元；重点加大对优抚对象的临时救助和医疗费补助，有力解决优抚对象的“三难”（住房难、就医难、生活难）问题，每年都被评为省、市优抚工作先进县。通过建设完成全省一流的县光荣院、县双拥公园，每年召开军地军政座谈会，定期组织慰问驻县部队官兵等系列措施，连续保持省双拥模范县称号，并于2011年12月再次获全国双拥模范县荣誉。

四、社会福利服务事业卓有成效 2010年启动社区居家养老服务中心建设，2011年完成星沙、黄花等10个乡镇（街道）的15个社区居家养老服务中心建设。全县20所敬老院同时启动福利服务中心工作。鼓励民间资金发展养老事业，支持扶植社会养老机构建设，全县现有民办养老机构2个，其中青松老年公寓被评为全国示范单位。福彩事业高速发展，全县有福彩投注站点106个，2011年福彩发行量在全省率先突破亿元大关。从2011年起全面实行高龄老人生活补贴制度，覆盖全县近3000名老人，年补助资金近300万元。

五、社会专项事务管理有序 收养登记、社会团体、民办非企业登记等依法开展。区划地名管理不断规范，县城的道路命名，路牌、门牌的制作安装有序进行，乡镇设标工作全面完成。勘界工作逐年完成。区划调整工作有序推进。自2008年起实现婚姻登记的集中办理，2009年长沙县婚姻登记处被评为“全国婚姻登记规范化单位”。全面推进农村殡葬改革，实施殡葬补助。农村公益性墓地建设任务基本完成，全县共有19个农村公益性墓地，死亡人口火化率达100%。成立县殡葬协会，殡葬服务体系形成。现有的农村公益性墓地、殡葬工作队伍和服务人员能基本满足全县村民的丧葬需求。

【行政区划调整】 2011年底，全县共辖18个镇，4个街道，218个行政村、74个社区居委会。近年来，为促进经济社会发展，提高城市管理水平，该县积极探索，大胆创新，在省、市政府的支持下，完成行政区划调整的一系列工作：2009年9月，撤销星沙镇，设立星沙、湘龙、泉塘3个街道办事处；2011年3月，撤销开慧乡设立开慧镇；5月，撤销跳马乡设立跳马镇。

【福利彩票销售在全省率先突破亿元大关】 认真贯彻《彩票管理条例》，坚持“安全运行、健康发展”的工作方针，加强投注站点标准化建设，强化内部管理，加大营销宣传，实现福利彩票事业的跨越式发展。截至2011年10月30日，全县福利彩票年总销量突破1亿元，成为全省第一个福利彩票销售过亿元的县级单位。

【实施“革命先烈后代困难家庭幸福计划”】 2011年，为隆重纪念中国共产党建党90周年，深刻缅怀为新中国诞生而英勇牺牲的革命先烈，传承红色记忆，建设美好家园，七一前夕，在全县开展了对建国前革命先烈后代困难家庭的救助帮扶活动。一是对全县建国前牺牲的革命先烈后代中的困难家庭进行一次慰问。慰问标准：烈士子女（丧偶的儿媳）家庭慰问4000元/户，烈士孙子女（丧偶的孙媳）家庭慰问1000元/户。二是对丧失劳动能力，无经济来源的特困烈士子女，实施定期补助。三是对无房、危房的烈士后代困难家庭实施“安居房”补助。补助标准：烈士子女（媳）家庭3~6万元/户，烈士孙子女（媳）家庭2万元/户。四是对烈士后代困难家庭中的大学新生实施专项“助学”补助、对烈士后代困难家庭中患大病对象实施专项“助医”补助。五是对烈士后代家庭实施“助创业”计划。六是新建长沙县烈士墓园，进行集中管理，同时建设无名烈士纪念塔，纪念、缅怀为解放事业英勇献身的革命先烈。并在全县范围内倡导全体党员，开展“交一份特殊党费，传承红色记忆，建设美好家园——革命先烈后代幸福计划捐款活动”，并倡导全县各企、事业单位，驻县部队、社会团体、爱心人士等参与捐赠活动。幸福计划活动资金列入本级财政预算。

【蝉联全国双拥模范县】 全县有各类优抚对象3万多人，驻军单位15个，其中团以上单位8个。军地双方始终坚持把双拥工作作为事关全局、涉及长远的大事来抓，把双拥工作列入重要议事日程，纳入经济社会发展总体规划，纳入部队群众工作的首要任务。2011年共投资280余万元建成并完善全省首座双拥主题公园，建立全省首个集双拥宣传和优抚电子政务于一体的“长沙县双拥网”。2008年来，县乡两级用于优抚对象慰问和救助资金达920余万元，确保全县重点优抚对象生活水平高于全县人均生活水平；四年来共投资836.4多万元帮助县内484名特困优抚对象新建住房325栋。有效解决全县重点优抚对象“住房难”问题。县委、县政府从制度建设入手率先在全省建立健全优抚对象医疗保障制度，从制度上保证优抚对象能公正、及时享受到政策的实惠，形成多层次、可持续的优抚对象医疗保障体系。四年来共投入1500多万元用于解决重点优抚对象的医疗困难问题，全县重点优抚对象的医疗保障问题得以解决。该县双拥优抚安置工作赢得上级部门的充分肯定，连续四次获得省级双拥模范县称号，2011年12月再获全国双拥模范县殊荣。这是该县自2007年首获此殊荣之后再次获得该称号。

【社区阵地建设】 2008年起，长沙县社区（村）工作经费由原来的每年1~4万元增加到每年9~13万元。2011年，全县再次将社区（村）工作经费增至每年10~14万元。另外，参照执行城市社区标准的县城社区工作经费从2010年起按照县委常委会议纪要的有关精神，明确县城36个社区每年工作经费为18万元，参照执行的有暮云、黄花、槊梨、春华镇的11个社区。四年长沙县财政共安排790万元用于社区的阵地建设，完成新建、改扩建、

"一站式服务大厅"、电子服务器等大小项目共计69个，全县60%的社区设立"一站式"服务大厅，便捷地为群众提供计生、民政、社会保障、失业管理、综治调解、户籍户政等各项服务，为民服务场地和居民娱乐活动场地得到改观。开展示范社区、精品社区建设，涌现出黄花路、春华山、蒿塘坳、凉塘路等一大批城乡示范社区。社区服务功能明显增强，人民群众的生活质量显著提高。（刘卫花）

人口与计划生育

【概况】 2008年至2011年，全县年均出生9799人，平均出生率为12.24‰，人口自然增长率为5.07‰，符合政策生育率为97.27%，出生人口性别比107，人口基础数据一直处于省、市领先地位，其他基本人口计生指标处于正常水平，整体工作发展良好，低生育水平继续保持稳定，为长沙县的经济社会发展创造了良好的人口环境。长沙县连续4年保持全国计划生育优质服务先进县、全省计划生育工作模范县、全市计划生育工作红旗单位的荣誉。

"温馨计生"促推服务均等化。该县2011年被确定为流动人口计划生育基本公共服务均等化试点年，出台《长沙县推进流动人口计划生育基本公共服务均等化试点工作方案》，探索构建"5+10"流动人口均等化服务模式，即：推进宣传倡导、避孕节育、生殖健康、优生优育、奖励优待等五个方面的流动人口计划生育公共服务均等化，探索身份管理、子女受教育、就业创业及培训、社会保障、住房保障、医疗卫生、便民利民、帮扶救助、老年人优待、政治待遇等10个方面的流动人口基本公共服务均等化。在流动人口聚集区建立规范化的"流动人口之家"，在生育文化中融入流动人口服务管理内容，特别是切实关注流动人口身心健康，为流动人口育龄妇女提供与户籍人口同等质量的随访服务、生殖健康及国家规定的基本项目的免费服务。同时在就医、就学、就业、居住、维权等方面提供优先优待优厚优惠，群众的满意度进一步提升，促进人口计生工作的顺利开展。

"满意计生"提升优质服务。一是实施完成"四优一满意"工程。出台《长沙县创建"四优一满意"计划生育服务机构（2008—2010）工作规划》，利用国债对计生技术服务机构建设改造工程优先立项、优先投资。先后对县计生服务站和安沙、北山、金井、江背等10个乡镇计生服务所进行规范化、标准化改扩建、新建。2010年县计生技术服务站荣获全国计划生育优质服务县级示范站殊荣，北山镇、金井镇被评为全国计划生育优质服务示范所。二是建立"计卫联手"服务机制。计生和卫生部门配合，建立"孕产妇直通车"机制，在原有计划生育技术服务项目基础上，联手提供查环查孕、普查普治及生殖保健服务，联手开展计划生育及生殖保健宣传咨询，联手拓宽避孕药具发放渠道，指导育龄妇女知情选择。三是增强技术服务力量。将具有大专学历和助理医护人员执业资格作为门槛指标，实行公开选拔、择优录用、竞争上岗、绩效考核的用人制度，广泛延揽人才，提高全县技术服务人员整体素质。2008年以来，为县乡计生服务机构选好选优、配齐配强计生技术专业服务人才28名。

"智能计生"实现高效管理。一是启动流动人口计划生育工作省内"一盘棋"，开通湖南省全员人口信息综合管理系统，为全面加强新时期人口计生工作、切实稳定低生育水平，加强育龄妇女管理，掌握计划生育动态，促进流动人口计划生育服务管理机制创新，提高流动人口服务管理水平发挥了良好的平台载体作用。二是开通"实时通"系统，依托湖南省全员人口信息平台，建立全县育龄妇女产前检查信息识别系统。

"阳光计生"推动阳光事业。一是以公开为基础，实行阳光管理，推进计生政务公开、村（居）务公开，把与群众切身利益相关的政策法规、服务内容、服务程序、服务标准、服务时限、知情选择、人口出生、奖励优惠政策落实和社会抚养费征收等情况，以及"两个纪律"向群众公开，使计划生育行政行为随时接受群的监督。二是坚持以民生为导向，实施阳光服务。以"零距离"宣传方式，加强"立体式"的宣传网络建设，创新宣传载体，建立文化知识长廊15个，计生文化一条街（路）3条，新家庭文化书屋165个，促进新型婚育文化的渗透。组织人员送服务下乡，在避孕节育、生殖健康和政策法规等方面为育龄群众排忧解难。阳光公共服务均等便民。及时为流动人口办理一孩、二孩生育证、婚育证明，理顺生育证发放程序，为符合条件的对象提供便捷服务。三是坚持以评议为动力，促进阳光维权。启用“阳光热线”举报电话23个和长沙县人口和计划生育网站举报通道，全方位接受社会监督，增强阳光计生工作的透明度，群众满意率达95%以上 。四是坚持以满意为目标，塑造阳光形象。制定和完善阳光计生工作制度和工作规范，注重考核导向，注重督促检查，注重形象展示。至2011年，全县90%以上的乡镇（街道）、办、所基本达到“十好”标准。2011年该县被确定为全省阳光计生创建单位。

“诚信计生”实现村民自治。2010年全面启动诚信计生工程，加强村民自治和计生协会建设，至2011年长沙县建立县乡村（居）计生协会311个，诚信计生小组5907个。制定长沙县开展诚信计生工作方案，完善诚信计生工作协议、承诺等符合法律法规的规定，依法规范诚信计生工作程序和运行方式，推动工作重心下移，引导群众依法参与诚信计生工作，自觉遵守计生政策，自觉遵守签订的协议和承诺。一是加强领导、强化保障，实现政府诚信。坚持党政一把手亲自抓、负总责不动摇。坚持优先投入，加大财政保障力度不含糊。始终坚持以人为本，加强基层队伍建设不松劲。二是坚持村民自治，强基提质，实现群众守信。整合网络资源，为基层自治提供组织基础。完善基层协会的组织网络体系，使协会组织真正成为开展诚信计生的生力军。三是坚持和谐自治，双向承诺，实现干群互信。

“甘露计生”深化利益导向。建立以国家、省级奖励扶助项目为龙头，以县、乡、村政策、措施为补充的计划生育利益导向政策体系。“五奖两免”落实率、到位率100%。2008年起增加免费出生缺陷干预的利导政策，至2011年出生缺陷干预49人，提高出生人口素质。2011年增加“半边户”计划生育家庭享受农村部分奖励扶助，共有356人享受；2011年增加计划生育手术并发症扶助，10名并发症患者享受这一优待。同时增加“五奖”扶助标准，其中2011年独生子女费由每月5元增加到10元，2009年农村奖励扶助由每年600元增加到720元。2009年开始，实行“政府投保、群众受益”政策，县财政每年预算安排68万元专项经费，为14周岁以内的农村独生子女家庭和放弃再生育家庭参保计生家庭意外伤害保险给予财政补贴。2011年共有62302户计生家庭参与计生系列保险，投保金额190万元，居全省之最。同年启动“创建幸福家庭活动”，加大计生贫困家庭扶助力度，将全县6000余户计生特困家庭全部纳入农村低保，对30户移民困难计生家庭予以重点照顾；加大科技扶贫力度，对全县1300多个计生困难家庭的自我创业项目进行优先立项、优先扶持、优先提供小额贷款。2008年以来邀请湖南农大、省茶科所、省农科院等单位的农业专家广泛举办种养殖方面的实用技术培训班上千期；加大拆迁安置补偿力度，对独生子女户多补助2.53万元，并增加20平方米的合法建筑面积，2011年共有44人享受征地拆迁独生子女住房货币补助，补助金额111.32万元，共有302户享受农村村民建房独生子女优惠，优待面积3020平方米；开展“少生快富，建立幸福家园”活动，创建项目捆绑模式，实施产业带动工程，帮助1000余户计生家庭走上致富道路。

【通过国家计生委“十一五”评估】为掌握“十一五”人口发展规划、人口和计划生育事业发展规划实施的进展情况，促进各项规划目标顺利实现，推动人口发展问题的统筹解决，2008 年 10 月，该县代表湖南省接受国家人口计生委实施的“十一五”人口发展规划、人口和计划生育事业发展规划中期评估，顺利通过验收。2009 年 7 月，该县代表长沙市接受了国家人口计生委“婚育新风进万家”示范市的评估验收，人口计生工作受到国家人口计生委的充分肯定。2009 年 10 月，该县再次接受国家人口计生委专家组“国优”复查，县人口计生工作获专家组高度评价。

【“三级联创四到基层”活动推行】 从2009年开始，长沙县实施计划生育“三级联创四到基层”活动，即通过县、乡（镇）、村三级联动，将责任、投入、指导、考核延伸到基层，尤其工作重心下移到村，增强基层基础工作活力。一是责任到基层。坚持各级党政一把手亲自抓、负总责不动摇，坚持计划生育目标管理责任制和“一票否决制”。二是投入到基层。坚持优先投资于人的全面发展，充分保障计生工作投入。在确保财政预算经费全额到位的同时，根据阶段性工作及时追加专项经费。三是指导到基层。按照“市指导、县考核、乡负责、村落实”的整体思路，县、乡、村三级联动，认真指导村级开展创建工作。四是考核到基层。印发《长沙县计划生育一票否决制实施办法》，制定《人口和计划生育工作目标管理考核评估方案》，出台《村级计生专干岗位津贴及目标管理考核兑现实施办法》，提出明确的定性和定量要求，考核结果与岗位津贴挂钩，调动基层计生干部的积极性。通过村自评申报，乡（镇）考评排队，县质评分类，市抽评定性四级考核验收评比，2010年全县有12个村（居）进入市级模范村行列，157个村（居）进入先进村行列，11个乡镇（街道）进入市级人口计生工作优质服务模范单位行列。2011年全县99%以上的村达到优质服务合格村标准，计划生育工作整体水平得到较大提高。

【“两非”整治行动】为确保出生人口性别比平衡，该县扎实开展“关爱女孩、综合治理出生人口性别比偏高”问题专项行动，强化措施,依法从严打击“两非”(非医学需要鉴定胎儿性别和非医学需要选择性别终止妊娠）的违法犯罪行为。一是成立“关爱女孩、综合治理出生人口性别比偏高”问题专项行动小组，纳入综合治理成员单位和乡镇（街道）目标管理考核。二是广泛宣传。多形式宣传，营造氛围。三是规范管理。完善制度，细化职责，抓好督查。四是依法查处,举报有奖。举报属实奖励5000元。2011年7月上旬,人口计生、监察、宣传、公安、卫生、药监、工商、广电等部门联合开展“两非”整治工作，共同加强对医疗保健和药品销售市场的监管，依法查处长沙县华夏医院医生张某非法为他人鉴定胎儿性别、最终导致当事人实施非医学需要终止妊娠手术的行为，实现全县“两非”案件零的突破。

【启动流动人口计划生育省内“一盘棋”试点工作】 2009年4月，投入30万元，启动流动人口计划生育工作省内“一盘棋”试点，并建立全员人口信息库，开通湖南省全员人口信息综合管理系统。主要任务是采集录入信息，实施信息交换和协同管理，建立层级监管机制。至2011年底，全县共采集、录入全员人口信息818838条、共采集流动人口150948条，其中流入人口63554条，流出人口信息87394条。

【开通全员人口综合治理信息“实时通”系统】“实时通”是依托湖南省全员人口信息平台而建立的全县育龄妇女产前检查信息的识别系统。医疗卫生机构通过对妊娠产前检查和分娩孕妇实行实名制登记，将育龄妇女信息按规定及时录入“实时通”系统，系统会对育龄妇女怀孕对象以及需提供优质服务人员进行自动检索和触发短信，人口计生部门可及时掌握违法怀孕信息，迅速依法落实相关措施，同时为有关对象提供优质服务。2011年6月，该县投资100万元推行“实时通”系统，整合计生、卫生、公安等部门资源，为县、乡两级24个相关部门以及县域内40家医疗保健机构配备“实时通”系统设备，县财政投入专项资金为每个乡镇（街道）配备移动终端系统。

【“阳光计生”评议】 2011年，启用“阳光热线”举报电话23个和长沙县人口和计划生育网站举报通道，加强对计生干部的全方位监督，聘请育龄群众和社会知名人士担任监督员，切实加强法律监督、社会监督和舆论监督，建立计划生育群众评议员网络，开展“请农民兄弟姐妹评计生”、“请流动人口评计生”、计生系统“下评上”和政风行风评议活动，全方位接受社会监督，增强阳光计生工作的透明度，群众满意率达95%以上。

【健全基层计生协会】 2010年起，长沙县大力加强计生协会建设，完善基层协会的组织网络体系，至2011年，全县选配协会理事，常务理事506人，村级计生协会选配“五老”理事2890人，全县100%的村，100%的村民组实施计划生育村民自治，村（居）自治合格率95%以上。民主推选诚信计生小组长5907名，已婚育龄妇女参与面达82.6%。吸收育龄群众中的积极分子、有文化、有知识、有能力的致富能手为计生协会会员，2011年新发展会员2.29万人，全县会员总数达89681人，使协会组织真正成为开展诚信计生的生力军。

【制定计生章程】 为推动计生依法行政和群众依法互动的良性互动，长沙县依法依规制定《计划生育村民自治章程》《村规民约》《计划生育管理与服务合同》及《计生基层群众自治诚信计生协议》，建立《计划生育民主决策制度》《民主管理制度》《民主监督制度》《民主评议制度》《村务公开制度》。至2011

年，全县共签订《诚信计生协议书》5907份，成员与诚信小组长签订《诚信计生保证书》14.32万份。三是坚持和谐自治，双向承诺，实现干群互信。制定《计划生育管理服务合同》《基层群众自治诚信计生协议》《诚信计生承诺书》，乡镇（街道）计生办、村委会与村民做出双向服务承诺，权利义务对等，形成“两委负总责”，“协会当骨干”，“群众做主人”的基层群众自治的工作氛围，逐步建立起“双向承诺、充分自愿、高度自治”的诚信计生模式，实现人口计生工作重心下移，形成村民互信、干群互信的工作格局。（周秒全）

民族宗教事务

【概况】 截至2011年底，长沙县共有37 个少数民族12867人，占总人口的0.19%；超过千人的有土家族、苗族、侗族等3个少数民族，其中土家族5043人，占少数民族人口的39%；苗族3275人，占25%；侗族1124人，占8%。流动少数民族人口近千人（不含经开区企业内部少数民族流动人员），主要是来自新疆、四川、青海等地。该县也是湖南省宗教工作重点县之一，共开放佛教、道教、基督教场所45处，宗教教职人员101人。有民间信仰活动场所59处（含已开放和待开放），爱国宗教团体有佛教协会、道教协会、基督教三自爱国运动委员会三大团体。

【长沙县基督教三自爱国运动委员会第三届换届选举】 2008年7月4日，长沙县基督教三自爱国运动委员会第三届换届选举会在泉塘教会举行。会议由县基督教副主席刘向平主持，市民宗局、县委统战部、市教会、县民宗局等领导到会换届选举工作进行指导，全县各基督教活动场所的48名代表参加会议。会议审议通过长沙县基督教换届选举的各项章程，听取上届领导班子所作的工作报告。会议民主选举产生长沙县基督教新一届领导班子，设主席1名、副主席2名、常委9名。

【启动民族团结进步行动】 2009年11月26日，召开民族团结进步行动组委会成立暨动员大会，标志着该县民族团结进步行动正式启动。此次行动是根据省人大常委会的统一部署而进行的，以“促进团结和谐，加快富民强县”为主题，采取“统一组织、人大牵头、多方配合、上下联动”的方式，宣传推动民族团结进步事业，督促民族政策法律法规贯彻执行，推动相关单位和社会力量为少数民族办实事。在组委会的统一组织下，按照各自职责，围绕活动主题，每年确定一个重点，开展督促、检查和宣传采访报道等活动。

【长沙市首部县级宗教志编纂工作启动】 2010年，率先在全市编写《长沙县宗教志》一书，全面记录县域内佛教、道教、基督教三大宗教及民间信仰场所的历史沿革、文化资源及发展现状，努力发掘和弘扬宗教教义、宗教道德中有利于社会发展、时代进步的内容。该书是长沙县第一部关于宗教的专门史籍，也是长沙市首部县级宗教志，不仅为宗教界及社会各界了解研究宗教、更好地贯彻执行党的宗教政策，也为党委、政府的宗教工作决策，为全县今后的宗教管理工作，提供翔实的历史资料和有益借鉴。

【“佛慈祖德茶道祈福”系列活动在星沙启动】 2011年8月27日上午，由省佛协举办的“佛慈祖德茶道祈福——和谐之路同心同行”系列活动在星沙启动，来自海内外的高僧大德、专家学者、嘉宾朋友近400人参加开幕式。省委常委、统战部部长李微微向大会致贺词，全国人大常委、中国宗教学研究会会长卓新平，香港《文汇报》社长王树成，省市县领导刘莲玉、龚建明、虢正贵、陈献春、杨懿文、张庆红、周志远、周辉斌等出席。此次活动包含考察佛教界服务社会典型项目、祈福法会、敬安大师诞辰160周年纪念大会和纪念馆奠基仪式、“佛慈·祖德·茶道”学术论坛等内容。佛慈是活动主题之一，以纪念湖南省佛慈基金会成立10周年为内容，回顾总结其成立以来为扶贫济困、帮残助学、救灾解难、关注弱势群体所做的成绩。开幕式上还举行了爱心捐赠仪式，佛教弟子为省贫困和受灾地区捐款100万元。

【天华寺恢复重建奠基】 天华寺位于长沙县青山铺镇，始建于南宋初年，因其独特的历史背景和人文背景以及悠远的佛教传统，新中国成立后被省佛教协会列入“湖南佛教寺院”，后因历史原因被毁。2011 年决定重建，9月

1日举行天华寺恢复重建奠基仪式，全国人大代表、中国佛教协会副会长、湖南省佛教协会会长、麓山寺方丈圣辉大和尚出席并主持诵经、洒净仪式。来自全省及兄弟市县的高僧大德为此共同祈福。恢复重建的天华寺占地面积3200平方米，建筑分为大雄宝殿、天王殿、钟鼓楼、居士楼、洗心阁、放生池，总面积3780平方米。

【省基督教“两会”现场办公会在长沙县召开】 2011年9月8日，省委常委、统战部部长李微微带队率省、市、县直有关部门负责人前往位于星沙生态公园规范范围内的省基督教“两会”（基督教三自爱国运动委员会和基督教协会）办公场所建设项目现场，并组织召开专题会议，就该项目建设中存在的征地拆迁及高压改地埋等具体事项进行研究讨论，并明确相关部门认真抓好落实，为该项目开“绿灯”，特事特办，如期完成开工前相关手续报批及腾地等工作，明确责任，强化措施，全力以赴推进项目建设，切实为宗教界排忧解难。（张　伟）

老龄工作

【概况】 截至2011年底，全县共有农村五保老人5773人，有高标准敬老院20所，果园镇和黄花镇敬老院设施、规模均居全省一流水平。2008年到2011年，累计投入资金7000万元用于敬老院建设，采取有效措施，不断提高农村五保供养对象生活待遇，解决近900位五保老人的集中供养的问题。四年间全县农村五保供养金共发放5183万元；农村五保年供养24196人次；供养标准由2008年的1560元/年提高到2011年的2160元/年。对于分散供养的农村五保老人，在居家供养的基础上，再以村或联村为单位建立五保供养服务站，采取有效措施，不断提高农村五保供养对象的生活水平。积极开展各项“惠老工程”和“尊老敬老”活动。推进老年实事项目建设，为老年人做好事、办实事、解难事。整合资源，充分发挥涉老社会组织的作用。发动乡镇、街道从实际出发，结合自身特点，利用宣传栏、传单、标语等各种宣传形式，大力营造爱老敬老的舆论氛围，并经常性地组织老年人开展乒乓球、健美操、门球赛等活动，丰富老年人的精神文化生活，提高老年人的生活品质。认真做好老年维权工作，积极协调有关部门，切实维护好老年人的合法权益。

【探索社区居家养老模式】 因既有养老模式难以满足老龄化社会需求，长沙县从2009年开始探索一种新型养老模式——社区居家养老。社区居家养老指以家庭为核心，以社区为依托，以专业化服务为主要服务形式，积极发挥政府主导作用，广泛动员社会力量，充分利用社区资源为居住在家的老年人提供以解决日常生活困难为主要内容的养老方式。社区提供的服务主要包括：生活照料、家政服务、康复服务、日托服务、心理咨询、精神慰藉、临终关怀等，受到广大人民群众的好评。至2011年底，已建立居家养老点15个，为当地老人提供各项服务。同时青松老年公寓和迎春药物生态护养园两个民间养老机构设施齐全，共有床位260张。

【实行高龄老人生活补贴制度】 从2011年元月起，建立高龄老人生活津贴制度，户籍户口在长沙县范围内的享受城镇、农村低保家庭的年满80～89周岁的老人每月发放津贴50元，90～99岁的老人每月发放津贴100元，100岁以上老人每月发放津贴400元，覆盖全县近3000名老人。2011年共发放补贴2800人，发放金额240万元。

【加强敬老院建设】 全县共有敬老院20所，其中县级1所，乡镇19所。2008年至2011年新建开慧镇、黄兴镇、果园镇敬老院，扩建高桥镇、青山铺镇敬老院。居住三无人员881人，全县五保老人集中供养率为15.7%。共有床位1380个，服务人员80余人，确保三无人员衣食无忧、安度晚年。举办8期敬老院院长培训班，培训工作人员640人次，切实提高工作人员素质，并出台相关管理制度，提升敬老院管理服务水平，打造一批全国模范敬老院。2008年，该县获全省“农村五保供养先进县”称号；2010年，黄兴镇敬老院获“全国模范敬老院”称号；2011年，黄兴镇敬老院获“全国行业建设示范单位”；2008年至2011年，黄兴镇、青山铺镇、开慧镇、高桥镇、金井镇、安沙镇敬老院连续获评“全市示范敬老院”称号。（刘卫花）

乡镇·街道

长沙县各乡镇（街道）机构领导人员

暮云镇

党委书记
彭军其（2008.01～　　　）

党委副书记、镇长
彭正球（2008.01～2009.04）
黄　勇（2009.10～　　　）

人大主席
何学军（2008.01～2010.04）
龙喜广（2010.04～　　　）

党委委员、纪委书记
唐伏奇（2008.01～2010.04）
陈　泽（2010.04～　　　）

党委委员、副镇长
龙喜广（2008.01～2010.04）
陈晓雄（2008.01～2010.04）
吴丽萍（2008.02～2009.02）（挂职）
唐伏奇（2010.05～　　　）
章铭康（2010.08～　　　）

副镇长 黄勇军（2008.01～2010.04）
李　磊（2008.01～2010.07）
徐天林（2010.04～　　　）
曹　军（2010.08～　　　）

政协联络处主任
伍冬雪（2008.01～2010.04）
张瑞芸（2010.04～　　　）

党委委员
吴延琼（2008.01～2010.04）
龙新伟（2010.08～　　　）

跳马镇

党委书记
陈再旭（2008.01～2011.06）
谭爱兵（2011.06～　　　）

党委副书记、镇长
徐虎踞（2008.01～2011.10）
涂亚鹏（2011.10～　　　）

党委副书记、人大主席
彭锡坤（2008.01～　　　）

党委委员（政法、纪委、武装）
陈　泽（2008.01～2010.06）
杨俊权（2010.06～2010.09）
章志刚（2010.08～　　　）

党委委员、常务副镇长
张瑞芸（2008.01～2010.06）
游松明（2010.09～　　　）

党委委员、副镇长
王秋庆（2008.01～2010.09）
喻运科（2010.09～　　　）

党委委员（办公室、宣统委员）
游松明（2008.01～2010.09）
戴江南（2010.08～　　　）

副镇长 王秋庆（2008.01～　　　）
戴江南（2008.01～2010.09）
廖　莎（2010.09～　　　）

副镇长 周叶枝（2011.03～　　　）（挂职）

黄兴镇

党委书记
杨喜平（2008.01～2010.04）
邹春林（2010.04～　　　）

党委副书记、镇长
唐五一（2008.01～　　　）

党委副书记、人大主席
杨　碧（2008.01～2010.09）
刘思敏（2010.09～　　　）

党委委员、纪委书记
刘思敏（2008.01～2010.09）
彭少波（2010.09～　　　）

党委委员、副镇长
石超刚（2008.01～　　　）
喻运科（2008.01～2010.08）
杨俊权（2010.09～2011.08）

政协联络办主任
廖术武（2008.01～2010.04）
李先艳（2010.08～　　　）

党委委员、党政办主任
李先艳（2008.01～2010.08）
曹　剑（2010.08～　　　）

副镇长 刘正超（2008.01～2009.11）
喻孟华（2008.01～　　　）
段文波（2010.09～　　　）

干杉乡

党委书记
郭艳红（2008.01～　　　）

党委副书记、乡长
彭　海（2008.01～2010.04）
周　政（2010.04～　　　）

党委副书记、人大主席
李德兴（2008.01～　　　）

政协联络办主任
龚建新（2008.01～2010.04）
易建强（2010.09～　　　）

党委委员、副乡长
吴文先（2008.01～　　　）
彭菊泉（2008.01～2010.04）
常泽军（2010.08～　　　）

党委委员、纪委书记
席　剑（2008.01～2010.09）
饶逢春（2010.08～2011.06）

党委委员
易建强（2008.01～2010.09）
游　江（2010.08～　　　）

副乡长 常泽军（2008.01～2010.08）
陈　恳（2008.01～　　　）
张栋材（2010.09～　　　）

㮾梨镇

党委书记
陈　湘（2008.01～2009.09）
胡春山（2009.09～2011.06）
蔡　逸（2011.06～　　　）

党委副书记、镇长
蔡　逸（2008.01～2011.06）
徐虎踞（2011.10～　　　）

党委副书记、人大主席
陶许广（2008.01～2009.10）
黎文革（2009.10～　　　）

党委委员
罗拾平（2010.04～　　　）（挂职）

政协联络处主任
刘建忠（2008.01～2009.10）
李德纯（2009.10～　　　）

党委委员、办公室主任

李德纯（2008.01～2009.12）

党委委员、纪委书记

周俊强（2008.01～2009.04）

张　韧（2010.08～　　　）

党委委员、常务副镇长

唐利坤（2008.01～　　　）

副镇长 刘腊春（2008.01～2010.09）

黄大伟（2008.01～2011.10）

刘志伟（2010.09～　　　）

党委委员、副镇长

刘腊春（2010.08～　　　）

周兴武（2008.01～2009.07）

党委委员

陈魁宇（2010.04～2011.07）

江背镇

党委书记

李开兴（2008.01～2010.04）

毛　葵（2010.04～　　　）

党委副书记、镇长

毛　葵（2008.01～2010.04）

陈　虎（2010.04～　　　）

党委副书记、人大主席

聂建新（2008.01～　　　）

党委委员、纪委书记

郭　刚（2008.01～2010.09）

冯典为（2010.08～　　　）

党员委员、副镇长

罗成利（2008.01～　　　）

袁　康（2008.01～2010.09）

李坤明（2011.05～　　　）

副镇长 刘　佩（2008.01～2009.04）

王　军（2008.01～　　　）

罗征宇（2009.10～　　　）

李坤明（2010.09～2011.05）

政协联络处主任

陈宏亮（2008.01～　　　）

党委委员

唐　锋（2008.01～2009.04）

陈宏亮（2009.06～2010.04）

罗　琼（2010.04～　　　）

党委委员

刘　征（2010.11～　　　）

（挂职）

黄花镇

党委书记

刘新平（2008.01～　　　）

党委副书记、镇长

杨德胜（2008.01～2009.12）

何学军（2010.04～　　　）

党委副书记、人大主席

汪树根（2008.01～　　　）

副镇长 粟　力（2008.01～2010.09）

席　剑（2010.08～　　　）

何定安（2008.01～　　　）

周　政（2008.01～2010.04）

吴立新（2010.04～　　　）

王文凯（2008.01～2009.12）

王珊娜（2010.09～　　　）

政协联络办主任

李培勇（2008.01～　　　）

党委委员

彭　刚（2008.01～　　　）

周　政（2008.01～2010.04）

龙新伟（2008.01～2010.09）

吴立新（2010.09～　　　）

春华镇

党委书记

罗国良（2008.01～2009.09）

周习彬（2009.09～　　　）

党委副书记、镇长

高新良（2008.01～2010.04）

李　洪（2010.04～　　　）

党委副书记、人大主席

何金莲（2008.01～　　　）

党委委员、纪委书记

李志勇（2008.01～2011.10）

郑旭辉（2011.10～　　　）

党委委员、副镇长

吴文斗（2008.01～　　　）

方德兴（2008.01～2010.04）

李登奇（2011.04～　　　）

副镇长 吴立新（2008.01～2010.06）

胡　杰（2008.01～　　　）

李登奇（2010.09～　　　）

黄　栋（2010.09～　　　）

柳　建（2010.08～　　　）

政协联络处主任

粟建社（2008.01～2009.10）

李志勇（2010.04～2011.11）

党委委员

饶逢春（2008.01～2010.07）

陈　勇（2010.08～　　　）

果园镇

党委书记

吴四龙（2008.01～2009.08）

鄢兴杰（2009.08～　　　）

党委副书记、镇长

鄢兴杰（2008.01～2009.10）

镇　长 陈伟奇（2009.10～　　　）

党委副书记、人大主席

罗海望（2008.01～　　　）

政协联络处主任

余新专（2008.01～　　　）

党委委员、纪委书记

马国军（2008.01～　　　）

党委委员、宣传委员

涂开来（2008.01～2010.09）

王　旭（2010.09～　　　）

党委委员、副镇长

章铭康（2008.01～2010.09）

陈长辉（2008.01～2010.09）

张　荣（2010.08～　　　）

涂开来（2010.08～　　　）

粟　光（2011.04～　　　）

副镇长 陈群芳（2010.08～　　　）

粟　光（2010.07～2011.04）

张　荣（2008.01～2010.08）

饶培元（2010.10～　　　）

易揽月（2008.01～2010.09）

路口镇

党委书记

李立夫（2008.01～2008.08）

彭正球（2009.04～　　　）

党委副书记、镇长

李俊开（2008.01～　　　）

党委副书记、人大主席

冯学武（2008.01～　　　）

党委副书记

邹　炼（2010.10～2011.10）

（挂职）

纪委书记

吴三贵（2008.01~2010.06）

高　瑜（2010.09～　　　）

副镇长 张瑞祥（2008.01～2010.09）

杨再兴（2008.01～　　　）

冯赛军（2008.01～2010.06）

周向阳（2008.01～2010.06）

袁　勇（2010.09～　　　）

林中胜（2010.09～　　　）

田　涤（2009.10～　　　）

刘　哲（2011.10～　　　）

人大副主席

陈　祥（2008.01~2010.03）

杨钟浩（2010.08～　　　）

政协联络处主任

史超群（2008.01～　　　）

党委委员

毛利华（2008.10～　　　）

高桥镇

党委书记

张建军（2008.01～　　　）

党委副书记

傅灿霞（2008.01～2009.04）

李命命（2009.10～　　　）
熊　健（2008.01～　　　）
钟　舒（2010.01～　　　）
（挂职）

党委委员
祖春峰（2008.01～2010.08）
张瑞祥（2010.08～　　　）
李学文（2008.01～　　　）
尹小龙（2008.01～2010.04）
李　欢（2010.04～　　　）
王宏伟（2008.01～2010.10）
姜妙华（2010.08～　　　）

人大主席
熊　健（2008.01～　　　）

人大副主席
李　欢（2008.01～2010.04）
易揽月（2010.04～　　　）

镇　长 傅灿霞（2008.01～2009.04）
李命命（2009.10～　　　）

副镇长 李学文（2008.01～　　　）
王宏伟（2008.01～2010.10）
姜妙华（2008.01～　　　）
李　育（2008.01～2010.04）
孙　炯（2010.10～2011.10）
苏　波（2010.10～　　　）
杨　浩（2011.10～　　　）

金井镇

党委书记
王国良（2008.01～2008.08）
余仲双（2008.08～　　　）

党委副书记
宋海晏（2008.01～　　　）
（兼）
陶自立（2010.04～　　　）
肖智凯（2009.09～2011.09）
（挂）

镇　长 余仲双（2008.01～2009.09）
李　舜（2009.09～　　　）

人大主席
孙卫国（2008.01～2010.03）
陶自立（2010.07～2011.07）
廖春红（2011.10～　　　）

党委委员、副镇长
陶自立（2008.01～2010.04）

副镇长 饶怀宇（2008.01～2011.11）
宋海晏（2010.11～　　　）
宋　辉（2009.10～　　　）
史学范（2011.11～　　　）
李晓阳（2008.01～2010.09）
王珊娜（2008.01～2010.07）
胡孟洪（2010.11～　　　）
肖　勇（2011.11～　　　）

政协联络办主任
黄让贤（2008.01～2010.11）
饶怀宇（2011.10～　　　）

党委委员
刘利娟（2010.08～　　　）
盛振宇（2008.01～2010.11）
史学范（2011.04～　　　）

人大副主席
史学范（2008.01～2011.04）

双江镇

党委书记
石巨龙（2008.01～2010.04）
李　勇（2010.04～　　　）

党委副书记、镇长
冯谷山（2008.01～2010.04）
唐　锋（2010.04～　　　）

党委副书记、人大主席
陈洪毅（2008.01～　　　）

政协联络处主任
吴延辉（2008.01～　　　）

党委委员、纪委书记
吴延辉（2008.01～2011.10）
高　洁（2011.10～　　　）

党委委员、副镇长
周孟龙（2008.01～2010.05）
袁　勇（2008.01～2010.09）
邓志强（2010.09～　　　）

副镇长 罗　坚（2008.01～　　　）
柳　怡（2010.09～　　　）

党委委员
罗　芳（2008.01～2010.08）
沈建强（2010.08～2011.10）
熊武林（2010.10～　　　）
（挂职）

镇长助理
熊武林（2009.09～2010.10）

白沙乡

党委书记
朱剑斌（2008.01～2010.08）
谢德求（2010.08～　　　）

党委副书记
谢德求（2008.01～2010.08）
宁　铁（2010.08～　　　）
彭利军（2008.01～　　　）

乡　长 谢德求（2008.01～2010.09）
宁　铁（2010.09～　　　）

人大主席
彭利军（2008.01～　　　）

副乡长 冯典为（2008.01～2010.09）
黄文俊（2008.01～　　　）
柳建佳（2008.01～2010.09）
胡一舟（2010.09～　　　）
王策谋（2008.01～　　　）
胡海艳（2010.09～2011.10）
彭齐芳（2011.10～　　　）

政协联络处主任
钟铁毛（2008.01～　　　）

党委委员
钟铁毛（2008.01～　　　）
冯典为（2008.01～2010.09）
袁　惠（2008.01～2010.03）
黄文俊（2008.01～　　　）
柳建佳（2010.08～　　　）
胡一舟（2011.04～　　　）

开慧乡

党委书记
刘义红（2008.01～2008.08）
周习彬（2008.08～2009.09）
吴四龙（2009.09～2010.11）
王国良（2010.11～2011.11）

党委副书记、乡长
李　勇（2008.01～2010.04）
冯赛军（2010.04～　　　）

党委副书记、人大主席
粟　柱（2008.01～2010.04）
叶照君（2010.04～　　　）

政协联络处主任
彭亿根（2008.01～　　　）

宣传统战委员、党政办主任
汪虎国（2008.01～2010.04）
杨胜喜（2010.04～　　　）

党委委员、副乡长
叶照君（2008.01～2010.04）
盛　卓（2010.04～　　　）
祖春峰（2010.08～　　　）

副乡长 杨胜喜（2008.01～2010.04）
彭万贵（2009.10～　　　）
孙　炯（2008.01～2010.10）
张　勇（2010.10～　　　）

福临镇

党委书记
邹春林（2008.01～2010.04）
赖坤明（2010.04～　　　）

党委副书记、镇长
何　典（2008.01～　　　）

党委副书记、人大主席
范文略（2008.01～2010.04）
罗达松（2010.08～　　　）

政协联络办主任
罗达松（2008.01～2010.08）
李　彪（2010.08～　　　）

纪委书记

罗达松（2008.01～2010.08）

王宏伟（2010.08～　　　）

党委委员、党政办主任

文清良（2008.01～2010.08）

罗　芳（2010.08～　　　）

党委委员

李　彪（2008.01～2010.06）

文清良（2010.09～　　　）

李凤英（2008.01～2010.04）

陈军跃（2010.04～　　　）

张　霞（2011.10～　　　）

副镇长 文清良（2010.09～　　　）

李凤英（2008.01～2010.04）

李　彪（2008.01～2010.09）

陈军跃（2008.01～　　　）

余　丰（2008.01～　　　）

彭　伟（2010.09～　　　）

青山铺镇

党委书记

周　浩（2008.01～2009.08）

肖文辉（2009.09～　　　）

镇　长 张小春（2008.01～　　　）

党委副书记、人大主席

李　洪（2008.01～　　　）

吴延琮（2010.04～　　　）

纪委书记

章志刚（2008.01～2010.07）

袁　康（2010.08～　　　）

党委委员

张力强（2010.08～　　　）

党委委员、副镇长

李壮宇（2008.10～2011.01）

尹红兵（2008.01～2010.11）

陈　瑛（2011.04～2011.10）

童亚祁（2011.04～　　　）

刘子仁（2011.04～　　　）

副镇长 黄松印（2008.01～2010.09）

陈　瑛（2008.01～2011.04）

童亚祁（2010.09～2011.04）

刘子仁（2010.12～2011.04）

彭勇金（2011.10～　　　）

邹玉屏（2011.10～　　　）

政协联络办主任

曹　青（2008.01～2009.12）

黄松印（2010.11～　　　）

安沙镇

党委书记

黄　勇（2008.01～2009.10）

凌　异（2009.10～　　　）

副书记 凌　异（2008.01～2009.10）

王建国（2008.01～2009.12）

胡　阗（2009.10～　　　）

黄士玮（2010.04～　　　）

黄浩洋（2010.09～2011.09）（挂职）

人大主席

王建国（2008.01～2010.08）

黄士玮（2010.04～　　　）

镇　长 凌　异（2008.01～2009.11）

胡　阗（2009.11～　　　）

副镇长 陈伟奇（2008.01～2009.10）

吴　曲（2008.01～　　　）

黄士玮（2008.01～2010.08）

商　瑜（2008.01～2010.09）

周向阳（2010.05～　　　）

童晓庆（2009.11～　　　）

熊　创（2010.09～　　　）

聂　鹏（2010.04～2010.07）（挂职）

政协联络办主任

邹新明（2008.01～2010.04）

袁　雁（2010.08～　　　）

党委委员

袁　雁（2008.01～　　　）

胡　阗（2008.01～2010.09）

戈承武（2010.08～　　　）

彭　超（2009.09～　　　）

任　强（2010.04～　　　）（挂职）

周向阳（2010.04～　　　）

北山镇

党委书记

杜红旗（2008.01～2010.04）

何　武（2010.04～　　　）

党委副书记、镇长

涂亚鹏（2008.01～2011.10）

黄建国（2011.10.～　　　）

人大主席

杜正伟（2008.01～　　　）

政协联络处主任

吴利云（2008.01～　　　）

党委委员、纪委书记

饶必胜（2008.01～2010.04）

盛振宇（2010.08～　　　）

党委委员、副镇长

吴　铌（2008.01～　　　）

黄　英（2008.01～2010.04）

杨建刚（2008.08～2011.10）

副镇长 李　威（2008.01～　　　）

彭飞龙（2010.09～　　　）

党委委员

邓湘勇（2008.01～2010.04）

范小林（2010.08～　　　）

湘龙街道办事处

党工委书记

李开兴（2010.04～　　　）

党工委副书记、办事处主任

高新良（2010.04～　　　）

党工委副书记、人大工委主任

孙卫国（2010.04～　　　）

政协联络处主任

陈晓雄（2010.04～　　　）

党工委委员、纪工委书记

饶必胜（2010.04～　　　）

党工委委员、办事处副主任

粟湘鸿（2010.04～　　　）

党工委委员、办公室主任

陈　晁（2010.04～　　　）

党工委委员、办事处副主任

周兴武（2010.04～　　　）

办事处副主任

胡晓明（2010.04～　　　）

杨　章（2010.11～　　　）

星沙街道办事处

党工委书记

王　剑（2010.04～　　　）

党工委副书记、办事处主任

彭　海（2010.04～2010.09）

魏　检（2010.09～　　　）

党工委副书记、人大工委主任

冯　叶（2010.04～　　　）

政协联络处主任

史建刚（2010.04～　　　）

党工委委员、办事处副主任

方德兴（2010.04～　　　）

汪虎国（2010.04～　　　）

党工委委员

黄　英（2010.04～　　　）

郭　刚（2010.04～　　　）

办事处副主任

曾　林（2010.04～　　　）

林友祥（2010.11～　　　）

泉塘街道办事处

党工委书记

陈小虎（2010.04～　　　）

党工委副书记

龚锋武（2010.04～　　　）

粟　柱（2010.04～　　　）

党工委委员、纪工委书记

吴三贵（2010.04～　　）

党工委委员、办事处副主任

陈长辉（2010.04～　　）

周国旺（2010.04～　　）

袁　惠（2010.04～　　）

办事处副主任

唐烁波（2010.04～　　）

杨燕芳（2010.11～　　）

政协联络处主任

王立新（2010.11～　　）

暮云镇

【概况】 暮云镇地处长沙县西南角，东连跳马镇，南与湘潭市岳塘区昭山乡接壤，西与湘潭县九华乡、岳麓区坪塘镇隔江相望，北邻天心区大托镇，东北接雨花区同升街道，距长沙县城区40公里。镇政府驻南圫岭社区。辖区东西最大距离6公里，南北最大距离11公里，总面积64.96平方公里。2011年末辖高云、西湖、莲华、三兴、沿江、牛角塘、北塘、南塘、暮云新村、许兴、兴马11个行政村和南圫岭、暮云、云塘、黄月湖4个社区。

2008年，全镇实现财政总收入2.35亿元，同比增长87%；其中实现自有税源总收入7964万元。完成消赤减债260万元，完成全年任务的144%。完成社会固定资产投资23.7亿元，同比增长41%；实际到位内资11亿元、外资3555万美元；农民人均可支配收入10138元，同比增长17.41%。

2009年，全年实现财政总收入3.27亿元，增长39.3%；实现各类企业总产值64亿元，其中实现工业总产值29.8亿元，分别比上年增长23%、21%。完成社会固定资产投资35.53亿元，增长49%。农民人均可支配收入11862元，增长17%。

2010年，全镇经济发展再创新高，全年完成经济总产值77.8亿元，比上年增长22%，实现财政总收入4.53亿元，同比增长38.5%，完成自有税源一般地方预算收入2.35亿元，同比增长49%；完成全社会固定资产投资41亿元，同比增长15%；实现农林牧渔业总产值23434.6万元；农民人均可支配收入达到14590元，同比增长23%。连续两年被评为长沙市“十强乡镇”，连续七年获长沙县综合目标管理考核一等奖。

2011年，实现工业总产值45.47亿元，同比增长33%；财政总收入7.17亿元，同比增长56%；新引进项目6个，投资总额达46.13亿元；农民人均可支配收入18384元，同比增长26%。实现目标管理考核八连冠。

工业经济稳中有升。规模工业主导地位更加凸显，2011年完成规模工业总产值34.2亿元，占工业总产值的75%；规模工业企业31家，规模工业增加值完成8.85亿元，同比增长50%；规模工业实现利税1.9亿元，同比增长31%。完成工业固定资产投入11.98亿元，同比增长86%；完成技术改造投入13.8亿元，同比增长77%；新产品产值完成2亿元，同比增长67.6%。

科技创新成效明显。提高企业科技含量，打造自主品牌是企业发展的根本。全镇有国家级试验室1个，省级企业技术中心1个，市级企业技术中心3个，高新技术企业5家，市级小巨人企业4家，创建“两型企业”示范单位2个，引进、开发、转化科技成果150多项、申请专利110多项，20多家企业掌握了关键核心技术或创建了知名品牌，工业园区聚集了一批创新型人才，形成了良好的发展氛围和环境。

第三产业发展提速。按照“产城融合”的要求，利用地域优势，现代物流、商务服务、餐饮、高档住宅、休闲旅游等现代服务业迅速扩张。长株潭烟草物流园动工开建。长沙生态动物园成功创建国家4A旅游景区，已接待游客200万人次。房地产市场虽受政策影响，有所波动，但一批低碳环保型的高品质楼盘仍走势稳健。文化产业逐步壮大。明照动漫科技产业园、学海文贸产业园等项目加快建设，动漫、印刷、文化创意、数字出版等新兴产业迅速发展。

新农村建设投入增加。2011年实现农村经济总收入99.31亿元，同比增长27%。认真落实支农政策，各项涉农补贴资金到位率均达到100%。自来水、燃气等配套设施逐渐延伸至农村。以“富民、惠民”为核心，重点培育和发展中药材、礼品西瓜、葡萄等优势特色产业。合理规划布局乡村公路，投入460万元修建兴马、三兴、沿江、牛角塘等通村公路14.2公里。加大农村环境整治力度，圆满完成暮云新村、兴马村、北塘村、许兴村四个市级生态村的创建工作。加强农村水利建设，对三垸六库防汛保安狠抓落实。投入资金586万元，完成6.67公顷山塘清淤、28处山塘整修，4处涵闸更新改造，1660米撇洪渠改造加固，3处270千瓦抗旱排渍机台改造。

民生事业全面推进。坚持民

生普惠，加大财政向民生倾斜力度。社会保障体系更加完善，城镇居民医疗保险、农村低保、大病医疗救助等社会保障全面覆盖。累计发放困难户救济款204.57万元，同时，农村大病医疗救助129人，爱心助学17人，危房改造13户。加大卫生事业投入，投资1400万元的卫生院改造工程即将竣工，着力改善镇域医疗环境，新农合继续惠及全镇人民。加快完善教育配套。投入252.5万元完成梨塘、暮云、兴马、水电八局等4所学校的提质改造。西湖小学一、二期工程竣工开学；投资1600万元的暮云中学改造工程即将竣工投入使用。加强流动人口均等化服务，人口计生工作继续保持“模范”、“红旗”单位荣誉。文体活动形式丰富多样，镇文体中心正在加紧筹建，农家书屋、村级文体活动室等文化活动有序推广。严格落实安全生产责任制，及时排查整改各类安全隐患，有效杜绝安全事故。切实加强社会治安综合治理，社会大局保持和谐稳定。

2008年至2011年，该镇连续四年获长沙县综合目标管理考核一等奖，2009、2010年连续两年获长沙市“十强乡镇”殊荣。2009年度被评为省级安全生产示范乡镇，2010年获批市级科技创新型乡镇、2011年获评国家级生态乡镇。

【暮云工业园】 暮云工业园地处长株潭区域的核心地带，距三市均约18公里，有“融城金三角”之美誉。2001年8月正式成立暮云工业园，2002年晋升为国家级乡镇企业科技园区，2004年确立30平方公里经济发展核心区——暮云新城，将发展空间由7.8平方公里拓展为30平方公里，2005年跻身省级工业园行列，是全省74家省级工业园中唯一一家乡镇园区；2006年暮云工业园批准为省级开发区，园区规划土地面积为3.18平方公里，实行园镇合一的工作机制。

2008年至2011年，园区财政总收入由2.35亿元增长至7.17亿元，社会固定资产投资总额达146.36亿元。截至2011年底，暮云开发区规模工业企业达到31家，初步形成汽车配件、新型材料、机械制造、食品加工、建筑建材5大产业支柱。同时，着力发展以高科技、低能耗、自主创新为主的新型产业项目，科技创新成果显著。培育一批如顶立科技、磐吉奥拉线、亚太实业、亘盛门窗等科技创新骨干企业。园区共有国家级试验室1个，省级企业技术中心1个，市级企业技术中心3个，高新技术企业5家，市级小巨人企业4家，创建“两型企业”示范单位2个，引进、开发、转化科技成果150多项、申请专利110多项，20多家企业掌握关键核心技术或创建知名品牌，其中顶立科技进入中小企业科技创业板上市后备企业。

暮云镇利用地域优势，园区现代物流、商务服务、餐饮、高档住宅、休闲旅游等现代服务业迅速扩张。全镇累计引进房地产企业32家，房地产项目用地730公顷。其中已建房地产项目7个，累计建成210万平方米； 16个房地产项目在建，在建面积约为548万平方米。长株潭烟草物流园动工开建。长沙生态动物园成功创建国家4A旅游景区，已接待游客200万人次。文化产业逐步壮大。明照动漫科技产业园、学海文贸产业园等项目加快建设，动漫、印刷、文化创意、数字出版等新兴产业迅速发展。

【推进城乡一体化】 加快城镇基础设施建设，着力提升承载能力，城乡一体化强力推进。2011年完成社会固定资产投资40亿元，道路等基础设施投入达3亿元。新韶山南路、北环线等道路竣工通车。投资161万元，启动南塘安置区二期道路工程，完成外环路路灯管道敷设及彭家井至荷家冲安置区道路工程。进一步完善高云、西湖、莲华等几个安置区内道路、自来水、路灯、电信、绿化等基础设施配套，拆迁户基本入住新居。投资140余万元，实现高云线、环南线电力杆线下移，进一步提升镇域形象；启动南圫变电站110千伏增容改造，投资近300万元，解决高云、西湖、莲华、牛角塘等村未拆迁农户用电低电压问题，确保群众正常用电需求。燃气、自来水、电信等管网配套逐步完善，暮云新城的夜晚灯火通明，管道煤气、自来水进入寻常百姓家，让居民感受到暮云的生活跟市区一样方便。

【加强环境治理】 结合文明创建工作，进一步加大镇域环境的整治力度。一是组织100多名劳动力对107国道沿线进行彻底清扫整治，并对镇域主干道沿线户外广告、违章建筑等一系列顽症开展专项整治。二是实行保洁服务外包，规范镇域绿化保洁。三是严厉打击渣土的随意倾倒。针对芙蓉南路、万家丽路沿线土方随意倾倒、渣土车无序管理等问题开展专项整治行动，共组织联合执法行动14次，查处违法现象17起；四是坚决打击和制止违法用地行为，联合公安、城管、国土等部门做好全镇范围内的动态巡查，对安置区、市场街道临时搭建过渡棚等违章建筑，特别是107国道沿线违法搅拌场、木材市场依法进行拆除。五是对湘江暮云段非法采砂行为，及三兴、暮云新村等25处“地摊式”违法砂场进行大规模联合执法行动17次，扣留工程机械8台，罚没砂石2.4万吨，有力打击了乱挖、乱堆、乱建等违法行为，确保水上安全。

【建设法治政府】 坚持人民代表大会制度，自觉接受法律监督和民主监督，认真听取各民主党派、人民团体和各界人士的建议和意见。加强公务人员培训，加大行政执法力度，加快电子政务建设，政务服务提速提质，群众满意度大幅提高。推进开放型政府建设，政府信息公开平台延伸至农村，实现政府重大决策信息、《政府工作报告》任务分解及完成情况、政府投资项目计划安排及执行情况的公示公开。在工程建设项目、政府公共资金采购项目管理上，一律采取招投标方式，规范运作；在决策执行过程中，严格按制度和程序办事，使应招标的项目招标率100%，工程质量受监率100%，无违规收费和违规使用项目资金情况。加强廉政建设，整顿机关作风，严格控制“四项费用”支出。

（孙艳芳）

跳马镇

【概况】 跳马镇地处长株潭三市“两型社会”核心生态区。跳马因关羽战长沙时跃马跳涧而得名。地处长沙县南部偏西的丘陵地带，东与浏阳市柏嘉镇、株洲市云田镇、龙头铺镇相邻；南与株洲市白马镇、湘潭市昭山乡毗邻；西与长沙县暮云镇接壤；北与长沙市雨花区洞井镇、长沙县黄兴镇相接。距长沙市区12公里，距株洲市区10公里，距湘潭市区18公里。长潭高速、长株高速、醴潭高速及长沙市绕城高速穿镇而过，浏阳河流经该镇，规划中的洞井至株洲的连城大道已纳入省政府“十二五”规划，即将启动建设。镇政府驻斑竹塘。

跳马镇是1995年5月撤区并乡时，由原来的跳马、团然、石门三乡合并而成。辖跳马、关刀、嵩山、杨林、沙仙、复兴、双溪、三仙岭、石桥、梅怡岭、曙光垸、冬斯港、白竹、喜雨、石燕湖、新田、田心桥17个村和金屏、斑竹塘2个社区，总面积183平方公里。其中山林面积9293.33公顷，耕地面积4086.67公顷，水面积335.2公顷。2011年末人口60640人；其中农业人口57621人，非农业人口3019人。是年工农业总产值13.77亿元，其中工业总产值4.57亿元，农业总产值9.2亿元；财政税收1969万元，农民纯收入13275元。

跳马镇是省会长沙市百里花卉苗木走廊十万亩苗木基地的主要生产区，是中国首批“花木之乡”和“红继木之乡”。全镇花木面积5560公顷，品种123个，2011年销售收入15亿元，产品销往全国20多个省市、港澳台地区及韩国、日本等。进一步提升跳马花木品质，打造花木产业名优品牌。

近年来，镇党委、镇政府加快融城对接和招商引资力度，先后引进项目43个，其中工业项目15个，综合用地及旅游项目8个，已签约项目12个，在建项目8个，特别是引进白竹水乡和佳兆业两个占地千亩的房地产项目，提升跳马的影响力和知名度。佳兆业房地产楼盘凸现，市场营销火爆，商贾云集，已成为长株潭三市生态核心地段宜居宜商的休闲新城。

跳马镇是生态旅游胜地，自然资源独特。国家级AAAA级旅游景区——石燕湖生态旅游公园坐落在该镇的石燕湖村；有辰午、天赐园、雅园、德园等12个三星级以上生态农庄。境内的跳马涧，历来是兵家必争之地，是长沙地区著名的古战场。明代的吉简王、悼王、庄王、宣王及王妃的墓地葬于天鹅池和三仙岭；始建于唐代的嵩山古寺坐落在嵩山村；清末著名爱国将领左宗棠的忠骨埋葬在白竹村。跳马镇先后获国家级生态乡镇、创建“全国绿化模范县”先进单位、长沙市首届“魅力乡镇”等多项荣誉称号。

【跳马撤乡建镇】 近年来，该乡产业结构不断优化，基础设施逐步完善，城镇建设强力推进，综合实力明显提升，已基本具备建镇条件。2011年5月16日，长沙市人民政府根据《湖南省民政厅关于长沙县跳马乡撤乡设镇的批复》（湘民行发〔2011〕13号）精神，撤销跳马乡设立跳马镇。以原跳马乡的行政区域为跳马镇的行政区域，辖2个社区居委会、17个行政村、总面积183平方公里，总人口5.94万，镇人民政府设在斑竹塘。

【石燕湖大道启动建设】 石燕湖大道是长沙县17个重大基础设施建设项目之一，西起长沙市雨花区环保工业园比亚迪路，经跳马镇金屏村，东至石燕铺。道路全长2.7公里，征地面积约12公顷，动迁农户房屋27栋，国有土地房屋6处，动迁人口105人，迁坟15冢，项目于2011年1月18日开标，3月拆迁安置工作全面启动，总投资1.3亿元。

【石燕湖生态旅游公园获评全国AAAA级旅游景区】 石燕湖生态旅游公园于2000年5月1日建成开业，已累计接待游客超过300万人。景区规划面积866.67公顷，是国家旅游局首批评定的AAA级旅游景区、湖南百景、湖南十大水体旅游景区、国内专业拓展训练基地、群众赛龙舟基地、长沙市十佳旅游景区。2011年景区接待游客70万人次。拓展训练是石燕湖景区的核心产品，迄今已为国内外1.8万多家企事业单位提供了优质服务。根据景区发展战略规划，对照《旅游景区质量等级的划分与评定》国家标准细则，景区专门成立创建AAAA级领导小组，对景区的软硬件设施进行提质改造。基本达到国家AAAA级标准，2011年11月被国家旅游局评为AAAA级旅游景区。

【湖南花木产业科技示范园开工建设】 为推进经济社会健康可持续发展，提升花木产业发展水平，2008年11月，该镇聘请国家林业局中南林业调查规划设计院编制《长沙花卉苗木产业园总体规划》，对全镇4000公顷苗木进行统一规划。2009年，通过专家实地调研、反复论证和学习借鉴外地先进经验，对编制的规划进行评审，建立跳马花木大世界，“湖南花木产业科技示范园”该项目用地266.67公顷，总投资3亿元，分三期建设。一期建设占地26.67公顷的综合管理服务区、商业区和精品苗木生产区。其中综合管理服务区和商业区占地6.67公顷，精品苗木生产区占地20公顷。至2011年商业区已有42个门面进行初步洽谈，达成签约意向。20公顷精品花木园种植全部签约，已有部分经营户破土建设。前期房屋拆迁安置、青苗补偿费、基础设施建设等投入已逾1200万元，预计一期总投资达3000万元；二期建设占地106.66公顷的科研大棚实验区和现代生态农庄区，计划2012年年底完工，预计投资1.2亿元；三期建设占地133.33公顷的精品苗木园区和现代物流中心，计划2015年建成，预计投资1.5亿元。项目建成后，各类花卉苗木产量将达30亿株，营业收入超30亿元，创造税收1.87亿元，并为当地农户增加20万个就业工作日和5000个工作岗位。

【自来水供水工程竣工】 该工程被列入2011年度省政府八件实事工程之一，将使跳马镇8个行政村、40家企业、石燕湖生态旅游公园、6家现代农庄及跳马新城3万多人受益。该项目设计供水量为8000立方米/天，全长5.42公里，与长沙市雨花区管网对接，其中长沙市雨花区境内2.72公里，长沙县跳马镇境内2.7公里，总投资2000万元。工程于2011年5月开工，同年11月建成。

【镇综合文化站开工建设】 2011年11月，跳马镇综合文化站正式开工建设。综合文化站规划用地1.03公顷。第一期建筑面积1400平方米，设有电影院、多功能厅、信息资源共享室、图书阅览室、舞蹈等培训室、有线电视机房、篮球场等室外活动场地等，投资332万元。

【跳马镇获评国家级生态乡镇】 跳马镇按照“环境利民、生态兴镇”的科学发展理念，启动国家级生态乡镇和长沙市环保先进乡镇创建工程。

2010年，该镇加强对浏阳河流域治理，在镇域内设立畜禽养殖禁养、限养区域，出台政策扶持禁养区养殖户退养转产和限养区养殖户治理污染。截至2010年10月31日，全镇7户禁养户已全部退出，拆除栏舍面积11785平方米；限养区畜禽养殖污染治理达标面积13820平方米。2011年农户改水改厕400个；清洁能源工程进展顺利，已建成沼气池50个，杨林村、嵩山村100个沼气池正在建设中；大力开展植树造林活动，全年义务植树3万株；严厉打击乱砍滥伐行为，森林保护意识得到加强。

成立镇环保合作社，投资300万元分三批为农户配套建设15211个垃圾分类收集池或垃圾桶；19个村（社区）均聘有保洁员，实现全天候工作制；先后多次开展城乡清洁卫生行动，初步形成每月一次清扫、督查、点评、通报的长效机制，城乡环境卫生面貌得到提升。

狠抓集镇提质改造，将全长2.7公里的石燕湖大道八达农庄至斑竹塘段路面拓宽，铺装沥青混凝土，设置彩色人行道，完善排水、排污系统；修建集镇小游园，配套建设圆椅、圆凳、花架，精心搭配各种特色花木，达到层次分明、景观优美的效果；整治沿街广告牌、宣传标语、店外经营；在人行道上每20米设置路灯，每25米设置垃圾桶，既方便居民交通出行，又有效保证道路路面整洁，提升了集镇品质。2011年12月，跳马镇被评为国家级生态乡镇。

【刘英姿获世锦赛、世界杯总决赛多向飞碟冠军】 刘英姿1971年1月生于长沙县跳马镇新田村三字墙组，系体育世家。她有三个妹妹，都是运动员。从1997年起，刘英姿连续参加四届全运会，直到2009年在济南举行的第十一届全运会上，已有一双儿女的她才获得多向飞碟金牌。2009、2010年，刘英姿连获世界杯总决赛多向飞碟冠军；2010年还夺得世锦赛银牌，如愿为中国代表团拿到2012年伦敦奥运会该项目参赛资格，为中国女子射击队“射落”首张伦敦奥运入场券；2011年9月赢得飞碟世锦赛冠军。由于她在体育事业上屡建奇功，2012年4月当选为中共十八大代表，同年8月参加了伦敦奥运会。

【跳马镇被评为第二次全国经济普查国家级先进单位】 在第二次全国普查经济工作中，跳马镇党委、政府按照“资料数据准确、内容全面翔实”的目标，与各村签订了《目标责任书》，严把普查过程中事前、事中、事后质量关，对176个普查单位（其中法人单位163个，产业活动单位13个）清查情况进行逐步质量抽查，做到每一项数据都能全面客观反映该镇的实际情况，圆满完成了经济普查工作任务。2009年10月，跳马镇被评为第二次全国经济普查国家级先进单位。

【教育资源整合】 2009年9月，该镇在人大代表、政协委员的支持和帮助下，平稳、顺利地完成了跳马、团然、石门三所中学的合并；同时投入1800多万元完成了石门中学教学楼、科技楼、田径场和中心小学田径场的建设和改造，中小学教育资源的整合得到整体的提升。

【推进基础设施建设】 2008年以来，跳马镇以绿色环保为主线，以旅游、生态住宅为突破口，以环保工业发展为拉动力，重点推进8.8平方公里的石燕风情小镇建设；完成石燕湖、新田等12个村的村庄规划编制和30平方公里的跳马中心集镇（跳马新城）控制性详细规划；该镇与城市对接的主干道（石燕湖大道）已完成项目立项、设计评审、线形测量和边桩控制、建设规划用地控制、地勘设计评审等工作；投资900余万元，全长14.8公里的三条公路（跳宋线公路、石桥村村级公路、暮石线公路）路面硬化工程已竣工验收；通村公路建设和2座危桥改造，按质按量完成。穿过跳马镇的国家重点工程武广高速铁路竣工并投入营运；五条高压电力线路扩改工程竣工验收，11万伏变电站已纳入2008年重点工程建设，能有效保证该镇电力供应。　（刘希贤）

黄兴镇

【概况】 黄兴镇是辛亥革命元勋黄兴、共和国开国大将许光达的家乡。地处东经113° 04′ ~113° 14′、北纬28° 03′ ~28° 11′之间，位于长沙县中南部，东接干杉乡和江背镇，南抵浏阳市与跳马乡，西邻长沙市雨花区，北连榔梨镇。镇政府驻接驾岭社区。2011年末，全镇辖11个村，1个社区，辖区总人口50112人，其中城镇人口1870人，城镇化率3.7%，外来暂住人口5746人。总人口中，男性25136人，占50.15%；女性24980人，占49.85%。总人口中以汉族为主，有49977人，占99.73%；土家族59人，占0.12%；苗族52人，占0.1%；其他28人，占0.05%。2011年人口出生率19.74‰；死亡率8.25‰；自然增长率11.49‰。辖区东西最大距离16.1公里。南北最大距离14公里。土地总面积8419.64公顷，其中农用地6727.28公顷，占土地总面积的79.9%；建设用地1233.07公顷，占土地总面积的14.65%；未利用地459.30公顷，占土地总面积的5.46%；水域627.33公顷，占土地总面积的7.45%。人口密度为每平方公里595.18人。

【发展生态经济】 积极引导农户调整农业产业结构，重点发展以花卉苗木蔬菜为主的高效农业和以现代农庄为龙头的休闲农业。2011年末，全镇种植花木330多公顷，有桂花、含笑、罗汉松、雪松等400多个品种；创办花木合作社30多家，设立花木新品种、新技术示范推广基地20多个，研制培育20多个花木新品种，成为长沙百里花木走廊的重要组成部分，2011年全镇花木销售总额5.5亿元。常年种植蔬菜1616.67公顷，产量15.65万吨，产值2.5亿元，鲜菜供应量占长沙市本地蔬菜供应总量的1/3。黄兴蔬菜协会现有会员单位4个，会员1678人。2008年蔬菜协会创办出境蔬菜供应基地，每年向香港、澳门地区和东南亚国家销售蔬菜1000多吨。积极发展乡村生态休闲旅游业，全镇有10多家现代农庄和“农家乐”，是国家级农业旅游示范区。整合黄兴故居、光达故居及乡村旅游资源，开辟两条精品线路，各旅游点年接待人数50多万人次。

【关闭污染企业】 2003年，全镇关闭有严重污染的13家化工厂后，从2007年起又陆续关闭有污染的20多家工业企业，其中有4家硫酸锌企业和4家造纸厂。在政府的指导下，各关停企业基本完成产业转向。建立招商项目及入镇工商企业会审准入制度，严禁引入污染企业，大力发展生态环保产业。鼓励企业进行技术改造，扶持高科技产业发展，南方钽铌2011年出口创汇1880万美元。2011年全镇规模以上工业完成总产值54600万元，比2006年增长221%。

【创办黄兴现代市场群】 黄兴现代市场群选址在打卦岭村地段，县道泉沿线以东，长沙市绕城高速东南段以北，长株高速以西，黄江公路两侧。由湖南省城乡规划设计院规划设计。规划用地394公顷，其中市场交易区326.7公顷，市场配套区66.7公顷。2011年，引进黄兴农产品物流园、实泰湖南家电物流中心、香港繁荣集团黄兴商贸城、四海国际商贸物流中心、展通快速消费品配送中心等一批重点项目。

【建设实泰湖南家电物流中心】 长沙市实泰物流有限公司是一家按现代化物流标准模式运作的第三方物流企业，专为大型生产型企业提供全面的产品物流分拨、物流配送、仓储中转、分拣包装、信息处理以及物流方案规划设计、供应链管理等系列化服务，物流量辐射全国各地。公司在黄兴镇建设的实泰湖南家电物流中心占地53公顷，其中一期项目用地17.3公顷，总投资42037万元。兴建综合办公楼、立体仓库、零担货运中心及大型停车场等配套设施。二期规划用地20.8公顷，拟建立体仓储中心、物流信息服务中心、交易展示中心、后勤配套设施等。三期规划用地20.7公顷，拟建立体仓库、零担货运楼、物流信息服务中心、交易中心、后勤配套设施等。2011年，一期建设项目全部开建，部分项目竣工使用。

【完善基础设施】 镇域内的重点工程长株高速建成通车，绕城高速东南段、沪昆高铁、长沙地铁2号线光达站、黄兴车辆段、杜花路等项目征地拆迁已完成，各项目建设顺利推进。加大农田水利设施建设投入，完成了敢胜垸北堤灌浆加固等工程。积极开展植树造林，义务植树25万株，完成道路绿化15公里。硬化乡村公路113公里，全镇水泥公路总通车里程达到287公里。投资300多万元，在黄江公路两侧增设花坛、路灯等道路附属设施。有6个村自筹资金，在村级主干道安装路灯。不断完善集镇设施，日供水能力5万立方米的自来水工程竣工通水；日处理7500吨的集镇污水处理厂投入使用。

【开展城乡综合整治】 严格国土管理，坚持实行村民建房联合审批制度；加强国土巡查和执法，依法拆除违章建筑7.8万平方米，取缔沿黄江公路违法用地19.6公顷的木材旧货市场，依法清理无证小作坊70多家。成立城管中队，对乱停、乱放、乱建、乱搭、乱倒等不文明行为开展综合整治，对户外广告进行专项清理。组建100多人的保洁队伍，日常保洁工作实现常态化、全覆盖。引导农户进行垃圾分类减量，推广蓝田新村垃圾池堆沤法，使该转运的垃圾总量逐年减少。推进退养转产扶助工作，退养转产养殖户859户，清退外来养殖户158户（其中养殖大户16户）。通过农村环境治理，镇容镇貌焕然一新，2011年，该镇被评为全市乡村环境卫生整洁行动“十佳乡镇”。

【发展社会事业】 编写教育发展规划，调整学校布局，推进沿江、蓝田等8所小学校安工程建设；黄兴中学教学楼、运动场改扩建项目进展顺利，镇中心小学新建工程竣工投入使用。投资500万元，新建黄兴医院值班用

表16　黄兴镇2008～2010年主要经济社会发展目标完成情况

项目 年度	财政总收入（万元）	地方收入（万元）	规模工业总产值（万元）	农业总产值（万元）	社会固定资产投资（万元）	企业技改投入（万元）	招商引资（万元）	旅游产业		农民人均纯收入（元）	乡村道路
								接待游客（人）	旅游收入（万元）		新增硬化（公里）
2008年	1186	397	48280	61889	24241	12040	6000	520000	1020	9506	80
2009年	765	295	50003	64156	36389	21850	8150	580000	1100	10932	6
2010年	1266	484	51700	69236	51279	26280	32007	610000	1300	13188	12.7
2011年	1604	617	54600	82627	64267	35120	41749	650000	1560	14917	14.2

房，启动光达村卫生室的建设和荣河村卫生室的改造，进一步改善居民就医条件，对全镇60岁以上老人全面进行免费体检，为所有村民建立健康档案。积极开展群众文化活动，新建农家书屋11家，建村民健身场所54处，举办全镇广场舞比赛。计生政策利益导向作用明显，稳定低生育水平，连续保持计生工作市级模范乡镇荣誉。2011年城乡居民医疗保险参与率100%，养老保险参保率98%。深入开展创业富民工程，培训各类专业技术人员518人，获批创业富民项目 63个。积极推进劳动力就业转移，镇内新增就业岗位297个。镇敬老院保障投入、规范管理，2010年被评为全国模范敬老院，2011年被评为全国行风建设窗口单位。

【创新党务政务工作】 深入开展党群干群连心活动。从2010年6月初开始，全镇160名镇村干部走访农户近万户，就农村土地承包流转、征地拆迁、户口迁移等热点、焦点问题和群众进行交流，化解基层矛盾。基层妇女工作以党建带妇建，开展“双学双比”活动，2010年被评为全国妇联基层组织建设示范镇。推进非公企业党组织集中组建工作，新成立仙达实业和实泰置业两个党支部。切实加强村级事务管理，严格执行县以上投资的农村基础设施建设项目由乡镇当业主等制度，制定了村级“三资”管理、土地流转、村民建房等制度。坚持党管武装，成立舟桥分队、民兵应急排。积极开展文明创建工作，蓝田新村、金凤村获评人民满意村。高度重视统战工作，辛亥革命人物纪念馆顺利奠基。全面规范政务工作，开展开放型政府试点，聘请专业人员建立黄兴镇门户网站，努力打造阳光政府。（叶　凯）

干杉乡

【概况】 干杉乡位于长沙市的东郊、长沙县东南部，北接黄花国际机场、与黄花镇接壤，东连江背镇、与浏阳市柏加镇毗邻，南邻黄兴镇，西靠椝梨镇。乡域面积73.6平方公里，耕地2586.67公顷，其中水田1760公顷。辖8个村、1个社区居委会，人口3.8万。

2008年至2011年，干杉乡经济社会发展迅速，各项经济指标大幅度增长：财税总收入从2008年的3080万元增加至2011年的5481万元，年均增长21.2%；农村居民纯收入由2008年的7400元增加至2011年的11537元，年均增长16%；规模工业总产值由2008年的9.5亿元增加至2011年的15.88亿元，年均增长 19%；社会固定资产投资由2008年的5.3亿元增加至2011年的11.5亿元，年均增长30%；招商引资资金由2008年的1.4亿元增加至2011年的2.67亿元，年均增长23%。

干杉乡粮食作物以水稻为主，主要经济作物花木、蔬菜，畜牧业以猪、家禽为主；工业以工程机械、汽车零部件产业为主，拥有工业企业 72 家；现代服务业发展加快，汽车、摩托车、家电下乡消费明显升温，2008 年至2011 年财政专项补贴 223.8 万元。

【汽车产业集群】 依托陕汽环通建设项目，加大其核心部件招商力度，与汉德车桥等企业达成合作意向；延伸乡域内汽车产业链，长沙环通全资收购湖南动力和邵阳农用车厂，完善汽车工业产业链，已具备生产轻、中、重卡车的资质；同心干杉、平头车身、波英汽配、浦天汽配、意成汽车、福仕特机械等企业加大技改投入，增强发展后劲。长沙插拉刨机电设备制造有限公司获5项国家专利和4件软件著作权，并获2011年度长沙县科学技术进步三等奖。2011年，该公司自主研发的全自动高精度数控螺旋拉床，填补国内空白，被科技部列为国家“十二五·04专项”重大科技项目。以陕汽环通、同心干杉等为龙头的汽车产业集群，已成为推动干杉乡经济快速发展的主导产业。

【工业小区成新的经济增长点】 干杉汽车配件工业小区，入园企业30家，其中规模企业12家，均为汽车配件及零部件制造企业。汽配工业小区内水、电、路、通信等基础设施建设已完善，污水处理厂和污水管网建设基本完成。入园五宗工业项目，长沙意成汽车零部件有限公司建成投产，长沙插拉刨机电设备制造有限公司、长沙福仕特机械科技有限公司正在建设中，长沙波英汽车车身制造有限公司、长沙县润天五金制品有限公司即将开工建设。陕汽环通投入16亿元的二期主体工程建设顺利完成。

【建设生态农业】 干杉农业经济以优质稻和花木蔬菜为主，全乡优质稻种植面积1000公顷，常年种植蔬菜1066.67公顷，花卉苗木占地1200公顷，是长沙百里花木走廊的重要组成部分，已形成优质稻、蔬菜、食用菌等示范基地12个，其中市级示范基地4个。全乡有苗木、蔬菜、养殖等农业专业合作社13家，省级产业化农业项目致远农庄、佳和农牧等已具规模，致远农庄已发展成为集研发、培训、生产、加工、销售于一体的全国首家零污染珍稀食用菌生产基地，佳和农牧凭借生猪育种领域领先地位成功列入湖南省战略性新兴产业百强企业，已成为工业重镇里焕发着勃勃生机的生态农业产业基地。农业基础设施不断完善，山塘清淤140公顷，沟渠疏通13公里，机台改造4处，小农水工程整治13处，水库处险加固5座，山塘扩容提质8座，渠道整修改造20公里。

【完善基础设施】 2008年新建的黄江公路，为长沙县东西向主干路，二级公路，宽15米，西与黄兴镇、市区香樟路对接，距武广新站10公里，东至陕汽集团长沙环通汽车制造有限公司。2011年对暮五线、八清线进行全面整修。园区内，交院南路、明月路、支线四均建成通车。镇域内，硬化村级公路46公里。2010年，湖南省交通职业技术学院入驻干杉，带动该乡第三产业发展，商贸新区启动建设，交院西门的经营性用地建设进入施工阶段。集镇排水排污、亮化、绿化、美化工程建设加快。污水处理厂土建工程完工，设备安装到位，供水、供电已完善。总长为7.74公里的污水主管网，2011年末已铺设1.8公里。对老集镇临街广告牌进行规划设计并统一更换，集镇至干杉镇政府沿线安装路灯并修建绿化带。垃圾处理设施实现全覆盖，榨山港“革命草”得到全面清理。建立牲猪养殖限养区，畜禽养殖污染治理通过县治理办验收。动物疫情防控及畜禽养殖场管理到位，无重大疫情发生。万龙村被评为省级生态村，车马村完成国家级生态村的申报及规划制定工作。有线电视、无线数字电视实现全覆盖。

【发展民生事业】 2008年至2011年参加就业培训1800人，新增就业岗位1730个，农村劳动转移就业1320人。新型农村养老保险参与率和新型农村合作医疗参与率均达100%。城镇低保全面落实，对农村低保家庭和城镇低保户实行动态管理，做到应保尽保。投资200万元新建的文化大楼对外开放，投资1800万元新建的寄宿制干杉中心小学主体完工，投入70余万元的纠田小学校舍加固工程完成。干杉中学初中升高中的升学率98%，巩固率100%，小学生巩固率100%。干杉中学成功创建市级“平安校园”。全面实施基本药物零利润销售；各村成立卫生室，均购买医疗器械。慈善事业取得成效，成立了“干杉商会助学金”、“佳妮奖学金”，对困难户进行“一对一”帮扶。（杨　宁）

榔梨镇

【概况】 榔梨镇位于长沙东郊的浏阳河畔，东临黄花空港城，西靠市区，北接星沙，南邻武广高铁。因有始建于晋代（南北朝时期）、鼎盛于明清且至今保存完好的陶公庙，而有“千年古镇”之称。镇域面积34.8平方公里，下辖5个行政村和3个社区，集镇建成区7平方公里。至2011年末有户籍人口30677人，流动人口3万。

2008年至2011年，镇党委、政府不断探索，逐渐形成了“工业造血强基础、老区造型提品质、新区造景建新城、整体造成融一体、外部造势优环境、为民造福富榔梨”的整体思路，推动镇域经济社会持续发展。2011年，完成镇域财政总收入14.26亿元，比2008年增长849.5%，完成工业总产值192.42亿元，比

2008年增长237%，规模工业总产值180.18亿元，比2008年增长257.2%，农民人均纯收入19425元，比2008年增长120%。四年新增大小工业企业180家。2008年4月，广汽菲亚特项目落户榔梨；2009年6月，北汽福田重卡生产线项目在榔梨启动；2010年蓝思科技项目入驻榔梨。2010年列为长沙市城乡一体化的试点镇并获评社会治安综合治理先进乡镇。计生工作连续9年获得市、县级计生工作先进单位称号。2009年、2010年、2011年连续3年被评为长沙市“十强乡镇”，2011年获全国“十大幸福乡镇”称号。

2008年3月，完成榔梨镇第七届村民委员会换届。2009年12月完成长沙县工商联榔梨商会第三次会员大会换届工作，曹鹏当选为商会会长。2010年6月，湘江流域遭受仅次于1998年的历史第二大洪水，该镇全镇干部群众积极响应防汛一级预警，连夜上堤，挑灯巡防，抗洪战斗取得胜利。2011年，该镇组建5个非公党支部，完成村“两委”和镇党委换届选举。采用“523”干部绩效考核办法，聘用18位离任老干部担任“三员”（即政策法规宣传员、社情民意信息员、干部作风监督员）；5村3社区建立老年人活动室、图书馆（室）；镇卫生院着手择址新建；新建3个停车场和一个乡村少年宫；举行“颂祖国·爱榔梨”红歌大赛，丰富群众文化活动。至2011年底，该镇累计投入5600余万元，创建省合格学校2所、市级示范性初级中学1所，市合格学校2所、县合格学校2所。

【工业小区发展动力强劲】 榔梨工业小区管委会成立于2001年12月。2009年7月，获批国家级长沙经济技术开发区榔梨产业基地，被纳入长沙县“一区六园”和“长沙市重点调度工业园区”建设范畴。园区规划面积12.76平方公里，已建成7平方公里。园区以先进制造业为主导，集农副产品深加工、医药生物和旅游商贸业于一体，至2011年底，园区共引进项目102个，引进资金80亿元，固定资产投资近82亿元，企业总数达310家，规模企业55家。先后投资5亿余元完善园区区间道路30余公里，新建日供水量10万立方米的自来水厂，铺设给排水管道近2万米，新架电力线路近3.5万米；逐步对产业基地内的主次干道的路灯、绿化、公交车指示牌、红绿灯等道路基础设施进行提质改造。

【绿色水乡古镇建设启动】 2009年，榔梨镇邀请省政协区域发展规划专家、湖南大学规划专家到该镇参加专题研讨会，研究该镇改造老镇区、建设新城区的发展规划，将榔梨发展定位为“绿色水乡古镇”。2010年7月，该镇启动“绿色水乡古镇”建设，对老镇区临街“一街三路”（即临湘街、新建路、龙华路、梨江路）房屋进行立面仿古改造，总长2.6公里。改造后，已入驻金利来、张万福等10余家名牌专卖店。

【融资平台创新】 榔梨镇积极创新融资平台，镇属国有独资公司榔梨城建开发公司与2家镇内企业成立榔梨新城建设开发有限公司；2011年11月，与波隆集团成立湖南豪瑞投资开发有限公司；2011年12月，与长沙县星城投、长沙县水建投成立星沙水利开发有限公司，多渠道筹集建设资金，从此，榔梨镇各项基础设施和公用事业得到快速发展。

【户口与建房并联审批】 针对近年征地拆迁过程中户籍和国土管理方面的漏洞，造成巨额国有资产流失的同时，影响正常的户籍管理，2010年5月，榔梨镇政府率先在全县范围内推行《村民户口和村民建房联合审批制度》，变“串联审批”为“并联审批”，在很大程度上遏制了以往各单位各自为政、责任不明的现象，收效明显，达到领导满意、工作人员满意、群众满意的效果。

【成立长沙县首个“三资”代管中心】 2010年，榔梨镇在全县率先成立“三资”（即资金、资产、资源）管理机构，对村级集体“三资”进行全面清查、盘点，并将清产核资情况进行公示，公示后统一建立台账，实现村级集体“三资”动态管理。2011年1月21日，该镇正式成立全县首个乡镇“三资”代管中心。是年4月，搭建全镇组级财务网络核算平台，安装组账村代管财务软件，为五村三社区配备专用于组级财务操作的电脑和打印机，同时在五村三社区推行村级财务预决算。

【城市防洪项目建设】 榔梨镇是长沙市唯一一个不设防的乡镇，千百年来一直遭受汛期水患灾害。2011年，榔梨镇邀请深圳水务设计院按照坚持古镇有效保护与科学提质相结合，防洪保安与花园新城开发相结合的原则，对浏阳河沿河4公里进行城市防洪设计，对汇集浏阳河的4条水系（双桥港、梨江港、花园港、榨山港）按照民生工程、水利工程、景观工程标准进行水环境综合治理设计。2011年启动城市防洪榨山港段建设，2011年12月启动城市防洪梨江港段建设。

（陈　圆）

江背镇

【概况】 江背镇是徐特立、熊瑾玎等无产阶级革命家的故乡。享有“水泥之乡”、“车身之镇”美誉。该镇辖4个社区居委会和12个行政村，辖区总面积175平方公里。2011年末，全镇总人口57230人，其中男性29082人，女性28148人。2011年，该镇完成财政总收入1.01亿元、地方一般预算收入2810万元，分别比2008年增长34.3%、12.2%；完成地区生产总值61.25亿元，比2008年增长77.1%，其中规模工业完成总产值48.68亿元，比2008年增长90.9%；工业完成固定资产投资18.66亿元，比2008年增长414.7%。

四年来，该镇招商引资到位资金10.6亿元，新增规模企业13家，达到28家，新增亿元以上、十亿元以下企业3家，达到5家，十亿元企业2家。汽车配件、工程机械和水泥建材三大支柱产业带动效应进一步增强，配套产业不断完善，同心实业日益壮大、深层发展。

2011年，该镇农业总产值5.09亿元，比2008年增长13.4%；农民人均可支配收入13242元，比2008年增长80.9%。以花卉苗木、畜牧养殖、现代农庄等产业为主的农业产业集群效应进一步增强。农民专业合作社发展迅速，至2011年底，全镇注册农民专业合作社43家。四年间，引进龙头井、锦绣江南、雅怡三家现代农庄和五福丹桂园等重大农业招商项目，投入资金8630万元。2011年，全镇生产粮食5.2万吨，油菜种植面积1573公顷，油籽产量1960吨，生猪饲养量8万头，家禽年饲养量18万羽，花卉苗木种植面积近1000公顷，品种200余种。

2010年完成全国人口普查工作。2011年完成镇第八届村（居）民委员会换届选举工作。四年间，该镇创建长沙县人民满意村5个、长沙市文明单位5个、长沙县文明单位3个，印山村2011年被评为全国文明村。2008年该镇在长沙县绩效考核中首次进入前八名，2009年被评为长沙市“十强十快”乡镇，2010年被评为市、县加速推进新型工业化工作红旗乡镇，2011年在长沙县年度绩效考核综合排名中位居前列。四年来，除上级帮助消赤减债以外，该镇本级实现消赤减债近2000万元。

但全镇财政负担仍然较重，阻碍各项事业的顺利发展；交通难题成为该镇发展的瓶颈，需尽快推进黄江公路与浏醴高速赤霞互通对接建设；受经济大环境影响，工业经济发展形势较严峻，企业需进一步加大科技创新、转变发展方式。

【江背工业园】 江背工业园成立于1994年，是长沙县“一区六园”产业发展战略中较早批准建立的工业园区之一。2008年1月，湖南省城乡规划设计咨询有限公司对该园规划修编，制订《江背工业园控制性详细规划》。园区北靠S103线、南至八清线、西抵朱家桥社区、东达阳雀新村，规划总用地面积413.08公顷。2008年以来，园区内道路改造、燃气引入、道路两旁亮化绿化和污水处理等工程陆续启动。至2011年，园区建成面积67公顷，拥有同心实业、神久机械、万征车架等20余家规模企业，以汽车机械制造业和工程机械配套产业为主导产业集团初步形成。

【同心实业公司在美国上市】 湖南同心实业股份有限公司长沙总部设在江背镇，有员工近3000人，在国内有6家分公司，在海外有1家分厂，主导产品为汽车驾驶室，模具开发，各类客车等系列产品。2007年3月31日，湖南同心实业公司与美国AAAC公司在星沙明城国际签署合作协议，2008年4月17日，湖南同心实业股份有限公司兼并美国AAAC公司，成为依据英属维京群岛法律而成立的全资子公司。2008年7月23日，TXIC（同心国际有限公司）获美国纳斯达克上市证券的批准。公司的普通股、证券和信托基金分别以TXIC、TXICW和TXICU为标志。湖南同心实业公司在美国的成功上市，成为湖南省第一家在海外上市的民营股份制企业，也是中国第一家股权分置改革成功并实现全流通的企业。2009年，湖南同心实业实现销售收入14亿元，成为中国最大的汽车车身生产基地。

【开展环境综合治理】 四年来，该镇通过“关、停、并、转”等方式淘汰7家生产工艺落后、粉尘污染严重的立窑生产线，整合为两家日产2500吨的旋窑生产线。从2010年起，全镇常年安排150名保洁员，对农村环境常态管理，环境卫生逐月考核评比、公示。同时，与同心公司签订合同，向其购买50个垃圾环保箱布置于S103线朱桥至江背沿线，垃圾由同心公司清运处理。对镇域内的三叉河南北垸和浏阳河堤10处防洪闸、12座小一、二型水库进行安检维修。浏阳河沿岸4家砂石场已拆除。乌川水库南北渠改造于2011年底全面竣工。

【江背综合文化站投入使用】 2011年7月，集演艺中心、大型会议室、图书室、民俗展览馆、艺术培训室等于一体的江背综合文化站投入使用，成为该镇开展群众文化活动，活跃群众文化生活的主要载体，受到媒体关注和各级领导肯定。至2011年底，全镇有文艺团队19个，文艺演出常态化。村级文化阵地建设力度加大，群众文化活动蓬勃开展，人民幸福感明显增强。

【改善城乡面貌】 四年来，江背镇加大投入，着力推进实事工程，全镇城乡面貌得到改善：投资220万元对该镇最后一条未改造的镇级公路五七线完成硬化；投资近100万元完成S103线集镇段3公里的“白改黑”工程；污水处理厂厂区及管网建设全面完工，投入运营；集镇违章建筑强力拆除，广告牌统一设计，规范化建设有序推进，镇容镇貌焕然一新。自来水厂开工建设，2012年将实现供水；浏醴、长浏两条高速公路和沪昆高铁三项重点工程拆迁安置工作进展顺利，受到各方好评。 （范建军）

黄花镇

【概况】 黄花镇地处省会长沙市东郊，东接春华镇和浏阳市永安镇，西毗榔梨镇、长沙经济技术开发区，南连干杉镇、江背镇，北靠安沙镇、果园镇。全镇总面积169平方公里，辖黄花路、黄谷路、机场口3个社区和黄龙、黄花、华湘、合心、长龙、湘峰、茶塘、长丰、鱼塘、东塘、谷塘、金塘、高岸、大路、大兴、梁坪、新江、银龙、龙湖、回龙、崩坎21个行政村。2011年末，全镇常住人口82905人，其中非农业人口28223人，农业人口54682人，四年来人口自然增长率保持在1.9‰左右。耕地面积4725公顷，其中水田3859公顷，人均耕地0.06公顷。

地区生产总值由2008年的33亿元增加到2011年的64亿元，增长94%。2011年第一、二、三产业增加值分别为1.96亿元、10亿元、2.8亿元，三次产业结构比为10.6：62.5：26.9。农林牧渔业总产值由2008年的4.9亿元增加到2011年的6.9亿元，增长41%。财政总收入由2008年1.28亿元增加至2011年的3.2亿元，增长1.5倍。农民人均可支配收入由2008年的6500元增加至2011年13646元，增长了1倍多。

农业稳步发展。全镇耕地面积占补平衡，粮食种植面积保持在9333公顷以上，2011年粮食总产量7.1万吨。集体林权改革工作全面展开，全镇21个行政村的林权改革顺利完成。畜牧业以猪、羊、家禽为主。农村合作经济组织发展态势良好。成立各种专业合作社48家，建设现代农庄5家，其中3家达到星级标准。引进2.64亿元专项资金进行现代农业建设，回龙湖有机生态园在全国第一个通过有机蔬菜认证，年产有机蔬菜750吨。投资3600万元用于水利建设，幸福渠加固改造，新塘、蛟塘、超英、板石等水库除险，捞刀河大堤检修及新江、大兴等村抗旱设施修缮等水利工程均按期竣工并投入使用。

工业经济快速增长。2011年全镇实现工业总产值40亿元，较2008年增长116%；规模工业总产值29.6亿元，较2008年增长198%；完成规模工业增加值6.7亿，较2008年增长155%。完成工业投资21.4亿元，其中技改投资20.7亿元，完成技改项目50个。积极帮助部分企业解决土地流转及融资等难题，2011年规模工业企业增加至30家。

招商引资成效显著。2008年至2011年，招商引资到位内外资金36.22亿元，凌华印务、百信嘉、鹏程、标志、华阳置业等企业，湖南都市管理学院、长沙市机械技工学校、博雅工商管理学院等民办大中院校，春园文化中心等现代服务项目先后落户黄花镇。

城镇建设呈现崭新气象。投资4270万元，重点改造大兴集镇至林场的2.7公里路段，完成八清、石丰、乡道312线、黄崩线、回林路等公路的硬化，农村公路建设累计169公里。投资1000万元兴建的龙湖桥工程进展顺利，投入310万元的长湖桥危桥改造工程完工。全长12公里的兰郑长输油管道全线贯通，长株线黄花段建成通车。拆除养猪设施100余户，完成镇域内捞刀河流域生猪养殖退出工作。开展乡村环境卫生整治，2011年完成四池净化7319个，新建垃圾池1355个，村级垃圾中转站10个，沼气池120个，水源地保护基地一个，配垃圾车10台，垃圾桶9726个，农村垃圾分类处理实现全覆盖。

社会民生事业全面进步。2011年共投资1500万元，对全镇23所中小学进行提质改造，完成14所幼儿园（托儿所）检查维修，办学条件显著改善。纯塘学校、新湘学校达到省级合格学校标准。建筑面积达1241.6平方米的黄花镇综合文化中心破土动工，14家农家书屋投入使用。2009年投资170万元完成镇卫生院门诊和住院大楼提质改造工程，2010年投资200万元建设村级卫生室。新型农村合作医疗参合率100%。2009年筹资210万元新建镇计生服务大楼，改进服务设施，完善服务网络。镇计生办从2009年起连续三年被评为长沙市计划生育优质服务十佳单位。 2011年向全镇2072户、4008人发放最低生活补助403万元，对2000多户困难家庭发放各类救济金178万元，新型农村社会养老保险实现100%覆盖，投资2000万元的黄花敬老院竣工并投入使用。

【黄花产业基地】 黄花产业基地于2002年开始规划，2003年正式启动建设，已开发土地面积166.67余公顷。2008年至2011年期间，再征地66.67公顷，顺利完成东运制版、坤隆商业街、太一机电、鹏盛房产、百信嘉房产等项目的腾地拆迁工作；以黄金大道、财富大道、小康路为主的“二纵四横”交通设施网络贯穿全园，全长4370米的基地干道全面打通；电力线路、燃气管道铺设和排水设施等进一步改善，投资环境不断优化，产业集聚力和辐射带动力不断增强。

2008年至2011年，园区招商引资36.22亿元，引入和林印务、印一印务、灵达包装、双江包装、太一机电、春园文化、百信嘉房产、军宇置业、至善置业等近二十个项目。湖南都市管理学院、长沙市机械学校、博雅工商管理学院等民办院校抢滩入驻。至2011年，园区企业已达88家，其中规模企业30家，完成工业固定资产投入9.1亿元，初步形成以印刷包装为主导、以汽车配件、机械加工、新型建材、塑胶模具等为支撑的产业格局，先后被评为长沙市十大文化产业基地、湖南省十大标志性文化工程 、湖南省印刷示范基地。

2008年至2011年，黄花产业基地共实现工业产值113.64亿元，年均增长26.6%；创造利润11.2亿元，年均增长40%；实现出口交货值37.3亿元，年均增长42%；上交税金4.16亿元，年均增长33%；共完成工业技改投资20.7亿元，年均投入5.2亿元。

【重点工程拆迁安置无一例群体性上访】 2008年至2011年，顺利完成长株高速、直引水工程、兰郑长输油管道、黄兴大道北延线、黄花机场综合配套服务设施项目、长沙绕城高速、人民东路、漓湘路东线等各级重点工程项目的拆迁腾地，共涉及18个村，168个村民小组，腾地1300公顷，动迁人口1900多户。在拆迁安置工作中，始终立足于“服从和服务”的思路，不断创新工作方式，全镇无一起因拆迁安置问题而引起的群体性上访事件，得到各级领导的高度赞扬。

【跻身全市经济社会发展“十强十快乡镇”】 黄花镇以“立足临空经济，打造三湘第一镇”为目标，全镇经济和社会事业保持良好发展态势。经济实力迅速上升，社会治安稳步推进，特别是在努力创建人民满意村（社区）中，黄龙新村和黄花路社区喜获长沙县第一批“人民满意村（社区）”殊荣。2010年7月，黄花镇获长沙市经济社会发展“十快乡镇”称号；2011年7月，又被评为长沙市经济社会发展“十强乡镇”。

【污水处理厂主体工程完工】 黄花镇污水处理厂位于黄花镇黄龙新村朝阳冲组与合心村王家坝组交界处，厂区占地近2公顷，距离集镇中心约3公里。污水处理厂厂区部分采用BOT模式由投资商承建，管网建设采用BT模式。管道铺设全长13公里，其中集镇范围内2.5公里，村组范围内11公里。日处理污水8000吨。近期服务面积4.65平方公里，服务人口约4万人；远期服务面积13.7平方公里，服务人口20万人。截至2011年底，厂区主体工程建设已竣工验收，设备安装及调试全面完成。

【敬老院建成投用】 黄花敬老院位于黄花镇黄花村罗家冲组，距集镇不到1公里，紧临老长平公路，交通便利、环境优美。该项目总投资2000万元，其中第一期工程1400万元，第二期工程600万元。项目占地2.7公顷，总建筑面积6116平方米，包括老年公寓、服务楼、医疗站、娱乐健身室及配套用房，集居住、生活、医疗、娱乐等功能为一体。该项目自2008年4月开始运作，2009年10月开工开建，2011年10月18日竣工。拥有180余张床位，已入住41位老人。

【社会治安综合治理成效显著】 黄花镇坚持以“四级三调”为重点，深入开展社会治安综合治理，积极调处各类矛盾纠纷，2008年至2011年，成功调处各类矛盾纠纷665起，调处率100%；处理各类突发事件21起；接待人民来信来电146个，来访78起；办理上级交办信访件112起。四年来，全镇无一起群体性上访事件，无重大治安刑事案件，社会治安综合治理工作一直处于市县先进行列。2009年获“长沙市平安建设示范集体”称号，2011年镇人民调解委员会获“湖南省十佳人民调解委员会”称号。

（陈　立）

春华镇

【概况】 春华镇因“春华秋实、人寿年丰”而得名，地处长沙县东部，东与浏阳市永安、沙市镇接壤，北与长沙县路口镇相邻，西与长沙县果园镇交界，南与长沙县黄花镇毗邻，镇政府驻春华集镇。镇域总面积132平方公里，其中耕地3127公顷，山林4800公顷，水面360公顷。辖春华山、石塘铺、官塘、金鼎山、大鱼塘、武塘、龙王庙、松元、九木、九田、洞田、花园新村和春华社区。开元东路、开元大道东延线等城市主干道和省道S207、省道S103、长永高速直达或通过镇区，距省会长沙市、县城星沙和黄花空港城仅5~20分钟车程。境内有全国著名的春华渡槽和武塘纪念亭、风光秀丽的红旗湖、近代教育之父张百熙之墓等自然和人文景观。2011年末，有户籍人口44478人，其中男性22735人，女性21743人，有外来暂住人口301人，其中男性207人，女性94人。

政治建设　2008年至2011年，投入150万元新建村级服务中心3个，13个村（社区）建成党员服务中心和远程教育站点，发展党员152名，组建非公经济党组织11个，覆盖率100%。深入开展学习实践科学发展观和创先争优活动，切实做好新时期群众工作，1157名党员实现定岗定责，1900名党员参与公开承诺，各支部向群众承诺事项58件，一批群众反映强烈、影响改革发展稳定的突出问题得到解决。圆满完成第七届居民委员会，第七届、第八届村民委员会以及村（社区）党支部和镇党委换届选举。创建“五好”领导班子，完善重大议事规章制度，落实“五个一”学习制度。开展“发挥五老优势、进行四项教育”和“学雷锋”主题活动启动党代会常任制试行工作。建立党员信息管理系统和帮扶困难党员台账。举办“长春”杯篮球赛，开展“学党史、颂英雄、唱红歌”等庆“七一”系列活动，评选推荐一批先进基层党组织、“十佳”村（社区）党组织书记、优秀党务工作者和农村党员致富示范户。开设政府门户网站，推行部门经费预算包干制度，制定党政领导班子成员党风廉政建设职责，反腐倡廉列入干部年度考核。制定《春华镇民主评议基层站所实施方案》，开展政风行风满意度测评工作。开展“八项制度”监督整改“回头看”专项检查，规范政府集中采购项目，严格遵守财政投资评审和工程变更会审制度。建立农村户口、建房等重大事项联合审批制度，出台合同管理、村级财务、村务公开、土地流转、干部外出参观学习、在职村干部待遇标准、离退村干部补助、项目建设管理、招投标、重点工程建设协调费配套等一系列制度措施。规范村（社区）干部勤廉双述活动，落实农村基础设施建设项目由镇当业主的规定和“三资”代管制度。加强政府投资项目及财政切块（专项）资金的管理，小金库清理复查和领导干部廉洁自律自查自纠工作取得实效。四年来立案32起，查处30起，30人受到党内警告处分。党政领导班子绩效考核连续4年获全县三等奖。

经济建设　2011年实现农林牧渔业总产值5.02亿元、工业总产值4.4亿元、社会消费品零售总额8.2亿元、社会固定资产投资1.9亿元、招商引资到位内资3575万元、农村居民人均可支配收入9152元，分别为2007年的1.6倍、1.3倍、1.5倍、2.1倍和1.9倍，年均增长11%、5%、

10%、16%、13%，财政收入跃上2000万元台阶。四年来消赤减债1290万元。鹰宏环保建材、昌达环保、达成零部件、赛格热玻璃、新航包装、广智泵业、华健医疗器械、长海实验、奥邦管业等一批工业项目落户达效。高旺机砖厂整体退出，长旺制革厂强制关停。2008年列入长沙县现代农业创新示范区重点乡镇以来，流转耕地633公顷，建成农业产业示范基地7个，发展现代农庄5家，组建农民专业合作组织27个，蔬菜、食用菌、优质稻和茶叶四大主导产业竞争优势进一步突出。四年来，引进以三一春华生态新城、种子仓储物流园、王府国际商业中心、省军区后勤作训基地、国家杂交水稻综合试验基地等为代表的重大投资项目20个，到位资金3.4亿元。春华集镇扩容提质项目完成规划编制、用地报批等基础性工作。完成10座小型水库除险保安，清淤改造骨干山塘300余口，疏通硬化渠道2万余米，西山港、胭脂港、捞刀河春华集镇段完成治理，农业综合开发和土地综合整治在7个村实施，硬化农村公路133.5公里，改造危桥4座，电力线路升级110公里，春华变电站增容，罗家冲地质灾害得到治理，春垅公路完成大修，春华转盘成功改造，两点一线集中通水工程并网通水。

社会建设　7家单位继续保持或创建成市县级文明单位，官塘村、花园新村、春华社区创建人民满意村（社区）验收达标。53个创业富民项目得到市、县财政资金扶助。有线电视和“村村通”用户达到6050户，新建全民健身场所3处，镇综合文化站完成建设，农家书屋增至10个，发展农民文艺协会2家，文化共享工程在7个单位实施。春华医院、大鱼医院实现整合，基本药物执行政府采购和零利润销售，免费提供9项公共卫生服务，老年人健康档案完成建档，春华医院新址启动建设。完成普九化债和教育“两基”迎国检工作，11所学校达到合格学校标准；完成土地权证换发、新农村建设规划编制、红旗水库后期移民扶持、土地利用总体规划修编工作；基本养老、基本医疗、最低生活保障、社会救助等政策措施全面落实，援建安居工程118户。

【三一春华生态新城项目落户】 三一春华生态新城项目由三一集团投资建设，选址于春华镇春华山村捞刀河两岸地区。项目规划用地630公顷，投资165亿元，形成景观工业园、和谐新社区、现代农业园、高尚住宅区、神农文化园五位一体的生态产业体系。其中景观工业园项目规划投资80亿元，用地143公顷，在春华山村S207线以南建设搅拌设备、汽车车身、三一物流三大工业项目，规划于2015年形成200亿元以上的销售收入，实现利税40亿元以上。和谐新社区项目规划投资8亿元，用地30公顷，在春华山乡林场中的省道207线以北建设一个集研发、员工宿舍、农户安置、基础医疗与教育于一体的综合性服务区。现代农业园项目规划投资15亿元，用地167公顷，在春华山村捞刀河以南打造一个世界级的生态农业产业园，形成生态种养殖、农业深加工、农业体验和观光为一体的现代农业园，规划于2015年形成10亿销售规模的现代农业产业。高尚住宅区项目规划投资60亿元，用地80公顷，以捞刀河为纽带，现代农业产业园、工业产业园为依托，将其北面的地域打造成高层、山体别墅与岛上别墅相结合，能容纳3.18万人居住的生态住宅群。神农文化园项目规划投资2亿元，用地210公顷，在春华山村捞刀河以北的林地建设一个集景观、生态、文化为一体的现代城市生态公园。2011年9月9日，该项目推进会在星沙明城国际举行。

【创建国家级生态乡镇】 2009年3月，春华镇启动农村环境综合整治工作，并申请创建国家级生态乡镇，2010年9月起在全镇开展农村环境连片整治。以广泛宣传发动为突破口，召开动员会，环保宣传手册和致农民朋友公开信印发到户，举办长沙县首届垃圾分类能手选拔赛以及组织开展“小手牵大手，生态环保行”活动，以强化行政措施为突破口，镇村成立生态创建领导小组和专门办公室，创建经费列入财政预算，建立镇干部包村、村包组和党员包户的责任体系。各村向镇党委政府递交生态创建工作方案和责任书。委托湖南师大资源与环境科学学院编制环境优美乡镇建设规划。全镇形成多方联动、上下一心的创建合力。以创新督办方式为突破口，定期拍摄制作内参片，每月召开一次流动现场交流会、每两周召开一次通报讲评会，每周编印一期督查简报，组织开展“环境优美组”和“环保卫士”的评比活动。以构建长效机制为突破口，将生态创建工作纳入镇对村和部门单位目标绩效考核，各村制定环境保护村规民约、环境卫生监督制度、卫生评比和保洁员管理制度，与企事业和个体经营户签订门前三包责任书，全镇组建常年打捞小分队。以环保合作社为纽带，采取市场运作的方式，通过户分类、组收集、村集中、镇运转、县填埋的方式，对垃圾进行无害化处理，全镇12个村全部对生活垃圾进行集中收集处理，集镇建成区生活垃圾无害化处理率100%。采用"三格式化粪池+人工湿地系统"模式，对居民生活污水进行处理及资源化利用，全镇12个村全部启动生活污水处理，集镇建成区生活污水处理率84%，春华污水处理厂建成投入使用。重点整治畜禽养殖污染，在镇域范围内划定禽畜养殖区和限养区，扶助382户退出生猪养殖，关闭大型养殖场2家。禁养区养殖大户实现顺利转产，与限养区养殖户签订畜禽粪污达标排放协议书，采用雨污分流、干湿分离、化粪沼气池处理等技术，将粪尿污染减至最小，规模化畜禽养殖场粪便综合利用率98%。深入开展环境卫生整洁"四边三大"活动和"学典型、践环保、争创环境优美组"活动，村庄庭院绿化美化，房前屋后整洁有序，河流塘坝底清面净，重点工业污染源达标排放率100%，饮食业油污达标排放率99%，农作物秸秆综合利用率98%，农村卫生厕所普及率98%，农用化肥施用强度小于230.6，农药施用强度小于2.4，人均公共绿地面积达14.5平方米，主要道路绿化普及率98%，森林覆盖率48%。扎实推进沼气能源建设和安全饮水工程，已建人工湿地3197个，沼气池4225个，集中式饮用水源水质达标率100%，农村饮用水卫生合格率100%。2010年12月国家级生态乡镇创建通过省级验收。

【实施联合巡查控违】 为及时发现和制止国土、林业、城管、农村环境治理等领域的违法违规现象，该镇从国土所、林业站、城管中队、治理办等部门单位抽调人员组建巡查队，在全镇范围内开展联合巡查工作。突出宣传教育，注重针对性。联合巡查队将国土、林业、城管等方面的法律、法规、规章、制度、措施以录音的方式通过车载喇叭巡回播放，对易发生违法违规的重点地段滚动播放。突出点面结合，注重长效性。联合巡查成员基本固定，每周巡查3天，其中重点区域巡查2次，其他区域巡查1次。突出发现问题，注重时效性。联合巡查队对发现的违法违规现象第一时间进行取证，并记入巡查记录，同时开具2份交办函，1份交相关村委会，1份交相关主管部门。突出交办对接，注重实效性。对交办的问题，由分管领导牵头，相关部门和村委会配合处理，需要执法解决的，由相关部门与县联合执法大队进行衔接。交办问题的办理情况，经党委书记、镇长审阅后，每2周向全镇通报1次。交办问题的办理情况纳入镇对村和部门单位目标绩效考核。

【宇田牌蔬菜获"三品"认证】 宇田蔬菜基地位于春华镇春华山村境内，由湖南宇田农业有限公司投资建设，规划总面积333公顷，其中蔬菜标准化基地133公顷，优质稻标准化基地133公顷，特种果园及休闲农业开发基地67公顷。2008年，蔬菜基地集中流转土地80公顷，2009年，优质稻基地集中流转土地86.7公顷。2009年，该项目完成133公顷土地平整任务，蔬菜基地已完成标准化机耕道、引水渠、排水渠、蓄水池、抽水泵站、自动喷滴灌设施、钢架大棚、农工生活区和农资仓库等建设任务，启动40公顷蔬菜标准化生产和测土配方施肥、绿色病虫害防治、无土栽培、新品种引进和技术培训工作。86.7公顷高档优质稻有机栽培技术研究与示范项目正式实施，26.7公顷核心区生物防治试点已获成功。该基地被选定为国家农业部、全国菜篮子工程、全省农业产业化调研基地，代表长沙县接待农业部、省长徐守盛、省委常委市委书记陈润儿、副省长徐明华等领导的视察。该基地于2011年11月获蔬菜"三品"认证，"宇田"产品贴标上市。

【水稻万亩高产示范片建设经验在全国推广】 春华镇水稻万亩高产示范片位于该镇南部，涵盖境内石塘铺村、春华山村和花园新村，总面积680公顷。片区采取统一品种、统一播种、统一病虫防治、统一收割、统一施用测土配方肥、统一种植双季稻等措施，提高单产、增加总产。示范片早稻播种98%采用软盘抛秧，种植品种全部为株两优4024、陆两优996、中嘉早17号超级稻，病虫防治采用绿色防控，包括用性引诱剂、康宽等无毒无害无残留农药。为提高片区内农民种粮积极性，早稻良种补贴提高到600元/公顷，肥料优惠300元/公顷。2011年上半年，该示范片被确定为全国农作物种业大会三个现场点之一，国务院副总理回良玉亲临现场视察。

【可再生能源服务合作社获湖南省“文明窗口单位”称号】 2011年5月，为整合春华镇域内农村沼气服务网点资源，由春华镇政府、县农村能源办支持引导，村负责人、规模养殖户、规模种植户和能源技师共同发起组建春华镇可再生能源服务合作社。该合作社自成立以来，按照“服务专业化、管理物业化”的要求，成立一部三队，建立能源用户信息库，签订供料对接合同。该合作社已发展社员150名，设立村级服务站点10个，肥料余缺对接达到540吨/月，其独创的“下设维护分点、实现服务全覆盖和肥料余缺输送对接、实现供需互惠与环保节能双赢”的服务模式赢得广大沼气用户的好评。至2011年末，先后有芬兰驻中国大使、农业部能源司司长、山东省人大代表考察团、湖南省人大代表考察团、财政部农村沼气绩效考核检查组到该合作社视察指导。《农民日报》和能源网分别以《不养猪也能用沼气——湖南省长沙县可再生能源服务体系建设与思考》和《湖南省“四种模式”强化沼渣沼液综合利用》两篇文章专题报道该合作社的服务模式和突出成果。2011年10月，该合作社被湖南省文明委授予“湖南省文明窗口”单位称号。

【获评湖南省第六次全国人口普查先进集体】 春华镇第六次全国人口普查工作从2010年5月份启动，至2010年9月底完成组建镇村普查机构、制订工作方案、落实普查经费和物质、开展普查宣传、选调普查指导员和普查员、绘制普查地图、编写地址代码、户口整顿、数据处理准备、人口摸底等准备工作。2010年10月底以前，摸清本普查区域总户数、人口总数，并按要求编制《户主姓名底册》，同时将《户主姓名底册》录入电脑，形成电子文档逐级上报。2010年11月1日0时起，普查员入户登记，然后进行抽查、复查、验收。到2010年11月底，数据整理和发布工作全面完成。因普查工作成绩显著，春华镇被湖南省第六次全国人口普查领导小组和湖南省人力资源和社会保障厅授予湖南省第六次全国人口普查先进集体。

（黄新辉）

果园镇

【概况】 果园镇位于长沙县中部，是著名戏剧家、国歌《义勇军进行曲》词作者田汉的故乡，地处长沙县“一心三片”中的经济核心区域、长沙市未来发展规划的“四环”以内。境内有贯穿东西的宋水线、贯穿南北的瞿杨线和黄兴大道北延线。全镇面积69.8平方公里，辖7个行政村（新明村、古楼村、田汉村、花果村、双河村、红花村、金江村），3个社区居委会（杨泗庙社区、大河社区、月形山社区），集镇建成区面积2.16平方公里。总人口24071人，男性12262人、女性11809人；商居户300余户，常住人口0.56万，城镇化率3%。

“十一五”期间，果园镇农村经济总收入由6.8亿元增加到11.2亿元；农业总产值由1.07亿元增加到1.82亿元；农民人均纯收入由4203元增加到9435元。2011年生产粮食2.39万吨，人均995公斤。耕地面积1567公顷，人均0.07公顷，以种植粮食、蔬菜和花卉苗木等经济作物为主，其中蔬菜种植面积600公顷，产量1.35万吨。果园镇工业以汽车零部件配套产业为主，多种产业为辅，全镇有企业20余家，其中规模企业5家，果福车业、大河车身厂是汽车零部件生产的龙头企业。2011年工业生产总值8.7亿元，实现工业增加值1.1亿元，比上年增长10%。固定资产投资从2006年的9686万元增加到2011年的2.82亿元。2011年财政总收入549万元，比上年增长7%。其中地方财政收入184万元，比上年增长7.2%。农民人均纯收入9435元。近年来，果园镇先后获长沙市“十快乡镇”、“全国环境优美乡镇”、“市级文明乡镇”、“市卫生十佳乡镇”等荣誉称号。

【被评为全国环境优美乡镇】 2009年以来，该镇大力加强农村环境保护，成立全国首家农村环保合作社，投入960万元实施家庭污水“四池净化”工程、畜禽退养转产和污染治理零排放工程、垃圾分类处理工程，全镇环境整治到户实施普及率98%。经检查验收，达到环保部农村环境连片综合治理的要求，在国家环保部2011年10月25日公布的“全国环境优美乡镇”和“国家级生态村”名单中，果园镇是全县唯一获“全国环境优美乡镇”称号的乡镇。

【成立全国首家农村环保合作社】 2009年6月，果园镇率先在全国成立首家以农村生活垃圾分类处理为主要工作的合作组织——果园镇环保合作社，对全镇生活垃圾采取“分户收集、分类处理、政府补贴、村民自治、合作社运营”的处理模式，实行环境卫生网格化管理，利用电子地图将镇村主干道路进行标识，垃圾处理设施到村、入户与保洁员签订承包合同，分片分区，责任落实到人，并聘请退休老干部采取定期与不定期检查的方式进行环保卫生监督，确保环境卫生工作零缺位。至2011年年底，全镇回收有毒有害垃圾132吨，垃圾中转站转运压缩垃圾1511吨。

【绿色产业推动农田经济】 果园镇深化产业结构调整，着重发展特色农业，至2011年，有田汉万亩高产水稻基地和新明村金霞米业优质稻示范基地2个、农业专业合作社32家。以浔龙河、佳农、绿惠三个农庄为龙头，建成200公顷设施完善、生态优质、技术规范的标准化蔬菜基地。浔龙河生态农业综合开发有限公司开发的4.7公顷花卉苗木园和20公顷集观光、蔬菜、餐饮为一体的精品生态休闲园基本建成。名优特农产品有金霞优质稻米，绿色环保蔬菜和有机水稻。

【新明村打造“最美乡村”】 果园镇将新明村定位为现代农业示范新村、生态宜居特色水村、长沙城郊最美乡村。至2011年，新明村已制定整体建设规划和房屋立面改造规划，启动万米生态渠的修建，新建11座闸坝，清淤8600米，生态衬砌舒布诺克200米，雷诺护垫200米；采取农民投工投劳、政府补助的形式开展绿化和民居立面改造，山林、道路绿化植树7500余棵；为加强社会管理，改建村级服务中心，建立村级党（政）务信息公开服务平台，成立村民广场舞队和书法协会，丰富群众文化生活。

【首开村干部“勤廉双述”】 2009年3月26日，双河村举行首次村干部“勤廉双述”活动。全村13个村民小组每户至少有1人到会，整个会场座无虚席。会上，3位参加勤廉双述的村干部就自己在一年的工作中勤政廉政方面的基本情况作了汇报，由村民代表当场点评支村两委勤廉情况，全体与会村民以书面无记名方式进行民主测评，由四名点评人员负责计票、统票，并当场公布评议结果。“勤廉双述”搭建起党员群众与村干部直接交流沟通的平台，既调动了人民群众参与监督管理的积极性，又激发了干部创业干事的激情。

（杨洁莹）

路口镇

【概况】 路口镇坐落于长湘古道交叉路口，位于湖南省长沙县北部偏东，东接浏阳市的沙市镇，与春华、果园、安沙、青山铺、福临、高桥镇毗邻，交通便捷、区位优越，距省会长沙市40公里，距黄花国际机场20公里，距京珠高速公路广福站3公里。省道207线南北贯穿全镇，路青线将该镇与青山铺镇和浏阳市的秀山串成一线。黄兴大道北延线一期工程于2011年全面建成通车，是该镇发展的又一黄金通道。全镇总面积89平方公里，其中耕地面积1695.8公顷，山林面积4553.33公顷，水面240公顷。人口为30646人。2011年末全镇辖9个村（花桥湾、路口、长春、上杉市、荆华、明月、麻林、万年桥、麻林社区）和1个非农社区（路口社区）。

镇域经济快速持续增长。全镇现有各类企业35家，完成规模工业总产值9000万元，企业营业收入5.11亿元，企业增加值1.22亿元，企业利润1440万元，上缴国家税收2754万元。农林牧副渔总产值4.12亿元，社会固定资产投资1.45亿元，居民人均纯收入从5559元增加到8280元。

农业产业结构调整进一步加快。以路口村、花桥湾村为重点的蔬菜基地连片种植264公顷，基地规范，上市的有机蔬菜高品质、无污染，深受消费者青睐。该基地已成为全市最标准、最规范、最有档次的示范基地之一。

招商引资取得丰硕成果。成功引进包括麻林温泉、麻园冲科研基地、龙华山蔬菜基地、“老茶人”、军信环保、蓝莓种植园等14个具有带动力的项目，共实现合同到位资金21亿元，特别是总投资18亿元的麻林温泉自然生态景区开发项目是第七届泛珠三角区域合作与发展论坛暨经贸洽谈会上湖南10个“大单”之一，项目控规333.34公顷，已完成征地拆迁和规划设计。投资8000万元，占地17公顷的麻园冲循环农业科技项目已进入开发前期准备阶段。

环境治理效果显著。为治理两河流域，按照县人民政府对生猪养殖禁限养的要求，全镇禁养区222户养殖户全部退出养殖，一级限养区退出441户，退出栏舍面积80331平方米，兑付补助款450余万元。

新农村建设试点风生水起。投资1650万元的中华片区新农村示范点建设取得显著成效。全片区拆除栏舍面积近2万平方米，建垃圾池90个，沼气池20个，购买垃圾桶400个，完成143栋房屋立面改造，与之配套的道路建设，亮化、绿化、美化等项目全部完成，污水集中处理系统运行良好。

民生事业不断推进。全镇城乡居民医保参与率100%，住院补偿金额70万元；新型农村养老保险参保率83.31%。继续保持低生育水平，人口自然增长率7.1‰。2011年，共发放城乡最低保障金122万余元，转移农村富余劳动力600人。社会治安状况良好，全镇无重大刑事案件，无民转刑案件，无重大安全事故，无越级上访和群体性事件。

镇域基础设施不断完善。四年来，该镇在农田水利建设上共投入5060万元，重建杨家坝水利工程，改造桐仁桥灌区6、7、8支渠和向桂水库泄洪集镇段渠道，加固丁家港水库泄洪渠坝，治理花桥湾村山塘和田间渠道，硬化近100公里道路，投资1700万元兴建的节水灌溉农业和农村污水直排处理工程产生了良好的经济和社会效益。2011年12月2日，省委书记、省人大常委会主任周强，省长徐守盛来路口视察，对该镇的农田水利建设给予高度评价。

集镇面貌焕然一新。投资840万元新建集镇污水处理厂，解决集镇多年的污染问题；投资300万元兴建的集镇人民公园，给集镇居民创建一个健身、休闲、散步、娱乐的好去处；投资300万元新建的一医院住院大楼，极大地方便了人民群众的防病治病；投资500多万元，对集镇道路进行提质改造，道路两旁实行亮化、美化、绿化；邮政电信、移动通讯、有线电视实现全覆盖；温泉小镇、路口商贸大厦、路口农商行、金库中心、综合文化站、文化广场、电影院、幼儿园、农贸市场、集镇商住房等建设项目正在紧锣密鼓地加快推进。

【政务服务中心实行一条龙服务】 2010年2月20日成立的路口镇政府政务服务中心是镇人民政府为民办事的服务窗口。有财政、社保、民政、合作医疗、计生、信访等6个单位入驻办事，工作人员7人。该中心自成立以来已累计办事6000余件，接待群众1万余人次，受理行政审批和服务项目8000余件。2010、2011年连续两年被评为县文明单位；2011年获长沙县总工会“芙蓉标兵岗”、长沙县委“共产党员示范岗”和团市委“青年文明号”称号。

【开展环境连片整治】 该镇以“改善生态环境和人文环境，提高群众的生活质量”为目标，以水源、田园及家园清洁为主线，对路口、荆华两村和麻林社区进行农村环境连片整治。三个连片整治村新增垃圾运输车3台；建立垃圾回购点3个；购置垃圾桶1975个；建垃圾池110个；拆除养殖栏舍面积20000平方米，建设室外零排放处理面积26000平方米，建沼气池260个，四池净化1590个，沼气池加大四池净化29286平方米。

【兴建麻林温泉自然生态景区】 总投资18亿元的麻林温泉自然生态景区开发项目是第七届泛珠三角区域合作与发展论坛暨经贸洽谈会上湖南引进的10个“大单”之一。该项目建设总用地94公顷，其中一期建设用地40公顷，规划建设集温泉疗养、休闲度假、商务会馆、时尚娱乐、观光旅游于一体的综合发展区，着力打造成湖南省武广铁路沿线旅游经济带上的重要节点。至2011年，一期建设用地内的拆迁安置、用地测量及规划设计等工作均已完成，即将开工建设。

（曹　薇）

高桥镇

【概况】 高桥镇位于长沙县东北部，北与金井接壤，南与路口相邻，东与浏阳毗邻，西与福临、白沙交界。镇域面积103.5平方公里，耕地面积2057公顷，辖高桥村、白石源村、凤山村、维汉村、百录村、合兴桥村、桐仁桥村、范林村、金桥村、双龙村10个行政村和荷塘社区居委会，总人口3万余人。

高桥镇交通便利、风景秀美。高桥镇距省会长沙市50公里，距黄花国际机场30公里，距107国道和京珠高速公路15公里，省道207线从境内通过。境内公路硬化里程120公里，镇级公路已全部硬化。这里自然风景优美，有7334公顷山林。2086口山塘、12座水库和众多的庙宇星罗棋布，如明珠撒落在群山之中，其中白鹭湖景区最为引人注目，秀美的山水养育了勤劳朴实、古道热肠的村民。

高桥镇人杰地灵、人才辈出。高桥镇是革命先辈李维汉、革命先烈柳直荀的故乡，其故居、纪念馆是全县重要爱国主义教育基地，已纳入全县红色旅游线路；是原国家领导人李铁映和蹈海殉国的革命志士杨守仁的家乡；也是间架体书法家黄自元的第二故乡。

高桥镇有古今闻名的“高桥茶”。早在明清时期，“高桥49家茶庄”就闻名全国。大文豪郭沫若品尝高桥茶叶后，即赋诗“芙蓉国里产新茶，九嶷香风阜万家”，赞“高桥茶”可与著名绿茶“红纱”、“紫笋”媲美；湖南省书画院副院长、中国书画家协会会员胡立伟为鸿大茶叶绘赠梅花图，并称“高桥牌”茶叶为“潇湘第一枝”。如今，“高桥银峰”、“湘波绿”系列属全国名茶，红茶远销国内外。

高桥镇党委、政府遵循县委、县政府制定的“南工北农”发展战略，扶持，水稻、楠竹、茶叶、茭瓜、生猪、土鸡土鸭等传统农业的发展，成立国进食用菌开发有限公司，以工厂化生产食用菌为依托，做大做强食用菌产业，打造“现代农业工厂”，2007年该镇被国际食用菌博览会授予“中国食用菌之乡”。

建立工业小区，大力发展工商企业。兴工强镇，扶持现有工业企业发展。按照高起点规划、高标准建设、小区与集镇功能互动的原则，采取“一次规划，分步实施”的方法，在S207线两厢，建成基础设施配套完善，服务功能先进齐全，整体布局科学合理，生态环境优美宜人的3平方公里工业小区；遵循“抓大扶小促中间”的原则，扶持天能电机、昌龙铸造、湘达门业等产业做大做强。全镇工业企业18家，过千万元的企业5家。其中，湖南天能电机制造有限公司2010年产值过亿元，天舟公司2010年在深圳股票交易所挂牌上市，融资4亿元，成为长沙县第一个上市的本土企业，被称为中国书业第一股、湖南民营图书行业的龙头企业。

2011年高桥镇完成基础税源总收入847万元，为全年任务数667万元的126%；完成基础税源地方一般预算收入400万元，为全年任务数302万元的132%；农民人均可支配收入由2006年的3668元增至8448元，增长130%；信用社存款总额于2010年突破1亿元。

【国进牌食用菌获中国（长沙）国际食用菌博览会金奖】 2010年组建的湖南国进食用菌开发有限公司位于高桥镇高桥村，注册资金1000万元。公司主打“国进”牌商标，以工厂化生产食用菌为依托，大力推行优质、绿色、环保的食用菌产品。建成全自动化珍稀食用菌工厂两个，引进新技术和新品种10余种，成功摸索出稻田棚栽、反季节地埋和工厂化栽培三种生产模式，逐步形成以种植金针菇、杏鲍菇、茶树菇、反季节香菇、双孢蘑菇、姬菇等食用菌为主导，兼稻田龙虾养殖、无公害蔬菜种植等全方位发展的良好局面。公司生产的“国进”牌蘑菇、金针菇、香菇都通过农业部无公害农产品认证。在中国（长沙）国际食用菌博览会上，金针菇、蘑菇分别获金奖和优质农产品奖。2010年12月被市农业局评为农业标准化生产基地，2011年2月被长沙市科学技术协会评为长沙市先进农村科普示范基地。

【建设农业走廊】 高桥镇相继引进湖南现代农业技术创新基地、现代农业核心示范区、中国南方柑橘资源圃暨良种繁育中心（千橘园基地），建设沿S207线的现代农业走廊，与食用菌产业一道，形成完整的现代农业产业链，着力打造北部农业产业集群带。湖南现代农业创新示范基地项目于2009年8月落户高桥，总投资2.4亿元，规划用地333.33公顷，其中现代农业试验示范区占地面积约178.67公顷，作物种质资源保护与开发区占地23.33公顷，农作物新品种展示区占地面积133.33公顷。中国南方柑橘资源圃暨良种繁育中心（千橘园基地），隶属湖南省农业科学院园艺研究所，于2010年开始筹建，占地14公顷，包括6.67公顷高标准果树种质资源圃、1.33公顷良种繁殖圃和1.3万多平方米的智能温室大棚。该基地是国内品种最齐、规模最大、新品种繁育推广能力最强的柑橘种质资源保存圃，将实现现代农业的全自动操控，保存柑橘及特色果树品种资源1100份以上，成为中国南方最大的柑橘及时鲜水果资源圃暨良繁基地。

【湖南天能电机制造有限公司】 湖南天能电机制造有限公司系原长沙永恒电机厂经资产重组而成的股份制企业，拥有1200千瓦、10千伏以内的电机型试验中心，其中自动嵌线生产线、数控专机加工生产线居行业领先水平，年产电机能力200多万千瓦，产值超过3亿元。公司研发人员占17%，创办了天能电机研究所。技术力量雄厚，产品设计先进，研制的YX3高效电机获科学技术进步奖，产品已成功进入国际市场。湖南天能电机制造有限公司是湖南省认定的企业技术中心，多次获评“湖南品牌信誉百强单位”；是国家“863计划”高效、超高效电机的指定研发单位之一，成为高桥镇经济发展的强劲动力。

【建设生态秀美高桥】 污水处理厂共征地0.57公顷，管网建设规划3700米，厂区建设全面完成；实施集镇居民住房屋后排污渠道改造工程；落实50盏路灯增设及改造项目。被人们誉为“十里画廊”的桐仁桥水库，因有大量白鹭栖居又名白鹭湖。通过多年的封山育林、保持水土和保护水源，成为众多野生动植物的栖居乐园。白鹭湖水质达到国家一类水质标准。

【推进民生事业】 完善社会救济制度，医疗救助特困家庭119人，救助金额270500元。慈善助学22人。新农保缴费人数达14159人，完成任务数的96.1%。城镇居民养老保险率100%。企业养老保险新增参保人数80余人。加大教育投入，投入220万元对高桥中学部分校舍进行维修改造，投入400万元新建直荀小学综合楼，投入120万元对范林小学的运动场等设施进行改造。重视文化活动，成功举办“红心向党，魅力高桥”庆七一大型联欢晚会，受到群众欢迎。全镇建有9座农家书屋，投入7万余元建设老年门球场，投入3万元建设文化墙。做好卫生防疫工作，年度接种疫苗14751余人次，一类疫苗基础免疫接种率达到95%，健康纸质档案已建档28425人，建档率为98%。（罗晓晴）

金井镇

【概况】 金井镇位于长沙县北部，由原金井、脱甲、观佳三个乡镇合并而成，与平江县、浏阳市交界。镇域面积144平方公里，耕地3278公顷，林地8411.4公顷,水库18座。金井地区气候温和、雨量充沛、土壤肥沃、丘岗山地多。拥有丰富的人文历史资源，十里金井湖、百年金井古井、千年九溪寺、万亩百里茶廊是点缀在金井这片沃土

表17　2011年金井镇主要经济社会指标一览

指标	单位	数量	与上年比增减（%）
财政收入	万元	3730.7	108
农业总产值	亿元	4.84	24.14
粮食总产值	吨	32861.15	2.77
工业总产值	亿元	21.50	9.23
工业利税总额	亿元	2.3121	8.76
工业固定资产投资	亿元	5.6153	73
农民人均可支配收入	元	11424	42.80
出口商品供货总值	亿元	3.1336	5.23
工业企业	个	197	11.23
服务业（三产）总产值	亿元	3.0078	33.20
小学学校数	所	8	0
小学在校学生数	人	1680	−1

上的明珠。这里曾是首届县人民政府驻地。镇中心集镇距黄花国际机场40公里，到城区不到50分钟车程，已成功融入省会一小时经济圈。镇区辖15个村，1个社区居委会，集镇建成区面积1.7平方公里。至2011年末有户籍人口42685人，其中男性21878人，女性20807人；外来暂住人口2876人。

政治建设 深入开展学习实践科学发展观和创先争优活动，圆满完成第八次村级班子换届选举。2008年至2011年，发展党员133名，2011年底全镇有党员1979名。在原有8个非公企业支部的基础上，新建3个非公企业支部和1个社会组织支部，非公组织支部占全镇支部总数的31.43%，下派20名非公党建工作指导员。将全镇各党组织按照行政村（社区）、机关事业单位、非公经济组织、社会组织四类进行分等定级动态管理。在2011年的绩效考核中，全镇31个支部，定出“好”支部8个、“较好”支部14个、“一般”支部5个、“较差”支部4个。多途径提拔优秀中青年干部，已有16人进镇党委班子或担任中层干部。开展党风廉政建设和反腐败斗争，查处违纪违法案件16起，建立公务用车、政府采购、工程招标、资金管理、村民建房联合审批以及村级集体“三资”管理等制度。2008~2011年，先后获评湖南省人民满意的公务员集体、长沙市“创先争优”先进基层党组织、长沙县优秀领导班子等称号。

经济建设 四年来，完成土地整理项目2666.7公顷，有序流转土地600余公顷，成立专业合作组织56个，发展省市级农业龙头企业5家，带动本镇及周边乡镇4000公顷连片产业的发展。培育的“六金品牌”（金茶、金菜、金米、金薯、金铸、金革）、“四大产业”（铸造、制革、机械制造及农副产品）逐步成长，其中有3个获中国驰名商标。全镇共有企业197家，其中规模企业11家，产值过亿企业5家，湘丰集团正谋求上市，金井茶厂、星驰实业、金龙铸造加大与外商投资合作。自行车系统、标识标牌、直饮水、接待中心、农家接待点等生态旅游基础设施不断完善，每年新增各类商铺100余家，成功举办“走进长沙最美乡村”、“相约长沙最美乡村”、“骑游金井、快乐无穷”等生态旅游主题活动。以“现代、简朴、素雅”为风格定位，实施“序化、洁化、亮化、绿化、美化”五大工程，新建污水处理厂、文化活动中心、政务服务中心、11万伏变电站；完成水利工程建设4000余处，推进沼气池建设3900口，新建能源服务合作社1家、能源站点3个，极大改善该镇能源结构；新建公共汽车站台10个，完成245.3公里镇村公路水泥硬化，安装380盏节能路灯，亮化道路14公里，在连片改造的基础上引导农户房屋集中新建，农村发展基础更加扎实。

社会建设 坚持把社会保障、社会服务作为民生之本来抓，深入开展“贴近群众、服务群众、致富群众”主题活动，全面推行服务承诺制，依托1个政务服务中心、3个便民服务点、16个群众工作站为群众提供一站式服务，71名群工站工作队员走访群众9225户，入户走访率83.89%，收集群众反映问题493个，解决各类问题478个。帮扶群众到户，每名干部联系1户困难户或上访户，60名联村干部“一对一”联系身体残疾家庭13户、智障家庭4户、大病户16户、特困户17户、低保户10户。狠抓社会治安综合治理、安全生产和农产品质量安全。四年共完成劳动技能培训947人次，新增就业岗位2303个，发放优抚优待金、低保金、救济金、慰问金、助学金共计875.4万元，新农合每年参保率100%，民生保障实现全覆盖；实施村级卫生室达标、综合医疗大楼新建，完成9所合格化学校建设，公共服务在统筹发展中全面推进。全面开展农村环境卫生综合整治、畜禽污染治理、“两河”流域治理及工业污染治理，金龙、脱甲、惠农三个村顺利完成国家环境连片综合整治项目，全镇7个村成功创建国家、省、市生态村，金井镇被评为湖南省生态镇、全市乡村环境卫生优秀乡镇。以建设“文明金井”为重点，成功创建长沙市文明镇、文明机关；新建集文化公园、文化中心、数字影院、文化广场于一体的综合文化活动中心，发展农家书屋15个、民间文艺团队7支，文化集市、运动会、广场舞等群众性文体活动广泛开展，农民在自己家门口就能享受和城市一样的公共文化服务。

【金井工业小区】 长沙市（金井）工业铸造基地位于长沙县金井镇，距长沙市区50公里，黄花国际空港30公里，西邻京株高速、107国道，省道S207线穿区而过，地理位置优越，交通便利，成功融入市区1小时经济圈。园区规划3.5平方公里，区内交通、用水、电力、邮政、电信、网络、银行等公共服务设施齐全。园区现已形成以铸造、工程机械配件加工、制革服装及农副产品加工为主导的工业体系。金井工业小区将以汽车零部件加工、精密铸件及工程机械为主导，将园区打造成为粤港澳产业转移的承接基地、长沙县工业战略转移基地和新型财源基地，同时主推第三产业，加快产业结构转型。

【推进城乡一体化建设】 以省会北部卫星城、现代农业核心区、城乡统筹样板镇为特色定位，编制各类规划11个。坚持农业富镇、工业强镇、商业活镇的发展理念，着力打造“一区（农副产品深加工产业区）、一带（金脱观光休闲农业产业带）、一园（国家级有机茶叶示范园）、三基地（优质稻示范基地、特色种植基地、科普教育基地）”的产业格局。按照“现代、简朴、素雅”的风格实施集镇提质改造工程，新建镇污水处理厂、综合文化服务中心和11万伏变电站。成立金诚建设投资有限公司，建立“政府引导、社会支持、市场运作”的资本运营机制，实现自我造血、滚动发展；以扩权强镇、机构改革为契机，全面清理制约镇村加快发展的政策性障碍，围绕事权、财权、人事权、执法权、管理权的下放，实施机构改革、再造政府流程、规范办事程序，打造责权统一、精简高效的服务型政府。2011年获评长沙市推进城乡一体化发展优秀乡镇。

【加快新型城镇化建设】 投入4500万元用于集镇建设，推进“硬化、序化、绿化、亮化、美化”五大工程。至2011年，已完成金龙小区路面硬化、集镇范围路面修复，改造人行道1.5万平方米，铺砌路缘石7000米，铺设沥青路面3.5公里，设置两组道路红绿灯，完善交通标识标牌；建造冲水式公共厕所，集镇改水改厕普及率100%；新建污水处理厂，安装190个园林式果皮桶，新建分类垃圾池500个，配备大型垃圾清扫车、垃圾清运车、保洁车8辆；新栽补种5.5公里行道树，修建绿化围护栏，人均公共绿地面积45平方米；在集镇安装200盏节能路灯，亮化工程覆盖全集镇，并向金龙村延伸；对620缝房屋立面进行形象改造，拆除违规广告牌240多块，对集镇600缝门店招牌进行规范统一。新建镇文化综合服务中心、文化中心、11万伏变电站。制定集镇管理实施细则，推行门前“三包”责任制，探索建立集城管、环卫、综治、巡防、工商、税务为一体的镇区精细化管理模式以及居民自治新途径、推行社区物业化管理，小城镇的综合竞争力和品位不断提升。先后荣获湖南省小城镇建设重点镇、县人民满意集镇等称号。

【建立“五位一体”环境综合治理新机制】 投入500多万元，启动全镇环境治理与生态建设，初步形成镇、村、组、农户和环保合作社“兼顾四边、四级联动、五位一体”的环境综合治理工作机制。组建环保合作社，聘请保洁员41名，配备保洁车22辆，垃圾清运车5辆，大型清扫车1台。按照“一镇一站、一村一点、一组四池、一户一桶”的标准，建成垃圾压缩中转站1个，设置垃圾分类收集点16个，新建分类垃圾池近2000个，为全镇1.31万户农户配置垃圾分类收集桶1.36万个。全镇禁养区582家养殖户全部签订退养协议，基本完成猪栏舍的拆除和转产扶助资金的发放，限养区养殖户分别采用四池净化、种养平衡及沼气池等技术实现达标排放。镇财政安排10万元转产扶助专项基金，以低息、免息、奖励等方式扶助退养户组建食用菌合作社、开发食品深加工项目等方式推动转产。建立河道管理协会，按照“属地管理，分段到村、责任到人”的模式，推进河道长效管理。争取上级投入800多万元对金井河、脱甲河中心段进行生态治理，实现“水清、堤固、岸绿”。投入180万元，大搞植树造林，引进各类营林及绿化苗木8万株，完成生物防火林带建设10公里，营造针阔混交林51公顷，义务植树1.8万株。新增道路、河道绿化40公里，全镇范围内森林覆盖率60.6%。

【开展群众文化体育活动】 建成集农民文化公园、活动中心、文化广场、政务中心于一体的乡村文化综合体，拥有全省首家乡村室内数字影院，开通乡村数字电视，开设“金井大讲堂”，开放绿色网吧、农家书屋。至2011年，全镇建成农家书屋12家、老年活动中心15个，村级文化活动中心4个，有腰鼓队7支、龙狮队4支、篮球队5支以及多个兴趣活动小组。在每个村（社区）配备2名文化活动辅导员，以加强对群众文化体育活动的组织和指导。2009年来，该镇在长沙县率先开展“文化集市”活动，为农民搭建自演自唱、自娱自乐的文化舞台，开展唱红歌、舞龙狮、跳广场舞、打篮球等经常性活动，自集市活动开展以来，参与人数达2.4万人次。组织“五老”编写《金井漫话》，进行革命传统教育。

【获评湖南省人民满意公务员集体】 金井镇有机关干部43名，平均年龄41岁，35岁以下干部13人，其中硕士研究生2人、本科学历26人、大专学历9人，具有大专以上学历的人数占总人数的86%。近年来，全镇干部深入厂矿企业，深入村组农户，出实招，办实事，发展“四大产业”培育“六金品牌”，增强经济实力，致富人民群众，农民人均收入连续五年保持30%以上的增长率；突出以镇带村，狠抓集镇提质扩容、村落改造、农民集中居住、综合大市场、垃圾中转站、污水处理厂、文化活动中心、11万伏变电站建设等几大工程，镇村面貌焕然一新；建立健全“兼顾四边、四级联动、五位一体”的农村环境治理机制；完善镇村公共卫生、文化教育、民生保障等服务体系，探索出具有金井特色的城乡一体化发展之路，形成服务群众、人民满意的好局面，优秀的工作实绩得到各级领导的表彰和人民的赞许。四年间，共获得市级以上荣誉13项，干部中每年都有近40人次获国家、省、市、县各级荣誉，仅2010年就获得国家级荣誉2人次，省级荣誉4人次，市级荣誉4人次。2011年金井镇获评湖南省人民满意公务员集体。（王　丹）

双江镇

【概况】 双江，又称罗代，位于长沙县北部边关，地处长沙、平江、浏阳三县（市）交界处，镇域东南与浏阳市社港、龙伏、赤马三镇毗邻，东北与平江县三阳、瓮江两镇接壤，西南、西北均与金井镇相连，距星沙60余公里。全镇面积66.8平方公里,辖10个行政村、1个社区，总人口2.2万人。

近年来，双江镇坚持“农业强镇、生态立镇、文化兴镇”发展举措，稳步推进全镇经济社会的发展，2011年，工业企业总产值1.76亿元。固定资产投资2500万元，招商引资完成400万元。地方一般预算收入32万元，农民经济总收入35082万元，农民人均可支配收入9600元。

【发展现代农业】 2011年，双江镇罗代黑猪发展迅速，2011年生猪饲养量13.5万头，其中“罗代黑猪”4万头，年末存栏3.4万头。生猪屠宰加工车间提质改造工程完工，占地6000平方米的“罗代黑猪”核心保种场建成，该项目已成为长沙县北部农业乡镇经济发展的新引擎。成立种植、养殖类农业合作社27个，入户家庭2312户。引进博野有机等一批省级农业龙头企业，推广“稻粮菇三种三收”立体循环农业项目6.67公顷，试点效果成效明显。2011年，茶叶种植面积566.67公顷，年产量1.2万吨，蘑菇种植面积5.33公顷，年产量24吨，蔬菜433.33公顷，年产量480万吨。以良种罗代黑猪为龙头，有机蔬菜、中华蜜蜂、金银花、蘑菇等为特色的现代农业产业格局形成。

【建设生态家园】 近年来先后投入近千万元，新建沼气池500多座，人工湿地800多个，垃圾中转站1个。分类垃圾桶实现全覆盖，日处理量为500吨的镇污水处理厂即将完工。成立镇生态农业办，组建环保合作社，创新推广“三次分类、三次减量”和“集镇垃圾干湿分离”的科学处理模式。狠抓“四边”（路边、田边、水边、屋边）整治，清淤山塘3.33公顷、清洁河道120公里，绿化村级公路、河道100余公里，义务植树1万余株。2010年，该镇获长沙市乡村环境卫生整洁“十佳乡镇”，2011年成功跻身省级生态示范乡镇行列。

【推进城乡一体化建设】 以创建人民满意集镇、村（社区）为契机，进一步加快全镇各项基础设施建设，不断提升集镇管理水平。四年来，硬化村级公路49.3公里。投资103万元，重建大公桥。投入1400余万元完成3.5万伏变电站及农电网改建工程。新建路灯105盏，基本完成环镇公路全覆盖。投入9000多万元，率先在全市完成全镇10个村土地整理。投资800多万元，完善双江中学、中心小学、农裕小学、石板小学、团山小学的教育设施。投资200多万元，新建卫生院综合大楼。投资40万元，新建双江镇公益性墓地。全镇交通、卫生、教育等基础设施日益完善。修建农民公园、老年门球场、公共厕所等一批集镇公共设施，硬化消防通道15条、安装排污管道

1200米、划定集镇停车位200多个，更换门店招牌100多个。在2011年度长沙县人民满意集镇创建活动中，该镇取得第二名的优异成绩。

【推进社会事业建设】 新型农村养老保险和民政救助工作顺利推进，农民合作医疗参与率100%，全镇低保户和三无人员实现应保尽保。加强农村富余劳动力就业技能培训，开办各类培训班20多次，帮助就业200多人。援建28户农村危房户帮助14户危房和无房家庭进行整体搬迁。2011年，率先开展“革命烈士后代幸福计划”。投入200多万元，完成1个市级标准化乡镇卫生院和6个市级标准化村级卫生室改造工程。

农村公共文化服务设施逐步完善，投资300万元新建镇综合文化站，2011年免费开放。投资近100万元建设村级文化活动中心。传统文化得到有效传承保护，“滚灯车”和“锣鼓亭子”入选长沙市非物质文化遗产名目。举办舞龙比赛、元宵灯会、农民运动会、送戏下乡等系列群众喜闻乐见的文体活动20多场。农家书屋实现全覆盖，综合文化站免费开放。　（胡　欢）

白沙乡

【概况】 白沙乡为省级生态示范乡镇，乡域内河流清澈、空气清新、环境整洁、生态良好，人民群众健康长寿，被外界誉为生态之乡、长寿之乡、水果之乡。该乡位于长沙县最北端，距县城星沙50公里，距长沙市区55公里。北与平江县向家镇相邻，东、西分别与长沙县金井镇和开慧镇相邻。京珠高速于西北角穿越，县道金井开慧线南北向贯穿全境，建设中的黄兴大道北延线直通白沙，交通十分便利。乡域面积60.42平方公里，其中陆地面积56平方公里，耕地面积1342.73公顷，水域面积4.4平方公里，山林面积13040公顷。全乡辖10个村委会和1个社区居委会，集镇区建成面积2平方公里。至2011年末，辖区总户数5728户，总人口20130人，其中男性10246人、女性9884人；民族以汉族为主，计20125人，少数民族7个，25人（其中汉族20125人、白族1人、侗族3人、壮族3人、瑶族3人、土家族6人、苗族7人、蒙古族2人）；外籍1人。2011年人口出生198人，死亡153人，净增45人。

政治建设　围绕白沙经济社会发展，开展“金点子计划——献金言、谏良策”活动，发放和回收调查问卷199份，征集各类意见、建议68条；围绕“解放思想、创新发展”，开展“创新工作大比武、大竞赛”活动，征集工作创新材料25份；以“创先争优”为目标，积极开展争创“四好班子”、“五好党支部”活动；开展党员素质提升活动，转变和帮扶落后党员。依法依规顺利完成第七次、第八次支村两委换届选举工作；实施大学生村官集中管理制度，15名大学生村官全部到村工作。制定《白沙乡机关精细化管理考评实施方案》，在乡机关全面实施精细化管理；建立村级事务月调度会制度，安排部署本月工作，督促工作落实；按照“定额使用、奖优罚劣、超支自负”的原则，实施公务消费货币化改革。充分利用白沙政务QQ群、政务微博、白沙政务服务网等平台，实现与群众沟通交流；在全乡党员干部中推行了以“入户走访—互动沟通—跟踪办理—限期反馈—上门回访”为主要内容的“五步循环”群众工作法，积极探索新形势下做好群众工作的新方法、新途径。组织县、乡两级人大代表视察政府重点工程，评议卫生、公安、供电等工作，对《农产品质量安全法》贯彻实施情况进行执法检查；将县人大代表活动室与农家书屋共建，依托图书管理员岗位收集代表意见、建议240余条。2011年4月20日，召开中国共产党长沙县白沙乡第十四届代表大会第一次会议，选举产生新一届白沙乡党委班子和纪委班子，谢德求当选白沙乡党委书记，钟铁毛当选白沙乡纪委书记。2010年9月29日，白沙乡第十四届人民代表大会第五次会议，选举宁铁为白沙乡人民政府乡长，选举胡一舟、胡海艳为白沙乡人民政府副乡长，选举陈明为白沙乡人大主席团副主席；2011年10月28日，召开白沙乡第十四届人民代表大会第七次会议，选举彭齐芳为白沙乡人民政府副乡长。

经济建设　大力发展水果、香薯、茶叶、油茶等特色农业，田茂现代农庄等具有一定规模的现代农业组织和合作社先后落户白沙；大力推进优势水果产业区域布局，实现水果产业的规模化发展，全乡共形成小水果基地400多公顷。成立白沙乡环保合作社，积极探索农村生活垃圾不

表18 2008～2011年白沙乡主要经济指标一览

指标	年度	单位	数量	比上年增（±%）
规模工业生产总值	2008	万元	2479	−5.1
	2009	万元	2600	4.9
	2010	万元	4650	78.8
	2011	万元	4600	−1.1
农林牧渔业总产值	2008	万元	10620	29.4
	2009	万元	11783	11
	2010	万元	13200	12
	2011	万元	13792	4.5
固定资产投资	2008	万元	3611	−1.6
	2009	万元	4197	15.7
	2010	万元	4422	5.8
	2011	万元	3810	−13.9
招商引资	2008	万元	1464	97
	2009	万元	1431	−2.3
	2010	万元	614	−57.1
	2011	万元	365	−40.6
财政收入	2008	万元	838	17.7
	2009	万元	633	−24.5
	2010	万元	1024	61.8
	2011	万元	2737	168
农民人均可支配收入	2008	元	3507	5.4
	2009	元	4059	15.7
	2010	元	4723	16.4
	2011	元	5694	21.1

出村的处理模式；扎实开展生猪养殖污染治理工作，制定严格的禁、限养政策，减少生猪养殖量，转养殖为种植，发展水果产业；加大营林绿化力度，在沿平江交界处建立14.5公里的防火林带。加大农田水利建设力度，从2008年开始，先后投资550余万元完成团结水库、白石洞水库的除险加固，续建配套工程，极大地提高了防洪蓄水抗旱能力；大力开展土地整理和土地开发，完成6个村共733公顷的土地整理和267公顷的土地开发。积极推进公路建设，2008年投资797万完成31.9公里县乡公路的硬化，2009年投资842万元完成36.6公里的省“十一五”通畅工程村级公路建设。完善基础设施，2008年投资50万元新建白沙垃圾压缩中转站；2009年投资150万元新建综合文化站；2010年投资67万元维修改造了集镇道路；2011年投资60万元完成集镇下水道管网的改造与疏通；升级改造集镇人行道；对集镇商铺统一进行立面改造；在集镇街道建设一块大型LED显示屏。稳步推进民生工程，2010年，该乡启动桃源生态扶贫移民工程，将桃源村整体迁移到交通便利、人口集中的黄兴大道北延线居住。至2011年底对桃源村132户共408人的移民意向、移民方式进行了摸底调查，在黄兴大道北延线两侧确定集中安置点两个，已完成征地拆迁、

规划设计，“三通一平”和水、电等基础设施建设。充分挖掘工业发展潜力，鑫伟工贸公司产品由生产出口产品向生产国内产品转型；中天机械公司与东芝公司、南方机车、湘潭电机、力帆公司建立合作关系，并于2009年将冲天炉改为电炉，在保护环境的同时也提高了企业产能。

社会建设 2008年以来开展普法宣传活动18次；加强边界治安巡防，维护一方稳定，在市县两级组织的群众治安满意度问卷调查中，名次均居全县前列。认真开展计划生育优质服务，严格落实计划生育各项扶持奖励政策；不断加大计划生育宣传力度，群众意识日益提高。严格落实农村低保和城镇低保资金、大病救助资金发放；全面排查全乡危房户，积极推进安居工程建设；全面落实新农合、新农保，参与率逐年上升。成立白沙乡教育基金会，多方筹措资金，扶助贫困学生完成学业。乡机关、派出所、曾家坊村等单位多次被评为文明单位、文明村（社区）；锡福村、白沙村、双冲村、李家山社区成功创建人民满意村（社区），李家山集镇成功创建人民满意集镇。新建5所农家书屋，软硬件配套设施齐全；在11个村（社区）建设文体活动场地，加大村级健身器材、音响设备等文化设施的投入与建设；积极组织村组开展丰富多彩、寓教于乐的群众文体活动，锡福村村民自编自演的晚会“舞动的山村”于2010年9月30日在湖南公共频道“越活越来神”节目中播出；围绕建党90周年、国庆佳节组织黄先明捐书暨书法展、全乡广场舞展示演出、“颂歌献给党”歌咏大赛、全乡农民广场舞大赛、全乡农民运动会等活动。

【实施“三大工程”】 2010年9月29日，白沙乡第十四届人民代表大会第五次会议审议通过乡村文明促进工程、水果产业发展工程、城乡一体化建设工程“三大工程”发展规划。经过一年多发展，全乡已形成标准化水果基地400多公顷，实现水果产业的规模化发展。对集镇基础设施进行扩容和提质改造，先后开展集镇下水道管网的改造、人行道改造、商铺立面改造等工程，并对集镇实施全面绿化、亮化。开展乡元旦文艺汇演、在外老乡新春联谊会、全乡机关事业单位篮球联赛、庆“七一”红歌赛、迎国庆全乡广场舞大赛、全乡农民趣味运动会等文体活动，将农村群众文体活动延伸到村组，以锡福村和白沙村为代表的村民广场舞、红歌演唱、球类健身运动等文体活动每晚在村民服务中心或村组广场开展，促进群众整体文化素质的提升。

【创建秀美乡村】 2011年5月31日，经白沙乡第十四届人民代表大会第六次会议审议通过，决定在全乡全面启动“秀美乡村”创建工程。乡财政计划从2011年开始每年以“以奖代投”的方式拿出100万元资金用以打造秀美乡村，力争通过三年的努力，实现全乡“村村优美、处处创新、家家和谐、人人活力”的创建目标。2011年，对成功开展“清洁家园美化环境”、“庭院绿化屋场治理”等活动，不断加大环保设施、文化设施等基础设施建设力度的李家山社区、白沙村和锡福村等秀美乡村奖励100万元，全乡农村环境治理工作热情空前高涨。

【开展老年健身活动】 白沙乡11个村（社区）均成立老年人体育协会，乡域内设立三个老年人体育活动中心，为老年人体育活动搭建了良好的平台。全乡现有老年体育骨干近80人，占全乡老年人口3‰以上，经常开展健身活动的老年人占全乡老年人口总数的45%以上。2011年，白沙乡获湖南省老年体育工作先进乡（镇）光荣称号。

【获评省级生态乡镇】 白沙乡水源丰富，气候宜人，风景秀丽，年均降雨量1200毫米左右，平均气温17.2℃。乡域内有团结水库、白石洞水库和金华水库，库容量592万立方米，有大小河流数十条，标准骨干水塘1680口，占地面积2平方公里，淡水资源极其丰富。全乡山林面积3260公顷，森林覆盖率达63%以上。空气中负氧离子含量达4000个/立方厘米，日常饮用水含铁、铜、锌、锶等多种对人体有益的微量元素，而二氧化硫含量、噪音污染、大肠杆菌菌群数量等数值远低于国家限定标准。2011年，白沙乡成功获批省级生态乡镇。 （韩　玮）

开慧镇

【概况】 开慧镇于2010年5月撤乡建镇。该镇位于长沙县北部，地处长沙、平江、汨罗三县交界处，是近代教育家杨昌济、毛泽

表19　2008—2011年开慧镇主要经济指标完成情况一览

类别	单位	2008年		2009年		2010年		2011年	
		数量	增长%	数量	增长%	数量	增长%	数量	增长%
农林牧副渔总产值	亿元	1.29	8	1.6	12.2	1.8	12.5	2.3	12.2
规模工业总产值	亿元	0.52	9.6	0.65	12.7	2.38	36.2	3.7	15.4
财政收入	万元	119.7	11.1	132	26.2	348	26.2	416	11.2
农民可支配收入	元	4126	12.8	5887	14.6	6110	10.2	7330	11.2
招商引资	万元	3150	98000	3800	122000	9015	231000	18100	117000

东的亲密战友和夫人杨开慧烈士、中共第一位女共产党员缪伯英的故乡。下辖6个行政村，1个社区居委会，总面积62平方公里。2011年末有户籍人口21235人，其中男性11325人，女性9910人，有外来暂住人口27人，其中男性18人，女性9人。2008年至2011年是开慧镇经济社会发展最快、历史性巨变的四年，在长沙县委、县政府经济社会全面发展综合考核中一直名列全县先进乡镇。

政治建设　围绕城乡一体化建设，开展解放思想抓机遇，创新发展争优势大宣传大讨论活动。围绕纪念中国共产党成立90周年，开展“创先争优”系列活动。根据县委、县政府建设板仓小镇的决定， 以经贸重镇、旅游强镇、文化名镇、生态美镇的发展思路总揽全局，以“红色开慧、绿色板仓、小镇大爱、初恋板仓”为文化定位。全镇15个党支部，38个党小组，2011年末有党员1012名，其中4年新发展党员128名。贯彻中共中央《建立健全惩防体系2008~2011年工作规划》，推进惩治和预防腐败体系建设，通过县纪委验收达标。推进乡、村政务阳光工程建设，四年中全镇无违纪案件。制定实施《机关工作人员年度百分制考核制度》；发挥人大依法监督和政协民主监督作用，依法完善了村民自治、社区居民自治和企业民主管理制度。

经济建设　突出农业产业化提升和规模企业上台阶，突出一、二、三产业协调发展，2011年完成生产总值12.8亿元，财政收入416万元。投入建设发展资金1.2亿元，完善板仓小镇道路、供电、供水、污水处理、绿化、骄杨路居民房屋外立面改造等基础设施建设。突出发展现代农业和规模工业企业，先后引进6个农业种植加工企业，建立12个专业合作社，每年为农民增收1500万元。2011年农业总产值2.3亿元。李氏家具厂、开慧毛巾厂、定邦锻造厂和安泰化工厂上升为规模工业企业，2011年规模工业总产值3.7亿元。

社会建设　2008年至2011年，6个村完成村部建设，7个村（居）委会建立了服务大厅，撤并9所小学，开办私立幼儿园2所，调整充实中小学教师94人，小学适龄儿童入学率100%，初中适龄人口入学率、小学升初中升学率、九年制义务教育覆盖率均达100%。医疗卫生事业发展，2011年末有医务人员28名，6个村都建立了村级卫生室。初步形成“小病在村、大病进医院”的格局。投资75万元，征地2.7公顷，在开慧村许家组建立公益性墓地。建立农家书屋2个，村级图书室7个。居民活动小区7个，投资198万元建立长沙市农村示范性文化站，全镇体育、健身场地7个，组建群体性文化体育队伍7个。开展“送戏下乡”、“走进最美乡村”、“七夕情人节”、“身边共产党员”、“唱红歌、颂党恩”等文化活动。投资600万元建立省级示范性老年人公寓，入住“五保”老人72人。开展以“十星期”文明户创评活动为载体的全民素质教育工程和争创县、市文明村活动，开慧村、板仓社区居委会获市级文明村（社区）称号，清泰、开明、枫林、飘峰村获县级文明村称号。抓创业、就业、置业富民活动，农民人均可支配收入逐年增加，2011年达7350元。开展农民就业培训活动，2008年至2011年，推荐当地劳动力就业年分别为3200人、3410人、3500人、3650人。健全农村社会保障制度，2008年至2011年落实城镇最低生活保障户年分别为58户、52户、48户、43户，累计2301人次。农村最低生活保障年分别为492户、1234人、支付138万元，574户、1218人、支付137万元，562户、1192人、支付135万元，558户、1084人、支付130万元。供养农村五保人员68人，参加新型农村养老保险11374人，参保率96%。农村合作医疗参与率保持100%，民政部门资助特困户参加合作医疗年分别为502户、512户、518户、526户。2008年至2011年为参保群众申报特殊病种门诊补助200多人次。支援四川汶川地震灾区捐款捐物计28万元。先后组织1.56万名农民参加免费健康体检。推进法治平安乡（镇）建设活动，开展大接访活动，2008年至2011年受理调处群众来信来访168人次，全镇无非正常上访活动和行政诉讼事件。全镇无线网络实现全覆盖。

【板仓小镇建设】 2009年1月21日，县委书记杨懿文率县委、县政府领导一行到开慧镇调研，提出建设开慧板仓小镇的思路。随后，板仓小镇建设项目作为县委、县政府的重大决策，分别在2009年县委年初工作报告和《政府工作报告》中予以明确，并于2009年7月正式启动。中共长沙县委《关于鼓励板仓小镇建设的若干意见》（县发〔2009〕23号），给板仓小镇建设明确了若干条优惠政策，鼓励村民集中居住，鼓励城镇居民入住板仓小镇，鼓励社会投资，共建板仓小镇。

板仓小镇建设规划面积为19.2平方公里，核心区为6.6平方公里，涉及6个村1个社区88个村民小组。规划投资222亿元，将其打造成湘北的经贸重镇、旅游强镇、文化名镇、生态美镇。因板仓是毛泽东与杨开慧初恋的地方，2010年板仓小镇建设文化定位是"小镇大爱、初恋板仓"。总体思路是探索一条不依赖城市扩张实现城乡一体化、可复制推广的新农村建设道路，全面推进城乡统筹率先发展。

到2011年末，板仓小镇建设已投资1.2亿元，完成骄杨路外立面升级改造、新建斯洛特湖、斯洛特水街、文化站、污水处理厂、自来水引水、骄杨大道改造、飘峰水库提引水、骄杨风光带、老年人公寓、开慧和开明2个村的土地整理、农民集中居住点、市民下乡集中居住点、公益性墓地等建设工程。板仓小镇建设快速推进，全镇面貌发生根本变化。

【板仓小镇建设推介会举办】 2009年7月20日在杨开慧烈士纪念馆前坪举办板仓小镇建设推介会。会议由中共长沙县委、县人民政府主办，开慧乡党委、政府，长沙县现代农业创新示范区管委会，洪达仁国际管理顾问集团有限公司承办（协办）。出席会议的领导有军事科学院战争理论和战略研究部副部长毛新宇，湖南省政协副主席谭仲池，长沙市人大常委会主任余合泉，长沙市政协主席董学生，长沙市委常委、副市长张迎龙等。省、市、县各部门单位的主要负责人和来自全国各地的董事长、总裁、总经理等客商参加会议。湖南卫视、湖南经视、长沙新闻频道、长沙交通频道、《湖南日报》、《三湘都市报》、《长沙晚报》、《潇湘晨报》、长沙县电视台、《今日星沙》等媒体应邀出席，作专题宣传报道。

会议由县委副书记、县人民政府县长张庆红主持，经开区党工委书记、县委书记杨懿文致欢迎词，省市领导讲话，开展"田园Party聚板仓"、"锦绣山水话板仓"、"故居巡礼品板仓"、"火树银花耀板仓"、"招商引资建板仓"等活动。

这次活动参观群众近万人，是开慧镇有史以来规格最高，影响最大，省、市、县领导出席最多的一次活动。活动后省内各媒体进行专题宣传报道，"板仓小镇"建设从此全面启动。既"板仓小镇"建设推介会后，2010年举办七夕情人节活动，2011年举办"走进最美乡村"和"首届旅游节"启动仪式活动。通过各项活动的开展，开慧镇的品位不断提升，全国各地到板仓参观的游客日益增多，平均每年5万余人次，到开慧镇洽谈的客商4000余人次，共引进开发项目30余个。

【骄杨路两侧房屋外立面改造】 为改善开慧镇的人居环境，提升集镇品位，加速城乡一体化进程，于2010年6月至2011年末，从京珠高速出口至开慧板仓集镇区域内骄杨路沿线景观绿化、排水处理、房屋外立面进行集中升级改造。改造共划分为三段：第一段葛家山组团英伦风格外立面改造，同时对道路两边进行绿化、停车坪划线和绿化延升；第二段板仓组团江南风格外立面及板仓下街改造；第三段两组团过渡段采用英伦风格与江南中式风格的外立面改造。总计261户，559缝，总投资2600万元。颇具江南风格的湖湘民俗风情街和骄杨风光带正以整洁优美的容貌欢迎四方宾朋。

【斯洛特湖建成】 斯洛特湖因中国近代教育家、毛泽东的老师、杨开慧烈士的父亲杨昌济在英国留学时住英国斯洛特小镇而得名。斯洛特湖位于葛家山集镇核心区，京珠高速联络线与金开线交汇处。主要是通过对开慧河集镇段河道进行综合整治，疏扩河道并设闸抬升水位而形成的人工湖，项目占地2.7公顷，成湖水面2公顷，总蓄水量2.5万立方米，于2010年6月启动，2011年末主体工程竣工，总投资1000万元。该项目的建成有效改善了集镇水环境，为建设高品位的商贸小镇、红色旅游强镇提供完整的山水要素，也为区域内居民、外来游客提供一个休闲游玩的好去处，蓄水后的斯洛特湖不仅仅是一座景观生态湖泊，同时为湖泊周边333.3公顷现代农业发展解决灌溉用水问题。

【市级示范性文化站落成】 开慧镇综合文化站是市级示范性文化站，长沙市政府“为民办实事”工程之一。位于板仓小镇规划核心区斯洛特水街西侧，金山路与宾湖路交界处，总占地面积0.3公顷，建筑面积905.02平方米，总投资198万元。由长沙市建筑安装工程公司中标承建，于2010年10月动工，2011年5月全面竣工，2011年9月底投入使用。文化站内设信息资源共享室、多功能活动室、培训室、图书室、电子书刊阅览室、特色传统文化产业湘绣展览室等文化娱乐设施，室外有篮球场、羽毛球场、农民健身场。文化站建成后，把全镇的文化体育工作推向一个新的阶段，7个村（居）委会都分别建立了文化活动中心和小区居民活动中心。分别组建篮球队、骄杨艺术团、龙狮队、扇子舞队、腰鼓队、街舞队，在工作劳动之余和节假日组织广大村民开展各种文化体育活动，丰富全镇人民的精神文化生活。

【省级示范性老年人公寓投入使用】 省级示范性老年人公寓位于葛家山村竹山片张家塝组山坡内，于2009年4月动工兴建，2010年5月投入使用，占地面积1.2公顷，建筑面积3144平方米，总投资600万元。院内设住宿区、生活区、办公服务区、文化娱乐区和医疗卫生室，有服务人员5人，床位100个。至2011年末有72位五保老人入住老年人公寓，为五保老人创造了宽松、舒实、优美的生活环境，使他们在晚年享受着天伦之乐。

【市民集中居住点项目建设】 市民下乡集中居住点建设项目是探索城乡一体化建设下的产物。开慧村段老组对竹石庵土地资源（集约节约的集体建设用地）进行统一的经营管理（土地出租、参股经营、合作开发等），通过村民自愿表决的形式，形成请求开慧镇城建投资有限公司开发段老组竹石庵地块的统一意见。项目规划用地20.8公顷，其中水田1.3公顷，林地17.5公顷，水面2公顷，规划住户94户，借助片区的自然条件，在尽量不破坏原有植被的前提下进行开发建设，打造一处高档、时尚、生态的市民居住天堂。该项目于2010年9月6日正式开工建设，2011年末基础设施建设工程全面完成，签订协议的有67户，动土兴建户13户。为当地村民增加土地收入2448万元。

【供水条件改善】 2009年县委、县政府作出决定，从县白鹭湖水厂引自来水至开慧乡，解决板仓小镇居民饮水和工业建设用水问题。该项目由长沙县水利水电勘察设计室设计，从白沙乡至开慧乡安装供水管道9500米，在葛家山建加压站，总投资1070万元，其中管道570万元，加压站建设300万元，管网建设250万元，于2010年建成供水，总供水量3584立方米/日，从根本上解决开慧集镇及工业用水问题。与此同时，为解决全镇生产、生活用水，2010年经县委、县政府批准决定开工建设飘峰水库引水工程。飘峰水库可容水347万立方米，须引水300万立方米，于2010年动工，在开慧镇飘峰山村嘴上屋长平河，挖制流域面积82330平方米,坝址以上河长9.16 千米，河流坡降7.4‰。装机流量0.18 立方米/秒，装机功率264千瓦,引水工程等别为IV等小（I）型工程，泵站、压力管道、进出水口等主要水工程建筑物为4级建筑物。总投资1000万元，在嘴上屋建拦河坝，建设泵站，经两台s型单级双级离心泵200s–95出水管汇合，通过内径φ400的无缝压力钢管输水至飘峰水库库内，提水扬程53.5米，压力管道长3628米。管线布置于沿线沟谷农田及道路旁，该工程预计2012年建成。两项供水工程项目建成后，将基本解决全镇生产生活用水问题。

【农业产业化提升】 开慧乡自2008年以来，加大招商引资力度，暨2007年注册成立金湘园农业科技有限公司后，2008年引进湖南金山粮油食品有限公司、2009年引进“享得好”蔬菜种植项目、琳琅花卉苗木种植项目、2010年引进隆禹蔬菜种植项目，2011年引进“彭记坊”蔬菜种植加工项目、泽之源农业科技有限公司、津之源水果蔬菜种植项目。自2008年8月至2011年5月先后流转土地803.76公顷，建立了蔬菜、茶叶、优质稻、花卉苗木12个专业合作社，参与农户3000户，每年为农民增收1500余万元。开慧的茶叶、蔬菜、优质米通过精加工、精包装，成为具有开慧特色的旅游产品。

【环境保护上台阶】 2009年投资60万元，在开慧村蛇嘴组建立垃圾压缩中转站、2010年建立了环保合作社，建立76人组成的长年保洁员队伍，乡、村公路主干道天天有人打扫，确保路边、河边无垃圾。投入资金156万元，在全乡各道路上建垃圾池2200只，在农户门前设垃圾桶6400只。投资70万元，购置垃圾收送车3台，道路清扫洒水车1台，垃圾天天收送，全镇主干道天天洒水清扫。2011年，投资1000万元，由桑德建筑公司承建，在开明村建立一处占地面积0.5公顷，建筑面积850平方米的污水处理厂，日处理污水800吨，投资220万元对全镇河道进行治理，居民生活污水污染得到控制，镇河道水质得到改善。从葛家山至开明村的京珠联络线周边属牲猪禁养区，先后有60余户农户退出牲猪养殖行列，其他限养区都进行污染治理，污水实现零排放。全镇推广清洁能源，先后有4000多农户使用沼气，保护生态环境。 （杨胜喜　吴光明）

福临镇

【概况】 福临镇，位于长沙县境东北，东抵高桥，西接汨罗，北连开慧，南接青山铺。地处东经113° 11′ 15″ ~113° 18′ ，北纬28° 27′ ~28° 35′ 。距县城星沙40公里。1995年5月撤区并乡时由原福临乡、双起乡合并而成。2010年获批省级生态示范乡镇。福临镇辖金坑桥、双起桥、古华山、泉源、孙家桥、石牯牛、影珠山、开物、西冲、同心十个村和福临铺社区居委会。镇人民政府驻福临社区福青路223号。

福临镇总面积82平方公里，其中耕地面积1860.33公顷，人均耕地面积0.06公顷。下辖11个村（社区），237个村民小组，总户数9018户，总人口为29013人，其中农业户8050户，非农业户968户，农业人口27305人，非农业人口1078人，党员1455人。男性14826人，女性14257人，14岁以下3501人，15~64岁21343人，65岁以上4239人，总人口中以汉族为主。2011年人口出生率8.68‰，死亡率8.85‰，人口自然增长率-0.17‰。辖区东西最大距离6.9公里，南北最大距离8.1公里，其中陆地面积77.36平方公里，占94.3%，水域面积4.64平方公里，占5.7%，人口密度为每平方公里353.8人。

经济稳步增长。农业。以种养两业为主，主产稻谷、茶叶、牲猪等。全年粮食总产量26154吨，人均粮食产量0.9吨，出栏肥猪18万头，年出栏量占全县1/6。2011年农业总产值达3.88亿元，增长17%，农业总产值占国内生产总值的39.1%，人均纯收入7876元。

工业。全镇拥有工业企业23家，职工1727人，以玻璃制品、农业机械为主，玻璃灯具产业有20多年的生产历史，已形成规模。三大农机厂主要生产饲料粉碎机、机滚船、农用三轮车等，年产量7000余台。2011年工业生产总值1.55亿元，实现工业增加值4640万元，比上年增长9%，工业总产值占国内生产总值的18.4%。

商业外贸。2011年末共有商业网点5个，职工750人，2011年社会商品零售总额达300万元，比上年增长8%；城乡集贸市场2个，年成交额260万元。

财政金融。2011年财政总收入237万元，比上年增长13%，其中地方财政收入107万元，比上年减少13%。从各主要税种看，完成营业税58万元，增值税20万元，企业所得税0.7万元，人均财政收入80元，比上年增长11%。2011年末，镇域内金融机构各类存款余额2.35亿元，比上年增长21%；各项贷款余额4723万元，比上年增长22%。

社会事业全面发展。文化艺术。2011年末有镇文化站、广播电视站1处，有村级文化活动中心11处，各类文化专业户21户，各类图书室15个，藏书20余万册，音乐、美术、书法、摄影及文学业余创作队伍27人。

教育。2011年末有幼儿园4所，在园幼儿593人，专任教师33人；小学6所，在校学生1325人，专任教师83人，小学适龄儿童入学率100%；初中1所，初中在校学生925人，专任教师77

人。初中适龄人口入学率、小升初升学率、九年义务教育覆盖率均100%。2011年财政预算内教育经费1007万元，比上年增长9%，预算内教育经费占财政总支出比例为1.5%，比上年增长2%。2011年共投资700万元全面完成站上小学、开物小学、梅林小学、中心小学、福临铺小学、福临中学等校舍改造工程。

医疗卫生。2011年末有各级医疗卫生机构1个，门诊部（所）1个；有床位30张，每万人拥有病床10张；固定资产总值824万元。2011年投资400万元新建镇中心医院医技后勤楼，改善人民群众看病住院条件。中心医院有专业卫生人员49名，其中执业医师6人，执业助理医师11人，注册护士11人。2011年医疗机构（门诊部以上）完成诊疗1.9万人次。11个村26778人参加新型农村合作医疗，参保率99%。

体育。2011年末有学校体育场7个，添置健身器材投入资金3万元，经常参加体育活动的人员占常住人口的27%。

广播电视。1995年5月建成福临镇镇有线电视台，后改称福临镇镇广播电视站，现有有线电视用户300户，入户率3.3%。

社会保障。2011年城镇最低生活保障户数52户，人数85人，支出24.37万元；医疗救助118人次，金额28.23万元。农村最低生活保障户数719户，人数1351人，支出149.59万元。敬老院1家，床位80张，收养农村五保老人44人。社区服务中心1个。参加新型农村养老保险16383人，参保率99%。

基础设施逐步完善。交通运输。镇内公路总里程180公里，公路硬化总里程120公里，设有公交车站1处。2011年投资138万元完成白马桥公路桥和闸坝工程建设。

邮政电信。2011年末有邮政局1处，收费代办所2处，三农代办所11处，邮政业务总量650万元，纯收入278.1万元。报纸、杂志累计期发行2.1万份。电信企业1家，服务网点4个，电话交换机总容量2180门，固定电话用户2966户，电话普及率45%；移动电话用户1.4万户，互联网用户1024户。全年电信业务收入162万元。

给排水。2011年投资1000万元，日处理能力900吨的镇级污水处理厂第一期工程建成运行。投入980万元完成西冲和源冲水库除险加固工程。投资2600万元完成福临集镇和石牯牛集镇的安全饮水工程。

供电。镇域范围内有福临变电站，2011年用电总量1508万千瓦·时。

园林绿化。在影珠山建立义务植树基地8公顷，投入180万元对镇内11公里县道进行绿化，绿化通村公路12公里。镇内绿化面积200万平方米。

环境综合治理全力推进。生猪退养治理。大力开展生猪减量退养工作，截至2011年12月31日，全镇禁养区养殖户115户自愿退出养殖，自动拆除栏舍面积12654平方米，发放补助资金58.95万元；全镇一级限养区养殖户860户全部自愿减量退养，自动拆除栏舍面积15.68万平方米，发放补助资金801.05万元。为做好已退养殖户的反弹工作，该镇建立长效监督机制，机关干部定期上户回访，统计农户养殖情况，设立举报电话。在每月的调查摸底中，未发现禁养农户重新养殖现象。

“两河”流域治理。加大对镇域内河道、塘坝、水库的治理力度。一是将全镇范围内的33.5公里沿河堤而建的房屋、小集镇实施截污入池工程，禁止生活污水直接排入河中；二是建立专业打捞队伍，及时做好镇域内河流的清污、清杂和保洁工作。

乡村环境卫生整洁行动。一是多次组织党政班子成员、各村（社区）干部、相关部门单位负责人和大学生村官赴外地参观学习，转变环境卫生整洁观念；二是建立环保合作社，对全镇垃圾进行“户分类、组收集、村集中、镇压缩”的统一管理，实现减量“前沿化”、处置“无害化”、废品“资源化”、保洁“常态化”、村容“整洁化”；三是对乱丢病死猪现象予以打击，一旦发现，给予严厉处罚；四是各村（社区）每季度开展一次环境卫生评比活动，镇政府环境督查组进行明察暗访，召开全镇讲评会，并将结果纳入年终考核，形成长效机制。

生猪养殖污染治理。2010年以来，该镇采用室外零排放、四池净化技术，已完成治理生猪养殖400余户，治理生猪栏舍面积超过15万平方米，基本实现畜禽污水达标排放，有效改善该镇农村环境。

连片整治建设。2010年，该镇确定古华村和泉源村为连片整治村。连片整治村的整治工作由镇主管环境治理的党政班子成员负总责，环保专干具体抓。采取多项措施对连片整治项目实施情况进行督促、指导和检查，确保工作落到实处。两村连片整治项目共建设垃圾池513个，垃圾桶1471个，沼气池110个，小型四池净化1070个，垃圾回收点2个，环境整治宣传栏2个，利用室外零排放、大中型四池净化技术治理畜禽养殖栏舍面积5.49万平方米。

【影珠山获批省级森林公园】影珠山主峰海拔509.4米，是长沙县的最高点。影珠山又名隐居山，是长沙县四大名山之一，有两千余年历史，位于长沙县西北角的福临镇，为长沙、汨罗两县界山。山呈南北走向，大小山峰70余座，长7公里，主峰海拔高度为509.4米。山势巍峨雄伟，气象变化万千。晴日登临山巅，两县风光，尽收眼底，令人留连忘返。加之山势险峻，传说甚多，是个十分理想的宗教及旅游胜地。2011年影珠山申报为省级森林公园，是集历史文化、自然景观于一体的旅游休闲胜地。

【村“两委”换届工作完成】从2011年2月21日至4月5日，经过“选举准备，选举实施，健全组织和建章建制，总结验收”四个阶段，圆满完成11个村（居）民委员会的换届选举工作。新当选的村“两委”班子有六个特点：一是一肩挑与交叉任职。交叉任职的有14人，书记、主任“一肩挑”的3人（金坑桥村、古华山村、影珠山村）；二是保持了村级干部队伍的稳定。在新当选的35名村“两委”成员中，有25人连选连任；三是文化程度明显提高。有本科文化的3人，大专文化的18人，高中文化12人；四是年轻干部比例提高。平均年龄43岁；五是妇女在村“两委”班子中的比例增大。其中，妇女在“两委”班子中有13人；六是村民委员会成员中党员比重大。有中共党员30人。一大批办事公道、群众拥护，热心为群众办事的优秀人才被选进村“两委”班子，班子结构更趋合理。

【首家农家书屋无偿开放】2009年10月8日，福临镇首家农家书屋在金坑桥村棉花坡组建立，无偿对农民朋友开放。该书屋藏书8000余册，绝大部分为农民兄弟热爱的农村实用技术图书。书屋的开放，满足了农民群众的发家致富知识需求，丰富了群众的精神文化生活，受到他们的普遍欢迎。（赵　斌）

青山铺镇

【概况】青山铺镇原名广福乡，1992年撤乡建镇，是有名的建筑之乡，是长沙市的北大门，107国道和京珠高速穿境而过，镇域面积46.61平方公里，耕地面积1203.53公顷，下辖7个行政村、1个社区居委会，总人口19485人，其中男性9725人，女性9743人，外来借住人口1434人。

政治建设　2009年，刘少奇天华蹲点调查陈列馆被中共长沙县委确立为长沙县青少年爱国主义教育基地。投资10万元、可用面积85平方米的政务中心投入使用。坚持党务公开，明确镇村两级党组织负责人为第一责任人。认真执行重大事项集体决策、专家咨询制度。以“入千家万户，问群众冷暖”为主题，建立长效机制，设立党政主要负责人公开电话和党委书记信箱，开通政府微博和投诉热线，组织党员和干部开展民情走访，每个党员每月走访不少于6次，并建立民情走访台账。镇人大落实办理代表建议74件，办结率100%。组织县、镇人大代表、政协委员视察政府实事工程，评议镇卫生院、派出所、国土所、农电站，听取镇二级机构汇报12次，听取部门单位主要负责人履职汇报18人次。加强党风廉政建设，着力提升班子队伍素质，按照“一岗双责”的要求，深入推进教育、制度、监督并重的惩治和预防腐败体系建设，确保权力在阳光下运行。组织全镇党员观看警示教育片，学习优秀党员事迹，严格执行“三重一大”（重大问题决策、重要干部任免、重大项目投资决策、大额资金使用）议事规则。优化干部队伍，提拔优秀年轻干部12人，选用优秀女干部8人，探索大学生村官后备干部管理模式，7个行政村、1个社区居委会推行集体办公制度。

经济建设　全镇有各类工业企业70家，固定资产投入资金9334万元。企业全部实现污染零排放。工业总产值1.7亿元，年产值过1000万元企业5家，过5000万元的2家，拥有长沙金泰环保有限公司、长沙三锦厨具有限公司、长沙湘金饲料有限公司、湖南长沙青山净化设备有限公司和金方堂生物科技有限公司为主的高科技企业。高效农业示范区内有市级农业产业化龙头企业——曙光农业科技有限公司，种植葡萄约267公顷，逐步形成“千里葡萄沟，万亩葡萄园”的葡萄观光旅游风光带。在107国

道和京港澳高速公路连接处建立以五金、建材、南杂、百货、饲料等为主的商品流通网络和以水果、蔬菜、农产品为重点的农贸市场商品集散地、集镇经济收入3.8亿元。镇域曙光山城、七鑫公司两大现代农庄引领向前，康博、康尔、乐丰水稻、深远蛋鸡等专业合作社相继成立，其中葡萄合作社被省委、省政府授予民办实事专业示范合作社，蛋鸡合作社和康博果蔬合作社被评为市示范合作社。全镇有农业机械280台、机械化普及率70%以上；镇内农村经济收入6.69亿元，同比增长25.2%；财政收入159万元，同比增长130%；农民人均收入10663元，同比增长20%。全社会固定资产投资3.7亿元。2010年在全市120个乡镇综合排名中列17位，被评为“长沙市经济社会发展十快乡镇”。

社会建设　全镇投入2.2亿元推进人民满意集镇建设，完成镇级公路硬化、亮化48.9公里，在镇、村公路主干道安装路灯350盏。投入资金200万元，启动集镇安全饮水工程；投入230余万元完成敬老院扩建工程，并连续四年被评为市示范性敬老院；扎实推进殡葬改革工作，完成公益性墓地建设；投入870万元修缮一所寄宿制中学，新建了一栋能容纳12个班的中心小学教学楼；投资1380万元完善中心学校、金山桥教学楼、食堂、厕所等配套设施建设；投资400万元修建中心小学运动场、中心幼儿园；投资1100余万元建立镇综合文化站，并以文化站为龙头，以文化集市为平台，整合全镇8支农村文艺队；投资1800余万元完成垃圾压缩中转站、污水处理厂、污水处理管网建设。全镇无公害厕所普及率100%，沼气普及率95%，四池净化普及率92%，全镇投放垃圾池3575个，配备收集垃圾车辆4台，村级向社会开放图书室8个，体育活动场4处。加强职业培训，四年来对1248人进行职业培训，新增就业岗位305个，安置本地劳动力753人。全镇向五保户、低保家庭发放最低生活保障费158万余元，2008年被市残疾人联合会授予示范乡镇。镇帮扶困难户208户。新型医疗参保率100%，户户通覆盖率100%，募集捐款资金103万元，企事业职工参保率100%，2008年被授予长沙县城镇居民医疗保险先进单位。全镇绿色机关、企业、学校等单位11个，绿色庭院108家，2008年获长沙市花园式单位、绿色机关；2009年，被评为国家级生态乡镇，黄鹄、广福、青山、洪河等村被评为省级生态村，赛头学校被评为省级绿色学校，2009年至2011年连续评为长沙市安全生产示范乡镇。计划生育、安全生产、综治维稳、民政、老干、关协工作连续多年被评为省、市先进单位。

【加快农业转型升级】　不断加大农业基础设施建设投入，投资1170万元对梅数村土地进行综合整治，洪河村、梅数村万粮食示范基地粮食连年增产。农富种业公司优湘型杂交水稻亲本繁青基地500育种成功。深远蛋鸡合作社入社农户超200户，有蛋鸡30万羽，所产鲜蛋占长沙地区15%的销售量。投资40万元完成河道清淤和治理山塘4.67公顷，响水坝水库除险加固工程完工。农业主导产业发展势头良好，曙光山城鲜食葡萄产量翻番，辐射周边群众种植的酿酒葡萄于2011年喜获丰收，产量100余万吨，每亩效益近3000元。兴嘉公司推出的“咖啡豆+油菜”种植模式试种成功，农民不仅增收4倍左右，还能有效解决土地抛荒问题。

【创建人民满意集镇】　青山铺镇党委、政府把创建人民满意集镇作为一件大事和民生工作来抓，2009年聘请上海同异规划设计公司对集镇进行规划设计，并获批准。该规划以打造长沙县北大门、星沙后花园为总体目标，注重突出产业特色和低碳生态环保理念，凸显葡萄产业、优美生态环境、刘少奇天华蹲点红色革命历史等特色，把青山铺镇集镇打造成“三湘首善”的北部窗口形象。投资2000万元，完成集镇基础设施建设。针对集镇违章建筑数量多，形式杂，严重影响集镇形象，该镇成立拆违领导小组，通过自拆、帮拆和互拆，共拆除243户的违章建筑3000余平方米，彻底整治集镇乱搭乱建的现象，取得了实质性的突破。

【刘少奇天华蹲点调查陈列馆建设】　在国民经济遇到严重困难的1961年4月12日至30日，时任国家主席刘少奇率调查组到长沙县广福公社天华大队（现青山铺镇天华村）蹲点调查18天，带头践行党中央和毛泽东倡导的调查研究和实事求是的工作方法和工作作风。

为了继承和发扬老一辈无产阶级革命家的光荣革命传统，中共长沙县委在天华村建立刘少奇天华蹲点调查陈列馆。2009年10

月4日，中共中央委员、中国人民解放军军事科学院政委刘源上将（刘少奇之子）和刘少奇的大女儿刘爱琴等来到天华村参观陈列馆，刘爱琴为陈列馆题词：怀念父亲。陈列馆被中共长沙县委授牌为长沙县青少年爱国主义教育基地。截至2011年底，前来参观的各级领导、干部、群众和学生已超过10万人。

【兴嘉天华成为省级清洁渔业基地】 2009年6月8日，兴嘉天华现代农庄批准为省级清洁渔业基地，该农庄所喂养的匙吻鲟是由美国引进的鱼花培育而成，适应靠山无污染、水深4米以上环境，有浸为宜。

【活跃农村文化生活】 该镇本着"宣传党的方针政策，活跃农村文化生活，繁荣社会主义先进文化，倡导健康文明的新风尚"的宗旨，先后组织黄鹄、青山、社区居委会、广福、梅数、洪河、赛头、天华等8支群众自编自演文艺队，人数超500人，演出105次。2010年，天华黄鹄文艺队参加长沙市百佳团队竞赛，获先进团队。天华村文艺队自2001年起连续11年被评为县先进单位，2011年被评为长沙市群众工作先进单位，文艺演出贴近生活，影响越来越大，湖南卫视"乡村发现"栏目组来此采访报道。

【曙光山城获评湖南省农业标准化示范基地】 湖南曙光山城酒业有限公司前身为2001年创办的青山葡萄园，公司注册于2008年5月，是一家集葡萄种植、科研、葡萄酒酿造、销售、观光旅游于一体的综合性公司，是长沙市葡萄与葡萄酒生产的龙头企业。该公司先后获省级农业标准化示范基地、市级农业产业化龙头企业、长沙市特色产业科技示范基地、湖南农大双百科技富民工程示范基地称号，并获得了无公害农产品认定证书和无公害农产品产地认定证书。

公司以生产销售葡萄、葡萄酒、白兰地、葡萄汁饮料为主，共有葡萄园约267公顷，农户订单基地200公顷，酿酒葡萄246公顷，产量4000余吨，产值1000余万元，葡萄总产值1500余万元，公司产品被授予"长沙名牌"产品。

公司技术力量雄厚，酿酒技术得到众多国家评委肯定，公司采用现代化葡萄生产线，年产红酒300吨、白兰地80吨，年产值3500万元，生产的红酒被国际湘商会中美合作论坛、全国药师交流会等大型活动指定为大会专供产品。

该公司成立的葡萄专业合作社，是一家集葡萄种植、科研、观光休闲旅游、产品营销于一体的综合性基地。合作社以青山铺为中心，开发山地荒坡、高岸农田、种植葡萄200多公顷，其中3.87公顷标准化苗圃基地，向外供应优质苗木20余万支。四年来解决280余户农民工就业，累计发放工资850万元。

该公司远程教育示范基地技术室于2009年被评审为长沙市企业技术中心，先后举办农民技术培训班12期，培训农民5600多人次，发放技术资料3万余份，成功探索并实施了"基地+公司+农户"的运行模式。

公司自成立以来，党和国家领导人李铁映、李岚清亲临视察，梅克保、陈润儿等省、市领导和农业部、省农业厅、省科技厅等多部门领导前来指导。熊清泉、刘正、彭德华等几十位名人名家为公司题词、作画，中央人民广播电台、《香港商报》、《湖南日报》、《长沙晚报》和省、市电台等多家媒体多次采访报道。

【污水处理厂竣工】 2011年12月，总投资788万元的青山污水处理厂、梅数污水处理厂竣工。污水处理厂共安装主管网1780米，支管网1980米，另建一条1公里集镇至污水处理厂的高标准公路。共收集居民污水600余户、企业污水3家，日处理污水500吨。

【加大农村环境整治】 青山铺镇党委、政府坚持生态立镇理念，以保护洪河、青龙河和捞刀河为根本，狠抓"五化"工程（绿化、美化、硬化、净化、亮化），开展"三废"治理，先后召开专题环保会议10余次，召开镇、村、组三级环保会议4次，培训环保人员48人，层层签订环保责任书，分村分组立环保责任状。四年来硬化公路48.8公里，河道清淤4.67公顷，农村畜禽退养36658平方米，退养户369户，农村改水改厕308户，四池净化121户，全镇投放垃圾池180个，垃圾桶3000只。建立义务植树基地，河道两旁种柳2000余株。全镇垃圾运转率100%，城镇速成区自来水管普及率100%，集中式饮水率100%，生活污水处理率87.3%，工业污水排放达标率100%，生活垃圾无害化处理率100%，规模化养殖废弃物综合利用率96.6%，农村卫生厕所普及率98%，清洁能源使用率92%，森林覆盖率50%，道路绿化普及率99.42%。

2010年青山铺镇被授予国家生态乡镇，黄鹄村、青山村、广福村被授予省级生态村。2011年该镇再投入50万元建立3个生态村、20个生态组、70个优美庭院，实现一镇一个示范村、一村一个示范组、一组十个家庭示范户、村村配备清运车、联组配备保洁员，镇政府针对年底考核排名，分别给予4万元、3万元、2万元奖励资金，把生态环保落实到"资源变资产、环境换钞票"的发展主措上来。（张力强）

安沙镇

【概况】 安沙镇是国务院前总理朱镕基的家乡，位于长沙县中北部，紧邻省会，与县城星沙一河之隔。107国道、京珠高速、黄兴大道北延线纵贯南北，省会绕城高速、宋水线、安黄路、龙万公路横跨东西，万家丽路北延至该镇梅塘村。全镇总面积160平方公里，辖21个村2个社区325个村民小组，总户数17176户（其中农业户15582户），总人口6.5万人（其中农业人口49125人），耕地面积3490公顷，山林面积7449公顷。全镇有堤垸6个，其中万亩堤垸1个（水塘垸），小Ⅰ型水库2座，小Ⅱ型水库12座，大小山塘2523口，捞刀河、白沙河、浔龙河贯穿全镇。

安沙镇围绕"融城对接新县城，科学发展新安沙"战略目标，推动产业转型升级，实现镇域经济综合实力的快速提升。2011年全镇完成规模工业总产值8.16亿元，比2007年增长177.4%；完成工业固定资产投资9.52亿元，是2007年的6.8倍；完成技改投资4.79亿元，是2007年的6.8倍；完成财政总收入3107万元（其中一般预算收入900万元），比2007年增长200.5%；实现农民人均可支配收入11105元，比2007年增加4725元。

深入开展创先争优、建设学习型党组织、服务型政府等活动。2008年至2011年连续四年组织全镇30个党支部2500多名党员深入开展学习实践科学发展观、创先争优、公开承诺、"我身边的优秀共产党员"等党员先进性活动，发挥基层党组织的堡垒和先锋模范作用。2011年开展"唱红歌、颂党恩"歌咏比赛、"五老四教"等主题活动。同时，严格执行《长沙县乡（镇）村干部管理五个必须》，认真落实"一推行四公开"制度，坚持深入基层，深入群众，密切干群关系，做好新形势下群众工作。加大政务公开力度，规范政务公开内容，突出政务公开重点，提升政务服务水平，打造一流政务服务窗口，2011年，镇政务服务中心获长沙县"共产党员示范岗"称号。

全镇农业产业结构不断优化。四年来，共计流转土地717.2公顷，共计实现农林牧副渔总产值27亿元。2011年该镇早稻万亩高产示范片通过省农业厅验收。全镇3380公顷水稻平均增产10%，已建成1300余公顷优质稻、333公顷精品花木、133公顷商品蔬菜、133公顷红薯种植等产业结构调整基地。突出发展现代农庄、农家乐和农业旅游，打造农业特色品牌，推动产业示范园整合连片。全镇具备接待能力的农家乐达200余户，被旅游部门评定为三星级以上的有5户，其中建阳山庄、桂花塘山庄被评定为四星级休闲农庄。

基础设施建设逐步完善。四年来，全镇共修建农村公路188.3公里，完成关山、泗洲等病险水库的治理，五龙山水库东干渠、南干渠改造完成，整修水塘垸防汛道路10公里，治理白水河流域8.2公里，并依托航电枢纽工程对水塘垸泵站进行改造。

城乡低保做到应保尽保。医疗救助、住房救助、自然灾害救济等落到实处。2011年发放农村居民最低生活保障资金232.18万元，发放城市居民最低生活保障资金43.96万元；进行特困家庭医疗救助50.5万元。新增企业职工养老保险350人，城乡居民养老保险参保26255人。新增城镇就业106人，促进城乡就业。

科学、文化、教育、卫生各项事业得到加强。调整学校布局，提质改造中小学设施。2009年撤销教学点两个，合并学校4所，积极创建市县合格学校；2010年对镇中心学校、镇中心幼儿园、双山小学、安沙小学等进行维修建设；2011年投入600多万元新建安沙小学生活用房、运动场和围墙，完成3所省级合格学校、9所市县级合格学校的建设。加强科技创新，积极引导企业加大科技创新投入，长沙众兴新材料科技有限公司研发项目获国家科技进步二等奖、湖南省科技进步一等奖；众兴新材料、康乐包装在2011年均投入上亿元进行技术革新，昌盛蜂业生产的“昌盛蜂蜜”荣获湖南省著名商标称号和中国中部国际农博会金奖，康派木业生产的“真空氨处理技术制造环保型强化木地板”获长沙市科学技术进步三等奖和中国地板行业科技创新二等奖。繁荣乡村文化，全镇共有农家书屋12个，投资193万元建成市级示范性乡镇综合文化站。公共卫生服务体系进一步完善。

狠抓基层矛盾排查和纠纷调处，扎实推进“平安乡镇”创建。深入开展打击“两抢一盗”、“三电一铁”、“五清查一打击”专项行动，积极维护公众安全。计划生育成绩突出，连续十年被评为市级计划生育模范乡镇，2011年获全国人口和计划生育依法行政示范乡镇称号。全面落实安全生产责任制，搞好高危行业的专项整治工作；完善食品监管网络，确保食品安全卫生。加强殡葬改革和建设公益性墓地，四年来无一例违法土葬行为。

【安沙工业小区】 安沙工业小区地处安沙镇南部毛塘铺地段、与国家级长沙经济技术开发区隔河相望。107国道、京港澳高速、长沙绕城高速三条公路大动脉在园区内交汇互通，武广高铁客运专线从园区西部经过，规划建设中的石常铁路延长线与武广客运专线在园区内形成铁路“十字架”。园区到湘江霞凝新港仅8分钟车程、距黄花国际机场15公里、距长沙火车货运北站不到15公里，均有高速和环线相连接。便捷、快速的交通条件为园区通往省内外、走向世界提供了“水、路、航、铁”全方位的立体交通网络。

园区以发展环保工业和现代仓储物流为主，规划用地21平方公里（其中生态农业用地11平方公里、城镇建设用地10平方公里）。2008年,安沙镇对园区发展进行全部规划，将园区分成四个功能区：一是在松雅湖以北、107国道以东、安沙物流大道以南建占地240公顷的高档住宅区；二是在三环线以南、物流大道以北、107国道和万家丽路两厢建占地约400公顷的现代物流园区；三是在京港澳高速以东、三环线以北建占地约53公顷的环保工业园；四是在捞刀河北岸水塘垸建都市农业区。

安沙镇党委、政府坚持“项目兴园、园区兴工、工业强镇”的发展思路，不断夯实园区基础设施、拓展工业发展空间。2008年投入7400万元，硬化迅通路、大众路、宋水线接107线和安置区内的道路，绿化、美化安置区，完成安置区电力改造工程。安置区农贸市场和三期安置区建设施工启动，完成大铃仓储和迈科用地拆迁，动迁农户6户。2009年,投入2000多万元，改善园区办公场所，完善排水、电力、道路设施，新修三润路、新建大型户外广告塔2座，完成兴达纸业、达美包装、大铃仓储、中央储备肉冷库、康泰包装三期等5宗用地的拆迁，宝满物资、泰华金属、金鼎消防、大众柜业建成投产，迅通物流商业街、华业地产、三润燃气管道工程开工建设。2010年,投资100万元委托中国城市规划设计院高标准编制“安沙现代物流规划”，投入2500万元进一步完善园区基础设施建设。2011年，投入200万元加强园区管网建设，使园区供水与县城同网，园区污水入县城北污水处理厂进行处理，110千伏安沙变电站和35千伏水渡河变电站直接向园区供电，燃气管网正在铺设中，有线电视、宽带光纤均可直接入户。

截至2011年年底，园区一期已开发1.2平方公里，引进项目46个。二期为规划中的安沙现代物流园，重点发展商贸物流产业。按照编制的《安沙现代物流园发展建设规划2010~2030》，将其打造成长沙内陆港保税物流中心，长株潭地区的区域性物流中心，满足长沙经济技术开发区的制造业物流需求，服务长沙市和长株潭城市群，辐射中部地区。

【安沙政务服务中心成立】 2010年12月24日，安沙政务服务中心正式挂牌成立。中心总投资103万元，建筑面积759平方米，占地面积260平方米，政务服务中心设城乡医保、民政社保、家电下乡、综合业务、计划生育、信访接待、财政服务等窗口。为方便人民群众办事，该镇把与群众生产、生活联系紧密的国土审批、户政审签整合到镇政务服务中心，由综合业务员统一收集相关资料，交有关职能部门联合审批，限时办结，使农民群众办事省时、省路，办证快捷、方便。

【平安志愿者上岗】 2009年6月1日，该镇在毛塘社区兰天汽修学校前坪举行“见义勇为表彰大会暨平安志愿者上岗启动仪式”，全镇5支义务巡防队40名队员、23个村（社区）260名平安志愿者参加活动。安沙镇在毛塘、安沙、唐田3个集镇设置宣传点，现场发放普法读本、《湖南省见义勇为人员奖励和保护条例》、交通安全、生产安全及食品安全知识等宣传资料，动员人民群众广泛参与，采取专业队员、平安志愿者和人民群众相结合的方式，狠抓社会治安综合治理，为镇域经济健康发展创造平安和谐的环境。

【“三点一线”综合整治】 2011年10月，“三点一线”综合整治工程正式启动。“三点一线”综合整治包括：对道路周边违法建筑、违章广告及招牌进行全面清理和拆除。全线分区分档进行绿化，107国道开元路至水渡河段、毛塘铺集镇、安沙集镇按城市化标准进行绿化设计与建设。全线分区采用LED路灯进行亮化。自来水增压延伸到安沙集镇。毛塘铺及工业园、安沙集镇铺设好供气管网。“三点”范围内两厢建筑物进行外立面改造，毛塘铺及安沙集镇按商业一条街、娱乐一条街、文化一条街进行设计，建成有品位的集镇。电力、电信、广播电视等架设管线分区进行规范。107国道开元路至安沙段全部改造为沥青混凝土路面，全面修整沿线公路两侧排水沟渠，规范、完善沿线交通设施、门店招牌、市政公用设施和专业市场等。

【建成市级示范性乡镇综合文化站】 2010年9月，长沙市级示范性乡镇综合文化站在安沙镇落成，正式对外开放。综合文化站投资193万元，占地3000平方米，室内活动面积500多平方米，室外活动场地2000多平方米。内设图书报刊阅览室、培训教室、信息资源共享服务室、多功能活动厅和管理用房，具备图书报刊借览、广播影视播放、科普培训、书画学习、体育健身和青少年校外活动等五大基本功能。综合文化站的建成，丰富了人民群众的生活。

【计划生育工作获国家嘉奖】 安沙镇人口与计划生育工作坚持依法行政，推行“诚信计生”，作为推进人口计生基层群众自治、建立人口计生长效工作机制的重要措施，不断创新服务模式，强化诚信道德，优化服务手段，扩大群众参与，实现政府管理与群众自治的良性互动，连续十年被评为市级计划生育模范乡镇，2011年获全国人口和计划生育依法行政示范乡镇荣誉称号。

【开展农村环境连片综合整治】 2010年4月22日，安沙镇大力开展生态环境建设与环境连片整治，通过“政府引导、农户参与”的方式，建设大型综合污水处理系统1个，配套污水收集管道800余米，排水沟1500米，四池净化14个，沼气池17个。采取“格栅池+厌氧池+接触氧化池+沉淀池+人工湿地”技术，集中处理居民养殖和生活污水。示范点的建设带动了农民自主投资，硬化路面700余米，种植路边、庭院树木240多株，绿化草皮800平方米，村庄面貌得到较大改观。2011年该镇被省环保厅评为省级生态乡镇。

【全国基层农技推广专家能力建设培训班现场观摩活动在安沙镇举行】 2010年10月21日，全国基层农业技术推广专家能力建设培训班现场观摩活动，在长沙县安沙镇棠坡农民田间学校馨谐蔬菜专业合作社蔬菜生产培训基地举行。安沙镇棠坡农民田间学校采用“专业合作社+田间学校”新型生产培训模式，以蔬菜合作社农民为教学对象，以蔬菜种植先进实用技术为教学内容，通过观摩示范、实践交流等方式，创造性地将农技推广与生产实践有机结合。这种田间培训活动，最大限度地将理论和经验寓于实践之中，直观方便实用，既增强农民学习的主动性又有助于学员分析解决实际问题能力的提高，为农业科技推广提供新途径，为农业科技人员提供施展才能的新舞台。

（孔艳辉）

北山镇

【概况】 北山镇位于长沙县西北部,地处长沙、望城、汨罗三县交界处，镇政府所在地距长沙市三环线9.5公里，距市区伍家岭20公里，距长沙县城星沙15公里。主干道长青线，蒿洪线分别与长沙市一、二、三环线、绕城高速、京珠高速公路、107国道联网，武广高速铁路穿境而过。全镇总面积148.48平方公里，辖21个村（社区）。至2011年末有总人口52543人，其中男性26962人，女性25581人。

2008年至2011年，党委、政府不断探索，逐渐形成“绿色、生态、和谐、秀美、幸福、宜居”的发展战略定位，推动镇域经济社会持续健康发展。

2011年，财政税收1054万元，比2008年增长42%，全社会固定资产投资总额7.58亿元，比2008年增长93.9%，规模以上工业总产值4.49亿元，比2008年增长32.1%，农林牧渔业总产值6.18亿元，比2008年增长43.7%。四年共引进梅兰日兰、湘马重工、易龙机械、非凡机械等18家工业企业，初步形成以机械制造为主导的工业集群。2008年长沙现代农业投资合作洽谈会最大签约项目圣毅园现代农庄项目落户北山。2010年被市政府确立为4个集中连片万亩蔬菜基地之一，2011年共计开发蔬菜种植品种40余个。2010年成功注册贡梅商标，2012年有40公顷梅园喜获丰收。2009年被评为长沙县旅游先进单位，五福山庄、明瑞山庄等10余家现代农庄人气旺盛，2011年接待游客10万多人次，营业收入8000多万元，生态旅游品牌逐渐走强。

四年来共硬化农村公路约154公里，镇级公路实现全面硬化。新龙大桥、鞍画线、综合文化站、公益墓地、集镇亮化工程、新桥社区、青田村安居饮水工程等一批基础设施建设全面完成并投入使用，4座小Ⅰ型水库、7座小Ⅱ型水库的除险保安基本实现，21个村（社区）的阵地建设完成18个。对全镇29个文物点进行重点保护，被评为全县文物保护先进单位。加强生态建设，推进农村环境整治，率先探索垃圾处理的长效机制，成立农村环保合作社，各村（社区）分别成立环保促进会，配备48名长期保洁员，重点整治民居四周、公路两侧、河流水库，农村环境得到改观。成立北山镇专业护林巡防队，加大森林资源保护力度，打造北山生态强镇品牌。撤除万谷岭办学点，召开专题听证会，明确“6+2”教育发展布局，制定《北山镇教育发展“十二五”规划》。2010年农家书屋亮相中央电视台，2011年隆重举办“身边的优秀共产党员”巡回报告会，报告团成员常林庄获全国道德模范提名奖。2011年成功创建全国计划生育优质服务站乡镇示范站，计生工作连续5年保持计划生育市级模范单位、县级红旗乡镇。

【圣毅园现代农庄落户北山】 2008年9月，中国长沙现代农业投资合作洽谈会最大签约项目——圣毅园现代农庄项目落户北山。2008年圣毅园投入1.2亿元，流转耕地面积271.33公顷，种植油菜156.67公顷，平整耕地240公顷，增扩耕地面积10%以上。天天清饮料基地与5家国内外大、中型投资企业达成合作开发意向，圣毅园走上强强联手、共同发展之路。

【长沙县乡镇污水处理工程启动仪式在北山镇举行】 2010年5月7日上午，长沙县乡镇污水处理工程启动仪式在北山镇举行。经开区党工委书记、中共长沙县委书记杨懿文等县领导出席启动仪式，县委副书记曾超群主持启动仪式，副县长万惠民致辞。北山镇、金井镇和施工单位望新集团负责人分别作表态发言。最后，杨懿文宣布长沙县乡镇污水处理厂工程正式启动。

【举办“身边的优秀共产党员”巡回报告会】 2011年6月13日，北山镇举办“身边的优秀共产党员”巡回报告会。报告团成员共有6名共产党员，分别是常林庄、王庚仕、黎国强、唐德林、陶洪兵和屈先武。其中唐德林被评为长沙市优秀共产党员，常林庄获全国道德模范提名奖。这6位来自基层的优秀党员，用朴实的语言和真挚的感情讲述他们在平凡而普通的人生中辛勤工作、默默奉献以及创造出的优异成绩，生动诠释了共产党人的先进性和时代性，使北山的党员群众在精神上受到深刻的教育和洗礼。

【村“两委”换届工作完成】 2011年2月24日召开村“两委”换届动员大会，正式启动村支两委换届选举工作。北山镇此次村“两委”换届在大稳定、小调整的原则下，特别注重班子年龄结构、文化结构，调整书记9人，占1/3，其中新进支委班子的“双强”型书记5人，支委成员调整1/4，6名大学生村官进入支委班子。为提高新一届村“两委”干部队伍素质，强化履职能力，促进其更好的进入工作角色，党委、政府于3月9日和4月15日先后开展两次新任干部培训，镇党委领导、市委党校教授及镇相关部门单位负责人分别进行授课讲解。（马凤仙）

星沙街道

【概况】 星沙街道地处湖南省省会长沙市东北郊，是长沙县治和国家级长沙经济技术开发区管委会所在地。面积24.53平方公里，人口14.93万人，辖15个社区居委会，另规划有社区5个。

2010年、2011年分别完成财政总收入2.33亿元、2.51亿元；完成规模工业总产值2.34亿元、2.94亿元；完成固定资产投资8.67亿元、10.94亿元；完成社会消费品零售额15.8亿元、20.24亿元。2010、2011年居民纯收入分别为18591元、25296元，均超额完成县委、政府下达的任务，2011年被评为全市十强乡镇（街道），列第一位。

【大力发展第三产业】 星沙街道把发展现代服务业作为产业结构调整的重要突破口，着眼发展楼宇经济、总部经济，着重培育金融商贸、现代物流、电子信息、文化创意、工业设计等生产性服务业，形成二、三产业协调推进的新型产业格局。2010年至2011年引进项目21个，湖南艺术职业技术学院、跑跑卡丁车总部及赛场建设项目已入驻街区，开元路两厢特色商业街建设加快推进，凉塘路城市综合体建设项目、名嘉Mall、湖南丰汇大力投资有限公司种子仓储物流园项目、太平洋人寿保险湖南公司总部、青海卫视运营项目等引进项目进展顺利，第三产业优势凸显，经济质量大幅改善。

【开展群众文艺活动】 街道成立后，大力发展文化事业，投入210万元为15个社区修建活动场所，添置服装、道具。投资500余万元在松雅社区修建占地4000平方米街道综合文化站。街道组建大大小小的文艺队伍200多支，文艺演出逾千场，其中自编自导的《松雅湖畔颂党恩》、《四老汉送凉茶》、《八个大嫂参加庆祝会》等作品深受居民欢迎。

【创新城市管理】 街道成立后，创新管理模式，将15个一级社区网格划分为63个二级网格，把城管、公安、综治、计生、街道、社区等各部门的人员分配到各网格，实行“人员、职责、任务”三落实，实现“全时段、全覆盖”监控和服务。实行四级管理，一级为物业公司定点包段服务式管理；二级为各网格片区管理；三级为各社区环境卫生日常管理；四级为由城管办、执法中队对整个辖区进行动态巡查监管。设立街道数字化中心，从街道、社区、执法中队抽调人员到数字化中心工作，将数字化专网连接到街道政务大厅，方便群众办事；以金海岸为试点地段，推动城区早夜市规范化管理，大力整治城乡结合部环境卫生，并取得阶段性成果，完成107国道沿线积存垃圾的清理、各类违章棚屋和广告的拆除、空坪隙地平整和建筑垃圾清运，共拆除违章棚屋1.7万多平方米，违章广告103块；创新手段，进一步发展壮大志愿者队伍，注册志愿者1.2万余人，金茂路社区、望仙桥社区成功创建为市“雷锋号”志愿者服务站。打造的“时间银行”、“公益联盟”、“平安联防”、“环保骑士”“社区@服务”、“阳光驿站”等自有品牌活动开展得有声有色。

【推进民生事业】 投资800余万元，规范社区办公场地，统一着装标识，建立网站平台，开设便民专区，实现15个社区一站式办公。凉塘路社区创建全国综合减灾示范社区，通过验收；金茂路社区建立居民家庭档案，开创长沙县的先河；凉塘路社区、碧桂园社区成功创建成花园式社区；碧桂园社区创建为省级绿色社区；望仙桥社区、凉塘路社区创建为“两型”示范社区，倡导社区居民节能减排，践行低碳生活；封刀岭社区、广生塘社区居家养老服务中心和望仙桥社区、广生塘社区雷锋超市成功验收，灰埠社区、星城社区、凉塘路社区、金茂路社区、碧桂园社区、开元路社区得到居民肯定，成功创建为人民满意社区。社会保障工作取得新成就，辖区城乡居民养老保险参保率100%。新型农村养老保险，参保率95%。计生工作取得新进展，符合政策生育率达96.7%，人口自然增长率5‰，育龄妇女属地管理服务到位率100%。“五奖二免一干预”政策落实准确率100%，奖励优惠资金及时发放到位率100%，统计准确率100%，社会抚养征收到位率60%。顺利完成金茂路农贸市场的提质改造、投资530余万元完成松雅幼儿园建设，筹措340万元资金，改善杉星、灰埠及城东、松雅等安置房的基础设施配套，提高拆迁安置居民生活品质。

【维护社会稳定】 街道成立15个特色群工站和3个特殊群工站，着力解决拆迁安置人员到龄领取生活补贴、生产安置留地开发收益金、规范低保等10余个群众反映强烈的重大问题，为辖区内符合条件的5033位4、5号令拆迁居民，年发放生活补助费227.07万元；为辖区内5839户、17301名60号令拆迁居民，发放生产安置留地收益金6920.4万元。同时，积极化解医患纠纷、意外事故死亡引发的纠纷、劳资纠纷、物业小区与业主之间的矛盾纠纷数百余起，调解成功率100%。派出所查处各类治安案件1565起，破获各类刑事案件1215起，打击各类违法犯罪嫌疑人员1599名，收集上报各类情报信息140条；开展安全检查近2000次。（周　理）

湘龙街道

【概况】 湘龙街道成立于2009年12月26日，地处长沙县县城西北部，东抵京珠高速，北临捞刀河。街道总面积22.63平方公里，建成区面积约为11.3平方公里，2011年底，总人口约12万人，下辖12个社区居委会（包括3个农村社区）。湘龙街道地理位置优越，交通便利，京珠高速、长永高速、武广高铁穿街而过，开元路、万家丽北路在街道范围内交错穿行，拥有中南汽车世界、湖南金鹰机电市场、汽配城、湘绣城等四个开放性专业市场。宏梦卡通、快乐淘宝、恒广欢乐世界等一批文化产业迅速崛起，使得湘龙街道正逐渐成为长沙县的文化核心区。

2010年实现税收6.05亿元，县本级税收1.3亿元，财政总收入（基础税源）1.11亿元；实现地方一般预算收入3866.2万元；社会固定资产投资9.187亿元；合同利用外资2100万美元，实际到位资金1100万美元，市内市外资金4.47亿元；社会消费品零售总额达92亿。农民人均可支配性收入12782元。2011年湘龙街道完成社会固定资产投资19亿元，实现社会消费品零售总额114亿元，完成农村经济总收入127亿元，农民人均纯收入23118元，农民人均可支配收入达15978元，城镇居民人均可支配收入达26375元；招商引资完成市外境内到位资金1亿元，合同外资2541万美元，实际到位外资804万美元；区域内实现税收7.3亿元，完成财政总收入2.3亿元（含建安税），纯地方一般预算收入7147万元（含建安税）。成立两年来，湘龙街道获长沙市社会治安综合治理先进街道等5项市级荣誉称号，获2010年度、2011年度长沙县乡镇（街道）领导班子绩效考核一等奖等40多项县级荣誉，特别是2011年，湘龙街道被市委、市政府授予2011年度长沙市经济社会发展十快乡镇（街道）。

（陈　晃　贺平英）

【湘龙街道办事处成立】 2009年9月3日，长沙市人民政府《关于撤销长沙县星沙镇设立星沙等3个街道办事处的通知》（长政函〔2009〕128号）文件颁布，原星沙镇撤镇划为星沙、湘龙、泉塘三个办事处，同年12月26日，湘龙街道办事处正式挂牌成立。新设湘龙街道范围为京珠高速以西区域，总面积22.63平方公里，其中城区面积约为11.3平方公里，成立时总人口6.8万人。下辖中南汽车世界、潇湘路、水渡坪3个社区居委会和高沙、土桥、石子3个建制村。辖区内有6所大中专院校、4个驻街单位、4个专业市场、30多个楼盘和物业小区。办事处临时设在湘龙派出所内办公。2010年4月28日，新任街道领导班子到位。

（陈　晃　贺平英）

【财政收入翻一番】 两年来，通过“招商引资培植税源增长点、综合治税挖掘税源潜在力、严征细管确保税源征缴率”三管齐下的有力措施，湘龙街道经济发展取得突出成果，经济总量迅速增长，财政收入成倍增加。2010年超额完成县下达的财税任务，实现财政总收入1.11亿元，突破亿元大关，完成全年目标任务的187.66%，2011年完成财政总收入2.3亿元，完成全年任务的159%，同比增长108%，比上年翻了一番。（刘慧莲　贺平英）

【产业聚集形成产业链】 湘龙街道发挥专业市场优势，推动产业集群互动，拥有中南汽车世界、湖南金鹰机电市场、汽配城、湘绣城等四个开放性专业市场。一条由中南汽车世界、星沙汽配城、中南汽配专业市场、“机电航母”金鹰机电市场沿万家丽北路一线组成汽车及零部件的生产、销售、维护完整的配套服务产业链已初具雏形。2011年中南汽车世界在中共长沙市委、市政府举办的“长沙市商贸流通市场评比”中位列第一，稳居长沙市商贸流通市场的头把交椅。2011年6月9日，湘龙街道商会第一次会员代表大会隆重召开，80家非公有制经济企业和6个县市直属行业商会成为湘龙商会会员；12月，湘龙街道成立非公经济党组织21个，非公经济组织的党组织建设，为湘龙经济的发展增添了强劲的动力。

（苏佳娣　贺平英）

【从招商引资到择商选资】 湘龙街道变招商引资为择商选资，充分利用区位优势、资源优势和产业优势，挖掘、整合各方资源，科学制定招商引资策略，进一步提高有限资源的产出率。两年来街道引进的项目有：恒广欢乐世界占地约94.2公顷，该项目是集文化公园、购物中心、五星级酒店、写字楼、高档公寓等设施于一体的大型现代服务项目，总投资达170亿元；特易购长沙总部项目一期商业用地10公顷，总投资22亿元；广汽品牌销售园区占地8公顷，总投资15亿元；众泰6S店占地1公顷，总投资2.2亿元；2010年4月18日，快乐淘宝旗下Hitao.com网站上线试营业；12月，Hitao网正式上线启航；湖南金鹰机电大市场一期工程占地24.53公顷，门面1412个，建筑面积43.76万平方米，一期工程投资6亿元，于2010年6月正式开业。（张 瑜 贺平英）

【社区区划调整完成】 湘龙街道办事处成立时仅设3个社区和3个建制村，随着县城大开发的加快，人口聚集增速，城区面积不断扩张，原有的区域划分已不能适应城市管理的需求，2011年3月18日，湘龙街道由原来的3个社区3个建制村调整为12个社区（包括3个村改社区），分别为：湘景、中南汽车世界、湘绣、湘瑞、湘郡、湘滨、湘润、潇湘路、水渡坪、土桥、高沙、石子社区。根据县人民政府《关于同意湘龙街道办事处增设社区居委会和撤销村建制的批复》文件精神，新设立社区相继依法依程序挂牌成立。

（杨雅靖 贺平英）

【网格化构建城市管理新模式】 2011年，湘龙街道率先启动网格化管理新模式，街道按照人口密度、单位面积、建筑密度、城管工作量等将辖区划分为12个一级网络、211个二级网格、480个三级网点，形成了社区服务的全覆盖、全天候和零距离的格局。2011年12月1日，湘龙街道与湖南大学、湖南伟博信息科技有限公司签订社区网格化管理模式的研究和应用科研课题合作协议。2011年8月1日，长沙县城市管理工作重心下移，为建立全面、精细、高效的城市管理模式，湘龙街道以城市管理职能下移为契机，推行物业化外包，结合“全面覆盖、三级管理”的网格化管理新模式，辖区环境进一步改善，为创建全国文明县城打下坚实基础。（苏佳娣 贺平英）

【社会事业稳步发展】 湘龙街道辖区内有小学2所，幼儿园21所。2009年9月，湘龙小学建成开学；2011年9月，中南小学启用。是年10月18日，湘龙街道社区卫生服务中心落成。湘龙街道积极推进阳光计生工作，两年来符合政策生育率分别为97.95%和96.55%，保持稳定的低生育水平。2010年和2011年常住人口出生825人，其中男孩449人，女孩376人；流动人口出生136人，其中男孩68人，女孩68人。2011年成功实现长沙县首例流动人口跨地区网上办理一孩生育证。城乡居民社会养老保险参保率100%，2010年和2011年，养老保险参保人数7140人；共计发放城镇低保和农村低保929户，1997人次，累计金额523980元；农村和城镇医保共参保11132人；医疗救助117人，累计金额304050元；临时救助38户，累计金额28900元；春节慰问1210户，累计金额409700元；慈善助学24人，助学金额49500元；城镇新增就业1136人；农村富余劳动力转移就业409人。

（张 瑜 贺平英）

【重点工程顺利推进】 辖区内的重点工程有：万家丽北路、国防科大医院、国防科大、安全职院、特立西路、陕汽总部、生态公园、湘绣路、恒广综合项目、蟠龙路、龙塘安置区、中南小学（一二期）等项目。万家丽北路是县城对接市区的一条重要通道，该项目有1100米途经湘龙辖区，涉及石子社区的徐家、戚家、南粉、水渡、虾塘5个居民小组，湘龙街道采取领导高位推动、部门积极联动、社区配合互动、组织督查促动等有效措施，推动万家丽北路北延线建设。组织开展制止、拆除违章建筑行动，配合做好湖南安全职院、国防科大、国防科大医院等项目的征地拆迁与龙塘安置区的建设协调。本着以人为本，和谐拆迁的理念开展工作，重点工程建设顺利推进。（杨雅靖 贺平英）

【流动人口管理独树一帜】 2011年3月1日，湘龙街道流动人口与出租屋管理服务中心成立，办公地点设在湘龙派出所二楼，下辖12个服务站。中心创新工作方式，形成了一套较完善的流动人口与出租屋管理模式，被市县委督察组、市县政法委、市县公安局等誉为“湘龙模式”。街道流动人口与出租屋管理服务中心荣获2011年度长沙市优秀服务中心等四项荣誉称号。

（张 瑜 贺平英）

【获2011年度长沙市经济社会发展十快街道称号】 湘龙街道紧紧围绕“宜居、幸福、平安、和谐”的总体目标，上下凝心聚力谋发展，各项事业取得辉煌成绩：2011年街道经济稳步增强，财政税收大幅增长，区域内实现税收7.3亿元，完成财政总收入2.3亿元，同比增长108 %。项目工程建设全面推进，完成固定资产投资19亿元。实现社会消费品零售总额114亿元。社会大局和谐稳定，各项社会事业全面进步，被市委、市政府授予2011年度长沙市经济社会发展十快乡镇街道称号。（苏佳娣、贺平英）

【蝉联长沙县乡镇（街道）领导班子绩效考核一等奖】 街道成立两年来，各项社会事业全面进步，城市面貌显著改观，居民生活水平稳步提高，街道整体呈现出稳定、繁荣、健康发展的新局面。在长沙县2010年和2011年度总结表彰大会上，湘龙街道办事处均被县委、县政府授予长沙县乡镇（街道）领导班子绩效考核一等奖，这是自2009年12月26日成立以来连续两年获此殊荣，同时还被县委组织部授予2011年度优秀领导班子的荣誉称号。

【中央文化考察调研组视察宏梦卡通艺术村落】 湘龙聚集了湘绣、宏梦卡通、快乐淘宝、恒广欢乐世界等一批文化产业，彰显出湘龙无限的城市魅力。2011年5月6日上午，文化部部长蔡武、工业和信息化部部长苗圩、新闻出版总署副署长蒋建国等中央文化考察调研组领导一行莅临街道进行文化产业调研，并深入走访全国第一个全功能的“卡通艺术村”——宏梦卡通艺术村落，全面了解从动画创意、制作、加工到技能培训乃至衍生品的推广等情况。省委常委、市委书记陈润儿、省委常委、省委宣传部部长路建平、市委常委、宣传部部长陈泽珲，县委常委、宣传部部长王益枝，湘龙街道党工委书记李开兴，办事处主任高新良全程陪同视察。（贺平英　苏佳娣）

泉塘街道

【概况】 泉塘街道于2009年12月26日挂牌成立。该街道地处京珠高速以东、长永高速以南区域，分别与芙蓉区、黄花镇、榔梨镇、星沙街道、湘龙街道接壤，总面积20.84平方公里，占经开区总面积的2/3。辖9个社区，入驻企业300多家，大型楼盘25个，常驻居民5万人，企业人口6万人，在校大中专学生约3万人。2011年全街道本级财政完成总收入1.01亿元，是2010年5104万的1.98倍；完成地方一般预算收入4740万元，是2010年2641万元的1.79倍；社会固定资产投资完成15.8亿元，是2010年7.02亿元的2.25倍；招商引资两年完成2.41亿元，均超额完成县下达的目标任务。推进3个重点项目建设，成功引进7个项目。成立非公有制经济党组织8个。2011年在长沙县乡镇（街道）党政领导班子绩效考核中获一等奖。在党风廉政建设、社会治安综合治理、人口和计划生育目标管理、农产品质量安全、食品安全、组织、统战、招商引资、劳动和社会保障、卫生、拆迁安置工作、老年体协、旅游等单项工作均获先进单位。泉塘街道机关、泉塘派出所被评为县级文明单位。小塘路社区和泉星社区被评为长沙县人民满意社区。

【大力招商引资】 2010年以来，先后引进湖南神锋电子科技有限公司（中外合资）、小尾羊长沙旗舰店、红运来服饰广场、米罗咖啡、恒生超市、花之林总部及餐饮茶馆、台北豆浆、罗莎蛋糕、湘依寨、华天大酒店、和东大酒店等工商企业，大力推进泉塘昌河商业中心、三景华域、楚天世纪城建设，新建中石油投资兴建的2个加油站，成立泉塘商会，召开现代服务业研讨会。全2011年末，招商引资到位2.41亿元，外资1180万美元，合同利用外资2300万美元。

【加强社区建设和管理】 投入120万元完善板桥、小塘路、泉塘、泉星社区的办公和活动场所，使每个社区均有设施完备的服务大厅、党员活动室、远程教育室等，为推进一站式服务提供优质载体；对社区工作人员统一着装，开展专项礼仪培训，发放办事指南和招商指南，制定绩效考核办法，用制度管人、管事；创新社区管理模式，鼓励社区将环卫、市政、安保等交予物业公司实行自我管理、自我服务。加强宣传教育，增强社区居民的城市意识、文明意识和道德修养水平，落实机关干部联社区、社区干部联栋、党员联单元联户责任制，要求机关干部每周三天以上驻社区联系工作，主动走访企业、楼栋、学校、商贩，了解情况，解决实际问题。

【加强社会治安综合治理】2010年以来发放《泉塘街道致流入人员公开信》1.5万余份，清理登记流动人口15190人，监管出租房屋4186户，签订治安管理责任书1570份，登记烟花鞭炮店36家，宾馆旅社等休闲娱乐场所47家，共取缔传销窝点11个，遣返传销人员45人；调解排查纠纷121起，调处率100%，没有出现集体上访现象。

【推进社会事务】 全年共发放最低生活保障金730.7万多元；临时救助14人，救助3.3万元，大病救助92人，救助20.22万元；新型农村养老保险参保人数1361人，超出任务23.7%；农村合作医疗参保人数5193人，合作医疗参保率100%，其中长桥社区和丁家岭社区合作医疗基金全部由社区代缴；城镇新增就业人数1061人，超额完成指标40多个百分点。富余劳动力转移和劳动就业技能培训人数均超额完成，其中富余劳动力转移人数为527人，劳动就业技能培训人数163人。

【加强党的建设】 开展机关中层干部竞争上岗、举办“社区干部业务培训暨PPT制作比武大赛”，“庆祝建党90周年活动策划方案演示比赛”、“组织老党员牵手新党员共话那一天我入党”活动，率先开展“民意直通车”系列工作，调动党员、干部的积极性。成功搭建9个社区领导班子，组织3次面向社会的公开招考，社区干部平均年龄为34.7岁，拥有大专以上学历的占73.6%。举办中层干部竞职演讲活动，3名年轻干部走上中层干部岗位，3名大学生村官担任社区党支部委员，成立星城国际小区党支部，开创楼宇党建工作新局面；开展以“亮身份、优服务、当先锋”为主题的志愿服务活动，“晒出承诺”的做法，得到市委组织部、县委领导的赞赏，其经验在全市推广。《湖南日报》、《长沙晚报》、长沙新闻频道和长沙县电视台、《今日星沙》等媒体先后进行了专题报道。妇联工作获县级先进单位；工会组织获“十佳学习型组织”称号。

【创新计划生育工作】 创建“阳光计生行动”示范单位，开展“温馨计生入企业、入社区”活动，发放泉塘街道计生绿卡，为流动人口提供均等化的计生服务。2010年10月作为湖南省唯一代表，参加在广西南宁召开的全国经开区计划生育年会，并在会上作典型发言，荣获“长沙市计划生育模范单位”称号。

【活跃社区文化生活】 举办泉塘十大青年歌手大赛、红歌比赛和首届居民运动会；组织文艺团体下社区大型演出场；送红色电影到社区、企业放映18场，完成丁家岭艺术团注册登记，挂牌成立阳高欢乐星城、梨江社区梨江艺术团，组建9支腰鼓、健身舞、广场舞演练队伍。在县级各类比赛中获红歌个人一、二、三等奖4人、红歌达人第一名、合唱三等奖、腰鼓二等奖、龙狮二等奖、老年门球片赛、总决赛第一名、乒乓球赛女子第一名，象棋、围棋团体赛第一名，广场健身舞大赛获湖南省金奖等。

【长郡未来实验学校落户泉塘街道】 2010年7月15日，长郡未来实验学校即长郡第四校区落户泉塘街道，开工奠基典礼活动于上午8：30隆重举行。原湖南省副省长唐之享、省人大副主任肖雅瑜、长沙市副市长何寄华、市教育局局长彭新等省、市领导和经开区、县委、县政府主要领导参加奠基活动。该校位于黄兴大道与博雅路交汇处，由湖南未来投资集团与长郡中学共同创办，学校规划24个小学班，36个初中班，可容纳3500名学生就读。作为长郡中学的第四校区，该校建成后将由长郡中学全面管理，与其他三校区采取相互依托，资源共享的发展战略，实行统一管理标准、统一调配师资。

【长沙县泉塘商会成立】2011年5月31日，泉塘商会成立大会在泉塘街道机关五楼会议室召开。参加大会的有县政协副主席、县工商联主席、县商会会长李楚屏、泉塘街道全体党政领导和新安派出所、泉塘派出所、星沙工商所、螺丝塘信用社主要负责人、辖区内9个社区书记以及泉塘街道商会25位会员。会议审议通过《泉塘商会第一次会员大会筹备工作报告》，选举长沙中旗动力设备有限公司总经理袁大明为泉塘商会首任会长，并选举产生第一届执行委员会委员。 （薛静莉）

人 物

省部级以上劳动模范、先进个人

易灿华

易灿华，女，1956年8月出生，长沙县人，汉族，中共党员，大学本科文化，现任长沙县六艺天骄幼儿园园长兼党支部书记。是湖南省特级教师、中学高级教师，全国学前教育研究会会员、中国教育学会新课题教学研究课题组研究员、省学前教育研究会常务理事、陈鹤琴教育思想研究会理事、省教育学会幼儿艺术教育研究专业委员会常务委员、2008年度《当代教育论坛·校长学科教育研究》指导委员会理事，2008年12月被聘为第二届湖南省基础教育教学成果评审委员会委员，2009年4月被聘为全国大型学术理论期刊《教师》第一届刊物指导委员会理事。

易灿华1976年投身教育事业,在农村幼教事业上辛勤耕耘30多个春秋。她爱岗敬业、师德高尚、业务精湛、敢于创新，形成了自己独特的管理理念，以其独特的人格魅力为长沙县幼教事业发展作出了巨大贡献。她提出"人无我有，人优我特"的办园理念，充分利用"六艺天骄"地处城乡结合的特有环境优势，坚持以人为本，扎扎实实地抓保教质量，办园规模不断壮大，幼儿园先后被授予湖南省示范性幼儿园、全国绿色幼儿园、全国巾帼文明岗、全国早期教育十大最佳幼儿园、爱国启蒙教育全国示范性幼儿园、爱国报国全国先进模范单位、全国"十五"、"十一五"重点课题实验园、全国基础教育名园、长沙市模范职工之家等光荣称号，2009年2月被评为省会首届14家"家长满意、孩子喜欢"的幼儿园、长沙市食品卫生A级单位,是湖南省农村幼儿教育的典范。

易灿华长期致力于对长沙县乡镇幼儿园进行全方位指导，使长沙县幼教事业快速发展，处于全省领先水平。她先后被授予中国早期教育十大最佳幼儿园园长、爱国启蒙教育优秀园丁、爱国报国全国先进模范个人、全国绿色学校校园环境管理项目优秀教师、全国知识型职工先进个人、湖南省优秀教师，湖南省幼儿教育先进工作者、湖南省百名优秀女职工，2008年4月被评为长沙市首届"感动星城·十大魅力教师"，2008年12月被批准为湖南省特级教师，2009年1月被授予全国百名道德模范称号，2009年3月被评为长沙市优秀创业女性，2009年5月被授予全国五一劳动奖章，评为湖南省先进工作者。

唐 瑛

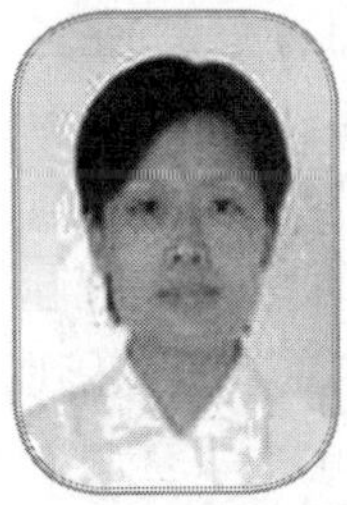

唐瑛，女，汉族，1971年12月出生，湖南沅陵人，1994年7月参加工作，大专学历，现任长沙远大科技集团公共事务部总经理（副总裁级别），历任远大信息部部长，信息中心、接待中心总经理、副总裁、世博办秘书长、远大馆馆长，在参与上海世博会期间，带领远大参博团队，全力以赴，高效推进，充分展现了中国民营企业的风采，为做好湖南参博工作做出了突出贡献。

2008年远大签约世博，成为2010年上海世博会全球合作伙伴，2009年初确认作为民营企业代表在世博园单独建馆，并为所有200多个场馆供能。唐瑛从远大参与世博初期起就担任世博事务协调办秘书长，协调集团资源，全力参博。先后于北京、上海、广州、长沙等地召开多场远大馆主题及设计方案的研讨会。2009年3月在长沙组织举行世博400天倒计时牌揭牌仪式，世博局、湖南省领导出席，4月积极组织参与世博湖南宣传周，在湖南省博物馆独立展示。同年7月全国政协主席贾庆林视察远大城，该同志参与接待并讲解远大参博情况。2010年2月她参与确定远大馆主题“方向”和布展方案。3月6日带领远大员工，冒着刺骨的冰雨，奇迹般地用24小时将远大馆搭建起来，创造了世博有史以来最快建馆的记录，4月远大馆如期参与试运行。4月21日组织世博空调运营团队誓师大会，园区空调进入试运行阶段。5月1日远大馆正式开放，访客量持续攀升，日平均1万余人。6月5日世博远大日，策划并组织多场活动平行展开，品牌效应得到极大提升。8月13日上海经历百年一遇高温天气，最高气温达到40摄氏度，远大非电中央空调经受住了高温天气的考验，做到“零故障、零停机”，保障了各场馆的顺利运行。10月16日世博园区总客流达103万人，远大馆的当日访客达到2.48万人的最高值，经她周密部署，做到了有条不紊。世博会期间，远大馆共接待204万访客，VIP团4568个（包括联合国副秘书长、联合国环境规划署执行主任阿希姆·施泰纳等贵宾），举办大型活动54场，媒体报道3000余次，好评如潮。

唐瑛积极进取，在远大公司从一名基层工作者逐渐走上领导岗位。在平时工作中，她拥护党的领导，遵纪守法，办事公道，爱岗敬业，勤奋钻研，有强烈的事业心和工作责任感，在她的领导下，远大科技集团公共事务部业绩突出，2010年获远大十年贡献奖，2010年唐瑛被授予全国劳动模范光荣称号。

汤　宇

汤宇，男，汉族，1964年8月出生，长沙县金井人，中共党员，高级经济师，系湘丰集团董事长，1991~1995年，创办经营长沙县湘丰饲料厂，1996~1998年，承包脱甲茶厂并将厂名更为长沙县金井镇湘丰茶厂，1999年买断经营该茶厂，先后创办湘丰金薯食品有限公司，湘丰星香粮油有限公司，湘丰奶牛养殖场，湘丰食品科技有限公司，成立湘丰集团。他是长沙县第十一、十二、十三届人大代表，湖南省第十届、十一届人大代表，2005年被评为湖南省劳动模范，曾获长沙市农村青年星火带头人、长沙市精神文明建设先进个人、长沙市青年农民企业家、湖南省创业致富带头人、长沙市2007年新农村建设十大新闻人物等荣誉，担任长沙县百里茶廊产业协会会长、长沙县工商联执委、长沙市青联委员、湖南省茶业协会常务理事、中国科学院亚热带生态农业研究所客座高级工程师等社会职务。

他从1998年开始创办湘丰茶业有限公司，创办十多年以来，湘丰茶业已经跻身中国茶业三十强，是国家级茶叶标准化示范企业，中国自有无性系优质茶叶种植面积最大的茶叶企业，也是中国科学院唯一一家有机茶示范基地。主要辐射长沙县金井、双江、开慧等北部8个乡镇及浏阳、汨罗、平江、湘西保靖、常德石门的22个乡镇、152个村，涉及近20万农户。公司拥有世界上第一条全自动炒青绿茶生产线，世界一流的绿茶精制包装生产线，年可加工干茶3600吨，产值可达4亿元。十多年来，湘丰茶业培植和壮大长沙农业产业，促进了本地农业农村经济的发展，带动了农民增收致富。2009年湘丰茶业及其关联公司实现年销售收入3.5亿元，利税3800万元。湖南湘丰茶业有限公司已成为行业类产业链条最为完整、商业模式最为创新的企业之一。通过了“绿色食品认证”、“有机茶认证”、“ISO9001质量管理认证”、“HACCP质量安全体系认证”、“GAP良好农业规范认证”。其茶叶产品获第三、四届中国国际茶业博览会金奖，连续六届获湖南省国际农博会金奖，“湘丰”茶叶商标和“星香”大米是湖南省著名商标，湘丰牌绿茶、红碎茶是湖南省名牌产品。2010年汤宇被国务院授予全国劳动模范光荣称号。

江　玲

江玲，女，汉族，1963年1月31日出生，系湖南天能电机制造有限公司副总经理、电气工程师。她从事电机设计、电磁研究等技术与管理工作20多年，创造性地研制出多项科研成果和新工艺，是公司的专业技术带头人，1992年主持的KJHS30000A/75V节能电化学整流装置获湖南省电子工业局科技进步三等奖，2008年获长沙县劳动模范称号。

2006年7月26日，国家发改委发布的《“十一五”十大重点节能工程实施意见》中明确规定：更新淘汰低效电动机及高耗电设备，推广高效节能电动机。为此，她精心研制的Y180M-2电机于2008年10月通过国家中小电机质量监督检验中心的Ⅱ级能效认证；2009年11月18日她加盟由上海电科电机科技有限公司为龙头承担的“高效率三相异步电动、超高效率三相异步电动机的标准制定与样机试制”国家“863计划”项目研发；2009年下半年起，她为企业推广应用新产品高效节能电机2000万元以上。

江玲在从事超高效电机及产学研结合的研发道路上不辞辛劳、忘我工作。2010年，她精心研制的“一种防堵死的新型电机”、“一种机加工电机座的内孔和端面的夹具”、“一种特制反车车刀”三项实用新型专利于2010年5月13日获受理，同年被省人民政府授予湖南省劳动模范光荣称号。

周长树

周长树，男，1953年11月出生于湖南省长沙县金井镇，汉族，高级经济师，中共党员。湖南金井茶业有限公司董事长，是中国茶叶流通协会理事、省茶叶协会常务理事、省茶业学会常务理事、省工商联执委、长沙市茶业协会会长。2010年被评为湖南省劳动模范。

公司地处长沙县金井镇，在周长树的带领下，已成为省级农业产业化重点龙头企业、中国茶叶行业百强企业、中国茶叶行业知名品牌企业、全国农产品加工示范企业、农业部茶叶标准园。2010年被市政府评为“利税过千万元企业”、市“两帮两促”企业、长沙市四大千亿产业集群入围重点企业。金井茶为湖南十大名茶、湖南农产品十大品牌，其“金井”牌注册商标为湖南茶叶行业第一家通过国家工商总局认定的“中国驰名商标”。

周长树对社会有一种强烈的责任感和使命感。在他看来，金井茶厂的兴衰不但关系到他个人的荣辱，更关系到金井的发展，关系到周边老百姓的生存和致富。在经营好、发展好金井茶叶的同时，他十分关心社会公益事业的发展。他先后安置50多名残疾人在金井茶厂就业，被省残联定为残疾人就业基地。他尊老爱幼，拿出31万余元钱物到金井敬老院看望慰问孤寡老人，改善老人的生活环境。他关心贫困学生的成长，资助贫困学生24人次，共计36万多元，捐款10万元用于金井镇教育基金建设。他关心贫困地区发展，支持100多万元给金井镇金龙村、龙泉村、蒲塘村用于村级发展。他关心周边建设，筹资100多万元在茶厂周边村组新修和维护水利设施，公路建设，先后投入资金40多万元支持本村水利抗旱等方面的电费。2003年，中国第五届城市运动会在长沙举行，周长树欢欣鼓舞，积极响应“当好东道主，办好五城会”的号召，向五城会捐献价值10万元的“金井茶”，同时“金茶”也以其优异的品质被指定为五城会唯一指定饮用茶，2010年电视连续剧《毛岸英》在湖南拍摄，周长树怀着对主席的敬仰，赞助茶叶20万元。在他的带领下，公司和员工还多次为汶川地震等灾害捐款、捐物几十万元。

周长树始终不忘自己是个有30多年党龄的共产党员，是党培养了他，是乡亲们养育了他，能带领广大茶农发家致富是他平生最大的心愿与快乐。他深深地知道，只有把企业进一步做强做大、做精、做优，才能更好地回报社会，带领更多的农民实现共同富裕，更好地为“富民强省”做出更大的贡献。

田扩军

田扩军，男，1968年2月出生，汉族，湖南省长沙县春华镇大兴村人。现任湖南宇田农业股份有限公司董事长、长沙县宇田蔬菜专业合作社常务副理事长、长沙县宇田优质稻专业合作社常务副理事长。现任长沙县第十五届人大代表，2009年被评选为长沙市劳动模范，2010年被评为湖南省劳动模范。

田扩军是一位有开拓创新精神、有魄力、有远见、有责任心，有爱心、有毅力、极度敬业的企业家。他一心致力于引进和推广农业高新技术成果，促进农业生产力水平的提高；他积极推动农村合作经济组织发展、促进农业产业结构调整、促进现代农业发展、带动广大农户共同致富；他不善言辞，兢兢业业做事，诚诚恳恳待人，不计个人得失、关心弱势群体和社会公益事业，为长沙县农业生产发展、为长沙市现代农业的发展作出了表率。

为促进长沙市蔬菜产业的升级，田扩军牵头组建了长沙县宇田蔬菜专业合作社，通过企业自筹、招商引资、争取政府项目支持等方式，在长沙县春华镇筹建了一个80公顷的高标准的蔬菜生产示范基地。基地总投入1300余万元，入社社员达311户，带领生产经营从业人员200余人，年生产总产值达1360余万元，社员增收达240万元以上，在当地产生了很好的经济和社会效益。长沙县宇田蔬菜专业合作社先后被评为长沙市先进合作社、湖南省为民办事实示范合作社和2010年长沙市标准化生产示范基地，并得到省委常委、长沙市市委书记陈润儿等领导的多次肯定。2010年，省委副书记、省长徐守盛到宇田基地视察时，对宇田蔬菜的建设、管理和生产给予了充分肯定。

田扩军在从事农业相关工作八年的时间内，一直积极支持当地公益事业发展，经常慰问当地五保户和特困户，多次出钱支持长沙县春华敬老院建设，支持春华幼儿园建设，出钱补贴当地困难家庭大学生学费和生活费，出钱筹建抽水机台，解决农户生产生活用水难的问题。五年来共计投入70多万元用于当地公益事业，得到当地政府和群众好评。

雷　彬

雷彬，男，1968年11月生，本科学历，中国共产党党员，1994年参加工作，在春华国土资源所从事国土员工作；1997年调至路口国土资源所，先后任副所长、所长；2004年调至长沙县国土资源执法监察大队，任大队长至今。他积极拥护和执行党的路线、方针、政策，践行“三个代表”重要思想，积极进取，锐意开拓，任劳任怨，为本职工作奉献了极大精力和热情，具有坚强的党性和严格的组织纪律性。在国土资源执法监察工作中，坚持原则，敢于碰硬，几年来，参与处理矿产和土地违法案件100多件，接待并处理群众上访500余起，多次被评为工会积极分子、县政府特殊贡献奖、优秀共产党员、国土资源工作先进个人，2004年至2012年被长沙县人民政府授予“嘉奖”六次，记三等功三次。2010年2月4日被国土资源部评为“全国国土资源执法监察工作先进个人”。

罗文哲

罗文哲，男，汉族，大专学历，1967年12月生，湖南省长沙县双江镇人，1994年12月加入中国共产党，1989年高校毕业分配到长沙县金井镇人民政府工作。现任长沙县金井镇综治办主任、司法所长。二十年来，始终恪守为民之责，一心一意为民谋利，实实在在为民办事，尽心尽力化解矛盾，尽职尽责维护一方稳定，赢得了人民群众的信赖和支持。为群众调解各类纠纷1500余件，调解率达100%，成功率98%以上，被授予市优秀司法所长，县先进工作者称号8次，县政府嘉奖5次，镇先进工作者5次，优秀共产党员6次。2011年初，获司法部“全国模范人民调解员”称号。其所在司法所先后获省级文明示范窗口单位、省依法办事示范窗口单位、市四星级司法所、市司法行政系统先进集体。

汤　杨

汤杨，男，1982年2月出生，中共党员，汉族，本科文化。生前系长沙县金井镇人民政府综治办副主任、司法助理员、纪检专干，兼武装干事。2002年12月至2004年12月在驻港部队服役，多次获优秀士兵称号。2006年9月通过湖南省公务员考试，被分配到长沙县金井镇人民政府工作。两年多来，深入田间地头调解纠纷、宣传法律，热情为群众排忧解难，多次为农民工追讨工资，主持和参与调处矛盾纠纷390余起，成功率98%，为维护当地社会和谐稳定和经济发展做出了积极贡献。2009年2月11日，汤杨在扑救山火过程中，在火势突然难以控制的危急关头，已撤离到安全地带的他冒着生命危险返回火场组织撤离，不幸被大火吞噬，献出了宝贵的生命。他被湖南省人民政府追认为革命烈士，被司法部追授为一级英模。中共中央纪委、人力资源和社会保障部、监察部联合下发决定，追授其为全国纪检监察系统先进工作者。

有影响的社会新闻人物

杨松青

杨松青，2001年下岗失业，2005年开办幼儿园，2009年将3家幼儿园全部转让，用全部家当在安沙镇创办了青松老年公寓，将其作为终生事业，用孝心来养老，用爱心做事业，用真心去助人，让150余名孤寡老人感受到家庭温情，享受孝子亲情。别的养老院不愿接收的老人，他都接到公寓作为重点对象来照顾。遇到老人去世，子女无法及时赶回，他就充当孝子给老人穿寿衣，还贴钱给老人举办葬礼，让老人有尊严地离去。许多老人临终前的最后一句话不是留给子女，而是紧握他的手表示感谢。在社会上遇到别人有难处，他总会在第一时间伸出援助之手。他创办的老年公寓是全国百家杰出养老机构之一。2011年，他被评为湖南省优秀共产党员、长沙市优秀党支部书记，并荣获“中国好人榜”助人为乐好人。

常林庄

常林庄，女，1954年生，中共党员，长沙县北山镇荣合桥社区人，1972年与新中村易家场组鲁志勇结婚。刚嫁入鲁家只见家徒四壁，但她不以为意，一心侍奉年迈多病的公公。两年后夫兄鲁志刚因脊柱损伤瘫痪，她毅然挑起照顾夫兄的重担，每天给病人端饭送水，清洗血脓，涂抹药膏，接导尿管、倒小便，闻着恶臭用手指将大便抠出来，再把房间里收拾得毫无异味。她还借来书籍，订了报纸，买了收音机、电视机，放在鲁志刚触手可及的地方，在他床边摆个棋盘，让邻居有空就陪他下棋、打扑克，使他重获生活的信心，打破了“只能存活三五个月”的诊断预言。常林庄这样照顾半身不遂的夫兄，一干就是38年，她的行为感动了无数干部群众，成为北山镇乃至长沙县的“好媳妇”。1998年，常林庄家被评为长沙县五好文明家庭，三好文明市民标兵。常林庄本人于2004年被评为长沙县“湘绣城”杯敬老助老主题教育活动孝亲敬老之星。2008年被评为全国孝亲敬老之星，2009年被评为长沙市首届道德模范之星。1982年~1991年被选为县人大代表，1995、1996年被评为长沙县先进工作者，2001～2006年当选为镇人大代表，2010年被列入中华好人榜，2011年荣获第三届全国道德模范提名奖。

长沙县国民经济和社会发展第十二个五年规划纲要

（2011年1月8日长沙县第十五届人民代表大会第五次会议第四次全体会议通过）

"十二五"时期（2011－2015年），是长沙县加快转变经济发展方式、率先实现全面小康社会的攻坚期，也是长沙县新型工业化成熟期、新型城镇化成长期、城乡一体化加速期和社会和谐化提升期。本规划纲要主要阐明未来五年长沙县国民经济和社会发展的战略谋划和具体部署，是政府履行职责的重要依据，是组织和团结全县人民共同奋斗的宏伟蓝图和行动纲领。

第一章 加快经济转型 实现科学发展

第一节 发展基础

"十一五"时期是长沙县战胜自然灾害、经历风险挑战、取得显著发展成绩的五年。五年来，全县上下始终坚持以科学发展观为指导，全面实施"领跑进军"战略，全力加快"调优结构、转变方式、城乡一体、普惠民生"步伐，综合实力在应对危机中逆势增长，城乡建设在统筹发展中快速推进，社会建设在和谐创建中全面进步，发展后劲在改革开放中持续增强，成为长沙县改革开放以来经济社会发展最快、城乡面貌变化最大、人民群众受惠最多的五年，圆满完成了"十一五"各项预定目标，为"十二五"经济社会加速发展奠定了坚实的基础。

——国民经济快速发展，综合实力明显增强。2010年地区生产总值630亿元，五年年均增长17.5%,人均达78750元；财政总收入75.1亿元，年均增长29.7%；全社会固定资产投资五年累计955.4亿元，年均增长31.5%；社会消费品零售总额140.7亿元，年均增长23.5%；城乡居民人均可支配收入2010年分别达21099元和11180元。全国县域经济基本竞争力排名由第53位跃升到第25位，成为全国十八个改革开放典型地区之一，跻身全国最具投资潜力和区域带动力中小城市百强，获得"全国文明县城"、"国家卫生县城"、"国家园林县城"、"国家生态示范县"、"中国人居环境范例奖"、"最具幸福感县城"等荣誉。

——结构调整步伐加快，产业能级不断提升。全县产业结构由"十五"末的13.8：61.4：24.8调整到2010年的7.1：69.3：23.6，工业总产值突破千亿元大关，主导作用进一步凸显，工程机械、汽车及零部件等支柱产业产值占全部规模工业产值73.6%，已建立各类工程技术研究中心和企业技术中心51家，经济增长逐步由主要依靠物质资源消耗向主要依靠科技创新转变。

——城乡建设成绩显著，发展条件不断改善。累计完成固定资产投资955.4亿元。县城建成区面积达48平方公里；县域内形成以开元路、S207为骨干的"五纵十三横"道路交通网络，已有万家丽路等16个现代化交通接口与省会长沙实现无缝对接；先后实施了松雅湖成湖、黄花机场扩建、万家丽路建设等一批重大城市基础设施项目；推进农村安全饮水、病险水库治理、中小灌区改造和山塘清淤扩容工程，自来水、污水处理等公共设施加快向农村延伸，现代农庄建设和㮾梨、金井、开慧城乡一体化试点取得初步成效。

——社会事业全面发展，人民生活明显提高。按照新增财力70%用于民生建设的原则，逐年加大民生投入，优先发展教育事业，巩固和发展了九年义务教育，基本实现普及高中阶段教育发展目标；积极发展文化事业，启动星沙文化中心、乡镇综合文化站建设，数字电视已在星沙开通，并逐步向乡镇延伸，开展各类文艺活动，丰富群众精神生活；大力发展卫生事业，建立健全“三级五中心”（“三级”指县、乡、村三级公共卫生服务网络，“五中心”指突发公共卫生事件应急指挥中心、疾病预防控制中心、卫生监督中心、妇幼保健中心和公共卫生监测中心）城乡卫生体系，实现村级卫生室全覆盖，新型农村合作医疗县乡医院住院补偿率达70%；全面实施被征地农民的社会保障制度，在全市率先启动新型农村养老保险试点，实施城乡居民医疗和养老保险，实现城乡居民医疗保险、养老保险一体化；形成了较为完善的信访处理机制和矛盾调解体系，安全防控体系基本建成。

——生态建设进展顺利，环境保护初见成效。大力推进城乡生态环境保护与治理，开展“全国生态县”和“全国绿色小康县”创建活动；扎实推进“两河”流域治理，先后整体关闭、搬迁30多家高污染、高耗能企业，划定禁养区、限养区，对全县大型生猪养殖场进行有效治理，全面启动乡镇污水处理厂建设，实施了农村环境综合治理工程，生活垃圾无害化处理率大幅提高。

——改革开放扎实推进，发展动力不断增强。坚持改革创新，经开区托管乡镇园区、城市管理、政府投资管理等一系列改革有序推进；坚持扩大开放，引进了广汽菲亚特、陕汽环通、众泰江南、中铁轨道、住友轮胎等知名企业，全县世界500强企业达25家，三一重工近年先后在美国、德国等地建立研发中心和制造基地。举办重大基础设施建设与中央企业对接会，成功实现投融资方式的创新和突破。五年累计完成外贸进出口总额69.7亿美元，累计利用外资11亿美元，累计到位内资302.4亿元。

五年来，全县上下坚持兴工强县、三产活县，坚持统筹发展、分类指导，坚持扩大开放、改革创新，坚持项目带动、资本驱动，坚持改善民生、促进和谐，经济社会发展取得了历史性突破，发展成绩令人瞩目，建设经验弥足珍贵，创新精神影响深远，为“十二五”发展奠定了坚实的基础。但发展中也存在一些不足和问题：产业核心竞争力不强，现代服务业发展滞后，城乡经济与社会事业发展不均衡，经济发展与资源环境矛盾比较突出。

第二节 面临形势

“十二五”时期，在后金融危机时代背景下，和平、发展、合作仍是时代潮流，世界多极化、经济全球化深入发展，全球经济总体将进入发展增速减缓和结构加速转型时期，国内工业化、信息化、城镇化进入快速发展阶段，市场需求和发展空间巨大，经济社会发展的基本面和长期向好的趋势没有改变，但经济和社会发展面临重大转型，加快转变经济发展方式成为“十二五”期间最紧迫的任务。综合判断国际国内形势，“十二五”期间，我县正处在新型工业化成熟期、新型城镇化成长期、城乡一体化加速期和社会和谐化提升期，是我县经济社会发展可以大有作为的重要战略机遇期，既面临诸多风险挑战，也面临难得的发展机遇：一是区域发展融入国家战略。长沙县地处珠三角和长三角共同辐射腹地，三面与省会接壤，高铁、城铁、地铁开通和机场扩建将把长沙县带入高速发展时代；2010年《促进中部崛起规划实施意见》和《促进中部城市群发展指导意见》的出台，长株潭城市群已作为中部崛起的城市群增长极上升为国家战略，也将使长沙县经济社会发展获得更多先行先试的机会；二是经济转型助推跨越发展。“十二五”时期，国家扩大内需战略、长沙市构建区域消费中心目标和我县大力发展现代服务业、提升制造业的战略谋划，将三方合力，推动我县“园区经济”和“城市经济”同步协调，实现跨越发展；三是新建平台增强发展后劲。国家级经济技术开发区的强力带动和黄花空港新城、黄兴高铁新城、安沙物流新城、松雅湖高端商务区、长永高速城市商务区等发展平台的建设，将进一步增强长沙县的发展后劲。

“十二五”期间，长沙县发展也面临压力与挑战：一是结构调整任务艰巨。促进产业结构逐步向三二一转变任重道远，增强主导产业自主创新能力和核心竞争力仍需努力。二是资源环境压力增大。经济快速发展与土地、能源、重要原材料短缺矛盾及国家对土地利用、能源节约、二氧化碳以及污染物排放更高要求使发展压力增大。三是社会管理更趋复杂。社会结构进一步分化，社会主体诉求多样化，利益协调难度加大，社会管理和公共服务日益复杂。四是改善民生任重道远。持续改善民生，提高幸福指数，促进人民尤其是偏远地区农民增收任务艰巨。

专栏1 “十一五”规划主要目标完成情况表

指标		单位	发展目标	实际完成
地区生产总值	“十一五”年均增	%	15	17.5
	2010年人均达	元	45000	78750
全社会固定资产投资	五年累计	亿元	620	955.4
	“十一五”年均增	%	15	31.5
社会消费品零售总额	2010年达	亿元	96	140.7
	“十一五”年均增	%	15	23.5
财政总收入	2010年达	亿元	50	75.1
	“十一五”年均增	%	20	29.7
直接利用外资	五年累计	亿美元	6	11
单位GDP能源消耗降低		%	15左右	20
2010年非公有制占GDP的比重		%	90	95
城镇登记失业率		%	4.5以内	4
2010年城镇职工基本养老保险覆盖率		%	78	78
2010年城镇职工基本医疗保险覆盖率		%	70	73
2010年新型农村合作医疗参合率保持		%	90%以上	100
2010年城镇化率		%	50以上	50.2
全社会研发经费支出占GDP比例		%	2.5	2.7
专业技术人员总数		人	42000	45200
高等教育毛入学率		%	50%	51.1
城镇居民人均可支配收入	2010年达	元	18500	21099
	“十一五”年均增	%	9	12
农村居民人均可支配收入	2010年达	元	7500	11180
	“十一五”年均增	%	9	18.2
建成区绿化覆盖率		%	45	45.2

第三节 总体要求

“十二五”时期经济社会发展总的指导思想是：高举中国特色社会主义伟大旗帜，以邓小平理论和“三个代表”重要思想为指导，深入贯彻落实科学发展观，以科学发展为主题，以加快转变经济发展方式为主线，以深化改革和扩大开放为动力，以保障和改善民生为根本，强力推进城乡统筹与产城融合，着力促进科技创新与文化繁荣，努力实现全面小康与社会和谐，奋力打造中部引领、全国示范的现代化长沙县。

“十二五”时期，必须突出坚持的战略原则是：

——抢抓机遇，率先发展。牢牢把握可以大有作为的战略机遇期，实现率先由城乡二元向城乡一体转型、由产城分离向产城融合转型，由单一园区经济向综合多元城市经济转型，由传统发展模式向“两型”发展模式转型。

——优化结构，协调发展。把经济结构战略性调整作为加快转变经济发展方式的主攻方向，将发展提升第三产业作为调优结构的战略重点，着力调整需求结构、产业结构、要素结构、城乡结构和区域结构，促进经济社会协调发展。

——深化改革，创新发展。把改革创新作为加快转变经济发展方式的动力和支撑，实施人才强县战略，发挥科技和人才的重要作用，推进经济、社会、行政等领域改革，加快构建有利于科学发展的体制机制。

——“两型”引领，绿色发展。把建设资源节约型、环境友好型社会作为加快转变经济发展方式的重要着力点，加强生态建设和环境保护，加快形成资源节约、环境友好的生产方式和消费模式，走生态良好的绿色发展之路。

——普惠民生，和谐发展。把保障和改善民生作为加快转变经济发展方式的根本出发点和落脚点。实施居民收入倍增计划，完善保障和改善民生体制，加快发展各项社会事业，推进基本公共服务均等化，提高居民幸福指数，使全县人民充分分享经济社会发展的成果。

第四节 发展目标

“十二五”时期长沙县将实现幸福与经济共同增长，乡村与城市共同繁荣，生态宜居与发展建设共同推进，将长沙县建设成为国际化发展的三湘门户，与长沙大河西先导区、湘潭市、株洲市并列的长株潭城市群“中”字形的战略支点，具有全国影响力的产业高地，开放包容、人文关怀、创新创业的活力新城和充满诗情画意的宜居家园。实现全面小康、中部引领、全国示范的目标。全面小康。全县经济建设、政治建设、文化建设、社会建设、生态建设迈上新台阶，各项经济社会发展指标全面达到小康要求，2015年人均地区生产总值约2万美元，社会事业更加繁荣，基本公共服务体系更加完备，人民生活更加殷实幸福。中部引领。“十二五”时期充分利用政策、区位和产业优势，巩固百强中部第一位次，加快“两型”社会建设，成为引领长株潭城市群、进而引领中部地区经济社会加快发展的重要增长极。全国示范。进一步探索县域经济科学发展之路，在产业发展、城乡建设、产城融合、社会建设等多个方面改革创新，成为改革开放后三十年县域经济科学发展新示范，力争跻身全国十强。

经济社会发展的主要目标是：

——综合实力快速提升。2015年，地区生产总值达1300亿元，年均增长15%；财政总收入达200亿元，年均增长22%；全社会固定资产投资达660亿元，年均增长18%；社会消费品零售总额达350亿元，年均增长21%，物价总水平基本稳定；工业实力进一步增强，总产值达3000亿元，年均增长20%，形成2个以上千亿产业，基本建成“工程机械之都”和“汽车产业新板块”。

——结构调整成效显著。着力调整产业结构，大力发展以现代服务业为代表的第三产业，三大产业比例力争调整为4：68：28；高新技术产业增加值占全县生产总值的比重达到40%以上；战略性新兴产业增加值占GDP比重达到20%以上，需求结构、要素结构和区域结构更趋合理。

——改革开放步伐加快。社会主义市场经济体制进一步完善，重点领域和关键环节的改革取得突破性进展。2015年，实际利用外资达4.5亿美元，年均增长15%；外贸进出口额达22亿美元，年均增长13%；引进市外境内资金形成固定资产投资132亿元。

——城乡一体创新发展。城镇化率提高到65%以上，完善城乡基础配套实施，形成“八纵十六横”的骨架路网，基本实现城乡供水一体化，污水处理设施全覆盖，城镇自来水通水率100%，文化、教育、卫生、社会保障等在城乡之间配置更加平衡，建设社会主义新农村取得明显成效。实现居民收入倍增，2015年城乡居民人均可支配收入分别达40000元和25000元，年均分别增长14%和16%。

——社会建设全面推进。实现更高水平的普及教育，启动高中阶段免费教育，高标准建成教育强县；公共卫生和基本医疗服务进一步加强；全县研究与试验开发经费占GDP的3.2%，建成国家级企业技术中心5家以上；继续实施文化惠民工程，公共文化服务体系比较健全，广泛开展群众性文化活动，加强基层文化队伍建设，加强文化遗产保护，打造新一代广播电视网，实现“三网融合”；促进人口均衡发展，人口自然增长率保持在7.5‰以内，每年新增城镇就业岗位7000个，城镇职工基本养老保险、城乡居民养老保险覆盖率达到95%，城镇职工基本医疗保险、城乡居民基本医疗保险全覆盖，失业保险、生育保险、工伤保险覆盖率达到90%，实行农村危房全面改造和生态扶贫移民；社会应急体系基本健全，公共安全状况进一步好转，民主法制建设和精神文明建设取得新进展。

——生态环境更加优化。资源利用效率显著提高，单位GDP能耗累计降低15%，单位工业总产值综合能耗累计下降15%；各类污染物排放得到有效控制和治理，二氧化硫、氮氧化物总量均累计减少15%，化学需氧量、氨氮排放总量累计减少20%；生态环境明显好转，城市空气质量达到国家二级标准以上天数340天以上，县城建成区人均绿地面积14.8平方米，建成区绿地覆盖率50%，森林覆盖率达到45.5%；基本形成有利于资源节约环境友好的体制机制。

专栏2　2015年长沙县主要发展指标目标值

指标名称	单位	2010年	2015年	5年年均【累计】增长%	指标属性
全县地区生产总值	亿元	630	1300	15	★★
工业总产值	亿元	1168.8	3000	20	★★
三大产业增加值比例	%	7.1：69.3：23.6	4：68：28		★★
财政总收入	亿元	75.1	200	22	★★
固定资产投资	亿元	284.8	660	18	★
社会消费品零售总额	亿元	140.7	350	21	★
实际利用外资	亿美元		4.5		★
外贸进出口额	亿美元		22		★
引进市外境内资金形成固定资产投资	亿元		132		★
城镇化率	%	50.2	65	【14.8】	★
城镇居民人均可支配收入	元	21099	40000	14	★★
农民人均可支配收入	元	11180	25000	16	★★
高中阶段入学率	%		96		★
高等教育毛入学率	%		60		★
全社会研究与试验开发经费支出占全县生产总值的比重	%	2.7	3.2	【0.5】	★★
政府研究开发经费占财政支出比重	%	1.5	2.5	【1】	★★
人口自然增长率	‰	5.1	7.5以内		★★
城镇职工基本养老保险覆盖率	%	78	95	【17】	★★★
城镇职工基本医疗保险覆盖率	%	73	100	【27】	★★★
城镇职工失业保险覆盖率	%	60	90	【30】	★★★
农村养老保险覆盖率	%		95		★★★
单位GDP能耗累计下降	%	24.1	15		★★★
单位工业总产值综合能耗累计下降	%	41.9	15		★★★
二氧化硫排放总量累计减少	%		15		★★★
氮氧化物排放总量累计减少	%		15		★★★
化学需氧量排放总量累计减少	%		20		★★★
氨氮排放总量削减	%		20		★★★
城镇生活污水集中处理率	%		100		★★★
城镇生活垃圾无害化处理率	%		100		★★★
城市空气质量达到国家二级以上标准天数	天		340		★★★
全县森林覆盖率	%	43	45.5	【2.5】	★
县城建成区人均绿地面积	平方米	12.9	14.8		★★
县城建成区绿化覆盖率	%	45.2	50	【4.8】	★★
城镇自来水通水率	%		100		★★

注：标★★★的指标为约束性指标，标★★的指标为预期性指标，标★的指标为导向性指标。

第二章 实施功能分区 优化空间布局

遵循《长沙县土地利用总体规划》的布局，按照布局集中、产业集聚、发展集约的原则，进一步推进主体功能分区，优化城镇空间结构和产业布局，形成优势充分发挥、资源环境相互协调的空间发展新格局。

第一节 推进主体功能分区

综合考虑区域资源环境承载能力、现有开发密度、未来人口分布等因素，将长沙县进一步细分为优化开发区域、重点开发区域、限制开发区域和禁止开发区域。

一、优化开发区域。主要为星沙和暮云片区建成区。星沙片区建成区重点完善综合配套设施，加快融城步伐，美化城市景观，提升原有商业区，大力发展商贸休闲、商务服务、楼宇经济和总部经济，加强绿化等生态建设，提升综合承载能力和城市品质；暮云片区建成区中工业园实现产业“退二进三”，根据产城融合思路，按照城市标准提升品位，完善基础设施，合理布局商贸、旅游、会展等服务业态。

二、重点开发区域。主要为300平方公里星沙新城，包括经开区、星沙产业基地、榔梨产业配套基地、“一都一板块”产业区域、松雅湖高端商务区、黄花空港新城、安沙物流新城、黄兴高铁新城等。充分发挥经济技术开发区的带动作用，突出产业发展和城镇建设协调互动，加快水电路气等基础设施建设和公用事业发展，加快经济和人口聚集。

三、限制开发区域。主要为县域捞刀河以北的农业区和生态功能区。限制高强度、大规模的工业化城镇化开发，引导区域内工业企业向园区集中，按照“保护优先，有限开发”的原则，加强环境保护和生态建设，实行生态移民，建立和完善生态补偿机制，走“点”状集约发展的道路。

四、禁止开发区域。主要为风景名胜区、森林公园、河流源头及水源保护区、历史文化保护区、长株潭绿心控制区，包括两河流域等水域保护区、大山冲等森林公园、松雅湖等湿地公园、基本农田保护区域、生态环境脆弱地区及《长沙县矿产资源开发利用总体规划》中除采矿权、地热资源和国家重要战略资源以外的其他可设探矿权区域，建设成我县的生态屏障和休闲度假地。

专栏3 禁止开发区域

森林公园	共2个，面积1319公顷。其中，省级森林公园2个（大山冲、影珠山），面积为186和1133公顷。
湿地公园	共1个，松雅湖湿地公园，面积365公顷。
重要水源地保护	湘江暮云段，4座中型水库、27座小Ⅰ型水库以及133座小Ⅱ型水库，县自来水厂取水口，浏阳河、捞刀河二条较大河流。
文物保护	各级文物保护单位及各类不可移动文物点35处。其中国家级重点文物保护单位1处，省级文物保护单位6处，市级文物保护单位10处，县级文物保护单位5处，各类不可移动文物点13余处。

对以上四类主体功能区，按照“区别对待、分类指导”的原则，建立相应的财政、国土资源、产业、人口管理绩效考核和利益补偿等差异化政策体系，推动基础设施建设的配套延伸，促进经济、人口、资源在空间上的优化配置。

第二节 完善城乡空间布局

加速推进新型城镇化，根据各乡镇的基础与特色，构建以星沙新城为核心、卫星新市镇为重点、乡镇集镇为补充、新型村镇为基础的城乡空间布局，发挥星沙新城的龙头作用，促进协调发展。

一、建设星沙新城。加强道路等各类基础设施建设，向西全面融入长沙市区，向东与浏阳新城对接，完善城市基础设施、管理体制及社会服务，提升市民文明程度，提升城市文化内涵，把星沙新城建设成具有国际品质的现代化城市。

二、打造卫星新市镇。江背、暮云、安沙、开慧、金井、北山、跳马、路口等乡镇发挥各自优势，发展特色产业，提高综合承载能力，建设人口聚集在3万以上、各具特色的卫星新市镇，成为有机联系星沙新城和带动农村发展的重要节点。

三、提升乡镇集镇。春华、高桥、双江、白沙、福临、青山铺等乡镇，通过完善道路、饮水、垃圾处理等基础设施和教育、卫生、文化等公共服务，建设农村商贸综合体，加强环境整治和小城镇建设。

四、建设新型村镇。主要对交通较为便利、人口相对集聚、商贸较为活跃、有一定发展基础的村级集镇，加强规划、建设和管理，配套完善居民点给水、有线电视、生活污水处理等基础设施，引导农民逐步向居民点集中，对现有规模较大的居民点进行整治，美化农村环境。

第三节 优化产业空间布局

按照产业集聚、集约发展的原则，继续优化“南工北农”的产业布局，强力推进工业企业进园区和现代农业发展的“六个集中”，提高产业发展质量和效益，优化产业空间布局。

一、工业布局。重点建设长沙经济技术开发区及其产业配套基地，充分发挥国家级经开区的核心辐射与带动作用，建设各有侧重的包括干杉重卡配套、榔梨工程机械配套、江背汽车配件配套等主题配套基地，重点打造以工程机械、汽车及零部件等为核心的先进制造业产业集群，培育发展战略性新兴产业。

二、服务业布局。重点建设“一商圈、四新城”。“一商圈”即由松雅湖高端商务区、长永高速城市商务区和星沙片区原有商业区提质改造构成的星沙核心商圈，主要发展商务服务、文化娱乐、家庭服务、商贸餐饮等；“四新城”即黄兴高铁新城、暮云商贸新城、黄花空港新城和安沙物流新城，根据各自资源特色，分别发展商贸流通、楼宇经济、总部经济和现代物流业；通过建设农村商贸综合体，在城市和乡村构建连锁商业体系，形成金字塔式网络结构，全面发展服务业。

三、农业布局。重点建设国家级现代农业示范区。蔬菜：出台蔬菜产业扶持政策，引导南部近郊蔬菜产业向北部远郊布局；茶叶：建设金井等乡镇为重点的10万亩标准化生态有机茶叶走廊；粮食：建设春华等乡镇的水稻高产示范片和高档优质稻生产基地；花卉：建设跳马等乡镇的花卉苗木产业基地。

专栏4 农业“2571”工程

1. 两大基地	现代农业科技管理创新基地、社会主义新农村示范基地
2. 五大精品园	超级杂交稻精品园、有机茶叶精品园、绿色蔬菜精品园、优质葡萄精品园、花卉苗木精品园
3. 七大产业优势区	超级杂交水稻优势区、优质茶叶生产优势区、绿色蔬菜与食用菌生产优势区、特色瓜果生产优势区、生态养殖优势区、现代农业观光休闲旅游优势区、花卉苗木优势区
4. 百个现代农庄	圣毅园、曙光山城、骄杨、九道湾等百家现代农庄

第三章 发展现代产业体系 提高产业核心竞争力

调整优化产业结构，促进经济发展由二产主导向三次产业协同带动转变。大力发展现代农业，优化提升第二产业，加快发展现代服务业，延伸产业链及产业价值链，提升产业核心竞争力，建立多元支撑、高端高效的现代产业体系。

第一节 大力发展现代农业

以现代农庄、农业示范区和乡镇经济发展为平台，加强农业与加工、农业与旅游、农业与城乡发展的有机融合，协调农林牧渔业全面增长。推进农业科技进步，提高农业机械化和农产品加工水平，健全农产品质量安全体系，确保农产品质量安全。强化农业服务支撑体系建设，扎实推进特色优势农业集聚升级，加快推进现代农业发展步伐。

一、提升优势农业。粮食：重点建设春华、果园、路口、福临、开慧、北山等乡镇的水稻高产示范片和高档优质稻生产基地；建设春华、路口、黄花、干杉、北山、安沙等乡镇的水稻良种繁育基地；建设甜糯玉米、特种红薯等特色旱杂粮基地。2015年，优质稻播种面积达到104万亩，优质率90%。生猪：以保护环境为前提，合理调整生猪养殖，划定生猪限养、禁养区，保护和改良生猪品种，重点支持大围子黑猪发展，鼓励发展特种养殖业，确保畜禽产业结构不断优化。生态茶叶：建设以春华、路口、高桥、金井、双江、白沙、开慧、福临、青山铺、北山十个乡镇为重点的10万亩标准化生态有机茶叶走廊；实施科技兴茶战略，继续支持“金井”品牌发展，打造“湘丰”、“高桥银峰”等中国驰名品牌，扩大品牌的带动能力。

二、发展特色农业。蔬菜：出台蔬菜产业扶持政策，引导南部近郊蔬菜产业向北部远郊布局。以双江、金井、跳马、福临、高桥、路口、春华、北山、果园等乡镇为重点大力发展设施蔬菜、有机蔬菜、反季蔬菜，建设十万亩蔬菜基地，打造蔬菜产业片区，确保“菜篮子工程”稳步推进。2015年，常年蔬菜达10万亩，商品蔬菜达40万亩，无公害率100%，绿色食品率50%，有机食品率20%，花卉苗木：维护林业稳步发展，培养特色品种，重点发展观赏性强、市场前景广的花卉苗木品种。以跳马、黄兴、干杉、江背、黄花等乡镇为重点，建设十万亩的花卉苗木产业基地和湖南花卉苗木大市场，培育1–2家国家一级绿化企业，带动花卉苗木产业发展，提高附加值。2015年，实现花卉苗木产值超过30亿元。时鲜瓜果：重点建设白沙乡万亩生态果园、青山铺镇万亩鲜食和酿酒葡萄精品园、安沙镇杨梅标准基地，扩大无公害水果栽种面积，发展观光果园。2015年，时鲜瓜果标准化种植达15万亩。食用菌：建立高桥、路口、春华食用菌基地，逐步形成S207沿线食用菌产业带。2015年，食用菌种植面积达200万平方米。

三、推进现代农庄建设。加快对100个现代农庄进行产业结构、基础设施等方面的优化完善，通过农庄建设带动农业产业化、规模化、标准化发展，提高其旅游观光、科普示范、休闲娱乐等的功能设施水平，着力构建市郊田园观光农业区、城乡精品农业观光区和农事休闲观光农业区，推动农庄发展与生态旅游、休闲旅游、体验旅游的结合，着力打造圣毅园、浔龙河为代表的20个示范性现代农庄。同时，深入挖掘农耕文化、乡土风情，提高农庄建设和农村发展的整体联动效应。

四、提升农业机械化和农产品加工水平。以农机科技示范大户、农机股份合作社为依托，建立新型农机服务体系，推广先进适用农业机械化装备和技术，拓展农机化服务领域和农机补贴目录内容，全面提升水平。2015年，农业机械作业综合水平超过85%，基本进入农业机械化高级阶段。培育和引进科技含量高、投资规模大、辐射面广、带动力强的农产品加工龙头企业，通过“龙头企业+基地+农户”等模式，促进农业规模化、产业化发展；重点发展茶叶、粮油、蔬果、食用菌等农产品精深加工业；提升农产品加工水平，支持农业龙头企业上市，培育产值过10亿元企业4家，新增驰名商标1–2家，新增国家农业产业化企业1–2家，农产品加工产值过100亿元。

五、健全农业服务体系。农产品质量安全体系：建立县、乡镇（街道）、村（社区）农产品质量安全监管体系，加强动物畜牧产品质量安全检验检测与监管。农业技术服务体系：建设县农技推广中心，基层区域农技推广站，水稻、蔬菜、茶叶、瓜果和花卉等专业技术服务站，村级服务点，完善林业服务体系。农产品市场信息服务体系：建立和完善县、乡镇、村三级农业信息平台，促进信息服务网络向基层延伸，推动信息进村入户；农村土地流转市场体系。以现代农庄、农业龙头企业、农民专业合作社等为主体，建立健全规范有序的农村土地流转市场。现代农业金融服务体系：鼓励金融机构开放服务现代农业金融品种；鼓励社会资本、工商资本和金融资本为现代农业提供投资和担保服务。

第二节 优化提升第二产业

以高端化、国际化和集群化为方向，加大技术创新力度，拉伸产业链条，提高本地配套能力，做大做强工程机械、汽车及零部件等优势支柱产业，不断提升电子信息、新材料、食品饮料和建筑业的发展层级，进一步提升第二产业的核心竞争力。

一、打造工程机械之都。支持中联重科、三一重工、山河智能、中铁轨道等企业整合资源，完善产业链。实施关键技术招商战略，给予关键配套企业特别优惠落户政策，解决工程机械产业关键技术缺失的问题，鼓励核心企业以兼并、收购等方式进入新的产品领域和获取关键零部件的渠道资源，彻底解决配套问题。重点发展路面施工机械、起重运输机械、路面养护机械以及特种工程机械。着力开展工程机械再制造，对废弃的工程机械零件、发动机等产品进行修复改造和再利用，提高产品效益和资源利用效率，培育新的产业增长点。构建中国工程机械核心技术开发研究中心、交易展示中心、质量技术检测中心，完善信息共享平台、物流采购和配送平台，鼓励企业积极开拓海外市场，打造工程机械之都。

二、建设汽车产业新板块。实施整车带动与零部件推动和升级策略，调优经开区、榔梨、江背、黄花、果园和干杉汽车产品结构，建设中国汽车产业新板块。以广汽菲亚特、众泰江南、陕汽环通、广汽三菱、北汽福田、梅花汽车等企业为重点，发展轿车、越野车、轻重卡车和专用车系列；以轿车发展作为汽车产品结构调整的突破口，全面推进越野车、轻重卡车、专用车产品上规模。重点支持发动机、车桥、变速箱、悬架等四大类汽车零部件产品发展，带动内饰件、汽车涂料等基本零部件生产发展，拉伸汽车产业链，提高本地配套率。以与清华大学汽车系战略合作为契机，加强与研究科研院所的合作，建设汽车及零部件研发、中试和生产基地。建设湖南汽车物流中心、汽配市场和中南汽车展示展销中心，完善生产、销售和售后服务体系。

三、发展壮大建筑业。重点对38家三级以上建筑企业加强管理，将非公有制建筑企业纳入创业带动就业的政策支持体系，给予社会保险等补贴及其他就业扶持政策；支持企业探索新的经营方式(如BT、BOT等)。重点拓展长三角、珠三角和环渤海区域市场，积极参与中西部基础设施建设，鼓励企业提高建设质量和服务质量，并推介有实力的企业依托外经、外贸、外援项目开拓境外市场。

四、改造提升传统工业。食品饮料产业：在做强原有食品饮料的基础上，做大榘梨镇旅游和休闲食品加工基地，依托空港城打造从原材料生产到食品加工、销售、消费完整的航空食品产业链，实现食品饮料产业升级。建材业：发展高技术含量、低能耗的新型建材，重点推广、应用新型墙体材料和散装水泥。2015年，水泥散装率达55%；城区建筑工程全面采用新型墙体材料，建制镇使用率达到40%。印刷包装：建设集印刷、包装装潢、制版、研究开发、交易、展示于一体的产业基地，带动相关配套耗材、设备、配件等产业发展，打造较完整的印刷包装产业链。

第三节 加快发展现代服务业

加快现代服务业发展，鼓励县域企业拓展高附加值业态，构建以现代物流、商务服务、商贸餐饮、房地产、休闲旅游和家庭服务为支撑的现代服务业体系，提高服务业发展水平。

一、现代物流。加快推进集货物集散、储存、配送、流通加工、商品检验、物流信息服务等功能于一体的专业物流园区建设。安沙物流新城着重发展以中南国际物流为代表的公路货运物流，黄花空港新城重点发展为黄花国际机场服务的航空物流，星沙产业基地重点发展配套经开区的生产性物流，黄兴高铁新城重点发展以农产品、消费品集散的生活物流，暮云商贸新城重点发展以中烟物流为代表配套长株潭城市群的物流产业。加大汽车物流、食品冷链物流等领域的投入力度，鼓励商业流通企业发展连锁经营和电子商务等现代流通方式，重点在安沙物流新城建设集物流信息集发、金融、通关功能、保税功能和专业市场于一体的现代物流公共信息服务平台。强化物流标准化体系建设，提高物流经营管理水平、服务水平和信息化水平，推进各类物流装备的现代化。

二、商务服务。以长永城市商务区、松雅湖高端商务区和黄花空港新城为载体，积极发展金融、咨询、设计等专业服务业。沿开元路、星沙大道、万家丽路等城区主干道发展总部经济和楼宇经济。重点培育一批有实力、有信誉、有品牌、有特色的商务机构。充分利用服务外包试点城市的机遇，推动青苹果数据城等企业进军国际服务外包市场，大力引进、培育、扶持服务外包企业发展。

三、商贸餐饮。推进恒广欢乐世界、城市商贸综合体等商业项目建设，升级中南汽车世界、行政中心广场、湖南金鹰机电市场等传统商业中心，将星沙商圈升级打造成功能多元化和具有较高品质的长沙市消费次中心；加快应用科学管理和先进技术，优化提升县城、集镇的批发零售、住宿餐饮、旅游服务等传统服务业；主动承接马王堆等大型市场转移，在黄兴镇建设集农产品批发、日用品、家电和零配件市场于一体的综合市场群；完善商业体系，构建城乡一体的商业连锁经营网络，重点建设农村商贸综合体，推进“商务下乡”。

四、房地产业。协调发展住宅、商业房地产，加强限价房、廉租房建设，支持商务楼、仓储工业地产发展，建立完善多层次、多档次的住房供应体系。倡导星沙新城宜居宜业的居住理念，健康发展楼宇经济。加强市场监管，严格准入管理，建立房地产开发经营企业诚信档案，加强房地产市场信息动态监测、房地产企业监管和住房二级市场交易管理系统建设，完善房地产信息公开制度。

五、旅游业。充分发挥特色资源优势和地处市郊的区位优势，以松雅湖、板仓小镇建设为契机，着力打造“长沙市的后花园”、“都市休闲的最佳目的地”，推进旅游产品上档升级和品牌化。重点发展以星沙为代表的工业、休闲和购物旅游，以开慧、黄兴、许光达故居等为代表的红色旅游，以高桥、黄兴、春华等为代表的休闲体验旅游，以善化历史文化、陶公庙道文化等为代表的文化旅游，以影珠山、乌川湖、石燕湖、野生动物园等为代表的生态观光旅游，力争实现接待人数年均增长10%。

六、社区服务业。鼓励万家惠、路口供销社等连锁企业拓展社区业务，建立社区综合超市、便利店和综合便民服务点。鼓励发展家庭保洁、烹饪、保姆、老年人护理等多种类型的社区家政服务，重点扶持一批规模较大的社区家政服务公司。

第四节 培育发展战略性新兴产业

在现有主导产业集聚的基础上，按照创新驱动、重点突破、市场主导、引领发展的要求，重点培育新能源汽车、高端装备制造、电子信息、新材料、文化创意等战略性新兴产业。加大引资、引技、引智力度，做大优势，突出特色，提升水平。

一、新能源汽车及零部件。重点支持经开区、江背、榔梨、干杉、果园等园区的汽车企业，着力突破动力电池、驱动电机和电子控制领域关键核心技术，发展新能源汽车关键零部件。大力发展各类混合动力、纯电动和燃料电池汽车，力争2015年新能源汽车生产能力和技术水平达到全国先进行列水平，产量占全部汽车产量的10%以上。

二、高端装备制造。以经开区为载体，依托中联重科、三一集团、山河智能、中铁轨道等龙头企业带动作用，深度融合精密机械、电子信息等高新技术成果，实现机械制造成套装备的智能化、高端

专栏5 **长沙县十二五期间战略性新兴产业发展重点**

新能源汽车及零部件	主要发展方向为节能环保汽车。重点发展：混合动力大巴、混合动力轿车、混合动力越野车、混合动力工程车辆、纯电动工程车辆、纯电动大巴、纯电动轿车、节能型轿车、燃料电池汽车。
高端制造业	重点发展：1. 智能型压路机、沥青混凝土摊铺机、沥青混合料转运车、多功能养护车等路面施工及养护机械。2. 智能型汽车起重机、工程起重机械、塔式起重机等起重运输机械。3. 智能型非开挖施工设备、智能环保型沥青路面养护再生成套设备等产品。4. 发展高原型工程机械、军事工程机械等特种工程机械。
电子信息产业	重点发展：1. 新型平板显示器：抓紧建设大尺寸TFT-LCD模组面板和液晶电视生产线，争取引进6代以上面板生产线。2. 重点发展LED封装企业，封装各种外形尺寸和不同颜色的LED显示器件。3. 新型电池：要引进新型电池企业，重点发展锂电池、镍氢电池、动力电池、太阳能电池和汽车电池，建立新型电池产业基地。4. 3G网络服务配件：重点支持3G系统设备、3G多媒体信息终端、宽带无线接入相关产品、GSM、CDMA和固网设备、电信网连接分配系统和综合布线系统、光通信元器件及光传输设备等技术和产品。
新材料产业	重点发展：电动汽车用大功率动力电池关键材料、汽车涂料、全钒液流电池材料、铝塑复合板、新型陶瓷材料、高档环保涂料、建筑节能材料等产品。
文化创意产业	重点建设：1. 湘绣文化产业基地：以湘绣的开发为核心，湘绣研发（针法、选料、品种等）——湘绣制作——湘绣销售——配套服务——教育培训——引进其他工艺美术项目——旅游观光。2. 动漫影视产业链：以动漫原创为核心，漫画创作——原创产品研发制作——动漫软件开发——衍生产品开发（卡通产品、主题公园、网游、电影电视、音乐等）——教育培训。

化和网络化，努力把装备制造业打造成长沙县的超级产业。组织联合攻关，着力突破高端功能性基础件和关键零部件制造核心技术，逐步改变发动机、液压元件、特种钢板等关键零部件依靠进口的状况，提高工程机械整体制造水平和配套能力。力争2015年机械装备制造实现产值2000亿元以上。

三、电子信息产业。着力培育光电产业，重点发展微电子和光电子材料和器件、专用电子设备和材料、新一代移动通信技术、下一代网络和基础软件等。重点在新型平板显示器、超高亮度LED、新一代网络通信、新型电池、新型元器件等新技术产品中实现突破，打造电子元器件、电子信息新材料、嵌入式软件、光伏四大电子信息产业。2015年，电子信息产业产值达130亿元，年均递增19%。

四、新材料产业。支持众鑫科技、力元新材、瑞翔新材等企业的“新型储能电池及其材料研发与产业化”、“新能源汽车电池用磷酸铁锂正极材料产业化”、“三层复合铝箔抗塌陷性能纵深研究与产业化”等项目建设。重点开发电动汽车用大功率动力电池关键材料、汽车涂料、全钒液流电池材料、铝塑复合板、新型陶瓷材料、高档环保涂料、建筑节能材料等产品，延伸新材料产业链，推动新材料产业集聚，建设成中部最具竞争优势的新材料产业基地。

五、文化创意产业。结合县域文化创意产业发展实际，重点支持创意设计、动漫影视、工艺美术、数字出版等新兴文化业态，形成具有湖湘特色的文化创意产品生产、经营、服务、运作模式，努力开创文化创意产业蓬勃发展的良好局面。立足湖南先进装备制造业的产业基础，大力发展工业设计、软件设计、建筑与规划设计、广告与咨询策划等创意设计产业，着力提高创意设计业对二、三产业的关联度、渗透度和融合度；以宏梦卡通为主体，建设集动漫设计制作、卡通观摩旅游、衍生产品生产和销售于一体的动漫影视产业链；以星沙湘绣城为主体，引进高水准的工艺美术项目，建设集工艺美术生产、销售、展示于一体的工艺美术产业基地；支持天舟科教等图书策划发行企业发展，支持湖南青苹果数据中心发展，打造世界华文文献数据中心。

第四章 推动产城融合 提升城市功能

通过产业发展、城市建设和社会建设三方面的有机融合，以空间资源高效利用支持产业持续升级，以产业多元发展带动城市社会结构发育完善，以社会结构优化推动城市化建设，通过产业结构、要素结构和城市空间结构的协调优化，实现城市的有机增长和社会经济的永续发展，促进星沙立足长株潭，走向全世界。

第一节 实现产城良性互动

一、以产兴城，增强城市活力。以多样性的产业提升多样性的城市生活，营建多样化的产业新城，实现“园区经济”与“城市经济”协同发展；大力培育创新创业的产业氛围，突出自主创新，提升主导产业附加值，实现“星沙制造”向“星沙创造”转型；利用区域深度重组、国家对中部崛起及建设“两型”社会支持政策的历史机遇，积极争取国家级战略产业在星沙的布局；抓住区域产业深度重组的机会，将星沙新城建成中西部领先的先进制造业基地，力争成为国家级战略产业在中部布局的重要基地。

二、以城育产，优化空间结构。着力打造“沿线布局、组团发展”的空间结构，即沿着长永高速城市商务区、松雅湖高端商圈、黄花空港新城、黄兴高铁新城等空间主线进行组团布局，根据产业属性、用地性质将产业链上的关联企业和劳动者相对集中在各卫星新市镇，组建各具特色的市镇组团，通过立体化、大容量公共交通体系和系统的生态走廊，形成一个个各具特色、功能互补、生态宜居的低碳新城组团，进而建设多极开放的城市网络结构。

三、产城融合，促进城市发展。将社会建设作为社会经济发展和城市建设的基础性工程，与星沙新城的经济建设、城市建设、生态文明建设同步推进，相互协调、相互促进。通过社会建设，营造更好的经济发展环境，获得城市转型升级的动力，增强区域竞争软实力。进一步提升管理经济建设和社会事务的能力和质量，促进城市建设更好更快的发展。

四、以点带面，推进良性互动。将星沙产业基地和泉塘街道作为星沙新城产城融合建设试点区域，探索产城融合之路。星沙产业基地。按照三个“三分之一”的原则，体现以人为本的城市开发理念，科学制定产业引入原则，形成相关产业链企业的高效集聚，加大区域生态环境的保护力度，明确禁限制开发区域的范围，妥善处理区域开发与原住居民的协调关系，使普通居民能够分享区域开发带来的增值收益。泉塘街道。丰富区域文化生活，发挥产业工人和青年学生的主观能动性，完善对拆迁居民的帮扶政策，提高40、50群体的生产生活能力，引导区域人口科学就业，共同建设幸福家园。优化生活居住环境，加强城市公共空间建设。加快生活性服务业发展，积极引入生产性服务业，为经济开发区产业升级提供支撑。

第二节 完善城镇管理体制

一、深化城镇管理体制改革。按照属地管理和“事权、人权和责任相统一”的原则，理顺城管部门与街道办事处的工作关系，优化开发区与街道办事处的管理范围。做到责权一致，推动城镇管理重心下移和管理事权下放。整合县、开发区、街道、社区等各级城镇管理资源，统筹综合执法与部门执法，实行街道综合执法，创新构建县、街道、社区三级城镇管理模式，促进城镇管理体制科学化、制度化和规范化。

二、提升城镇社会管理水平。引进先进城镇管理模式和高端城镇管理人才，加强街道和城镇管理，努力提升城镇文明程度，提高城市国际化水平，进一步推进城镇管理的市场化、精细化、数字化、物业化和网格化进程。继续深入开展市容环境综合治理，强力推进人居环境创建工作，努力争创中国人居环境奖。以城镇管理水平的提高、综合环境的改善和吸引力的增强，促进产业发展，促进产城融合。

三、发挥社会团体作用。推动基层社区改革和职能重组，进一步突出街道办和居委会的社会服务职能。发挥共青团作为青年志愿者大本营的作用，积极鼓励义工、志愿者活动发展。建立社工、义工联动机制，支持民间公益慈善事业发展，积极营造互助、友爱的社会风尚和低碳生活习惯。逐步形成党委统一领导、政府主导推动、社会组织运作、公众广泛参与的社会工作格局。

第三节 提升城市文化内涵

一、提高社会文明程度。以星沙文化中心和行政中心广场等为平台，丰富群众日常文化生活，增强城市文化活力；以县级媒体为平台，加大市民教育力度，引导城市人口素质的快速提升；以建设“人民满意县”为平台，大力倡导语言文明、行为文明，弘扬社会正气，树立文明风尚。广泛开展文明城市、文明社区、文明村镇、文明单位、文明家庭等各类群众性精神文明创建活动，巩固文明创建成果，全面建设文明城市。

二、塑造星沙核心价值观。突出“与时俱进、开放包容、追求卓越”的星沙精神，塑造现代星沙的核心价值观，全面提升文化软实力，实现城市形态、文化神态和市民心态的内外和谐，构建具有强大凝聚力的精神家园。大力倡导“全国争先、中部领先、全省率先”的进取意识，在全县形成追求理想、追求文明、追求卓越、追求奉献的价值取向，提高社会文明程度。

三、构筑多元的文化体系。深入挖掘文化底蕴，锻造“三湘首善、活力星沙”城市文化品牌，努力打造城市文化名片。力争跻身全省文化先进县，争创全国文化先进县。推进文化融入规划建设管理，实施文化广场、文化街区、文化景点建设，打造并形成地方特色文化品牌。以先进文化引领城市的规划和建设，提升重点地区、重要地段城市设计，打造具有历史记忆、文化特质、鲜明特色和典型意义的标志性建筑，显著提升城市国际形象。大力推进群众文化、企业文化、网络文化等文化建设，营造“书香星沙”，实施文化惠民工程，鼓励文化多元化发展，培育当代人文精神，促进多元文化的大融合。

四、建设国际文化交流平台。依托黄花国际机场和高铁交通枢纽的对外窗口优势，将星沙新城建设成湖南省与世界各国先进文化联系的窗口，大力引进国际文化交流项目，实现对世界优秀文化的快速吸收。从基础教育和科研技术交流入手，实现经济、社会、文化等多层次全面交流，保持星沙的城市文化的先进性。积极营销城市，活跃民间交往，增强国际传播力，全面提升城市的聚集辐射力、国际影响力和综合竞争力。

第四节 完善城镇基础设施

一、构建快速便捷的综合交通体系。提高标准，严格管理，全面完成县乡、通村公路建设任务。合理规划布局北部地区路网，构建便捷交通网络。按照三湘门户、全面开放的要求，加快我县与省道国道、高铁地铁、空港水港等交通网络的全面对接。抓好长浏高速等高速公路项目建设，加快国省道改造、高速公路连接线以及27个融城对接通道建设，打造现代公路运输枢纽；促进沪昆客运专线长沙县段、长沙地铁延伸至星沙、长浏城际铁路等建成通车，形成与武广高铁相互交汇的现代铁路枢纽；高质量建成黄花机场二期改扩建工程，完成第二条跑道建设，完善机场服务功能，开辟更多的国际航线，打造区域性国际航空枢纽。

二、构建以人为本的公共服务设施。科学安排公共服务设施建设，统筹抓好管网配套与衔接，构建科学合理、安全可靠的公共服务设施体系，显著增强与城镇地位相适应的载体功能、服务功能和综合保障功能。优化城区路网体系，实施交通疏导工程，提升城镇通畅效率；优化调整公交网络结构，公交线路与长沙市全面融城对接，并延伸至各重点乡镇；合理开发利用水资源，严格保护主要饮用水源地，完善城镇自来水厂布局以及供水管网设施；完善城镇污水处理厂及污水配套管网，加快中水回用工程建设；加快完成城镇防洪圈建设，推进堤垸防洪达标工程，加强和改善消防、气象、人防等防灾体系设施建设，提高城镇防灾减灾能力。

三、构建保障有力的能源供应体系。推进能源有序发展与可持续利用，优化能源结构，逐步提高清洁能源比重，构筑稳定、经济、清洁、安全的能源供应体系。积极推进石油、天然气等能源储备设施建设，继续完善“西气东输”管网系统及配套设施工程，开发建设天然气移动供气站和加气站；新建1000KV、500KV变电站，建设坚强智能电网。

四、构建互联互动的现代信息网络。强化规划、组织、协调和指导，推进通讯网、广电网和互联网发展，实现“三网融合”，形成覆盖全县的数字式、交互式、多功能的现代化信息网络。加快“无线星沙”建设，基本实现县城、经开区和重点乡镇的无线宽带覆盖；加快发展下一代互联网；积极发展第三代移动通讯网络；扎实推进物联网应用；加快电信基础设施共建共享，建成覆盖城乡的高速宽带公众信息传输网络；推进城镇统一信息空间建设，面向城镇未来发展需求，建立覆盖全县、统一集中的空间、人口、自然资源、宏观经济基础信息资源库和资源管理中心。

第五章 统筹城乡发展 推进城乡一体化

着力通过推进资本集中下乡、土地集中流转、产业集中发展、农民集中居住、生态集中保护、公共服务集中推进的“六个集中”统筹城乡发展策略，加快形成以城带乡、以工促农，城乡一体、区域协调、经济社会同步、人与自然和谐的发展格局，把长沙县建设成为湖南省统筹城乡一体化发展的先导基地。

第一节 统筹城乡规划及管理

一、完善城乡规划体系。充分发挥榔梨、开慧、金井三个试点乡镇的示范作用，推广试点规划经验。构建四级城乡体系，根据各乡镇在县域经济中的区位、发展状态、有利因素及制约条件，确定以星沙新城为核心、卫星新市镇为重点、乡镇集镇为补充、社会主义新农村居民点为基础的城乡结构。实施和完善城乡一体化的空间布局、公共服务、产业发展、基础设施建设和生态保护等专项规划。

二、严格城乡规划管理。科学规划城市、乡镇、村庄空间布局，严格落实城乡规划并加强监督管理，坚决制止和查处违法建设，加大规划、国土、建设、城管等部门的联合执法力度，用法律手段维护城乡规划的严肃性。推广城乡规划展览和公示，畅通群众意见收集渠道，对于重大建设项目的新建或拆除，在专家严格论证的基础上，进行公开听证，实施行政问责。

第二节 统筹城乡经济发展

一、推进生产要素自由流动。大力推进农村土地承包经营权流转，进一步解放农村生产力；积极推进户籍制度改革，取消地域、身份、户籍、行业等政策限制，逐步拆除城乡二元结构对劳动力流动的各种壁垒和障碍，形成城乡劳动者平等就业的格局；建立城乡统一、竞争有序的人力资源市场，构建城乡统一的就业服务体系；建立健全城乡一体化的科技、信息、土地及资本等市场，强化各类生产要素在城乡之间的沟通和联系。构建城乡统一、内外贯通的生产要素市场体系，减少城乡生产、生活成本差距。

二、鼓励引导农村经济发展。以推进现代农庄和现代农业示范区建设为重点，鼓励、引导农村经济快速发展。按照“放开、放权、放活、让利”的原则，进一步完善乡镇发展考核办法和激励机制，探索、调整、完善县对乡镇的税收分成机制，充分调动乡镇发展农村经济的积极性。合理规划和完善集镇建设，力争每个集镇有一个农贸市场和一个农村商贸综合体。进一步扶持壮大“金井”、“湘丰”、“国进”“金山粮油”等一批农业企业，着力打造国家级、省级龙头企业，延长农业产业链，提高农产品附加值。

三、增强城乡互动发展能力。努力把星沙新城培育成为现代化城市，充分辐射带动周边乡村发展，推动长沙县经济由工业经济主导转向城市经济主导。通过星沙新城和卫星新市镇在产业引领、政策体制、基础设施等方面与乡村的互动，加速形成产业分工合理、基础设施共享、公共服务均等的功能互补、协调发展的城乡新格局。

第三节 统筹城乡公共服务供给

一、统筹城乡公共财政体系。深化公共财政体制改革，按照统筹城乡发展的要求和存量适度调整、增量重点倾斜、公共服务均等的原则，优化支出结构，进一步加大对农业农村的倾斜力度，着力提高困难乡镇公共财政保障水平。不断提高民生支出比重，把更多的财政资源用于改善民生，优先保证薄弱环节的投入。

二、缩小城乡公共服务差距。加快农村基本公共服务设施建设，完善镇村两级公共服务设施，努力使乡村公共服务水平向城镇看齐。扩大公共财政覆盖农村的范围，重点加大对公共交通、农村教育、医疗卫生、文化体育等基础设施的财政投入。推进镇村两级卫生机构功能整合，完成农村卫生室标准化建设；推进农村中小学标准化建设，实施中小学校校舍安全工程，每个乡镇办好至少一所公办幼儿园；加强农村公共文化建设，完善乡镇综合文化站和村级文化活动室，积极鼓励“农家书屋”发展。

第四节 统筹城乡基础设施建设

一、推进基础设施向农村延伸。按照城乡一体化的要求，全面推进城乡规划、要素市场、基础设施、公共服务、产业发展、生态环境、管理体制七个城乡一体化工程的基础设施建设，全面完善县区城市设施，完成县城绕城线以西的道路和配套设施建设，抓好社会主义新农村建设，强化城乡基础设施的衔接和配套，改善农村生产生活条件。继续加快县乡、通村公路建设，构筑“八纵十六横”的县域交通路网骨架，大力推进城乡公交一体化建设，实行村村通公交，实现站点到村，加快农村公交客运站场建设；全面完成病险水库和病险水闸除险加固，继续推进堤防加固和中小河流生态治理，加快中小型灌区配套改造，完成白石洞水库建设，全面加强农田水利建设；继续推进农村电网改造，建设金井、星沙、泉塘等变电站，扩建榔梨、暮云等变电站；加强农村安全饮水工程、沼气建设，继续改造农村危房，实施乡村清洁工程，大力推进农村环境综合整治和两河流域治理工程。

专栏6 八纵十六横骨干路网表

通道名称	道路名称	起止点	里程（km）
第一纵	卫开线	卫星桥—青山铺	18.9
		青山铺—开慧	24.2
第二纵	国道G107	县境内	40.5
第三纵	国道G107绕城线	县境内	74.2
第四纵	京珠高速	县境内	48.0
第五纵	省道S207	茶子坪—黄花	53.6
		黄花—南横线	22.5
第六纵	黄兴大道	星沙—白沙	44.8
		星沙—八字槽门	12.5
		八字槽门—洞株线	17.9
第七纵	长株高速	县境内	26.5
第八纵	长株潭外环线	县境内	64.9
第一横	金开线	开慧—金井	28.9

续专栏6

通道名称	道路名称	起止点	里程（km）
第二横	苍马线	青山铺—高桥	14．7
第三横	路青线	青山铺—路口	15．4
第四横	北横线	北山—大鱼塘	28．8
	国道G319绕城线	北山—厚鱼塘	37．2
第五横	绕城线东北段	杨梓冲—南冲塘	13．2
第六横	开元路	万家丽路—S207	21．4
		S207—厚鱼塘	4．5
第七横	长永高速	县境内	28．0
第八横	省道S103	泉塘—永安	33．7
第九横	人民路	东四线—黄花机场	12．6
第十横	机场高速	县境内	17．3
第十一横	八清线	八字槽门—清水塘	21．6
第十二横	黄江公路	黄兴—干杉	14．5
		干杉—赤霞互通	15．2
第十三横	绕城线东南段	李家塘—路边塘	14．0
第十四横	南横线	暮云—柏加	22．2
第十五横	洞株线	跳马—双溪	11．9
第十六横	暮五线	暮云—五美	31．6

二、探索基础设施管理新模式。按照“政府主导、社会参与、市场运作”的原则，创新社会资本参与城乡基础设施建设的模式。改革基础设施经营和管理，合理利用代建制等多种投资运作模式，吸收多种所有制经济投资和经营基础设施。强化政府对基础设施管理的统一领导和各建设管理部门的分工协作，加大基础设施项目决策、建设、管理的透明程度，积极引导社会各界参与项目决策，实现“人民城市人民建”。

专栏7　城乡一体化重点建设工程

七个一体化	城乡规划一体化：推进国民经济和社会发展规划、土地利用规划、城市总体规划“三规”融合，提升规划的战略思路和水平。 要素市场一体化：实现城乡各类生产要素自由流动。 基础设施一体化：实现城乡基础设施联合共建、联网共享，加快“四大工程”建设。 公共服务一体化：缩小城乡基本公共服务水平差距，逐步实现同城同待遇；建立健全城乡一体的社会保障制度和公共财政体系。 产业发展一体化：优化产业布局，提高城乡产业关联度、市场集中度和经济融合度，形成核心竞争优势。 生态环境一体化：形成城乡生态环境融合互补、协调发展新格局，加快污染治理市场化步伐，探索建立环境有偿使用制度。 管理体制一体化：创新、规范城乡经济社会管理和集体经济组织方式，统筹城乡人才队伍建设。
六大工程	公路畅通工程：新建、改建农村公路2200公里，全面完成县乡公路硬化改造任务，村级公路硬化率达100%。 电力扩容工程：实施农网完善工程，在全市率先实现农村电气化。 安全用水工程：全面解决农村饮水不安全问题，全面完成病险水库和病险水闸除险加固任务，实施中小河流域治理、山塘清淤和小型农田水利建设。 环境整治工程：加大农村生活垃圾和污水处理力度，加强农村面源污染防治，积极推进农村环境综合整治。 天然气下乡工程：实施天然气下乡工程，推进乡镇使用天然气。 农村危房改造工程：实施农村危房改造工程，改善农民居住条件。

第六章 建设“两型社会” 实现生态文明

把建设“两型”社会作为转变经济发展方式的重要着力点，加快建设资源节约、环境友好的生产方式和消费模式，实现经济社会与资源环境的全面协调可持续发展。

第一节 全面推进资源节约

坚持资源开发与节约并重，节约优先，以降低资源消耗和提高资源利用效率为核心，大力推进节能、节地、节水、节材，建立健全节约资源的体制机制，通过政府引导、市场调节、公众参与，全面推进资源节约。

一、综合利用能源。探索节能减排的激励约束机制，严格实施固定资产投资项目节能评估与审查制度，建立依法淘汰落后产能的机制体制，强化企业节能监管，加快企业节能降耗技术改造，全面推进合同能源管理，降低企业能源消耗强度。实施重点节能工程，推广先进节能技术和产品。严格执行民用建筑的节能强制标准，大力推广节能建筑和建筑节能材料。加快推进绿色市政建设，创造低碳出行条件。大力推广太阳能、沼气等新能源和可再生能源的规模应用，全面完成节能减排目标任务。

二、节约集约用地。加强节约集约用地制度建设，从规划设计、考核评价、项目审批、监督检查等方面建立健全政策体系，全面形成促进节约集约用地的长效机制。科学提高单位土地投资强度，鼓励建设多层厂房，依法处置闲置土地，严格依法用地秩序，提高国土资源利用效率。进一步强化合理规划、立体开发、土地综合整治等节地措施，在城市建设、园区开发、农民安置、道路建设、农业开发等重点领域降低土地资源消耗。

三、节约水资源。建立健全水资源保护和可持续利用的政策体系，实施最严格的水资源管理制度，大力推进城市中水回用，严格实施项目建设“节水三同时”制度，加快高水耗企业的节水改造，鼓励单位和家庭使用节水器材，大力推广农业节水灌溉技术，硬化灌溉渠系，有效降低生产生活过程中的水资源消耗。

四、节约材料使用。鼓励引导企业进行设备与工艺更新，降低单位产品材料消耗。推行产品生态化设计，鼓励采用轻型材料、再生材料，加强木材、金属、水泥等材料的节约代用。推广节约材料的新型建筑结构体系和新型墙材。限制一次性用品的使用，建立再生资源回收利用网络，加快发展再生资源产业，发展循环经济。

第二节 大力改善生态环境

统筹推进城乡环保一体化，加大生态建设和环境治理力度，生态环境质量达到国内先进水平。

一、加大环保宣传力度。开展环保进农村、进企业、进工地、进军营、进商场、进社区、进机关、进学校、进医院、进饭店的“十进”活动。以日常管理为平台，融宣传工作入于日常监管之中，加大环境保护法律法规及有关知识的普及力度。以“4.22”地球日和“6.5”世界环境日为契机，充分发挥媒体作用，加强部门协作，创新宣传手段，形成全方位宣传的良好局面。探索环保宣传新途径，以鼓励社会参与为突破口，积极组织和支持社会团体及环保志愿者参与环保工作，调动社会力量开展宣传等公益活动，形成环保宣传整体合力。

二、推进城乡环境治理。实施农村环境综合整治，全面推广“分户收集、分类处理、村民自治、政府补贴、合作社运营”的农村环保自治模式，实现城乡垃圾处理全覆盖。加快建设暮云等城市污水处理厂，建设18个乡镇污水处理厂，推广散居农户污水净化技术，逐步实现城乡污水处理全覆盖。全面实施封山育林，禁止生态公益林商业性采伐，突出水源地、水源涵养区和生态湿地保护。重点治理工业企业污染和畜禽养殖大户污染，突破农村面源污染治理瓶颈，改善城乡环境质量。

三、建立生态补偿机制。按照“谁开发、谁保护，谁破坏、谁修复，谁受益、谁补偿，谁污染、谁治理”的原则，建立生态补偿机制。以政府为主导，加大财政对生态补偿的投入力度，以市场为补充，拓宽生态补偿市场化运作途径，通过财政预算安排、土地出让收入划拨、上级专项补助、接受社会捐助等多种渠道，设立生态补偿专项资金。停止审批并逐步有序退出砖厂、石材厂、砂场、竹木加工、造纸、制革、冶炼、水泥等污染破坏环境的企业，对退出企业给予适当补偿。实施生态扶贫移民工程，组织生态脆弱、交通不便地区的居民移民集中居住，建立生态恢复区。通过生态补偿，使因保护生态环境、经济发展受到限制的区域得到经济补偿，增强其保护生态环境、发展社会公益事业的能力。

四、实施“两河”流域综合治理。重点实施捞刀河、浏阳河流域综合治理工程，科学划定畜禽禁止养殖区和限制养殖区，大力推广畜禽养殖零排放技术，积极推进“两河”流域禁养区生猪养殖退出和限养区生猪养殖减量，对生猪养殖退出给予适当的转产扶助。重点治理河流重金属污染、工业生活污水、垃圾污染和农业面源污染，逐步将流域内生态敏感区工业企业转移至工业园区。加强“两河”流域林地、湿地保护力度，扩大生态公益林规模，建设水源涵养林和水土保持林，恢复采石采矿废弃地植被，全面实施封山育林和森林提质改造，建设浏阳河、捞刀河风光带。

第三节 加强“两型”示范建设

一、建设安青片区。全面贯彻“两型”的规划理念、建设标准和发展要求，加快建设省“两型”社会建设“五区十八片”之一的安青片区。以万家丽北路、黄兴大道北延线、北横线、圣毅园大道、青竹湖大道等道路基础设施项目为重点，构建贯穿安青片区的网络型公路交通格局，提升安青片区与城区的交通对接水平。加快安沙物流园建设，打造集专业化物品配送、仓储、运输、包装、加工和交易于一体的区域性综合物流中心区。大力发展片区现代农业，建设圣毅园生态农庄、曙光山城现代农庄等一批高品质的现代农庄。将安青片区建设成为经济繁荣、社会和谐、环境优美、绿色低碳的“两型”社会示范区，将安沙、青山铺、北山三镇建设成为“两型”社会示范镇。

二、开展“两型”创建。积极开展社会各界广泛参与的“两型”社会示范创建活动，努力创建一批“两型”企业、“两型”村庄、“两型”社区、“两型”学校、“两型”机关和“两型”乡镇，示范带动全社会共同参与“两型”社会建设。通过示范创建活动，倡导“两型”理念，普及“两型”知识，树立“两型”风尚，建设“两型”文化，引导全县人民和各类企事业单位形成“两型”生产方式和消费模式。

专栏8　“两型社会”建设五大工程

1、团结垸退田还湖工程 打造省内最大的城市湖泊——松雅湖，提升城市品位，改善周边生态环境，通过对环湖周边的开发，建设集商贸、金融、会展、旅游休闲、居住于一体的核心经济区域。

2、两河流域综合治理工程 划定生猪禁止养殖区和限制养殖区，推进禁养区生猪养殖退出和限养区生猪养殖减量，重点治理河流重金属污染、工业生活污水污染、垃圾污染和农业面源污染，加强“两河”流域林地、湿地保护力度，建设浏阳河、捞刀河风光带。

3、农村环境综合整治工程 建设集镇污水处理工程、农村地区分散型农户及乡村学校污水处理工程、农村生猪养殖业废水治理工程、农村居民生活垃圾的分类收集处理处置及其清运系统工程等农村环境综合整治四大工程，改善农村生态环境。

4、生态扶贫移民工程 将北山、福临、白沙、金井、双江、高桥、开慧7个乡镇地区的一千余户农户进行移民安置、集中居住，建设原生态保护区。

5、“两型”创建示范工程 重点打造一批有特色、可复制、可推广的“两型”机关、“两型”学校、“两型”村庄、“两型”社区、“两型”企业等示范单位。

第七章 强化人才支撑 实现创新驱动

逐步提高全社会研发投入占地区生产总值的比重，确保科技投入稳定增长。健全创新体系、优化创新环境、强化人才支撑，有效整合科技创新资源，提高自主创新能力，全面推进国家级科技进步示范县建设。

第一节 提高创新能力

健全创新体系，优化创新平台，促进科技成果转化，加强科技应用推广，提高科技创新对县域发展的贡献，实现创新驱动发展。

一、建设科技创新平台。支持先进装备制造、汽车及零部件、新材料、电子信息等领域的工程

（重点）实验室、工程（技术）研究中心、企业技术中心建设。重点支持混凝土机械工程技术研究中心、先进涂层工程技术研究中心、绿茶工程技术研究中心、大输液制药装备工程技术研究中心、废电器产品环保处理及资源化利用工程技术研究中心等技术研发中心建设。支持创新能力强的企业申报组建国家级、省级和市级技术创新平台，提高技术研发能力。到2015年，新建国家、省和市级技术创新平台20家左右。

二、健全科技创新体系。坚持科技创新财政投入机制。逐步提高全社会研究开发投入占GDP的比例；支持工程机械、汽车、电子信息等领域前沿技术和关键技术的联合攻关、公共服务技术平台建设、基础和共性技术研究，力争掌握一批拥有自主知识产权的关键核心技术和推广一批节能减排、循环利用的共性技术。增强创新融资支撑力度。密切与银行的关系，为中小企业科技创新与科技成果转化提供便捷的信贷通道；大力引进一批风投创投和金融担保公司，提供全程的融资及相关服务。建立“产学研”紧密结合的技术创新体系。强化企业创新主体地位，促进科技创新要素向企业集聚；鼓励企业间或企业与高校、科研院所建立产业联盟、技术联盟、标准联盟等各种形式的战略联盟。

三、促进科技成果转化。搭建科技成果交易平台、孵化器信息平台等，完善信息共享机制。重点开展技术转移、知识更新与培训、项目申报、市场策划、专利申请、成果转化、技术检测、质量认证等服务。用3到5年的时间，滚动支持、分步实施高端装备制造业、汽车及其零部件、电子信息、新材料、现代农业和数字家庭等重大科技专项，着力突破关键技术，并确保技术成果转化为产品，助推高新技术企业发展。

四、大力发展科普事业。着力提高公众科学素质，进一步推进《全民科学素质行动计划纲要》的实施；着力完善科普基础建设，加大科普活动中心（室）、村级科普图书室和“一站一栏一员”建设力度，强化科普网络和阵地建设，进一步完善农村科普服务体系；着力提高科普服务能力，加强科普教育与培训，科普资源开发与共享，广泛凝聚科技工作者智慧，为全县经济平稳较快发展提供智力支撑；着力加大对科普事业的投入，逐年增加科普专项经费，到2015年，达到全县人均投入2.0元以上。同时，建立科普事业多元化投入机制，广泛吸纳社会赞助支持科普事业发展。

第二节 优化创新环境

积极推动产权保护，培育中介机构，完善管理体制，营造公平合理、竞争有序的县域创新环境。

一、加强知识产权保护。加快知识产权信息平台建设，组建县知识产权服务中心，着重建设一个面向全县中小企业、通过互联网操作的专利数据平台。切实加强对专利、商标、原产地标记等知识产权专项保护。加大对特色农产品的保护力度，加快推行原产地等标识制度，鼓励我县企业申请原产地标记的注册，支持具有我县特色的农副产品争创国家地理标志。加强专利、商标、著作权法律知识宣传培训。完善知识产权保护方式，健全知识产权保护机制。

二、完善创新中介服务。建设社会化、网络化、专业化的中介服务体系，密切技术、资本、产业等创新要素间的联系，降低创新成本，提高创新效率。培育一批服务专业化、发展规模化、运行规范化的创新服务机构，建设一支高素质的创新服务人才队伍。大力发展技术评估、技术咨询、技术服务、技术转移、专利代理、科技信息等知识密集型科技服务机构，促进企业之间、企业与高等学校、科研机构之间的信息传递、知识流动和技术转移。推动专业性行业协会发展，鼓励行业协会开展行业规划、评估咨询等服务。

三、加强管理体制创新。改革科技创新管理模式，健全和规范科技行政管理的规则和程序，不断提高科技行政管理的规范化、制度化水平。大力推进电子政务建设，建立完善电子政务科技服务平台，增强科技部门服务社会和基层的能力。加强乡镇（街道）基层科技工作，分类指导、突出重点、因地制宜推进科技管理体制创新。

第三节 强化人才支撑

实施人才强县战略，树立人才优先发展理念，制定人才中长期发展规划，按照高端引领、整体推进的思路，统筹抓好各类人才队伍建设，为全县经济社会发展提供人才保障和智力支持。

一、探索招才引智新模式。设立高层次人才引进常设机制，继续实施3235工程，实现招才引智工作的常态化、规范化。以领军人才、高层次人才、高技能人才为重点，大力实施高端人才引进工程、青年精英人才引进储备工程、党政人才素质提升工程、企业家能力提升工程、高技能人才开发工程、基层人才开发工程等六大工程，加快人才培养开发、评价发现、选拔任用、流动配置和激励保障等机制和制度创新，努力造就一支规模适度、结构合理、素质优良、门类齐全的人才队伍。

二、加大技术人才开发。整合政府、高校、科研院所、职业学校及培训机构的资源优势，建立工程机械、汽车及零部件、电子信息、动漫游戏等专业化、高水平实习实训基地，加大农民培训，培养一批素质优良、结构合理的专业技术人才和高技能人才。鼓励企业整合行业内部人力资源，搭建人才集群服务平台，促进各类人才在集群内部成长。

三、优化人才服务环境。完善人才综合服务机构，设立人才服务大厅，为人才提供“一站式”服务。建立跟踪服务和反馈机制，及时解决人才工作和生活中的困难和问题。支持和鼓励社会中介服务机构发展，通过市场化的手段满足人才的多样化需求。健全人才政策体系，充分激发各类人才创新创业的积极性。

第八章 推进改革开放 增强发展动力

不断深化体制机制改革，为经济社会又好又快发展释放强大动力；坚持对内开放与对外开放并进、“引进来”与“走出去”齐抓，形成全方位、多层次、宽领域的开放格局。

第一节 全面推进各领域改革

深入推进“两型”社会建设和经济管理、行政管理体制改革，破除经济社会发展障碍，形成有利于转变经济发展方式、促进全面协调可持续发展的体制机制和廉洁高效的政府管理模式。

一、建立健全“两型”体制机制。以绿色发展、低碳增长为导向，推进节能环保的法制化、市场化和社会化，加快建立健全促进资源节约环境友好的体制机制。

——实施促进节约环保的经济政策。全面推进排污权交易、生态补偿、环境风险责任保险、项目“三同时”保证金、环境损害赔偿、绿色信贷以及绿色财政等制度的实施，完善节地、节水、节电、节煤、节油、节气、节材的利益导向机制，以经济手段促进节能环保。

——探索建立环境资源产权制度。探索建立环境资源产权的保护制度、补偿制度和交易制度，积极推进环境资源产权交易，完善资源交易平台，加快对接国际国内碳交易市场。强化资源有偿使用和污染者付费政策，大力开展生态补偿工作，设立生态补偿专项资金，在限制和禁止开发区域加大财政转移支付力度。

——强化资源环境管理体系。加强节能、节地、节水、节材的标准制定和实施管理，建立完善节约集约用地评价体系和考核奖惩办法，大力实施农村土地综合整治，继续探索和推广土地立体开发等多种节约集约用地模式。建立完善依法淘汰高耗能、高污染项目和企业的体制机制，全面推行固定资产投资项目能效评价制度，推行绿色产品标准体系，提高项目的能耗和环境准入门槛。建立健全环境执法联席会议制度，加大节能环保执法力度。

——建立健全公众参与机制。推行环境保护社会监督员制度，建设农村环保合作社，发展民间环保组织，支持组建环保志愿者队伍，保障公众的环境事务知情权、参与权和监督权。

二、完善经济管理体制。坚持市场经济改革方向，重点在土地、财税、金融、投资等领域取得突破，增强市场主体活力，基本形成统一、开放、流动的市场经济体制架构、更大程度地发挥市场在资源配置中的基础性作用。

——完善土地管理机制。改革土地审批供应、交易、流转制度，逐步建立全方位的土地资产市场，加快农村集体土地交易平台建设，健全完善国有土地交易平台，通过市场机制促进土地资源有效流转和优化配置。实施耕地整理复垦，推进集体建设用地使用权流转，稳步推进城乡建设用地增减挂钩和“先征后转”工作。积极探索通过土地综合整理、土地开发、异地补充等多种途径和方式实现耕地占补平衡。完善土地储备制度，建立土地储备基金，推进国有建设用地“熟地”出让。积极引导和鼓励土地承包经营权流转，促进农业规模化、集约化经营。加强生态用地和基本农田保护，探索建立保护补偿机制。

——完善财税管理制度。加快构建公平、公

正、透明的公共财政体制。建立健全人大全程监督下的预算编制和执行管理制度，提高预算透明度和民主化程度。按照财权与事权相匹配的原则，理顺县、乡财政分配关系，进一步完善财政转移支付制度，建立乡村控制新债、化解旧债的有效机制。加大财政对基本公共服务的保障力度，创新财政支农资金使用方式，加大农村公共产品投入，深化支农资金的整合试点。

——完善金融管理制度。加快组建农村商业银行，开展小额贷款公司、村镇银行试点工作。探索建立以农村信贷体系为主导、农业投资体系为补充、农业保险体系为后盾、农业担保体系为纽带、农村信用体系为基础的农村金融支撑服务体系。创新抵押担保方式，探索开展农村集体建设用地使用权、林权抵押融资以及知识产权质押融资服务。按照中央要求，加快县乡投资公司市场化运作。完善中小企业担保和再担保体系，解决中小企业担保难题。着力培育上市资源，加快优质企业上市步伐。建设金融机构聚集区，优化金融生态环境，创建省级金融安全区和全国农村信用体系建设示范县，打造长沙金融副中心。

——改革投资管理体制。充分发挥政府投资的杠杆作用和民间投资的主体作用，加快形成市场主导的投资内生增长机制。深入推进政府投资管理体制改革，坚持“以规划定项目，以项目定资金”，统筹安排政府投资项目，提高政府投资效益。建立健全政府投资项目专家评审制度，优化政府投资项目审批流程，通过“公众参与、专家论证、合法性审查、集体决策”等程序，提高重大项目投资决策的科学化、民主化水平。扩大社会资本投资领域，拓展非公有制经济发展的市场空间，支持引导民间资本进入基础产业、基础设施、公用事业、社会事业等领域。

——完善农村产权制度。在全面普查的基础上，基本完成水利工程确权定界和产权发证工作，开展林权、土地承包经营权确权发证工作，建立水利工程产权和经营权、林权、土地承包经营权有偿转让机制，对在各类开发建设中占用水利工程和水资源的，实现有偿占用和占补平衡。

三、行政管理体制改革。以建设法治政府、服务政府、效能政府为目标，创新行政管理体制，推动政府职能转变与经济转型、社会转型相适应。继续深入推进政企分开、政事分开、政府与市场中介组织分开，推进事业单位分类改革，支持社会中介组织参与社会管理，充分发挥行业协会对企业的协调、服务和行业自律作用，探索建立政府购买服务的体制机制，试行政府部分职能向社会组织转移。推进政府机构“大部门制”改革，整合政府机构，推进县区合一，理顺部门职责关系，实现政府职能、机构和人员的合理配置。积极探索扩权强镇改革，扩大试点乡镇的经济社会管理权限。推进政府管理和服务创新，加强政务服务中心建设，深化行政审批改革，减少和规范行政审批，推行网上审批。全面深入推行政务公开制度，加快电子政务建设，推进政府工作流程再造，降低行政成本，提高行政效率和服务水平。加快建设法治政府，规范和限制行政执法自由裁量权，强化行政执法评议考核和责任追究。建立健全科学民主决策机制，健全重大问题集体决策制度、专家咨询制度、社会听证制度、重大决策公示制度、新闻发布制度和决策责任追究制度，推进政府决策和社会管理的科学化、民主化、法制化和精细化。

第二节 提升对外开放水平

一、积极扩大对外贸易。积极培育出口龙头企业，大力扶持中小外贸企业发展，壮大外贸经营主体。扩大先进装备和服务产品的出口，支持农副产品等传统出口产业进行技术改造，提升产品国际竞争力。通过建立国际营销网络，创新国际贸易经营模式，实现产品国际化发展，鼓励企业与跨国物流企业合作，积极探索企业产品进入跨国公司和国际连锁企业采购网络的有效途径，通过卖方信贷和国际工程投标，加速国际市场的开拓。

二、提升引资引智水平。坚持国内与国外并举，引资与引智齐抓，着力引进符合“两型”要求、带动作用大的高端产业和高端技术。积极引进世界500强、跨国公司和大型民营企业投资，加强与央企对接，引导资本更多地投向战略性新兴产业、中高端制造业、现代服务业、现代农业、高技术产业、基础设施和生态环境保护。通过引进央企及世界500强的技术和管理经验，提升产品技术水平和企业管理水平。建设国际化社区，探索建立境内外居民的交流学习平台、境外居民生活服务平台、境外居民参与社区民主的议事平台等，发挥台联、侨联作用，吸引外籍人士在长沙县工作、置业、生活。

三、实施“走出去”战略。鼓励拥有自主知识产权和现代企业管理能力的企业到境外建立生产基地或设立营销中心。鼓励本土企业境外上市融资，建立国际化融资平台，引导核心企业到国内外兼并重组产业战略资源。积极组织国际技术交流，引导企业到境外参加国际博览会或国际巡展。研究境外市场准入条件，帮助企业拓展国际市场，提升产品和企业的国际知名度,培育世界知名企业和品牌。

第九章 努力改善民生 构建和谐社会

着力保障和改善民生，构建城乡均等、可持续发展的基本公共服务体系，健全社会保障体系，提高政府保障能力，创新社会管理机制，提升社会事业质量，加强民主政治建设，促进物质文明和精神文明的全面繁荣，切实维护社会和谐稳定。

第一节 促进就业增收

就业是民生之本。着力把保障就业作为改善民生的根本任务，努力拓宽就业渠道，鼓励创业带动就业，带动增收致富，合理调整收入分配关系，促进社会共同富裕。

一、积极促进充分就业。围绕“全覆盖、低失业、高和谐”目标，着力将我县打造成就业创业的洼地。对就业容量大的服务业、民营企业和中小企业的发展给予支持，对吸纳就业量大的产业给予扶持。完善就业援助制度，运用公共财力创造或购买的就业项目和岗位，重点用于安置生活困难和就业困难的“双困”人员。提升农民职业培训的质量和层次，加大对农村富余劳动力非农就业的扶持力度；加强就业政策与保障政策联动，促进有劳动能力的低保人员积极就业。进一步规范人力资源市场秩序，健全劳动维权服务平台，强化劳动监察和执法力度。到2015年，城镇登记失业率控制在4%以内，农村富余劳动力转移就业率达到85%以上，动态消除“零就业”家庭。

二、激励引导创业富民。大力开展创业富民活动，充分发挥政府专项资金的引导作用，加大对创业企业的服务和支持力度，加快创业企业融资平台建设，大力发展创业型经济，优化创业环境，营造鼓励创业的良好氛围，建设创业型社会。加快城乡经济信息平台建设，努力拓宽产品、技术、人才信息交流渠道，增加创业致富机会。全力实施居民收入倍增计划，力争2015年全县居民人均可支配收入实现翻番，达到32000元以上。

三、优化收入分配机制。加强收入分配政策调节。逐步提高最低生活保障、最低工资和基本养老金标准，提高低收入者收入水平；保障职工工资正常增长和支付。规范分配秩序，加强税收对收入分配的调节作用，有效调节收入差距，积极发挥社会慈善、捐助等制度对社会收入和财富的调节功能，鼓励和引导先富群体以各种形式回报社会。努力优化市场商品价格结构，积极排除低收入阶层劳动产品价格制约因素。完善公务员工资制度，深化事业单位收入分配制度改革。

第二节 健全社会保障

按照“要分类、有梯次、保基本、广覆盖”的要求，以基本公共服务均等化为目标，推进城乡一体的社会保障体系建设。

一、社会保险。健全城镇职工基本养老、医疗、生育、失业、工伤保险制度、被征地农民社会保障制度和城乡居民最低生活保障制度。进一步完善城乡居民基本养老保险制度，形成农民养老金合理增长机制。推进城镇居民基本医疗保险，健全全民医疗保障体系，力争在“十二五”期间能为全县居民提供有条件的免费医疗服务。大力发展补充保险，鼓励发展商业保险。

二、社会福利。加强社会福利事业建设，加大社会福利基础设施投入，全面落实生育、教育、养老等各项福利政策，积极引导和扶持社会力量发展福利事业。要着力新扩建16家敬老院、26个公益墓地、50家社区居家养老服务中心，实现城乡同步建设、城乡全面覆盖。进一步做好拥军优抚安置工作。

三、社会救助。完善最低工资、最低生活保障增长的调整机制。继续实施“分类施保”，完善医疗、教育、住房等单项救助政策，并加强对困难群众的综合帮扶。继续发挥慈善基金会、红十字会等组织的示范作用，通过税收等政策引导和鼓励社会各方面积极参与慈善和公益事业。推进残疾人社会保障体系和服务体系建设，实现残疾人“人人享有康复服务和享受保障救助”。

四、住房保障。改善困难家庭和中低收入家庭的居住条件。完善住房保障体系，通过加大保障性住房建设力度，重点建设一批廉租房、限价房和公共租赁住房，逐步解决生活和居住困难家庭的安居问题；着力资助2000户以上特困、危房、无房居民新建住房，全面完成农村危房改造，完成农村贫困家庭搬迁工程、完成工矿棚户区改造项目。

第三节 提升社会事业

积极发挥政府机构职能作用，加快发展教育、卫生、文化、体育事业，扎实做好人口工作，提升全民素质。

一、教育事业。深入实施“教育强县”战略，以“湖南一流、中部先进、全国有特色”为目标定位,加大教育投入力度，确保教育财政拨款增长高于财政经常性收入增长的比例。优化教育资源配置，合理调整中小学布局，提供更加丰富的优质教育资源。启动县城第三所普通高中建设，每个乡镇建好一所标准化寄宿制初中、一所以上标准化寄宿制小学。加大投入并规范学前教育，科学规划，每个乡镇(街道)建好一所公办幼儿园。建立城乡一体义务教育发展机制，着力推进义务教育均衡发展。启动高中阶段免费教育，做强做优普通高中教育，做大做强职业教育，长沙县职业中专和长沙县职教中心争创全国千强职业学校，加快建好星沙技能型人才实习实训基地，实现人才与企业的无缝对接。继续规范促进民办教育，落实发展民办教育的各项优惠政策和措施。加大教育扶持力度，建立健全家庭困难学生资助体系。加强教师队伍建设，提升师资整体素质。加大对现代教育技术装备投入力度，初步实现教育现代化、信息化。扩大教育开放合作，引进国际国内优质教育资源，支持驻县高校发展。全力提升教育对经济社会发展的服务功能，高标准建设教育强县，率先基本实现教育现代化。

二、卫生事业。全力实施“十二五”卫生事业发展规划，着力调整卫生资源结构和布局。充分发挥财政投入的主导作用，积极引进社会资本投入，重点建设2所千张病床以上的三级综合医院，3–5所特色专科医院。完成卫生院提质计划，完善296个村级卫生室和社区卫生服务站建设。构建一体化管理的基本卫生服务体系。加强高层次卫生技术人才的引进和全科医生的培养，强调预防为主、防治结合，促进卫生事业发展模式的战略转型，加强疾病预防控制、卫生监督和信息系统建设，加快精神卫生、妇幼卫生、老年卫生方面的发展，完善公共卫生突发事件应急机制，构建相对完善的公共卫生服务体系，使居民健康水平与卫生服务指标达到国内先进水平。

三、文化事业。积极推进公益性文化事业，建立健全惠及全民的县、乡镇（街道）、村（社区）三级公共文化服务体系，提高公共文化产品的生产供给能力，鼓励社会力量参与公益性文化建设，建立文化事业共建共享长效机制，保障公众基本文化权益，打造中西部地区一流县级媒体，使长沙县跻身全省文化先进县行列，争创全国文化先进县。加大公共文化建设资金投入，新建星沙文化中心、体育馆、博物馆、音乐厅等一批公益性文化设施。大力推动文化资源共享、广播电视户户通、乡镇（街道）综合文化站、村（社区）文体活动中心、农家书屋建设。“十二五”期间建成22个乡镇（街道）综合文化站和268个村（社区）文体综合体，积极开展送文化下乡、全民健身运动等群众文化活动，支持鼓励文艺创作，丰富人民精神生活，提升地区文化品位。

四、人口工作。坚持计划生育基本国策，稳定适度低生育水平，健全计划生育利益导向机制，促进人口均衡发展，统筹解决人口问题。研究人口变化对经济社会发展的影响，综合治理人口结构和人口性别比例偏高问题，搞好流动人口管理和服务。提高免费医学婚前检查率，继续开展优生优育服务，提高出生人口素质。坚持男女平等，切实保障妇女儿童合法权益，关爱青少年成长。积极应对社会老龄化趋势，建立健全养老服务体系，发展老年人服务事业，提高老年人生活质量。

第四节 创新社会管理

加强社会管理的法律、体制、能力建设，健全基层管理和服务体系，发挥群众组织和社会组织作用，畅通和规范群众诉求表达、利益协调、权益保障渠道，提前化解社会不稳定因素，增强社会诚信意识和责任意识，努力构建诚信社会，加强民主法制建设，巩固社会主义精神文明阵地。

一、健全社会管理体系。整合社会管理资源，建立非政府组织和公民共同参与的开放式、网络化的社会管理模式。健全党委领导、政府负责、社会协同、公众参与的社会管理格局，提高社会管理能力。加强基层组织，特别是村组、社区自治建设，构筑起基层管理、为民服务和社会事务的工作平台，科学合理的推进社会管理基础平台向村组社区下移，积极解决基层困难，提高基层待遇，充分发挥村组社区在促进就业、维护治安、居家养老、基层文化、科普教育和医疗服务等方面的基础性作用，增强村组社区的凝聚力和服务能力。加大对社会中介组织的扶持力度，规范中介从业行为，增强中介责任意识，提高社会中介组织的透明度和公信力，发挥各类社会组织联系公众与政府的桥梁作用，提升政府治理功能和社会服务功能，建立健全“小政府，大社会”的社会管理格局。充分调动全社会力量有序参与社会管理，积极推进村民居民自治等基层民主制度，促进公民社会建设，增强社会管理和服务的合力。

二、完善社会诚信体系。以提高政府公信力，建立诚信社会为目标，加强社会信用信息系统和失信惩戒机制、信用教育机制建设，建立以道德为支撑、产权为基础、法律为保障的社会信用体系，形成政府诚信管理、企业诚信经营、社会诚信交往的良好信用环境。着力打造全省信用体系建设示范县，争创省级金融安全区，将治理商业贿赂作为信用体系建设重要抓手，突出运用信用体系建设的奖惩功能，综合运用行政、监管、市场、社会、司法等多种手段，重点在工程建设、土地出让、产权交易、政府采购、医药购销、资源开发和商品营销等领域的信用建设上取得大的成效；研究制定各类市场主体不良行为标准，把是否存在商业贿赂行为作为企业信用等级评价的重要指标，将单位和个人的商业贿赂行为有效整合进入联合征信机制，并作为市场准入和退出管理的重要依据；继续开展“信用乡镇、信用企业、信用个人”创建工作；大力倡导信用产品的社会需求，积极推动个人、企业及其他组织在社会经济活动中，特别是在项目合作开发、商业投资、商务采购、经营决策等商务活动中，使用诚信产品，查验信用状况。

三、巩固公共安全体系。强化社会治安综合治理，健全社会治安防控体系。完善治安防控设施，提高视频监控覆盖率。加强社会矛盾纠纷排查调处工作，完善信访、调解、综治三位一体维稳工作机制，建立健全“四级三调”社会矛盾排调工作网络，完善行业性调解平台，充实加强人民调解员队伍，强化社会矛盾调处责任机制。有效应对自然灾害、事故灾害、公共卫生、消防安全、群体事件等各类突发公共事件，建立健全应急管理长效机制，提高处理突发事件的应急能力。依法打击各种犯罪活动，防范和打击非法宗教活动和各类恐怖活动，建设平安和谐模范城市。

创新公共安全管理模式，促进治安管理与城市管理、行业管理、市场管理、物价管理、安全生产管理有机结合，加强食品、药品和医疗器械安全监管，努力建设食品安全县。

加快国防动员基础设施及信息化建设步伐，加强国民国防教育，提高国防后备力量和国防综合保障能力。

四、加强民主法制建设。加强社会主义民主与法制建设，坚持社会主义民主政治制度，创新人民群众参政议政的内容与形式，维护人民群众的知情权、参与权、表达权和监督权。发挥工会、共青团和妇联在民主政治建设中的积极作用。巩固和发展爱国统一战线。加强基层政权机关和群众性自治组织的民主制度建设，巩固和扩大政务、厂务、村（居）务公开、村（居）民自治以及村（居）委会直选为主要内容的基层民主。

加强法制建设，规范权力运行，增强执法队伍素质，提高依法行政水平，积极推进政府工作法制化。建立广泛反映社情民意、符合科学发展的决策机制。不断优化法治环境，以司法行为规范化和司法工作机制改革为重点，加强司法监督，确保司法公平公正，建立权责明确、相互制约、紧密联系、高效运行的司法体制。制订实施第六个《五年普法规划》，深入开展法制宣传教育，进一步增强全民法律意识和法制观念，提高全社会法治化管理水平。建立健全基层法治网络，加快开展依法治村（社区）、依法治校、依法治企等依法治理活动，提高基层法治建设水平。加强政府自身建设，切实转变政府职能，积极推进公平、公正、公开的民主决策机制，创新惩治和预防腐败体系建设。

强化社会主义核心价值体系建设，加强社会主义荣辱观和理想信念教育，倡导爱国守法和敬业诚信。加强党的建设，充分发挥全体党员推动科学发展、促进社会和谐的先锋模范作用。积极开展文明创建，不断提高社会主义精神文明程度。

统计资料

表20 2008-2011年长沙县城镇居民调查资料

指标名称	计量单位	2008年	2009年	2010年	2011年
调查户	户	50	50	50	50
一、家庭总收入	元	17629.79	19301.6	21943	25229
其中：可支配收入	元	16886.76	18575	21099	24117
（一）工资性收入	元	10706.47	12268	14616.6	14126.7
1. 工资及补贴收入	元	8611.23	10024.6	11054.8	11785.8
2. 其它劳动收入	元	2095.23	2243.5	3561.8	2340.8
（二）经营净收入	元	2416.76	2184.6	2234.4	3142.6
（三）财产性收入	元	3254.45	3227.5	3726.1	4321.2
其中：出租房屋收入	元	3072.53	3082.5	3566.1	3919.3
（四）转移性收入	元	1252.11	1621.5	1365.8	3638.9
二、家庭总支出	元	16546.57	21071.4	20163.2	21377.8
（一）消费支出	元	12213.99	14607.2	14545	15540.5
其中：服务性消费支出	元	3569.58	4083.6	4730.2	3669.1
1. 食品	元	3640.86	4164.3	4222.1	5896.9
2. 衣着	元	1176.72	1371.6	1485.4	2117.2
3. 家庭设备用品及服务	元	937.63	1336.5	1229.1	1005.9
4. 医疗保健	元	653.48	810.6	982.2	596.6
5. 交通通信	元	1817.2	2216.1	1591.7	2256.8
6. 教育文化娱乐服务	元	2048.43	2662.3	2618.5	1712.2
7. 居住	元	1771.63	1782.7	2050.9	1645.9
8. 杂项商品及服务	元	168.03	262.99	365.1	309.1
（二）购房与建房支出	元	—	2115.2	721.9	56.2
（三）转移性支出	元	3631.49	3434.7	4015.4	4844.6
（四）财产性支出	元	31.93	91.7	126.8	128.4
（五）社会保障支出	元	669.16	822.7	754.1	808

表21

2008~2011年长沙县农村调查数据

单位：元

年份	2008年	2009年	2010年	2011年
人均可支配收入	7885	9340	11179	13406
人均纯收入	8442	9999	11947	14237
全年总收入	13891.45	16188.39	18441.6	20850.1
工资性收入	3013.81	3537.93	4533.7	6069.5
家庭经营性收入	9767.25	10917.99	11762.7	12882
转移性收入	882.44	1197.03	1577	1385.5
财产性收入	227.95	535.44	568.1	512.9
全年总支出	11914.5	13126.63	13664.1	13832.4
家庭经营费用支出	4783.67	5413.58	5675.1	5611.5
购置生产性固定资产	333.95	199.31	134.1	103.7
税费支出	15.39	0.07	0.3	0.3
生活消费支出	5878.77	6403.41	6590	6606.1

表22

2008~2011年长沙县农业生产资料统计资料

指标名称	计量单位	2008年	2009年	2010年	2011年
主要农作物生产情况					
农作物总播种面积	千公顷	126.84	131.86	135.38	136.5
一、粮食作物播种面积	千公顷	82.7	86.53	86.99	84.69
总产量	吨	559139	575805	564576	567316
（一）谷物播种面积	千公顷	80.98	82.76	82.76	79.14
总产量	吨	551208	556710	543672	541034
1. 稻谷播种面积	千公顷	79.93	80.71	80.60	76.87
总产量	吨	544632	544352		527672
（1）、早稻播种面积	千公顷	38.84	39.82	40	37.85
总产量	吨	236664	242450	235122	232755
（2）、中稻及一季晚稻播种面积	千公顷	0.64	0.13	0.33	0.32
总产量	吨	5248	1088	2660	2582
（3）、双季晚稻播种面积	千公顷	40.45	40.76	40.27	38.7
总产量	吨	202720	300814	293114	292335.75
2. 小麦播种面积	千公顷	0.01	0	0	0.01
总产量	吨	22	0	0	42.67
3. 玉米播种面积	千公顷	1.02	2.03	2.07	2.15
总产量	吨	6446	12268	12377	12850
4. 高梁播种面积	千公顷	0.02	0.02	0.09	0.09
总产量	吨	108	90	399	384

续表

指标名称	计量单位	2008年	2009年	2010年	2011年
（二）、豆类播种面积	千公顷	0.7	1.28	1.53	1.98
总产量	吨	2223	4637	5556	7173
1. 大豆播种面积	千公顷	0.4	0.84	0.98	1.28
总产量	吨	1782	3427	3936	5108
2、绿豆播种面积	千公顷	0	0.14	0.13	0.16
总产量	吨	0	386	353	541
3. 蚕豌豆播种面积	千公顷	0.3	0.2	0.21	0.35
总产量	吨	441	447	462	760
4. 红小豆播种面积	千公顷	0	0.01	0.01	0.01
总产量	吨	0	17	17	16
5. 其他杂豆播种面积	千公顷	0	0.09	0.20	0.18
总产量	吨	0	360	788	711
（三）薯类播种面积	千公顷	1.02	2.49	2.70	3.57
总产量	吨	5708	14458	15348	19144
1. 红薯播种面积	千公顷	0.6	1.67	1.75	1.68
总产量	吨	3753	10596	10929	10413
2. 马铃薯播种面积	千公顷	0.42	0.82	0.95	1.89
总产量	吨	1955	3862	4419	8731
二、油料作物播种面积	千公顷	6.13	7.37	7.38	7.34
总产量	吨	7598	11374	11528	11493
1. 花生播种面积	千公顷	0.38	0.42	0.51	0.54
总产量	吨	1015	1134	1377	1458
2. 油菜子播种面积	千公顷	5.16	6.62	6.67	6.67
总产量	吨	5747	9761	9835	9805
3. 芝麻播种面积	千公顷	0.05	0.05	0.10	0.13
总产量	吨	116	88	176	230
4. 其他油料播种面积	千公顷	0.54	0.28	0.10	0
总产量	吨	749	391	140	0
三、棉花播种面积	千公顷	0	0	0	0.02
总产量	吨	0	0	0	20
四、烟叶播种面积	千公顷	0.06	0.06	0.03	0.04
总产量	吨	134	138	80	106
1. 烤烟播种面积	千公顷	0.01	0.02	0.02	0.03
总产量	吨	26	52	52	78
2. 晒（土）烟播种面积	千公顷	0.05	0.04	0.01	0.01
总产量	吨	108	86	28	28
五、药材种植面积	千公顷	0	0	0	0.19
总产量	吨	0	0	0	969

续表

指标名称	计量单位	2008年	2009年	2010年	2011年
六、蔬菜播种面积（含果用瓜）	千公顷	23.3	25.33	27.67	30.00
总产量	吨	814421	874000	884057	1003500
七、瓜果类播种面积	千公顷	1.42	1.45	1.48	1.47
总产量	吨	38081	41714	44903	46385
1. 西瓜播种面积	千公顷	0.93	1.13	1.15	1.15
总产量	吨	28040	35519	37869	39496
2. 甜瓜播种面积	千公顷	0.45	0.29	0.29	0.29
总产量	吨	9321	5655	6220	6280
3. 草莓播种面积	千公顷	0.04	0.03	0.04	0.03
总产量	吨	720	540	814	610
八、其他农作物播种面积	千公顷	13.22	11.12	11.69	12.75
青饲料播种面积	千公顷	3.42	3.57	2.95	3.74
绿肥播种面积	千公顷	6.61	6.14	5.39	7.31
其他农作物播种面积	千公顷	3.19	1.41	3.35	1.70
茶叶水果生产情况					
一、茶叶产量	吨	17334	16005	16110	18673
绿茶	吨	4316	8619	10200	10496
青茶	吨	0	0	0	0
红茶	吨	11122	6702	5620	5376
黑茶	吨	0	0	0	2182
黄茶	吨	0	0	0	0
白茶	吨	0	0	0	0
其他茶	吨	1776	261	280	628
紧压茶原料	吨	0	423	0	0
二、水果总产量	吨	58315	63872	71926	76550
1. 园林水果	吨	23315	22158	27023	30164
其中：桔	吨	10407	11461	12293	12700
柚	吨	773	809	1616	1857
桃	吨	1294	828	1580	2392
李	吨	1626	809	1951	2100
梨	吨	902	387	1056	2594
葡萄	吨	2274	2250	2821	3508
2. 瓜果类水果	吨	35000	41714	44903	46386
三、年末茶园面积	千公顷	5.8	6.07	6.12	6.12
其中：当年采摘	千公顷	4.97	5.4	5.79	6.12
四、年末果园面积	千公顷	4.25	6.05	6.42	6.42
其中：橘园	千公顷	1.3	1.3	1.30	1.17
桃园	千公顷	0.29	0.3	0.33	0.35
梨园	千公顷	0.43	0.43	0.43	0.45
葡萄园	千公顷	0.2	0.33	0.35	0.39

续表

指标名称	计量单位	2008年	2009年	2010年	2011年
林业生产情况					
油桐籽产量	吨	153	160	170	190
油茶籽产量	吨	2320	2410	2450	3050
棕片产量	吨	40	45	45	50
竹笋干产量	吨	2	3	4	4.5
板栗产量	吨	10	45	–	–
村及村以下木材采伐量	万立方	3.464	2.06	1.85	0.54
森林总蓄积量	万立方	341.2	353.2	364	371.06
森林覆盖率	%	42.73	42.91	42.48	42.49
畜牧业生产情况					
当年出栏猪头数	万头	257	258.29	232.92	207.27
出栏肉猪	万头	242	248	223.24	200.87
当年出栏和自宰的牛	万头	1.64	1.67	2.01	2.13
当年出售自宰的肉用羊	万只	1.88	1.92	2	2.13
当年出售自宰的家禽	万羽	177.9	237.78	255.51	265.67
当年出售自宰的肉用兔	万只	0.49	0.5	0.5	0.43
当年肉类总产量	吨	178662.9	183744	168656	152584
1. 猪肉产量	吨	173306.4	177418	161589	145203
其中：肉猪肉产量	吨	171371.4	176080	160525	144627
2. 牛肉产量	吨	2050	2088	2531	2662.5
3. 羊肉产量	吨	282	288	317	319.5
4. 禽肉产量	吨	2668.5	3567	3832	3985.5
当年牛奶产量	吨	2558	3020	3284	2892
当年蜂蜜产量	吨	0	2	3	3
当年禽蛋产量	吨	6886	7988	7997	8245
大牲畜存栏总头数	头	34600	35000	28000	29140
其中：牛存栏	头	34600	35000	28000	29140
生猪存栏	万头	136	129.4	122	112.25
其中：能繁殖的母猪	万头	15.8	15.4	14	13.45
山羊存栏	万只	4	3.52	3	2.54
其中：能繁母羊	万只	0.48	0.79	1	0.52
家禽存笼	万羽	254.75	276.6	285	287
其中:鸡	万羽	158.32	196	208	210.8
渔业生产情况					
水产品产量	吨	13337	14000	15260	16276
1. 淡水产品捕捞产量	吨	534	500	320	200
2. 淡水产品养殖产量	吨	12803	13500	14940	16.76

续表

指标名称	计量单位	2008年	2009年	2010年	2011年
淡水养殖面积	千公顷	4.23	4.45	4.45	4.45
1. 池塘养殖	千公顷	3.21	3.43	3.43	3.43
2. 湖泊养殖	千公顷	0.04	0.04	0.04	0.04
3. 河沟养殖	千公顷	0.01	0.01	0.01	0.01
4. 水库养殖	千公顷	0.97	0.97	0.97	0.97
农机水电能源情况					
农业机械总动力合计	千瓦	998094	1099136	1187121	1282195
其中：1. 柴油发动机总动力	千瓦	801680	889985	943838	1027031
2. 汽油发动机总动力	千瓦	57647	60164	86775	87476
3. 电动机动力	千瓦	135906	146126	153326	164506
4. 其他机械动力	千瓦	2861	2861	3182	3182
大中型拖拉机（混合台）	台	220	340	444	479
小型及手扶拖拉机	台	2781	3110	3425	3705
农用排灌柴油机	台	29208	30007	30400	30797
	千瓦	108756	113313	134064	134757
农用排灌电动机	台	18953	18953	20453	20453
	千瓦	62943	62943	67495	67495
农用水泵	台	48161	48960	50853	51250
联合收获机	台	1461	1950	2250	2400
农用运输车	辆	4865	5100	5200	5290
当年机耕面积	千公顷	84.74	92.64	92.81	90.51
有效灌溉面积（农田面积）	千公顷	48.51	48.51	48.51	48.66
旱涝保收面积	千公顷	47.96	48	48	48.2
易涝面积	千公顷	0.23	0.23	0.23	0.2
机电排灌面积	千公顷	27.99	27.99	27.99	27.99
年末实有水库	座	163	163	163	164
乡办水电站	个	2	2	2	2
发电量	万千瓦时	212	212	212	212
农用化肥施用量(实物量)	吨	105818	113883	117044	118717
1. 氮肥	吨	40244	42523	44898	44552
2. 磷肥	吨	17468	22943	25772	25806
3. 钾肥	吨	16439	13889	10601	10641
4. 复合肥	吨	31667	34528	35773	37718
农用塑料薄膜使用量	吨	700	705	739	651
农用柴油使用量	吨	9048	8266	8495	8816
农药使用量（实物量）	吨	2729	2705	2225	1825

表23

2008年乡镇资料

	单位	星沙镇	暮云镇	黄兴镇	榔梨镇	江背镇	黄花镇	春华镇	果园镇	路口镇	高桥镇	金井镇	福临镇	青山铺镇	安沙镇	北山镇	双江镇	跳马乡	干杉乡	白沙乡	开慧乡
居民委员会个数	个	12	2	1	3	4	3	1	2	2	1	2	1	1	2	3	1		1	1	1
村民委员会个数	个	7	11	11	5	12	21	12	7	8	10	14	10	7	21	18	10	18	8	10	6
乡镇行政区域面积	公顷	6900	6400	8400	3482	17500	17000	12500	6900	8800	11200	14400	8200	4600	15900	14500	6640	17713	7300	6140	5400
年末常用耕地面积	公顷	753	1468	2931	1104	4078	5400	3124	1367	1688	1694	2255	1860	1266	3929	3507	1203	3867	2132	1254	1290
乡镇总户数	户	23125	11673	13197	10562	15556	24652	12947	6966	8340	9112	12091	9104	5411	17431	16698	6260	17113	7320	5695	5023
乡镇总人口	人	58399	37607	47892	29430	57886	77623	44159	23705	27884	29648	42372	29405	18836	51986	52481	23065	58897	24592	19923	20827
农作物总播种面积	公顷	2170	4936	9877	2582	10809	14353	6909	3189	5210	5136	6780	4894	4195	9875	11067	3851	9399	4703	3700	3193
其中：粮食播种面积	公顷	1603	2603	4271	1846	7397	10207	5434	2610	3264	3621	4377	3787	2364	6835	7215	2313	4875	3240	2324	2494
粮食总产量	吨	10443	17631	29103	12558	50245	69087	36621	17745	22150	24206	29603	25464	15643	46288	48780	15697	33288	22000	15727	16861
肉类总产量	吨	2428	4995	4382	3939	8258	15764	9645	6069	12194	9970	13412	16517	8283	18513	16932	5225	8064	2224	6368	5300
财政总收入	万元	213800	30582	1199	39899	7519	13525	1774	920	439	2125	1830	150	179	2801.4	680.6	141	1258.7	3177	840	1205
财政支出	万元	3151	3207	1304	2295	6882	7975	1774	920	430	899	1763	150	179	1399.8	1203	141	8239.3	2023	840	1205
固定资产投资完成额	万元	56217	237372	24241	93624	43154	42708	11069	12566	8625	12287	24244	5875	9104	26650	20073	9028	24729	52688	3611	7082
其中：农业投资完成额	万元	115	526	4200	1860	549	7256	4164	2224	2623	4500	4285	1742	6155	4922	580	8160	1540	5180	1885	1962
小学校总数	个	17	10	12	6	14	20	13	8	8	8	8	8	6	11	11	7	15	8	5	4
小学在校学生总数	人	7600	2943	3141	2128	3384	4966	2405	1298	1500	1455	2390	1544	1051	2791	3215	1330	3657	1267	1052	1220
小学教师总数	人	258	150	162	128	179	297	152	81	99	88	136	96	65	165	170	75	188	82	64	64
中学校总数	个	6	2	2	3	3	2	2	1	1	1	2	2	1	2	3	1	3	1	1	2
中学在校学生总数	人	12000	1080	1294	6648	1455	2024	1020	610	486	700	2358	1341	561	3752	1231	550	1371	409	332	615
中学教师总数	人	850	127	135	312	152	203	130	55	70	71	235	131	54	267	137	45	122	58	39	46
幼儿园、托儿所	个	28	5	13	6	7	9	6	6	3	9	3	3	4	7	5	2	20	6	2	2
医院、卫生院	个	18	4	2	2	3	1	2	1	3	1	4	1	4	3	3	1	3	1	1	1
医生数	人	85	28	60	27	182	76	35	33	40	24	70	38	25	80	45	29	59	12	18	40
病床数	个	250	420	45	52	215	110	45	42	70	20	95	30	40	172	75	40	73	20	15	20
居民储蓄存款余额	万元	180000	80446	23428	43200	18860	40213	2200	11000	12020	5250	13800	35816	12109	16172	26273	5240	332.6	9265	5063	5500
农民人均纯收入	元	9617	10465	9506	8800	7554	7420	5866	5500	5621	4690	4600	5109	7025	7398	6050	5192	7261	7400	3609	4710
敬老院、福利院	个	1	1	1	1	1	2	1	1	1	1	1	1	1	3	1	1	1	1	1	1
现收养人数	人	3	20	56	39	175	52	62	48	25	45	57	51	50	84	52	15	34	46	41	23
参加农村新型合作医疗	人	56341	36600	44291	28623	57820	72422	43215	21412	27034	27216	42113	27093	17422	50982	50472	22332	54344	23105	19662	19396
享受居民最低生活保障	人	5450	462	1558	1825	1834	4012	350	984	117	1777	2600	1238	1082	2836	2606	1560	2402	917	1200	1295

表24

2009年乡镇资料

	单位	星沙镇	暮云镇	黄兴镇	梨梨镇	江背镇	黄花镇	春华镇	果园镇	路口镇	高桥镇	金井镇	福临镇	青山铺镇	安沙镇	北山镇	双江镇	跳马乡	干杉乡	白沙乡	开慧乡	合计
居民委员会个数	个	13	2	1	3	4	3	1	3	2	1	2	1	1	2	3	1	1	1	1	1	47
村民委员会个数	个	7	11	11	5	12	21	12	7	8	10	14	10	7	21	18	10	17	8	10	6	225
乡镇行政区域面积	公顷	6900	6400	8415	3482	17500	17000	13000	6900	8900	11200	14400	8200	4600	15900	14500	6640	17713	7300	6140	4600	199690
年末常用耕地面积	公顷	524	1468	2933	1104	4075	6210	3124	1367	1710	1592	2313	1860	1167	3929	3693	1310	3854	2184	1254	1560	47231
乡镇总户数	户	24194	10068	13320	10387	16659	25229	12979	7118	8431	9123	12136	9122	5459	17544	16817	5939	17366	7370	5683	6140	241084
乡镇总人口	人	61544	34623	48658	29492	58153	79574	44069	23890	28073	29770	42421	29617	18941	51933	53569	21643	59711	24740	20024	21527	781972
农作物总播种面积	公顷	2323	5098	10309	2917	11662	14511	6882	3548	5663	5581	7098	5125	4486	10276	11382	5472	6700	5514	3744	3589	131880
其中：粮食播种面积	公顷	1590	2786	4105	2010	7652	10373	5724	2875	3721	3736	4578	3990	2506	6919	7288	2763	4957	3529	2685	2740	86527
粮食总产量	吨	10687	18497	27497	13496	51164	68685	38004	19317	24886	24673	30696	26432	16673	46171	47940	18352	33077	23440	17836	18342	575865
肉类总产量	吨	1660	4110	5805	3722	7595	14688	10383	7510	12596	10012	13465	17848	8288	18232	20068	4595	9260	2700	6009	5223	183770
财政总收入	万元	246110.8	38129.3	3424.5	53898	10057.3	26884.8	1219.4	761	571.8	2885	3331.3	996	645	2404	1166.3	565	2138.5	1122.3	520	1020	397850.3
财政支出	万元	4571	3158	1110.52	1646	2206	2488	1219.4	761	717	1107	1767.8	678	545	1461	1466	565	1388	989	520	1019	29382.72
固定资产投资完成额	万元	156000	355281	36395	103503	77500	52049	13810	19784	12023	15600	36210	7748	12429	40000	47593	14193	53300	66006	4197	13060	1136681
其中：农业投资完成额	万元	100	3655	12745	5500	16550	7500	3218	2304	2710	8500	8831	1670	6540	5053	5101	9386	14060	3176	1937	2024	120560
小学校总数	个	13	10	12	6	14	20	13	5	8	9	8	6	4	11	12	6	15	8	5	4	189
小学在校学生总数	人	8780	3005	3279	2125	3342	4967	2385	1323	1500	1360	1983	1503	925	2891	2412	1286	3486	1154	995	1093	49794
小学教师总数	人	315	183	153	132	195	298	148	78	99	89	128	61	54	170	113	72	174	76	59	68	2665
中学校总数	个	6	2	2	3	2	2	2	1	1	1	2	1	1	2	2	2	1	1	1	1	36
中学在校学生总数	人	12200	1126	1536	6542	1196	2025	890	610	486	747	1980	965	540	3422	1364	740	1500	513	375	623	39380
中学教师总数	人	860	90	131	315	104	203	130	55	70	62	209	70	52	270	102	48	120	56	33	42	3022
幼儿园、托儿所	个	28	6	7	6	7	9	10	6	3	11	4	5	8	8	5	2	5	5	2	2	139
医院、卫生院	个	18	4	2	2	3	1	2	1	2	1	4	1	1	3	2	1	3	1	1	1	54
医生数	人	260	105	30	81	44	43	34	15	49	16	37	14	7	52	34	4	38	11	7	21	902
病床数	个	360	348	35	179	86	20	54	30	143	20	103	30	20	132	41	18	72	20	15	20	1746
居民储蓄存款余额	万元	21000	96535	30380	62230	24600	42213	2500	15330	12620	8000	15000	36100	13517	18129	26502	6718	36000	11364	5150	7234	491122
农民人均纯收入	元	11061	12244	10932	12135	9889	8919	6716	6700	6059	5388	6110	5868	7727	8433	8000	5972	10200	8295	4063	5887	160598
敬老院、福利院	个	1	1	1	1	1	2	1	1	1	1	1	1	1	3	1	1	1	1	1	2	24
现收养人数	人	8	16	52	37	63	52	62	52	41	53	60	56	50	84	55	50	54	36	51	26	958
参加农村新型合作医疗	人	16407	28803	44945	21632	52989	69064	40161	21907	25321	27138	38328	26726	17692	47570	48412	20344	55643	23153	19111	19443	664789
享受居民最低生活保障	人	9382	606	1573	3315	2864	2028	2200	1003	220	1780	2506	1304	1020	2836	2544	615	2610	940	1169	1288	41803

表25

2010年乡镇资料

	单位	星沙街道	泉塘街道	湘龙街道	暮云镇	黄兴镇	榔梨镇	江背镇	黄花镇	春华镇	果园镇	路口镇	高桥镇	金井镇	福临镇	青山铺镇	安沙镇	北山镇	双江镇	跳马乡	干杉乡	白沙乡	开慧乡	合计
居民委员会个数	个	15	12	9	4	1	3	4	3	1	3	2	1	2	1	1	2	3	1	2	1	1	1	73
村民委员会个数	个	0	0	0	11	11	5	12	21	12	7	8	10	14	10	7	21	18	10	17	8	10	6	218
乡镇行政区域面积	公顷	2453	2084	2263	6400	8415	3482	17500	17000	13000	6900	8900	11200	14400	8200	4600	15900	14500	6640	17713	7300	6140	4600	199590
年末常用耕地面积	公顷	114.67	40.5	284.45	1468	2891	1104	4075	6210	3124	1367	1710	1592	2313	1860	1166.7	3929	3693	1310	3854	2338	1254	1560	47258.32
乡镇总户数	户	15190	4408	6128	10268	13644	10784	16799	25785	13110	7236	8452	9086	12171	8968	5475	17746	16718	5948	17576	7531	5729	6178	244930
乡镇总人口	人	37544	12523	15733	34935	49831	30011	58479	81160	44334	24081	27968	29386	42308	28848	18743	52219	52366	21374	60004	24991	20112	21616	788566
农作物总播种面积	公顷	234	177	1175	4614	11775	2911	12179	14087	7312	3857	5290	5426	7577	4962	3398	9807	12209	6838	7873	5898	3952	3839	135390
其中：粮食播种面积	公顷	234	150	648	2836	3943	2071	7861	10245	5839	2887	3783	3674	4729	3931	2458	7076	7289	3037	5032	3791	2704	2779	86997
粮食总产量	吨	1538	938	4308	18429	25716	13500	50932	66429	37980	18743	24659	23747	30837	25591	15910	46009	47284	19475	32762	24206	17504	18089	564586
肉类总产量	吨	376	215	2058	3418	6258	2500	7667	14662	9185	9765	8622	7178	10639	15180	8935	18225	17555	3929	9234	3129	4993	4933	168656
财政总收入	万元	200927	96836	21045	59623	1344	83948	6992	43686	288	520	615	602	2288	207	137	2832	1129	145	1648	1725	161	354	527052
财政支出	万元	2216.75	1200.1	1244.75	5191.22	2372.13	3309.87	2398.96	5360.43	1208.92	1581.35	856.79	1317.68	2580.42	1302.23	839.88	2667.92	1426.13	724.9	1787.6	2790.55	854.97	2654.21	45887.76
固定资产投资完成额	万元	87256	66986	98308	416075	51277	135412	100897	71543	16261	25233	14230	22097	41644	9522	14000	56350	60740	7243	61513	88386	4422	30079	1479474
其中：农业投资完成额	万元	0	340	409	3750	2409	5000	7371	7600	7890	3205	2680	14154	11099	3867	7270	5053	6950	5240	4500	6385	1612	0	106784
小学校总数	个	3	4	2	10	14	6	14	20	13	5	8	9	8	6	4	11	10	6	14	7	4	4	182
小学在校学生总数	人	6416	1826	2290	3005	3350	2243	3232	4969	2249	1127	1560	1228	1848	1388	944	2900	2276	1260	3403	1110	911	1093	50628
小学教师总数	人	214	173	71	183	156	136	179	299	139	74	99	81	114	92	54	175	144	71	162	73	54	68	2811
中学校总数	个	2	2	0	2	2	2	2	2	2	1	1	1	2	1	1	2	2	2	1	1	1	1	33
中学在校学生总数	人	3790	1206	0	1134	1864	6078	1251	2027	1084	864	490	747	2131	922	558	3455	1417	652	1631	513	453	623	32890
中学教师总数	人	238	83	0	90	132	291	106	204	119	54	70	71	206	69	48	275	133	49	111	58	32	42	2481
幼儿园、托儿所	个	34	22	18	6	7	5	7	10	9	5	3	11	4	6	6	8	12	2	5	6	2	2	190
医院、卫生院	个	6	0	0	4	2	3	3	1	2	1	2	1	1	1	1	3	1	1	3	1	1	1	39
医生数	人	578	0	0	105	36	96	47	35	32	18	55	15	36	16	7	60	34	6	39	13	8	22	1258
病床数	床	1444	0	0	348	51	594	89	62	54	40	170	30	106	40	20	173	60	18	67	20	19	20	3425
居民储蓄存款余额	万元	21000	5363	30000	97530	42103	94660	29429	42516	2800	19220	13600	6824	18000	27300	14023	18168	27508	8800	42000	19500	4806	7544	592694
农民人均纯收入	元	13500	13489	13416	15060	13188	15048	11480	11149	7880	7998	7120	7006	8200	6732	9272	9698	9928	6778	11248	9557	4826	6890	219463
敬老院、福利院	个	0	0	0	1	1	1	1	3	1	1	1	1	1	1	1	3	1	1	1	1	1	1	23
现收养人数	人	0	0	0	16	52	22	53	39	62	52	41	53	66	56	63	90	58	40	52	35	51	42	943
参加农村新型合作医疗	人	3148	5193	8066	28803	44945	21632	52989	69064	40161	21907	25321	27138	38328	26726	17692	47570	48412	20485	55643	23153	19111	19443	664930
享受居民最低生活保障	人	6088	1775	961	1797	1684	3137	2671	2320	2220	1071	231	1968	2393	1385	1020	2836	2654	1493	2673	957	1174	1170	43678

表26

2011年乡镇资料

	单位	星沙街道	泉塘街道	湘龙街道	暮云镇	黄兴镇	榔梨镇	江背镇	黄花镇	春华镇	果园镇	路口镇	高桥镇	金井镇	福临镇	青山铺镇	安沙镇	北山镇	双江镇	跳马乡	干杉乡	白沙乡	开慧乡	合计
居民委员会个数	个	15	9	12	4	1	3	4	3	1	3	2	1	2	1	1	2	3	1	2	1	1	1	73
村民委员会个数	个				11	11	5	12	21	12	7	8	10	14	10	7	21	18	10	17	8	10	6	218
乡镇行政区域面积	公顷	2453	2084	2263	6400	8415	3482	17500	17000	13000	6900	8900	11200	14400	8200	4600	15900	14500	6640	17713	7300	6140	4600	199590
年末常用耕地面积	公顷	114.67	51.1	284.45	1468	2817	1104	4975	6210	3696	1367	1710	1592	2313	1860	1167	3929	3693	1310	3848	2371	1254	1566	48700.22
乡镇总户数	户	15864	5048	6918	10677	13949	11014	16901	26263	13190	7348	8506	9109	12210	9027	5501	17945	16830	5986	17827	7668	5780	6210	249771
乡镇总人口	人	39672	14659	17108	35807	51166	30677	59029	82973	44478	24393	28276	29635	42685	29010	18906	52726	52782	21346	60913	25443	20292	21885	803861
农作物总播种面积	公顷	212	81	913	4798	8938	2950	11379	13420	7493	4122	5969	5819	7768	5207	4555	10934	12394	7213	8041	6196	4155	3944	136502
其中：粮食播种面积	公顷	212	81	572	2771	3817	2106	7992	10307	5813	2896	3816	3794	4760	3947	2487	7262	7515	3034	5013	3762	2771	2801	87529
粮食总产量	吨	1453	554	3912	18770	25641	14127	53524	69185	39292	19534	25860	25235	32137	26636	16612	48461	49753	20076	33724	24767	18427	18802	586482
肉类总产量	吨	159	449	1473	3658	5522	2062	7088	8504	8751	6415	8939	7429	8859	13649	7575	18621	15925	5268	6750	2344	7561	5582	152584
财政总收入	万元	299348	124539	140494	77533	1604	142575	9888	56670	559	523	702	826	1676	236	576	3107	1016	92	2695	1505	241	534	866939
财政支出	万元	2524	1613	1878	4816	1439	4378	2196	3365	1604	1384	1296	1380	3108	1401	1232	2336	2186	1240	1760	1646	1845	2534	47161
固定资产投资完成额	万元	109448	157576	123055	412186	64167	234504	186911	100181	18375	28090	14560	24000	72629	7679	9008	135011	75842	2150	72819	115037	3811	9120	1976159
其中：农业投资完成额	万元	0	35.14	491	0	7800	6500	7371	7800	8575	7500	6400	18000	22000	4120	294	6098	8340	2150	6820	6700	1424	0	128418.14
小学校总数	个	4	4	2	10	14	6	14	21	13	5	8	7	8	6	4	11	10	6	14	5	4	4	180
小学在校学生总数	人	7201	1956	3265	3150	3290	2402	3062	5200	2175	1062	1572	1123	1680	1327	865	2928	2152	1248	3318	999	886	1120	51981
小学教师总数	人	265	173	85	183	152	111	182	230	132	72	87	78	110	90	54	177	140	75	173	72	54	68	2763
中学校总数	个	2	2	0	2	2	3	2	2	2	1	1	1	2	1	1	2	2	2	1	1	1	1	34
中学在校学生总数	人	4647	1356	0	1205	1840	5980	1255	2400	1167	655	520	739	2108	828	587	3508	1367	648	1699	550	421	650	34130
中学教师总数	人	300	86	0	90	134	339	105	200	120	52	46	71	210	68	36	280	125	51	119	55	32	42	2561
幼儿园、托儿所	个	43	26	18	6	11	6	7	14	9	5	3	10	6	4	4	8	12	2	20	6	2	2	224
医院、卫生院	个	9	0	0	4	2	3	3	1	2	1	2	1	1	1	1	3	1	1	3	1	1	1	42
医生数	人	444	0	0	105	39	113	45	47	32	18	68	16	39	14	11	75	30	7	41	13	8	12	1177
病床数	床	702	0	0	350	55	594	110	53	54	40	240	30	106	40	19	178	60	22	71	20	19	20	2783
居民储蓄存款余额	万元	153000	9676	36600	99840	47350	99540	35568	43652	2800	24210	14100	14259	25000	36859	18893	43243	33058	9700	62577	25100	5423	7564	848012
农民人均纯收入	元	25638	21960	22916	20288	15698	19425	13542	14274	9480	9991	9072	8750	11088	7878	10673	11445	12201	8166	13275	11436	5694	8271	
敬老院、福利院	个	0	0	0	1	1	1	1	4	1	1	1	1	1	1	1	1	1	1	1	1	1	1	22
现收养人数	人	0	0	0	30	50	14	45	69	50	50	48	52	63	50	55	52	58	42	51	35	50	71	935
参加农村新型合作医疗	人	2022	5193	8066	31789	47133	25849	53941	71963	41379	22170	26005	27027	39198	26807	17954	48550	48323	20371	56111	23953	19112	20454	683370
享受居民最低生活保障	人	6087	1945	601	1704	1690	2066	1838	3140	2283	1104	361	1444	1917	1470	1228	2412	2411	1520	2675	960	1214	1151	41221

表27

长沙县社区居委会一览表

街道（乡镇）	序　号	社　区	办公地址	书　记	电　话
果园镇	1	大河社区	果园大道289号	罗术良	13874838785
	2	杨泗庙社区	果园集镇	黄志恒	13975884169
	3	月形山社区	二组	黄师勇	13907493608
高桥镇	4	荷塘社区	茶香南路55号	宋觉明	13517480763
黄兴镇	5	接驾岭社区	黄兴镇接驾岭路232号	邓菊秀	13787268624
黄花镇	6	黄花路	黄花路社区和谐里2号	方觉辉	13907492687
	7	黄谷路	黄花镇商业街156号	胡炳坤	13787156333
	8	机场口	机场口社区市场路	吕泽宏	13907492472
路口镇	9	路口社区	振兴路97号	彭术祥	13975177307
	10	麻林社区	井坡组印山学校	彭　刚	13874878488
安沙镇	11	安沙社区	安沙组	熊四明	13874974017
	12	毛塘社区	毛塘铺组	彭中术	13974973733
北山镇	13	荣合桥社区	荣合桥社区虎尾湾组	常启威	15874177055
	14	蒿塘社区	蒿塘南路18号	毛建明	13874925451
	15	新桥社区	新桥北路188号	黎国强	13907318060
暮云镇	16	暮云社区	暮云市曹塘街11号	肖正国	13607490105
	17	南托岭社区	南托岭社区市场路98号	刘建先	13975874325
	18	云塘社区	山水南雅	张先明	13874966279
	19	华月湖社区	还在筹建阶段		
青山铺镇	20	青山社区	青山铺镇集镇	蔡国其	13974858169
	21	脱甲社区	脱甲街	李国铀	13874966279
	22	金井社区	金井社区	杨艳君	13974893681
江背镇	23	江背社区	江背集镇	陈　建	13875952580
	24	朱家桥社区	朱家集镇	张宏伟	13975881228
	25	梅花社区	梅花集镇	陈长余	13974922968
	26	五美社区	五美集镇	卢建国	13975177310
干杉乡	27	干杉社区	下大屋组	黄国洪	13467664696
双江镇	28	罗代社区	双江镇罗代集镇	罗柏松	13707491767
跳马镇	29	金屏社区	水竹塘组	邹志强	13974954818
	30	班竹塘社区	水竹塘组	杨正国	15974200111
春华镇	31	春华社区	春华镇新街	祖运香	13975819368
福临镇	32	福临铺社区	福临铺社区晏公旁组	张柏林	15084750146

续表

街道（乡镇）	序号	社区	办公地址	书记	电话
榔梨镇	33	陶公庙社区	陶公庙社区临湘山	张　琴	13973154202
	34	土岭社区	土岭社区恒凯市场	薛学林	13574825239
	35	大园社区	大园社区振园	柳正武	13707491826
开慧镇	36	板仓社区	板仓山庄	陈良辉	13874912881
白沙乡	37	李家山	陈家冲组	范田茂	13807489836
星沙街道	38	牛角冲社区	一区15栋86号	康国民	13973158818
	39	杉仙岭社区	六区49栋237号	曹罗生	13974914878
	40	黄金塘社区	杉星安置房7栋前（老年活动中心）	曹罗生	13974914878
	41	杨梅冲社区	阳光丽景四号栋109、110号门面	苏　宇	13548606680
	42	开元路社区	开源鑫阁4B栋8-12缝	廖交林	15084998900
	43	封刀岭社区	佳美星城二期门面	熊　红	13875829345
	44	望仙桥社区	茶叶市场B7栋二楼206~210号	范先顺	13975113693
	45	大西冲社区	诺亚山林维也纳园1栋104、105号	童　晗	13469051899
	46	金茂路社区	天华路57号	康国民	13973158818
	47	凉塘路社区	四区43栋	曹罗生	13974914878
	48	灰埠社区	东升路88号	夏继承	13607492428
	49	松雅社区	松雅安置区B32栋	王　聪	13548609302
	50	星城社区	星城社区A区218号	杨玉泉	13874984119
	51	碧桂园社区	星沙大道325号屋村101号	李红利	13974997696
	52	广生塘社区	开元东路龙塘组	杨　均	15874801827
湘龙街道	53	中南社区	中南汽车世界G37-109	冯　娟	13787111708
	54	湘景社区	星沙汽配城27栋2楼	胡晓明	13637426000
	55	湘绣社区	湘绣城C6栋5单元	梁学林	13975888880
	56	潇湘路社区	潇湘路社区安置房A24栋197号	杨克辉	13907491588
	57	湘瑞社区	湘瑞家园5栋2楼办公室	彭东浩	15874978058
	58	湘郡社区	世景华庭10栋108号门面	陈昱烨	13687391303
	59	湘滨社区	万家丽北路68号山水湾C01栋3单元106室	艾　兵	13808429520
	60	湘润社区	万家丽北路68号山水湾C01栋3单元106室	艾　兵	13808429520
	61	水渡坪社区	长沙县湘龙街道石子铺	熊建宏	13507454188
	62	石子社区	石子村部（戚家组）	杨海军	13874974695
	63	高沙社区	高沙村村部	戴自力	13974948022
	64	土桥社区	土桥学校（桎木湾组）	杨克辉	13907491588

续表

街道（乡镇）	序　号	社　区	办公地址	书　记	电　话
泉塘街道	65	丁家岭	丁家村原村部	戴树根	13874887658
	66	长桥	泉塘村原村部	杨建国	13607493061
	67	板桥	板桥安置小区262号	谭志强	13875967433
	68	小塘路	泉塘安置小区E12栋	刘国强	13875974791
	69	泉塘	泉塘安置A18栋	倪云贵	13607492738
	70	阳高	星城国际丁香苑3栋109门	孔群英	13637421801
	71	泉星	物流园	彭铁军	13808491215
	72	梨江	板仓南路26号尚都花园107门	陈　灿	13467676545
	73	星港	早安星城愿景1栋101、102	曹阳路	13548682760

表28

长沙县村民委员会一览表

（3个街道2个乡17个镇218个村委会）

街道（乡镇）	序　号	村委会	办公地址	书　记	电　话
果园镇	1	红花村	樟术组	周文忠	13787053622
	2	金江新村	新屋湾组	李季武	13975851208
	3	田汉村	代家组	田　清	13973199816
	4	双河村	五七组	文克政	15874899222
	5	古楼新村	三字祥组	龙　文	13548986788
	6	花果村	大木组	田建斌	13874974591
	7	新明村	仓场组	黄科建	13574823518
高桥镇	8	高桥村	高桥镇转盘	吴刚仕	13786156058
	9	维汉村	维汉村复兴桥	李松益	13574173394
	10	凤山村	凤山村董家组	汤仲国	13874940118
	11	白石源村	白石源村塝上屋组	王海军	13875929638
	12	合兴桥村	合兴桥村虹桥一组	陈志奇	13786181699
	13	金桥村	金桥村荷花居民点	叶自刚	13687386718
	14	百录村	百录村大屋组	肖先聪	13875906578
	15	双龙村	双龙村岳龙组	史勇维	13975810549
	16	范林村	范林村兰冲组	单桂新	13739082988
	17	桐仁桥村	桐仁桥村白鹭湖宾馆正门对面	曾志武	13755159247
黄兴镇	18	沿江山村	沿江山村胡家段组	董勇仕	13607437439
	19	仙人市村	黄兴镇仙人市村塘湾组	刘　兵	13874930592
	20	蓝田新村	黄兴镇蓝田新村乌鸡塘组	章志云	13607460410

续表

街道（乡镇）	序　号	村委会	办公地址	书　记	电　话
	21	鹿芝岭村	长沙县黄兴镇鹿芝岭村李家园组	杜放明	13975888388
	22	打卦岭村	打卦岭集镇	刘国芝	13875990957
	23	黄兴新村	黄兴新村中强组	罗建辉	13975888085
	24	金凤村	长沙县黄兴镇金凤村	刘良湘	13975818628
	25	光达村	黄兴镇光达村榔术组	罗友超	15874113999
	26	太平村	太平村力山子组	刘镇西	13469054147
	27	荣河村	荣河村自力组	苏正军	13517313738
	28	高塘村	黄兴镇高塘村原兰园小学	陈新仕	15874813638
黄花镇	29	高岸村	老高岸小学	刘其伟	13637423899
	30	金塘村	金甲集镇	王恒军	13973141318
	31	茶塘村	师古坝组（开元东路旁）	唐茂宁	13787083945
	32	回龙村	夏家祠堂	周逢春	13874878199
	33	长龙村	长介集镇	方　胜	15084793089
	34	鱼塘村	鱼塘小学	唐仕文	13975177334
	35	东塘村	大矛山	王　伟	13507471672
	36	新江村	新塘预制场	肖迪武	13908461118
	37	谷塘村	蛟塘小学	王德夫	13517479276
	38	大兴村	前伏组	罗万立	13875969305
	39	湘峰村	新湘小学（荷塘组）	陈明武	13874928959
	40	银龙村	刘家冲	王德雄	13507455248
	41	黄花村	黄花村村部	陈德辉	13607491306
	42	大路村	原木马小学	祖文青	13874954708
	43	龙湖村	龙家滩完小	鲍德兴	13787178412
	44	合心村	合心小学傍	陈谥伦	13507497638
	45	梁坪村	原华兴小学	梁智谋	13507470729
	46	长丰村	老石丰村部（S207旁）	柳应龙	13507462089
	47	崩坎村	崩坎街上	粟长庚	13974971704
	48	华湘村	原排头村部（大塘湾组）	曹期辉	13907480688
	49	黄龙村	黄龙村部（远大路边）	瞿孟来	13507461298
路口镇	50	花桥湾村	山脚组92号	刘文聪	13974937642
	51	路口村	三惠路17号	吴建刚	15084710799
	52	长春村	新联组	叶立文	13467559709
	53	上杉村	万家塘组	冯正武	13755052778
	54	明月村	浸塘组	杨义明	13517408236
	55	荆华村	远坊组	吴格山	13487561235
	56	万年桥村	过路神组	杨勇仕	13787410868
	57	麻林村	托上组	余国怀	13974950823

续表

街道（乡镇）	序　号	村委会	办公地址	书　记	电　话
安沙镇	58	双冲村	东冲组	罗来国	13755079449
	59	宋家桥村	宋家桥组	杨　剑	13808476538
	60	万家铺村	栏杆屋组	柳泽林	13974896939
	61	唐田新村	唐田组	杨　华	13755183811
	62	五龙山村	大树湾	王小晃	18207495826
	63	油铺村	油铺组	邹海平	13787127678
	64	太兴村	中间屋组	金建湘	13873198049
	65	和平村	董家咀组	陈明高	13974984919
	66	新华村	照壁屋组	黄自力	13974960448
	67	文家段村	同古堂组	黄　超	13507405135
	68	鼎功桥村	董家湾组	马军武	13874940293
	69	花桥村	花桥屋组	冯　亮	18674855918
	70	黄桥村	板石塘组	范四伟	13467310381
	71	泗州村	时春铺组	朱国初	13874814138
	72	龙华新村	王家咀组	马海军	13908451171
	73	杨子冲村	毛屋咀组	唐罗生	13974922015
	74	梅塘村	梅塘组	方月忠	13875948275
	75	谭坊新村	黄谷塘组	周建明	13487598503
	76	白塔村	白塔组	黄志良	13808431630
	77	三合村	毛家沱组	柳俊明	13875967878
	78	水塘垅村	大桥组	庄二龙	13973159898
北山镇	79	高仓村	高仓村青塘脚组	陈星期	15802668105
	80	金星村	金星村黎塘冲组	何建新	13807485208
	81	牌楼村	牌楼村牌楼小学	陈意军	13707494060
	82	北山村	北山村村干部家	吴铁雄	13307314078
	83	西湖村	西湖村熊家场组	杨启明	15802589448
	84	福安村	福安村石塘坡组	易定奎	13787248968
	85	五福村	五福村集中组	熊铁军	13974919087
	86	福田村	福田村村干部家	黄　灿	13973163285
	87	常乐村	常乐村大塘脚组	刘云伟	13707491558
	88	青田村	青田村仓场组	常望元	13517481577
	89	明月村	明月村毛屋咀组	任碧海	13974933442
	90	狮山村	狮山村新塘组	杜应军	13975801109
	91	新桥村	新桥村凼里屋组	周加长	13187096313
	92	王公桥村	王公桥村石头塘组	黄自立	13974993621
	93	福高村	福高村村干部家	熊　威	13875849958
	94	新云村	新云村佘家塘组	毛树立	13974940106

续表

街道（乡镇）	序　号	村委会	办公地址	书　记	电　话
	95	官桥村	官桥村马家大屋组	胡正球	13786153678
	96	新中村	新中村新中小学	黄　彪	13508489133
暮云镇	97	兴马村	暮云镇兴马小学	宋明亮	13808430855
	98	高云村	高云安置区西二区	邓系秋	13974984210
	99	三兴村	暮云镇三兴村丰塘组	朱忠泽	13507441278
	100	牛角塘村	牛角塘市场内	朱拉练	13874836518
	101	莲华村	莲华村安置区内	周新辉	13974903102
	102	沿江村	暮云镇沿江村团元子组	张国庆	13975851209
	103	南塘村	南塘小学三楼东侧	陈果茂	13873166008
	104	暮云新村	暮云新村横冲子组（暮云小学旁）	唐学斌	13974935459
	105	北塘村	北塘村896号（107国道与南湖大道交汇处）	张建文	13507461991
	106	许兴村	许兴村雄黄塘组（原许兴小学）	向新建	13677329008
	107	西湖村	西湖安置A区	陈科炎	13707490580
青山铺镇	108	天华村	青山铺镇天华村文书塘组	杨　义	13755174688
	109	赛头村	青山铺镇赛头村茂林湾组	袁　康	13755124488
	110	青山村	青山铺镇青山村青山铺组	杨开灿	13308474638
	111	广福村	青山铺镇广福村卢家塘组	杨　平	13975811461
	112	洪河村	青山铺镇洪河村高叶塘组	罗泽良	13974918665
	113	黄鹤村	青山铺镇黄鹤村学塘旁组	杨立伟	13874928269
	114	梅数村	青山铺镇梅数村村集镇	彭立志	13875905598
金井镇	115	九溪源村	九溪源村郝家屋组	林革新	13974993265
	116	金龙村	金龙村许家塘组	宋海晏	13787163147
	117	拔茅田村	拔茅田村	杨六林	13755142932
	118	东山村	东山村灵官坪组	杨志超	13574826968
	119	观佳村	观佳村中心组	颜金龙	13975863098
	120	惠农村	惠农村洪家垅	陈金禄	13975861186
	121	涧山村	涧山村金月组	饶跃进	13787292046
	122	龙泉村	龙泉村踏月组	杨玉德	13548531308
	123	蒲塘村	蒲塘村街上组	杨迪志	13975862446
	124	沙田村	沙田村湾里屋组	易海龙	13517408397
	125	新沙村	新沙村大屋里组	王长亿	13975861169
	126	脱甲村	脱甲村六组	林长寿	13574854206
	127	王梓园村	王梓园村高家组	张学明	13875946893
	128	西山村	西山村金家造	林金良	13808430456
江背镇	129	楠木村	原楠木学校	唐　林	13808491465
	130	印山村	印山集镇	李焕然	13973154418
	131	特立村	特立村观音塘组	陈益明	13517472429
	132	湘阴港村	泉塘垅组	许国军	15173169002

续表

街道（乡镇）	序　号	村委会	办公地址	书　记	电　话
	133	金洲村	饭铺组	周月乔	13975811511
	134	古井村	万古桥组	陈开其	13974889800
	135	福田村	阳雀组	刘海斌	13907491895
	136	肖排村	代家组	陈新民	13974954108
	137	阳雀新村	阳雀学校	夏卫书	13548638028
	138	五福村	印子屋组	卢　建	13808491788
	139	砖田新村	砖田学校	卢海军	13508472480
	140	乌川湖村	向阳组	李星高	15874006868
干杉乡	141	百祥村	百祥村山字墙组	彭志勇	13874979270
	142	大岭村	大岭村池家湾	刘松林	13469433499
	143	石弓湾村	石弓湾村太阳冲组	易俊雄	13607493742
	144	长安村	长安新村荷塘组	罗冬文	13975855981
	145	斗塘新村	斗塘新村第四组	盛伟兵	13875811618
	146	万龙村	万龙村新屋声场组	易义军	13975177958
	147	车马村	干杉乡车马村小学	邹文彬	13875816410
	148	新建村	新建村上易家冲组	黄炳炎	15073161708
双江镇	149	农裕村	双江镇农裕村下李家堆组	饶焱凡	13574876222
	150	大桥村	双江镇大桥村毛元里组	陈光辉	13469440837
	151	团山村	双江镇团山村坟里屋组	罗雪芹	13974920401
	152	青山村	双江镇青山村青山铺组	饶政文	13507488296
	153	龙华村	双江镇龙华村聊江边组	陈文建	13874941059
	154	赤马村	双江镇赤马村洪家屋组	罗平雄	13975855239
	155	双江村	双江镇双江村街上组	罗树红	13807490127
	156	石板村	双江村石板村石板桥组	杨革新	13975878211
	157	山笔村	双江镇山笔村早禾元组	喻应祥	13548956177
	158	石井村	双江镇石井村荷家屋组	金定军	13874810822
跳马镇	159	双溪村	求是组	熊虎威	13875813936
	160	白竹村	菱角塘组	王　浪	13974901213
	161	石燕湖村	上湾组	廖运林	13647481048
	162	田心桥村	楚家湾组	张　利	13874977045
	163	新田村	落金坝组	吴正伟	13574133489
	164	喜雨村	团田组	张国军	13607445476
	165	冬斯港村	团屋组	游树根	13974933258
	166	曙光垸村	科家园组	黄文武	13874838655
	167	梅怡岭村	梅怡组	廖学仕	13874958776
	168	石桥村	孙家组	刘德兴	13973161248
	169	三仙岭村	藕塘组	凌　峰	15973158845
	170	关刀村	湾塘组	周建存	13974814762

续表

街道（乡镇）	序　号	村委会	办公地址	书　记	电　话
	171	嵩山村	青草冲组	黄　进	13787808899
	172	跳马村	下石塘组	夏海军	13975811765
	173	复兴村	倪家湾组	宋大明	15873126030
	174	杨林村	大屋湾组	朱新尧	13973183598
	175	沙仙村	流沙塘组	黄长明	13517337998
春华镇	176	春华山村	春华山村高丰塘组	黄科喜	13808490067
	177	松元村	松元村柳家组	张检辉	13657404368
	178	武塘村	武塘村合力组	杨春红	13755078358
	179	官塘村	官塘村秀才湾组	祖跃先	13574138379
	180	九木村	九木村水波组	龙新阳	13875992574
	181	大鱼塘村	大鱼塘村大鱼组	陈菊香	13787790564
	182	金鼎山村	金鼎山村合兴组	石正良	15802627188
	183	龙王庙村	龙王庙村永丰组	龙湘华	13975861579
	184	花园新村	花园新村烟江组	雷桂林	13974984543
	185	洞田村	洞田村仰家山组	林长根	13908493432
	186	九田村	九田村	曾灿强	15111379298
	187	石塘铺村	石塘铺村胜利组	胡建红	13975138385
福临镇	188	影珠山村	影珠山村关山组	余　华	13637424168
	189	泉源村	泉源村门前屋组	李立明	13637477328
	190	西冲村	西冲村大塘组	缪中良	13755140204
	191	石牯牛村	石牯排咀山组	王厚坤	13875943542
	192	双起桥村	双起桥村双红组	黄　宇	15084760998
	193	金坑桥村	金坑桥村蔡家屋	张　霞	13875816026
	194	孙家桥村	孙家桥村太子殿组	王觉平	13469054150
	195	古华山村	古华山村居思源	彭　进	13973197378
	196	同心村	同心村和平组	谭知明	15974145776
	197	开物村	开物村开农组	李金林	13507470788
枈梨镇	198	金托村	金托白羊组	易国军	13907492185
	199	花园村	花园乔二组	邓建华	13469084963
	200	保家村	保家大祝组	李海军	13874901288
	201	三合村	三合力坡组	易仁杰	13875941708
	202	龙华村	龙华村六组	曹金华	13973197198
开慧镇	203	开慧村	杨家组	黄德安	13548966918
	204	开明村	荷花组	张定奇	13548952168
	205	葛家村	樟树组	汤长顺	13974971295
	206	清泰村	坝上组	王建山	13808493150
	207	枫林村	金塘组	杨胜辉	13874838665
	208	飘峰村	响塘组	常厚林	13807490228

续表

街道（乡镇）	序　号	村委会	办公地址	书　记	电　话
白沙乡	209	白沙村	向家塝组	王建中	13875811310
	210	双冲村	粟柴坡组	向文革	13975851136
	211	曾家坊村	西矮子坡组	童续辉	13908458099
	212	大花村	炭盘山组	陈思益	13874835778
	213	锡福村	岀子源组	王茂存	15973158108
	214	报母村	报母桥组	李阳明	13974946809
	215	石燕村	梁家塅组	罗伟林	13548596943
	216	上华村	上华山组	王　敬	13574171475
	217	窑上村	年头组	杨早红	13755093678
	218	桃源村	彭家组	童海林	13467505432

表29　2008~2011年长沙县新注册成立的协会学会联合会一览表

总序号档案号	序号	登记证号	社团代码	登记时间	单位名称	法定代表人姓名	业务主管单位	单位负责人数	单位负责人数(女性)	类别
90	43	A92	666314030	2008.01.25	长沙县干杉乡石塘水库灌区农民用水者协会	唐任红	长沙县水利局			联合
91	44	A93	670797119	2008.05.07	长沙县长星农电救助协会	黄晴川	长沙县电力局	3	0	专业
92	45	A94	675563784	2008.07.04	长沙县黄兴商会	刘长奇	长沙县工商业联合会	9	2	商会
93	46	A95	680300970	2008.09.22	长沙县黄花镇东塘农民用水者协会	曹　干	长沙县水利局	3	0	联合
94	47	A96	680317430	2008.11.07	长沙县建材商会	易杨彬	长沙县工商业联合会	9	0	行业
95	48	A97	678041375	2008.12.22	长沙县星沙海外归国人员联谊会	周洪波	县商务局	3	1	联合
96	49	A98	685039433	2009.06.17	长沙县质量检验协会	许惠昆	县质量技术监督局	5	0	专业
97	50	A99	694046029	2009.12.14	长沙县美术家协会	戴建国	县文化体育局	5	2	专业
98	51	A100	696219878	2009.12.14	长沙县金井镇美宴黑山羊养殖协会	杨光明	县科学技术协会	4	0	专业
99	52	A101	698594073	2010.03.01	长沙县金井镇伟华生猪生态养殖协会	贺伟华	县科学技术协会	3	0	专业
100	53	A102	554948194	2010.06.25	长沙县书法家协会	易术平	县文学艺术界联合会	2	0	专业
101	54	A103	561718952	2010.09.17	长沙县梨梨商会	曹　鹏	长沙县工商业联合会	3	1	商会
102	55	A104	561741925	2010.09.30	长沙县作家协会	章庭杰	长沙县文学艺术界联合会	2	0	专业

续表

总序号档案号	序号	登记证号	社团代码	登记时间	单位名称	法定代表人姓名	业务主管单位	单位负责人数	单位负责人数(女性)	类别
103	56	A105	561741941	2010.09.30	长沙县戏剧曲艺家协会	周　娟	长沙县文学艺术界联合会	2	2	专业
104	57	A106	563503146	2010.10.08	长沙县中南汽配批发大市场经营户联合会	易光明	长沙县工商业联合会	4	0	商会
105	58	A107	565924008	2010.12.06	长沙县摄影家协会	马建国	长沙县文学艺术界联合会	2	0	专业
106	59	A108	565924016	2010.12.16	长沙县白沙乡时鲜水果协会	喻赞庄	长沙县农业局	5	0	专业
107	60	A109	559535946	2011.01.06	长沙县新的社会阶层人士联谊会	周洪波	中共长沙县委统战部	4	4	联合
108	61	A110	567683359	2011.03.02	长沙县冬泳协会	江　波	长沙县文化体育广播电视局	5	1	联合
109	62	A111	567653598	2011.03.02	长沙县音乐家舞蹈家协会	许中伟	长沙县文学艺术界联合会	3	1	联合
110	63	A112	565911960	2011.05.06	长沙县果园镇曾婆塘水库农民用水者协会	肖建明	长沙县水务局	3	1	联合
111	64	A113	576598383	2011.07.13	长沙县粮食行业协会	金亚林	长沙县粮食局	6	1	行业
112	65	A114	572247770	2011.09.08	长沙县港澳台侨经济文化交流促进会	杜宏亮	长沙县政协			联合
113	66	A115	582766806	2011.09.28	长沙县创业者协会	罗　伟	中共长沙县委统战部			联合
114	67	A116	582778807	2011.09.27	长沙县特种行业协会	刘东跃	长沙县公安局	3	0	行业
115	68	A117	582757993	2011.09.22	长沙县殡葬协会	黄皓东	长沙县民政局	1	0	行业
116	69	A118	582782857	2011.10.10	长沙县黄兴镇花卉苗木园艺协会	刘　兵	长沙县林业局	5	1	行业
117	70	A119	582783008	2011.09.29	长沙县钓鱼协会	吴　刚	长沙县文化体育广播电视局	9	1	联合
118	71	A120	587002688	2011.12.08	长沙县星沙商会	汤彦武	长沙县工商业联合会			商会
119	72	A121	587013694	2011.12.05	长沙县篮球协会	陈云辉	长沙县文化体育广播电视局	3	0	联合
120	73	A122	584903114	2011.12.08	长沙县黄花镇东塘村老年人协会	黄俊琪	长沙县民政局	9	3	联合
121	74	A123	587013686	2011.12.05	长沙县湘龙商会	彭建武	长沙县工商业联合会	6	1	商会

表30：县直机关单位及单位负责人电话号码表（2012年4月更新）

县委办	杨忠文	公安局	曾卫国	统计局	汤立平	创业富民办	罗 伟
84011217	13808490005	84015016	13907497951	84011025	13973150788	84931977	13974817821
人大办	彭 涛	司法局	黄 梁	粮食局	周海林	新奥燃气	王 曦
84011260	13974893697	84012299	13975885528	82790599	13607490588	84012923	15200904248
政府办	唐俊兴	监察局	杨晓明	旅游局	孔胜国	自来水公司	易美其
84012217	13808430582	84011207	13874899768	84067149	13907492246	84013171	13707492966
政协办	毛武林	民政局	周习彬	住房保障局	王自然	城建指挥部	罗晓专
84011287	13974999386	84012392	13807491599	84011372	13907493385	84060680	13077364749
人武部	李 武	审计局	陈 波	政务中心		食安办办公室	张建辉
84012236	13017290192	84012322	13808422708	84872411		84017578	13707314038
纪 委	郭润葵	工信局	曹 雄	供销社	刘秋良	住房公积金	解 莎
84011207	13973139123	84012549	13574855567	84020969	13973154928	84020906	13707318511
组织部	周志远	科技局	杨喜平	工务局	江 涌	金融证券办	陈沃辉
84011222	13807310876	84013212	13308404588	84021802	13908469215	84016639	13787155099
宣传部	彭 勇	国土局	范新国	畜牧局	余孟洋	城建投	王岳能
84011286	13875806343	84012355	13975129738	84012360	13507410668	84060349	13874989768
统战部		交通局	王元益	重点工程局	毛旭平	路建投	毛 建
84011295		84010863	13907491520	84065921	13507440333	84024541	13807490418
政法委	常利民	财政局	刘建龙	招标采购局	饶晓刚	环建投	王建军
84011305	13908491838	84012263	13807490378	84072639	13874887678	85283418	13755143777
机关工委	曹 旷	安监局	张铁云	工商局	廖 岚	水建投	张登武
84011225	15200813928	84012551	13873112071	84012576	13808457400	84012045	13974914382
档案局	夏声朝	发改局	曹伟兴	质监局	龚 军	联合财产	罗元辉
84392168	13787038800	84011080	13907491090	84079490	13975839891	82957380	13637487488
总工会	张美香	人社局	喻志刚	国税局	李伯成	财产保险	谌国政
84011091	13973140773	84011459	13975855228	84012379	13907497001	84012590	13807491122
团县委		规划局	李靓熹	地税局	戴 涛	人寿保险	袁其均
84011096		84011512	13707490566	84657130	13808467368	84010526	15973158777

续表

妇　联	阳　智	住建局	刘晓龙	电力局	张　璐	农　行	罗　超
84011092	13875960288	84011513	13807491068	84014165	13907317887	84029001	13873140626
工商联	李楚屏	农业局	周卫军	烟草局	刘　智	中国银行	雷　声
84011296	13107219459	84010149	13507462578	84013245	13317312118	84062099	18873103366
科　协	何龙彪	林业局	刘高祥	公路局	周海燕	兴业银行	何本辉
84060719	13874888880	84010021	13508498789	82396000	13973125239	84874718	13907314155
台　办	李红军	水务局	胡立忠	邮政局	周建军	工　行	张　毅
84025395	13707492911	84013614	13808480582	84019998	13908452138	84011687	13707491686
侨　联	黄柏强	计划生育局	张小亮	电信局	蒋勤俭	农商行	王　进
84011300	13517408418	84010293	13874940388	84012129	13307318899	84652409	13907489067
残　联	曹腊兵	商务局	胡超钢	消防队		农发行	吴仕芽
84065658	13507458695	84011083	13908493928	84015119		84020219	13907495988
党　校	罗静良	城管局	梁应文	移动公司	张晓滨	建行暮云	姚国基
86802271	13874818018	84060658	13908492718	84017800	13907314288	86947106	13875970666
接待办	胡孟东	卫生局	周月明	联通公司	何海洲	中信银行	姚拜云
84650876	13707490828	84011448	13908491208	88426992	15608414936	84021565	13055175729
老干局	朱建斌	教育局	彭志坚	拆迁中心		招商银行	陈　畅
84011033	13908491918	84011125	13974993837	84022589		84016551	13908488530
农　办	杜红旗	文广局	冯武斌	防雷办	李　毅	光大银行	谢　军
84011040	13974991778	84013472	13637481815	84037481	13637480491	84079207	13508475752
机关事务局	陈世峰	环保局	张电波	人防办	吴再文	交通银行	尹智韶
84011030	13907493897	84011381	13975117899	84022061	18974967958	84872681	13808480875
信访局	王伟山	药监局	杨建成	文　联	饶　晗	邮政储蓄	陈建国
84652116	13974937058	84015748	13574176266	84013131	13974973898	85478208	13808489787
宗教局	唐念群	法　院	耿明生	信息中心	张应军	民生银行	封期康
84023563	13307319885	84015503	13907319587	84018486	13874936699	85246408	15074985388
法制办	蒋勇文	检察院	石　华	治理办	常势良	建行星沙	彭湘明
84011050	13755172307	84015611	13908499068	84070138	13607490168	85246458	15173120033
农业示范区	杜红旗	编委办	唐铁均	交警队	文海良	长沙银行	张　曼
84019035	13974991778	84069116	13974946333	84010500	13874936198	84023579	13974985779
星沙基地	王义林	610办	樊启东	今日星沙	刘绍林	空港城	常格亮
84037798	13875969838	84065610	15973158088	84027067	13808498878	84079176	13707492901
松雅湖局	杨德胜	移民局	裴治宇	电　台	陈卫球	湖建投	
84072006	13508498458	84877111	13873100010	84872799	13507470221	86788889	
气象局	李仁鹏	绩效办	陈佑谷	执法办	蒋重大	征地办	唐自力
84078551	15116462820	84011457	13973154528	84020901	13808491076		13808492105

表31：县直机关各单位、各垂直管理单位机关电话、邮编、地址

单 位	电 话	邮 编	地 址
县委办	84011217	410100	开元路39号
人大办	84011260	410100	开元路39号
政府办	84011053	410100	开元路39号
政协办	84011287	410100	开元路39号
人武部	84012236	410100	板仓路361号
纪 委	84011207	410100	开元路39号
组织部	84011222	410100	开元路39号
宣传部	84011286	410100	开元路39号
统战部	84011295	410100	开元路39号
政法委	84011305	410100	开元路39号
县直机关工委	84011225	410100	开元路39号
史志档案局	84392168	410008	长沙市开福区潘家坪108号
县总工会	84011091	410100	开元路39号
团县委	84011096	410100	开元路39号
县妇联	84011092	410100	开元路39号
县工商联	84011296	410100	开元路39号
科 协	84060719	410100	开元路39号
台 办	84025395	410100	开元路39号
侨 联	84011033	410100	开元路39号
县残疾人联合会	84065658	410100	天华北路139号
党 校	86802271	410129	榔梨街道龙华路
接待办	84650876	410100	天华路159号
老干局	84011033	410100	开元路39号
农 办	84011040	410100	开元路39号
县机关事务管理局	84011030	410100	开元路39号
信访局	84652116	410100	开元路39号
县民族宗教事务局	84023563	410100	开元路39号
法制办	84011050	410100	开元路39号
现代农业创新示范区管委会	84019035	410100	板仓北路323号
星沙产业基地管理委员会	84037798	410100	开元东路10公里处
县松雅湖管理局	84072006	410100	东升路51号
气象局	84078551	410100	东升路74号
公安局	84015004	410100	万仙路1号
司法局	84012299	410100	板仓路323号
监察局	84011207	410100	开元路39号
民政局	84011392	410100	板仓路178号
审计局	84012322	410100	板反北路226号

续表

单 位	电 话	邮 编	地 址
县工业和信息化局	84012549	410100	特立路48号
县科学技术产权知识局	84013212	410100	开元路39号
县国土资元局	84012355	410100	万仙路89号
县交通运输局	84010863	410100	星沙特立路2号
财政局	84012263	410100	天华路260号
县安全生产监督管理局	84021551	410100	特立路48号
县发展和改革局	84011080	410100	开元路39号
县人力资元和社会保障局	84011459	410100	天华北路175号
县城乡规划局	84011512	410100	天华南路17号
县住房和城乡建设局	84011513	410100	万仙路73号
农业局	84010149	410100	东升路74号
林业局	84010021	410100	板仓路387号
水务局	84013614	410100	东升路52号
县人口和计划生育局	84010293	410100	板仓路198号
商务局	84011083	410100	天华路159号
县城市管理和行政执法局	84060658	410100	天华南路17号
卫生局	84011448	410100	板仓路399号
教育局	84011125	410100	天华路159号
文化体育广播局	84013472	410100	星沙大道265号
县环境保护局	84011381	410100	板仓北路164号
县食品药品监督管理局	84015748	410100	板仓北路403号
县人民法院	84015503	410100	万仙路71号
县人民检察院	84015611	410100	望仙路37号
编 办	80469116	410100	开元路39号
610办	84065610	410100	开元路39号
移民局	84877111	410100	天华路139号
绩效办	84011457	410100	开元路39号
县创业富民办公室	84931977	410100	特立路96号
食品安全委员会办公室	84017578	410100	板仓北路375号
县住房公积金中心	84067392	410100	开元鑫阁2楼
县金融证券办公室	84016639	410100	板仓路385号
县城市基础建设投	84060349	410100	开元路17号
县公路建设投（融）资管理中心	80424541	410100	特立路24号
环境建设投（融）资管理中心	85283418	410100	湘商世纪鑫城14楼
星沙水利建设投资有限公司	84012045	410100	湘商世纪鑫城14楼
长沙县空港城管委会	84079178	410100	天华北路159号
松雅湖建设投资有限公司	8688889	410100	湘商世纪鑫城25楼
县移动通讯营业部	84012911	410100	开元路154—156号
县新华书店	84012596	410100	开元路86号
县财产保险公司	84035016	410100	板仓中路61号
县人寿保险公司	84010526	410100	星沙大道31号
中国联通长沙县公司	88426992	410100	星沙大道168号
中国联合财产保险公司长沙县支公司	82957380	410100	板仓路323号

表32：长沙县镇（街道）电话、邮编、地址

单 位	电 话	邮 编	地 址
星沙镇	84010343	410100	长沙县星沙街道松雅安置区金鹰小学西侧
暮云镇	86901758	410118	长沙县暮云镇南托岭南湖大道108号
黄兴镇	86880028	410133	长沙县黄兴镇接驾岭路
江背镇	86264256	410135	长沙县江背镇江背社区白石路口
跳马镇	86969021	430123	长沙县跳马镇斑竹塘社区
干杉镇	86840068	410132	长沙县干杉镇杉岭社区高岭寺
㮾梨街道	86802154	410129	长沙县㮾梨街道横街
黄花镇	86390021	410137	长沙县黄花镇黄回路158号
春华镇	86380061	410139	长沙县春华集镇春华路198号
果园镇	86183001	410157	长沙县果园杨泗庙社区
高桥镇	86154020	410145	长沙县高桥镇怀英西路29号
金井镇	86202158	410144	长沙县金井镇金井社区
双江镇	86240017	410114	长沙县双江镇双江村禾井咀组301号
白沙镇	86440150	410161	长沙县白沙镇李家山社区
开慧镇	86430009	410146	长沙县开慧镇骄杨东路168号
福临镇	86400011	410146	长沙县福临镇福青路223号
北山镇	86745011	410152	长沙县北山镇蒿塘社区蒿塘南路210号
安沙镇	86706226	410148	长沙县安沙镇安沙社区001号
路口镇	86101038	410142	长沙县路口镇三惠路8号
青山铺镇	86468025	410147	长沙县青山铺镇广福路88号
泉塘街道	84098379	410100	长沙县星沙东四线新安派出所院内
湘龙街道	84098381	410100	长沙县万家丽北路

表33：驻县金融机构邮编、地址、电话

单 位	邮 编	地 址	办公电话
建行星沙	410100	长沙县星沙镇开元路17号开元鑫城贵宾楼28楼	85246458
中国银行	410100	长沙县星沙镇星沙大道27号	84019389
农业银行	410100	长沙县星沙镇三一路6号	84029001
工商银行	410100	长沙县星沙镇板仓中路33号	84011687
交通银行	410100	长沙县星沙镇开元路45号	84872697
农发行	410100	长沙县星沙镇三一路7号	84020219
农商行	410100	长沙县星沙镇星沙大道139号	84652409
长沙银行	410100	长沙县星沙镇开元路17号	84023579
建行暮云	410118	长沙县暮云镇暮云大道南方凯富酒店一楼	86947409
中信银行	410100	长沙县星沙镇板仓中路213号	84021571
兴业银行	410100	长沙县星沙镇天华中路100号	84874719
招商银行	410100	长沙县星沙镇三一路星海商业一楼	84016572
光大银行	410100	长沙县星沙镇开元路58号	84082457
邮储银行	410100	长沙县星沙镇星沙大道18号	85478208
民生银行	410100	长沙县星沙镇开元东路47号尚城A栋	85246429
浦发银行	410100	长沙县星沙镇三一路88号天成国际1号楼	82397607

表34：长沙县星级酒店、旅行社和旅游景区一览表

类别	单位	级别	负责人	手机	联系人	手机	电话	传真
宾馆酒店	明城国际大酒店	五星	吴艳	13974873788	王海荣	13907493270	84651888	84651699
	开源鑫城大酒店	待评五星	罗可大	13908450861	李娜	13874858996	84650888	84650666
	开源鑫城贵宾楼	待评五星	郑晴	15874248888	申春莲	13507461108	84650888	84650666
	威尼斯大酒店	待评五星	曹庆华	13548722501	陈建新	13739069321	88288888	88288899
	紫鑫大酒店	待评四星	孔波	13307490825	刘洪祥	15874241888	82799888	82797000
	开元大酒店	三星	肖策英	13875811678	杨娜	13723869681	84650155	84650333
	天成大酒店	三星	林政伟	13508488378	邓中黄	13874889111	84021289	84021479
	天华大酒店	二星	杨博	13707491733	周会计	13548650948	84065558	84065568
酒楼	秦皇食府	五星	李总	13507429368				84078093
	新悦酒楼	四星	刘邵龙	13787089179	冯娟		84010000	82390402
旅行社	非凡旅行社		曹革	13974991799	吴壮波	13807491748	84067155	84066855
	华伟旅行社		李伟	13975175999	徐珍	13875946777	84017711	84017733
	运中旅旅行社		王湘岳	13308401260		13607314769	84023876	84019821
	长沙中青旅		李晓静	13973187506			85594188	84878006
	湖南中青旅		罗艳	15973148828			84060101	84067766
	职工国旅		柳花	13755101514			86305686	86305685
	华和国际旅行社							
	海外旅游		陈素娥	13574891980	陈建明	13755155291	84878798	84018246
	华天国旅		盛乐	13974879780			86788282	
	湘辉旅行社		张总	15974122629			84650066	84650198
景区（点）	石燕湖生态公园	四A	盛建华	13974826572	肖沛宇	13973128627	86969114	86968427
	杨开慧故居	四A	彭春华	13808491996	刘主任	13574843209	86433333	86432888
	白鹭湖风景区		易进	13874984666			86154529	86154529
	黄兴故居		胡群义	13574139571	周娟	13507461176	86880133	86880133
	徐特立故居		戴正林	13974940556	黄莉	13974984690	86284890	
	陶公庙		周敏	13974950515			86802533	
	湘丰茶厂		汤宇	13607493053	张超	13467554588	86221888	
	长沙市野生动物园	四A	陈总	13637487788	郑创	13707487769		85476908
工业旅游点	口口香		罗艳	13908462485	胡姐	13017293260		
	娃哈哈		周佐林	15874185083				
	中粮可口可乐		刘艳	18807317889				88284278
	远大		宋附林	13787315595		松雅湖办	84072006	

表35：高星级农家乐基本情况一览

星 级	单 位	地 址	联系人	联系电话/手机	
五星（7家）	开源农庄	黄兴镇蓝田村	胡恒辉	86867498	13874805035
	樱花温泉	黄花镇木马村	王迎春	86398880	13787798391
	新江度假村	黄花镇新江村	史文学	86368886	13508476435
	五福休闲山庄	北山镇五福村	陶洪兵	86746132	13874974366
	鑫明农家乐	暮云镇	朱 总		13874836518
	华穗农家乐	黄花镇	曹 总		13975878688
	华旺农家乐	黄花镇	徐 总		13319551182
四星（12家）	千里马休闲	暮云镇栗塘村	莫新平	86910437	13974838689
	桂花塘休闲	安沙镇安沙村	李浩林	86706046	13974973178
	建阳山庄	安沙镇白塔村	李建阳	84090988	13907492198
	天赐园	跳马乡石门村	候 飞	86968094	15073151968
	雅园度假村	跳马乡石燕湖村	罗 瑛	86962758	13707313615
	黄花山庄	黄花镇木马村	刘 慎	86398988	13974901588
	秋塘月色	㮾梨镇秋塘村	龙志伟	86807616	18973142988
	春雅山庄	春华镇春华山村	范红献	86381388	13807487048
	崇源度假村	㮾梨镇金托村	易国军	86802082	13907492185
	紫薇山庄	黄兴镇蓝田村	章忠标	86867139	13507432908
	迎春山庄	春华镇大鱼塘	文德元	86132840	13107313301
	明瑞山庄	北山镇明月村	谭 总	86771988	13707484810
三星（24家）	辰午山庄	跳马乡石门村	张国强	86963888	13808480426
	望江楼农家乐	江背镇福冲村	陈建松	86264416	13975851698
	黄龙山庄	黄花镇黄龙新村	王林湘	86399088	13549685599
	鸿运休闲山庄	黄花镇果平村	陈 娟	86367310	13975110485
	花开缘农家乐	黄花镇花山村	胡慧群	86399599	13187065198
	长沙四季果园	暮云镇栗山村	严若华	86905688	13874853265
	龙凤山庄	暮云镇暮云新村	易婶娟	86912537	13207424491
	板仓山庄	开慧乡板仓社区	黄德安	86430208	13548966918
	杨梅坡山庄	江背镇杨鹤村	刘兰芳	86264581	13974896598
	乌川湖	江背镇乌川湖村	陈建川		13607491939
	龙头尖山庄	双江镇龙华村	陈忠跃	86240030	13207410288
	茂盛园	北山镇青田村	黄强胜	86773444	13908492148
	明德山庄	路口镇花桥村	黄明德	86106468	13602682135
	鸿天休闲山庄	黄花镇黄龙新村	曹若其	86394421	13975855949
	凤凰山庄	安沙镇宋家桥村	冯志强	84654999	13874838369
	浏阳河畔	黄兴镇荣河村	李洪湖	86880499	13170419777
	御鑫山庄	北山镇金星村	于强兴		13875976498
	富红缘山庄	黄花镇黄龙村	黄 红		13517479561
	石龙山庄	果园镇大河社区	殷仲文	86185824	13874984582
	百录上游农庄	高桥镇		86158998	
	金鹏垂钓农庄	果园镇	张 总	86188777	
	家园农庄	干杉乡	唐 科		13755025111
	紫霞山庄	黄兴镇	董 阁		13786151885
	源隆山庄	黄花镇	柳 总		13507447222
非星	青山铺葡萄园	青山铺村	杨丽青	86465008	13507484830
	二星农家乐13家	一星农家乐11家	合计67家		

长沙县公交指南

★127路（火车站－长沙卫校）

经营企业：湖南巴士公司

营运时间：6:30-21:30

票价：2元

站点（上行）：长沙火车站、五里牌、南湖大市场、火星镇、马王堆、陶家山、长沙血液中心、东屯渡桥西、东屯渡桥东、汽车东站、东大门、张公岭、锦林社区、长星路高家坡路口、隆平高科技园、盼盼路长冲路口、板仓路盼盼路口、明城山庄、星沙一桥、金茂路口、聚鑫市场、楚天家园、县法院、县卫生局、特立公园（西）、大众传媒学院、长沙卫校

下行：长沙卫校、大众传媒学院、县卫生局、县法院、楚天家园、聚鑫市场、三一路口、星沙一桥、明城山庄、板仓南路盼盼路口、盼盼路长冲路口、隆平高科技园、长星路高家坡路口、锦林社区、张公岭、东大门、汽车东站、东屯渡桥东、东屯渡桥西、长沙血液中心、陶家山、马王堆、火星镇、南湖大市场、蓉园路口、晓园路、长沙火车站

★136路（火车站－湘绣城）

经营企业：湖南巴士公司

营运时间：6:30-21:30

票价：2元

站点（上行）：长沙火车站、蓉园路口、省公安厅、袁家岭、省军区、烈士公园南门、烈士公园西门、省博物馆、砚瓦池、下大垅、王家垅、九尾冲、国防科大、喻家冲、百花园路口、德雅路口、洪山桥、长沙大学、月湖公园北、山月路口、洪山路口、月湖公园、广电中心（会展中心）、世界之窗、卫星南路、中南汽配城、五金机电城、卫星北路、中南汽车世界、筑梦园、湘绣城

下行：湘绣城、中南物流园、中南汽车世界、五金机电城、博达物业、卫星南路、世界之窗、广电中心（会展中心）、月湖公园、月湖公园北、长沙大学、洪山桥、德雅路口、百花园路口、喻家冲、国防科大、九尾冲、王家垅、下大垅、砚瓦池、省博物馆、烈士公园西门、烈士公园南门、省军区、袁家岭、省公安厅、晓园路、长沙火车站

★158路（火车站－湘绣城）

经营企业：湖南巴士公司

营运时间：6:30-19:00

票价：2元（普车1元）

站点（上行）：长沙火车站、五里牌、南湖大市场、南湖大市场东、省教育厅、芙蓉苑、省检察院、紫薇路口、芙蓉公安分局、火炬村、菜科所、朝阳村、马栏山、广电中心（会展中心）、世界之窗、天潮长安、汽贸城、二手车市场、中南物流园、筑梦园、湘绣城

下行：湘绣城、中南物流园、二手车市场、汽贸城、天潮长安、世界之窗、广电中心（会展中心）、月湖公园、马栏山、朝阳村、菜科所、火炬村、芙蓉公安分局、省检察院、芙蓉苑、省教育厅、南湖大市场东、锦泰广场、荷花路口、杨家山北、高建市场（杨家山西）、人民路立交桥北、长沙火车站

★114路（火车站－黄花机场）

经营企业：湖南巴士公司

营运时间：6:30-18:30

票价：上车2元、连跨汽车东站和丁家岭加收1元、全程3元

站点（上行）：长沙火车站、五里牌、南湖大市场、火星镇、马王堆、陶家山、长沙血液中心、东屯渡桥西、东屯渡桥东、汽车东站、东大门、张公岭、张公岭东、马坡岭、马坡岭东、红旗路口、农科院北门、司法警官学校、泉塘、泉塘市场、砖厂、浦沅、市看守所、长沙县一中、黄兴大道口、螺丝塘、丁家村、丁家村东、丁家岭、丁家粮库、排头铺西、排头铺、合心路口、观山村、税务三分局、黄花新街、县六中、黄花集镇、黄花老街、小塘安置区、黄龙、黄花工业园、机场口、大路村、毛公塘、航空物流、黄花机场

下行：黄花机场、航空物流、毛公塘、大路村、机场口、黄花工业园、黄龙、小塘安置区、黄花老街、黄花集镇、县六中、黄花新街、税务三分局、观山村、合心路口、排头铺、排头铺西、丁家粮库、丁家岭、丁家村西、丁家村、螺丝塘、黄兴大道口、县一中、市看守所、浦沅、砖厂、泉塘市场、泉塘、司法警官学校、农科院北门、红旗路口、马坡岭东、马坡岭、马坡岭小学、张公岭东、张公岭、东大门、汽车东站、东屯渡桥东、东屯渡桥西、长沙血液中心、陶家山、马王堆、火星镇、锦泰广场、荷花路口、杨家山北、高建市场（杨家山西）、人民路立交桥北、长沙火车站

★114路区间线

（火车站－丁家岭）

经营企业：湖南巴士公司

营运时间：6:30-19:00

票价：2元

站点（上行）：长沙火车站、五里牌、南湖大市场、火星镇、马王堆、陶家山、长沙血液中心、东屯渡桥西、东屯渡桥东、汽车东站、东大门、张公岭、张公岭东、马坡岭、马坡岭东、红旗路口、农科院北门、新安安置区、张村路口、物流学院、创业乐园、电力职院、电力职院（东）、圣力华苑、东城名苑、方略潇邦、康桥长郡（长丰模具）、警校北门、包装厂、东十路（众泰汽车）

下行：东十路（众泰汽车）、包装厂、警校北门、康桥长郡（长丰模具）、方略潇邦、东城名苑、圣力华苑、电力职院（东）、电力职院、创业乐园、物流学院、张村路口、新安安置区、农科院北门、红旗路口、马坡岭东、马坡岭、马坡岭小学、张公岭东、张公岭、东大门、汽车东站、东屯渡桥东、东屯渡桥西、长沙血液中心、陶家山、马王堆、火星镇、锦泰广场、荷花路口、杨家山北、高建市场（杨家山西）、人民路立交桥北、长沙火车站

★501路(星沙茶叶市场－伍家岭－中山路－马王堆－汽车东站－星沙茶叶市场)

经营企业：恒通巴士公司

营运时间：6:00-20:30

票价：普车上车1元跨德雅路口、汽车东站加收1元，高等级车上车2元

站点(北线)：茶业市场、长沙师范、特立公园、县人事局、县工商局、县政府、凉塘路口、盼盼小学、二区市场、星沙汽车站、县城管局、漓湘路口、明城国际、省种子公司、星沙汽配城、天潮长安、世界之窗、广电中心（会展中心）、月湖公园、山月路口、月湖公园北、长沙大学、洪山桥、德雅路口、百花园路口、喻家冲、国防科大、九尾冲、华夏、开福寺东、开福寺、开福寺西、梦洁家纺（竹山园）、湘雅路西口、通泰街、潮宗街、先锋厅、中山亭、中山路、小吴门、清水塘（军区医院）、省军区、袁家岭、省公安厅、蓉园路口、五里牌、竹园路口、蓉园小区、车站北路口、南湖大市场北、长沙晚报、芙蓉苑、火炬路、省检察院、龙柏路口、田家炳中学、马王堆医院南、马王堆汽配大市场、陶家山、长沙血液中心、东屯渡桥西、东屯渡桥东、汽车东站、东大门、张公岭、锦林社区、长星路高家坡路口、隆平高科技园、邦田检测中心、省种子公司、明城国际、明城山庄、星沙一桥、金茂路口、聚鑫市场、楚天家园、县政府、山水人家、县财政局、特立公园（西）、大众传媒学院、长沙卫校、茶业市场

南线：茶业市场、长沙师范、特立公园、县人事局、县工商局、县政府、楚天家园、聚鑫市场、三一路口、星沙一桥、明城山庄、明城国际、省种子公司、邦田检测中心、隆平高科技园、长星路高家城路口、锦林社区、张公岭、东大门、汽车东站、东屯渡桥东、东屯渡桥西、长沙血液中心、陶家山、马王堆汽配大市场、马王堆医院南、田家炳中学、龙柏路口、省检察院、火炬路、芙蓉苑、长沙晚报、南湖大市场北、车站北路口、蓉园小区、竹园路口、五里牌、蓉园路口、省公安厅、袁家岭、省军区、清水塘（军区医院）、小吴门、中山路、先锋厅、潮宗街、通泰街、华盛·新外滩（三角塘）、湘雅路西口、梦洁家纺（竹山园）、开福寺、开福寺东、华夏、九尾冲、国防科大、喻家冲、百花园路口、德雅路口、洪山桥、长沙大学、月湖公园北、山月路口、洪山路口、月湖公园、广电中心（会展中心）、世界之窗、天潮长安、省交警总队、星沙汽配城、省种子公司、明城国际、漓湘路口、县城管局、星沙汽车站、二区市场、盼盼小学、凉塘路口、县政府、山水人家、县财政局、特立公园（西）、大众传媒学院、长沙卫校、茶业市场

★503路

（火车南站－灰埠小区）

经营企业：恒通巴士公司

营运时间：6:00-21:00

票价：上车1元

站点(上行)：长沙火车南站、花桥路曲塘路口、花桥路劳动东路口、花桥路石坝路口、花桥路长沙大道路口、新华都·万家城、沙湾路口、大桥东、大桥西、长沙大道口（高桥建材批发城）、朝晖路口（五一驾校）、人民东路口、芙蓉区政府、古曲路口、双杨路口人民东路口、东岸乡政府、汽车东站、东大门、张公岭、张公岭东、马坡岭、马坡岭东、红旗路口、星沙大道远大路口、东门尚苑、板桥小学（东）、楚天世纪城、可口可乐（南）、漓湘路口、县城管局、星沙汽车站、二区市场、盼盼小学、凉塘路口、县政府、

山水人家、县财政局、特立公园（西）、大众传媒学院、灰埠小区

下行：灰埠小区、大众传媒学院、县人事局、县工商局、县政府、凉塘路口、盼盼小学、二区市场、星沙汽车站、县城管局、漓湘路口、可口可乐(南)、板桥小学（东）、东门尚苑、星沙大道远大路口、红旗路口、马坡岭东、马坡岭、马坡岭小学、张公岭东、张公岭、东大门、汽车东站、东岸乡政府、双杨路人民东路口、古曲路口、人民东路口、朝晖路口（五一驾校）、高桥大市场东、大桥西、大桥东、沙湾路口、新华都·万家城、花桥路长沙大道路口、花桥路石坝路口、花桥路劳动东路口、花桥路曲塘路口、长沙火车南站

★701路（新开铺－松雅小区）

经营企业：万众公交公司

营运时间：6:30–21:00

票价：普车票价1元,跨火炬村2元,空调车2元

站点（上行）：新开铺、中湖联机、四十二中、省劳动保障厅、木莲冲路口、新姚路口、莲花山、浦沅、麻园塘、涂家冲、黄土岭南、黄土岭、侯家塘南、侯家塘、雅礼中学、东塘西、东塘北、曹家坡、长岭、窑岭北、袁家岭、省公安厅、蓉园路口、五里牌、竹园路口、蓉园小区、车站北路口、南湖大市场北、长沙晚报、芙蓉苑、火炬村、菜科所、朝阳村、马栏山、会展广电中心、世界之窗、天潮长安、星沙汽配城、种子公司、明城国际、明城山庄、星沙一桥、金茂路口、星沙购物中心、盼盼小学、凉塘路口、易初莲花、县邮电局、幸福里、县地税局、松雅小区、金鹰小学、东七路口

下行：东七路口、金鹰小学、松雅小区、县地税局、东三路口、幸福里、县邮电局、易初莲花、凉塘路口、盼盼小学、星沙购物中心、三一路口、星沙一桥、明城国际、省种子公司、星沙汽配城、天潮长安、世界之窗、广电中心（会展中心）、马栏山、朝阳村、菜科所、火炬村、芙蓉苑、长沙晚报、南湖大市场北、车站北路口、蓉园小区、竹园路口、五里牌、蓉园路口、省公安厅、袁家岭、窑岭北、窑岭南、长岭、曹家坡、东塘北、东塘西、雅礼中学、侯家塘、侯家塘南、黄土岭、黄土岭南、涂家冲、麻园塘、浦沅、莲花山、新姚路口、木莲冲路口、省劳动保障厅、四十二中、中湖联机、新开铺

★703路

(设备交易中心－灰埠小区)

经营企业：万众公交公司

营运时间：夏季6:00–21:00

冬季6:30–20:00

票价：普车票价1元,跨高桥大市场南2元,空调车2元

站点（上行）：设备交易中心、长沙锅炉厂、中天佳园、洞井铺、省植物园、高升村南、红星村南、女子大学、井湾子南、井湾子北、井坡子、林科大、潇湘晨报、长沙市中心医院、铁道学院、新中路立交桥北、雨花亭西、七里庙、新建西路口、麻园塘、涂家冲、黄土岭南、黄土岭、侯家塘南、侯家塘、雅礼中学、东塘西、东塘北、曹家坡、长岭、左家塘、阿弥岭路口、阿弥岭、高桥大市场南、友谊村、长沙大道口、朝晖路口、人民东路口、芙蓉区政府、万家丽广场、远大路口、陶家山、长沙血液中心、东屯渡桥西、东屯渡桥东、汽车东站、张公岭、亚大公司、振兴路口、燕京啤酒、邦田检测中心、省种子公司、明城国际、明城山庄、星沙一桥、金茂路口、聚鑫市场、楚天家园、易初莲花、星沙中学、县广电局、长沙师范、特立公园、特立公园（西）、大众传媒学院、灰埠小区

下行：灰埠小区、大众传媒北、特立公园、长沙师范、县广电局、星沙中学、易初莲花、楚天家园、聚鑫市场、三一路口、星沙一桥、明城山庄、明城国际、省种子公司、邦田检测中心、燕京啤酒、振兴路口、亚大公司、张公岭、东大门、汽车东站、东屯渡桥东、东屯渡桥西、长沙血液中心、陶家山、远大路口、万家丽广场、东方新城、芙蓉区政府、人民东路口、朝晖路口（五一驾校）、高桥东大门、友谊村、高桥大市场南、狮子山、阿弥岭、阿弥岭路口、左家塘、长岭、曹家坡、东塘北、东塘西、雅礼中学、侯家塘、侯家塘南、黄土岭、黄土岭南、涂家冲、新建西路口、七里庙、雨花亭南、新中路立交桥北、铁道学院、长沙市中心医院、潇湘晨报、林科大、井坡子、井湾子北、井湾子南、湖南女子大学、红星村南、高升村南、省植物园、洞井铺、汽车南站、中天佳园、长沙锅炉厂、设备交易中心

★704路(汽车西站－泉塘小区)

经营企业：万众公交公司

营运时间：6:30–20:30

票价：普车票价1元,跨火炬村2元,跨新河加收1元.空调车2元,跨2段加收1元

站点（上行）：汽车西站、玉兰路、雷锋大道口、玉兰路口、商学院、咸嘉花园、咸嘉新村、白鸽咀、省肿瘤医院、湘雅医学院、湘雅三医院、桔洲移民小区、安居乐园、银盆岭大桥西、新河、开福寺西、竹山园、湘雅路西口、湘春路西口、北正街、省妇幼、省人民体育场、烈士公园西门、省博物馆、烈士公园北门、动物园、德雅村、丝茅冲西、跃进湖、兑泽街、新华联（王府花园）、车站北路口、南湖大市场北、长沙晚报、紫薇路口、芙蓉公安分局、火炬村、菜科所、朝阳村、马栏山、月湖公园、洪山路口、洪西村、工程兵学院、骏豪路口、筑梦园、湘绣城、县公安局、楚天家园、聚鑫市场、星沙购物中心、二区市场、星沙汽车站、楚天中苑、可口可乐、新奥燃气、曙光集团、山河智能、长丰猎豹、星城国际、圣力华苑、电力职院（东）、泉塘小区

下行：泉塘小区、电力职院（东）、圣力华苑、星城国际、长丰猎豹、山河智能、曙光集团、新奥燃气、可口可乐、楚天中苑、星沙汽车站、二区市场、星沙购物中心、聚鑫市场、楚天家园、县公安局、湘绣城、筑梦园、骏豪路口、工程兵学院、洪西村、洪山路口、月湖公园、马栏山、朝阳村、菜科所、火炬村、芙蓉公安分局、紫薇路口、长沙晚报、南湖大市场北、车站北路口、新华联（王府花园）、兑泽街、丝茅冲西、德雅村、动物园、烈士公园北门、省博物馆、省人民体育场、省妇幼、北正街、湘春路西口、华盛·新外滩（三角塘）、湘雅路西口、竹山园、开福寺西、新河、银盆岭大桥西、银盆岭、六沟垅、桐梓坡、湘雅三医院、湘雅医学院、省肿瘤医院、白鸽咀、咸嘉新村、咸嘉花园、商学院、雷锋大道口、玉兰路、汽车西站

★808路（丁家岭－中山亭）

经营企业：通畅巴士公司

营运时间：6:10-21:00

票价：2元

站点：公交基地（瑞龙重工）、丁家岭安置区、华厦实验学校、警校北门、康桥长郡（长丰模具）、方略潇邦、东城名苑、星城国际、长丰猎豹、山河智能、维胜科技、县实验中学、三一宿舍、星沙汽车站、星沙一桥、金茂路口、聚鑫市场、楚天家园、县政府、山水人家、传媒公寓、特立公园、县乡镇企业局、县公安局（西）、湘绣城、筑梦园、骏豪路口、工程兵学院、洪西村、洪山路口、山月路口、月湖公园北、长沙大学、洪山桥、德雅路口北、双拥路口、双拥路、学堂园路口、天都、三一大道口、丝茅冲北、跃进湖、兑泽街、烈士公园东门、新华联（王府花园）、长沙市一中、三公里、巡道街、培元桥、中山亭

★809路

（中国铁建－高桥物流园）

经营企业：通畅巴士公司

营运时间：6:30-20:00

票价：2元

站点：中国铁建·国际城、中铁轨道、螺丝塘路口、星城国际（东）、圣力华苑、电力职院（东）、泉塘小区、星沙医院（泉塘分院）、砖厂、泉塘菜市场、泉塘、司法警官学校、农科院北门、省水稻研究中心、人民东路口、红旗路口、金龙村、亚大南路口、东岸建材市场、古曲路口、芙蓉区政府、德政园东、杨家山西、人民路立交桥西、曙光站、人民路口南、左家塘北、滴水井、桂花路口、桂花公园、高桥南、高桥物流园

★星沙101路

（县交警大队－县一中）

经营企业：通畅巴士公司

营运时间：6:20-20:15

票价：1元

站点：县交警大队、星沙汽配城、汽贸城、二手车市场、中南物流园、筑梦园、湘绣城、县政务中心、楚天家园、县法院、县卫生局、大众传媒学院、灰埠小区、灰埠站、大众传媒学院、特立公园、传媒公寓、县政府、凉塘路口、盼盼小学、二区市场、星沙汽车站、县城管局、漓湘路口、板桥小学、板桥小区、盼盼门业、威重化机、创业乐园、电力职院、泉塘小区、星沙医院（泉塘分院）、市看守所、县一中

★星沙102路

（松雅小区－物流学院）

经营企业：通畅巴士公司

营运时间：6:20-20:00

票价：1元

站点：松雅小区、金鹰小学、城东安置区、城东小区、诺亚山林、东三路口、幸福里、县邮政局、易初莲花、楚天家

园、聚鑫市场、购物中心、二区市场、星沙汽车站、楚天中苑、可口可乐、新奥燃气、曙光集团、山河智能、长丰猎豹、星城国际、圣力华苑、电力职院（东）、泉塘小区、星沙医院（泉塘分院）、砖厂、泉塘菜市场、泉塘、司法警校、新安小区、物流学院（北）

★星沙106路

（威尼斯城－大汉建材城）

经营企业：通畅巴士公司

营运时间：7:00—19:00

票价：1元

站点：威尼斯城、茶业市场、县广电局、星沙中学、易初莲花、凉塘路口、盼盼小学、二区市场、星沙汽车站、县城管局、漓湘路口、板桥小学、早安星城、山河智能第二产业园、张村路口、新安安置区、农科院北门、大汉建材批发城(农科院)、望龙小区、大汉建材批发城

★星沙2路

(汽车东站－星沙汽车站－汽车北站)

经营企业：星沙公交公司

营运时间：5:50—21:00

票价：上车1元，跨工程职院2元

站点：汽车东站、张公岭（湖南师大张公岭校区）、亚大公司、天雄皮革贸易商城、燕京啤酒、怡清源、板仓南路口、千山药机、明城山庄、星沙汽车站（南）、市八医院、步行街、盼盼小学、凉塘路口、易初莲花、星沙中学、县广电局、长沙师范、特立公园、县乡镇企业局、三一街区、湘龙家园（南）、机电职院、湘龙小学、工程职院、世景华庭、贺龙体校、机电学生公寓、特立西路口、鸿胜化工、工程兵学院、洪西村、洪山路口、山月路口、月湖公园北、长沙大学、洪山桥、一六三医院东、洪山家园、招呼站、海棠子（史家坡）、八家大屋、陈渔路口、渔业分场、开福区政府、汽车北站

★星沙204路

(城西小区－松雅小区)

经营企业：星沙公交公司

营运时间：夏季6:00—20:00，冬季6:30—19:00

票价：上车1元

站点：城西小区、滨湖西路口、湘龙家园（北）、湘龙家园（东）、湘龙家园（南）、湘瑞社区、花样年华小区、中南小学、中南物流园、中南二手车市场、星沙公园（北）、星沙购物中心、经开区、星沙中学、县广电局、茶叶市场、东二路口、松雅湖中学、松雅小区、金鹰小学

★城乡公交1号线

（爱琴海岸－槊梨工业园）

经营企业：通畅巴士公司

营运时间：6:40—19:00

票价：2元

站点：爱琴海岸、茶叶市场、县广电局、星沙中学、经开区、市八医院、星沙汽车站、县城管局、漓湘路口、可口可乐（南）、新奥燃气、曙光集团、山河智能、长丰猎豹、星城国际、东城名苑、方略潇邦、康桥长郡、爵士湘、县一中、紫东苑、梨江中学、北汽福田、八寺槽门、博能科技、湖南开关、保家安置区（槊梨工业园）

★城乡公交2号线快线(黄花工业园－长沙晚报)

经营企业：星沙公交公司

营运时间：6:00—19:00

票价：上车2元，跨湘绣城3元

站点（上行）：黄花工业园、黄花老街、黄花集镇、县六中、黄花新街、都市学院、黄花中学、黄花商业街口、黄垅新村、黄花工业园、易通科技、东冲、兴屋坡、华穗生太园、长丰村、长丰精灰厂、猫坡、花山、长丰小学、长丰村北、黄花村、经沣欧美、长龙村、星沙产业园、云箭集团、幸福家园、招呼站、茶塘村、陈家坪、龙塘、东八路口、城东安置区、诺亚山林、东三路口、幸福里、县邮电局、易初莲花、县公安局、湘绣城、筑梦园、骏豪路口、工程兵学院北、学府华庭、长大附中、洪山桥、德雅路口、三一大道口、丝茅冲北、跃进湖、烈士公园东门（兑泽街）、王府花园、东站北路口、南湖市场北、长沙晚报

下行：长沙晚报、南湖大市场北、车站北路口、王府花园、烈士公园东门（兑泽街）、跃进湖、丝茅冲北、三一大道口、百花园路口、德雅路口、洪山桥、洪山桥北、长大附中、学府华庭、工程兵学院北、骏豪路口、筑梦园、湘绣城、县公安局、易初莲花、县邮电局、幸福里、东三路口、诺亚山林、城东安置区、东八路口、龙塘、陈家坪、茶塘村、招呼站、幸福家园、云箭集团、星沙产业园、长龙村、经沣欧美、黄花村、长丰村北、长丰小学、花山、猫坡、长丰精灰厂、长丰村、华穗生态园、兴

屋坡、东冲、易通科技、黄花工业园、黄垅新村、黄花商业街口、黄花中学、都市学院、黄花新街、县六中、黄花集镇、黄花老街、黄花工业园

★城乡公交2号线环线

(金鹰机电市场－长沙晚报－金鹰机电市场)

经营企业：星沙公交公司

营运时间：夏季6:00–21:00

冬季6:30–20:30

票价：上车2元(普车1元)

东线：金鹰机电市场、工程职院、城西小区、湘龙小学、机电职院（西）、机电学生公寓、特立西路口、鸿胜化工、工程兵学院、洪西村、洪山路口、月湖公园、马栏山、朝阳村、菜科所、火炬村、芙蓉公安分局、紫薇路口、长沙晚报、南湖大市场北、车站北路口、新华联（王府花园）、兑泽街、跃进湖、丝茅冲北、三一大道口、喻家冲、百花园路口、德雅路口、洪山桥、洪山桥北、长大附中、学府华庭、工程兵学院西、鸿胜化工、特立西路口、机电学生公寓、机电职院（西）、湘龙小学、城西小区、工程职院、金鹰机电市场

西线：金鹰机电市场、城西小区、滨湖西路口、世景华庭、贺龙体校、机电学生公寓、特立西路口、鸿胜化工、工程兵学院西、学府华庭、长大附中、洪山桥北、洪山桥、德雅路口、百花园路口、丝茅冲北、跃进湖、兑泽街、新华联（王府花园）、车站北路口、南湖大市场北、长沙晚报、紫薇路口、芙蓉公安分局、火炬村、菜科所、朝阳村、马栏山、月湖公园、洪山路口、洪西村、工程兵学院、鸿胜化工、特立西路口、机电学生公寓、贺龙体校、世景华庭、滨湖西路口、城西小区、工程职院、金鹰机电市场

★城乡公交3号线

(星沙汽车站－信息学院)

经营企业：星沙公交公司

营运时间：夏季6:30–20:30

冬季6:30–20:00

票价：上车3元

站点（上行）：星沙汽车站、八医院、经开区、易初莲花、县政府、山水人家、县财政局、特立公园（西）、大众传媒学院、灰埠站、望月路口、桥南、春建村、胡家嘴、桥湾、安沙工业小区、兰天汽修、信息学院

下行：信息学院、兰天汽修、安沙工业小区、桥湾、胡家嘴、春建村、桥南、望月路口、灰埠站、大众传媒学院、特立公园（西）、县工商局、县政府、易初莲花、经开区、八医院、星沙汽车站

★城乡公交4号线

(星沙汽车站－黄花机场)

经营企业：龙骧巴士公司

营运时间：夏季 6:30–19:30，冬季 7:00–19:30

票价：2元

站点：星沙汽车站、楚天中苑、可口可乐、新奥燃气、曙光集团、山河智能、长丰猎豹、星城国际、东城名苑、方略潇邦、康桥长郡（长丰模具）、警校北门、包装厂、丁家岭安置区、丁家岭西、丁家岭、丁家粮库、排头铺西、排头铺、合心路口、观山村、地税三分局、黄花新街、县六中、黄花集镇、黄花老街、小塘安置区、黄龙、黄花工业园、机场口、大路村、毛公塘、航空物流、黄花机场

索 引

说明：

一、本索引采用主题分析的方法，按照汉语拼音字母顺序对年鉴条目（特载、大事记、人物、统计资料、附录除外）进行排列。

二、类目、专稿标题用黑体字标明。

三、索引名称后的阿拉伯数字表示内容所在的页码，拉丁字母（a、b、c）表示栏别（从左至右分1、2、3栏）。

D